市地图（2022年）

营根镇
琼中黎族苗族自治县
红毛镇
白沙起义纪念碑
N
百花岭风景名胜区
琼崖纵队
司令部旧址
什运
G224
海榆中线
G9811
什运乡
昌
化
江
万善岭
琼中黎族苗族自治县
什灶
道知
毛阳村
什训南
什稿村
毛旦村
吐仁太岩岭
方满
什空
高岭
满
河
椰罗岭
行汗岭
亲口岭
冲门头
仲冲什
田头岭
黄土岭
空示岭
永训
五指山国家
级自然保护区
五指山
火针岭
945
什浩
牙合村
什架村
什牙好
毛脑村
五指山热带雨
林自然保护区
什龙
什版
毛辉村
便文村
牙排村
毛苗
五指山大峡谷漂流旅游区
方好
什冉
方龙村
水满乡
什浦
牙排
五指山水库
番满
毛纳
新村
苗寨旅游点
九排山
1067
山
上安乡
初保原始黎村
初保
什那宗
白铁岭
水满村
五指山热带
雨林风景区
番什岭
1046
方响
水满上村
德满
新民
番介
草仁
草好
送祖
空论
番赛村
贺亲伦
1050
指
五
亲定岭
红够岭
南天
风门岭
贺芳岭
1178
飞机岭
南定村
什平岭
猪主湾岭
821
新平
刨造岭
1366
白章
南巴
新民
生毛岭
1374
太平村
水
亚下
亲春岭
1445
毛祥村
通
什
风东岭
739
吊罗山国家森林公园
省民族博物馆
存公
新春
军民
好定岭
905
陵
水
黎
族
自
治
县
指山市
什南定
永忠
中华民族文化村
同甲村
应示村
光明
什乘岭
672
安村
番慢村
什拱
黑洞
番道
草头
青春岭瀑布群
畅好居
吐南
什兰
什眉
南
圣
南圣镇
黎村
牙南村
什阁岭
什兰村
什龙
亲龙岭
八村民俗
生态旅游区
畅好十八队
南圣村
河
七仙岭
1126
志保
南办岭
925
五指山南
红合村
什包岭
黑岭
好二十五队
枫果山瀑
布风景区
报南
什泉
畅好十九队
七仙岭温泉旅游区
畅好十六队
金灶
什伦
龙曲岭
七仙岭热带雨林
自然保护区
七仙岭温泉国家森林公园
八州漂流
茶溪谷
七仙岭水库
七仙岭水库管养所
保亭黎族苗族自治县
什玲镇
热带植物园
毛真水库
保城镇
保亭黎族苗族自治县
G224
陵
水
河
保亭

五指山年鉴 2023

五指山市史志中心　编

方志出版社
Publishing House of Local Records

图书在版编目(CIP)数据

五指山年鉴 .2023/ 五指山市史志中心编 .—北京：
方志出版社，2023.12

ISBN 978-7-5144-6182-4

Ⅰ . ①五… Ⅱ . ①五… Ⅲ . ①五指山市— 2023 —年鉴
Ⅳ . ① Z526.64

中国国家版本馆 CIP 数据核字 (2023) 第 253095 号

责任编辑：徐　宏
责任校对：张玉霞
责任印制：梅中英
出 版 者：方志出版社
地　　址：北京市朝阳区潘家园东里 9 号（国家方志馆 4 层）
邮　　编：100021
网　　址：http://www.zgfzcb.cn
发　　行：方志出版社图书营销中心（010-67110500）
印　　刷：海南博雅文化发展有限公司
开　　本：889 毫米 ×1194 毫米　1/16
印　　张：27
字　　数：685 千字
版　　次：2023 年 12 月第 1 版
印　　次：2023 年 12 月第 1 次印刷
定　　价：298.00 元

编辑说明

BIANJI SHUOMING

一、《五指山年鉴》是中共五指山市委、五指山市人民政府主办，五指山市史志中心承编的地方综合性年鉴，于2009年首次出版，初名为《五指山市年鉴》，2020年改为《五指山年鉴》。年鉴逐年记载五指山市政治、经济、文化和社会各项事业发展情况，为党政机关、社会各界以及中外投资者了解、认识、研究、开发建设五指山提供全面、系统、准确、翔实的信息，并为编纂《五指山市志》积累资料。

二、《五指山年鉴（2023）》（以下简称"本年鉴"）的编纂，以马克思列宁主义、毛泽东思想、邓小平理论、"三个代表"重要思想、科学发展观、习近平新时代中国特色社会主义思想为指导，坚持辩证唯物主义和历史唯物主义的立场、观点和方法，设图片专题、特载、专文、大事记、五指山概览、政治、经济、文化、社会、生态环境、乡镇发展、荣誉、附录13个部类。主要记载2022年五指山市国民经济和社会发展宏观态势，以及各部门、各行业、各乡镇和畅好居的基本情况、重要事件和主要发展变化，评述年度内重大发展、成就、问题等，收录当年重要文献、法规和政策性文件，提供当年统计资料及其他实用性资料。

三、本年鉴采用部类、类目、分目、条目的编辑体例，以字体、字号等加以区分。条目标题用黑体字加【】号表示。

四、本年鉴稿件主要由各有关单位、各乡镇和畅好居的特约编撰人提供，并经撰稿单位领导审核。文中的主要数字与统计部门进行了核对。由于数据来源、统计方法和统计口径不同，在使用中如遇同一项目数据不一致的情况，以市统计局提供的"统计资料"为准。

五、本年鉴记述起讫时间原则上为2022年1月1日至2022年12月31日。为保持内容资料的完整性，部分内容适当上溯或下延。本年鉴中的价值指标，系以2022年当年价计算。

六、为避免累赘，凡直书月、日而未写明年份的，即为2022年；产量、产值等增长或减少，未注明与某一年比较，即为当年（2022年）与上年（2021年）比较。

七、数字用法、标点符号用法分别采用国家标准《出版物上数字用法》（GB/T15835——2011）、《标点符号用法》（GB/T15834——2011），计量单位采用国家技术监督局1993年12月发布的《量和单位》系列国家标准。

五指山市地方志编纂委员会

《五指山年鉴》编辑部

特约撰稿人

（按篇目顺序排列）

胡晓妍（市融媒体中心）
陈恩学（市委办）
张思雨（市委组织部）
刘凡静（市委宣传部）
彭荣华（市委统战部）
刘　娟（市委编办）
张　婧（市委直属机关工委）
薛开渊（市委党校）
杨　武（市人大办）
钟宇鸿（市政府办）
王家凡　（市信访服务中心）
莫昌桂（市人社局）
黄慧灵（市机关事务服务中心）
杨欣颖（市政务服务中心）
陈泽翠（市政协办）
陈海兴（市纪委监委）
黄　鹊（民革五指山市基层委员会）
张秋未（民盟五指山市委员会）
吉训莹（民建五指山市委员会）
羊彩春（民进五指山市委员会）
陈福梁（农工党五指山市支部）
黄永芬（致公党五指山市支部）
张　文（九三学社五指山市支社）
罗林城（市工商联）
李忠全（市总工会）
马智捷（团市委）
黄燕金（市妇联）
李　娇（市科协）
董　伶（市文联）
高林鲜（市残联）
王会思（市人武部）
陈　胜（市消防救援大队）
邵海燕（市退役军人事务局）
朱紫翎（市委政法委）
吉力劼（市公安局）
陈君二（市检察院）
王　烁（市法院）
林道敏（市司法局）
杨光宇（市农业农村局）
朱彩露（市农业技术与机械服务中心）
邓木兰（市水务局）
李会鑫 黄　婷（市科工信局）
陈姿铮（市旅文局）
唐伯秀（市交通运输局）
王泰鹏（五指山公路分局）
王禄定（市邮政分公司）
刘　清（电信五指山分公司）
张　惠（联通五指山市分公司)
李太莉（市粮食和物资储备服务中心）
黄永昕（市供销合作联社）

符　钰（市烟草专卖局）
彭秋荣（人行五指山市支行）
房　贤（五指山银监组）
李志清（工商五指山市支行）
郑楚楚（建行五指山市支行）
曾丽萌（中国邮政储蓄银行五指山市支行）
周建隆（市农村信用合作联社）
袁晓华（财险五指山支公司）
苏敬贤（中国人寿保险五指山支公司）
张庆烨（市发改委）
陈小妹（市财政局）
陈　冰（市财政国库支付中心）
邢景伟（市税务局）
郑佳琪（市审计局）
王　茜（市国资中心）
李二曼（市市场监督管理局）
王　常　单小芬（市价格认证中心）
胡珊榕（市综合行政执法局）
麦昌润（市住建局）
邢涵潇（市市政服务中心）
吴开雄（五指山水务公司）
邓晓慧（市住房保障服务中心）
王宇钊（市文化馆）
卓　珏（市史志中心）
王　能（市档案馆）
邢增烜（省民族研究所）
冯祥盛（省民族博物馆）
陈云飞　王梦瑜（市教育局）
庄泰川（海南热带海洋学院附属中学）
何　欣（省农垦实验中学）
曾丽萍　唐鸿南（省民族技工学校）
朱晓帆　李树杰（省农林科技学校）
单宝兰（省第二卫生学校）
李佐辉（市卫健委）
郭　燕（市爱卫服务中心）
童忠德（省第二人民医院）
张　涵（省平山医院）
刘晓菲（市医疗保障局）
郑芊芊（市社会保险服务中心）
翁花玉（市民政局）
林泓汐（市民族事务局）
曾　婷（市气象局）
黄肖文（市就业服务中心）
胡　月（市应急管理局）
胡　培（市乡村振兴局）
韩　秀（市生态环境局）
黄彩琼（市自然资源和规划局）
房国超（市林业局）
曾献忠（市统计局)
吴　茵（通什镇）
胡小花（毛阳镇）
黎小星（番阳镇）
黎志文（南圣镇）
黄德海（水满乡）
卢牡丹（畅好乡）
王鹏飞（毛道乡）
黄彩梅（畅好居）
陈珊珊（市顺达投资开发有限公司）

跟随习近平总书记足迹 发现五指山之美

2022 年 4 月，习近平总书记亲临海南考察，特别是 4 月 11 日在五指山市考察并作出一系列重要讲话和嘱托，为五指山市践行“绿水青山就是金山银山”理念和推进乡村全面振兴把脉定向、掌舵领航。

琼崖革命初心悟园

红色之美

五指山市是海南岛第一面五星红旗升起的地方，是琼崖革命“二十三年红旗不倒”精神的圣地，是海南著名的红色文化名城，更是一座传递革命精神的“博物馆”。琼崖纵队孤岛奋斗，艰苦卓绝，“二十三年红旗不倒”的精神闻名于世，是海南革命红色文化的精神典范。走进五指山革命根据地纪念园，一幅幅弥足珍贵的资料图片，一件件充满故事的革命文物，一尊尊逼真的人物雕塑以及震撼人心的历史场景还原，将为您掀开历史的面纱，重温革命峥嵘岁月。

△纪念园全景

（李帅鸿 摄）

△纪念园雕像 （李帅鸿 摄）

黎苗文化精神家园

彩色之美

一方山水有一方风情。在生机勃勃的雨林中，除了动植物们，还世居着以黎族、苗族为代表的雨林民族。热带雨林的生活衍生了独具特色的海南热带雨林民族文化，例如船形屋、黎锦、苗绣、竹木器乐、大叶茶等等。有的民族特色传统文化被列入各级的非物质文化遗产名录，它们见证人与热带雨林相伴相生的历程，是海南热带雨林里最具代表性的文化印记，船形屋营造技艺、黎族民歌、“三月三”节庆等被列为国家级非物质文化遗产保护名录，黎族传统纺染织绣技艺被列入联合国教科文组织《急需保护的非物质文化遗产名录》。

2022“雨林与您”体验活动开幕式暨“雨林时光”田园实景演出在水满乡毛纳村举行

（五指山市融媒体中心 供图）

△黎族服饰 （陈达谞　摄）

△苗绣传承 （付金城　摄）

△传统黎锦 （袁琛 摄）

底蕴厚重州府故园

原色之美

五指山市是原广东省海南黎族苗族自治州所在地。当年，一批远道而来的建设者和本地黎族苗族同胞共同建设五指山，他们辛勤努力、开荒建设，让五指山经济社会发展面貌发生了翻天覆地的变化，黎族苗族等各民族同胞的生活条件有了巨大改善。这里留下了数不清的老州府奋斗故事，也留下了自治州时期别具风格的历史建筑。这些老建筑承载了这座城市的历史文化，也托起了这座城市的底蕴。

△ 州府故园—钟楼

（李帅鸿 摄）

△州府办公楼　　（黄　敏摄）

△州委办公楼　　（黄　敏摄）

△中共海南黎族苗族自治州委员会办公楼旧址　　（李帅鸿摄）

热带雨林国家公园

绿色之美

这里原始热带雨林保存完好，所在的海南热带雨林国家公园是中国首批设立的 5 个国家公园之一。五指山所代表的海南热带雨林与南美洲的亚马孙河流域、印度尼西亚的热带雨林并称为全球保存最完好的三块热带雨林，负氧离子含量高，被誉为海南岛之“肺”。漫步在五指山区热带雨林中，茂盛的树木遮天蔽日，山涧里泉水叮咚流淌，扑面而来的是纯净的空气和满目的葱绿，让人流连忘返。远眺五指山，只见林木苍翠，白云缭绕，绿山盘旋而上峰巅，顿觉云从脚下生，人在太空游。

△热带雨林　　（李帅鸿 摄）

△ 2022 年 3 月，游客在五指山国家级自然保护区游玩　　（市史志中心　供图）

农旅融合富美田园
金色之美

五指山市按照以农促旅、以旅兴农的思路，坚持科技兴农、质量兴农、绿色兴农、品牌强农战略，加快推进土地集约化、生产规模化，大力推动农业“三产”融合发展。

△牙胡梯田晨韵　（李树林 摄）

△ 采山兰幸福来　　（付金城　摄）

△五指山水满乡彩色稻田　（李天平　摄）

四季宜居康养乐园

悦色之美

这里是避暑胜地，有着“翡翠山城”“南国夏宫”“天然氧吧”的美誉。森林覆盖率 90% 以上，为全国之最，空气洁净，氧气充足，负氧离子含量高，全年平均气温为 23.5 度，拥有优良地表水质，是全国水质最好的地区之一，生态环境质量绝佳。依托得天独厚的康养环境，这里曾经成功承办环海南岛国际公路自行车赛、中国自由搏击俱乐部超级联赛、首届森林康养五指山论坛等重要活动。漂流、骑行、徒步是这里的运动标签。

△热带雨林

（市委宣传部 提供）

△ 2022 年 10 月，在翡翠公园开展健身活动 （黄敏　摄）

△ 2022 年，五指山市健康主题公园 （黄敏　摄）

△ 2022年，太平山骑行公路　　（李天平摄）

△ 仁帝山国家雨林康养基地　　（仁帝山国家雨林康养基地 供图）

（2022年度）

五指山荣誉

◆ 国家生态文明建设示范区

（海南省首个获评国家生态文明建设示范区荣誉市县）

——中华人民共和国生态环境部授予

◆ 全国科普示范市

——中国科学技术协会授予

◆ 国家级创新型县（市）

——中华人民共和国科学技术部授予

◆ 全国民族团结进步示范市

——中华人民共和国国家民族事务委员会授予

◆ 中国气候宜居城市

——中国气象局授予

◆ 全国信访工作示范市

——中央信访工作联席会议办公室、国家信访局授予

数说五指山

土地总面积：1144.28 平方千米
年末常住人口：11.12 万人
地区生产总值：38.81 亿元
第一产业增加值：8.37 亿元
第二产业增加值：6.55 亿元
第三产业增加值：23.90 亿元
农林牧渔业总产值：13.88 亿元
工业增加值：2.06 亿元
全市固定资产投资：24.37 亿元
全市社会消费品零售总额：11.91 亿元
全市一般公共预算收入：2.09 亿元
全市一般公共预算支出：26.94 亿元
城镇常住居民人均可支配收入：35071 元
农村常住居民人均可支配收入：16593 元
旅游接待游客：139.81 万人次
旅游总收入：10.66 亿元

全市森林覆盖率：90.16%
城市饮用水水源地水质达标率：100%
地表水质优良比例：100%
城市生活污水处理率：97.5%
空气质量优良比例：100%
无害化垃圾处理率：100%
完成粮食播种面积：3.81 万亩
全年粮食产量：1.38 万吨
实施乡村振兴项目：387 个
清退基本农田种植槟榔面积：1309 亩
全年实现城镇新增就业：1473 人
城镇登记失业率：1.18%
市属各级各类学校：73 所
义务教育入学率：100%
适龄残疾儿童入学率：100%
全市医疗卫生机构：123 家

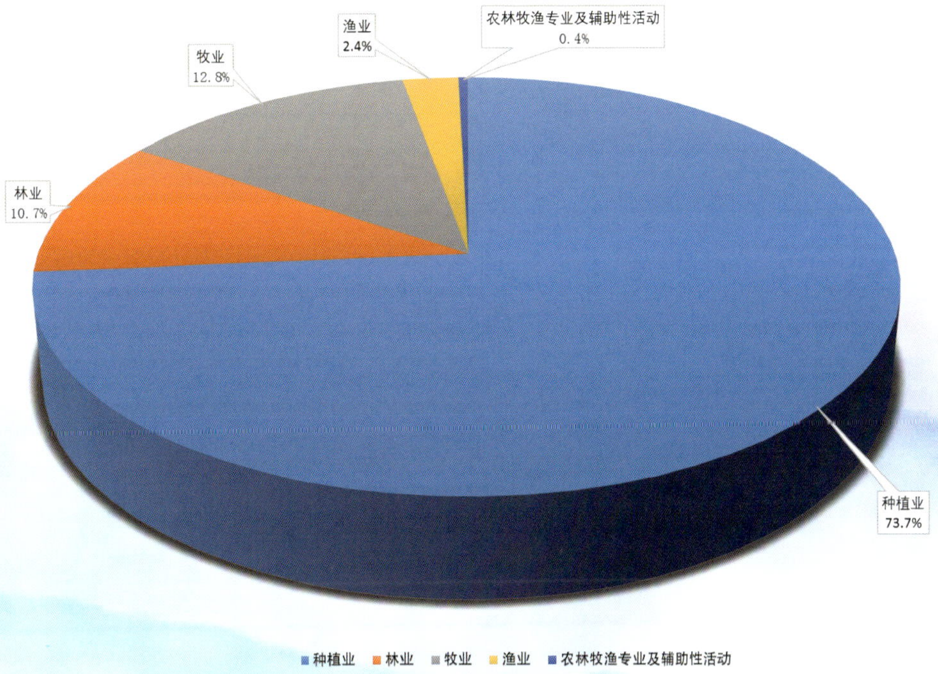

△ 2022 年五指山市农林牧渔业产值占比
数据来源：《五指山市 2022 年全年经济运行分析》

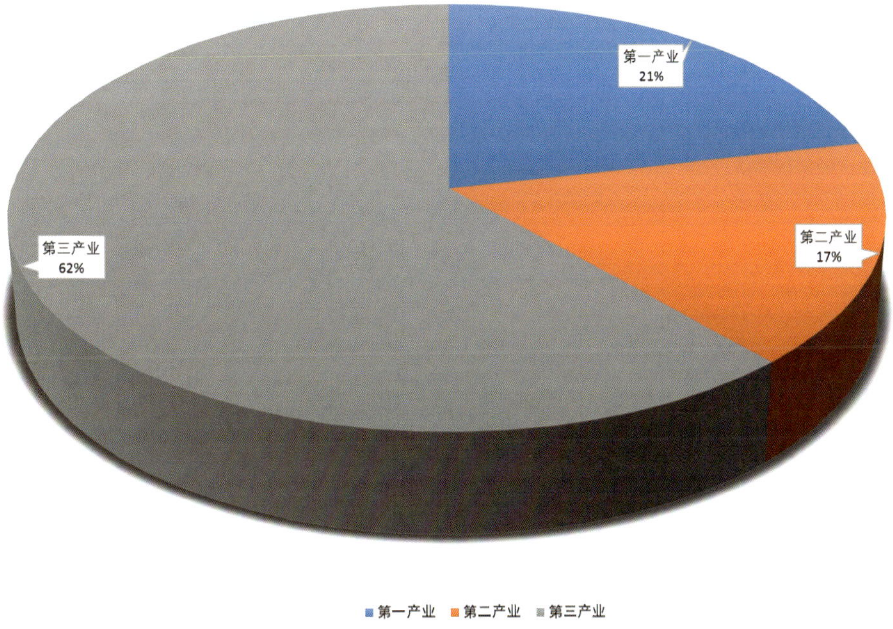

△ 2022 年五指山市地区生产总值构成
数据来源：《五指山市 2022 年全年经济运行分析》

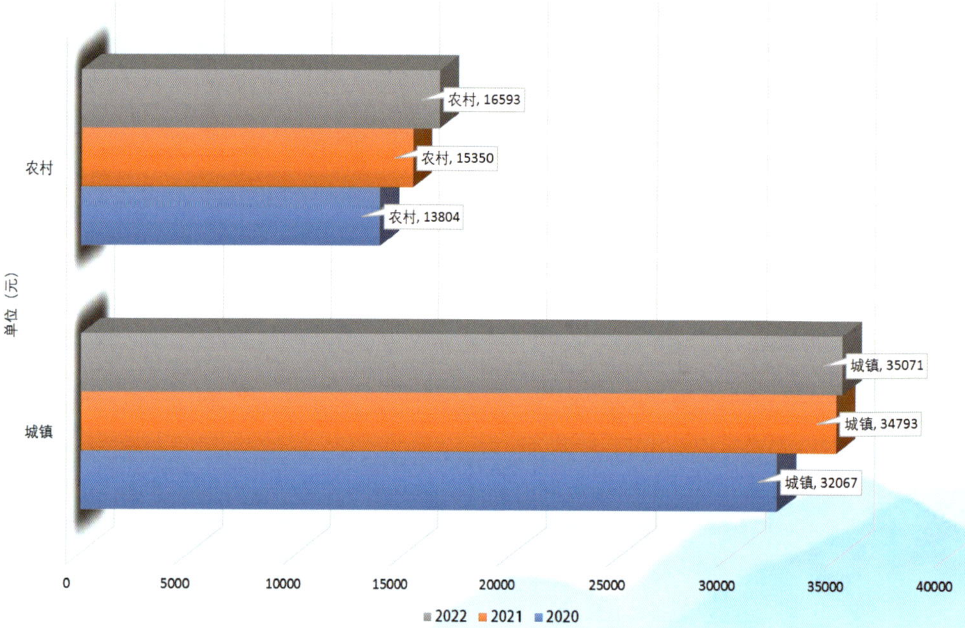

△ 2020—2022 年五指山市城镇与农村常住居民全年可支配收入

数据来源：《五指山统计年鉴 2021》《五指山市 2020—2022 年全年经济运行分析》

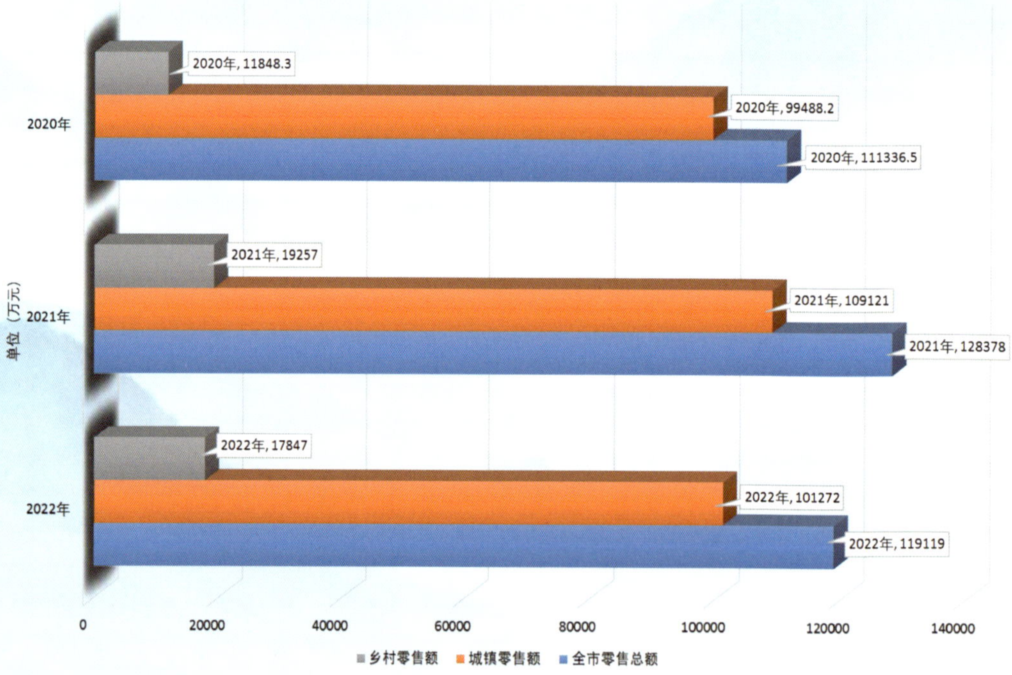

△ 2020—2022 年五指山市社会消费品零售总额

数据来源：《五指山市 2020—2022 年全年经济运行分析》

五指山这十年

◆绿水绕青山，十年铸辉煌。党的十八大以来，五指山市稳稳走过她非凡的十年。见证她铿锵脚步的有南圣河的水、五指山的峰、热带雨林国家公园里的鸟；有脱贫致富的父老乡亲、幸福安康的十万百姓。这十年，五指山摘掉了国家贫困市的帽子，依托生态环境好、森林覆盖率高的优势，走出了一条产业生态化与生态产业化的协同发展之路。这一切都是在五指山市委、市政府的正确领导下，在各民族大团结的齐心努力下取得的。

生态环境保护

◆十年来，五指山市始终把生态环境保护作为“国之大者”，护好绿水，守住青山，生态优势更加彰显。在坚持利用好原生态环境资源和产业基础上，使“三片叶（茶叶、雪茄烟叶、野菜叶）”逐渐成为农民增收、农业增效、农村发展的主导产业，让“绿水青山”转化为农民增收的“金山银山”。“三片叶”也变成群众增收致富的“黄金叶”。

△“生态产业化 产业生态化”石刻 （黄敏 摄）

△海南热带雨林国家公园五指山主峰云海翻腾 （李天平 摄）

△热带雨林中的“空中花园”奇观 （黄敏 摄）

△在海南热带雨林国家公园五指山片区，护林员正在巡山 （李天平 摄）

▽五指山水满茶基地 （李树林 摄）

△ 11 月 12 日，五指山市水满乡周边的枫叶正在逐渐变红，呈现一片好“枫”景 （李天平 摄）

▽海南热带雨林国家公园五指山片区里的真菌　（李天平 摄）

△海南热带雨林国家公园里的海南拟髭蟾　（李天平 摄）

△生长在海南热带雨林国家公园的桫椤　　（李天平 摄）

△五指山优美的自然风光　　（五指山市委宣传部 供图）

△在海南热带雨林国家公园五指山片区，雄性灰喉椒鸟停留在桫椤幼叶上　　（李天平 摄）

乡村全面振兴

◆脱贫不是终点，而是新生活、新奋斗的起点，在巩固拓展脱贫攻坚成果同乡村振兴有效衔接的历史节点，五指山市以有力的举措，带领 10 多万五指山人民踏着全面推进乡村振兴的坚定步伐，凝心聚力，再谱新篇，一幅农村美、农业强、农民富的生动画卷正逐笔绘就。

△鸟瞰日新月异的五指山市城区　　（五指山市委宣传部 供图）

△山海高速公路　　（五指山市委宣传部　供图）

△五指山市水满乡毛纳村　　（李天平　摄）

△9月22日，在毛道乡毛卓村的百香果基地里，村民展示成熟的百香果 （李天平 摄）

△毛道乡山竹果 （张晓丹 摄）

▽在通什镇什会村的兰花种植基地，脱贫户和她养护的石斛兰

△水满乡毛纳村村民在采茶

△水满乡方龙村村民在采茶

△采摘茶青

△揉捻茶青

▽小到合作社，大到茶厂，海南机械化制作茶叶已很普遍。图为水满乡某茶厂工人将茶青倒入揉捻机加工

△ 10 月 17 日，通什镇红雅村新易安常年蔬菜基地，树仔菜长势良好，工作人员在采摘树仔菜

△通什镇红雅村出产的树仔菜

（本版图片均为李天平摄影）

△ 2022年4月26日，番阳镇雪茄烟叶种植基地，图为编扎成束的雪茄烟叶晾制阶段 （罗绘楠 摄）

△ 2022年6月20日，番阳镇雪茄烟叶种植基地，图为雪茄烟叶手工卷制的成品 （罗绘楠 摄）

▽ 5 月 19 日，畅好乡举办秸秆粉碎还田现场观摩会　（李天平 摄）

△水满乡一位茶农培育的海南大叶种茶树苗　（李天平 摄）

▽孔首村村民和干部在稻田边学习党的二十大精神　　（谢凯 摄）

△在五指山市新征程绿色金融产业园，数百名企业员工在工位上有序忙碌着　　（李天平 摄）

▽ 2022 年普通高等学校招生全国统一考试五指山中学考点　　（李天平 摄）

△在五指山市畅好中心学校，学生们在跳绳　　（李天平 摄）

▽在五指山市畅好中心学校，黎族民歌代表性传承人黄兰英在教孩子们唱童谣　　（李天平 摄）

△5月6日，番阳镇开展“感恩母爱 弘扬美德”文明实践志愿服务活动　　（罗绘楠 摄）

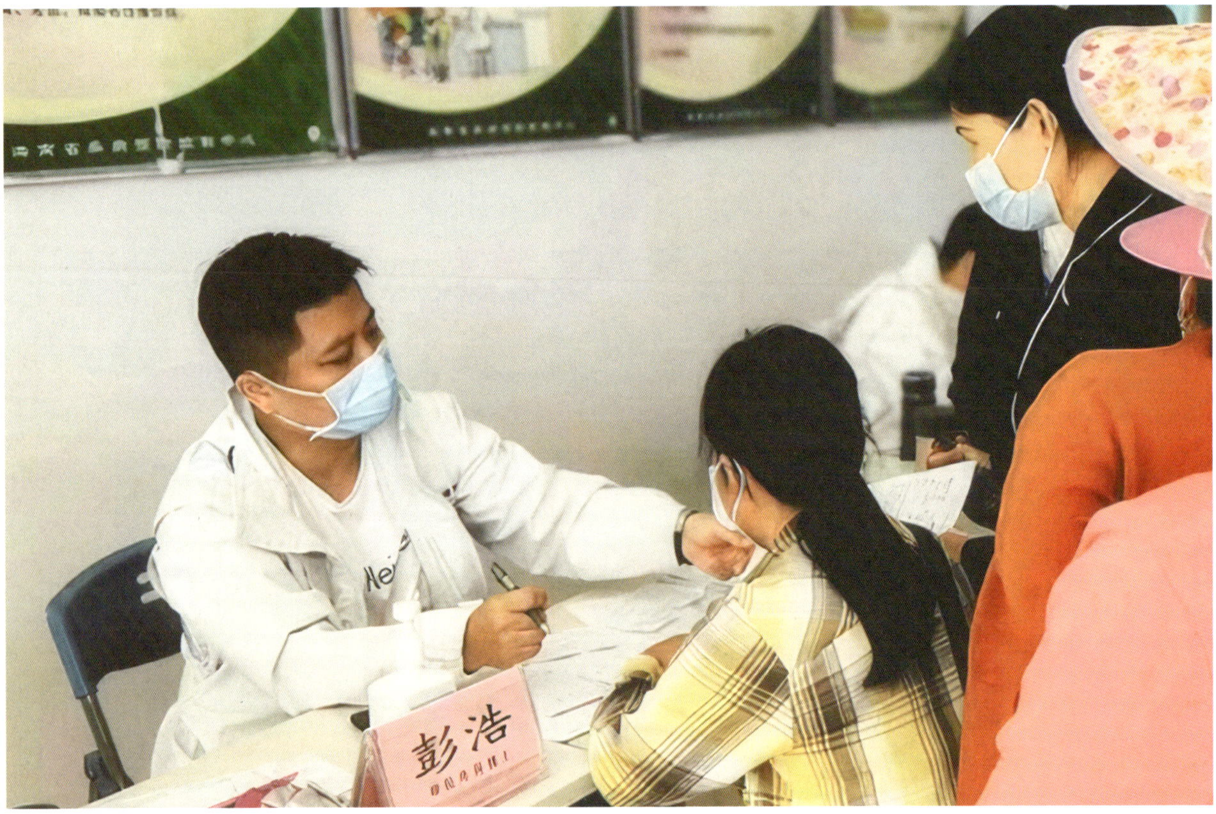

△医生在健康小屋义诊 （海南省第二人民医院 供图）

△6月24日，五指山市医疗保障局组织海南省第二人民医院、海南省平山医院专家前往南圣卫生院开展门诊慢性特殊疾病认定工作 （顾润昊 摄）

♦一串串数据昭示硕果累累，一张张笑脸见证华丽转变，民之所望、政之所向，五指山市始终牢记习近平总书记考察海南时的殷殷嘱托，在新时代新征程上展现新作为，一步步把“产业兴旺、生态宜居、乡风文明、治理有效、生活富裕”的乡村振兴愿景从梦想变为现实。

△ 2022 年中国（海南）国际热带农产品冬季交易会五指山展区　　（李天平 摄）

民族文化传承

◆非物质文化遗产是一个国家和民族历史文化成就的重要标志，作为文化记忆的承载体，它凝结和传递着一个民族和地域的历史记忆、共同情感、经验智慧。

国家级：

黎族传统纺染织绣技艺

◆黎族的传统纺染织绣技艺是海南省黎族妇女创造的纺织技艺，约3000年历史，曾是“岁贡”珍品。在长期的实践中，黎族妇女不断完善技艺形态，提高技艺水平，形成纺、染、织、绣四大技艺类型，构成一个完整的技术体系。

△黎锦织造技艺传承人刘香兰在织黎锦　　（李天平 摄）

国家级：

黎族竹木器乐

◆黎族竹木器乐，历史悠久。清代康乾年间最为盛行，主要流传于海南省中部五指山南麓的黎族聚居区。主要有唎咧、口弓、鼻箫、哔、筒勺、叮咚、灼吧、独木鼓等。黎族竹木器乐是黎族人最为喜爱的乐器，并流传至今。

△叮咚表演（黄志龙摄）

△铜制口弓表演（黄志龙摄）

△独木鼓表演（黄志龙摄）

△铜锣表演（黄志龙摄）

◆啡是黎族自制的气鸣乐器，广泛分布于黎族各个方言区。黎语“啡”即“唢呐”的意思，啡由簧哨、托嘴、管身、喇叭四部分组成，管身有竹制和木制两种，其发音粗放高亮，但比唢呐柔和，是黎族在嫁娶、年节、丰收等喜庆热闹的场合吹奏的乐器。啡的表现力很强，能表现出喜、怒、哀、乐等各种感情。

△啡表演（黄志龙摄）

◆灼吧是黎族传统的竹制哨类单管气鸣乐器，灼吧的顶端插一根长约20厘米的细竹嘴管，外形像西洋乐器巴松管，低音区音色深沉，音量比较小；中音去的音色宽厚、圆润、优美。

◁灼吧表演（黄志龙摄）

国家级：
海南苗族盘皇舞

◆自古以来，海南苗族把“盘皇”视为超自然、超人间及灵魂不灭的神祇，出于对“盘皇神”的敬仰和崇拜，苗族先民对其进行拜祭，祈求丰登和庇护，在拜祭过程中逐渐形成了祭祀之舞——海南苗族盘皇舞。

△海南苗族盘皇舞　　（冯蕾蓓 摄）

△海南苗族盘皇舞　　（李帅鸿 摄）

省级：

黎族舂米舞

◆舂米舞是黎族妇女在长期的劳动过程中逐渐发展形成的一种劳动舞蹈。黎族人深居山区，在举办婚庆之时，为了告知周边临近村寨的村民，前来饮酒庆贺，当时有人发现舂米时撞击舂桶的声音可以传播很远，于是采取了这一方式传递婚庆信号。在其演变的过程中，这种方式发生变化，村与村之间举办婚庆活动时，也利用敲击舂桶声音的大小强弱比较各村阵势，看哪个村敲得最响，哪个村的舂桶就最多，由此，这种活动便逐渐成为一种习俗。

△舂米舞表演 （付金城 摄）

△舂米舞表演 （冯蕾蓓 摄）

省级：

黎族传统骨伤疗法

♦黎族传统骨伤疗法是黎族人民在与自然斗争实践中积累起来的，经过漫长的历史发展，逐渐形成黎族医药，它为黎族人民的健康起到保驾护航的作用。黎族的医药都是以口传手授的方式传承，以家族传承的方式沿袭下来。黎族传统接骨医药为黎族人民世代繁衍、生息提供了健康保障，同时也成为中华民族医药宝库中的重要组成部分。

△骨伤药材　　（冯蕾蓓 摄）

△骨伤药材　　（冯蕾蓓 摄）

省级：

海南苗族招龙舞

◆招龙舞产生于早期民间祭祀宗教文化活动，是苗族迁入海南岛后，在特定的生活环境和生产劳动中，经过漫长的历史发展积淀而形成的。该舞蹈表演形式独具特色，保留和传承苗族远古的宗教文化，具有原生态文化的基本特征，富有民间传统舞蹈的艺术特色，具有较高的艺术价值。为了祈求平安健康、风调雨顺、五谷丰登、安居乐业，自古以来，苗族跳着招龙舞，希望招回水龙后，人畜兴旺、五谷丰登。

△招龙舞传承人——李日昌　（李帅鸿　摄）

△招龙舞表演　（黄敏　摄）

△招龙舞表演　（黄敏　摄）

△黎族共同舞表演 （冯蕾蓓 摄）

△黎族共同舞表演 （李帅鸿 摄）

省级：
黎族共同舞

◆黎族共同舞（团结舞）又名跳锣舞，是海南五指山“合亩制”地区民间传统舞蹈，由五指山市毛阳镇毛栈村委会方满村村民传承至今。共同舞形成于早期原始社会，每当人们迁入新宅的就会敲起锣鼓，全村男女老少都跳起共同舞，庆祝新宅建成，并祈求全村人畜平安、人丁兴旺、五谷丰登。久而久之，便形成一种习俗。

市级：

黎族民歌

♦黎族的民歌是一朵绚丽的艺术之花，它是黎族人民集体智慧的结晶，千百年来吟唱至今，已形成具有本民族特色的歌曲，有较强的群众基础。黎族民歌题材广泛、内容丰富、歌调较多、优美动听，它包括黎族的历史人文、风光景色、劳动生产、时政世态等内容，脍炙人口的《久久不见久久见》等歌曲均为黎族民歌。

△黎族民歌演唱者黄婷丹　　（冯蕾蓓　摄）

市级：
海南黎族民间刺绣

△黎锦刺绣传承人王金红　（黄敏 摄）

市级：
海南苗族民间刺绣

◆海南苗族的刺绣是由古代湘桂和西南的苗瑶民族在明代落籍海南岛时被带到岛上来的，流传发展至今已有千百年的历史，经过不断发展，在海南已自成体系。刺绣是针线刺绣的一种，而蜡染则是将蜂蜡加温后在布料上点涂的工艺，两者独立又相互联结，造就了本民族较高的审美风格和艺术价值。

△苗绣传承人——黎莲香　（李帅鸿 摄）

市级：

苗族民歌

◆苗族民歌是海南省五指山地区苗族民间独特的传统民歌，主要流传于海南中部的五指山苗族聚居地区。苗族民歌在海南存续约300多年，主要采用苗语方言来演唱，歌词多为七言一句，四句一段。苗族民歌题材极为广泛，它反映苗族人民生活历程、审美情趣，体现了苗族人民的审美观和价值观。

△苗族民歌《春雨来到咱苗村》曲作者——曾若馨

（覃海文 摄）

△苗族民歌《相思情》《依哟咧》词曲作者——盆丽香　（李帅鸿 摄）

△五色饭制作过程 （李帅鸿 摄）

△苗族五色饭 （李帅鸿 摄）

市级：

苗族五色饭制作技艺

◆ 相传500年前，苗族五先辈历尽千辛万苦一起乘船横渡琼州海峡来到海南岛。为了寻找生计，登岛后不久便决定各奔东西，在即将离别之际，他们共同做出许诺：不论今后谁居何方，每逢农历三月初三这一天都要制做“五色饭”作为纪念，并以此定为本族五兄弟定居海南岛的象征。

“五色饭”在制作过程中，除了白色米不需染色外，其黑色米、黄色米、红色米、蓝色米分别取自枫香叶、姜黄、红蓝草、蝶豆花新鲜的植物汁液染制而成。

市级：

黎族传统酿酒技艺

◆黎族传统酿酒主要有两种酿法：一种酿造酒，是将物质放入酒罐里隔绝空气发酵而成的酒；一种是蒸馏酒，将原发醇液用炊蒸设备加热至 100°C左右，由物质本身的成分蒸馏出的酒。甘醇美味的黎家山兰酒，采用黎族传统酿酒技艺制作而成。黎族的生活离不开酒，不管是节日活动、婚丧嫁娶、庆祝乔迁，还是生育、社交和宗教活动，以酒为礼，敬酒对歌，形成别具一格的酒文化。

△传统酿酒工具　（李帅鸿 摄）

△酿酒现场　（李帅鸿 摄）

热烈庆祝党的二十大胜利召开

△ 10 月 16 日上午，五指山市委组织领导干部收看党的二十大开幕会　（五指山市融媒体中心　供图）

△ 11 月 6 日，宣传党的二十大 “2022 文艺进万家 健康你我他” 新时代文明实践文艺志愿服务活动走进五指山市毛祥村文艺培训成果展演　（付金城　摄）

△ 12 月 5 日，毛阳镇开展牙胡梯田“稻田宣讲”活动　　（五指山市融媒体中心　供图）

△ 10 月 16 日，市青少年活动中心承办的“喜迎二十大 童心颂祖国”活动在市青少年活动中心举行

（市青少年活动中心　供图）

△ 10 月 16 日上午，水满乡领导干部集中收看党的二十大开幕会　　（李天平 摄）

△ 10 月 16 日上午，水满乡毛纳村的党员干部群众喜迎党的二十大胜利召开　　（李天平 摄）

目录

目 录

图片专题

特 载

专 文

大事记

经 济

文 化

社 会

生态环境

乡镇发展

荣 誉

附 录

索 引

△方诺寨美景

（五指山方诺寨雨林共享农庄有限公司 提供）

持戟

特　载

牢记殷切嘱托　实现宝山硕果累累

4月11日，习近平总书记亲临五指山考察并作出一系列重要指示，在五指山发展史上具有极其重大的里程碑意义，全市干部群众倍受鼓舞、无比振奋。4月29日胜利闭幕的海南省第八次党代会，科学提炼出“一三四八”战略框架，为海南省高质量发展指明了前进方向，注入了强大动力。

为全面落实习近平总书记殷切嘱托，五指山将总书记的嘱托分解为100多项任务和15个先导性项目，以任务项目化、项目清单化、清单责任化的方式狠抓落实。今后，五指山干部群众将时刻牢记总书记的殷切嘱托，时刻以总书记的要求为鞭策，以贯彻落实海南省第八次党代会精神为目标，以“六园”建设为工作主抓手，努力在建设具有世界影响力的中国特色自贸港进程中展现更大作为、作出更大贡献。

一是全力落实习近平总书记“用好海南琼崖纵队纪念场所等红色资源”的嘱托，加快建设琼崖革命初心悟园。

习近平总书记在海南考察时强调，要“用好海南琼崖纵队纪念场所、红色娘子军纪念园等红色资源，引导广大党员、干部坚定理想信念，传承红色基因，赓续红色血脉”。五指山作为海南岛第一面五星红旗升起的地方，是“二十三年红旗不倒”精神的重要发源地，有着优良的革命传统，红色血脉生生不息。我们将

△收获的田野　　（市委宣传部　提供）

△五指山革命英雄纪念碑　　（市委宣传部 提供）

全面梳理整合现有红色资源，保护好、管理好、运用好琼崖革命系列红色遗址，着力打造主题突出、导向鲜明、内涵丰富和具有山城特色的红色阵地，切实做到有址可寻、有物可看。全面优化升级五指山革命根据地纪念园环境，补齐基础设施和公共服务短板，策划包装串珠成链的红色旅游线路，加快争创国家4A级红色旅游景区、全国红色教育基地。加大对毛贵村等红色村庄的投入和建设力度，探索“红色文化+”模式，加快促进红色文化与生态、民族文化深度融合、一体发展。

二是全力落实习近平总书记“搞好非物质文化遗产的传承”的嘱托，加快建设黎苗文化精神家园。

习近平总书记在五指山考察时，对五指山黎族苗族文化保护和传承工作给予高度认可。海南省第八次党代会报告也强调，要保护和利用好“船型屋”等文化遗存。五指山作为海南岛黎族苗族聚居地、世居地和文化中心，有义务也有责任弘扬少数民族优秀文化，推动黎族苗族文化创造性转化和发展。五指山将持续推进“六个一批”，统筹用好各类资金，重点打造毛纳村、初保村等一批黎苗文化风情浓郁的民族特色村寨。持续加强民族特色手工艺品等文化产品的宣传与包装，办好“山城好物”民俗集市，将其打造成五指山特色品牌。持续做好非遗保护传承工作，加强非物质文化遗产传承人的培养、认定、管理和传承所建设，推动五指山更多优秀黎苗文化成果成功申遗。参考借鉴“上海杨浦滨江人民城市建设规划展示馆”的做法经验，加快建设“铸牢中华民族共同体意识展示馆”，协助做好海南省民族博物馆一期项目提升和二期项目建设工作，打造宣传和展示民族团结进步的文化高地。

三是全力落实时刻铭记习近平总书记对自治州的深厚情谊，加快建设底蕴厚重州府故园。

自治州的历史和底蕴是五指山不可多得的一笔宝贵财富，需要我们精心保护和开发利用。五指山将坚持修旧如旧原则，加大对州府老建筑的修缮力度，推进农垦大院和琼州大学主楼等建筑旅游化改造，着力再现州府风貌。建立健全城市风貌管控体制机制，全面规范广告招牌，试行开展垂直绿化建设，建好“三月三”大道风貌管控示范街。坚持强化风貌整体性、空间协调性、文脉延续性，开工建设市区“一河两岸”景观及生态工程，加快制订山寮管控规划，改造提升国道、省道两边风貌，全力保护好山城独特美丽的河岸线、山际线和天际线。

四是全力落实习近平总书记“海南热带雨林国家公园是国宝”的嘱托，加快建设热带雨林国家公园。

习近平总书记在海南考察时强调，“热带雨

△海南热带雨林国家公园五指山片区 （李帅鸿 摄）

林国家公园是国宝”。海南省第八次党代会报告也指出，要“切实保护并利用好热带雨林这个‘国宝’，向世界展示中国国家公园建设和生物多样性保护的丰硕成果”。五指山市国土面积的63%被划入海南热带雨林国家公园，在海南省市县中占比最高。五指山将努力跳出五指山、跳出海南、跳出全国来看待国家公园建设这项工作，切实将保护和利用好国家公园这一“国宝”，当作五指山未来的发展之路。坚决完成国家公园生态搬迁工作，加大对国家公园范围内违法行为的执法力度，切实保护好每一座山、每一片林、每一棵树。突出抓好“六水共治”，大力实施昌化江上游滨河雨林生态修复综合治理工程。用好国家公园这张靓丽名片，探索在一般控制区内开展特许经营活动，研究谋划研学基地、雨林人家等雨林特色旅游产品，加快把热带雨林国家公园打造成具有海南特色的重要旅游目的地，真正实现在保护中发展、在发展中保护。加快建设热带雨林博物馆，实施雨林旅游公路（二期）工程，提档升级雨林时装周活动，抓紧谋划举办“雨林与您”体验活动、“鹿拉松”、雨林电音节、雨林音乐节、雨林骑行等雨林文体活动，进一步讲好雨林故事，提升国家公园影响力和知名度。

五是全力落实习近平总书记“宝山硕果累累，把日子过得更红火”的嘱托，加快建设农旅融合富美田园。

习近平总书记在五指山考察时勉励我们，“过去是身在宝山，空手而归；今后是身在宝山，硕果累累”“把茶叶经营好，把日子过得更红火”。五指山“九山半水半分田”，土地资源稀缺，寸土寸金，这样的土地现状决定了五指山必须按照以农促旅、以旅兴农的思路，聚焦旅游业和热带特色高效农业，加快推动农旅融合发展。五指山将积极围绕一个乡镇一批美丽乡村、一片高标准农田、一个研学基地、一个露营基地和一乡多品“4个1+N”谋划产业项目，做强做大有机农产品生产、乡村旅游、休闲农业等产业，加快实现产业生态化和生态产业化。以水满雨林茶园小镇和番阳雨林农产品加工园为抓手，重点做好茶叶、雪茄烟叶、野菜叶“三片叶”文章，精细化、高端化打造五指山大叶红品牌。加快推进五脚猪规模化养殖，持续探索生猪养殖模式化和产业化。加强油茶包装设计和品牌宣传，大力提升油茶产品附加值，使之成为五指山百姓的“摇钱树”。引进并扩大热带花卉、热带水果种植规模，打造一批具有本土特色、活态化强的“花果山”庄园。精心设计“跟随总书记足迹，发现五指山之美”旅游线路，大力打响“不到五指山，不算到海南”品牌，推出黎苗特色文创产品展示、茶艺冲泡展演、黎苗本土文化表演、黎族长桌宴和篝火晚会等旅游精品套餐，通过引爆毛纳村热度，进一步打造水满全域旅游示范区。充分利用紧邻三亚的优势，加大与中旅、首旅等企业的对接力度，积极做好游客引流，谱写“山海联动”新篇章。

六是全力落实习近平总书记“把所有精力都用在让老百姓过好日子上”的嘱托，加快建设四季宜居康养乐园。

习近平总书记在五指山考察时强调，要“想群众之所想，急群众之所急，把所有精力都用在让老百姓过好日子上”。海南省第八次党代会报告也指出，“让老百姓过上好日子，是海南自由贸易港建设的出发点和落脚点”。五指山将坚持人民至上，坚定不移践行以人民为中心的发展思想，大力建设四季宜居康养乐园，让全市人民的获得感成色更足、幸福感更可持续、安全感更有保障。扎实抓好巩固拓展脱贫攻坚成果、稳控菜价、重点群体就业等民生工作，持续推进“一市(县)两校一园”工程、市域医共体、“护学路”等项目建设，不断满足山城人民对美好生活的向往。强化党建引领基层治理，做深做实做优党群服务中心、新时代文明实践中心和站点工作，打造展示基层党建、文明实践工作的重要窗口。从严落实常态化疫情防控举措，强化核酸检测、集中隔离场所、人员流调、新闻宣传等“四种能力”建设，坚决筑牢疫情防控屏障。加快推动大心脏中心和脑神经康复中心项目建设，大力引进一批有品牌、有技术、有医资、有客源的医养康养项目，努力提供高品质、高附加值的医养康养服务。加大房地产市场整顿力度，着力将闲置商品房盘活为安居房和人才房的房源，将停缓建工程转型为康养酒店和运动队冬训基地。加快推进“三城连创”和“智慧五指山”建设，持续巩固国家卫生城市创建成果，启动全国文明城市和国家森林城市创建。高质量推进信访矛盾化解工作，努力实现信访事项动态清零。

站在新的历史起点上，五指山责任重大、使命光荣。我们将牢记嘱托、坚定信心，团结奋斗、攻坚克难，以“功成不必在我”的精神境界和“功成必定有我”的历史担当，凝心聚力，开足马力，加快实现宝山硕果累累，努力向党和人民交上一份满意的答卷。

(作者系中共五指山市委书记：朱宏凌)
来源：《今日海南》
(2022年5月23日)

△五指山有机茶园　　（市委宣传部　提供）

1867发展战略绘就翡翠城新画卷
6项“国字号”荣誉值得山城人骄傲

岁序更新，观往知来。回首2022年，五指山市一份丰厚的成绩单徐徐展开——荣获国家生态文明建设示范区、全国民族团结进步示范市、国家级创新型县（市）、中国气候宜居城市、全国信访工作示范市、全国科普示范市6项国家级荣誉以及省级全域旅游示范区等极具影响力的金字招牌。

而这份成绩单的背后，是五指山市发扬1867工作作风，认真履行职责、提升工作质量和水平的生动写照，是深入推进民主法治建设、促进经济社会高质量发展的重要体现，更是牢记使命、砥砺前行的铿锵步伐。

一年来，五指山市始终坚持将生态文明建设作为“国之大者”，高质量抓好“六水共治”工作，谋划推进昌化江上游滨河雨林生态修复综合治理项目等生态治理项目72个，建制镇污水集中收集处理设施覆盖率、农村生活污水治理率等保供水、治污水多项指标名列全省前茅，市镇两级集中式饮用水水质优良率、主要河流湖库水质优良率均达100%。率先在全省开发应用“智慧林业”平台，实现森林资源“天空地”一体化监测，全市森林覆盖率保持在86%以上。创新运用“钉盯执法”方式，实现重要生态环境点24小时全方位监测，空气质量持续保持全省第一，PM2.5浓度实现个位数，系全省首个达此标准的市县，污染防治攻战考核获得优秀等次。启动热带雨林生态产品价

△海南热带雨林国家公园五指山林区 （李天平 摄）

△五指山水满乡红叶漫山遍野 （付金城 摄）

值实现和大叶茶品牌等试点工作，生态保护和利用取得重要进展。

良好的生态环境是五指山市发展的巨大优势，而科技创新是五指山市实现高质量跨越式发展的关键所在。五指山市自2018年率先在全省实施生态科技特派员制度以来，相继从全国高校、科研院所等单位遴选科技人才136人组成生态科技特派员队伍，并在全市建立起67个特色农业产业基地。截至年底，通过生态科技特派员制度，五指山市建立起了全省首家蓝莓、嘉宝果、兰花、大叶种茶科普示范基地，成功创建101户科技扶贫示范户和7个科技扶贫示范村，引进合作发展产业企业10个，科技惠及建档立卡贫困户1104户。累计获得发明专利授权超15件；规模以上工业企业发明专利申请数从2件增加到9件，增幅350%；被科技部纳入“100+N”开放协同创新工作体系，3家企业被认定为高新技术企业，8家企业入库科技型中小企业，实现了“零”的突破。

五指山市作为原海南黎族苗族自治州府所在地，黎族、苗族等少数民族人口占总户籍人口的73.6%。也是每年“三月三”黎祖祭祀活动主会场，先后将五指山革命根据地纪念园打造成为全省民族团结教育基地，将水满乡打造成全省民族团结进步示范单位，将毛纳村、番赛村、牙曼村、空共下村打造成省少数民族特色村寨，全国青少年“大思政”实践育人基地落户五指山市，“五指山市·海南热带雨林和黎族传统聚落”名列联合国教科文组织世界遗产预备清单，黎族传统纺染织绣入选“中国民间文化艺术之乡”建设典型案例。

五指山市素有“翡翠山城”“天然氧吧”等美誉。如何实至名归而不是空负盛名？一直以来，五指山市都致力助推健康产业建设，更是在2021年启动了国际医养中心项目，初步完成海南胡大一心脏中心、凌锋神经康复中心基础设施建设，成功引进19名专家开展诊疗活动。成功举办第六届海南国际健康产业博览会五指山市健康产业专场推介活动，并发布《五指山市气候康养产业发展白皮书》，助推“一核心、二资源、三避害、四1800、五中心、六康养”发展思路更加清晰，影响力更加凸显。

五指山市不断提升基层治理和服务群众能力水平，着力把矛盾纠纷化解在基层，把信访问题解决在当地，实现“三无”工作目标，成功创建首批“全国信访工作示范县”。

（温小丽 黄俊超）

古文

中共五指山市委关于深入贯彻落实习近平总书记考察海南重要讲话精神和省第八次党代会精神的决定

（2022年5月27日中国共产党五指山市第五届委员会第四次全体会议通过）

2022年4月习近平总书记亲临海南考察，特别是4月11日在五指山考察并作出一系列重要指示和嘱托，为五指山践行"绿水青山就是金山银山"理念和推进乡村全面振兴把脉定向、掌舵领航。4月26日召开的省第八次党代会，绘就了未来五年海南自由贸易港建设的美好蓝图，也为五指山推进海南自由贸易港建设指明了前进方向。为深入贯彻落实习近平总书记考察海南重要讲话精神和省第八次党代会精神，发扬"不讲条件、攻坚克难，不辱使命、精益求精"的"1867"工作作风，推动习近平总书记重要讲话精神及省第八次党代会精神在五指山落地落实，实现五指山高质量跨越式发展，在建设具有世界影响力的中国特色自由贸易港中展现更大作为，作出如下决定。

一、深入学习贯彻落实习近平总书记考察海南重要讲话精神和省第八次党代会精神，切实把思想和行动统一到党中央重大决策和省委安排部署上来

（一）全面客观准确认识五指山的发展形势。五指山是海南的"滤芯""水塔""三江源"和"黎苗文化中心"，具有空气质量全省最好、水环境质量全省最好、森林覆盖率全省最高、热带雨林国家公园面积占比全省最高、市区负氧离子含量全省最高、少数民族人口占比全省最高、每十万人口大中专在校学生人数占比全省第二等"七大优势"，拥有1867米的海拔、18.77度的纬度、1887毫米的年平均降水量、1897小时的年平均日照时数，四季无寒暑、富蕴水热光，是热带农业生产和康养旅游的宜居之地。但生态和文化方面的优势难掩发展方面的劣势，五指山也具有全省人口总量、GDP总量、建设用地面积、耕地面积、农村人均可支配收入、国土面积、财政收入等排名靠后的“七大劣势”。全市上下要充分认清五指山“七优七劣”的发展形势，以习近平总书记考察五指山为契机，全力落实习近平总书记殷殷嘱托和“八个自由贸易港”重点任务，找准定位、因地制宜、扬长避短、比学赶超，奋力奔向高质量跨越式发展新征程。

（二）深刻领会习近平总书记考察海南重要讲话精神。在海南自由贸易港建设全岛封关运作准备工作全面启动和五指山“六园”建设加快推进的关键时刻，习近平总书记亲临海南及五指山考察并发表重要讲话，赋予了海南及五指山重大历史使命和发展机遇。习近平总书记强调，“把所有的精力都用在让老百姓过好日子上”“热带雨林国家公园是国宝，是水库、粮库、钱库，更是碳库”“乡村振兴要在产业生态化、生态产业化上下功夫”，并在五指山考察中留下“推进乡村全面振兴，关键靠人”“把茶叶经营好，把日子越过越好”“不到五指山　不算到海南”等重要指示，高屋建瓴、思想深邃、内涵丰富，给予了五指山发展强大的政治牵引力，提升了五指山国内外的知名度和美誉度，增加了五指山利用自贸港政策的粘性，凝聚了五指山上下干事创业的精气神。全市上下要深入学习领会习近平总书记考察海南重要讲话精神，坚定捍卫“两个确立”，坚决践行“两个维护”，以“睡不着觉”的态度和“一天当三天用”的干劲全力落实总书记殷殷嘱托，用心用情用力回报习近平总书记的关怀和厚爱。

（三）学深悟透省第八次党代会精神。省第八次党代会提出了事关海南长远发展的“1348”战略框架，描绘了“加快建设具有世界影响力的中国特色自由贸易港”“让海南成为新时代中国改革开放的示范”“把海南自由贸易港打造成为展示中国风范的靓丽名片”的美好愿景，明确了建设“八个自由贸易港”的重点任务。省委沈晓明书记调研五指山时强调，五指山市要主动服务和融入全省大局，把“五指山”这张名片擦得更亮，努力成为民族地区高质量发展的典型。全市上下要结合习近平总书记对五指山的殷殷嘱托、省委省政府的系列工作部署、五指山“六园”建设，深入学习贯彻落实省第八次党代会精神和省委沈晓明书记调研五指山讲话精神，推动省委各项安排部署在五指山落地落实。

（四）全力抓好学习宣传贯彻落实。各级党委（党组）要把深入学习宣传贯彻落实习近平总书记考察海南重要讲话精神和省第八次党代会精神作为当前和今后一个时期的首要政治任务，系统抓好本乡镇本部门本单位的学习宣传贯彻落实工作，在全市掀起学习宣传贯彻落实精神热潮。将习近平总书记考察海南重要讲话精神和省第八次党代会精神纳入各级党员干部培训、党委（党组）理论学习中心组会议和各党支部“三会一课”的重要内容，结合“能力提升建设年”活动分层次、全覆盖开展干部大培训，办好公职人员能力素质提升等培训班，用好海南干部在线学习平台、乡村振兴电视夜校、党员干部现代远程教育终端站点等培训平台开展培训，实现全市党员干部培训全覆盖。

二、全力落实“八个自由贸易港”重点任务，加快推进“六园”建设，努力成为民族地区高质量发展的典型

（一）全力落实习近平总书记“让海南成为新时代中国改革开放的示范”的嘱托，建设开放包容、合作共赢的自由贸易港

全力配合做好封关运作准备工作，积极落实“五自由便利、一安全有序流动”各项政策。在深入研究RCEP政策的基础上，加强红茶产业国际合作，探索“一带一路”红茶品牌。积极争取与东南亚国家的合作，加强与西部陆海新通道连接，引进东南亚、广西等地百香果，做足做好百香果等农产品深加工文章。利用五指山气候优势，争取与非洲、南美洲、东南亚、加勒比海等热带雨林地区的国家合作，引进并种植热带水果和花卉。

（二）全力落实习近平总书记“着力打造一流营商环境”的嘱托，建设勇于创新、充满活力的自由贸易港

坚持以“六个不能等”为工作常态，加快建立营商环境登门服务“123”追访机制，以“刀刃”向内的勇气打赢优化营商环境攻坚战，全力打造国内一流营商环境。完善首问责任制，力戒“不知道、不清楚、不可以”，推动解决推诿扯皮、办事拖沓等问题。不断深化“放管服”改革，建立健全闭环工作机制，着力解决好部门职能不清、权责不明的问题。加快建设“互联网+政务”等智能应用平台，切实提升政务服务效能。强化“钉盯执法”，向科技要人力，不断提升科技执法水平。完善和拓展“多规合一”功能，加快推进“机器管规划”和国土空间智慧化治理。推进诚信五指山建设，构建以信用为核心的过程监管机制。打造诚信政府，保持政策连续性和稳定性，解决好历史遗留问题。

（三）全力落实习近平总书记“宝山硕果累累，把日子越过越红火”的嘱托，建设产业聚焦、区域协调的自由贸易港

一是以“四大主导产业”为抓手，重点发展旅游业和热带特色高效农业。成立通什、毛阳—番阳、水满三个工作专班，统筹推进15个先导性项目。聚焦“四大主导产业”，积极发挥比较优势，着力在“特、高、融、新”上下功夫，培育壮大发展新动能。以农旅融合富美田园建设为抓手，做强做优热带特色高效农业，做足“季节差、名特优、绿色有机”文章。成立五指山农业发展集团，统筹整合农业资源，发挥企业市场主体作用。围绕一个乡镇一批美丽乡村、一片高标准农田、一个研学基地、一个露营基地和一乡多品“4个1+N”再谋划一批高质量产业项目，高水平打造共享农庄、多元化水果庄园、番阳镇雪茄庄园。积极推进油茶加工厂项目，提升油茶产品附加值。加快推动斑斓叶规模化种植，逐步替代槟榔种植。推动雪茄烟叶和山兰稻轮种模式，大力发展高端山兰酒。出台林下经济产业发展指南，积极引进符合“十二个林”的林下经济产业发展品种，全力将生态优势转化为发展优势。推动茶叶、雪茄烟叶、野菜叶“三片叶”规模化种植，力争“三片叶”种植面积各达到1万亩。加快推进茶产业扩容、增量、纯种、普查工作，建设一批高标准茶园，精细化、高端化打造五指山大叶红品牌。推动五指山五脚猪规模化养殖，力争达到10万头。积极做好矿泉水生产与生态保护的论证工作，推动矿泉水厂项目落地。加快制定五指山全域旅游发展规划，围绕“一路一区”布局，做足雨林旅游公路文章，全力打造五指山全域生态旅游示范区。积极深化与三亚合作，推进山海融合发展。充分用好现有的五指山革命根据地纪念园、省民族博物馆、黎峒文化园等资源，推动红色文化、黎苗文化、州府文化与旅游结合，打造文化旅游精品。加快雨林旅游公路（二期）、桫椤旅游公路、阿陀岭旅游公路、文体中心展示馆、毛阳镇和番阳镇镇墟等项目升级改造，规范通什镇、南圣镇、毛阳镇高速口道路及乡道两旁旅游指示牌，全面提升旅游公共服务能力。以建设四季宜居康养乐园为抓手，发展壮大现代服务业。下大气力推进康养酒店的招商工作，加快谋划建设自行车、搏击等综合体育训练馆。创新康养产业发展模式，加快推进“五指山—七仙岭养生休闲旅游区”建设，加强与国内知名心血管专家团队合作，充分发挥“名医+气候”的优势，打造心脏疾病康复圣地。大力发展高新技术产业，在风险可控的情况下，探索推进贷后服务产业发展，并充分用好落户的金融、法律、会计等机构资源，谋划发展一批不依赖土地要素的金融相关服务产业；探索推进模式猪产业，加快推动虾青素产业落地，形成新的经济增长点。

二是以建设小型生态产业园区为载体推进产业高质量发展。高标准高质量建设番阳雨林农产品生态加工产业园、水满雨林茶园小镇、新征程绿色金融产业园和南圣雨林金融小镇“四大产业园区”，发挥小型生态产业园的产业带动和辐射作用，力争打造成生态产业转型升级示范园区。发挥财政资金“四两拨千斤”作用，撬动更多社会资本参与园区建设。强化招商引资，吸引更多知名龙头企业进驻园区。

三是以毛纳为中心扎实推进水满全域旅游示范区建设。全力打响“不到五指山不算到海南”品牌，精心拍摄专题宣传片，在央视等各大媒体播出。建立健全水满全域旅游长效机制，不断丰富旅游资源，提升服务功能，解决好卫生、绿化、旅游公交等问题，完成水满老房子、草棚区等改造，加快水满乡景区新能源交通建设及电瓶车配置工作。深化《五指山市水满雨林茶园风情小镇控制性详细规划》，加快推动水满雨林茶园小镇落地。完善水满茶产业园基础设施建设，提高茶产业的产量、质量和效益。探索开展沉浸式采茶体验活动，培育茶旅融合新业态。提升黎峒文化园项目质量，做好招商服务工作。规范水满农家乐布局，全面提升农家乐档次和服务水平。加快推进毛纳村总体规划，打造成美丽乡村和产业生态化、生态产业化的样板。加快注册“毛纳村”“毛纳”“久久不见”“久久见”“硕果亭”等商标工作，用好毛纳等地域商标品牌。完善毛纳村电力、饮水、污水等基础设施建设，推进毛纳村墙体和房屋彩绘设计工作，打造具有民族特色的酒吧、餐吧、酒坊等消费场所。丰富完善毛纳村旅游精品套餐，吸引更多游客“跟随总书记足迹发现五指山之美”。

（四）全力落实习近平总书记“海南热带雨林国家公园是国宝”的嘱托，建设生态一流、绿色低碳的自由贸易港

一是加强生态环境综合治理。强化农村水、大气、土壤等系统治理，推动裸露土地复绿，进一步提高水、空气、土壤的质量和森林覆盖率及蓄积量。加快建成国家生态文明建设示范区，夯实绿色高质量发展根基。持续推进热带雨林国家公园、清洁能源岛和清洁能源汽车、“禁塑”、装配式建筑、“六水共治”等标志性工程。加大违法焚烧秸秆整治力度，提升秸秆综合利用能力。出台五指山市工地放线管理办法，规范工地放线标准。稳步推进向阳水库建设，统筹谋划做好水库移民搬迁工作，积极争取将向阳水库纳入全省生态转移支付范围。以科技支撑五指山生态文明建设，不断巩固五指山创新型市县成果。加强生态系统生产总值GEP核算评估应用，探索“生态资产权益抵押+项目贷”模式，加大绿色金融支持力度。探索EOD模式，积极争取GEP金融政策扶持，创新林业、碳汇、生态补偿等生态产品价值实现机制，使生态资产成为高质量发展的资本，确保守着宝山的老百姓能够硕果累累。

二是保护和利用好热带雨林。跳出海南看热带雨林国家公园建设，保护和利用好热带雨林这一“国之大者”，切实扛起建设热带雨林国家公园的主要担当。以建设海南热带雨林国家公园为抓手，推动生态保护、绿色发展、民生改善协调统一。积极与海南师范大学雨林“四库”研究机构合作，做足“四库”文章，力争成为全省“四库”实践的标杆。将生态搬迁作为当前建设热带雨林国家公园的首要任务，坚决完成生态搬迁工作。持续开展槟榔种植毁林专项整治工作，坚决打击毁林行为。大力实施昌化江上游滨河雨林生态修复综合治理工程等一批治水项目。加快建设热带雨林博物馆，提档升级雨林时装周活动，精心谋划举办“雨林与您”、“鹿拉松”、雨林电音节、雨林音乐节、雨林骑行等雨林文体活动，进一步讲好雨林故事。积极推进“热带雨林和黎族传统聚落”世界双遗产申报工作。深度开展雨林研究，把雨林特色与黎苗文化、科普、旅游、林下经济结合起来，做好“雨林+”文章，在保护和利用上创新探索、争创佳绩。

（五）全力落实习近平总书记“坚决不发生系统性风险的底线”的嘱托，建设安全有序、风险可控的自由贸易港

坚持底线思维、极限思维，对标海南自由贸易港建设15个风险领域防控要求，高度警惕“黑天鹅”，主动防范“灰犀牛”。慎终如始抓好常态化疫情防控工作，持续筑牢疫情防控屏障。严格落实安全生产责任制，坚决防范各类安全生产事故发生。靠前防范和化解贷后服务产业风险，建立健全贷后服务风险防范预警体系、评估体系和处置机制。加强生态环保风险防控，严把园区发展、农业生产、项目建设生态准入关。持续化解房地产风险，建立健全房地产风险全过程管控体系。

（六）全力落实习近平总书记“用心用情用力解决好人民群众的急难愁盼问题”的嘱托，建设共建共享、共同富裕的自由贸易港

一是扎实推进乡村全面振兴。持续巩固拓展脱贫攻坚成果同乡村振兴有效衔接，建立健全防止返贫致贫监测和帮扶机制，打造民族地区乡村振兴的样板，努力成为共同富裕的典范。完善乡村振兴智慧管理平台建设，实现乡村振兴数字化、精准化。全力做好乡村振兴挂牌督办整改工作，力争成为全省槟榔产业转型转产的示范。加强耕地保护，摸清基本农田底数，全面清理撂荒地、整治侵占基本农田行为，推动撂荒地复耕复种。探索试行基本农田轮种制度，实现基本农田高效利用。完善天然橡胶产业扶持政策，继续加大橡胶保险扶持力度。常态化开展农村人居环境整治工作，加快推广建设“合亩仓库”“建材银行”“巴掌公园”“庭院花园”，力争获得省农村人居环境奖。推进毛贵村、永忠村、毛苗村、什哈村等一批美丽乡村建设，争创五星级美丽乡村。积极引进有实力的市场主体，发展乡村特色产业，提高产业组织化水平，并通过建立健全利益连接机制让农民分享更多产业增值的收益。充分发挥市内大中专院校和科研机构在农民就业培训中的作用，加大农民的培训力度，引导和帮助农民务工，让农民尽可能吃上“技能饭”。

二是加快发展教育医疗事业。坚持引育并举，着力推动教师队伍提质增效。统筹抓好“双减”工作和教育质量提升，让学生以科学合理的负担获得全面发展。促进学前教育普及普惠发展，持续推进义务教育优质均衡发展和城乡一体化，高水平发展职业教育，加强特殊教育，推动“互联网+教育”提档升级。鼓励职业学校深入推进产教融合。加快市第三小学新址迁建、五指山中学扩建。完成海南热带海洋学院附属中学增挂原“海南第二中学”校牌工作，推进市内中专院校的整合，协调推动海南热带海洋学院完善布局规划。积极发挥市医疗集团作用，全面提升医疗服务水平。全力支持省第二人民医院创建三级综合医院。加快推动大心脏中心和脑神经康复中心项目建设。强化基层教育、医疗系统从业人员的住房和工资保障。

三是以通什为载体推进城镇化建设。以底蕴厚重州府故园建设为抓手，加快通什郊野森林公园、“三月三”大道及其延长线、市委党校改扩建、省民族博物馆一期和二期、通什高速路口、车站周边商业化、新征程大厦周边等项目改造提升，全面提升通什镇基础设施和公共服务水平，争做全省新型城镇化建设的示范。坚持修旧如旧，加大对州府老建筑的修缮力度，推进农垦大院和琼州大学主楼等老建筑旅游化改造，着力再现州府风貌。建立健全城市风貌管控体制机制，制定出台山寮管控规划，做好全市广告立面改造和通什高速公路出口高架桥垂直绿化工作。开工建设市区“一河两岸”景观及生态工程，大力提升道路两边风貌，全力保护好河岸线、山际线和天际线。以“三城连创”为抓手，推进“智慧五指山”建设，提升城市管理治理水平。加快盘活闲置土地、部队置换土地、农垦低效用地、停缓建工程，解决五指山市2000多亩存量未用土地，尽快收回省属单位在五指山闲置用地和房产，最大限度节约集约用地。推进烂尾楼处置和改造工作。聚焦建成年代较早、失养失修失管、配套设施不完善、居民改造意愿强烈的老旧小区，加快推进雅蓄村民小组等旧改项目，改善居民基本居住条件。继续加大房地产市场的整顿力度，加快出台违法处置意见，持续规范房地产市场行为，将闲置商品房盘活为安居房和人才房房源。加快推动农村人口向城区聚集、就业在城区解决，不断做大城区规模，实现城乡融合发展。

（七）全力落实习近平总书记“把所有精力都用在让老百姓过好日子上”的嘱托，建设平安法治、文明和谐的自由贸易港

一是扎实推进平安五指山建设。加快推进综治中心、社管平台、网格化服务管理、矛盾纠纷多元化解“四位一体”机制建设，深化城乡社区治理与服务体系建设，健全基层社会治理体系。加强全民普法和基层法治建设，提升全民法治素养。加强国家安全体系和能力建设。常态化开展扫黑除恶斗争，严厉打击“黄赌毒”、盗抢骗、食药领域违法犯罪。深入推进市县域社会治理现代化，推进护学路建设，创建全国最安全地区。坚决啃下信访“硬骨头”，努力实现信访事项动态清零。

二是切实抓好精神文明建设。积极培育和践行社会主义核心价值观，广泛开展群众性精神文明创建活动，努力争创全国文明城市，推动文明镇村、文明小区、文明单位、文明行业、文明家庭、文明校园等建设，倡导遵纪守法、诚实守信的社会风尚，鼓励和支持志愿服务活动，全面提升人民文明素养和社会文明程度。抓好学校思想政治工作和未成年人思想道德建设。做实新时代文明实践中心、所、站建设，让党的声音“飞入寻常百姓家”。

三是大力发展红色文化和黎苗文化。以建设琼崖革命初心悟园为抓手，优化升级五指山革命根据地纪念园环境及周边纪念设施和红色村庄的打造，加快争创国家AAAA级红色旅游景区、全国红色教育基地。加快推进毛贵村等红色村庄建设，全面梳理现有红色资源，保护好、管理好、运用好琼崖纵队总医院、服装厂及琼崖公学等红色遗址。以建设黎苗文化精神家园为抓手，持续推进“六个一批”工作，建设铸牢中华民族共同体意识展示馆、岛屿民族博物馆等博物馆集群，切实担负起海南历史文化传承的主要责任。编制《五指山市黎语地名概览》。高水平做好“船形屋”等文化遗存保护修复，加强非物质文化遗产传承人的培养、认定、管理和传承所建设，传承发展好黎族苗族传统纺染织绣技艺。打造毛纳村、初保村等一批少数民族特色村寨，着力把“山城好物集市”打造成五指山特色品牌。深入挖掘黎苗传统美食资源，打造“酸汤鱼”等黎苗特色美食。成立市级申遗工作领导小组，做好藤编等非遗的保护传承，推动五指山更多优秀黎苗文化成果成功申遗和非物质文化遗产融入城市建设。

（八）全力落实习近平总书记“把各领域基层党组织建设成为坚强战斗堡垒”的嘱托，建设党建引领、风清气正的自由贸易港

一是持之以恒加强党的政治建设。坚持严的主基调，深入推进全面从严治党，以党的政治建设为统领，全面推进党的各方面建设。坚持以习近平新时代中国特色社会主义思想武装头脑、指导实践、推动工作，引导党员、干部自觉做习近平新时代中国特色社会主义思想的坚定信仰者和忠实实践者。严守党的政治纪律和政治规矩，不断提高政治判断力、政治领悟力、政治执行力，善于用政治眼光看经济问题、看社会现象、看开放力度、看改革效果。

二是强化干部能力和作风建设。以“能力提升建设年”活动为抓手，常态化开展“大培训、大练兵、大比武”活动，重点提升领导干部谋发展、抓项目、推进乡村振兴等能力。全力抓好乡村振兴工作队员、村“两委”干部、帮扶联系人、乡镇干部、“三农”系统干部的集中轮训，建设一支政治过硬、本领过硬、作风过硬的乡村振兴干部队伍。重视在教育培训和一线实践中对少数民族干部的培养、选拔和使用，在增加数量、提升质量、优化年龄结构等方面下功夫。强化乡村振兴一线干部与市直机关企事业单位年轻干部“双向”跟班学习锻炼，继续组织优秀干部到省外先进地区考察学习、到省直机关部门跟班学习，不断开阔视野、增长见识。全面推进基层党组织建设，打造宣传党的主张、贯彻党的决定、领导基层治理、团结动员群众、推动改革发展的坚强战斗堡垒。深入开展“六个不能等”作风问题专项整治，持续改进干部作风。着力提升领导班子和基层干部履职能力及执行力，确保各级各部门对市委布置的工作“一天有动作、三天报思路、七天报方案、每周报进度”。

三是加强清廉五指山建设。坚持源头反腐、长效反腐，坚持无禁区、全覆盖、“零容忍”，一体推进不敢腐、不能腐、不想腐机制建设。加快出台贯彻落实《关于推进清廉自贸港建设的决定》的重点任务分工方案。探索推行制度廉洁性评估。着力加强对“一把手”和领导班子的监督，持续整治群众身边腐败问题和不正之风。始终坚持“三个聚焦”，切实发挥市委巡察的综合监督作用和联系群众的纽带作用。压实巡视巡察整改工作的主体责任、监督责任和统筹督促责任，推动各级党组织扎实做好过去五年巡视巡察整改“后半篇文章”。探索创建“清廉机关”试点工作。加强廉洁文化建设和家风建设，打造廉政警示教育基地和廉政文化长廊。

名词解释

15个先导性项目：

1. 通什高速路口改造；
2. 省民族博物馆提升建设；
3. 车站周边商业化改造；
4. 琼大主楼修缮和使用；
5. 三月三大道及其延长线改造；
6. 新征程大厦周边建设；
7. “一河两岸” 建设；
8. 铸牢中华民族共同体意识展示馆建设；
9. “花果山” 水果庄园建设；
10. 风貌管控和烂尾楼处置；
11. 乡村振兴智慧平台建设；
12. 茶产业发展；
13. 红色村庄建设；
14. 水满全域旅游；
15. 高端酒店建设。

“活”用红色资源 “精”耕红色旅游

——五指山革命根据地纪念园景区成功获评国家AAAA级旅游景区

△五指山革命根据地纪念园

2022年10月，省旅游资源规划开发质量评定委员会公示一批荣获国家AAAA级景区的名单，五指山革命根据地纪念园景区榜上有名，标志着五指山市新增一个国家AAAA级旅游景区，五指山市红色旅游业发展有了进一步的突破。五指山革命根据地纪念园景区是海南省为数不多的国家AAAA级红色文化景区。自2021年以来，五指山市积极推动五指山革命根据地纪念园提质升级，创建国家AAAA级景区。对景区内的纪念碑、广场周边等硬件进行升级改造，并增加一批国防教育装备，不断擦亮“二十三年红旗不倒”和海南第一面五星红旗升起的地方旅游品牌。在景区的带动下，让更多村民实现在家门口就业，为当地群众拓宽增收致富渠道。

五指山革命根据地纪念园景区创建于2001年，以原琼崖纵队司令部旧址为依托，设立于五指山市毛阳镇毛贵村，是海南省4条红色旅游线路之一，同时也是全国100个重点红色旅游景区之一。景区内设有历史陈列馆、纪念碑、英雄广场等设施，是海南省重要的爱国主义教育基地。

市旅游和文化广电体育局局长陈海东：“五指山市持续以‘琼崖革命初心悟园’为文化发展总抓手，不断挖掘我市红色文化旅游内涵，形成五指山市‘红色旅游+’的良好氛围，进一步推动五指山市革命根据地纪念园迈向高端红色旅游景区标准化运营的步伐，全力将它打造成为五指山市文化旅游品牌，成为我们海南琼崖革命传承的一个高地。”

（温小丽　黄俊超）

第四届"五指山好人"颁奖晚会隆重举行 33名优秀市民获殊荣

2022年2月26日，以"山城好人在身边 时代楷模伴我行"为主题的第四届"五指山好人"颁奖典礼文艺晚会在市"三月三"广场举行，五指山市各行各业的7大类33名优秀市民获得"五指山好人"殊荣，接受全市人民的赞美。市委常委、宣传部部长喻倩，市人大常委会副主任邢小丽、市政府副市长郑启荣、市政协副主席邓清辉出席晚会。晚会现场，市"三月三"广场灯光璀璨，掌声不断，到处洋溢着崇德向善的热烈气氛。舞蹈《山城之光》《奉献》，小合唱《好好歌》、小品《乡村振兴那些事》等精彩文艺节目穿插其中，营造了孝老爱亲、学习好人的浓厚氛围。现场群众一起聆听和见证了五指山好人的善行义举，感受到翡翠山城的深情厚爱。

从2022年4月开始，五指山市开始组织第四届"五指山好人"评选活动，经过宣传发动、初审、投票、市委常委会决定等多道程序，共评选出12位敬业奉献类、5位助人为乐类、7位孝老爱亲类、2位美德少年类、3位最美物业人类、3位最美快递员类、1位见义勇为类共7大类33名闪耀着美德光辉的五指山好人。他们中有职工、公务员、消防员、农民、学生、快递员等，他们用属于自己的坚守、用荣光闪耀的时刻，一次次涤荡心灵、催人向上，为这座山城增添了一丝温暖。他们与真善美同行，写下了关于人生意义最宝贵的答案，也标注出这个时代的精神坐标。五指山好人刘娟："我非常荣幸能获得这个称号，这是对我以前工作的一种认可、一种肯定，也是对我今后工作的一种鼓励，在以后的工作当中，我将会以更加务实勤恳的态度做好我的工作。"五指山好人金龙："我今天特别感动，我来五指山十年了，我做物业行业十年了，我今天的荣誉都是五指山人民给我的鼓励和支持，我今后将会在物业行业继续做好服务。"

（周玉 王汉存）

△舞蹈《水满茶香》（省民宗委 供图）

大事记

大事记

1月

1日 五指山市委副书记、市政府市长陈国梁调研平价蔬菜保供稳价情况，检查疫情防控、食品安全及安全生产工作。

4日 五指山市畅好乡草办村开展生活垃圾分类试点工作，充分发挥星级美丽乡村、文明村镇及“垃圾智慧分类”示范作用。

是日 五指山市南圣镇新春村举办“寻味五指山渔乐无止境新春·家宴”旅游美食文化系列活动，并推出“五指山礼物”品牌，进一步展示五指山市民俗文化和优质生态产品。

是日 五指山市防范房地产风险巡回法庭在市住房和城乡建设局挂牌成立。

5日 五指山市文明办联合六龙公交公司为公交车“披”上多样化宣传标语，公交车变身流动文明宣传站。

6日 海南自由贸易港建设项目2022年度五指山市第一批集中开工仪式在市第三小学搬迁建校项目现场举行。

是日 政协五指山市第五届委员会第一次会议在福德莱酒店开幕。

7日 五指山市第五届人民代表大会第一次会议在福德莱酒店四楼多功能厅开幕。

是日 政协五指山市第五届委员会第一次会议圆满完成各项议题后闭幕。

9日 五指山市住建局联合市综合行政执法局、市消防等相关部门共同执法，对五指山市2个小区无证液化气站进行查处。

是日 五指山市第五届人民代表大会第一次会议圆满完成各项议程后闭幕。

是日 五指山市第五届人民代表大会第一次会议通过香樟树(附生蕨类)为五指山市“市树”。

是日 五指山市第五届人民代表大会第一次会议正式通过凤凰花为五指山市“市花”。

10日 五指山市委副书记、市政府市长陈国梁主持召开五届市政府第1次常务会议，传达学习省委、省政府相关指示批示精神，听取相关工作汇报，并对需要市政府解决的议题进行了审议讨论。

是日 五指山市召开“双创”工作总结表彰暨“创建全国文明城市巩固国家卫生城市创建国家森林城市”动员部署会。

是日 五指山市党史学习教育总结大会暨全市作风整顿建设年、“查堵点、破难题、促发展”活动推进会召开。

11日 海南省见义勇为基金会理事长肖若海一行到五指山慰问见义勇为生活困难人员，为他们发放慰问金和慰问品，并提前送上新春祝福。

12日 五指山市委书记、市委审计委员会主任朱宏凌主持召开市委审计委员会第一次会议。会议传达学习《中共海南省委审计委员会关于认真做好2021年审计署审计业务质量检查发现问题整改工作的通知》《中共海南省委审计委员会办公室关于转发中央审计委员会办公室关于印发〈省级党委审计委员会重大事项请示报告实施办法的通知〉和〈省级党委审计委员会重大事项请示报告工作问题答疑(一)〉的通知》文件精神；听取中共五指山市委审计委员会办公室关于市审计局2018年以来审计披露问题整改情况的报告和市交通运输局关于审计披露问题整改情况的汇报；审议《五指山市政府合作投资项目合同执行情况专项审计调查报告》。

是日 中共五指山市委理论学习中心组开展2022年第1次(五届2次)集体学习，深入学习《习近平总书记在党史学习教育动员大会上的讲话》。

是日 五指山市委全面深化改革委员会暨推进自贸港建设工作领导小组2022年第一次会议召开。

是日 五指山市召开2022年市委人才工作委员会第一次会议暨2021年人才工作述职会议，审议相关文件，部署2022年人才工作。

是日 海南省卫生健康委副主任、省指挥部疫防组和冷链组副组长曾昭长带队到五指山市对疫情防控工作进行指导。

15日 五指山市委副书记、市政府市长陈国梁带队到 五指山市部分重点路段就城市管理各项工作开展实地督导检查，并对春节前城市环境综合整治工作进行安排部署。

16日 五指山市人民政府、海南日报报业集团、海南广播电视总台联合主办的2022海南(五指山)早春茶开采季启动仪式在水满乡五指山自然保护区景区仙女台举行。

是日 五指山市“1867”沙龙之茶产业发展主题座谈会在水满乡亚泰雨林酒店举行。

17日 五指山市委书记朱宏凌主持召开市委常委会党史学习教育专题民主生活会乡镇(居)党委和市直部门主要负责人代表征求意见座谈会，听取乡镇(居)党委、市直部门主要负责人对市委常委会班子及其成员的意见、建议。

18—22日 由五指山市旅游和文化广电体育局主办、海南天龙足球俱乐部承办的2022年第二届“五指山大力神杯”青少年足球冬令营邀请赛在海南热带海洋学院附属中学足球场举行。

20日 海南省中部地区“党建联创助推安全质量标准化”观摩会在五指山市举行。

21日 五指山市32个小区9000余户家庭用上天然气。

是日 五指山市召开全市干部大会，传达学习海南省第六届人民代表大会第五次会议、政协第七届海南省委员会第五次会议精神，安排部署全市贯彻落实工作。

是日 五指山市委书记、市治水工作领导小组组长朱宏凌主持召开市治水攻坚战动员部署会暨治水工作领导小组会议。贯彻落实全省“六水共治”攻坚战动员部署会精神，研究部署五指山治水工作。

26日 中共五指山市委常委会召开党史学习教育专题民主生活会。五指山市委常委班子成员结合个人思想及工作实际，深刻剖析问题，开展批评和自我批评，提出改进措施，明确努力方向。

是日 2022年五指山市迎新春暨第十二届农民文艺会演晚会在“三月三”广场举办。

是日 中共五指山市人民政府党组召开党史学习教育专题民主生活会。

是日 五指山市首批生态搬迁户喜迁新居。

29日 五指山市委应对疫情工作领导小组第29次会议在市委一楼会议室召开，会议传达学习贯彻近期省委疫情防控相关会议精神，听取相关工作汇报，进行疫情防控桌面推演，并对春节期间疫情防控工作进行部署。

是日 五指山市委副书记、市政府市长陈国梁带队调研春节前平价蔬菜保供稳价情况、检查疫情防控及安全生产工作。

是日 五指山市委书记、市委实施乡村振兴战略领导小组组长朱宏凌主持召开2022年市委实施乡村振兴战略领导小组第1次会议，传达学习相关文件精神，听取重点工作谋划推进情况，安排部署下一步工作。

2月

1日 大年初一，五指山市委书记朱宏凌到基层一线看望慰问春节期间坚守岗位工作人员，实地察看节日期间值班值守、疫情防控、安全生产等情况，并代表五指山市委、市政府向全市各行各业、各条战线的广大干部群众及家属致以新春祝福和诚挚问候。

4日 大年初四，五指山市委副书记、市政府市长陈国梁到市疫情防控工作指挥部、市中医院走访慰问值班人员、一线医护人员，并开展疫情防控检查。

6日 五指山市春节期间的旅游总收入6091.13万元。

11日 五指山市以“送烟=送危害”为主题的宣讲活动在“三月三”广场举行。

是日 五指山市“1867”沙龙之文创产业发展座谈会在水满乡椰仙茶园举行。

是日 五指山市委副书记、市政府市长陈国梁主持召开五指山市烟花爆竹禁燃禁放推进会。

是日 五指山市番阳镇青瓜月销售额突破2000万元。

14日 五指山市召开2021年度市属党(工)委书记抓基层党建工作述职评议会议，对全市各党(工)委书记抓基层党建工作情况进行述职评议，安排部署2022年度基层党建工作。

是日 五指山市召开全市组织工作会议，深入贯彻落实全国、全省组织部长会议精神和省委、市委工作要求，总结2021年组织工作，部署2022年工作任务。

是日 五指山市委副书记、市政府市长陈国梁主持召开2022年度五指山市固定投资项目推进会，安排部署下一步工作，确保一季度“开门红”。

是日 五指山市委副书记、市政府市长陈国梁和市政协主席黄美莲现场授予国家举重队、国家跆拳道队“五指山旅游形象公益大使”称号。

是日 五指山市委政法工作会议在市委三楼会议室召开，会议学习贯彻习近平总书记对政法工作的重要指示和中央、省委政法工作会议精神，总结工作，分析形势，研究部署五指山市2022年政法工作。

是日 五指山市举行“元气满满闹元宵 同心共筑‘六园’梦”元宵游园会活动，丰富市民文娱生活。

16日 五指山思源实验学校正式更名为海南省农垦实验中学附属五指山思源实验学校。

是日 中国共产党五指山市第五届纪律检查委员会第二次全体会议在市委三楼会议室召开，会议深入学习贯彻十九届中央纪委六次全会及省纪委七届六次全会精神，贯彻落实中央及省委全面从严治党新部署新要求，总结回顾全市2021年纪检监察工作，安排部署2022年工作任务。

是日 第八届“中国诗歌春晚”五指山分会场在仁帝山广场大舞台举行。

是日 中国志愿医生行动·海南站的84名志愿医生在五指山市进行庄严宣誓，立志加入中国志愿医生行列，走进乡村，践行志愿服务精神，为更多的百姓服务。

是日 中共五指山市委理论学习中心组开展2022年第2次(五届3次)集体学习。

是日 五指山市召开全市作风整顿建设年活动总结暨能力提升建设年活动动员部署会，总结全市作风整顿建设年活动，动员部署能力提升建设年活动。

18日 五指山市委、市政府解决畅好居制品厂队组拆迁安置房历史遗留“老大难”问题，55户拆迁安置居民圆了11年“安居梦”。

是日 五指山市第五届人民代表大会常务委员会第一次会议在市人大会议室召开，会议传达学习习近平总书记在中央人大工作会议上的讲话精神和省委书记沈晓明在省六届人大五次会议闭幕会上的讲话精神，并表决通过人事任免案。

21日 国家举重队、国家跆拳道队两支“国字号”队伍再次集结五指山，备战2022年杭州亚运会。

22日 海南省政协人口资源环境委员会主任廖香俊率调研组到五指山就大气污染防治、“六个严禁两个推进”、秸秆禁烧视频监控平台建设、春节期间烟花爆竹管控情况等内容进行民主监督调研。

是日 五指山市“1867”沙龙之餐饮行业发展主题研讨座谈会召开。

是日 五指山市委书记朱宏凌就五指山市新时代文明实践工作开展调研，并现场提出指导意见。

是日 中共五指山市委理论学习中心组开展2022年第3次(五届4次)集体学习，会议深入学习《省委沈晓明书记在2022年海南省市县党政正职、省直单位主要负责同志学习贯彻党的十九届六中全会和省委七届十一次全会精神专题研讨班上的讲话》精神，研究五指山市贯彻落实工作。

24日 五指山市委书记朱宏凌到市群众来访接待中心接访，共接待6批次来访群众，涉及拆迁安置、办证落实等事项。

是日 中国康复学会儿童康复专业委员会主任委员李晓捷教授到海南省第二人民医院为脑瘫患儿会诊。

是日 五指山市纪检监察系统“能力提升建设年”动员部署会暨警示教育大会召开。

是日 五指山市召开2022年“两会”人大代表建议和政协委员提案交办会议，安排部署2022年度办理工作任务。

25日 五指山市开展新提拔和进一步使用干部“家庭式”廉政谈话会，增强领导干部廉洁自律意识，扣牢廉洁从政“第一粒扣子”。

28日 五指山市委书记、市委审计委员会主任朱宏凌主持召开市委审计委员会第二次会议，传达学习全国、全省审计工作会议精神，听取中共五指山市委审计委员会办公室关于市审计局2018年以来审计披露问题整改情况的报告和五指山市政府合作投资项目合同执行情况专项审计调查整改情况的报告。

是日 五指山市领导干部学习贯彻党的十九届六中全会和省委七届十一次全会精神专题研讨班(第一期)在市委党校开班。

是日 五指山市委书记、市委实

施乡村振兴战略领导小组组长朱宏凌主持召开2022年市委实施乡村振兴战略领导小组第2次会议，传达学习相关文件精神，听取重点工作谋划推进情况，安排部署下一步工作。

3月

1日 五指山市委书记、市委应对疫情工作领导小组组长朱宏凌在市委一楼会议室主持召开领导小组第30次会议，听取五指山市近期疫情防控工作情况汇报，安排部署下一步工作。

2日 五指山市委副书记、市政府市长陈国梁率队到鸿鑫农贸市场、市场沿街商铺、海南制药厂、三月三大道二期项目、中西医结合医院等疫情防控重点场所和重点项目施工地调研督导安全生产、疫情防控、保供稳价等重点工作。

是日 五指山市委副书记、市政府市长陈国梁到五指山市山海高速畅好出入口改造及绿化景观改造工程项目现场、长流一队、第二居民区城乡一体化改造项目现场和五指山市残疾人康复中心、海南省平山医院开展调研。

3日 《海南省非物质文化遗产保护规定》立法调研组到五指山市就五指山市非物质文化遗产保护传承情况进行调研。

是日 五指山市委副书记、市政府市长陈国梁主持召开“三月三”组委会领导小组会议，审议2022年五指山市“三月三”各专项活动相关事宜，安排部署下一步工作。

是日 中国共产党五指山市第五届委员会第三次全体会议召开。

6日 五指山市阿陀岭赛道自行车骑行纪录挑战赛开赛。

7日 五届市委全面深化改革委员会暨推进自贸港建设工作领导小组第二次会议召开，会议贯彻落实中央、省委相关会议精神，并对五指山市全面深化改革工作进行安排部署。

是日 五指山市委副书记、市政府市长陈国梁主持召开五届市政府第5次常务会议，传达学习相关文件精神，听取相关工作汇报，并对需要市政府解决的议题进行审议讨论。

9日 五指山市委政法委员会在市委一楼会议室召开2022年度第一次全体（扩大）会议，传达学习习近平总书记对政法工作的重要指示精神和沈晓明书记在政法队伍教育整顿总结大会上的讲话精神，听取相关工作情况汇报并部署近期重点工作。

是日 海南省人民政府副省长王斌率调研组到五指山市，就生态环境保护、非遗项目传承、生态移民搬迁、食品药品安全等工作开展情况进行调研，并开展巡林工作。

是日 五指山市第五届人民代表大会常务委员会第二次会议召开，会议表决通过李夏、陈海东、李丹文、吴青松、林雪虹等21人的人事任免案。

是日 中共五指山市委理论学习中心组开展2022年第5次集体学习，会议书面传达2021年五指山市实地暗访问题总结，并邀请国家统计局海南调查总队二级巡视员郑路解读全国县级文明城市测评体系（2021年版）。

是日 五指山市“1867”沙龙之旅游业发展主题研讨座谈会召开。

10日 海南省住房和城乡建设厅调研组到五指山市，就市城镇老旧小区改造工作开展调研。

是日 五指山市光彩事业促进会第一届会员代表大会召开，选举产生五指山市光彩事业促进会第一届理事会会长、常务副会长、副会长、秘书长、常务理事。

是日 五指山市治水工作领导小

组办公室挂牌成立。

是日 五指山市委书记朱宏凌到水满乡亚泰路拆违现场指导工作。

11日 五指山市依法拆除“两违”整治工作完成90%以上。

11—13日 五指山市自行车运动协会邀请儋州市、琼中黎族苗族自治县自行车代表队到五指山市训练，在阿陀岭“皇后赛道”，两支自行车代表队与五指山“1867”峰值车队展开合练，再创阿陀岭南坡个人纪录。

12日 五指山市委副书记、市政府市长、市疫情防控工作指挥部总指挥陈国梁在市委一楼会议室主持召开市疫情防控工作指挥部第48次会议，听取五指山市近期疫情防控工作情况汇报，安排部署下一步工作。

13日 五指山市春季新冠疫情防控专项联合检查行动启动仪式举行。

14日 2022年海南黎族苗族传统节日“三月三”新闻发布会在海口市召开。

17日 五指山市人民政府联合中国（山东）自贸试验区济南片区管委会，在济南市举办“相约自贸港筑梦五指山”海南自贸港政策解读暨五指山“六园”建设推介活动。

18日 五指山市委副书记、市政府市长陈国梁主持召开市政府“两重一大”专题会议，会议听取相关工作汇报，并对需要市政府解决的议题进行审议讨论。

是日 五指山市委副书记、市政府市长陈国梁主持召开专题会议，研究部署审计问题整改工作。

是日 五指山市举行2022年双拥共建单位签约仪式。

21日 五届市委第一轮巡察工作动员部署会召开，对第一轮巡察工作进行安排部署。

22日 五指山市委副书记、市政府市长陈国梁主持召开2022年度市重点项目推进会，分析研判当前经济运行形势，安排部署下一阶段工作。

24日 五指山市人大常委会主任万才胜带领部分常委会组成人员、市人大代表视察组一行，到南水、毛水公路及水满乡毛纳村、新村村，就周边环境整治及“两违”整治和美丽乡村建设等相关情况开展专题视察。

25日 五指山市委副书记、市政府市长陈国梁主持召开五指山市平价蔬菜保供惠民行动专班工作会议，听取五指山市“菜篮子”保供稳价重点工作落实情况汇报，研究部署下一步工作。

是日 五届市委第一轮巡察共派出4个巡察组，对五指山市委党校、市残联党组、市林业局党组、市妇联党组、市住建局党组、市市政服务中心党组、市自然资源和规划局党组等7个单位党组织开展常规巡察。

28日 五指山市“创文巩卫”工作推进会召开，会议深入研究分析当前工作中的短板，统一思想认识，增强责任感、紧迫感，高质量推进“创文巩卫”工作。

是日 五指山市委副书记、市政府市长陈国梁主持召开五届市政府第7次常务会议，对需要市政府解决的议题进行审议讨论。

29日 中国共产党五指山市代表会议开幕。会议选举产生五指山市出席中国共产党海南省第八次代表大会的代表。

是日 五指山市能力提升建设年暨深化拓展“查堵点、破难题、促发展”活动领导小组会议召开。

是日 五指山市疫情防控工作指挥部第50次会议召开，传达学习近期中央、省委新冠疫情防控有关文件，分析当前疫情防控形势，对五指山市疫情防控工作进行再安排、再部署。

30日 2022年五指山市委农村

工作会议暨市委实施乡村振兴战略领导小组第十四次会议召开，会议深入贯彻落实中央及省委农村工作会议精神，全面总结五指山市2021年农业农村工作，分析当前工作形势，安排部署2022年重点工作。

31日 五指山市委审计委员会第十二次会议召开，会议审议有关文件，听取相关工作汇报，研究部署下一阶段工作。

是日 2022年五指山市庆祝海南黎族苗族传统节日“三月三”“醉美三月·墨画飘香”美术作品展在市文化体育中心展馆开幕。

是日 五指山市委应对疫情工作领导小组第31次会议召开，听取当前五指山市疫情防控工作情况汇报，安排部署下一步工作。

是日 五指山市召开2022年第一季度安全生产工作会议，部署落实全国、全省安全生产电视电话会议精神，对近期全市安全生产工作进行安排部署。

是日 五指山市“安保维稳、缉枪治爆”专项行动、禁毒暨预防和保护未成年人违法犯罪工作部署会召开，分析当前五指山市“安保维稳、缉枪治爆”专项行动、禁毒暨预防和保护未成年人违法犯罪四项工作形势，部署下一阶段工作。

是日 五指山市统战工作会议召开，传达学习全省统战部长会议精神，听取2021年统战工作情况报告，征求相关文件意见建议，研究部署下一步统战工作。

是日 政协五指山市第五届委员常务委员会第一次会议召开。

是日 五指山市委书记朱宏凌主持召开五届市委常委会第13次(扩大)会议，会议传达学习安全生产相关文件精神、部署安全生产工作。

4月

2日 五指山市委副书记、市政府市长陈国梁主持召开五届市政府第8次常务会议，听取相关报告，对需要市政府解决的议题进行审议讨论。

4日 五指山市疫情防控工作调度会召开。会议贯彻落实省委、省政府关于疫情防控工作的指示精神，分析当前疫情防控形势，听取相关工作汇报，就五指山市疫情防控工作进行再安排、再部署。

是日 五指山市第五届人民代表大会常务委员会召开第三次会议，听取和审议有关文件，并表决通过人事任免案。

11日 习近平总书记到五指山市考察调研。习近平总书记在考察海南热带雨林国家公园时指出：“海南要坚持生态立省不动摇，把生态文明建设作为重中之重，对热带雨林实行严格保护，实现生态保护、绿色发展、民生改善相统一，向世界展示中国国家公园建设和生物多样性保护的丰硕成果。”随后到水满乡毛纳村调研，指出：“各级领导干部要贯彻党的群众路线，牢记党的根本宗旨，想群众之所想，急群众之所急，把所有精力都用在让老百姓过好日子上。”等一系列重要指示。

13日 五指山市委副书记、市政府市长陈国梁主持召开市长专题会议，专题研究粮食生产工作、全市农村乱占耕地建房、“两违”图斑整治工作、2021年土地卫片执法工作，对下一步工作进行安排部署。

是日 五指山市2022年耕地保护暨“田长制”工作会议召开，会议贯彻落实中央、省委关于耕地保护的系列决策部署，夯实耕地保护主体责任，对田长制工作进行安排部署。

是日 五指山市2022年市级林长专题会议召开，会议分析存在问题、研究解决对策，进一步提升五指山市森林资源监管工作，为创建“国家森林城市”奠定扎实基础。

18日 “寻觅雨林·万物共生”2022博鳌亚洲论坛公园雨林文化展准备工作基本完成。

是日 海南省政协副主席侯茂丰率省政协调研组到五指山市，就五指山市贯彻落实关于加强和改进新时代市县政协工作的意见，以及平安建设、新能源汽车充电基础设施建设、基层协商民主建设情况进行调研。

是日 五指山市委书记朱宏凌主持召开中共五指山市委理论学习中心组2022年第6次（五届七次）集体学习会，深入学习习近平总书记考察海南时的重要讲话精神，部署五指山市下一步贯彻落实工作。

19日 五指山市人大常委会党组在人大常委会会议室召开专题学习会，学习贯彻习近平总书记在海南考察调研时的重要讲话精神，研究部署下一步贯彻落实工作。

19—20日 五指山市人大常委会执法检查组开展《中华人民共和国安全生产法》工作情况执法检查。

20日 五指山市举行仪式，欢迎驰援三亚市、琼中黎族苗族自治县疫情防控38名医护人员平安凯旋。

是日 五指山市召开打击整治养老诈骗专项行动部署会，贯彻落实全国、全省打击整治养老诈骗专项行动部署会议精神，分析当前全市养老诈骗犯罪形势，传达专项行动方案。

是日 五指山市委反腐败协调小组工作会议召开，传达学习省委反腐败协调小组会议精神和反腐败协作配合、行贿受贿一起查等文件精神，审议反腐败协调工作相关事项。总结四届市委以来全市反腐败协调工作，研究部署下一阶段工作。

21日 五指山市2022年双拥工作领导小组全体会议暨第十一届海南省双拥模范城（县）创建工作部署会召开，会议听取双拥工作领导小组2021年工作报告，部署第十一届海南省双拥模范城（县）创建工作，审议五项议题，推荐海南省双拥模范单位和模范个人。

是日 五指山市“清廉机关”创建试点工作动员部署会召开，“清廉机关”创建试点工作正式启动。

22日 海南省人民政府副省长王路率队到五指山市就热带雨林生态旅游产业发展、基层医疗卫生机构建设、非物质文化遗产传承与保护、乡村振兴产业发展等开展调研。

25日 五指山市人大常委会执法检查组开展《海南省爱国卫生管理条例》贯彻实施情况座谈会。

26—28日 五指山市人大常委会开展《海南省爱国卫生管理条例》贯彻实施情况执法检查。

27日 五指山市毛阳镇苦瓜总产值达1445万元。

是日 2022年五指山市旅游市场综合整治工作领导小组会议暨“五一”节前旅游市场工作部署会召开。

是日 中国海洋石油集团公司与五指山中学举办“结对帮扶”“雏凤”助学捐赠仪式，公司向五指山市贫困学生捐赠助学金15.6万元，帮助他们完成学业。

28日 五指山市开展2022年度山洪灾害防御暨水库应急抢险演练。

29日 2022年海南省基层全科医生“红叶计划”竞赛中部区域初赛在五指山开赛，五指山市、琼中黎族苗族自治县、屯昌县、白沙黎族自治县4个市县的9名全科医生参加本次竞赛，竞赛以案例讲解方式进行。

是日 五指山市第五届人民代表大会常务委员会第四次会议召开。

5月

4日 五指山市委副书记、市政府市长陈国梁带队调研五指山市先导性项目。

6日 2022年五指山市“能力提升建设年”档案工作业务培训开班。

是日 五指山市召开2022年全市“扫黄打非”工作会议暨“扫黄打非”业务能力提升培训会议，传达全省“扫黄打非”工作要求，部署2022年五指山市“扫黄打非”工作任务，维护意识形态安全，推动五指山市“扫黄打非”工作再上新台阶。

6—7日 五指山市举办2022年新冠肺炎疫情流调溯源大培训大练兵、大比武活动。

7日 海南省应急管理厅和五指山市联合举行“守护雨林——2022”五指山森林火灾扑救应急演练。海南省首次使用直升机进行森林灭火。

是日 2022年五指山市委农村工作会议暨市委实施乡村振兴战略领导小组第十五次会议召开。会议传达学习中央及省委相关重要文件精神，审议五指山市乡村振兴工作相关文件，研究部署下一阶段全市乡村振兴工作。

7—8日 海南省林业局在五指山市举办“重走总书记考察国家公园路线，贯彻总书记考察海南重要讲话和省第八次党代会精神”专题研讨班。

8—11日 五指山市委书记朱宏凌率五指山市委、市政府考察组到贵州、湖南、福建等地考察学习，重走习近平总书记考察路线，重温习近平总书记嘱托，对标各地在生态环保、村容村貌、产业发展、文化传承、乡村治理、党建引领等领域的先进经验。

10日 五指山市委副书记、市政府市长陈国梁主持召开市长专题会议，研究汽车客运站项目建设、五指山中学扩建项目、通什镇网格化管理等事宜，对下一步工作进行安排部署。

11日 海南省人大常委会副主任孙大海带领省人大常委会执法检查组到五指山市开展《中华人民共和国环境保护法》《海南省环境保护条例》执法检查和2022年海南环保世纪行活动。

是日 五指山市委副书记、市政府市长陈国梁主持召开市委理论学习中心组第7次集体学习会，传达学习习近平总书记、李克强总理关于东航客机坠毁、湖南长沙居民自建房倒塌事故作出的重要指示批示精神，以及国务院安委会关于安全生产十五条硬措施，集中观看《生命重于泰山》电视专题片，对安全生产工作进行安排部署。

12日 五指山市委副书记、市政府市长陈国梁主持召开五届市政府第12次常务会议，听取相关情况汇报，对需要市政府解决的议题进行审议讨论。

13日 五指山市对2022年1—4月新提拔任用的38名市管领导干部进行知识测试。

是日 五指山市委书记、市级林长朱宏凌主持召开五指山市2022年市级林长第一次会议，传达学习相关文件精神，听取相关工作情况汇报，研究审议相关事项。

是日 五指山市委副书记、市政府市长陈国梁率队调研督导自建房安全专项整治工作。

15日 五指山市第32次“全国助残日”活动启幕。

是日 中共五指山市委组织部、中共五指山市委人才发展局和中共五指山市委党校主办的2022年五指山市人才工作者和高层次人才服务联络员技能比武大赛拉开帷幕。

16日 海南省第三生态环境保护督察组进驻五指山市开展例行督察。

是日 五指山市开展“送法进万家 家教伴成长”家庭教育指导服务系列讲座活动。

是日 五指山市扫黑除恶斗争领导小组召开2022年第一次全体（扩大）会议，传达学习《中华人民共和国反有组织犯罪法》《2022年海南省扫黑办常态化开展扫黑除恶斗争工作要点》，就贯彻全省会议精神，抓好2022年全市常态化扫黑除恶工作，推动行业领域整治、"三书一函"整改和全国扫黑办2021年特派督导反馈问题整改工作进行部署。

是日 五指山市召开打击整治养老诈骗专项行动推进会暨转段工作会议，传达学习全国全省相关会议精神，部署打击整治环节工作。

是日 五指山市首批海南热带雨林国家公园生态搬迁户到生态搬迁安置房交房现场，办理收房手续。

17日 海南省第三生态环境保护督察组向五指山市反馈第一、二批群众信访件，市政府副市长高亮随即主持召开问题整改交办会，并深入交办环境信访问题现场查看情况。

是日 五指山市人大常委会主任万才胜带队到番阳镇对五指山市青瓜产业发展情况和农业面源污染防治情况开展调研。

17—19日 海南省基层基本公共卫生服务能力提升培训班在五指山市开班，来自各市县的卫生健康委员会基层负责人及各基层医疗机构管理人员参加培训。

18日 海南省第十八届科技活动月暨海南省万名大学生乡村科普行活动在五指山市启动。

是日 由海南省乡村振兴电视夜校主办、海南广播电视总台新闻广播承办的2022年海南省乡村振兴电视夜校广播版《乡村振兴越做越有》节目走基层系列活动，首站走进五指山市畅好乡毛招村。

是日 五指山市人民政府与中国烟草总公司海南省公司、山东中烟工业有限责任公司举行三方战略合作框架协议签约仪式。

是日 五指山市委副书记、市政府市长陈国梁主持召开2022年五指山市防汛防风防旱工作会议，深入学习贯彻习近平总书记关于防灾减灾救灾的系列重要论述，研判2022年五指山市防汛防风形势，部署2022年五指山市"三防"工作。

是日 五指山市人大常委会召开传承发展黎苗文化、发挥好人大职能作用专题调研座谈会。

19日 海南众品律师事务所与海南师范大学法学院，勤为科技有限公司五指山分公司与海南热带海洋学院、海南农林科技学校签订就业实践基地框架协议书并揭牌。

是日 五指山市委书记朱宏凌主持召开五届市委常委会第17次会议，传达学习省委书记沈晓明调研五指山市的讲话精神，研究五指山市贯彻落实意见，安排部署相关工作。

20日 2022年五指山市人才工作者技能比武大赛圆满结束，最终决出团体一等奖1个、团体二等奖1个、团体三等奖1个，同时还评出本次大赛优秀个人奖5个。

是日 中共五指山市委理论学习中心组开展2022年第8次集中学习会，深入学习贯彻习近平总书记在全国"两会"上的重要讲话精神。

是日 五指山市委书记朱宏凌率队深入一线调研督导省生态环保督察反馈问题整改工作。

是日 五指山市与海南师范大学校地合作座谈会召开，双方就构建亲密协作的战略合作关系进行友好沟通协商。

是日 五指山市举办青少年"科普小先生"演讲比赛。

是日 五指山市委组织部、市委人才发展局、市就业服务中心联合海南省农林科技学校举办校园线下招聘活动，提供1000多个就业岗位。

是日 “以茶兴农”助力乡村振兴直播访谈在水满乡真吾乡茶园进行，当天线上观看人数1000人次以上。

22日 五指山市委副书记、市政府市长陈国梁调研督导生态环保督察反馈问题整改工作，就海南省生态环保督察反馈河道出现建筑垃圾污染河水，翡翠谷小区内的河道臭味大、有垃圾污染等问题进行实地调研督导。

是日 五指山市委书记朱宏凌实地跟进督导生态环保督察群众信访件，就海南省生态环保督察信访交办件进行实地跟进督导，并对下一步整改工作提出要求。

是日 五指山市举办社区教育之国际生物多样性日嘉年华活动。

23日 五指山市举办深入学习贯彻习近平总书记考察海南重要讲话和省第八次党代会精神专题培训班。

是日 五指山市全面推进巩固拓展脱贫攻坚成果同乡村振兴有效衔接考核评估反馈问题整改动员部署会召开。

是日 由五指山市教育局、市人民检察院主办的“拥抱青春期”性健康知识专题讲座在海南省农垦实验中学附属五指山思源实验学校举行。

是日 五指山市委审计委员会第十三次会议召开。

是日 五指山市委书记朱宏凌主持召开中共五指山市委理论学习中心组2022年第9次集体学习会，深入学习省委沈晓明书记在五指山市调研座谈会上的讲话精神，研究部署下一步贯彻落实工作。

25日 五指山市委副书记、市政府市长陈国梁主持召开五届市政府第13次常务会议。

是日 中国共产主义青年团五指山市第四次代表大会开幕。

是日 五指山市召开2022年1—4月经济形势分析暨政府工作报告推进会，对下一步工作进行安排部署。

25—26日 “加快建设具有世界影响力的中国特色自由贸易港”海南省全媒体采访调研活动走进五指山市，调研团先后实地走访五指山革命根据地纪念园、香兰黎族织锦传习有限公司、海南热带雨林国家公园、毛纳村等地。

26日 五指山市总工会在市图书馆一楼多功能厅成功举办“喜迎二十大 颂歌献给党”2022年五指山市职工歌手大赛。

27日 中国共产党五指山市第五届委员会第四次全体会议召开。审议通过《中共五指山市委关于深入贯彻落实习近平总书记考察海南重要讲话精神和省第八次党代会精神的决定》和《中国共产党五指山市第五届委员会第四次全体会议决议》。

是日 五指山市召开失业保险稳岗返还政策宣讲座谈会。

28日 海南省中部区域眼科白内障手术培训班开班。

是日 第十四届海南书香节“凤凰悦读荟——李成、邢月经典诗文诵读会”暨“书香飘农家 振兴乡村文化”农家书屋领读志愿者活动走进水满乡毛纳村，水满中心学校30余名师生参加活动。

是日 由中国(海南)南海博物馆主办的“智志双扶”夏令营第四期活动在五指山市开营。

30日 2022年五指山市生态环境保护委员会全体会议召开，深入学习贯彻习近平生态文明思想，全面落实中央、省委有关会议和文件精神，部署推进生态环境保护督察反馈问题整改工作。

是日 五指山市2022年总河湖长制暨治水工作领导小组会议召开，传达学习相关文件精神，分析当前面临的形势任务，研究部署2022年各项工作。

是日 五指山市党管武装工作述职会议召开,听取各乡镇党委党管武装工作述职报告,总结分析2021年全市党管武装工作,研究部署2022年工作。

是日 五指山市“审批、监管、执法、信用”闭环运行管理工作部署会召开。

是日 五指山市“能力提升建设年”暨深化拓展“查堵点、破难题、促发展”活动领导小组第二次会议召开,会议就深入贯彻落实习近平总书记考察海南重要讲话精神、省第八次党代会精神和省委关于“能力提升建设年”暨深化拓展“查堵点、破难题、促发展”活动要求,就进一步推动五指山市活动开展作部署安排。

是日 五指山市委全面依法治市委员会召开2022年第1次会议,传达学习相关会议、文件精神,听取五指山市2021年法治建设工作情况,研究五指山市依法治市有关工作。

是日 五指山市政府第一次廉政工作会议召开,总结2021年以来市政府系统党风廉政建设和反腐败工作,部署2022年重点任务。

是日 五指山市“1867”沙龙开展酒店及民宿发展主题研讨。

是日 五指山市举办推进基层协商民主建设工作专题培训班。

19—31日 五指山市连续召开省生态环境保护督察第三批至第十五批问题整改交办会。

6月

1日 五指山市人民政府、海南省第二人民医院与胡大一专家团队签订共建海南省胡大一心脏中心战略合作协议。

是日 五指山市委书记朱宏凌主持召开中共五指山市委理论学习中心组2022年第10次集体学习会,传达学习习近平总书记在十九届中央纪委六次全会上的重要讲话、中央纪委书记赵乐际的工作报告精神。

1—2日 海南省人大常委会环资工委委员、海南省生态研究院院长张庆良率评估组到五指山市,为《中华人民共和国环境保护法》《海南省环境保护条例》(以下简称“一法一条例”)贯彻实施情况进行“把脉问诊”。

2日 五指山市召开五届市委财经委员会第一次会议,深入学习贯彻中央、省委财经委员会相关会议精神,研究分析五指山市经济运行形势,安排部署下一步经济社会发展重点工作。

是日 海南热带雨林国家公园五指山市第一批40户生态搬迁户集中乔迁新居。

7日 五指山市委书记朱宏凌在毛纳村主持召开乡村振兴座谈会,全市59个村党组织书记参加。

8日 中共五指山市委理论学习中心组(扩大)学习会暨领导干部能力提升专题讲座举办。

9日 五指山市委副书记、市政府市长陈国梁主持召开政府“两重一大”专题会议,原则通过《五指山市人民政府中国(山东)自由贸易试验区济南片区管理委员会合作框架协议》《中国(山东)自由贸易试验区济南片区管理委员会海南省五指山市人民政府政务服务“跨省通办”合作协议》《五指山市人民政府 北京京东世纪贸易有限公司乡村振兴战略合作协议书》等一批重要合作框架协议。

是日 五指山市委副书记、市政府市长陈国梁主持召开五届市政府第15次常务会,传达学习中央、省委相关文件精神,听取五指山市2022年粮食生产、促进就业、固定资产投资等相关工作情况汇报,研究部署下一步工作,并审议相关事项。

10日 “奋进自贸港 建功新时代”系列专题新闻发布会(第

二十五场)"以'六园'建设为工作主抓手 努力成为民族地区高质量发展的典型"五指山专场在海口市举办。

11日 阿联酋驻华大使阿里·奥贝德·扎希里一行到五指山市访问考察。

12日 海南省人民政府副省长闫希军到五指山市调研,检查森林督查图斑的查处及整改工作,督导巩固拓展脱贫攻坚成果有关事项整改。

13日 第二届三亚南山非遗节开幕,五指山市有16项非遗项目参加展示。

14日 五指山市委副书记、市政府市长陈国梁主持召开全市优化营商环境工作专班第七次会议,听取全市营商环境工作进展情况,研究解决难点、堵点问题,安排部署下一步工作。

是日 五指山市召开2022年"雨林与您"体验活动领导小组第一次会议,安排部署五指山市"雨林与您"体验活动各项筹备工作。

是日 五指山市召开通什项目推进工作专班第一次会议,听取相关工作开展情况汇报,研究解决存在的问题和困难。

是日 五指山市委副书记、市政府市长陈国梁主持召开全市平价蔬菜保供惠民行动专班工作会议,分析当前形势,研究解决策略,安排部署下一步工作。

是日 山东自贸试验区济南片区管委会到五指山市考察调研。

是日 海南省第八督导组组长李勇率队到五指山市督导检查打击整治养老诈骗专项行动及风险防控工作,并召开座谈会。

14—15日 五指山市人大常委会主任万才胜、市人大常委会副主任贺澜起和郭宏良组成执法检查组,对全市7个乡镇、市属各学校贯彻落实《中华人民共和国未成年人保护法》《中华人民共和国预防未成年人犯罪法》和《海南省未成年人保护和预防犯罪规定》情况开展执法检查。

是日 五指山市与山东自贸试验区济南片区管委会考察调研团在中阔银山花园度假酒店多功能宴会厅召开座谈会,并签订合作框架协议。

是日 海南省人民政府副省长刘平治率队到五指山市就脱贫攻坚与乡村振兴有效衔接、林下经济转型、雪茄烟叶和茶产业发展、毛纳村集体经济产业发展等开展调研。

16日 五指山市委书记朱宏凌主持召开全市信访工作会议暨治理重复信访、化解信访积案"百日攻坚"行动推进会,传达学习全省信访工作会议暨治理重复信访、化解信访积案"百日攻坚"行动推进会精神,通报了全省2022年1—5月信访工作考核评分情况,总结分析当前信访工作形势,研究部署五指山市当前和今后一个时期信访工作。

20—21日 "走进乡村看小康"2022年乡村振兴推介活动走进五指山市。

21日 五指山市召开生态搬迁工作约谈会,对海南热带雨林国家公园五指山市生态搬迁工作推进不力的8个单位进行集体约谈。

是日 海南省治水办主任、省水务厅党组书记钟鸣明率省治水办一行到五指山市调研指导"六水共治"工作。

是日 五指山市委书记朱宏凌在市委一楼会议室主持召开乡村致富带头人座谈会。

22日 中共五指山市委理论学习中心组举办2022年第13次扩大学习会。

23日 五指山市委副书记、市政府市长陈国梁主持召开五届市政府第17次常务会,听取相关工作情况,研究部署下一步工作,并审议相关议题。

是日 五指山市委民族工作会议

暨民族团结进步示范市创建工作会议召开，深入贯彻落实习近平总书记考察海南时有关民族工作的重要指示精神，以及中央及省委民族工作会议精神，部署五指山市创建全国民族团结进步示范市相关工作。

是日 五指山市“查破促”活动、“容错纠错”和“不能等”工作推进会召开，会议动员部署全市“容错纠错”和“六个不能等”作风问题专项整治工作，巩固拓展“查堵点、破难题、促发展”活动成果，推动“容错纠错”等典型案例通报发布制度落地见效，持续改进全市党员干部工作作风。

27日 五指山市委书记、市委审计委员会主任朱宏凌在市委一楼会议室主持召开市委审计委员会第十四次会议，听取相关工作汇报，审议有关文件，研究部署下一阶段工作。

28日 五指山市委副书记、市政府市长陈国梁主持召开五指山市2022年打击走私综合治理领导小组会议，分析当前全市反走私工作形势，对全市打击走私工作进行安排部署。

是日 五届市委统一战线工作领导小组第一次全体会议召开，传达学习中央及省委有关会议精神，听取审议全市统战工作相关内容，研究部署下一阶段统战工作。

是日 五指山市平安建设领导小组2022年第一次(扩大)会议暨扫黑除恶斗争领导小组2022年第二次(扩大)会议召开。

是日 五指山市委书记朱宏凌主持召开市委农村工作领导小组会议暨市委实施乡村振兴战略领导小组第十七次会议，审议乡村振兴工作相关议题，研究部署下一阶段全市乡村振兴工作。

是日 琼崖晨曦——海南早期革命史图片展在水满乡毛纳村展出。

是日 中共五指山市委宣传部主办的牢记总书记嘱托•推动五指山高质量发展暨能力提升建设年主题演讲比赛举行。

是日 五指山市1867沙龙之森林保护与利用主题研讨活动举行。

29日 中共五指山市委理论学习中心组(扩大)学习会暨《信访工作条例》解读专题报告会举办，特邀海南省信访局二级巡视员张忠惠现场授课。

是日 海南省旅文厅主办，海南省群众艺术馆和各市县旅文局承办的“喜迎二十大 奋进新征程”——2022年海南省“春风村雨”文化惠民活动在水满乡毛纳村启动。

是日 重走琼崖红军之路并追逐百年红色足迹2022年海南(五指山)红色旅游文化系列推广活动暨“海南人嗨游海南”活动在五指山市举行。

30日 五指山市委副书记、市政府市长陈国梁走访慰问老党员和困难党员，向他们致以“七一”节日问候，送去党组织的关怀与温暖。

是日 海南经贸职业技术学院信息技术学院暑期“三下乡”社会实践团到南圣中心学校南圣教学点开展未成年人保护宣传活动，用贴近生活的案例给学生普及保护自身合法权益常识。

是日 五指山市政协主席黄美莲到畅好乡慰问老党员和困难党员，向他们送去党的关怀和“七一”节日问候。

7月

1日 五指山市委常委、宣传部部长喻倩率队到生态搬迁安置房小区，走访慰问生态搬迁安置户的部分老党员，为他们送去党的温暖和祝福，并致以亲切问候和崇高敬意。

是日 五指山市献血屋揭牌启用暨“七一”党员无偿献血活动举行。

是日 五指山市党群服务中心举行揭牌仪式，正式对外服务。

3日 “讴歌新时代 奋进新征程”五指山市书法展在市文学艺术界联合会拉开帷幕。

4日 五指山市委副书记、市政府市长陈国梁主持召开五指山市2022年第二季度生活垃圾分类工作联席会议，部署下一步工作。

是日 五指山市2022年“雨林与您”体验活动开幕式筹备工作协调会议召开。

5日 五指山市召开市委外事工作委员会第一次全体会议，研究部署下一阶段工作。

是日 五指山市第十三期1867沙龙在海南热带海洋学院(原琼州大学主楼一楼)举行，围绕“以通什为载体加快推进城镇化建设，高质量谋划一批项目，全力打造底蕴厚重州府故园”的主题展开讨论。

是日 五指山市第五届人民代表大会常务委员会第5次会议召开，听取和审议有关文件，并表决通过人事任免案。

是日 五指山市委应对疫情工作领导小组召开第32次会议，传达学习新冠肺炎疫情防控有关文件精神，研究部署五指山市近期常态化疫情防控重点工作。

是日 五届市委全面深化改革委员会暨推进自贸港建设工作领导小组第三次会议召开，会议贯彻落实中央、省委相关会议精神，并对五指山市全面深化改革工作进行安排部署。

是日 海南省民族技工学校艺术团“弘扬民族文化 共建自贸港”首场汇报演出在该校大礼堂举行。

6日 五指山市新时代文明实践讲解员培训会在水满乡召开。

是日 海南省十三届全国人大代表到五指山市就生态保护、民生改善等情况进行专题调研。

是日 五指山市委书记朱宏凌主持召开中共五指山市委理论学习中心组2022年第15次集中学习会，传达学习省委书记沈晓明在乐东、定安、保亭、屯昌、琼中5个市县调研时的讲话精神。

7日 五指山市政协主席黄美莲到市信访中心接待来访群众，现场协调化解包案信访事项。

是日 五指山市新闻通讯员能力提升培训班(第三期)举办。

是日 五指山召开市委政法委员会2022年第二次全体(扩大)会议，传达学习相关会议精神，听取各有关单位工作落实情况汇报，部署下一步全市政法工作。

8日 政协五指山市第五届委员会常务委员会第二次会议召开。

是日 五指山市委副书记、市政府市长陈国梁主持召开全市自建房安全专项整治工作领导小组第二次会议。

9日 海南心脑医学中心建设论证暨中国“梅奥小镇”远景规划设计研讨会在五指山市召开。

是日 五指山市毛阳镇牙胡梯田旅游推广暨稻田文化主题系列活动在牙胡梯田拉开序幕。

10日 海南医学院2022年大学生暑期科技卫生文化“三下乡”社会实践服务活动在五指山市黎苗医馆举行。

11日 五指山市安全生产委员会2022年第三次安全生产工作会议召开，对近期全市安全生产工作进行再部署。

是日 五指山市常态化疫情防控专项整治月行动仪式启动。

是日 中共五指山市委宣传部与海南热带海洋学院签署战略合作框架协议签约仪式在市新时代文明实践分中心举行。

是日 五指山市委书记、市总河

长朱宏凌到南圣镇开展巡河调研工作。

13日 五指山市“能力提升建设年”暨深化拓展“查堵点、破难题、促发展”活动推进会召开，深入梳理活动开展以来的主要工作、存在的问题及下一步打算，推动活动走深走实。

是日 五指山市委书记、市委党的建设工作领导小组组长朱宏凌主持召开市委党的建设工作领导小组会议暨2022年全市基层党建工作重点任务推进会，传达学习相关会议精神，听取全市2022年上半年基层党建工作情况汇报，部署下一阶段工作。

是日 五指山市委书记朱宏凌主持召开五届市委理论学习中心组第17次集中学习会。

14日 五指山市纪检监察机关2022年上半年工作总结暨“揭榜挂帅”项目签订会召开。

15日 五指山市委副书记、市政府市长陈国梁主持召开五届市政府第19次常务会议，会议传达学习有关文件，听取相关工作情况汇报，研究部署下一步工作，审议相关议题。

15—18日 五届市委第一轮巡察反馈会召开，向市林业局、市住建局、市残联、市妇联、市市政服务中心、市委党校、市自然资源和规划局等7个单位党组织进行巡察情况反馈。

是日 五指山市委书记朱宏凌率队到海南省第二人民医院实地调研医院三期工程、海南心脑医学中心、海南省胡大一心脏中心项目的规划建设和“7+3”工程项目推进情况。

是日 五指山市委书记朱宏凌就全市人才房筹集情况开展专题调研。

18—22日 中国教育发展基金会“劳动主播+”培训走进五指山市。

19日 五指山市委副书记、市政府市长、市法治政府建设工作领导小组组长陈国梁主持召开五指山市法治政府建设工作领导小组2022年第一次会议，传达学习上级有关文件精神，研究五指山市上半年法治政府建设工作并部署下半年有关工作。

19—20日 五指山市人大代表学习贯彻省第八次党代会精神暨履职能力提升培训班开班。

20日 海南省首届中级制茶师培训班结业典礼在五指山市妙自然职业培训中心举行。

是日 五指山市政协主席黄美莲到市信访中心接待来访群众，与群众代表“面对面”交流，现场为群众协调化解包案信访事项。

是日 五指山市委书记朱宏凌主持召开五届市委理论学习中心组第18次集体学习会，深入学习贯彻习近平总书记关于“三农”工作重要论述及省委书记沈晓明关于粮食安全生产批示精神。

22—24日 五指山市公安局启动巡查行动，对全市重点行业场所清查整治各种安全隐患，及时打击查处现行违法犯罪活动，确保辖区治安大局持续稳定。

24日 五指山市劳动主播直播间捐赠签约仪式在市电商中心举行。

是日 五指山市餐饮行业安装燃气泄漏报警装置动员部署暨培训大会召开。

25日 以“踏浪而来，琼岛寻文，海南民博，黎苗流芳”为主题的文化古迹研学活动在海南省民族博物馆揭幕启动。

25—26日 国务院国资委秘书长彭华岗带队到五指山市调研。

是日 五指山市8个产品入选参展2022年第二届中国国际消费品博览会。

28日 五指山市委副书记、市政府市长陈国梁主持召开五指山市医疗集团管理委员会第3次会议，就下一步重点工作进行研究部署。

是日 海南省人大常委会副秘书长刘艳玲率省人大常委会执法检查组到五指山市开展《中华人民共和国乡村振兴促进法》执法检查。

是日 五指山市“警保联控”工作推进会召开 。

是日 五指山市召开2022年社区矫正委员会第一次会议，总结2022年五指山市上半年社区矫正工作开展情况，研究部署下半年工作。

是日 五指山市政府与中青旅控股股份有限公司在五指山签署战略合作框架协议。

29日 五指山市委书记朱宏凌在市委一楼会议室主持召开2022年五指山市委常委议军会议暨市委军民融合发展委员会会议，深入学习贯彻习近平强军思想和有关退役军人工作论述。

是日 海南省统计局党组成员、副局长王平率省督导三组到五指山市开展统计督察整改督导工作。

是日 海南省退役军人就业创业促进会五指山分会暨五指山退役军人服务协会成立。

是日 五指山市委书记朱宏凌主持召开市委农村工作领导小组会议暨市委实施乡村振兴战略领导小组第十八次会议。

是日 五指山市委书记朱宏凌走访慰问部队官兵。

30日 五指山市作家协会第二次会员大会召开，唐鸿南当选为五指山市作家协会第二届主席。

是日 五指山市举办漂流节。

31日 博鳌全球旅游生态大会在海南博鳌亚洲论坛国际会议中心开幕，五指山市作为本次大会的联合主办城市，由五指山市委副书记、市政府市长陈国梁作现场推介，诚邀四海宾朋，畅游生态五指山。

8月

3日 2022年花炮全国邀请赛在五指山市海南热带海洋学院附属中学足球场拉开序幕。

是日 五指山市委副书记、市政府市长陈国梁率市市场监督管理局、市综合行政执法局、市旅文局等单位负责人到全市部分沿街商铺及人流密集场所，实地督导检查疫情防控工作。

是日 五指山市召开市疫情防控工作指挥部会议，贯彻落实全省疫情防控视频调度会各项防控要求，分析当前疫情形势变化，部署全市疫情防控重点工作。

是日 五指山市委书记朱宏凌到市卫健委调研指导疫情防控工作。

是日 五指山市委书记朱宏凌主持召开市疫情防控工作指挥部会议，传达学习中央及省委有关会议精神，研判五指山市当前疫情防控工作形势，部署下一步工作。

11日 五指山市委常委、宣传部部长喻倩率队看望、慰问四川省和安徽省支援五指山市疫情防控工作的医疗专家和医护人员。

是日 五指山市委副书记、市政府市长陈国梁到平山医院、市中医医院看望、慰问医护人员。

是日 安徽省核酸检测队抵达五指山市。

是日 五指山市委书记朱宏凌、市长陈国梁、市政协主席黄美莲、市委副书记林方江等市领导到海南省第二人民医院、通什镇卫生院、省平山医院、市中医医院、市疾控中心、市妇幼保健院、市中西医结合医院看望慰问五指山市奋战在抗疫一线的医务工作者。

12日 五指山市开展第四轮全员

核酸检测。

13日 五指山市委书记、市委应对疫情防控工作领导小组组长朱宏凌主持召开市委应对疫情工作领导小组第35次会议，传达学习中央及省委有关会议精神，研判五指山市当前疫情防控工作形势，部署下一阶段全市疫情防控工作。

16日 五指山市委书记、市委应对疫情防控工作领导小组组长朱宏凌主持召开市委应对疫情工作领导小组第37次会议。

17日 四川核酸采样队抵达五指山市。

18日 中国海洋石油集团向五指山市捐赠一批价值120余万元的医疗防疫物资。

19日 五指山市委书记朱宏凌、市长陈国梁、市人大常委会主任万才胜、市政协主席黄美莲等市领导看望慰问支援五指山市的医疗队医务工作者。

22日 市委副书记，市长陈国梁主持召开五届市政府第21次常务会议，传达学习有关文件精神，并审议相关议题。

31日 五指山市委副书记、市政府市长陈国梁主持召开市委农村工作领导小组会议暨市委实施乡村振兴战略领导小组第十九次会议，传达学习相关文件精神，审议乡村振兴工作相关议题，研究部署下一阶段全市乡村振兴工作。

9月

1日 2022年五指山市1—8月经济形势分析暨政府工作报告推进会召开，总结1—8月全市经济运行情况和上半年政府工作报告落实情况，研究部署下一步重点工作。

2日 五指山市第五届人民代表大会常务委员会第六次会议召开。

5日 2022年全国“人民满意的公务员集体”五指山市受表彰对象座谈会召开。

是日 五指山市固定资产投资项目服务工作领导小组工作会议召开，审议重点固定资产投资工作，部署下一步工作。

7日 五指山市推进全国民族团结进步示范市创建工作会议召开，通报五指山市创建全国民族团结进步示范市工作落实情况，部署下一步工作。

8日 五指山市金融调解中心在新征程大厦一楼举行揭牌仪式，正式对外服务。

是日 五指山市委副书记、市政府市长陈国梁主持召开五届市政府第22次常务会议，会议传达学习有关文件，并审议相关议题。

9日 五指山市委副书记、市政府市长陈国梁主持召开市疫情防控工作指挥部第93次会议。

13日 五指山市物业管理纠纷人民调解委员会在市物业管理协会揭牌成立。

14日 五届五指山市委第二轮巡察工作动员部署会召开。

是日 五指山市委副书记、市政府市长陈国梁主持召开中共五指山市委理论学习中心组2022年第18次集中学习会。

15日 五指山市召开市委政法委员会2022年度第三次全体（扩大）会议，部署下一步政法工作。

16日 海南省第三生态环境保护督察组督察五指山市情况反馈会召开。

是日 五届市委第二轮巡察进驻动员会召开，对市委宣传部、团市委、市委统战部、市工商联（总商会）党组、市卫健委党委、市中医医院、市旅文局党组等8个单位党组织开展常规巡察。

20日 受五指山市委书记朱宏凌

委托，五指山市委副书记、市政府市长陈国梁，市委常委、组织部部长孔铭，副市长郑启荣一行到在抗击疫情期间去世的水满卫生院院长张关雄家中，看望慰问其家属，代表组织送去党内关怀慰问金，以及深切的慰问和诚挚的关怀。

21日 海南省政协副主席侯茂丰率队到五指山市对"回头看"工作和委员联系服务界别群众工作进行督导调研。

23日 五指山市安全生产委员会召开2022年第四次安全生产会议。

24日 五指山市金碧花园二期安居房(第二轮)抽取顺序号仪式举行，339名申请人通过现场抽号的方式获取241套房源选房顺序号，市住房保障服务中心、公证处、市顺达公司等单位工作人员现场见证。

26日 五指山市委副书记、市政府市长陈国梁到市信访中心接访3批5人次，主要涉及医疗器械审批、食品经营许可证申办及小区经营加工厂等问题。

26日 2022年五指山市"审管法信"系统培训班举办。

是日 五指山市启动"万名干部下企业"服务行动。

27日 五指山市委副书记、市政府市长、市委人才工作领导小组副组长陈国梁主持召开2022年市委人才工作领导小组第一次会议。

是日 三亚市委副书记尚林率代表团到五指山开展"0801"疫情"感恩之行"活动。

29日 政协五指山市第五届委员会常务委员会第三次会议召开。

30日 五指山市政府市长、市委应对疫情防控工作领导小组副组长、市疫情防控工作指挥部总指挥陈国梁主持召开市委应对疫情工作领导小组第38次会议，审议相关议题，通报全市疫情防控工作情况，部署当前重点工作。

是日 五指山市在五指山革命根据地纪念园组织开展烈士纪念日公祭活动，向人民英雄敬献花篮，深切缅怀革命先烈的丰功伟绩，传承革命精神，赓续红色血脉。

是日 五指山市委副书记、政法委书记林方江主持召开五指山市党的二十大安保动员部署会，传达相关重要会议精神，听取有关单位工作汇报，部署党的二十大安保工作。

10月

8日 五指山市委副书记、市政府市长陈国梁与中交集团海南区域总部执行总经理、中交海投党委副书记、总经理周济一行进行座谈，双方就推进相关合作事宜、深化全面战略合作进行深入交流。

是日 五指山市委副书记、市政府市长陈国梁主持召开市委农村工作领导小组会议暨市委实施乡村振兴战略领导小组第二十次会议，传达学习相关文件精神，审议乡村振兴工作相关议题，研究部署下一阶段全市乡村振兴工作。

9日 2022年五指山市优化营商环境专班第三次会议暨"万名干部下企业"领导小组第一次会议召开。

10日 海南省第二人民医院举行康复楼启用仪式。

10—12日 海南省人大常委会副主任、省总工会主席陆志远率省调研组一行到五指山市通过召开座谈会、实地走访等方式就疫情防控、复工复产和安全生产等情况开展专题调研。

11—12日 海南省委统战部常务副部长康拜英率督查组到五

指山市督查《中国共产党统一战线工作条例》贯彻落实情况，并召开专题汇报会。

12日 五指山市委副书记、市政府市长陈国梁带领有关部门负责人，调研五指山市项目建设、企业运行和安全生产等工作。

13日 五指山市委副书记、市政府市长陈国梁主持召开五届市政府第25次常务会议，传达学习有关会议讲话精神，听取相关汇报，审议相关议题。

是日 五指山市委副书记、市政府市长陈国梁主持召开中共五指山市委理论学习中心组2022年第19次集中学习会。

是日 五指山市创建全国文明城市和巩固国家卫生城市工作动员部署会召开，开启五指山市全国文明城市创建和启动新一周期的国家卫生城市巩固工作。

16日 五指山市委副书记、市政府市长陈国梁主持召开市委常委会，专题学习习近平总书记在中国共产党第二十次全国代表大会上的报告，对学习宣传贯彻落实党的二十大精神工作作出部署。

18日 五指山市委副书记、市政府市长陈国梁带队调研督导防御第20号台风“纳沙”、安全生产以及推进重点项目等工作。

是日 五指山市“查堵点、破难题、促发展”活动第四次推进会在市委一楼会议室召开，通报全市“查破促”活动开展情况，并对有关项目建设及推进情况进行专题问诊。

19日 五指山市委副书记、市政府市长、市食品安全委员会主任陈国梁主持召开2022年食品安全委员会全体会议，传达相关文件及讲话精神，听取相关汇报，审议相关方案。

是日 五指山市委副书记、市政府市长陈国梁在市委一楼会议室主持召开2022年五指山市外语标识标牌规范建设工作联席会议。

20日 五指山市委副书记、市政府市长陈国梁主持召开中共五指山市委理论学习中心组2022年第20次集体学习会。

是日 海南省委常委、宣传部部长、副省长王斌率队到五指山市，就五指山市学习宣传贯彻省第八次党代会精神、中宣部和中央网信办有关督查整改、新时代文明实践中心和融媒体中心建设运行等相关情况进行调研。

25日 五指山市委副书记、市政府市长陈国梁主持召开市委农村工作领导小组会议暨市委实施乡村振兴战略领导小组第二十一次会议。

是日 五指山市召开全市领导干部大会，会议传达学习党的二十大精神，部署全市学习宣传贯彻工作。

是日 五指山市委副书记、市政府市长陈国梁在市委一楼会议室主持召开五届市委常委会第35次（扩大）会议，通报五指山市乡村振兴大比拼活动相关情况，并就第三方后评估和国检迎检工作进行部署。

是日 五指山市召开高质量发展综合考核评价工作部署会。

26日 五指山市委副书记、市政府市长陈国梁主持召开五届市政府第26次常务会议，传达学习有关文件精神，听取相关汇报，审议相关议题。

是日 五指山市委副书记、政法委书记林方江主持召开中共五指山市委理论学习中心组2022年第21次集体学习会。

27日 五指山市召开创建省级全域旅游示范区验收工作汇报会。

29日 海南省委农办主任、省农业农村厅厅长、省乡村振兴局局长何琼妹在五指山市水满乡主持召开省委农办第三次主任办

公会议，专题研究水满乡毛纳村开发和保护工作。

11月

1日 海南省人大常委会专职委员吴明率省调研组到五指山市开展《中华人民共和国中医药法》执法检查"回头看"调研活动。

是日 五指山市委副书记、市政府市长陈国梁主持召开五届市政府第27次常务会议，传达学习有关文件精神，审议相关议题。

2日 2022年"雨林与您"体验活动暨五指山市主会场"雨林时光"田园实景演出新闻发布会在水满乡毛纳村举行。

是日 中国新闻社、省新闻办、省侨办联合主办的2022年"行走中国·海外华文媒体海南行"活动走进五指山热带雨林国家公园、水满乡毛纳村等地。

是日 五指山市人大常委会在市人大会议室召开五指山市茶产业发展调研座谈会，就五指山市茶叶产业发展存在的问题和短板以及今后需要加强的工作提出意见和建议。

是日 中国海洋石油集团党组副书记、董事徐可强率调研组一行到水满乡调研乡村振兴相关工作。

3日 五指山市粮食和物资储备服务中心举行2022年五指山市粮食安全生产应急演练，模拟南圣粮食储备库出现火情进行灭火抢险。

4日 五指山市人民政府与河南广电卫视传媒有限公司签订战略合作框架协议。

11日 五指山市委副书记、市政府市长陈国梁主持召开五指山市2022年市县党委和政府巩固脱贫成果后评估迎检工作部署会，听取相关工作汇报，并对迎检工作进行部署。

13日 2022年"雨林与您"体验活动开幕式暨五指山主会场"雨林时光"田园实景演出在水满乡毛纳村首演。

14日 五指山革命根据地纪念园举行国家AAAA级旅游景区揭牌仪式，成为海南省继母瑞山、临高角之后，第三个AAAA级红色旅游景区。

是日 海南省第二人民医院神经外科的医疗团队与国内知名专家联手，顺利完成海南省首例"脑卒中后遗症偏瘫自体神经段嵌入嫁接术+手部畸形矫正术"，填补海南省及省二医院一项医疗技术空白。

14—15日 海南省退役军人事务厅二级巡视员李勇率第十一届海南省双拥模范城考评组到五指山市开展考评工作，对五指山市创建双拥模范城工作开展情况进行考评。

是日 五指山市举行2022年防汛防风综合救援应急演练，五指山市32个单位200余人参加科目演练。

16日 海南省政协副主席蒙晓灵在市政府四楼会议室召开"关于支持建设五指山至三亚三亚湾高速公路的建议"重点提案培育调研座谈会。

是日 中国共产党五指山市第五届委员会第五次全体会议召开。审议通过《中共五指山市委关于贯彻落实<中共海南省委关于深入学习贯彻党的二十大精神的意见>的实施意见》和《中国共产党五指山市第五届委员会第五次全体会议决议》。

18日 中国文物学会会长单霁翔到水满乡毛纳村的党员之家广场，体验民族风俗，感受民族文化。

30日 市委副书记、市政府市长陈国梁主持召开五届市政府第29次常务会议，传达相关文件精神，审议相关议题。

12月

2日 五指山市2022年殡葬改革工作领导小组会议在市政府四楼会议室召开，传达学习相关文件，听取相关汇报并部署下一步工作。

7日 五指山市委副书记、市政府市长、市总河湖长、市治水工作领导小组组长陈国梁主持召开五指山市2022年总河湖长制暨治水工作领导小组第二次会议。

是日 五指山市委副书记、市政府市长陈国梁主持召开中共五指山市委理论学习中心组2022年第22次集体学习会。

8日 五指山市召开市委人才工作领导小组办公室主任专题会议，研究部署五指山市基层教育卫生人才激励机制改革工作。

9日 市政府市长、市委应对疫情防控工作领导小组副组长、市疫情防控工作指挥部总指挥陈国梁主持召开市委应对疫情工作领导小组第40次会议暨市疫情防控指挥部第150次会议。

12日 中国海洋石油集团通过中国海油公益基金向五指山市捐赠22台自动体外除颤仪（AED），并委托供应商为投放点管理人员进行培训。

13日 市政府市长、市委应对疫情防控工作领导小组副组长、市疫情防控工作指挥部总指挥陈国梁主持召开市疫情防控指挥部第154次会议，传达贯彻国务院联防联控机制及省委关于疫情防控的各项决策部署，分析研究五指山市进一步优化落实疫情防控措施相关工作。

是日 五指山市退役军人事务局举行国家公祭日主题观影活动。

14日 中国自由搏击俱乐部超级联赛暨揭幕战新闻发布会在水满乡毛纳村共同广场隆重举行，标志着中国自由搏击俱乐部超级联赛正式落户五指山。

是日 海南省委常委、省政府常务副省长沈丹阳率省调研组一行到五指山市，开展乡村振兴专题调研活动。

16日 应急管理部公布第六届全国119消防先进集体和先进个人名单，五指山市通什消防救援站站长姬星榜上有名。

19日 五指山市委副书记、市政府市长陈国梁在主持召开2022年信访工作联席会议第七次全体会议。

20日 五指山市委统战工作会议召开。

23日 五指山市“一把手”纪律教育暨“廉内助”家风教育专题班开班，市委副书记、市政府市长陈国梁作开班动员讲话，并进行专题授课。

26日 五届市委全面深化改革委员会暨推进自贸港建设工作领导小组第四次会议召开，贯彻落实中央、省委相关会议精神，对五指山市全面深化改革工作进行部署。

是日 五指山市召开五届市委审计委员会第七次会议，深入学习贯彻党的二十大精神和习近平总书记关于审计工作重要论述，研究部署下一阶段全市审计工作。

是日 五指山市领导干部学习贯彻党的二十大精神专题轮训班在市青少年活动中心开班。

27日 五指山市召开2022年食品安全委员会第二次全体会议，听取全市落实食品安全属地管理和企业主体“两个责任”工作汇报（市市场监管局），安排部署食品安全“两个责任”和2022年食品安全评议考核工作。

（胡晓妍）

五指山概览

五指山概览

环境

【位置疆域】五指山市位于海南岛中部偏南五指山腹地，北纬18°38′～19°02′，东经109°19′～109°44′，东南与琼中黎族苗族自治县相邻，西接乐东黎族自治县，南抵保亭黎族苗族自治县，北接白沙黎族自治县。东西最大距离43.1千米，南北最大距离45.0千米，土地面积为1144.28平方千米。

（翁花玉）

【地形地貌】五指山市地形地貌属海南典型的山地，境内地形起伏、山岭连绵、群山环抱，主要山脉为五指山山脉，自东经阿陀岭向西延伸，把五指山市分成南北两大区域。地貌类型有山地、丘陵、台地和河流谷地等，山地占全市面积的26.4%；丘陵占66.1%；台地和河流谷地仅占7.5%，主要分布在五指山市区附近、番阳镇、毛阳镇和毛道乡。境内最高峰为五指山第二峰，海拔1867.1米，也是海南最高的山峰，最低处位于布伦河口处海拔165米，平均海拔316米。

（黄彩琼）

【地质构造】五指山市处于华南褶皱系五指山褶皱带中南

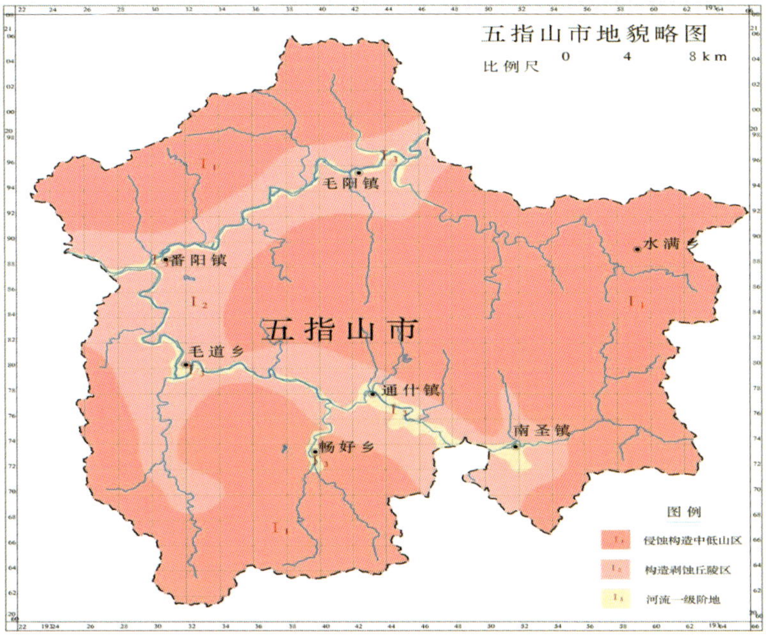

△五指山市地貌略图

部。地质构造历史发展过程中，伴随着中岳、加里东、海西—印支、燕山、喜马拉雅等构造运动，形成了不同方向、不同形态和不同性质的构造形迹，构成了五指山东西向构造带、北东向构造带、南北向构造带等主要构造体系，控制着五指山市沉积建造、岩浆活动、变质变形作用、成矿作用以及晚近时期山川地势的展布。市境内分布的构造主要是断裂构造，发育有东西向、北东向和南北向三组断裂带。东西向尖峰—吊罗断裂带：分布于五指山市境内南部，沿断裂带分布一些晚二叠世花岗岩，早三叠世黑云母石英正长岩，晚三叠世花岗岩，早侏罗世辉长岩等呈东西向串珠状分布的岩体，以及在保亭县新村一带温泉遍布出露。北东向连环岭—马形岭断裂带：分布于市境内毛阳—番阳一带，沿为断裂分布挤压破碎带，并有燕山晚期岩脉、石英脉或萤石石英脉充填，在什统一带充填在断裂带的萤石石英脉，已形成中型的萤石矿床。南北向风模断层和番阳高峰断裂带，前者分布于市境内青春岭—牙南一带，填充南北向分布的晚白垩世花岗斑岩体；后者分布于市境内番阳—毛道一带，填充一些南北向分布的晚二叠世黑云母二长花岗岩和中三叠世黑云母二长花岗岩体，晚白垩世花岗斑岩脉。

【山地】五指山市山地面积约10.5万公顷，占总面积的92.9%。按地貌类型分为中山（海拔1000米以上）和低山（海拔500～1000米）两类。其中中山面积约8万公顷，占76.2%；低山面积约2.5万公顷，占23.8%。山地呈层圈展布，主要集中于外圈，分属于黎母山和五指山两大山脉。中山主要分布于五指山市与乐东黎族自治县、白沙黎族自治县、琼中黎族苗族自治县、保亭黎族苗族自治县四县接壤的地区，其次为冲山（通什）、水满、南圣、毛阳等乡镇。全市境内海拔1000米以上山峰34座，最高峰五指山第二峰，也是海南省最高的山峰，海拔1867.1米，素有“海南屋脊”之称，低山所有乡镇均有分布，相对集中于南圣、毛阳、畅好、毛道等乡镇。境内有海拔500～1000米的低山41座。

（黄彩琼）

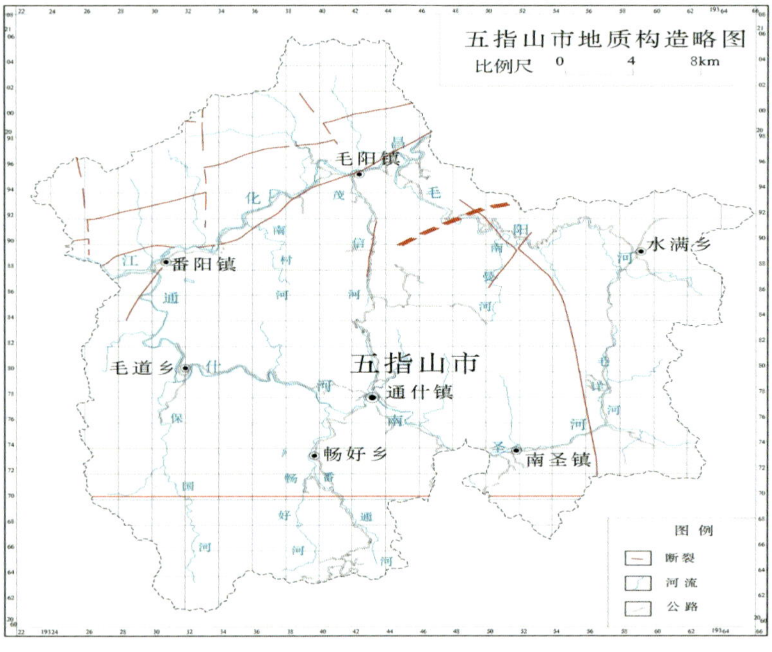

△五指山市地质构造略图

【山脉】五指山市主要山脉有黎母山山脉和五指山山脉。

黎母山山脉 海南岛绵延最长的一组山地，长80千米，宽13千米。以位于五指山市北部与琼中黎族苗族自治县、白沙黎族自治县交界的鹦哥岭（海拔1811米）为主体，其余部分向东北延伸到琼中黎族苗族自治县境内，往西南经五指山市毛阳镇、番阳镇延伸至乐东黎族自治县境内。五指山市境内分布有白石岭、蛙岭、红买岭、青蛙山、大岭、南串岭、番脚岭、尖坡岭、秦王岭、马或岭、林场西、山节岭、毛龙庙、万盖岭等十几座山峰。基岩大部分为下白垩统砂页岩,其余为海西、印支期及燕山期花岗岩。

五指山山脉 海南岛规模最大的一组山地,整个山脉南北长40余千米,东西宽约30千米。主体部分位于五指山市东北与琼中黎族苗族自治县交界处,其余部分向东、南、西、北分别延伸出4支,其中西支横亘于五指山市中部,南、北2支分别绵延于五指山市与保亭黎族苗族自治县、琼中黎族苗族自治县交界地带。主峰形如人的五指,由此得名。五指山市海拔1000米以上高山有铁耳岭、水贤山、白铁岭、仲冲什、石土岭、亲仑岭、创造岭、青春岭、七指岭、南畜岭、生毛岭、阿陀岭、九排山、托统、报马岭、昂日岭、青天岭、甘蔗山、红水岭、马咀岭、哥分岭、熊狼岭等。基岩主要为海西、印支期及燕山期花岗岩,仅五指山主峰为燕山期中酸性火山岩。

（黄彩琼）

【土壤】 土壤形成及其分布规律。五指山市自然条件复杂多样,热带季风气候,高温多雨,雨季集中,干湿季明显。植物种类多,生长茂密。生物循环旺盛,有机物质积累、分解迅速。母岩种类繁多,有花岗岩、砂岩、砂页岩、变质岩、安山岩、紫色砂岩、石灰岩,等等。在高温多雨的环境下,岩石强烈风化,加速土壤的形成过程。

五指山市土壤就是在上述自然条件的作用下发育形成的。由于土壤所存在的地形部位和地域不同,生物气候有显著的变化,水热状况也各异,因此,土壤种类也多。在海拔750米以上的山地,自然植被为山地常绿阔叶林或山地雨林。云雾较多,日照少,相对湿度大,土壤水热状况较稳定,土层经常保持湿润,土壤中氧化铁、铝水化,土壤呈强酸性,土壤剖面黄色,形成黄壤。在黄壤以上山顶和山脊上,形成山地灌丛草甸土。海拔400~750米地带,自然植被为山地雨林,水热状况良好,土壤富铝化作用低于砖红壤,土壤红色,土壤呈强酸性反应,为赤红壤。海拔400米以下地带,是热带雨林、季雨林,水热变化差异大,高温湿热,干、湿明显,因此,土壤富铝化作用强,大量铁、铝胶体脱水积聚在深厚的土层中,使土壤变红色,呈酸性反应,为砖红壤。五指山市西部地区气候特别干旱,年平均雨量不足1000毫米,蒸发量大于降雨量1倍多,天然植被被破坏,现属灌丛草地,气温高,旱季长达6个月,形成明显的干热生物气候,土壤类型形成燥红土。由于五指山市东、西部气侯差异明显,在同类土壤中,东部和西部分布的地形部位高低有所不同,总体来看,土壤分布的上限,西部要比东部高100 ~ 200米。

土壤类型及其性状。土壤的发生与发展,受到各种不同成土因素的综合影响。五指山市自然条件变化复杂,在不同地域和地形部位上,具有不同的生物气候和水热状况,因此,形成多种土壤类型。计有土类11个,亚类23个,土属98个,土种283个。

（韩秀）

【河流水系】 境内水源众多、水系纵横,大小河流约120条。较大河流有属昌化江水系的通什河(南圣河)、毛阳河。昌化江水系在市内的流域面积为7.4万公顷,占全市总面积的66.1%,此外还有保国河、牙益河、草头河等小河流。常年平均径流量13亿立方米。

通什河(南圣河) 发源于五指山市东部青春岭,向西流经南圣镇至市区,出口番阳合口,流入昌化江干流,全长61.8千米,流域面积6.6万公顷,沿途有支流草头河、牙益河、保国河流入。

毛阳河 发源于五指山市东部五指山脉,向西流经水满乡永训村、毛阳镇什苗村至番阳镇番阳村与昌化江干流汇合,全长36.3千米,流域面积1.77万公顷。

保国河 发源于什托岭南部,向北流至毛道乡入通什河，全长26千米，流域面积1.58万公顷。

牙益河　发源于五指山市的南部报马岭，向北经畅好乡流入通什河，干流全长24千米，流域面积1.26万公顷。

草头河　发源于五指山市东部番寨岭，流经南圣镇草头村入通什河，干流全长15千米，流域面积2340公顷。

（邓木兰）

气候

【气候特征】2022年，五指山市气温偏高，降水量和日照正常；年平均气温23.7℃；年总雨量1628.1毫米；日最大降水量112.3毫米，出现在7月2日；雨季5月上旬开始，属偏早年份，10月下旬结束，属偏早年份，降水量时间分布不均匀；年总日照时数1737.2小时。

（曾婷）

【主要气候事件】2022年，五指山市出现5天暴雨及暴雨以上天气。受冷空气影响，2月20—23日出现低温阴雨天气过程，4月2—5日、8—10日出现两次清明风过程；年内受5个热带气旋影响，其中7月2日受3号台风"暹芭"影响，出现112.3毫米的暴雨天气；年内受5次暴雨影响，其中最大降水量也出现在7月2日；年内出现3次干旱天气过程，分别为2022年1月2日至3月22日80天的冬春连旱天气，11月1—21日共21天的干旱天气，11月30日至12月31日共32天的干旱天气，均未造成明显灾情。为缓解旱情，3月25日、27日，31日开展火箭流动车人工增雨作业。

（曾婷）

资源

【土地资源】五指山市土壤类型为地带性土壤和非地带性土壤。地带性土壤主要有山地黄壤、山地赤红壤、砖红壤，非地带性土壤有水稻土。全市土地总面积114428.3227公顷。其中：农用地面积110252.61公顷（其中：耕地面积3389.9711公顷，园地面积24387.0754公顷，林地面积81387.7060公顷，其他农用地1087.8575公顷）；建设用地面积2307.02公顷（其中：城乡建设用地1538.8751公顷，交通水利768.1449公顷）；未利用地面积1868.57公顷（其中：水域1234.2148公顷，草地282.3262公顷，其他土地 352.029公顷）。

（黄彩琼）

【矿产资源】　2022年，五指山市有矿山石场6个，分别是南圣石场、福道石场、162石场、十四队石场、毛阳石灰岩矿、毛阳什行坝石场。其中：闭坑石场5个，边采边修复1个（福道石场）。五指山市自然资源和规划局作为矿产企业监督单位，履行职责，抓牢矿产资源的开发和矿山的修复治理工作。2022年7月，完成毛阳石灰岩矿、南圣石场修复治理工作，12月25日，完成毛阳什行坝石场修复治理并通过专家验收。福道石场从2023年开始关闭，市政府做出补偿后转入修复治理。

（黄彩琼）

【作物资源】粮食作物是五指山市种植业中面积最大、分布最广的作物，主要是水稻，其次是番薯、玉米、山兰坡稻、糯稻等。经济作物主要有茶叶、忧遁草、益智、木薯、花生、甘蔗等。水果种类繁多，栽培形成商品的水果主要有龙眼、荔枝、香蕉等。种植面积较大的瓜菜主要有青菜、青瓜、苦瓜、豇豆等。热带作物资源丰富，栽培面积较大、经济价值较高的热带作物主要有槟榔、油茶、胡椒、橡胶等。

（杨光宇）

【南药资源】南药主要有槟榔、益智、砂仁、巴戟等。全市槟榔收获面积2452.49公顷，同比增长22.13%，产量7946.65吨，同比增长14.5%；益智产量4900.69吨，同比增长124.8%。

（杨光宇）

【水产资源】五指山市境内有大小河溪32条，平均流量6.5亿立方米，年降水量在1800毫米以上，水源丰富，水质好，水质符合国家水产养殖一、二类用水标准。境内自然水域鱼类既有石鲮鱼、鳗鱼等本地特有的鱼类品种，也有草鱼、鳙鱼、鲤鱼、鲢鱼等常见的品种，养殖的主要品种为罗非鱼、泥鳅等经济价值较高的种类。四季如春的气候条件，有利于延长热带淡水鱼类的饲养生长期，适于开展鱼类的人工育种、保种和越冬苗的生产；众多的小河流，多样的地质结构，为发展流水养鱼提供天然的条件；良好的生态条件，有利于发展淡水名、特、优鱼种和水陆两栖动物（如虎纹蛙、中华鳖、娃娃鱼等）的养殖，淡水养殖正逐步成为五指山市农业结构调整、农民脱贫致富的一条重要途径。

（杨光宇）

【水利资源】2022年，水资源总量为11.39亿立方米，其中，地表水资源11.39亿立方米，地下水资源3.16亿立方米，地表水和地下水重复计算水量3.16亿立方米。全市总用水量为4530万立方米，用水量占全省的1%，其中，农业用水量3500万立方米、工业用水量10万立方米、生活用水量830万立方米、生态环境用水量190万立方米。办理取水许可证83个，全年征收水资源费141.6万元，均已上缴国库。

（邓木兰）

【旅游资源】2022年，五指山市开展阿陀岭徒步登高祈福活动、五指山2022茶乐雨林红茶雪茄品鉴会、“寻觅雨林·万物共生”雨林文化展、红色旅游文化系列推广活动暨海南人嗨游海南、第五届五指山漂流文化节、锦·无界2022雨林精灵时装秀、旅游商品创意设计大赛等主题旅游活动，全域旅游创建活动成效明显，五指山市成为第二批省级全域旅游示范区的五家单位之一，五指山革命根据地纪念园成为全市第二家国家AAAA级旅游景区。

（陈姿铮）

【土特产品】五指山市有黎锦、苗绣、水满野生红绿茶、野生灵芝茶、忧遁草、酸豆汁、灵芝酒、野生蜂蜜、山兰酒等绿色生态保健土特产。

（陈姿铮）

建置沿革

民国24年（1935年）3月8日前，五指山市境内的红毛下峒（今毛阳镇）、番阳峒（今番阳镇）属崖县管辖；水满峒（今水满乡）、同甲峒（今南圣镇）属定安县管辖；指（志）玛弓（今南圣镇）属陵水县管辖。

民国24年（1935年）3月8日，广东省人民政府新设保亭、白沙、乐安（因与江西乐安县同名，当年9月改为乐东县）3县，隶属琼崖绥靖委员会公署。境内崖县管辖的红毛下峒、水满峒划归白沙县，设毛贵乡、毛栈乡、通什乡、水满乡；番阳峒划归乐安（后改为乐东）县，设番阳乡；陵水县管辖的同甲峒、指（志）玛弓划归保亭县，设南圣乡。

民国37年（1948年），通什乡划归保亭县管辖。1953年7月，广东省海南黎族苗族自治区从乐东县抱由镇迁驻通什乡。1955年10月，海南黎族苗族自治区改为海南黎族苗族自治州，通什乡为自治州首府驻地。1956年12月24日，境内通什镇、南圣乡、畅好乡、毛道乡，隶属保亭县。毛栈乡、毛贵乡、水满乡，隶属白沙县。番阳乡隶属乐东县。

1958年9月，南圣乡与通什镇、福安干部农场、福安示范场、国营通什茶场合并，成立通什镇红旗人民公社；毛道乡、畅好乡11个社、国营畅好农场合并成立红星人民公社，隶属保亭县。同年10月，毛栈乡、红毛乡、水满乡3个乡合并，成立五指山人民公社，隶属白沙县。同年12月22日，五指山人民公社划归琼中县管辖。同年12月，海南黎族苗族自治州人民委员会迁往海口，同海南行政公署合署办公，保亭县和崖县合并，通什镇红旗人民公社隶属崖县管辖。

1959年3月28日，红星公社并入通什镇红旗人民公社。同年10月27日，恢复保亭县的行政建置，崖县通什镇红旗人民公社划归保亭县。保亭县人民政府驻通什镇。11月14日正式办公。

1961年5月，五指山人民公社分成毛阳、什运、五指山、红毛4个人民公社，隶属琼中县。毛阳公社番塞（红山）大队划归通什镇红旗人民公社管辖；南圣人民公社、毛道人民公社成立，隶属保亭。同年11月，恢复海南黎族苗族自治州原办事机构。同年12月，畅好人民公社成立，隶属保亭县。

1962年2月，番阳人民公社成立，隶属乐东县。同年3月，海南黎族苗族自治州人民委员会迁回通什镇办公。

1963年11月，海南黎族苗族自治州决定，保亭县通什镇红旗人民公社划归海南黎族苗族自治州直接领导，保亭县人民政府迁驻保城镇。

1964年7月24日，经广东省人民委员会同意，通什镇红旗人民公社设立通什镇。1966年9月，通什镇红旗人民公社把番赛管理区划归保亭县，成立红山人民公社。同年10月28日，广东省人民委员会办公厅同意将通什镇改为红旗镇。

1980年5月8日，恢复通什镇人民政府。同年10月9日撤销红旗人民公社，保留红旗镇。

1982年2月15日，红旗镇改为通什镇。

1983年5月，境内人民公社改为区公所。

1986年6月12日，经国务院批准，设立通什市（县级），行政区域包括原保亭县的畅好、红山、毛道、南圣区，琼中县的五指山、毛阳区，乐东县的番阳区和海南黎族苗族自治州直辖的通什镇等8个区、镇，隶属广东省海南黎族苗族自治州。

1987年1月2日，通什市撤销红山等7个区公所、通什镇和什会等38个小乡建置，全市设立南圣、毛阳、番阳3个镇和畅好、红山、毛道、五指山4个乡及冲山街道办事处。

1987年12月30日，海南黎族苗族自治州撤销，通什市隶属海南行政区和建省筹备组。

1988年4月，海南建省办经济特区，通什市隶属海南省管辖，享受民族自治地方优惠政策。

因通什市的“什”字读音是“zá”，而《现代汉语词典》中“什”字的正式注音“shí、shén、shèn”，没有“zá”的读音，给通什市与外界交流尤其是邮政通信、商务往来带来诸多不便；而五指山是海南岛的象征，主要山峰在通什市境内，通什市更名为五指山市，能更准确地反映出该市的地理特征，有利于扩大知名度，加快开发建设步伐，促进当地的经济和社会发展。据此，2001年2月13日，海南省人民政府向国务院请示，将通什市更名为五指山市。7月5日，经国务院批准，通什市更名为五指山市。

2002年7月15日，海南省人民政府同意五指山市将原来的9个乡镇调整撤并为7个乡镇。其中，保国乡与畅好乡合并，设立畅好乡；红山乡与冲山镇合并，设立冲山镇；水满乡、毛道乡、毛阳镇、南圣镇、番阳镇原行政区划不变。

2012年4月26日，经海南省人民政府批准冲山镇更名为通什镇，原行政区划不变。

（卓珏）

行政区划

2022年，五指山市辖通什、南圣、番阳、毛阳4个镇和水满、畅好、毛道3个乡以及市管畅好居；全市有59个行政村、331个村民小组。有11条乡镇界线，埋设12个双面界桩。完成国家地名信息库更新和道路路牌埋设工作。加强地名普查成果转化利用，编制行政区划图和地名志。完成乡镇界线巡检工作，界线全长175.25千米。

（翁花玉）

五指山市（区）乡镇（街道办）、行政村（社区）、居、自然村、村（居）民小组统计表

表 1　　　　　　　　　　　　　　　　　　　　　　　　单位：个

乡镇（街道办）名称	行政村	自然村	村民小组	社区	居民小组
通什镇	16	79	91	4	25
毛阳镇	13	56	71		
南圣镇	6	29	40		
番阳镇	5	29	32		
畅好乡	10	43	42		
水满乡	5	23	27		
毛道乡	4	28	28		
畅好居					
合计	59	287	331	4	25

五指山市乡镇（街道办）、
行政村（社区）、居、自然村、村（居）民小组名录

表 2　　　　　　　　　　　　　　　　　　　　单位：个

乡镇（街道办）名称	行政村（社区）、居名称	自然村、村（居）民小组名称
通什镇	1.什保村（辖7个自然村、7个村民小组）	1.什保村：什保村民小组；2.什利村：什利村民小组；3.什那村：什那村民小组；4.什房村：什房村民小组；5.空任村：空任村民小组；6.空路村：空路村民小组；7.番文村：番文村民小组
	2.番茅村（辖5个自然村、5个村民小组）	1.什分村：什分村民小组；2.福建村：福建村民小组；3.番芭村：番芭村民小组；4.番茅村：番茅村民小组；5.什好村：什好村民小组
	3.红雅村（辖6个自然村、7个村民小组）	1.毛弄村：毛弄村民小组；2.空办村：空办村民小组；3.什册村：什册村民小组；4.什荣村：什荣村民小组；5.什奋村：什奋村民小组；6.通庭村：通庭一村民小组、通庭二村民小组
	4.应示村（辖6个自然村、6个村民小组）	1.应示村：应示村民小组；2.番育村：番育村民小组；3.报芭村：报芭村民小组；4.什别村：什别村民小组；5.丰好村：丰好村民小组；6.什南定村：什南定村民小组
	5.太平村（辖1个自然村、2个村民小组）	太平村：太平一村民小组、太平二村民小组
	6.牙日村（辖4个自然村、4个村民小组）	1.牙日村：牙日村民小组；2.番名村：番名村民小组；3.什邱村：什邱村民小组；4.什天村：什天村民小组
	7.番赛村（辖6个自然村、6个村民小组）	1.番赛村：番赛村民小组；2.空恋村：空恋村民小组；3.草仁村：草仁村民小组；4.大道村：大道村民小组；5.草好村：草好村民小组；6.番介村：番介村民小组
	8.番慢村（辖6个自然村、6个村民小组）	1.什盆村：什盆村民小组；2.什仟村：什仟村民小组；3.番那村：番那村民小组；4.番慢村：番慢村民小组；5.什边村：什边村民小组；6.什里村：什里村民小组

续表 2

乡镇（街道办）名称	行政村（社区）、居名称	自然村、村（居）民小组名称
通什镇	9.福关村（辖5个自然村、6个村民小组）	1.福关村：福关一村民小组、福关二村民小组；2.毛利村：毛利村民小组；3.红路村：红路村民小组；4.毛冲村：毛冲村民小组；5.毛总贺村：毛总贺村民小组
	10.福安村（辖8个自然村、9个村民小组）	1.什贺村：什贺村民小组；2.什翁村：什翁村民小组；3.什阳村：什阳村民小组；4.番中村：番中村民小组；5.福安村：福安村民小组；6.番道村：番道村民小组；7.什乐村：什乐村民小组；8.昌冲村：昌冲一村民小组、昌冲二村民小组
	11.番香村（辖5个自然村、6个村民小组）	1.番香一村：番香一队村民小组；2.番香二村：番香二队村民小组；3.番香四村：番香四队村民小组；4.番香五村：番香五队村民小组；5.番香村：番香三队村民小组、番香六队村民小组
	12.福利村（辖5个自然村、6个村民小组）	1.福利村：福利一村民小组、福利二村民小组；2.明形村：明形村民小组；3.番办村：番办村民小组；4.什平村：什平村民小组；5.什应村：什应村民小组
	13.牙畜村（辖3个自然村、7个村民小组）	1.番空村：番空一村民小组、番空二村民小组、番空三村民小组；2.什慢村：什慢二村民小组、什慢一村民小组；3.牙畜村：市一村民小组、市二村民小组
	14.南定村（辖6个自然村、6个村民小组）	1.南定村：南定村民小组；2.南巴村：南巴村民小组；3.白章村：白章村民小组；4.南天村：南天村民小组；5.空伦村：空伦村民小组；6.送祖村：送祖村民小组
	15.什会村（辖2个自然村、3个村民小组）	1.什干村：什干村民小组；2.什会村：什会一村民小组、什会二村民小组
	16.龙庆新村（辖5个自然村、5个村民小组）	1.报龙村：报龙村民小组；2.格什村：格什村民小组；3.小明形村：小明形村民小组；4.新平村：新平村民小组；5.毛庆村：毛庆村民小组
	1.河南东社区（辖7个居民小组）	1. 市场中心组；2.面粉厂组；3.火柴厂组；4.军分区房管处组；5.纺织厂组；6.廉租住房小组；7.翡翠新区
	2.河南西社区（辖6个居民小组）	1.河南西一组；2.河南西二组；3.河南西三组；4.河南西四组；5.河南西五组；6.河南西六组

续表 2

乡镇（街道办）名称	行政村（社区）、居名称	自然村、村（居）民小组名称
通什镇	3.河北东社区（辖6个居民小组）	1.河北东一居民小组；2.河北东二居民小组；3.河北东一居民小组；4.河北东一居民小组；5.河北东一居民小组；6.河北东一居民小组
	4.河北西社区（辖6个居民小组）	1.河北西一组；2.河北西二组；3.河北西三组；4.河北西四组；5.河北西五组；6.河北西六组
畅好居	畅好居居民委员会（辖5个居民小组）	1.红星社区居民小组；2.红光社区居民小组；3.红卫社区居民小组；4.红福社区居民小组；5.红明社区居民小组
毛阳镇	1.毛路村（辖2个自然村、6个村民小组）	1.牙开村：牙开一村民小组、牙开二村民小组、牙开三村民小组；2.毛路村：毛路一村民小组、毛路二村民小组、毛路三村民小组
	2.毛兴村（辖6个自然村、8个村民小组）	1.毛兴村：毛兴一村民小组、毛兴二村民小组；2.南乐村：南乐村民小组；3.坡尖村：坡尖一村民小组、坡尖二村民小组；4.什顺村：什顺村民小组；5.新丰村：新丰村民小组；6.什文贴村：什文贴村民小组
	3.什稿村（辖5个自然村、5个村民小组）	1.什牙立村：什牙立村民小组；2.什坡天村：什坡天村民小组；3.什冲土村：什冲土村民小组；4.新村村：新村村民小组；5.什灶村：什灶村民小组
	4.毛辉村（辖3个自然村、4个村民小组）	1.毛辉村：毛辉村民小组；2.什龙村：什龙一村民小组、什龙二村民小组；3.什版村：什版村民小组
	5.牙合村（辖5个自然村、7个村民小组）	1.初保村：初保一村民小组、初保二村民小组；2.什冲黑村：什冲黑村民小组；3.方满村：方满村民小组； 4.什好村：什好一村民小组、什好二村民小组；5.便文村：便文村民小组
	6.毛贵村（辖4个自然村、4个村民小组）	1.什空村：什空村民小组；2.唐干村：唐干村民小组；3.石绿村：石绿村民小组；4.南拾村：南拾村民小组

续表 2

乡镇（街道办）名称	行政村（社区）、居名称	自然村、村（居）民小组名称
毛阳镇	7.牙力村（辖6个自然村、6个村民小组）	1.牙力一村：牙力一村民小组；2.牙力二村：牙力二村民小组；3.牙力三村：牙力三村民小组；4.牙力四村：牙力四村民小组；5.牙力五村：牙力五村民小组；6.牙力六村：牙力六村民小组
	8.毛栈村（辖5个自然村、8个村民小组）	1.方满村：方满村民小组；2.什寸劳村：什寸劳村民小组；3.什购村：什购一村民小组、什购二村民小组、什购三村民小组、什购四村民小组；4.什发村：什发村小组；5.什苗村：什苗村民小组
	9.什益村（辖4个自然村、6个村民小组）	1.什益村：什益村民小组；2.方满村：方满村民小组；3.石洪村：石洪一村民小组、石洪二村民小组；4.新村村：新村一村民小组、新村二村民小组
	10.牙胡村（辖5个自然村、5个村民小组）	1.青介村：青介村民小组；2.牙防村：牙防村民小组；3.坎通村：坎通村民小组；4.坎由村：坎由村民小组；5.牙胡村：牙胡村民小组
	11.空联村（辖4个自然村、4个村民小组）	1.空联村：空联村民小组；2.道茂村：道茂村民小组；3.空合村：空合村民小组；4.什派村：什派村民小组
	12.毛旦村（辖3个自然村、4个村民小组）	1.什道精村：什道精一村民小组、什道精二村民小组；2.方满村：方满村民小组；3.什空村：什空村民小组
	13.毛阳村（辖4个自然村、4个村民小组）	1.方上村：方上村民小组；2.新村村：新村村民小组；3.道知村：道知村民小组；4.什豆村：什豆村民小组
南圣镇	1.毛祥村（辖4个自然村、4个村民小组）	1.新民村：新民村民小组；2.什抄麦村：什抄麦村民小组；3.毛祥村：毛祥村民小组；4.军民村：军民村民小组

续表 2

乡镇（街道办）名称	行政村（社区）、居名称	自然村、村（居）民小组名称
南圣镇	2.同甲村（辖7个自然村、8个村民小组）	1.永忠村：永忠村民小组；2.同甲村：同甲一村民小组、同甲二村民小组；3.同甲三村：同甲三村民小组；4.番道村：番道村民小组；5.什眉村：什眉村民小组；6.什龙村：什龙村民小组；7.什报茂村：什报茂村民小组
	3.南圣村（辖6个自然村、11个村民小组）	1.新村村：新村上村民小组、新村下村民小组；2.南圣一村：南圣一村民小组；3.南圣村（辖3个村民小组）：南圣二村民小组、南圣三村民小组、南圣上村民小组；4.志保村：志保上村民小组、志保下村民小组；5.什泉村：什泉一村民小组、什泉二村民小组；6.什伦村：什伦一村民小组、什伦二村民小组
	4.红合村（辖3个自然村、3个村民小组）	1.什贺村：什贺村民小组；2.报南村：报南村民小组；3.红合村：红合村民小组
	5.什兰村（辖6个自然村、8个村民小组）	1.毛运村：毛运村民小组；2.文化市队村：文化市队村民小组；3.吐南村：吐南村民小组；4.牙南下村：牙南下一村民小组、牙南下二村民小组；5.草头村：草头村民小组；6.什兰村：什兰一村民小组、什兰二村民小组
	6.牙南村（辖3个自然村、5个村民小组）	1.牙南上村：牙南上一村民小组、牙南上二村民小组；2.什拱村：什拱一村民小组、什拱二村民小组；3.新春村：新春村民小组
番阳镇	1.番阳村（辖8个自然村、9个村民小组）	1.开示村：开示一村民小组、开示二村民小组；2.坤步村：坤步村民小组；3.空识村：空识村民小组；4.洪吐村：洪吐村民小组；5.千打村：千打村民小组；6.万透村：万透村民小组；7.万板村：万板村民小组；8.南打村：南打村民小组
	2.孔首村（辖6个自然村、6个村民小组）	1.孔扎村：孔扎村民小组；2.牙浩村：牙浩村民小组；3.孔首村：孔首村民小组；4.抱除村：抱除村民小组；5.什茂村：什茂村民小组；6.抱隆村：抱隆村民小组
	3.毛组村（辖5个自然村、5个村民小组）	1.毛农村：毛农村民小组；2.毛组村：毛组村民小组；3.毛域村：毛域村民小组；4.扶闹村：扶闹村民小组；5.什南村：什南村民小组

续表 2

乡镇（街道办）名称	行政村（社区）、居名称	自然村、村（居）民小组名称
番阳镇	4.加艾村（辖4个自然村、5个村民小组）	1.加艾村：加艾一村民小组、加艾二村民小组；2.牙慢村：牙慢村民小组；3.什艾村：什艾村民小组；4.保力村：保力村民小组
	5.布伦村（辖6个自然村、7个村民小组）	1.布伦一村：布伦一村民小组；2.布伦村：布伦二村民小组、布伦三村民小组；3.什共村：什共村民小组；4.布伦五村：布伦五村民小组；5.南益村：南益村民小组；6.牙内村：牙内村民小组
畅好乡	1.草办村（辖5个自然村、5个村民小组）	1.草办村：草办村民小组；2.什炮村：什炮村民小组；3.毛阳村：毛阳村民小组；4.番育一村：番育一村民小组；5.番育二村：番育二村民小组
	2.番通村（辖4个自然村、4个村民小组）	1.番通村：番通村民小组；2.番道村：番道村民小组；3.番慢村：番慢村民小组；4.番赛村：番赛村民小组
	3.番贺村（辖8个自然村、8个村民小组）	1.番廷村：番廷村民小组；2.什龙村：什龙村民小组；3.番贺村：番贺村民小组；4.什托一村：什托一村民小组；5.什托二村：什托二村民小组；6.志毛村：志毛村民小组；7.番那一村：番那一村民小组；8.番那二村：番那二村民小组
	4.畅好村（辖6个自然村、6个村民小组）	1.畅好村：畅好村民小组；2.红也村：红也村民小组；3.什各村：什各村民小组；4.什立村：什立村民小组；5.番松村：番松村民小组；6.志候村：志候村民小组
	5.什哈村（辖6个自然村、6个村民小组）	1.什哈村：什哈村民小组；2.牙日一村：牙日一村民小组；3.牙日二村：牙日二村民小组；4.太吴村：太吴村民小组；5.什荣村：什荣村民小组；6.保农村：保农村民小组
	6.什奋村（辖3个自然村、3个村民小组）	1.什奋村：什奋村民小组；2.什春村：什春村民小组；3.什朵村：什朵村民小组
	7.毛招村（辖2个自然村、2个村民小组）	1.毛招一村：毛招一村民小组；2.毛招二村：毛招二村民小组

续表 2

乡镇（街道办）名称	行政村（社区）、居名称	自然村、村（居）民小组名称
畅好乡	8.什冲村（辖3个自然村、3个村民小组）	1.什冲村：什冲村民小组；2.红办村：红办村民小组；3.康南村：康南村民小组
	9.保国村（辖2个自然村、2个村民小组）	1.保国村：保国村民小组；2.保国新村：保国新村民小组
	10.番好村（辖3个自然村、3个村民小组）	1.番好一村：番好一村民小组；2.番好二村：番好二村民小组；3.番好三村：番好三村民小组
水满乡	1.新村村（辖1个自然村、3个村民小组）	1.新村村（辖3个村民小组）：新村一村民小组、新村二村民小组、新村三村民小组
	2.方龙村（辖6个自然村、7个村民小组）	1.方龙村：方龙一村民小组、方龙二村民小组；2.方好村：方好村民小组；3.方也村：方也村民小组；4.什甫村：什甫村民小组；5.什再村：什再村民小组；6.冲门头：冲门头村民小组
	3.水满村（辖5个自然村、6个村民小组）	1.水满上村：水满上村民小组；2.水满下村：水满下村民小组；3.新民旧村：新民旧村民小组；4.新民新村：新民新村民小组；5.方响村：方响村民小组、方通村民小组
	4.毛纳村（辖6个自然村、6个村民小组）	1.毛纳村：毛纳村民小组；2.什架开村：什架开村民小组；3.方应村：方应村民小组；4.什牙瑞村：什牙瑞村民小组；5.永训村：永训村民小组；6.什顺村：什顺村民小组
	5.牙排村（辖5个自然村、5个村民小组）	1.牙排村：牙排村民小组；2.方满上村：方满上村民小组；3.方满下村：方满下村民小组；4.什应村：什应村民小组；5.毛苗村：毛苗村民小组

续表 2

乡镇（街道办）名称	行政村（社区）、居名称	自然村、村（居）民小组名称
毛道乡	1.毛道村（辖8个自然村、8个村民小组）	1.空办村：空办村民小组；2.报万村：报万村民小组；3.空茅村：空茅村民小组；4.南冲村：南冲村民小组；5.空共上村：空共上村民小组；6.空共下村：空共下村民小组；7.南门村：南门村民小组；8.什守村：什守村民小组
	2.毛枝村（辖5个自然村、5个村民小组）	1.牙冲村：牙冲村民小组；2.空中村：空中村民小组；3.什头村：什头村民小组；4.毛枝大村：毛枝大村民小组；5.毛枝小村：毛枝小村民小组
	3.红运村（辖6个自然村、6个村民小组）	1.毛优村：毛优村民小组；2.空洪村：空洪村民小组；3.空程村：空程村民小组；4.空来村：空来村民小组；5.空亲村：空亲村民小组；6.炮衣村：炮衣村民小组
	4.毛卓村（辖9个自然村、9个村民小组）	1.红沟村：红沟村民小组；2.毛农村：毛农村民小组；3.猿文村：猿文村民小组；4.成暖村：成暖村民小组；5.保秀村：保秀村民小组；6.保龙村：保龙村民小组；7.什龙村：什龙村民小组；8.番道村：番道村民小组；9.什托村：什托村民小组

人口·文化传承·方言

【人口】 2022年，五指山市年末户籍人口104556人。其中，男性53724人、女性50832人。按民族分，汉族27822人，占总人口的26.6%；黎族69759人，占总人口的66.7%；苗族5952人，占总人口的5.7%；壮族378人，占总人口的0.4%；回族128人，占总人口的0.1%；其他民族517人，占总人口的0.5%。

全市年末常住人口11.12万人。其中，0~14岁人口1.89万人，占比17.00%；15~64岁人口8.07万人，占比72.57%；65岁及以上人口1.16万人，占比10.43%。出生率7.17‰，死亡率6.90‰，自然增长率0.27‰。年末城镇化率60.43%。

（曾献忠）

【文化传承】 2022年，全市有黎族、苗族、壮族、回族等26个少数民族。五指山市入选联合国教科文组织人类急需保护的非物质文化遗产保护名录项目1项；非物质文化遗产保护名录23项，其中国家级4项、省级6项、市级13项；认定各级代表性传承人156名，其中国家级代表性传承人1名、省级代表性传承人17名、市级代表性传承人138名，健在的各级代表性传承人143名。

（林泓汐）

【方言】 五指山市居民主要使用方言种类有3种。

海南话：狭义的海南方言，属汉藏语系汉语闽南方言。海南话使用最广泛、使用人数最多，全市10万多居民通用，主要分布在市区、各乡镇大部分地区。由于汉族人口从海南各市县等地迁来，海南话语音和声调有所不同，一般以文昌人的语言为标准口音。

黎语：属汉藏语系壮侗语黎语系，主要是杞方言，分布在各乡镇，人口6万多人。少部分为哈（侾）、润、美孚、赛方言，分布在市区和番阳镇等。

苗语：属汉藏语系苗瑶语族苗语支。只在南圣镇牙南村、水满乡新村、番阳镇布伦村等苗族居民中通用。此外，还有从广东省和海南省儋州、东方、昌江、临高等地迁来散居市区的汉族居民使用白话、汕头话、儋州话、村话、临高话等。话等国营畅好农场职工使用白话、客家话、湖南话、安徽话、四川话等。

（卓珏）

华侨·宗教

【华侨】 2022年，五指山市有归侨、侨眷400多人。

【宗教】 2022年，全市有依法登记的基督教固定活动场所1所，即五指山市基督教通什固定活动场所。

（彭荣华）

政治建设

【党的建设】 2022年，五指山市把开展党史学习教育作为重大政治任务，累计开展专题党课267次、集中学习1500多场次。深入开展作风整顿建设年、“查堵点、破难题、促发展”活动，查摆作风问题362个、完成整改331个；查找堵点问题103个，已解决99个。持之以恒贯彻落实中央八项规定精神，查处违反中央八项规定精神和形式主义、官僚主义问题27件21人。推进政治巡察，实现四届市委任期内128个党组织巡察全覆盖。

（陈恩学）

【依法治市】 2022年，五指山市办结复议案件40件。行政复议机关直接纠正行政机关决定（含确认违法、撤销、变更、责令履行）4宗，纠错率10%。发出行政复议意见书2份、建议书1份，促使有关单位提高依法行政水平。办结一审行政诉讼案件49宗，已审结案件中，败诉8宗，败诉率16.33%，低于全省平均水平（24.43%）。

经济发展

【农业】 2022年，五指山市下辖7个乡（镇），59个行政村，331个村民小组，约1.59万农户，农业人口6.86万人（含畅好居），最新变更调查数据农用地面积约为11.28万公顷。其中耕地面积3389.79公顷，园地面积2.43万公顷，林地面积8.34万公顷，草地1537.87公顷。

2022年，五指山市继续坚持脱贫攻坚与全市产业培育相结合、政府引导与群众意愿相结合、市级统筹与乡镇灵活处理相结合的“三结合”方针，发挥传统产业优势，引导脱贫户发展产业基础好、经济效益高的特色种养产业，推动农村全面振兴，农民收入持续稳定增长。2022年全市农村居民人均可支配收入16593元，增长8.1%，全市农村居民生产生活水平进一步提高。全市完成“一户一田”试点村地块分配。五指山市水满乡产业强镇项目获海南省农业农村厅批复，新认定方诺寨雨林共享农庄、水云居共享农庄2家共享农庄。新认定五指山勇毅雪茄庄园有限公司为省级农业龙头企业。省批复水满乡为省级乡村振兴示范乡镇；通什镇应示村、毛阳镇毛兴村、水满乡毛纳村3个村委会为省级乡村振兴示范村。全市4个美丽乡村被评为三星级，13个被评为一星级。毛纳村被评为2022年中国美丽休闲乡村，五指山市区—海南省民族博物馆—五指山红峡谷文化旅游区—毛纳村获批海南省休闲农业旅游精品景点线，毛纳村被评为休闲农业旅游精品景点。

（杨光宇）

【旅游业】2022年，五指山市全年接待游客139.81万人次，同比下降17.42%，全市实现旅游总收入10.66亿元，同比下降10.48%。

（陈姿铮）

【批发零售业】2022年，五指山市社会消费品零售总额11.9119亿元，下降7.2%。受省内外新冠疫情影响，五指山市旅游、住宿、餐饮、零售等行业恢复较慢，消费需求和消费活力仍处在较低水平。

（陈姿铮）

【重点项目建设】2022年，五指山市有重点项目80个，总投资81.26亿元，全年计划投资15.09亿元，实际完成投资12.16亿元。2022年，市发改委围绕生态环保、民生服务、基础设施、产业发展四大类别谋划项目322个，匡算总投资355亿元。2018—2022年，全省17批集中开工项目中，五指山市有14批，共40个项目，2022年已完工27个。续建及新开工项目13个，总投资19.76亿元，年度计划投资5.97亿元，截至12月18日，累计完成投资6.32亿元。累计召开项目专班会议44次。同时，以"万名干部下企业"活动、"重点项目市领导'一对一'服务"活动为依托，强化服务，千方百计帮助企业解决困难。截至12月21日，市级领导走访企业166家、项目工地166个，帮助企业协调解决难题169项。结合有关法律、法规，重新拟定《五指山市政府投资项目管理暂行办法》。

（张庆烨）

【固定资产投资】2022年，全市固定资产投资同比增长11.3%。其中，非房地产投资同比增长18.3%，房地产投资同比下降2.7%。从投资构成上看，政府投资同比增长58.3%；社会投资同比下降11.5%。

（张庆烨）

【财政】2022年，五指山市一般公共预算收入完成2.09亿元，比2021年减少1532万元。全市一般公共预算支出完成26.94亿元，比2021年增加15131万元。

（陈小妹）

【金融】2022年，五指山市有银行业金融机构网点23个，同上年持平。其中，政策性银行机构网点1个，商业银行机构网点12个，农村信用社机构网点9个，村镇银行机构网点1个；非银行类金融机构（保险分支机构和代理机构）网点8个。

社会发展

【教育】2022年，市辖区内省属大中专学校全年招生人数10409人，毕业生6307人，在校生27531人。市辖区内省属中学全年招生人数1646人，毕业生1561人，在校生4663人。全市各级各类市属学校73所。其中，九年一贯制学校3所，完全中学1所，完全小学10所，教学点39所，特殊教育学校1所，幼儿园19所。学生方面，全市秋季小学在校生8046人，秋季初中在校生3443人，秋季高中在校生1053人。教师方面，小学专任教师数753人，普通中学专任教师数757人。九年义务教育巩固率96.0%。高招全市高考报考人数1297人。

（陈云飞、王梦瑜）

【文化】2022年，五指山市开展文化惠民演出34场，惠及群众2500人次。

（陈姿铮）

【体育】2022年，五指山市举办热带雨林国家公园阿陀岭徒步活动、乡村绿色骑行系列活动、首届“1867杯乡村篮球联赛”、第二届“五指山大力神杯”青少年足球冬令营邀请赛、毛纳村2022五指山市旅游形象公益大使推介暨元宵联谊活动、中国自由搏击俱乐部超级联赛。组队参加海南省第六届运动会，参与人次约6000人次。全市范围内升级改造乡镇篮球场10个，新建全民健身路径123个。

（陈姿铮）

【医疗卫生】2022年，五指山市辖区内的医疗卫生机构有海南省第二人民医院（隶属海南省卫生健康委员会）、海南省平山医院（隶属海南省卫生健康委员会）等。全市医疗卫生机构有床位数1490张。在岗的卫生专业技术人员有1383人，其中执业（助理）医师436人，注册护士662人，其他卫生专业技术人员285人。

（刘晓菲）

【医疗保障】2022年，五指山市脱贫人口2.23万人、监测对象815人、农村低保对象1731名、农村低保边缘家庭成员940人、特困人员232人，已全部参加2022年基本医疗保险，做到“应保尽保”。

（刘晓菲）

【社会保障】2022年累计发放城镇职工基本养老保险10.81万人次4.12亿元；发放城镇职工基本养老保险丧葬抚恤金174人694万元；发放城乡居民基本养老保险待遇8.12万人次1791.28万元；发放伤残津贴和供养亲属抚恤金等工伤保险217人次256万元；完成城乡居民基本养老保险参保扩面1293人，完成率115.96%。落实城乡居民基本养老保险基础养老金提标调整要求，养老金提标调整涉及全市领取城乡居民基本养老待遇人数7314人，补发1月养老金差额人数7034人，补发养老金差额3.84万元，人均补发养老金差额5.47元。

（莫昌桂）

【就业】 2022年，全市城镇新增就业人数1473人，完成年度目标的105%；失业人员实现再就业185人，年末城镇登记失业率1.18%，农村劳动力转移就业2361人，完成年度目标的102%；城镇就业困难再就业人员225人，完成年度目标的150%。应届大学毕业生250人，就业人数203人，就业率81.2%。

【城乡居民收入】2022年，五指山市城镇居民人均可支配收入35071元，同比增长0.8%；农村居民人均可支配收入16593元，同比增长8.1%。

从收入结构看，四项收入全面增长，为城乡居民稳定增收提供了重要支撑。在城镇方面，工资性收入和转移净收入的稳定增长是城镇居民收入的主要来源。随着政府稳岗就业系列措施的不断加强，财政工资的及时发放和城镇养老金、城镇低保金的逐年提高，有效对冲疫情带来的不利影响，拉动城镇居民收入稳定增长。在0.8%的城镇居民人均可支配收入增速中，有0.7个百分点由工资性收入和经营净收入贡献，合计贡献率达83.1%，是增收的主动力。

在农村方面，工资性收入和家庭经营净收入的持续增长是农村居民收入的重要保障。随着促进农民工高质量就业等一揽子政策持续发力、主要农畜产品价格高位运行及农作物种植面积和产量的提高，促使工资性收入和家庭经营净收入增长好于预期。在8.1%的农村居民人均可支配收入增速中，有5.8个百分点由经营净收入贡献，贡献率达71.5%，有

1.6个百分点由工资性收入贡献，贡献率为19.2%。

（曾献忠）

【乡村振兴】 2022年4月11日，习近平总书记亲临五指山市考察并作出“乡村振兴要在产业生态化和生态产业化上下功夫”“推动乡村全面振兴，关键靠人”等重要嘱托，为五指山市推进乡村全面振兴注入强大动力，在五指山发展史上具有极其重大的里程碑意义。全市广大党员干部全力落实习近平总书记殷切嘱托，扎扎实实干、踏踏实实干，推动巩固拓展脱贫攻坚成果同乡村振兴有效衔接，各项工作取得积极成效。2022年，全年识别监测对象150户515人，解除监测对象163户653人。

（胡培）

【安全生产】 2022年，五指山市未发生生产安全事故，全市安全生产形势稳定。重点统筹、深入推进安全生产专项整治三年行动，协调各有关部门全力抓好危险化学品、非煤矿山、消防安全、城市建设、道路交通、邮政快递等重点行业专项整治。2022年，全市发现隐患问题1520宗，已整改1376宗，整改率90.53%。其中，危化品、邮政快递行业、危险废物、燃气安全生产的专项整治整改率、经营性自建房排查录入率及燃气报警器安装完成率均为100%；市安委办下发整改隐患通知书20份，约谈警示11次；各执法部门实施安全生产行政处罚19次，罚款66.2万元。开展新一轮道路交通安全专项整治攻坚战，实现五指山市道路交通事故死亡人数和经济损失“双降”。全年共查处各类交通违法行为6.57万起，道路交通事故死亡5人（无生产经营性道路交通事故），万车死亡率从2021年的1.37人/万车降至1.07人/万车。在问题整改“回头看”方面，国务院第十三考核巡查组在五指山市开展对海南省2021年度安全生产和消防考核巡查，省安委办组织开展3次综合督导检查，对于上述巡查、检查过程中所发现的问题，市应急管理局发挥市安委办协调职能，督促涉及的相关部门完成问题整改。

（胡月）

精神文明建设

【社会主义核心价值观宣传教育】 2022年，五指山市委宣传部利用市委理论中心组学习，示范带动全市各级党委理论学习中心组形成理论学习热潮，组织开展22次集中学习。市级理论宣讲团、文艺轻骑兵及基层宣讲团等20余名宣讲员到全市各乡镇、各行政村开展“听党话、感党恩、跟党走”主题宣讲422场次，受众2.5万多人次。开展各类社会主义核心价值观学习宣传活动，弘扬社会主义核心价值观，开展家风家训宣讲10场次，覆盖全市8个乡镇（居）1300多人；强化农村未成年人核心价值观教育，组织开展未成年道德讲坛10场；加强农村教育，阻断贫困代际传播，组织开展扶志扶智宣讲进校园活动2场次，覆盖人数1600人。在全市各乡镇和市畅好居、思源学校、红星学校开展10场移风易俗家风家训宣讲活动；开展“志智双扶”教育宣讲活动，到南圣中心学校、五指山市思源学校开展“扶志扶智”宣讲，开办爱国主义教育进校园讲座，覆盖学生1500余人。每季度开展一次漫画琼剧进校园活动，增强青少年的文化自信、民族自信；在全市各乡镇中心校开展垃圾分类暨“禁塑”宣传活动7场次，覆盖人数3000多人次；投入省级资金拨款60万元，支持五指山市创建4个以社会主义核心价值观主题宣传的省级文明生态村。在全市81个文明实践中心（所、站、点）开展500余场相关志愿服务活动，服务群众7万人次，用新时代文明实践活动引导群众、凝聚群众、服务群众，传播正能量，弘扬社会主义核心价值观。

【公民思想道德建设】 2022年，印发《第四届"五指山好人"评选活动方案》，分为"助人为乐""见义勇为""敬业奉献""孝老爱亲""美德少年""最美快递员""最美物业人"7类，评选出33位"好人"。五指山市第三小学王程业获得全国"新时代好少年"称号。投入资金建设乡村学校，其中中央级资金6万元、省级经费12万元，拨付给4所贫困中心学校；市级资金40万元拨付给9所中心学校。

【城乡精神文明建设】 2022年，五指山市围绕"一个精神、两条主线、三个融合、四大任务、五条线路"的目标，落实新时代文明实践中心（所、站）建设标准，推动五指山市新时代文明实践各项工作落实落细。聚焦"一镇一品""一村一品"，按照"七个有"工作标准（有制度、有计划、有场地、有队伍、有项目、有记录、有机制），实现实践所一站全覆盖。打造"红色传承线路""生态环保线路""乡村振兴线路""民族融合线路""教育实践线路"五大线路，以主题串联新时代文明实践阵地打造，突出五指山新时代文明实践特色品牌，以新时代文明实践中心推动"六园"建设。举办新时代文明实践云平台培训班，邀请专家为新时代文明实践中心（分中心、所、站、点）负责人详细讲解培训内容。以各市直机关、乡镇业务骨干为成员，组建新时代文明实践理论宣讲团，对68名新时代文明实践理论宣讲团成员开展宣讲技巧培训，提高新时代文明实践宣讲水平。成立五指山市新时代文明实践讲解团和"1867"志愿服务队，并举办五指山市新时代文明实践讲解员培训会，让党的创新理论走进田间地头、社区广场、校园课堂，开展各类志愿服务宣讲。全市在新时代文明实践云平台有注册志愿者2584人，队伍138支。推出一批群众认可度高、示范引领性强的"道德标杆"，树立先进典型，推动群众性精神文明创建活动深化拓展、提质增效，促进城乡面貌改善、社会文明程度提高。聚焦乡风文明，提升社会文明程度。印发《关于进一步加强文明乡风建设的活动实施方案》《关于开展五指山市2022年"传承良好家风 共创文明家庭"讲座活动的通知》，开展移风易俗家风家训宣讲活动、"扶志扶智"教育宣讲活动、爱国主义教育进校园讲座等20余场。

（刘凡静）

生态市建设

【农村人居环境整治】 2022年，全市对标整治目标，重点实施"三清两改一建"，进一步补齐农村基础设施短板。持续实施农村人居环境整治提升行动。投入325.4万元在全市建设"合亩仓库""巴掌公园""庭院花园"等18个人居

△王柏和制茶中　　（五指山市委宣传部 供图）

环境提升项目，农村厕所化粪池防渗漏改造开工400户，建成并投入使用乡镇标准示范生活垃圾分类屋（亭）6座，生活垃圾分类收集屋已建成92座。建立“户清扫、村镇收集、市转运”的垃圾收运处理模式，农村无害化垃圾处理率100%，农村无害化厕所覆盖率100%。提高农村生活污水治理率，行政村覆盖率100%，自然村（连队、农场）治理率90%。加强乡村公共基础设施建设，完成66项农村公路“六大工程”建设任务，在全省率先实现自然村全部通硬化路，59个行政村实现“村村通公交”。推进城乡供水一体化，农村自来水普及率99%、规模化水厂服务人口比例60%。投入1600万元实施91个电网改造项目，改造升级多个乡镇的农村电网，“气代柴薪”覆盖所有乡镇。建成5G基站42个，覆盖各乡镇。

抓好畜禽粪污及农业生产废弃物清理，严格落实《五指山市畜禽养殖区域划分及管理规划》，关停禁养区2家规模养殖场。全市7家规模化养殖场处理设施装备配套率达100%。建成田间废弃物回收点25个，推广生物有机肥及秸秆还田腐熟技术示范面积4.76万亩，实现全市畜禽粪污综合利用率89%、主要农作物秸秆综合利用率85%、当季废旧农膜综合回收率80%。打好“厕所革命”攻坚战。落实农村改厕奖补政策，给予每个贫困户3200元补贴、每个一般农户改厕户1600元补贴加快农村（社区）公厕建设，全市64个行政村（社区）已建成公厕104座，行政村覆盖率100%。推进防渗漏改造和粪污资源化利用工作，完成防渗漏改造1000户，厕所粪污清掏1.90万立方米。

打通群众出行“最后一公里”，实施交通扶贫“六大工程”和“四好农村路”，累计投入4.5亿元，完成66个交通扶贫项目，五指山市被命名为“四好农村路”省级示范县。

建立长效机制，五指山市制定《五指山市农村人居环境整治工作机制》《五指山市扶贫扶志爱心超市实施方案》《在五指山市乡村治理中推广运用积分制工作方案》，以美丽乡村建设为抓手，推动农村人居环境整治。投入1000万元建成水满乡毛纳村、通什镇什保村、毛阳镇什顺村、水满乡水满上村及水满下村共五个美丽乡村。

（杨光宇）

【生态旅游】 热带雨林国家公园五指山片区位于五指山市水满乡旅游小镇，周边有国家AAA级旅游景区热带雨林风景区，方诺寨、茗兰舍2家民宿，五星级绿色饭店亚泰雨林酒店。2022年，全市成功创建省级全域旅游示范区，毛纳村荣获“中国美丽休闲乡村”荣誉称号、入选中华人民共和国文化和旅游部“乡村四时好风光——瑞雪红梅 欢喜过年”全国乡村旅游精品线、创评成功五椰级乡村旅游点；2022年，水满乡获评全国乡村旅游重点镇，毛纳村获评全国乡村旅游重点村，乡村生态旅游资源较为丰富。

（陈姿铮）

【环境质量】 2022年，五指山市环境空气质量总体优良，优良天数比例100%，其中主要污染物PM2.5年平均浓度9.4微克/立方米，为海南岛空气质量最好市县（除三沙市外），完成省级下达目标任务；地表水环境质量总体为优，主要河流水库水质优良率100%，城市和乡(镇)村集中式饮用水水源地水质达标率均100%，为全省最好；森林覆盖率90%以上，为全省最高；土壤环境质量总体保持优良。

（韩秀）

政治

政 治

中国共产党五指山市委员会

综 述

【概况】 2022年，中共五指山市委深入贯彻落实习近平总书记考察海南重要讲话精神及对五指山的殷切嘱托，以党的二十大精神为指引，对标"一本三基四梁八柱"战略框架，牢牢把握中部生态保育区定位，锚定"1867发展战略"，发扬"1867工作作风"，高效统筹疫情防控和经济社会发展，带领广大党员干部团结一心、埋头苦干，加快推动高质量跨越式发展，各项工作取得明显成效。成功获得国家生态文明建设示范区、全国民族团结进步示范市、国家级创新型县（市）、中国气候宜居城市、全国信访工作示范市、全国科普示范市等6项"国字号"荣誉，推动五指山发展取得历史性成就，提升了五指山的知名度、美誉度、影响力。

【思想政治学习】 2022年，中共五指山市委深入学习贯彻党的二十大精神和习近平总书记考察海南重要讲话精神，以实际行动落实习近平总书记对五指山的殷切嘱托。先后召开市委全会、全市干部大会、市委常委会会议等会议认真传达学习，推动各级党组织开展学习研讨2200余次，开展主题宣讲300余场次，举办专题培训班75期，培训人员6248人次。组成考察组到湖南省花垣县十八洞村等习近平总书记考察过的地方，调研学习如何用好总书记考察机遇，推进乡村全面振兴、生态环境保护等工作，助推习近平总书记殷切嘱托在五指山市落地见效。出台贯彻落实习近平总书记考察海南重要讲话精神的决定以及贯彻落实党的二十大精神的实施意见，把习近平总书记考察海南重要讲话精神、党的二十大精神和省第八次党代会、省委八届二次全会精神细化分解为具体的任务措施。成立通什工作专班、毛阳—番阳工作专班、水满工作专班，实行任务项目化、项目清单化、清单责任化管理，以闭环管理推动各项工作落地落实。

【经济发展】 2022年，五指山市地区生产总值完成38.81亿元，同比增长1.7%；固定资产投资同比增长11.3%；一般公共预算收入2.09亿元，同比下降5.7%；社会消费品零售总额完成11.91亿元，同比下降7.2%；城镇常住居民人均可支配收入35071元，同比增长0.8%；农村常住居民可支配收入16593元，同比增长8.1%。建立产业生态化和生态产业化的生态经济体系，发展热带特色高效农林业，茶叶、雪茄烟叶、野菜叶"三片叶"和"十二个林"的林下经济初显成效，全市种植益智4.6万亩、油茶1.5万亩、茶叶9542亩、雪茄烟叶300亩；与海南省农业科学院、云南农业大学合作开展大叶茶基因测序，推进茶叶"普查、纯种、扩种、增量"，"五指山热带雨林大叶茶”品牌知名度逐步提升。发展全域旅游业，五指山市获评省级全域旅游示范区，水满乡获评全国乡村旅游重点乡，五指山革命根据地纪念园被评为国家AAAA级旅游景区。创新探索贷后服务产业，吸引深圳法大大等7家企业成功入驻，化风险、强信用、享产出、聚人才的新兴服务产业框架基本建成。发展医养康养产业，发布《五指山市气候康养白皮书》，省凌锋神经医学中心、省胡大一心脏中心加快建设。坚持“项目为王”，推动山海高速通什出入口改造等79个重点项目建设，帮助企业协调解决项目难题169个，成功扭转五指山市社会投资“断崖式”下跌的被动局面。做好项目库建设，申报中央预算内投资项目、专项债券项目36个，围绕生态环保、民生服务、基础设施、产业发展四大类别谋划项目322个。将昌化江上游滨河雨林生态修复治理工程项目包装为PPP（政府和资本合作，publil-private-partnership)项目，实现全市PPP项目“零的突破”。推进新型城镇化试点建设。联合上海工程设计研究院编制州府故园规划方案，加快制定城镇化建设实施方案，谋划州府故园示范区综合改造提升工程，生态型城镇化试点建设加快推进。投入6188万元改造38个老旧小区，整体提升小区外立面、水电设施等环境面貌和功能品质。

【乡村振兴】 2022年，中共五指山市委高位推进乡村全面振兴，顺利通过国家挂牌督办摘牌验收。持续压紧压实工作责任。在毛纳村硕果亭等地，相继召开全市驻村第一书记和乡村振兴工作队队长、村党组织书记、退役军人和返乡创业人员、老党员老干部和乡村人才、农村致富带头人等五个座谈会，重温习近平总书记殷切嘱托，党员干部的使命感和责任感进一步增强。安排所有在职市领导具体联系帮扶行政村，实现59个行政村联系全覆盖。安排100家单位定点帮扶59个行政村，1740名党员干部结对帮扶所有建档立卡脱贫户及监测户。试点探索实施槟榔价格指数保险，清退完成槟榔无序种植、重点关注户转产、林下经济试点全覆盖“三个100%”工作任务，累计清退槟榔87.27公顷，完成林下试点种植58.33公顷，顺利通过国家挂牌督办摘牌验收。率先在全省创新建立“乡村振兴智慧管理平台”，实现农户数据整理、展示、收入预警、入户识别、监测采集与帮扶落实的闭环管理。开展“就业援助月”“春风行动”等专项行动，全市脱贫人口外出务工1.03万人，是2021年脱贫人口外出务工人数的100.5%。加快将毛纳村打造成习近平新时代中国特色社会主义思想的实践地，推动黎寨船屋、田园实景演出舞台等文旅项目落地，毛纳村荣获全国乡村旅游重点村、中国美丽休闲乡村等称号。持续提升农村人居环境质量，实施农村人居环境整治提升五年行动，建立健全人居环境整治工作积分制度，开展“四乱”治理，推广建设“合亩仓库”“建材银行”“巴掌公园”“庭院花园”等18个项目。继续推行“户分类、村镇收集、市运转”的垃圾收运模式，全市农村垃圾清运处理和无害化处理率均达100%，农村人居环境持续向好。58个行政村农村生活污水处理设施，行政村治理率100%。建立“积分评比+产业发展+完善硬件+群众管护”的激励机制，在全市7个乡镇开设覆盖全体农户的19家乡村治理积分超市，2022年以来，通过“以奖代补”累计兑换商品989.21万元。发挥党建引领作用，严格落实五级书记抓乡村振兴责任制，市委书记坚持每月深入一线调研实情，各乡镇、村书记常态化进村入户解决问题，各驻村第一书记坚守驻村岗位。开展党建述职评议考核、绩效考核，累计创评15个四星级以上村（社区）党组织，倒排整顿提升7个软弱涣散村（社区）党组织，以“抓两头带中间树典型”压实党建工作主体责任。调整54名乡镇领导班子成员、村“两委”干部和乡村振兴工作队，选派15名选调生到村任职，在乡村振兴、基层治理一线提拔重用、晋升职级干部291名。建立村干部“三酬三有”薪酬激励保障机制和村集体经济发展奖励机制，村干部补贴较上年度提高40%。公开招录16名乡镇党建指导员和社区专职工作者，专职指导村（社区）党组织标准化规范化建设。开展农村“共产党员户”挂牌亮身份、无职党员设岗定责活动，助力乡村振兴、疫情防控等工作1600余次。

扶持48个贫困村发展壮大村集体经济，推动毛贵村红色试点村初心驿站项目投入运营，毛纳村抓基层党建促乡村振兴典范工作有序推进。落实“1+7+N”党群服务体系，新建（改建）12个党群服务中心、服务驿站，常态化推动辖区单位党组织、在职党员到社区“双报到”。2022年，水满乡党委荣获全国“人民满意的公务员集体”荣誉称号。

【生态环保】2022年，中共五指山市委坚持把保护生态环境作为五指山当仁不让的“国之大者”，牢固树立和践行“绿水青山就是金山银山”理念，坚决守好海南自由贸易港发展的生态屏障，确保五指山生态环境只能更好、不能变差。举全市之力完成生态搬迁任务，累计签订搬迁协议130户，占比94%。从严从实抓好各类督察问题整改，两轮中央环保督察整改完成率100%，省级生态环境保护例行督察群众举报件办结率94%。全面推行林长制，在全省率先开发应用“智慧林业”平台，实现森林资源“天空地”一体化监测。深入打好污染防治攻坚战，保供水、治污水等“六水共治”多项指标名列全省前茅，全市集中式饮用水水源水质达到或优于Ⅲ类标准的比例100%，空气质量持续保持全省第一，污染防治攻坚战考核获得“优秀”等次。举办2022年博鳌亚洲论坛公园雨林文化展、热带雨林保护国际研讨会、“雨林与您”体验活动、雨林精灵时装秀等系列雨林活动，其中雨林文化展累计接待外国使节、国际组织代表、国家部委领导等重要嘉宾28场次254人次，得到论坛秘书长李保东及省委书记沈晓明、省长冯飞等领导的高度赞赏；“雨林与您”体验活动媒体传播总量突破4亿人次，与《万里走单骑》栏目组合作拍摄“五指山·海南热带雨林和黎族传统聚落”节目，在浙江卫视、腾讯视频等平台火热播出。与海南师范大学生态研究机构合作成立“四库”研究专班，联合国家公园研究院编制完成“四库”规划初稿，与中海油集团签订林业碳汇项目合作开发意向协议，“四库”价值转化路径逐渐清晰。

【全面深化改革】2022年，中共五指山市委坚持把制度集成创新摆在突出位置，持续优化营商环境。制定全市制度集成创新事项责任清单，推进闲置耕地统耕统收和“一户一田”改革、“揭榜挂帅”等“十大改革”事项。重点围绕贷后服务产业推进制度集成创新，探索线上优先执行，采用格式化证据固定制度、互联网出庭、质证、庭审直播等新模式，实现快速、精准、高效审理案件，全年结案4.3万件，结案率99.98%。构建首问责任制、营商环境登门服务“123”，“1”指对于招商项目，负责联系的市级领导或科级干部每个月至少要主动走访一次；“2”指对于在建项目，负责联系的市级领导或科级干部每2个月至少要主动走访一次；“3”指对于已给完工项目投产并形成税收的项目，负责联系的市级领导或科级干部每3个月至少要主动走访一次）追访机制，设置“损害营商环境问题线上受理平台”和“营商环境线下监测点”，营商环境各项指标不断提升。推行“清单制＋告知承诺制”审批新模式，建立“审管法信”联动系统，推动“审批、监管、执法、信用”一体闭环，政务服务事项办理时限压缩60%以上，实现全过程工程建设项目审批事项100%线上审批。补齐社会信用体系短板，全市信用监测排名从全省县级市倒数第一升至全省第二。

【宣传与人才培养】 2022年，五指山市加强和改进宣传思想工作。组织开展庆祝建党百年系列宣传活动，黎族苗族织锦拼布作品《黎苗锦绣 百年梦想》登上央视新闻。选树国家、省级道德模范候选人4名，其中一名候选人获得第八届全国道德模范提名奖。省级以上主流媒体刊发五指山市宣传报道1.1万余篇。推进农村基层党建“4321”工程，培育南圣镇红合村、番阳镇番阳村等一批农村党建示范点。实施“双育”计划，培育农村“双带”作用党员500名。加强干部队伍和人才队伍建设，完成市、乡、村换届工作，选拔任用领导干部109名，其中提拔重用乡村振兴等方面的基层一线干部51人次。贯彻落实“百万人才进海南”行动计划，引进各类人才1000余名。强化本土人才培养，启动非遗人才培养“青蓝工程”，实施教育卫生人才“对口培养”工程，组织开展对口培训221期6896人次。

（陈恩学）

重要会议

【中共五指山市委五届三次全体会议】 2022年3月3日上午，中国共产党五指山市第五届委员会第三次全体会议在市委三楼会议室召开。会议选举产生五指山市出席中国共产党海南省第八次代表大会代表。

【中共五指山市委五届四次全体会议】 2022年5月27日上午，中国共产党五指山市第五届委员会第四次全体会议在市委三楼会议室召开。全会审议通过《中共五指山市委关于深入贯彻落实习近平总书记考察海南重要讲话精神和省第八次党代会精神的决定》和《中国共产党五指山市第五届委员会第四次全体会议决议》。

【中共五指山市委五届五次全体会议】 2022年11月16日上午，中国共产党五指山市第五届委员会第五次全体会议在市委三楼会议室召开。全会审议通过《中共五指山市委关于贯彻落实<中共海南省委关于深入学习贯彻党的二十大精神的意见>的实施意见》和《中国共产党五指山市第五届委员会第五次全体会议决议》。

（陈恩学）

组织工作

【概况】 中共五指山市委组织部是中共五指山市委主管全市组织工作的正科级工作机关，内设办公室（信访办公室）、研究室、组织一室、组织二室、干部室、公务员室、干部监督室（举报中心）、干部教育室、人才工作室（市委人才工作委员会办公室）、老干部工作室，有行政编制21名，工勤编制1名。统一管理中共五指山市委机构编制委员会办公室，加挂中共五指山市委老干部局、五指山市公务员局、中共五指山市委非公有制经济组织和社会组织工作委员会、中共五指山市委人才发展局牌子。下辖五指山市人才发展服务中心、老干部活动中心、干部信息中心、党员电化教育中心。

【基层党建工作】 2022年，五指山市各级党组织抓好基层党组织和党员队伍建设，以党的建设新成效助推全市经济社会发展。全面落实党建引领自贸港建设“1+2+7”系列文件，配套出台制度文件15个，实施党建引领“七项工程”。开展党建述职评议考核、绩效考核，累计创评15个四星级以上村（社区）党组织，倒排整顿提升7个软弱涣散村（社区）党组织，以“抓两头带中间树典型”压实党建工作主体责任。调整54名乡镇班子成员、村“两委”干部和乡村振兴工作队，选派15名选调生到村任职。组织全市59个行政村开展乡村振兴大比武，在乡村振兴、基层治理一线提拔重用、晋升职级干部191名，完成2021年度国家巩固拓展脱贫攻坚成果同乡村振兴有效衔接考核评估反馈问题整改。建立村干部“三酬三有”薪酬激励保障和村集体经济发展奖励机制，村干部补贴较上年度提高40%。公开招录16名乡镇党建指导员和社区专职工作者，专职指导村（社区）党组织标准化规范化建设。开展农村“共产党员户”挂牌亮身份、无职党员设岗定责活动，助力乡村振兴、疫情防控等工作1600余次。扶持48个贫困村发展壮大村集体经济，推动毛贵村红色试点村初心驿站项目投入运营，毛纳村抓基层党建促乡村振兴典范工作有序推进，培育121名党员致富带头人，带动3103户群众增收，农民人均可支配收入前三季度同比增长5.7%，全省排名第4。落实“1+7+N”党群服务体系，新建（改建）12个党群服务中心、服务驿站，常态化推动辖区单位党组织、在职党员到社区“双报到”，安排6名公安民警兼任社区和城中村党支部副书记，充实治理力量。选优配强全市49个“两新”党组织党建指导员，组建物业行业、贷后服务产业等党建联盟，推进两新组织有效覆盖。推出《山城党旗红》栏目，挖掘和宣传山城基层党组织和共产党员的先进事迹。

2022年，全市有党的地方委员会1个，基层党（工）委15个，包括7个乡镇党委，市教育局党委，市公安局党委，国家税务总局五指山市税务局党委，市畅好居党委，市委直属机关工委，市委两新组织工委，市卫健委党委，市应急管理局党委。有党总支16个、党支部317个，党员人数7645人，比上年增加99人。其中2022年新发展党员148人，女党员2120人，少数民族党员5232人，农村党员2883人。

【干部选拔任用与监管】2022年，中共五指山市委组织部选拔任用干部24批次，提拔重用91人次，晋升职级139人次，交流84人次。印发《五指山市年轻干部双向跟班学习工作方案》等制度，重点考察了解干部的工作实绩和德才表现。选派5名科级领导干部到中央驻琼单位、省级机关单位挂职，考察被选拔任用、晋升职级和曾被问责与受处理处分的干部共29名。建立完善后备干部库建设，对全市465名科级领导干部分类建库储备，累计储备甲类（副科级）“新苗”干部57名、乙类（科员级）“新苗”干部129名。严格落实领导干部经济责任、自然资源审计工作，常态化开展“三龄两历”造假、“三超两乱”“裸官”、违规兼职等专项整治。对新提拔任用干部开展任前谈话91人次，收到省委组织部干部二处函询1件，办结1件，办结率100%。

【乡村振兴干部选派】2022年，驻村工作队66支（含7支驻乡镇工作队），选派驻村第一书记（兼任工作队长）和工作队队员191名，其中工作队长59名（中直单位选派1名、省直单位选派20名、市县选派38名）；党员（含预备党员）124名。全市驻村第一书记和工作队队员抓班子强组织带队伍，推进强村富民，提升治理水平、为民办事服务能力。工作队总体运行顺畅，发挥示范引领作用，推进乡村振兴各项工作落地见效。

【干部教育培训】2022年，印发《五指山市“能力提升建设年”大培训、大练兵、大比武总体方案的通知》，指导全市各单位分层次、分类别举办各类专题培训班，确保全市干部培训全覆盖。举办主体班次31个65期，培训党员干部1.36万人次。调训36批次127名领导干部参加中组部、省委组织部等举办的各类培训。举办领导干部学习贯彻党的十九届六中全会和省委七届十一次全会精神专题研讨班、学习贯彻十九届六中全会精神网络培训班、学习贯彻习近平总书记考察海南重要讲话和省第八次党代会精神培训班等9期，参训学员合计2967人次，增强党员干部战略思维、创新思维、辩证思维、法治思维和底线思维能力，提高党员干部工作能力；围绕产业兴旺、生态宜居、乡风文明、治理有效等乡村振兴工作总要求，分批分类对农村基层干部开展培训，举办五指山市部分村（社区）“两委”及其他干部能力素质提升轮训班、“三农”系统干部乡村振兴主题培训班23期，参训学员合计5089人次；举办快乐学好“ABC”，助推海南“FTP”free trode port五指山市周末英语能力提升轮训班，全市648名干部参加学习。发挥市领导班子带头上讲台示范引领作用，鼓励领导干部既做实干家，也做宣传家，提高领导干部的政治领悟力、政治判断力和政治执行力，市领导班子在党校主体班次和各单位授课30人次，各乡镇、各单位、各部门领导上讲台493人次，逐步推进领导干部上讲台工作常态化。组织全市处级和科级领导干部参加“海南自贸港大讲堂”电视电话会议8期316人次。

【人才队伍建设】2022年，组织召开全市人才工作会议、市委人才工作委员会会议、人才工作专题会议、人才工作推进会、人才专题沙龙、部务会等52次，其中由市委书记朱宏凌亲自策划、亲自主持召开高层次人才“1867”人才沙龙，与人才“面对面”座谈14期，促进建言资政与凝聚共识双向发力。实施人才工作月督导、季抽查、年述职机制，采取差异化考核方式，开展人才工作年度目标考核，压实职能部门工作责任。印发《中共五指山市委人才工作领导小组工作规则》《中共五指山市委人才工作领导小组办公室工作细则》《中共五指山市委人才工作领导小组及成员单位主要职责》等，不断完善人才工作领导体制和运行机制。

2022年，五指山市灵活采取“刚性+柔性”“线上+线下”等方式招录各类人才2400余名。发挥用人主体作用，引才聚才效果初显，依托各级新闻媒体平台，投放“招才引智聚贤才、筑巢引凤促发展”招才引智宣传片，编制常用人才政策“一张图”，结合“线上+线下”“云招聘”“进校园”等招聘活动，建立“宣传+招聘”双向模式，拓宽人才政策宣传渠道，有效增强引才聚才效力。积极引导企事业单位参与“海南自贸港招才引智活动”“聚四方之才 共建自贸港——面向2023年高校毕业生校招活动”等招才引智活动，开展“五指山市‘春风行动’巡回招聘会”“2022年退役军人暨随军家属专场招聘会”和“五指山市‘职’等你来”“才聚琼州、智汇翠城”校园招聘会共21场。实施党建引领聚人才模式，围绕自贸港建设，先后招录党政人才81名，充实干部力量。实施“产才融合”模式，围绕五指山市特色产业发展项目，主动对接福建农林大学等省内外高校和科研院所，组成五指山市136人的生态科技特派员队伍，汇聚科技人才助发展，2022年，五指山市成为全省唯一获批的首批国家级创新型县(市)，成功跻身全省科技创新“第一梯队”。围绕打造“中国梅奥”医疗健康小镇，通过海南省胡大一心脏中心、凌锋神经医学中心等一批项目落地建设，引进医疗专家人才，注入医疗人才新鲜血液。围绕打造山城特色行业品牌，引进勤信科技、众品律所等一批重点企业，引进一批金融、法律人才，为五指山市贷后服务产业提供有力的人才支撑。实施“鸿雁汇智”工程，用好用活“候鸟”人才，开展“候鸟”人才服务意向和服务需求调查摸底，建立完善“鸿雁”智库749人，根据“候鸟”人才优势特长和服务意向，向五指山市医疗卫生、教育、农业、金融、文艺等领域推荐使用“候鸟”人才200余人次，向“候鸟”人才推荐工作岗位100余个，引导“候鸟”人才采取专家门诊、科技帮扶、顾问指导等方式发挥作用1000余人次。支持柔性引进高端“候鸟”人才和优秀“候鸟”项目团队在五指山市创业就业，如支持市重点专家、“候鸟”人才左兴武成立海南海峦国际人力资源有限公司；引进杨氏太极拳传承人、“候鸟”人才赵幼斌成立“赵幼斌杨氏太极拳培训中心五指山基地”等，以专业人才特长推动本地新兴产业建设。五指山市鸿雁“候鸟”人才工作站连续3年被评为省级“优秀”工作站。灵活引进国际人才，探索人才发展新模式。聘请2名外教在五指山市“快乐学好‘ABC’，助推‘FTP’五指山周末英语能力提升轮训班”担任外语老师，邀请1名外语人才在五指山市公益培训课上担任俄语教师，为培养和造就一支外语水平高、服务意识强、拥有开放理念的高素质专业化干部人才队伍提供人才保障；柔性引进1名海归人才入职五指山亚泰雨林酒店有限公司担任营销高级顾问，负责当地持杖健走活动宣传推广、酒店客人文化体育活动和外国人的接待等，有效发挥国际人才的带动牵引作用，为推动五指山经济发展注入人才动力。

实施乡土人才“领头雁”计划。累计培育高素质农民1178名、农村实用人才937名、致富带头人172名。鼓励本地农村实用人才、高素质农民积极参加省级竞技比赛，以赛促专业技能提升，五指山市1个电商项目、4个黎锦制作项目荣获海南省农业行业职业技能大赛——首届乡村人才技艺技能竞赛优秀奖。实施非遗传承人才培养“青蓝工程”。通过名师阶梯式奖励机制，评选14名优秀名师和3家名师工作室，给予奖励25.5万元。设立“五指山市传统工艺工作站”“黄海林黎族竹木器乐传习所”“五指山非遗传承人才专家工作站”等，培育各级非遗传承人156人。开展非遗传承人才培养“春苗”行动，在中小学设立黎锦技艺、黎族竹木器乐、苗族盘皇舞等兴趣班，培训学员3600人次，刘香兰等名师带动一批非遗传承人才，促进产业发展。“五指山·海南热带雨林和黎族传统聚落”名列联合国教科文组织世界遗产预备清单，黎族传统纺染织绣入选“中国民间文化艺术之乡”建设典型案例。实施专业技术人才知识更新工程。动员1批110名农村“两委”干部、后备干部、青年党员等报读大中专“双学历”，其中大专班46人，中专班64人。持续开展万名中专生培

△海南省委组织部组织二处处长张雷（右一），五指山市委常委、组织部部长孔铭（左一）为市党群服务中心揭牌

（中共五指山市委组织部 供图）

养工作，依托省农业广播电视学校，在读学员130名。围绕农村实用技术、专业技能、热带特色高效农业等举办各类培训161期6404人次，提升专业技术人才综合素质和职业能力。开展返乡创新创业人才评选活动，评选“十佳”优秀返乡入乡创新创业人才，并给予每人10万元奖励。2022年以来，五指山市多名创业人才和团队在各类省级创新创业大赛中取得佳绩，1名人才荣获2022首届海南国际设计师大赛铜质奖，6家本土企业在2022海南自贸港女性创新创业大赛中获奖，“五指山红茶工匠”项目荣获第五届“中国创翼”创业创新大赛劳务品牌专项赛创翼之星奖，人才创业就业热情高涨。

完善服务机制，激活内生动力，人才干事创业环境不断优化。当好人才服务“勤务兵”。建立市、乡镇二级首席服务专员体系，优选92名领导干部担任首席服务专员和联络员，实施“一企一策”，定制化服务制度，切实提升服务企业和人才的质量和水平。开展人才政策服务“宣讲团”送政策、送服务上门活动，到金融发展中心、勤信科技有限公司、妙自然茶业有限公司等企事业单位开展“面对面、心贴心”政策宣讲，着力解决人才服务“最后一公里”问题。做好人才服务“联络员”。新增认定高层次人才52名，实现电话回访全覆盖，收集解释咨询类问题200余个，线上线下受理人才服务事项265件，协调办理人才子女入学7人、急需紧缺人才住房8人、人才落户116人，投入人才工作经费1945.39万元，支持全市各领域开展人才工作，人才服务事项群众满意度100%。举办人才工作者和高层次人才服务联络员能力提升专题培训暨技能比武大赛，评选出3个团队奖、5个优秀个人奖，激发全员学习比拼热情。举办高层次人才服务联络员人才沙龙15期、“联络员上讲台”20人次、集中测试13次，着力锻造一支“问不倒、难不住”的人才工作者队伍。搭建联系人才“连心桥”。组织开展市重点专家遴选工作，紧扣乡村产业振兴、人才振兴、文化振兴、生态振兴和组织振兴需求，从全市教育、卫生、农业、水利、文化等领域遴选79名重点专家和优秀人才。五指山市1名重点专家入选中央“西部之光”访问学者人才项目。寻求人才发展“新平台”。新建7家涵盖乡村振兴发展、高层次人才交流、“候鸟”人才服务、科技创新等内容的各类型人才工作站。五指山市鸿雁“候鸟”人才工作站与海口市龙华区浦安“候鸟”人才工作站合作，引进“紫玉米”种植项目，在毛阳镇、南圣镇、畅好乡等地先行试点种植，种植成果获得农户肯定；14名“候鸟”人才长期资助贫困学生24人，累计为贫困学子捐助助学金24.8万元；2名引进“候鸟”人才到水满乡教授乒乓球，为当地乡村学校培育乒乓球特长学生40余名，以该教育事迹为专题拍摄的纪录片《深山里的“国球梦”》和撰写的文章《小球转动大梦想（追梦路上）》分别被央视、《人民日报》宣传报道。争当人才工作“宣传员”。发挥多渠道媒体平台作用，依托各类各级媒体，大力宣传人才工作亮点及成效，五指山市有49篇人才工作信息简讯被《人民日报》、"大国人才"、人民网等国家级媒体采纳，211篇被"南海先锋"、南海网等省级媒体采纳报道，"海南自贸港人才网"发布人才宣传稿件数量排名第一，为"筑巢引凤、招贤纳智"营造浓厚氛围。

【公务员招录与管理】2022年，审慎研究确定2022年省考招录岗位30个32人，组织开展资格审查、政治审查、体检等系列工作，最终录用31人，办理转正77人。聚焦基层"招人难、难留人"问题，持续扩增乡镇岗位的招录比例，共设置乡镇岗位9个。面向海南少数民族设置招录岗位13个，为少数民族地区考生发展搭建平台。设置选调生招录岗位29个。组织66名初任公务员（含公检法以及国考招录干部等）参加初任培训，系好公务员生涯的第一粒扣子，走好从政第一步。印发《五指山市年轻干部双向跟班学习工作方案》，联合市人社局、市国资中心对全市符合条件的年轻干部进行摸底，按公务员、事业编人员、国企人员分类建立年轻干部信息库。组织开展跟班学习54人，有针对性地向年轻干部交任务、压担子。促进轮岗交流，统筹考虑优化公务员队伍结构需要和专业性岗位急需，梳理在同一单位工作10年以上的公务员台账，组织办理市内交流15人，调出市外办结17人，调入办结8人，跟进调动14人，内部轮岗300余人，加大轮岗交流力度，激发队伍活力。

发挥政策最优效应，严格政治标准，注重工作实绩，择优开展公务员职级晋升127名，拓展公务员晋升空间，激励公务员干事创业、担当作为。落实公务员登记制度，开展公务员登记159人。及时办理退休，2022年办理退休17人、提前退休20人。规范表彰奖励，认真开展全国"人民满意的公务员""人民满意的公务员集体"推荐考察和后续跟踪工作，召开2022年全国"人民满意的公务员集体"五指山市受表彰对象座谈会。梳理2019年、2020年度考核优秀人员515人，及时报省委组织部备案并申请奖励证书。开展2022年度考核优秀奖励金嘉奖和记功工作，其中嘉奖255人，记三等功60人，发放奖励金58.5万元。规范工资管理，以准确核算工资信息为目标，强化责任意识，履行工资审批程序，严把工资审核关口，重点核对晋级晋档、职务变动等特殊环节，认真查看工资信息有无不实、造假等情况，确保每条工资信息有出处、有依据，客观真实。按照省委组织部统一部署，尽最快速度对全市公务员基本工资和基础绩效奖进行调整。

做好绩效考核，印发《五指山市2021年度机关事业单位绩效考核工作方案》，根据机关（单位）性质和职能特点，实行分类分组考核，梳理整合职能单位评分表和各单位报送的加分项目，并进行审核认定，整合形成2021年度五指山市机关事业绩效考核结果。落实《公务员考核规定》，加强非领导成员的职级公务员年度考核的管理监督工作，在全面考核德、能、勤、绩、廉等方面表现的基础上，严格按照"个人总结述职、主管领导提出考核等次建议、公示拟定为优秀等次名单、确定考核等次、书面通知被考核人"的程序抓好考核，严控各单位评优比例。做好平时考核，作为全国32个公务员平时考核工作联系点之一，贯彻落实《海南省公务员平时考核实施办法（试行）》的有关规定和省委组织部有关要求，依托"五指山市干部日常管理"信息系统，分类设置"差异化"考核体系，补齐年终"一考定等次"的短板，推动公务员平时考核工作做深做实。

开展公务员统计，把公务员年报统计工作作为加强公务员管理规范化的重要手段，指定专人负责，如实采集公务员相关信息，严格数据报送标准，强化保密意识，管理控制好系统使用权限以及数据上报、接收方式。配合省委组织部做好艰苦边远地区基层公务员考试录用工作、贯彻落实两项激励措施情况、艰苦边远地区有关指标情况调研工作，做好五指山市综合行政执法干部队伍建设专题调研、关于加强公务员队伍高水平建设中部山区生态保育区问题调研、基层公务员留人难问题调研等调研工作。做好参公单位统计等各项统计工作，做好全市参公单位梳理统计、各单位职数统计、编制跟踪等工作。

【干部档案管理】 2022年，在库干部人事档案1871卷(其中在职干部档案1209卷，开除、离职人员、离退休人员档案662卷)。接收新任职事业单位科级领导干部人事档案及各类招录、调进人员档案52卷；整理调出、辞职等23名干部的人事档案并及时进行递转。协助市纪委监委、市社保局等市直单位查阅档案120卷次，复印档案材料400余人次，定期催收干部个人档案材料，做好材料接收登记，接收干部人事任免审批表、2021年度考核表、工资表、奖励材料等干部人事档案材料3600余份。

完成干部人事档案专项审核473份；指导市人社局、市教育局、市卫健委和市国资中心4家审档单位完成全市企事业单位中层管理人员档案专项审核346份；补充完善2018年以来干部任免审批表等材料共1541份；完成制作提拔重用、职级晋升等干部任免审批表385人次；因出生日期涂改无法认定出生年月、学历有存疑、党员身份不明确和干部身份待明确等“三龄两历一身份”信息上部务会认定，重新认定9人次。

【调研信息和电教工作】 2022年，依托党员远程教育平台，组织并督促各级党组织学习党的十九大、十九届历次全会和党的二十大精神、“4·13”重要讲话等专题辅导。印发《2022年五指山市党员教育培训工作计划》，落实党员教育“双轮训”，完成基层党组织书记、班子成员轮训任务；严格落实省委组织部“能力提升建设年”大培训、大练兵、大比武总体方案调训各乡镇党员干部，举办“五指山市部分村(社区)‘两委’及其他干部能力素质提升轮训班”“基层党建专题培训班”等主体班次29个61期，培训党员干部1.28万人次。用好乡村振兴电视夜校和远程教育站点，全市59个村乡村振兴夜校站点开展电视夜校教学44期，累计参学7.5万人次，全市76个远程教育站点累计学习1.4万个学时，累计点播学习课1.5万个。印发《五指山市农村党员干部和农民群众“双学历双轮训”教育工程实施方案》。推动农业技能培训、市级年度财政预算、跟踪指导、质量评估和职业培训等任务落实。把“双学历双轮训”工作责任落实情况，纳入乡镇党委及各相关部门党组织书记抓基层党建述职评议考核和党建绩效考核内容，同时作为乡村振兴工作队工作成效考核指标，确保“双学历双轮训”工作责任清晰、目标明确、推动有力。累计拨付“双学历”教育培训资金14.8万元。拍摄“山城党旗红”8期、人才宣传片1部，入选省委组织部电教评选观摩片3部(三等奖2部、优秀作品奖1部)。配合省乡村振兴电视夜校教学管理工作，开展脱贫攻坚乡村振兴电视夜校送课送科技下乡活动1期。

【“两新”组织工作】 2022年，指导全市“两新”党组织集中学习196次，开展主题党日活动336次，举办“喜迎二十大”书画作品展、文艺会演等系列活动5场次。成立14个工作小组，对“两新”组织开展排查摸底，建立明细台账，加强重点行业、领域党建，确保党的组织健全、运行规范。统筹推进组织建设，调整理顺全市51个“两新”党组织隶属关系，指导6个“两新”党组织完成党组织书记选举或改选，打造“两新”组织省、市级示范点7个，树立“两新”党建新标杆。落实“两新”工委成员单位“点对点”指导机制，选聘6名党建工作组织员、选派22名党建工作指导员指导帮建。建立完善“两新”组织党建工作考核结果“差异化”运用机制，根据考核结果“差异化”拨付党建工作经费与党组织书记工作补贴42.73万元。各乡镇(居)、市属有关单位按“一对多”的形式选派不少于1名中共正式党员为“两新”组织党建指导员，确保“两新”组织党建联系“全面覆盖、不留空档”。

【老干部工作】 2022年市委组织部将离退休干部党支部建设纳入基层党建整体规划和年度党建工作考核体系，制定工作要点、考核方案，做到年初有部署、年终有考核，制定工作清单+知识手册，以及议事规则和管理办法，强化工作指导和责任落实。在老干部活动学习场所、涉老组织中探索建立开放型党支部2个，依托“南海银辉”党建共享基地、老干部活动中心、老年大学等平台，结合集中学习、送学上门、培训教学、座谈会、报告会、主题党日等形式，组织老干部学习党的二十大精神、习近平总书记考察调研海南时的重要讲话精神等，参加学习活动的老同志3000余人次。坚持落实学习阅文制度、走访慰问老干部制度、干部荣退制度、定点联系离休干部制度、向老干部通报情况制度、重要会议活动邀请老干部参加制度。组织老干部参加座谈会、通报会、推进会、茶话会等6次，走访慰问离退休干部、离休干部遗属120余人次；落实好老干部政策，落实老干部生活待遇，确保离休干部离休费、护理费、生活补贴，不错不漏按时发放；协调和督促市财政局、市社保中心落实11名离休干部离休费的增发。做好全市离休干部、市级退休干部和科级(含副科级)退休干部体检工作及离休干部住院医疗报销工作。离休干部住院17人次，实报实销医药费用54万余元。发挥老干部余热，组织老干部到水满乡毛纳村、琼中县等地开展"建言二十大"和"我看中国特色社会主义新时代"调研活动，开展"南海银辉·老干部在行动"等志愿服务活动20余次，参加的老干部达550余人次；组织"五老"开展调研22次，召开座谈会9场，在疫情防控、家庭教育、关心关爱等方面发挥作用。市委组织部(老干局)荣获2022年全省离退休干部先进集体称号；市关工委荣获全省关心下一代工作先进单位称号、首届东润公益"最美乡村100个感动瞬间"全国短视频大赛最佳组织奖；市鸿雁爱心志愿协会荣获海南省老干部志愿服务"十佳"志愿团队提名奖；市关工委法治教育团团长王德琼获评"全国青少年普法教育优秀督导员"；市鸿雁爱心志愿协会理事闫文英荣获海南省老干部志愿服务"十佳"志愿者称号。

（张思雨）

宣传工作

【概况】 2022年，全市宣传思想工作围绕市委市政府的中心工作，深化理论学习宣传，巩固主流意识形态，弘扬社会主义核心价值观，促进文化建设和文艺创作，构建"大外宣"格局讲好五指山发展新故事，打造"不到五指山 不算到海南"城市文化品牌，深化拓展新时代文明实践工作，推动全国文明城市创建。

【理论学习和研究】 2022年，五指山市委宣传部聚焦主题主线，组织宣讲宣教工作，通过集体备课、集中研讨、主题宣讲、专题培训、报告会等形式，在全市掀起学习党的二十大精神热潮。全市各级党组织开展贯彻党的二十大精神专题党课、习近平总书记考察海南重要讲话精神、省第八次党代会精神等主题宣讲活动350余场次，其中开展贯彻党的二十大精神宣讲110场次。

【中心组学习会】 2022年，五指山市紧扣党的二十大精神、习近平总书记关于海南工作的系列重要讲话和指示批示以及省第八次党代会等专题，开展市委理论学习中心组集中学习22次，推动党的二十大精神和习近平总书记重要讲话精神入脑入心。健全完善五指山市党委(党组)理论学习中心组列席旁听制度，先后列席旁听27个党委(党组)理论学习中心组学习。全市各级党组织多形式开展学习研讨2200余次。

【党的二十大宣传】 2022年，市委宣传部围绕党的二十大召开这一重大政治主线，做好喜迎党的二十大胜利召开各项宣传工作：统筹策划做好喜迎二十大专题报道，开设专栏，策划"牢记嘱托 我们这样干"微访谈栏目、"奋进新征程，我们这样干"采访专题，推出"喜庆二十大，忠诚护山城""喜迎二十大，向党诉衷肠"等系列报道。发挥市级现职领导的引领作用，组建以市委书记为团长的市委宣讲团，到机关、社区、乡镇、村庄、工地、企业，向广大党员干部职工群众宣讲党的二十大精神。全年开展宣讲26次，组织推动各乡镇、各行业主管部门开展集体备课，创新宣讲方式方法，到田间地头开展党的二十大精神宣讲，共开展宣讲113场次，受众5000多人。发挥新时代文明实践理论宣讲团作用，组织宣讲团成员到机关、企业宣讲5场次，受众1000余人。组织娘子军宣讲团，围绕习近平新

△ 11 月 13 日，在毛纳村举办海南“雨林与您”系列体验活动暨“雨林时光”田园实景演出（五指山市委宣传部 供图）

时代特色社会主义思想和党的二十大精神，以民歌、快板、三句半等形式，到7个乡镇和畅好居巡回宣讲10场，受众1000多人，有关报道在《中国妇女报》上刊登。推动各乡镇成立“民生第一课堂”“乡村论坛”“党旗红”等宣讲队伍，积极将党的最新理论政策传递到基层农村一线。

【自贸港建设宣传】 2022年，利用微信公众号“海南五指山宣传”、融媒体中心“两微一端一视频号”等新媒体平台，宣传发布海南自由贸易港推进发展情况、政策解读、生态环境、基层人才队伍建设、重点产业发展、园区建设等方面情况。全年各平台共发布相关稿件450余篇。立足热带雨林国家公园，做好生态环境保护宣传。举办博鳌亚洲论坛公园雨林文化展、2022年“雨林与您”体验活动主会场系列活动，向世界展示中国国家公园建设和生物多样性保护、践行“两山”理念的生动实践；举办“锦·无界”雨林精灵时装秀等系列雨林活动，将丰富的热带雨林资源与浓厚的黎族、苗族文化深度融合，将自然、文化资源转化为发展优势、发展动力。

【对外新闻宣传】 2022年，五指山市通过《人民日报》、新华社、央视、《经济日报》等中央主流媒体，以电视新闻、短视频、组照等形式向省内外宣传五指山生态环境、乡村振兴、民俗文化、自然风光等内容，树立“不到五指山，不算到海南”的城市品牌。央媒、省媒到五指山市采访报道65批次，《人民日报》专题报道9篇，央视刊播五指山市信息23篇等，中央媒体报道五指山市有关内容3.98万条，毛纳村美丽乡村建设、毛阳镇牙胡梯田、五指山黎锦、五指山创业典型等先后登上央视主流媒体，提高五指山市知名度。策划开展“不到五指山，不算到海南”全民任务抖音话题挑战赛，五指山相关话题全国全网曝光率累计达5.4亿次，全网参与话题累计投稿数约2.9万条。谋划党的二十大主题宣传、“寻觅雨林·万物共生”热带雨林文化展、“雨林与您”体验活动、“锦·无界”雨林精灵时装秀、铸牢民族共同体意识研讨会、中国自由搏击俱乐部超级联赛等重点活动主题宣传20余场次，展示五指山“六园”建设，唱响五指山主旋律。与浙江卫视《人民日报》《海南日报》等媒体合作拍摄《万里走单骑》《山城美丽说》《五指山下看非遗》《山城好物》等品牌栏目。在第三十二届海南新闻奖评选中，市融媒体中心作品《经纬交融颂党恩 永远跟党走》荣获新闻摄影类一等奖；《丰收的背后》获电视作品类一等奖；《海南黎族领袖王国兴祖孙两代人的红色“税”月》等3件作品获三等奖；在“千面自贸港”海南市县融媒体中心短视频大赛中，《英国人鲍勃大叔眼中的山城巨变》荣获最佳创意奖，《山城好物》《吾有所爱 其名山城》荣获入围奖。围绕疫情防控工作，召开新闻发布会8场次，及时回应社会关切问题。围绕贷后服务产业，制定《五指山市贷后服务产业网络舆情应对预案》，召开贷后服务产业新闻发布会，解读有关政策、回应相关舆情。

【宣传阵地建设】 2022年，五指山市开展"扫黄打非"行动，加强对文化市场的巡查和执法检查，全年开展联合执法检查18次，出动执法人员144人次，检查经营单位178家次，查缴非法、盗版物品120件。推动版权宣传进校园、进机关、进乡村、进网络。发放"扫黄打非"宣传折页6000余册，举办"绿书签""知识产权宣传周"等宣传活动15场次。举办"扫黄打非"业务培训班一次，加强成员单位工作合力。联合邮政部门对70余名寄递行业从业人员进行专项培训和实地督查，从寄递源头上抵制非法出版物的侵害。开展"清朗"专项行动，持续整治掠杀野生动物、非法房地产广告、养老诈骗有害信息，维护网络空间健康。开展网络"私彩"打击行动，抓获8名网上贩卖"私彩"赌博的犯罪嫌疑人，涉案金额650余万元。

【创文巩卫城市行动】 2022年，五指山市印发《五指山市创建全国文明城市工作实施方案（2022—2026）》，成立以市委书记为组长的创文巩卫领导小组，领导小组下设指挥部，指挥长由市长陈国梁担任，抽选五指山市有关单位20名业务骨干，组建6个工作专班，明确领导小组和指挥部、专班的工作职责，从体制上保障创建力量。市四套领导班子5次到创文一线，通过参与创文实地点位督查、志愿服务活动，为创建工作"把脉"，提出建设性意见，确保创城工作高效推进。邀请国家统计局海南调查总队二级巡视员郑路到五指山对五指山市各个重要点位进行巡查与指导，协助发现和梳理全市存在问题，并开展面向全市各级领导的培训，组织专业人员对全市各单位创文专干、网格员进行培训，深化一线创文人员对创文标准的理解和把握，提高创建实战水平。落实乡风文明建设部署、强化农村未成年人核心价值观教育，开展家风家训宣讲8场次，未成年道德讲坛10场次、扶志扶智宣讲进校园活动2场次等。开展"喜迎二十大 文明实践义演进基层"活动12场次，覆盖2500多人次。开展文明实践—公益培训、"文明实践我为搬迁群众幸福加码"文艺演出等。

【精神文明建设】 2022年，五指山市开展第四届五指山好人评选活动，选出7类33名五指山好人，引导广大群众见贤思齐；持续实行道德"红黑榜"机制，全年在全市7个乡镇59个村委会和市畅好居收集红黑榜典型事例99个，其中"红榜"67个，"黑榜"32个。组织开展"我们的节日"系列新时代文明实践活动30余次。开展"孝老敬老·我们益起乐老""新时代文明实践志愿服务大赛""粽情端午情暖老兵"等活动，推动社会主义核心价值观内化于心、外化于行。在五指山市第一小学等10所中小学开展"未成年人道德讲坛"与"新时代校园好少年"推选宣传活动、开展扶志扶智宣讲《漫话琼剧》进校园活动30余场次，提升青少年对民族文化的认同感。开展"家风家训暨移风易俗宣讲活动"，共开展宣讲活动10场，传承好家风好家训。开展五指山市"定格幸福 传承好家风"全家福公益拍摄文明实践活动，共拍摄344户。开展"喜迎二十大 文明实践义演进基层"活动12场次。

（刘凡静）

统战工作

【概况】 2022年，五指山市委统战部与市民族事务局实行合署办公，行政编制11名，其中市委统战部编制6名，市民族事务局编制5名。全市民主党派7个，分别是民革五指山市基层委员会、民盟五指山市委会、民建五指山市委会、民进五指山市委会、农工党五指山市支部、致公党五指山市支部、九三学社五指山市支社，共有民主党派成员352人。

【民主党派】 2022年，五指山市民主党派行政编制10名，在编在岗9人。民盟市委会新发展4名民盟盟员，民建市委会发展2名，民进市委会发展3名。

【民族宗教】 2022年3月，市委统战部组织考察组到昌江县考察学习全国民族团结进步示范县创建工作经验。

推进民族文化保护和传承工作推荐水满乡毛纳村、通什镇番赛村、番阳镇加艾三村（牙曼村）和毛道乡空共下村参加第二批省级少数民族特色村寨评选工作。协调市旅文局等单位完成“醉美三月·墨画飘香”线上美术作品展览活动、伴手礼创意设计大赛线上活动和竹木器乐比赛线上活动。联合市供销社、市文化馆及市内各文艺队伍，举办非物质文化遗产公益路演14场次、黎锦文创技艺进乡村培训班3期、“我的家乡我代言”乡村民族民俗生态讲解员暨互联网营销师培训1期，累计培训学员110人次。

2022年，市委统战部（市民族事务局）联合市公安局对五指山市宗教活动场所、家庭聚会点、宗教信仰人员进行排查，对五指山市基督教教堂、活动点、家庭聚会点重新登记，对参与活动及宗教信仰人员进行信息采集。完善五指山宗教工作联席会议制度，解决宗教领域重点、难点工作。开展宗教政策法规宣传月活动，集中组织户外宣传活动，共发放宣传折页2000份、环保袋300个、《宗教事务条例》400本。10月28日，市委统战部和市委党校联合举办基层干部宗教工作能力提升培训班。

【民营经济领域统战】 2022年3月10日，五指山市成立五指山市光彩事业促进会，将光彩事业与乡村振兴、造福民生、企业发展有机结合。围绕乡村振兴等重点工作，组织企业积极参与“希望工程圆梦行动”，发动23家民营企业为贫困学生捐资助学98万余元，资助132名贫困学子。开展“百企联百村”精准扶贫活动，组织动员22家民营企业参与帮扶36个村，实施帮扶项目66个，累计投入帮扶资金3309万元，受帮扶人口累计5662人次。开展送法进商会、进企业活动10余次，以举办法律知识讲座、法律政策宣传、法律宣讲课等形式，帮助企业经营管理人员及时掌握相关法律精神，增强企业的法律意识。

【统战调研】 2022年，五指山市发挥五指山市统一战线人才荟萃、智力密集、联系广泛的优势作用，支持民主党派、工商联、无党派、宗教人士围绕社会关注、群众关心的热点难点问题，开展调查研究，反映社情民意，建言献策。在政协五指山市五届一次会议上，各民主党派共提交政协提案61篇。其中民革15篇，民盟7篇，民建19篇，民进5篇，农工党4篇，致公党6篇，九三学社5篇。市委统战部举办“能力提升建设年”统一战线课题调研大比武竞赛活动，围绕省委、市委关注的重点问题和统一战线发展的难点问题进行调查研究，为党委、政府工作建言献策。

【党外代表人士队伍建设】 2022年，市委统战部开展党外代表人士统计工作，了解和掌握全市党外干部情况，更新完善党外干部信息资料库，加强体制内党外代表人士队伍建设。落实《关于加强无党派代表人士培养使用办法》，配合做好无党派人士培养举荐工作，开展无党派人士认证登记工作。加大教育培训工作力度，全年将党外干部教育培训列入全市干部培训计划。7月29—30日，在万宁市举办“矢志不渝跟党走 携手奋进新时代”政治交接主题教教育暨专题培训班，共60名党派代表人士参加培训。10月24日，举办2022年五指山市少数民族干部和统战线参政议政能力提升培训班，市委统一战线工作领导小组成员单位分管领导、各乡镇少数民族干部，以及民主党派、无党派干部和党外代表人士近50人参加培训。支持协助各民主党派成员参加党派省委会、省委统战部等举办的各类培训班11期，共43人次。6月23日，召开新的社会阶层人士联谊会第一次会员大会，正式成立五指山市新的社会阶层人士联谊会，审议通过《五指山市新的社会阶层人士联谊会章程》，选举产生五指山市新的社会阶层人士联谊会第一届理事会、常务理事会、监事会。健全党外代表人士选拔任用工作机制，按照《党政领导干部选拔任用工作条例》规定的程序、标准来开展，选拔任用前，充分征求党外人士主管、协管部门意见。

【侨务工作】 2022年10月17—19日，海南省侨联副主席苏燕带队到五指山市开展“喜迎二十大·奋进新时代”华侨新生代逐梦自贸港活动，来自18个国家和地区的31名华侨新生代代表走进五指山市开展考察，12月2—5

日，由国务院侨务办公室、中华海外联谊会主办，省委统战部承办的“海外侨领海南行”活动走进五指山市，25名侨界知名人士、重点骨干实地参观考察。

【对台工作】2022年，五指山市通过电话、微信、邮件等各种途径向台胞台属进行疫情通报，宣传各级政府应对疫情、支持企业的相关政策，提高疫情防控意识并做好自我防护。做好台胞台属的节日慰问工作。

【社会服务】 2022年1月21日，五指山市联合各民主党派及市书法家协会在通什镇什会村委会举办迎春送福送春联慰问活动，为村民送出春联200余幅、福字100多张，并向脱贫户发放价值6100元的春节慰问品。3月11日，联合各民主党派在帮扶点通什镇什会村开展“共同栽种绿意 同心守护美好”植树志愿服务活动。3月17日，民盟五指山市委在通什镇什会村举行农业技术种植培训，共40余人参加培训。3月17—18日，九三学社五指山支社举办“关爱青春期为成长护航”同心讲坛公益讲座，为1500名在校师生、家长开展优质医学知识科普。5月5日，民盟、民建联合在什会村开展助力乡村振兴活动，为脱贫户送去复合肥、割草机和鸡饲料等，总价值1.59万元，并向脱贫户讲授种植知识、分发种植知识册子等。5月8日，九三学社在“三月三”广场开展“关爱地贫儿 一起向未来”无偿献血活动，累计125名市民参与献血，献血量3.42万毫升。12月2日，五指山市委统战部联合五指山市7个民主党派开展2022年帮扶联系户慰问活动，慰问通什镇什会村帮扶户31户，发放慰问品价值1.01万元。

（彭荣华）

市委办工作

【党建引领】2022年，中共五指山市委办公室以“能力提升建设年”活动为抓手，将党的二十大精神、习近平总书记考察海南重要讲话及对五指山的殷切嘱托、省第八次党代会、省委八届二次全会及市委五届历次全会精神作为学习重点内容，召开干部职工会议、室务会会议、党支部会议、理论中心组学习会等会议93次，参加各类培训40余场，推动全办党员干部深刻领悟“两个确立”，进一步切实增强“四个意识”、坚定“四个自信”、做到“两个维护”，提高政治判断力、政治领悟力、政治执行力。

【办文办会】2022年，中共五指山市委办公室落实中央八项规定及其实施细则精神，严守“零差错”“零失误”底线，保障市委重大会议、重要决策部署有力有序推进。严把进出关，做好公文服务保障工作。落实公文审核机制，对市委文件、会议纪要、新闻稿件从程序、环节和内容上层层把关，特别是严把政治关，全力服务市委文件安全有序高效流转。全年累计起草文件213件，办理各类请示报告件500余件，做到即收即办、快送快办，保障市委政令畅通。严把质量关，建立“会前谋划、会中服务、会后总结”的服务保障机制，对市委会议议程、活动方案严格把关。全年圆满服务保障习近平总书记视察五指山市、博鳌亚洲论坛公园雨林文化展等重要活动20余次，以及市委全会等全市性重要会议345次，接待阿联酋驻华大使到五指山市参访。严把保密关，牢记“保密无小事”思想，做到“逢会必讲保密，逢进必保密提醒、保密培训”，铸牢干部职工保密意识。严格规范办理、存储、印制各类保密文件，全年未发生失泄密事故。

【督查督办】 2022年，中共五指山市委办公室通过网上督办、实地核查等多种形式，建立动态工作落实台账，打造反馈整改、跟踪督办、督查通报的闭环机制，营造全市上下重落实、抓落实、真落实的浓厚氛围。强化政治站位，紧盯巡视检查整改不放松。每季度跟踪督办“4·13”检查问题整改情况，每半年跟踪督办省委巡视反馈问题整改情况，推动问题整改工作取得新成效。对照《中央第十二巡视组巡视反馈意见整改问题清单、任务清单及责任清单》，对巡视反馈事项措施落实情况进行“回头看”，全面检查、逐一剖析，梳理形成五指山市整改任务清单，并逐项完善整改措施。聚焦重点工作，扎实落实督促检查职责。紧紧围绕贯彻落实习近平总书记考察海南重要讲话精神、生态环保督察问题整改、“六个十”、15个先导性项目等市委重点工作部署，将“网上督办+实地督查”“主动反馈问题+督查发现问题”“督促推进+协调推进”等督查方式紧密结合，推动市委各项决策部署落实落细，印发督查通报15期、督查专报1期、批示专刊2期。紧盯时间节点，按时保质完成省级下达督办任务。建立每周查看制度，安排专人跟踪内网任务动态，确保内网任务接收及时、上报及时，累计梳理上报完成省级下达督办任务81项。

【政策研究】 2022年，中共五指山市委办公室围绕服务市委中心工作大局，重点抓好文稿撰写、调查研究、信息报送等工作，发挥以文辅政、参谋助手作用。把握“高”字，聚焦质量完成文稿服务。严格按照上级要求，把握市委领导意图，认真研究、谋篇布局、撰写各类文稿，累计撰写贯彻落实习近平总书记考察海南重要讲话精神的情况报告、贷后服务产业情况报告等市委重要文稿110余篇，高质量完成党史学习教育总结大会等重要会议的市委主要领导讲话稿30余篇，切实为市委科学决策提供参考。把握“新”字，聚焦创新做好信息工作。围绕五指山“六园”（琼崖革命初心悟园、黎苗文化精神家园；底蕴厚重州府故园、热带雨林国家公园；农旅融合富美田园、四季宜居康养乐园）建设、生态环境保护、乡村全面振兴等各项成绩、亮点，创新撰写工作信息，累计向省委上报信息65篇，累计采用12篇，同比增长20%。把握“实”字，聚焦发展实际开展调研。坚持问题导向，紧扣生态搬迁、“四库”（水库、粮库、钱库、碳库）建设等事关全市发展定位、谋篇布局的课题，深入开展调研，为市委科学决策提供了路径。

【外事工作】 2022年，中共五指山市委外事工作委员会办公室始终坚决贯彻落实党管外事原则，成立由市委书记担任主任，市委副书记、市长担任副主任的市委外事工作委员会，推动外事工作高效统筹、方向不偏。借助国际平台，做好五指山市对外宣传推介。4月20—22日，借助习近平总书记考察五指山市的“热度”，依托博鳌亚洲论坛2022年年会重大外交平台，把热带雨林搬进博鳌亚洲论坛，以“沉浸式”的体验方式，向世界展示我国保护与利用热带雨林的丰硕成果。雨林文化展成为论坛的“爆款”，累计接待外国使节、国际组织代表、国家部委领导等重要嘉宾28场次254人次。11月13日，五指山市与海南热带雨林国家公园管理局在水满乡毛纳村联合举办2022年“雨林与您”体验活动，活动开幕式暨“雨林时光”田园实景演出以宜人的乡村风光、独特的黎苗文化、精彩的歌舞表演刷屏海内外，吸引一大批国内外媒体的关注，超310家国内外主流媒体、门户新闻网站及重点资讯网站广泛报道，累计传播超3亿人次。11月18日，五指山市作为2022年第六届海南国际健康产业博览会的主宾城市，向全球发布《五指山市气候康养产业发展白皮书》，依托海南自贸港建设的重大契机，逐步将五指山打造成国内首屈一指、国际普遍认可的“国际四季康养胜地”。11月26日，五指山市与热带雨林国家公园研究院联合主办2022年热带雨林保护国际研讨会，邀请到美国、哥斯达黎加、印度尼西亚等国的政界人士及生态学、医学、旅游等领域国内外大咖，围绕“生态旅游、森林康养等生态价值转换路径”主题进行一场高端“头脑风暴”，推动热带雨林国家公园探索“四库”“三统一”与可持续发展之路。依托博鳌全球旅游生态大会、海南国际消费品博览会等国际平台，宣传推介五指山。当好“东道主”和“宣传员”，做好外事服务工作。做好外宾访问考察的接待工作，五指山市先后接待阿联酋驻华大使扎希里，德国大众汽车集团董事、大众汽车

(中国)董事长兼CEO贝瑞德等外宾,协助海南省外事办公室等部门做好接待服务工作,通过精心设计考察线路和高标准的服务保障,向外宾全面展示我国脱贫攻坚、生态环境保护、乡村全面振兴的丰硕成果,深化对外交流合作。落实主体责任,持续做好外语标识标牌规范建设工作。在全面完成第一阶段公共场所外语标识标牌规范建设工作的基础上,根据省里的统一部署,五指山市持续开展第一轮的整改提升并全面启动新一轮建设工作,印发并实施三年行动方案,确保到2024年6月,全市建成布局科学、译写准确、信息规范、设计美观、具有五指山特色的公共场所外语标识标牌体系。

(廖松涛)

机构编制管理

【概况】 2022年,中共五指山市委机构编制委员会办公室围绕五指山"六园"建设,结合"能力提升建设年"、深化拓展"查堵点、破难题、促发展"活动,完善机构职能体系、深化体制机制改革创新、优化机构编制资源配置,推动机构编制工作高质量发展迈上新台阶。

【行政机构优化】 2022年,五指山市深化群团机关改革,发挥群团组织应有效能,设立市归国华侨联合会机关,配备编制3名。重新修订市计划生育协会、市红十字会"三定"规定,理顺与市卫健委的权属关系。调整部门内设机构,优化机构设置。调整市委办、市委组织部、市财政局、市退役军人事务局4个部门内设岗室,优化工作职能,服务海南自贸港和五指山"六园"建设。优化职能配置,将市生态环境局负责的农村生活污水治理职责划转市水务局承担,加强全市农村生活污水治理;明确住建、应急管理、市场监督管理、交通运输、科技、工信、农业农村、综合行政执法等燃气点供相关部门的安全监管职责,强化部门联动,严密防范安全生产事故的发生。牵头组织司法、行政审批、综合行政执法等市直各部门,召开协调推进会4次,完成全市26个职能部门1699项责任清单和30个职能部门6815项权力清单的梳理公布,厘清各部门职责边界。

【机构编制总量控制】 2022年,五指山市落实中小学教职工编制标准,核定下达五指山市中小学教职工编制总量940名,由市教育局进行二次分配至各中小学校。印发《五指山市公办幼儿园人员总量管理试点工作实施方案》《五指山市公立医院人员总量管理试点工作实施方案》,选取市幼儿园和市嘉佳幼儿园、市中医医院作为试点单位,实施人员总量管理。从市农业技术与机械服务中心调剂4名财政预算管理事业编制给市农业农村综合服务中心,加强农业农村综合服务工作;为市委政策研究中心增加1名财政预算管理事业编制,加强市委政策研究工作。从市人民政府办公室划转1名行

△1月5日, 机构编制信息实地核查 (五指山市委编办 供图)

△ 4 月 27 日，权责清单协调推进会现场　　（黄羽生 摄）

政编制给市司法局，加强行政复议工作。收回通什镇社会事务服务中心、市政服务中心、市住房保障中心3家单位临时事业编制28名、经费自理事业编制3名。将收回的编制管好用活，妥善解决严控与满足发展需要之间的矛盾，做好机构编制“瘦身”与“健身”文章。

【事业单位登记管理】 2022年，市委编办结合五指山“六园”建设发展需要，研究设立市网络安全应急指挥中心、市项目服务中心2家事业单位，核定财政预算管理事业编制11名，提升项目储备谋划、推进能力，以及有效应对网络舆情的能力。将五指山市福利院更名转型为五指山市未成年人救助保护中心，调整相关职责，确保职责不丢、责任不减；重新修订市住房保障服务中心“三定”规定，厘清行政职责管理权限，实现“政事分开、管办分离”。采取随机核查、定向核查和专项核查的方式，按照1%～3%的比例，随机抽取五指山市交通运输和地方公路事务中心等4家事业单位，开展事业单位法人公示信息核查，针对事业单位法人登记事项和年度报告、宗旨和业务范围、开办资金、证书管理等九大核查内容中存在的问题建立整改台账，限期整改。办理法人变更登记的事业单位65家、设立登记1家；按期完成2021年度事业单位法人年度报告公示工作84家；办理全市党政群团机关统一代码变更36家，到期换领1家。举办2022年机构编制业务能力提升专题培训班，推动中文域名注册、党政机关网站开办审核和事业单位网站标识管理工作，加强网上名称工作业务指导。网上名称续缴78家。

【机构编制管理】 2022年，五指山市共办理入编安置8名中小学定向公费培养师范毕业生和11名特岗教师，引进1名优秀校长到毛阳中心校任教。采取聘任制的方式分批招录各学段紧缺型学科的非编制内教师58名，其中五指山思源实验学校教师13名，市特殊教育学校教师12名，普通中小学教师33人。以上人员享受“同工同酬”教师待遇，服务期满后，在全市中小学有空编的前提下可择优办理入编。实名制系统管理维护，编印《机构编制统计及实名制网络管理系统单位版操作手册》，实行机构编制“不见面”审批。各部门通过“部门录入、编办审核”，进行线上提交预审、线下实时办理，做到增减有痕、变动有据。实时管理和维护“机构编制统计及实名制网络管理系统”数据库，实现对全市机关、事业单位人员转隶情况及机构编制管理执行情况的“全天候”监督。全年办理新招录公务员入编36人，事业编人员入编97人；事业单位人员调动22人，行政单位调动138人，退休127人。

（刘娟）

机关党建

【概况】 2022年，中共五指山市委直属机关工作委员会（以下简称“市直机关工委”）是中共五指山市委工作机关，领导市直属机关各部门党的工作，为正科级。编制6人，年底实有在编人数5人。

【政治理论学习】2022年，市直机关工委组织市直机关各基层党组织“弘扬良好家风，喜迎党的二十大”主题党日活动。开展五指山市直机关学习党的二十大精神线上有奖问答活动，参与活动人数1.3万余人次，发放奖品450份。为129个党支部发放《中国共产党章程》《党的二十大报告学习辅导百问》《二十大党章修正案学习问答》等约900本。以“能力提升建设年”活动为抓手，把习近平新时代中国特色社会主义思想等党的创新理论成果、习近平总书记重要讲话精神，特别是关于海南工作系列重要讲话和指示批示精神，《海南自由贸易港建设总体方案》《中华人民共和国海南自由贸易港法》等政策文件、法律法规纳入党员日常学习教育重要内容，组织督促市直机关基层党组织和党员干部以“三会一课”“每月主题党日”活动等形式，深入持续开展学习研讨，落实好“三会一课”全程纪实管理办法。各级党组织通过理论学习中心组学习会、“三会一课”等形式开展学习研讨500余次，市直机关工委派人列席旁听20个党组织集中学习会。

【党组织和党员状况】 2022年，市直机关工委下辖有3个机关党委、12个党总支部、129个党支部；共有党员1555名，其中女党员460名，男党员1095名；少数民族党员696名；35岁及以下的党员337名，36～45岁的党员255名，46～60岁的党员607名，61岁及以上的党员356名；大学专科以上学历的党员1195名，中专(高中、中技)学历的党员262名，初中及以下的党员98名。审批成立10个离退休党支部。督促69个支部换届选举或补选，接转组织关系595人次。

△2月24日，在五指山市委三楼会议室召开2021年度五指山市直属单位党组织书记抓基层党建工作述职评议会议

（张婧 摄）

【基层党建】 2022年，市直机关各基层党组织按照全面从严治党的要求，认真贯彻落实中央、省委和市委决策部署，围绕中心、建设队伍、服务群众，推动机关党建工作扎实开展。市委研究制定《市直机关单位党组(党委)落实机关党建工作领导责任规定(试行)》，推行单位党组(党委)书记兼任机关党组织书记，解决市直机关单位党组(党委)落实机关党建工作“老大难”问题。完成7个软弱涣散党组织的整顿提升工作。建立健全机关在职党员到社区报到开展志愿服务活动机制，推动机关党建创新发展。市直机关各级党组织和机关党员下沉乡镇、社区投身疫情防控一线，成立临时党支部14个，组建党员志愿服务队61支。市委直属机关工委创新举办“机关党建微论坛”4期，围绕落实乡村振兴、“六园”建设如何强化党建引领的目标，以面对面交流、分享经验的方式，代替以往的宣教式培训，将被动听讲转变为主动交流分享，促进各单位党建与市委中心工作同频共振、同向发力。

【党务干部教育培训】 2022年，市关工委培训入党积极分子87名、发展对象94名，党务干部100余人。

【党员发展】2022年，市关工委确定入党积极分子87名、发展对象94名，吸收新党员41名；审批预直机备期满转正党员46名。

【党费收缴】在全市各市直机关单位基层党组织中常态化推广网上收缴党费模式，督促各基层党组织按照规定按时、足额收缴党费，建立党费收缴台账，做好公开和监督管理，2022年，共收缴党费60万元。

（张婧）

党校教育

【概况】2022年，五指山市委党校（市行政学校、市少数民族干部学校）以习近平新时代中国特色社会主义思想为指导，深入学习贯彻党的二十大、习近平总书记视察海南重要讲话和指示批示精神、省第八次党代会精神、市委五届历次全会精神，贯彻落实《中国共产党党校（行政学校）工作条例》，围绕市委、市政府各项工作目标任务，加强自身建设，发挥职能作用，完成各项工作。

【干部培训】2022年，市委党校紧密结合全市干部队伍“大培训”要求，以习近平新时代中国特色社会主义思想为核心，重点设置习近平总书记考察海南重要讲话精神、省第八次党代会精神及市第五次党代会精神等课程，结合乡村振兴、生态环保、海南自由贸易港建设等，开展干部培训工作。针对培训对象的不同层次、不同需求，科学设置培训主题，当好培训“组织员”角色。全年举办“五指山市领导干部学习贯彻党的十九届六中全会和省委七届十一次全会精神专题研讨班”及“2022年五指山市中青年干部培训班”等24个主题46期班次培训，参训学员5736人次。加强教学管理，多措并举提升教学效果。在教师安排上，党校积极实施领导干部上讲台制度。2月，市委书记带头在党校主体班授课，拉开全市领导干部上讲堂的序幕。在党校安排的46个班次530门课程中，146门课程由市领导及干部授课。在课程安排上，增强“教”“学”互动，3天以上的主体班次均安排研讨环节，5天以上的班次均安排外出实地教学，通过开展理论学习、互动研讨、现场教学等教学方式，拓展学员的视野，提升学员主动学习的积极性。在培训管理上，市委党校始终将“严”的主基调贯穿于培训各个环节，严抓学风纪律，每期培训班均安排班主任全程跟班管理。疫情防控严管期，培训均实施严格的考勤制度，对集中脱产学习的21个班次实行全封闭式管理，严格的管理强化了培训效果。落实习近平总书记考察海南重要讲话精神，在五指山革命根据地纪念园、海南省民族博物馆等现场教学点基础上，将水满乡毛纳村及五指山国家热带雨林公园纳入市委党校现场教学点，使市委党校现场教学点扩充至6个，并组织安排乡村振兴工作队专题培训班等12期批次504名学员开展现场教学活动。通过建设现场教学点并开展现场教学活动，在拓展教学方式、丰富教学内容的同时，不断讲好五指山故事、持续传播五指山声音。

【教学科研】2022年，市委党校落实《五指山市党政领导干部到市委党校上课制度》，干部教育培训工作有部署有安排。注重党性教育课程的开发，以服务五指山市委、市政府中心工作为出发点，找问题、寻思路、求创新。万宁市委党校、琼海市委党校等市县党校人员到访，就开展干部培训工作及教学改革进行交流，分享科研咨政经验及课题成果转换等，加深交流协作，为市县党校事业发展更上一层楼谋求思路。壮大专职教师队伍，党校结合实际，将65名领导干部、专家学者、道德模范等纳入兼职教师师资库。同时提高现有干部教学科研能力，组织全体干部参加“基层干部培训师资网络集中培训”“基层教师讲好党的二十大精神视频直播培训”及“基层教师二十大精神宣讲专题培训”3个网络专题培训班，就如何讲好党的二十大精神、提高说课能力、讲好案例教学等内容进行集中专业培训，通过集中培训，党校干部备课及讲课能力得到较大提升。注重校风学风建设。把全面从严治党要求贯穿干部教育培训全过程，始终坚持严以治校、严以治教、严以治学，通过完善学员管理制度、培训突发情况应急管理等正校风、肃校纪，通过跟班监督、学员鉴定、反馈培训情况及严肃结业证发放等措施，提升党校学风。注重培训对象差异化和干部培训针对性，不同层级的干部、不同岗位的需求，参训班次不同。坚持"逢训必考"，考试形式多样化，采取"个人发言""课堂表现""闭卷测试"等方式，综合评定培训成绩。

【自身建设】 2022年，市委党校扎实开展能力提升建设年暨深化"查破促"活动。根据市委有关"能力提升建设年"暨深化"查破促"活动部署要求，及时制定方案，明确责任分工，先后召开6次动员部署及推进会，将"能力提升建设年"活动作为重大政治任务，精心组织实施，取得较好成效。每月均至少安排1次领导干部或业务骨干上台讲课，通过"业务讲解+互动研讨"等形式，常态化开展训练。领导班子成员均积极备课，全年到乡镇、机关、村（社区）宣讲、授课15次，辅导人数450余人次。全年党校修订、完善制度35项，主要涉及班子会议事、各类会议制度、党风廉政建设工作、内设机构及岗位职责、办公管理制度、教学科研工作等6个方面，使党校运行机制更加完善。通过全面梳理党校历史遗留问题，组织成立3个重点任务攻坚小组，解决党校多年来的历史遗留问题，理顺党校土地权属问题、化解党校同14户群众土地边界争端、全面清查完成党校及市职业技术学校资产，全力推动党校教职工宿舍楼办证难问题。配合市委组织部开展"尖兵下沉"式干部交流，选派一名优秀干部到毛阳镇驻村并担任第一书记，借调水满乡一名干部到党校交流学习，通过不同岗位交流锻炼培育干部。

【队伍建设】 2022年4月，市委党校党支部及时按程序换届，制定支部、支委、党员个人年度学习计划，通过个人自学、在线教学、集中领学、支部书记和支委成员上党课、交流讨论相结合的方式，分专题开展习近平新时代中国特色社会主义思想、党的二十大精神、习近平总书记关于海南工作的系列重要讲话和指示批示精神、省委全会、市委全会等重要会议及文件精神学习会49次，深入学习贯彻习近平新时代中国特色社会主义思想，深刻领会"两个确立"的决定性意义，增强"四个意识"、坚定"四个自信"、做到"两个维护"。组织开展"重走总书记走过的路""绿化村庄行动"等党支部主体党日活动12次。2022年9月，根据市委巡察工作要求，召开巡察整改专题民主生活会1次。全年班子与普通干部、党员与党员之间谈心谈话13次。市委党校始终把纠治"四风"作为重大政治任务，锲而不舍落实中央八项规定及其实施细则精神，从领导干部做起，坚持纠治并举，注重教育，提高干部职工廉洁自律意识，使纪律转化为干部职工的日常习惯和自觉遵循。市委党校班子专题研究党风廉政建设8次，学习党风廉政建设内容14次，组织开展谈心谈话13人次。同时，党校坚持把全面从严治党要求和从严治校方针紧密结合起来，持续推动党校日常运行管理规范化建设，特别强化对教学组织运行全过程、各环节的严格管理。

【基础设施建设】 2022年，五指山市多措并举，推动校园项目建设。积极推动落实市委党校改扩建工程，与市城投公司、市自然资源和规划局及通什镇政府等部门密切沟通，全力推动市委党校改扩建项目落地。截至12月31日，该项目的项目建议书、可行性研究报告、工程规划许可证、初步设计及概算均已获批，正进行施工图审查，并编制工程量清单及招标控制价。

（薛开渊）

党史地方志编纂

【概况】 2022年，五指山市史志中心认真贯彻落实习近平总书记视察海南重要讲话精神、省第八次党代会精神及党的二十大精神，深入开展“能力提升建设年”活动，紧扣目标任务，以修改完善市志文稿、年鉴编纂、党史宣传教育为重点，扎实推进史志中心各项工作开展。

【党史基本著作编纂】 2022年完成《中国共产党通什市历史（1987—2001）》（送审稿）编纂工作并报送省委党史研究室审核。参与《琼崖红色故事》第一辑编写工作。投入48.7万元，委托海南博雅文化发展有限公司编辑出版《追寻红色足迹：五指山市革命遗址故事选编》，2022年年底，将书稿送省委党史研究室审核。

【年鉴编纂】 2022年完成五指山市红色资源保护管理与开发利用普查和《五指山年鉴（2021）》印刷工作，督促完成《水满乡志》编纂工作。《五指山年鉴（2022）》已完成初稿工作。2022年9月20—23日，组织全体干部职工收看第七期全国年鉴主编培训班视频直播。

【资政育人】 2022年，五指山市史志中心投入3.39万元开展为期2天的“永远跟党走，奋进新征程”党史线上答题活动，累计访问量5224次，参与1750人次。投入5326元，向驻点牙排村赠送《习近平的七年知青岁月》《细节中的新中国史》等一批党建书籍及历年年鉴、市志等，共计53本，为基层党组织开展党史学习教育提供可读性资料。配合五指山市融媒体中心录制宣传片—《寻根通什—探寻最美五指山》。

【乡村振兴】 2022年，五指山市史志中心派出一名领导干部驻水满乡牙排村，担任驻村第一书记，配合村两委开展工作，巩固拓展脱贫攻坚成果。开展“六心”行动，市史志中心帮扶联系人按要求每周2次到牙排村入户走访帮扶户，宣传相关政策，了解生产生活情况，帮助解决实际问题。投入1.56万元，购买花生油、香米发放给22户帮扶户，有效提高农户对帮扶工作的满意度。做好热带雨林国家公园生态搬迁工作，组织人员到畅好乡毛庆村2户搬迁户家中，宣传住房、地面附着物的补偿、医疗、养老、就业、产业扶持等10个方面的各项惠民政策，耐心倾听他们的诉求，了解他们生产生活的实际情况，通过对搬迁户动之以情、晓之以理，2户搬迁户均在规定时间内搬进新居。

（卓珏）

融媒体工作

【概况】 五指山市融媒体中心于2019年9月29日揭牌成立，是全省首家揭牌的县级融媒体中心，由五指山市广播电视台、五指山市网络信息中心整合而成，隶属于中共五指山市委，为正科级公益二类事业单位，归口市委宣传部领导。内设办公室、指挥调度室（总编室）、新闻信息采集部、编辑部、技术部、运营部和新媒体部。宣传媒介包括广播电视、市政府网站、“我爱五指山”手机客户端、“五指山新闻”微信公众号、“五指山新闻”视频号、抖音号“五指山发布”。2022年，五指山市融媒体平台客户端“我爱五指山”下载量1.53万次，微信公众号“五指山新闻”关注用户2.23万人。抖音号“五指山发布”粉丝量、“五指山新闻”视频号粉丝量1.74万人。

【媒体宣传】 2022年，五指山市融媒体中心聚焦党的二十大精神、五指山市“六园”建设，“六水共治”“乡村振兴”“文明创建”等主题，分别在“我爱五指山”手机客户端、“五指山新闻”栏目开设《聚焦党的二十大》《欢庆二十大 忠诚护山城》《一手打伞一手干活》《奋进新征程 我们这样干》《山城监督眼 监督你我他》等20个专题专栏，传播党的方针政策，营造积极向上的社会氛围。

2022年4月11日，全面聚焦习近平总书记到五指山视察调研主题，刊播相关报道，对央媒、省媒的重点稿件和新媒体产品进行集中推送。

2022年，市融媒体中心先后发布《二十三年红旗不倒——琼崖革命精神在他们身上熠熠发光》《红色基因代代传 风雨兼程意兴邦》《喜迎党的二十大 山城欢庆氛围浓》《海报喜迎二十大·五指山这十年》《我在海南五指山丨英国人鲍勃大叔眼中的山城巨变》《五指山七旬苗公李日昌双语献唱献礼党的二十大》等原创图文及视频作品。

五指山市融媒体中心在博鳌论坛"寻觅雨林 万物共生"雨林文化展的报道运用音频、视频、图文、H5、主播带看、360VR看展等方式，全方位向受众展示神秘的雨林文化展现场场景，将五指山真实的雨林景观、民族风俗、文创产品和雨林文化展素材进行混剪，推出多期后续视频报道。策划推出原创《山城好物》系列专题视频，展示五指山优质的农特产品和精美的五指山文创产品。拍摄展现五指山地区黎族、苗族传统非物质文化遗产的《五指山下看非遗》系列视频，持续打造"山城党旗红""山城监督眼""山城美丽说"三大品牌栏目，分别侧重于党建、政务、民生三大领域，做好政府和市民群众沟通的"桥梁"。

【媒体采编】 2022年，五指山市融媒体中心制定《五指山市融媒体中心编委会工作制度》《新闻日常管理制度》，做到重大主题、重大活动、重大事件的新闻宣传工作统一部署、统一策划、统一采编，实现全资源共享、全媒体运作、全方位推送，形成网、微、端一体联动的全媒体矩阵，优化资源配置，坚持按照"一次采集、多种生成、多元传播、全方位覆盖"的模式，整合市内广播电视、网站、抖音、微信公众号等媒体资源，完善新闻采编流程，推动不同媒体将新闻选题策划、任务布置、内容采编、稿件发布等环节统一在一个技术平台上，提高新闻传播的速度时效和频率。通过技术对接，实现与省级融媒体中心平台的数据共享与互联互通。

加强对干部职工各类技术业务和岗位知识培训，采取"线上+线下"方式，开展各类人才教育培训，线上通过网络平台进行人才自主学习，线下先后选派多名技术专业人员到同行业先进单位或培训中心进行学习深造，安排技术熟练、经验丰富的人才到重要技术岗位和管理岗位，为融媒体中心的可持续发展提供必要的人才支撑。并举办融媒体平台应用培训班，有效引导现有人员向全媒体复合型人才转型。

【新闻发布】 2022年，市融媒体中心在"五指山新闻"栏目发布新闻稿件1052篇，在"我爱五指山"App发布稿件7301件，在"五指山新闻"视频号发布720件，在"五指山新闻"微信公众号发布2450篇。

【新闻推送】 2022年，市融媒体中心共推送稿件至"学习强国"平台382篇，采用193篇，向海南省广播电视总台推送稿件174篇，采用74篇。

【安全播出】 2022年3月，市融媒体中心分别完成阿陀岭高山台新机房搬迁工作，完成网络安全应急演练和培训工作；编制《五指山市融媒体中心网络安全事件应急演练总结报告》《网络安全应急预案》，完成播控系统三级测评，9月完成政府门户网站定级和备案，12月完成等级测评工作。

市融媒体中心针对海南省旅游和文化广电体育厅检查出的11项问题清单及自查发现的13项问题清单，在党的二十大召开前全部逐项完成整改。在网络安全方面，加强网络攻访应急演练，提升对网络安全事件的处置能力。9月15日和9月25日分别2次响应全省应急大演练并圆满完成任务。在党的二十大期间带领全体技术人圆满完成广播电视网络安全播出保障工作。

（胡晓妍）

五指山市人民代表大会

综述

【概况】 2022年，五指山市人大常委会不断加强和改进代表工作，服务保障代表依法履职，引领代表当好人民群众“代言人”，争做人民群众“贴心人”。

提升代表履职能力，坚持为代表订阅《中国人大》《海南人大》等专业刊物，拓宽代表知识面。加强代表培训，举办市人大代表履职能力提升培训班2期，培训代表260余人次，提升代表政治素质和履职能力，引导代表进入角色、更好依法履职。坚持邀请人大代表参加市人大常委会会议、执法检查、专题调研等活动，激发代表履职热情，提升履职能力。

执行本级人大常委会联系基层人大代表和人民群众“双联系”工作制度，帮助番贺村黄春英等4名农户追回被拖欠两年多的28万元工程款。在法、检“两院”的支持和配合下，推动“两院”重视和加强代表联络工作，在“两院”新建代表联络工作站2家。共组织市人大代表30余人次参加各类座谈会、听证会，旁听庭审，组织开展代表视察活动，拓展代表知情、知政渠道，发挥代表的桥梁纽带作用。

着力办好代表建议。把办好代表意见建议作为提升代表履职实效的重要抓手，注重提升代表意见建议办理质量。市五届人大一次会议期间，共收集代表建议206件，市人大常委会及时对代表建议进行整理归类，通过集中交办、听取办理情况报告等方式，推动代表建议办理落到实处。2022年12月底，206件人大代表建议已全部办结或答复，推动解决一批群众所需所盼的民生问题，不断提高人民群众的获得感、幸福感。

【人事任免】 2022年，市人大常委会坚持党管干部与人大依法任免相统一，依法规范人事任免流程，落实任前法律知识考试、任前发言、任后向宪法宣誓等程序，增强被任免人员的法律意识和责任意识。依法补选五指山市五届人大代表7名，依法选举五指山市出席海南省第七届人民代表大会代表1名，依法任免地方国家机关工作人员92人次，接受辞职6人次。

【宣传工作】 2022年，市人大常委会加强人大工作的宣传力度，利用新闻媒体、广播、网络等媒介，宣传报道人大工作的重点和亮点，推进人大常委会履职工作信息公开、透明。全年共发表26篇稿件，其中，被《今日海南》刊登1篇，省人大网站刊登2篇，市广播电视台报道五指山市人大新闻13篇，人大工作影响力进一步增强。

【乡镇人大建设】 2022年，市人大常委会坚持邀请乡镇人大主席及部分市人大代表列席市人大常委会会议，全年共有40人次列席常委会会议。

重要会议

【市五届人大一次会议】 2022年1月7—9日，五指山市第五届人民代表大会第一次会议在五指山市福德莱大酒店举行。会议应到代表162名，实到代表157名。会议共举行3次全体会议、4次主席团会议。会议听取和审议市人民政府工作报告、市人大常委会工作报告、市人民法院工作报告、市人民检察院工作报告，表决通过关于上述报告的决议。会议审查五指山市2021年国民经济和社会发展计划执行情况与2022年国民经济和社会发展计划草案的报告、五指山市2021年预算执行情况和2022年预算草案的报告,并批准上述计划和草案。会议审议通过市政府关于五指山市城市风貌规划的议案、关于确定五指山市“市树市花”的议案。会议选举万才胜(黎族)为市五届人大常委会主任,孙子斌、贺澜起、郭宏良、邢小丽(女,黎族)为市五届人大常委会副主任,表决通过郭宏良为市五届人大社会建设委员会主任委员,王炬为副主任委员,周冯冰(黎族)、林贞(女,黎族)、邓一日(黎族)、刘伟、李锟为委员;选举蔡翀等20名市五届人大常委会委员;选举陈国梁(黎族)为市人民政府市长,贾鹏、王锡飞、李夏(黎族)、黄育坚、高亮、游国苓(女)、郑启荣为市人民政府副市长;选举段小申为市监察委员会主任;选举薛蕃超为市人民法院院长;选举石秀莲(女)为市人民检察院检察长,根据相关法律规定,报省人民检察院检察长提请省人大常委会批准。会议期间,共收到代表提交的建议、批评和意见206件。部分不是市五届人大代表的市领导、市级各部门主要负责人,出席海南省第六届人民代表大会的代表、省驻五指山市有关单位负责人,以及部分退休的老同志代表、企业界代表等列席会议。

【市五届人大二次会议】 2022年11月29—30日,五指山市第五届人民代表大会第二次会议在五指山市福德莱大酒店举行。会议应到代表161名,实到代表137名。会议共举行2次全体会议、4次主席团会议。会议选举产生五指山市出席海南省第七届人民代表大会代表12人,会后将报海南省人大常委会审议,由海南省人大常委会进行代表资格审查。省委组织部组织二处副处长杨帆、省人大常委会选任联室冯勤、部分不是市五届人大代表的市级领导、离退休干部代表、市直机关单位负责人、省驻五指山市单位负责人等列席大会。

【市五届人大常委会第一至八次会议】 2022年,市人大常委会工作始终在市委领导下进行,坚持党的领导与人大依法履职相统一,作出关于批准五指山市人民政府将土地征收成片开发和其他地块调整纳入五指山市2022年国民经济社会发展计划的决议等,依法任免地方国家机关工作人员92人次,接受辞职6人次。

市五届人大常委会第一次会议 2022年2月18日上午,五指山市第五届人民代表大会常务委员会第一次会议在市人大常委会会议室召开,市人大常委会主任万才胜出席并主持会议,市人大常委会副主任孙子斌、郭宏良、邢小丽及市人大常委会委员共22人出席会议。市委常委、市政府常务副市长贾鹏,市法院院长薛蕃超等列席会议。会议传达学习习近平总书记在中央人大工作会议上的讲话精神和省委书记沈晓明在省六届人大五次会议闭幕会上的讲话精神。审议市人大常委会主任会议提请的任免案、市人民政府提请的任免案、市人民法院提请的任免案。表决通过关于市五届人大常委会代表资格审查委员会组成人员、市人大常委会法制工作委员会委员、市人大常委会财经工作委员会委员、市人大常委会民族宗教与教科文卫工作委员会委员的任职议案;任命刘智为市人大常委会秘书长;决定任命温宏华为市自然资源和规划局局长,莫朝伟为市农业农村局局长,钟涛为市科技和工业信息化局局长,林贞为市教育局局长,黎清为市民政局局长,李刚为市乡村振兴局局长;任命王海刚为

△1月7,五指山市第五届人民代表大会第一次会议在福德莱大酒店举行

(市融媒体中心 供图)

市人民法院审判委员会委员、审判员，康玉为市人民法院审判委员会委员、民事审判庭庭长，万芬为市人民法院审判委员会委员、行政审判庭庭长，梁艺兰为市人民法院审判委员会委员、立案庭庭长，郑玉忠为市人民法院审判委员会委员、执行局局长。

市五届人大常委会第二次会议　2022年3月9日上午，五指山市第五届人民代表大会常务委员会第二次会议在市人大常委会会议室召开，市人大常委会主任万才胜出席并主持会议，市人大常委会副主任孙子斌、贺澜起、郭宏良、邢小丽及市人大常委会委员共22人出席会议。市委常委、副市长王锡飞等列席会议。会议审议市人民政府提请的任免案。决定任命李夏为市公安局局长，黄艳为市发展和改革委员会主任，陈海东为市旅游和文化广电体育局局长，陈仲平为市生态环境局局长，李丹文为市财政局局长，吴青松为市人力资源和社会保障局局长，林雪虹为市卫生健康委员会主任，钟祥科为市司法局局长，王程东为市民族事务局局长，郭勇为市住房和城乡建设局局长，周旋为市审计局局长，张秀雄为市水务局局长，尹秋艳为市退役军人事务局局长，马迅为市应急管理局局长，符宗亲为市统计局局长，李健为市市场监督管理局局长，张圣为市林业局局长，陈贤亚为市医疗保障局局长，王冬宁为市综合行政执法局局长，马江源为市行政审批服务局局长。会议还表决通过其他辞职案。

市五届人大常委会第三次会议　2022年4月8日，五指山市第五届人民代表大会常务委员会第三次会议在市人大常委会会议室召开，市人大常委会主任万才胜出席并主持会议，市人大常委会副主任孙子斌、贺澜起、郭宏良、邢小丽及市人大常委会委员共17人出席会议。市政府副市长陈兵，市法院院长薛蕃超，市检察院检察长石秀莲等列席会议。会议听取和审议市人民政府关于五指山市2021年度法治政府建设情况报告、市人民政府提请的任免案和市监察委员会提请的任免案，决定任命王琼军为市人民政府办公室主任，程智伟为市生态环境局局长，任命王丽丽为市监察委员会委员。会议还表决通过了其他免职案。

市五届人大常委会第四次会议　2022年4月29日上午，五指山市第五届人民代表大会常务委员会第四次会议在市人大常委会会议室召开，市人大常委会主任万才胜出席并主持会议，市人大常委会副主任孙子斌、贺澜起、郭宏良、邢小丽及市人大常委会委员共18人出席会议。市政府副市长游国苓，市检察院检察长石秀莲等列席会议。会议听取和审议市人民政府关于在公民中开展法治宣传教育的第八个五年规划（2021—2025年），会议审议了市人民法院和市人民检察院提请的任免案。任命许国海为市人民法院审判员，任命李允锋为市人民检察院副检察长、检察委员会委员、检察员，任命林益平为市人民检察院副检察长、检察委员会委员、检察员，任命冯进为市人民检察院检察委员会委员、检察员，任命刘名文为市人民检察院检察员。会议还表决通过了其他免职案。

市五届人大常委会第五次会议　2022年7月5日上午，五指山市第五届人民代表大会常务委员会第五次会议在市人大常委会会议室召开，市人大常委会主任万才胜出席并主持会议，市人大常委会副主任孙子斌、贺澜起、郭宏良、邢小丽及市人大常委会委员共18人出席会议。市政府副市长、市公安局局长李夏，市检察院检察长石秀莲等列席会议。会议听取和审议市人大常委会关于在公民中开展法治宣传教育的第八个五年规划（2021—2025年）的决议报告、市人大常委会执法检查组关于检查《海南省爱国卫生管理条例》实施情况的报告、关于检查《中华人民共和国安全生产法》实施情况的报告。会议还审议市人大常委会主任会议、市监察委员会和市人民法院提请的任免案。接受王琼军辞去市人大常委会民教工委委员，任命王美研为市人大常委会民教工委委员；任命李宏伟为市监察委员会委员；任命党克强等20人为市人民法院人民陪审员。

市五届人大常委会第六次会议　2022年9月2日上午，市第五届人民代表大会常务委员会第六次会议在市人大常委会会议室召开，市人大常委会主任万才胜出席并主持会议，市人大常委会副主任孙子斌、贺澜起、郭宏良、邢小丽及市人大常委会委员共20人出席会议。市政府副市长、市公安局局长李夏，市法院院长薛蕃超，市检察院检察长石秀莲等列席会议。会议听取和审议市五届人大常委会代表资格审查委员会关于个别代表的代表资格终止的报告、市人大常委会执法检查组关于检查《中华人民共和国未成年人保护法》《中华人民共和国预防未成年人犯罪法》《海南省未成年人保护和预防犯罪规定》实施情况的报告。会议听取和审议市人民政府关于2021年度环境状况和环境保护目标完成情况的报告、关于2021年度国有资产管理情况的综合报告。审议市人大代表辞职案和市人民政府提请的任免案。表决通过了符厚刚辞去市五届人大代表职务的申请。决定任命吴开帅为市交通运输局局长，符厚刚为市行政审批服务局局长。会议还表决通过其他免职案。

市五届人大常委会第七次会议　2022年11月10—11日，五指山市第五届人民代表大会常务委员会第七次会议在市人大常委会会议室召开，市人大常委会主任万才胜出席并主持会议，市人大常委会副主任孙子斌、贺澜起、郭宏良、邢小丽及市人大常委会委员共16人出席会议。市政府副市长黄育坚，市法院院长薛蕃超，市检察院检察长石秀莲等列席会议。会议听取和审议市人民政府关于2021年度落实《中华人民共和国乡村振兴促进法》情况的报告、关于 2021 年度市本级预算执行和其他财政收支的审计工作报告、关于2020年度审计工作报告披露问题整改情况报告、关于 2021年度五指山市本级财政决算的报告、关于2022年五指山市上半年财政预算执行情况报告、关于2022年五指山市财政预算调整方案（草案）的报告、关于五指山市2022年上半年国民经济和社会发展计划执行情况报告、关于土地征收成片开发及其他地块调整纳入五指山市2022年国民经济和社会发展计划的议案。会议听取和审议市人大常委会调研组关于五指山市打造四季宜居康养乐园情况的调研报告、关于《海南经济特区物业管理条例》贯彻落实情况专题调研报告，市人大社会建设委员会关于建议市政府将南国夏宫用地范围之外至太平瀑布、太平水库一带建成一座新的城市公园的议案，市人民法院关于开展贷后金融法律服务产业工作情况的报告，市人民检察院关于开展未成年人检察工作情况的报告等。会议还审议了市人民法院提请的任免案，任命苏敬贤等5人为人民法院人民陪审员。

市五届人大常委会第八次会议　2022年11月25日下午，市第五届人民代表大会常务委员会第八次会议在市人大常委会会议室召开，市人大常委会主任万才胜出席并主持会议，市人大常委会副主任孙子斌、贺澜起、郭宏良、邢小丽及市人大常委会委员共16人出席会议。市政府常务副市长贾鹏，法院、检察院"两长"等列席会议。会议听取、审议并表决通过市人民代表大会常务委员会关于召开五指山市第五届人民代表大会第二次会议相关内容的议案。会议还审议并表决通过《五指山市人民政府关于加强生态环境保护工作决定（草案）》的议案。

人大监督

【概况】2022年，五指山市人大常委会主动融入、积极服务全市工作大局，正确把握依法监督与有效支持的关系，加强和改进对"一府一委两院"的监督，积极推动市委决策部署落地见效。全年听取和审议专项工作报告11项，开展执法检查3次、专题调研5次，组织省、市人大代表调研视察2次，配合全国人大和省人大开展执法检查、调研活动12次。

【经济监督】2022年，五指山市紧扣经济社会发展目标任务，强化计划和财政预算、决算审查监督。及时听取审议市政府关于2022年上半年国民经济和社会发展计划执行情况的报告，促进五指山市年度国民经济和社会发展计划顺利推进。听取审议市政府关于将土地征收成片开发和其他地块调整纳入五指山市2022年国民经济和社会发展计划的议案，作出批准该议案的决议。听取审议预算执行和决算报告，审查批准市级预算调整方案，严格依照《中华人民共和国各级人民代表大会常务委员会监督法》和《中华人民共和国预算法》规定，提前启动审查程序，主动事前介入，加强对预算草案的初审，特别是加强对"六园"建设涉及项目资金预算安排的审查，推动市政府把资金花在“刀刃”上，推进财政资金发挥应有作用。听取审议审计工作报告和审计查出问题整改落实情况的报告，推动市政府采取有效措施整改到位。听取审议市政府关于2021年国有资产管理情况综合报告，将审议意见反馈给市政府及有关部门整改，推动国有资产家底更清。立足“乡村振兴要在产业生态化、生态产业化上下功夫”，组织开展青瓜产业发展情况专题调研，责成乡镇及市政府相关部门在抓好农业产业的同时，要重视并抓好农业面源污染防治，正确处理好发展与保护的关系，在促民增收助推经济发展的同时，加强生态环境保护。

【生态环境监督】 2022年，市人大常委会组织相关人员到南国夏宫外围至太平瀑布、太平水库一带调研，向市政府提出将南国夏宫用地范围之外至太平瀑布、太平水库一带建成一座新的城市公园的建议；组织人大代表视察南水、毛水公路绿化美化情况，用身边事例助力改善人居环境，促进提升城市“颜值”；听取审议市政府关于2021年度环境质量状况和环境保护目标完成情况的报告，结合省生态环保督察组的意见，将审议意见反馈给市政府及有关部门整改落实；听取审议市政府《关于加强生态环境保护工作的决定（草案）》议案，通过审批该议案，推动优美生态环境共建共治共享，全面提升生态文明建设水平。

【民生监督】 2022年，五指山市人大常委会对五指山市贯彻实施《中华人民共和国安全生产法》情况开展执法检查，将五指山市存在的乡村交通安全监管力度不够、居民小区安全生产管理质量不高、建筑工地仍有违规作业等问题反馈给市政府及有关部门整改落实，进一步推动《中华人民共和国安全生产法》的全面贯彻落实，筑牢安全发展底线；对五指山市贯彻实施《海南省爱国卫生管理条例》情况开展执法检查，将城乡环境卫生长效管理机制中存在的垃圾处理难且监管不到位等问题及工作建议，反馈给市政府及有关部门整改落实，推动爱国卫生工作持续深入开展，不断巩固工作成果；对五指山市贯彻实施《海南经济特区物业管理条例》情况开展专题调研，围绕小区业主委员会成立运行困难、职能部门指导监管不到位等物业小区历史遗留问题，提出了规范物业行为、转变服务理念等建议，反馈给市政府及有关部门研究处理，推进《海南省爱国卫生管理条例》贯彻落实，不断提高五指山市物业服务质量和群众获得感、幸福感。

【法治建设监督】 2022年，五指山市人大常委会听取和审议市政府关于法治政府建设情况的报告，将审议意见反馈给市政府及有关部门整改落实。听取和审议市检察院关于开展未成年人检察工作情况的报告，对五指山市贯彻实施《中华人民共和国未成年人保护法》《中华人民共和国预防未成年人犯罪法》《海南省未成年人保护和预防犯罪规定》（以下简称“两法一规定”）情况开展执法检查，将存在问题及工作建议反馈给市政府及有关部门整改落实，推动“两法一规定”落地落实，全力保障未成年人的合法权益，关爱保护未成年人健康成长，此外，对市政府印发的《五指山市支持发展贷后服务产业若干措施》等9件规范性文件进行备案审查，并向省人大报备，促进政府依法行政、规范行政。听取和审议市法院关于贷后金融法律服务产业工作情况的报告，听取和审议市政府关于在公民中开展法治宣传教育的第八个五年规划（2021—2025年），作出“八五”普法决议，推进夯实全面依法治市根基，服务五指山经济社会发展大局，为“六园”建设创造良好的法治环境。

【其他监督】 2022年，五指山市人大常委会做好全国人大和省人大到五指山市开展调研、执法检查活动联系协调和服务保障工作，配合全国人大和省人大在五指山市开展热带雨林国家公园体制试点情况专题调研、贯彻实施《中华人民共和国乡村振兴促进法》《中华人民共和国环境保护法》情况执法检查以及《海南省非物质文化遗产保护规定（草案）》立法调研等活动12次，确保上级人大监督调研工作在五指山市顺利开展。

（杨武）

五指山市人民政府

综 述

【概况】2022年，五指山市人民政府坚持以习近平新时代中国特色社会主义思想为指导，坚决贯彻省委、省政府决策部署，在市委正确领导下，在市人大、市政协监督支持下，统筹疫情防控和经济社会发展，统筹发展和安全，团结奋斗、攻坚克难，经济社会发展各项事业发生开创性变化。

【经济社会发展】2022年，市政府高效统筹疫情防控和经济社会发展，认真贯彻上级关于稳经济大盘的一系列决策部署，出台稳经济助企纾困发展特别措施（2.0版）等有效措施，在助企纾困、要素保障和项目攻坚等方面打出一套“组合拳”，派出业务骨干下沉企业共克时艰，助力解决实际问题78个。全面推进退税减税政策快享直达，全市全年新增减税降费及退税缓税缓费1.2亿元，小型微利企业所得税优惠政策受惠面100%，解决企业的燃眉之急，有效稳住经济基本盘。2022年，全市地区生产总值38.81亿元，同比增长1.7%，增速全省排名第6。全年谋划生成项目322个，匡算总投资355亿元，实现PPP模式项目落地“零的突破”，全市固定资产投资24.37亿元，同比增长11.3%，增速全省排名第7。全市社会消费品零售总额11.91亿元，增速全省排名第3。城镇和农村常住居民人均可支配收入分别达到35071元、16593元，同比分别增长0.8%、8.1%。城镇登记失业率1.18%，远低于4%以内的省定目标，较好完成市五届人大一次会议确定的主要目标任务。

【乡村振兴】2022年，市政府扎实推动脱贫攻坚与乡村振兴有效衔接，率先在全省创新建立“乡村振兴智慧管理系统”，实现对脱贫户的高效精准服务，顺利通过国家挂牌督办摘牌验收，全市无一户因槟榔价格下跌导致返贫致贫。突出抓好农业生产，牢牢守住粮食安全底线，完成粮食播种面积3.81万亩，粮食产量1.38万吨，清退基本农田种植槟榔1309亩，超额完成省下达清退任务。重点围绕“4个1+N”（一个乡镇、一个美丽乡村、一个研学基地、一个露营基地和“一村一品”），累计开工实施乡村振兴项目387个，成功招引热带水果蔬菜冻干食品厂项目，推动5个高标准农田项目建设，建成智慧农业项目3个、田洋护田堤项目2个。加强农产品包装设计，举办伴手礼设计大赛，将五色粽、大叶茶、山兰米、高山地瓜等特色产品打包成五指山雨林大礼包进行线上销售。全力促进农民增收，打造“山城好物”特色品牌，举办“山城好物民俗赶集日”活动等线上线下消费扶贫活动，销售额超2000万元。开发村级护林员、环境卫生监督员、护路员、饮水及水利管护员等公益性岗位690个，新认定3家就业帮扶车间，带动192人就近务工。组织开展“就业援助月”“春风行动”等专项就业促进行动，推动全市脱贫人口外出务工1万余人。推进乡村建设，整治人居环境，创新建设“合亩仓库”“建材银行”“巴掌公园”“庭院花园”14个，实施农村裸露土地复绿131亩，完成408户农村厕所化粪池防渗漏改造，农村生活垃圾无害化处理率100%，完成12条农村公路水毁修缮和两批农村公路漫水桥改造。国土空间规划编制顺利推进，59个行政村及社区形成实用性村庄规划编制成果。扎实推进番阳镇“一户一田”试点改革，完成30户118亩“一户一田”地块分配，农业农村发展活力更加彰显。开展“定格幸福，传承好家风”全家福公益拍摄344户，引领乡风文明。

【生态环境治理】 2022年，市政府把握中部生态保育区发展定位，从严从实抓好中央和省级环保督察反馈问题整改，整改成效均达到目标要求。高质量抓好“六水共治”（治污水、防洪水、排涝水、保供水、抓节水、优海水）工作，谋划推进昌化江上游滨河雨林生态修复综合治理项目等一大批生态治理项目，建制镇污水集中收集处理设施覆盖率、农村生活污水治理率等治污水多项指标名列全省前茅，市镇两级集中式饮用水水质、主要河流湖库水质优良率100%。在全省率先开发应用“智慧林业”平台，实现森林资源“天、空、地”一体化监测，全市森林覆盖率保持在86%以上。创新运用“钉钉执法”方式，实现重要生态环境点24小时全方位监测，空气质量持续保持全岛第一，成为全岛首个实现$PM_{2.5}$浓度个位数的市县，污染防治攻坚战考核获得“优秀”等次。充电桩布设和新能源汽车推广量均超额完成年度目标任务。成功举办热带雨林保护国际研讨会，启动热带雨林生态产品价值实现试点工作，初步完成“生态价”试点研究报告，积极组织茶企申报有机茶种植示范基地，申报茶产业生产技术标准，生态保护和利用取得重要进展。

【改善和保障民生】 2022年，市政府全部完成12项为民办实事事项，在关爱女性健康、保护学生安全、帮助弱势群体等方面为老百姓带来实实在在的好处。社会保障坚实有力，全面推进稳岗就业，通什、南圣就业驿站投入运营，全年实现城镇新增就业1473人、城镇失业人员再就业185人，为779名劳动者追回工资1242万元。筹集安居房源342套，对38个老旧小区实施改造。发放救助资金2600余万元，覆盖9679名困难群众。新设公办养老机构普惠性床位115张，建成教师村和锦绣花园两个小区日间照料中心，为留守老年人提供“五帮”服务，基本养老服务体系进一步完善。“菜篮子”重要商品量足价稳，达到省定“一低两高”基本目标，“15＋N”种蔬菜全年均价5.94元/公斤，实现再降。教育卫生再上台阶，推进“一市（县）两校一园”工程，推动省农垦实验中学托管五指山思源实验学校，启动五指山中学扩建工程，组织开展“万名教师访万家”活动，义务教育入学率100%，适龄残疾儿童入学率100%。开展乡村教学点调整撤并，完成教学点停办9所，促进农村教育优质均衡发展。全国青少年“大思政”实践育人基地落户五指山。医疗集团总院派驻第一院长和业务骨干至各乡镇，指导开展新技术、新业务10余项，“双向转诊”机制得到进一步落实。全面建成20家“康复健康小屋”，功能更齐全的疾控中心大楼投入使用。

【优化产业结构】2022年，五指山市坚持围绕“特、高、融、新”发展四大主导产业，全速推进五指山“六园”（琼崖革命初心悟园、黎苗文化精神家园、底蕴厚重州府故园、热带雨林国家公园、农旅融合富美田园、四季宜居康养乐园）建设，在建设现代化产业体系、推动高质量发展方面取得积极成效。与中海油集团签订碳汇合作开发意向协议，共同探索以五指山为试点的热带雨林碳汇价值实现路径。推动精品茶园等文旅重点项目落地，启动毛纳生态旅游项目，水满乡和毛纳村分别入选新一批全国乡村旅游重点乡镇和重点村。全年打造公共露营点3个、周末露营基地1个、共享农庄3个，推出9条琼崖革命、州府老城、“红+绿”、热带雨林“森”呼吸等精品主题旅游路线。海南省胡大一心脏中心完成基础工程建设，引进胡大一等19名院士教授组成专家团队，国际医养中心项目加快建设，进一步夯实养老、养病、养生基础。

【提升营商环境】 2022年，五指山市推进数字化转型工作，深化政务服务“零跑动”改革，实现“零跑动”事项可办率达75%，超出既定目标10个百分点。完成水、电、气网联动报装改革，实现线上线下办理“水电气网联动报装一件事”事项。创新行政审批制度改革，累计推出143件“一件事一次办”主题套餐服务，推行“一三五七承诺办结制”改革，大幅压缩审批时限，实现519项行政审批事项“分级分类”审批，完成10个行业“一业一证”改革，实现“一证准营”。“12345”推诿工单同比减少97%，行政效能、服务效能显著提升。勇挑“审管法信”改革全省试点市县担子，实现受理审批、监督检查、执法办案闭环运行。补齐社会信用体系短板，五指山市信用监测在全国排名提升210个位次，获国家城市监测月报点名表扬。

【重点项目建设】2022年，全市重点项目共79个，总投资88.63亿元，2022年计划投资15.14亿元。2022年1—12月实际完成年投资12.16亿元，完成年计划投资率80.29%。

【基础设施建设】2022年，17宗农村供水保障工程及太平水厂管网升级改造工程等水网工程建成使用，全市集中供水普及率全省第一。推进13座桥梁、2条道路续建。启用98座生活垃圾分类收集屋、3座生活垃圾转运站。加快智能电网建设，配电自动化有效覆盖率名列全省前茅。47个行政村“点亮”5G网络，行政村光缆通达率100%，光纤宽带网络实现自然村全覆盖。

【“双创”工作】2022年，市政府巩固省级文明城市创建成果，争取全国文明城市创建提名。持续巩固国家卫生城市成果，推动毛阳镇、畅好乡“国家卫生乡镇”创建和水满乡“国家卫生乡镇”巩固工作，实现省级卫生村全覆盖。争创水满乡全国民族团结进步示范乡镇。

（钟宇鸿）

重要会议

【市政府常务会议】2022年，第四届市政府召开常务会议32次，主要传达中央、省相关文件精神，审议市政府规章，讨论、研究市政府有关工作计划、规划、方案和政策，研究部署市政府重要工作。

【会议组织与管理】2022年，五指山市政府组织与管理了186次专题会议，涵盖会议材料收集、参会人员组织、会场布置、会议签到、出席领导通知、会议期间服务等各项会务工作。

（钟宇鸿）

市政府办工作

【党建工作】2022年，市政府办始终把从严治党工作作为“一把手”工程，放在突出位置，把责任制全面落实贯穿到从严治党主体责任中。强化主体责任，明确市政府办党组书记对从严治党负主体责任，办公室领导班子履行“一岗双责”，抓好落实分管范围内的从严治党工作，加强对分管范围内的管理、教育和监督。加强廉洁教育，强化廉洁自律意识。深入贯彻学习党的二十大、纪委全会，以及中央、省委、市委关于党风廉政相关会议精神，学习党中央八项规定精神，持续深化纠治“四风”问题，以“零容忍”态度反腐惩恶，及时发现和整改相关问题。

【办文办会】2022年，共受理、校核或起草市政府、市政府办公室各类公文1064份，公文按期办理率100%，公开属性标注率100%；共组织召开市政府会议218次，召开各类政府部门会议2156次。

【政务督查】2022年，市政府督查室通过网上督查室下达督办任务88件，承办省政府督查室任务43项，完成国务院转办互联网督查报送任务21件，印发各类报告79期（其中督查工作信息34期，督查简报14期，督查专报22期，督查通报9期），较上年同期增长125%。

【政务信息公开】市政府办公室对全市正在运行的33个市政府部门和7个乡镇政府、市畅好居政府网站进行检查，检查比例100%，发现6个存在突出问题的政府网站，检查合格率85.37%；对全市报备在全国政务新媒体信息报送系统中的24个政务新媒体进行检查，检查比例100%，发现存在突出问题的政务新媒体3个，抽查合格率87.5%。

【内部管理】2022年，市政府办

深化拓展“能力提升建设年”“查堵点、破难题、促发展”活动，自查发现堵点、难点问题5个，全部完成整改；开设“全员参与、轮流授课”的“能力提升微课堂”25期，召开业务学习会12次。完善激励约束机制，实行干部管理平台，用制度、数字信息化手段管人、管事，按季度对公务员、事业编、聘用人员进行平时考核，考核结果作为评先选优、推荐后备干部、推荐提拔使用、追责问责的重要依据，全年累计提拔、晋升干部5名，培养预备党员1名、发展对象1名、积极分子2名。强化党员教育阵地建设，严格落实党员积分制，对党支部全部20名党员进行赋分评价，组织开展“党员先锋岗”评选活动4次，累计12人次获评“党员先锋岗”，营造浓厚的学习先进、争当先进、赶超先进的氛围。

（钟宇鸿）

信访工作

【概况】 2022年，五指山市信访服务中心深入贯彻落实习近平总书记关于信访工作重要指示批示精神，以推动“六园”建设为抓手，以信访为民、社会和谐稳定为前提，发扬五指山市“六个不能等”“1867工作作风”的精神，牢固树立“为民解难、为党分忧”信念，围绕中心，服务大局，坚持源头治理、化解矛盾，依法维护群众权益，推动信访工作有序开展，不断提高全市信访工作水平。

【市领导接访活动】 2022年，五指山市定期和不定期在市信访服务中心开展市领导干部接访下访活动，让来访群众见到想见的人，解决来访群众合理诉求。领导干部接访下访，与来访群众“面对面”座谈，拉近与群众之间的距离，了解群众诉求，沟通思想、政策释疑。同时，针对群众诉求，与相关责任单位一同探讨解决问题的方法和措施，建立工作台账，做到“事事有回音，件件有落实”，确保“小事不出村，大事不出镇，矛盾不上交。”全市市级领导干部定期或不定期接访下访71批次73人次，接待来访群众92批次161人次。

【矛盾纠纷排查化解】 2022年，五指山市信访工作联席会议办公室印发《五指山市2022年信访矛盾纠纷排查化解活动实施方案》，在全市开展信访矛盾纠纷排查化解工作，按照“属地管理、分级负责”和“谁主管、谁负责”的原则，动员各级各单位综合运用法律、政策、经济、行政等手段和教育、协商、调解、疏导等办法，排查化解矛盾纠纷和苗头隐患。

【信访案件督办】 2022年，市信访工作联席会议办公室、市信访局和市信访服务中心采取多种方式强化信访事项的督查督办力度。对被列入督查督办范围的信访事项，采取短信、电话、函件、亲临现场、会议、微信群等多种方式，推动信访事项按期受理、办结，并接受群众满意度评价，做到无超期办理，提升五指山市信访工作“三率”水平。当年，市信访机构受理率100%（2021年市信访机构受理率为100%），与上年持平；行政机关及时受理率100%（2021年行政机关及时受理率为99.27%），与上年增长0.73%；信访事项按期办结率99.37%（2021年信访事项按期办结率99.37%），与上年持平；行政机关处理群众诉求的满意率82.93%（2021年行政机关处理群众诉求的满意率73.39%），比上年增长9.54%；总的参评率80.39%（2021年总参评率73.65%），比上年增长6.74%。2022年信访工作考核被评为优秀等次。

【提升信访业务“三率”】 2022年，全市排查梳理出28件信访积案（其中含海南省信访局交办五指山市自行梳理事项5件），作为五指山市领导干部包案化解信访事项。经五指山市各包案领导干部及相关责任单位处理，28件信访积案已按期办结完毕。

举办信访业务培训班1期，通过业务培训，提高责任单位信访业务水平和信访工作效率，培训共有58人参加，做到责任单位全覆盖；开展各责任单位到市信访服务中心跟班学习活动，截至2022年年底，派员跟班学习的单位有12家。

2022年，共召开7次五指山市信访工作联席会议全体扩大会议，会议传达学习贯彻习近平总书记重要指示精神、沈晓明在省信访局接访时的讲话精神等，审议《关于进一步加强和改进信访事项“三率”工作的通知》《关于调整五指山市信访工作联席会议组成人员的通知》《五指山市信访工作联席会议工作规则》等相关文件，通报当前信访工作情况、存在问题，并提出下一步工作计划；研究讨论信访疑难问题，提出化解方法，稳步提升“三率”水平；部署做好全国“两会”、博鳌亚洲论坛年会、省第八次党代会、党的二十大期间的安全保障工作。

【信访宣传】 2022年，市信访服务中心印制《信访工作条例》宣传资料共4种各1.2万份，以及宣传海报1000张、扇子2000把、雨伞1000把、无纺布袋2000个，分发至各乡镇、各单位，用于开展《信访工作条例》宣传；市信访服务中心联合五指山市委政法委、五指山市委保密局、琼中县国家安全局、五指山市司法局、五指山市公安局、五指山市人民法院、五指山市人民检察院等单位，在“三月三”广场开展《信访工作条例》宣传活动，现场发放《信访工作条例》宣传材料2000余册。现场为咨询群众解答问题，引导群众合理合法反映诉求；在五指山市委常委会、五指山市政府常务会、五指山市信访工作联席会议第三次全体（扩大）会议以及五指山市各部门会议上传达学习《信访工作条例》；五指山市各乡镇、各单位结合《信访工作条例》宣传月活动方案，开展宣传活动，现场分发《信访工作条例》宣传资料7000余份；邀请海南省信访局二级巡视员张忠惠在市委理论学习中心组（扩大）学习会暨信访工作条例解读专题讲座授课。

（王家凡）

机关事务管理

【概况】 2022年，五指山市机关事务服务中心紧紧围绕五指山市委、市政府中心工作，坚持以党的政治建设为引领，不断创新思路、强化措施、狠抓落实，坚持以“1867工作作风”，扎实推进机关事务服务各项工作。

【体制机制改革创新】 2022年，五指山市机关事务服务中心按照中央八项规定精神和《党政机关厉行节约反对浪费条例》《海南省党政机关国内公务接待管理办法》等法规规定，研究草拟了《五指山市党政机关国内公务接待管理实施细则》《五指山市党政机关公务接待开支内部管理规定》《五指山市专项接待经费开支内部管理规定》等接待管理制度，进一步加快推进公务接待规范管理。制定《五指山市机关事务服务中心公务出行车辆管理制度》，明确在单位公务用车不能满足出行条件的情况下，可通过租赁车辆保障正常出行任务。

【公务接待】 2022年，五指山市机关事务服务中心完成五指山首次外国驻华大使的来访接待和海南省首批夏休接待等重要接待任务。严格按照接待范围和标准，高质量完成日常公务接待。全年共接待各类宾客355批3419人次。其中，中央各部委7批715人次，全国各省、市、地区客人13批152人次，省内各县市客人335批2552人次。

【公务车辆管理】 严格执行“全省一平台，监管一平台”要求，借助公务用车调度系统平台，坚决杜绝“公车私用”“违规用车”等问题，进一步规范公务用车运行管理。2022年，公务用车调度系统调度使用公务用车10592万次，公务用车建设工作日臻完善。协助五指山市机关事务管理局调拨公务用车，及时登记入账核算，进行账务核销处理，共办理车辆划转18辆，报废处置5辆。

【机关事务管理】 2022年，五指山市机关事务服务中心对市委、市政府老化的电线路进行改造，年底，完成70%的工程总量，并支付工程款172.03万元。按程序完成市委、市政府大院办公区物业服务招聘工作，选聘五指山市雨林物业服务有限公司负责市委、市政府大院物业服务工作。安装办公楼消防喷淋系统和报警系统，施工安装电梯基础和钢结构及应急照明装置等，2022年，该项目完成71%的工程总量，已支付工程款252.4万元。

（黄慧灵）

政务服务

【概况】 五指山市行政审批服务局是负责行政许可事项审

批、提供相关政务服务和便民服务的市政府工作部门，2022年持续落实优化营商环境各项中心工作，以"减环节、减时限、减流程和优服务"为核心环节，推动深化"一枚印章管审批"改革、工程建设项目审批制度改革等工作，助推五指山市经济社会高质量发展和"六园"建设。

【一枚印章管审批】 围绕"放管服"改革和优化营商环境决策部署，以优化群众和企业办事体验为核心，持续推动高效集成审批服务，推进"告知承诺办""容缺办""网上办""掌上办""一件事一次办""一业一证"等便民服务，实行"前台综合受理、后台分类审批、综合窗口出件"审批模式。选取饭店、商场、超市、理发店等10个行业推行"一业一证"改革，将市场主体进入特定行业涉及的多张许可证整合为一张行业综合许可证，实现"一证准营、一码亮证"。已发放行业综合许可证11张，涉及6个行业，进一步破解市场主体"准入不准营"难题。2022年共受理审批办件2047件，审批事项171项，现场办结率92.17%，提前办结率94.18%。

【窗口办件受理】 2022年，市级各部门在省一体化平台共受理办件31193件，共办结33841件（含2021年转结办件）；各乡镇共受理办件14226件，共办结14224件。政务大厅共受理办件34473件，共办结34571件（含2021年转结办件），其中即办件办结26266件，承诺件办结8485件。综合业务窗口共收件6180件；"一件事"综合窗口收件386件；人才服务综合窗口共受理办件69件。

【政务服务事项梳理】 市、乡、村三级政务服务事项标准化、规范化。各单位、各乡镇、畅好居"6+1"类政务服务事项全部关联标准办事指南，实现同一事项全省无差别办理，《五指山市政务服务事项目录清单》涉及51个单位和市政企业共1950项业务办理项，各乡镇、畅好居政务服务事项共459项，59个村级和4个居委会政务服务事项共252项，事项清单实行动态管理。

【审批流程优化】 持续开展审批事项精细化梳理和流程重造，实行"清理变相许可"一批、"告知承诺制"一批、"一件事一次办"一批、"调整行政审批事项"一批、"一三五七承诺办结制"一批综合性改革，在"简环节、并流程、压时限、减材料"等方面下功夫，进一步激发市场主体活力，大幅提高企业和群众办事的便利化和可预期性。2022年实现"即办件"（1天内办结）占全部行政审批事项比例30%以上。

【规划审批管理和服务】 五指山市贯彻落实省工程建设项目审批改革三年行动要求，在压减时限、环节、办事成本上下功夫，推出一系列改革举措，如推行"不见面审批"，申请人通过实名注册、网上申请、网上上传申报材料并承诺材料真实性的方式办理事项，审批部门在申请人申报材料齐全的情况下，即可在承诺办结的时限内办结，并通过快递将办理结果送达申请人手中，实现全过程不见面、不跑腿。2022年，审批部门通过海南省工程建设项目审批管理系统，办理网上审批建设工程规划许可证14宗，建设用地规划许可证核发1宗，以数据共享代替群众"往返跑"。建立健全工程建设项目帮办代办制度，持续推动审批流程优化再造，推行"信用+承诺"审批、联审联评改革，建设用地规划许可证核发从法定办结20个工作日减少为7个工作日内，推动海南省胡大一心脏中心项目、五指山雪茄烟叶项目基地、五指山市第三小学搬迁建校项目等一大批民生保障、教育、医疗项目落地。针对有投资意愿的企业安排专人上门提供"保姆式""精细化"服务，制定"一企一策""一事一图"，缩短从拿地到开工的时限。

【工程项目建设审批制度改革与创新】 推行工程建设项目施工许可证核发等15个事项实施告知承诺制，2022年，累计审批承诺办件57件，项目由"重审批"向"重监管"转变，改革红利进一步释放。升级推出"清单制+告知承诺制"审批改革措施2.0版，将工程建设项目审批流程划分为13种基础流程，建立"基础流程+条件类型"组合的流程管理模式，为申报项目生成个性化的审批服务清单，实行清单制管理。推进水、电、气网联动报装改革。以"一张蓝图、一窗受理、一网办理、一次踏勘、一次验收"将多个审批事项整合成“水、电、气网联动报装”一件事，将审批时限压缩至8个工作日以内(有外线工程8个工作日内，无外线工程2个工作日内即可办结)。已办结“水、电、气网联动报装一件事”事项1件，充分实现水、电、气网报装便利化和高效化。推行“一三五七承诺办结制”、“零审批+豁免”改革，优化全流程审批时限、阶段审批时限、事项跨度时限，各类工程建设审批事项承诺在7个工作日(不含特殊环节)内办结。

【政务大厅服务运行与管理】 推行“一窗受理、集成服务”模式，按工程建设项目、社会民生、企业开办、不动产交易缴税登记、人才服务等五大类分别设立了11个综合受理窗口和1个出件窗口，共有40个部门(不含公积金)1332项事项进驻政务大厅，其中“一窗受理”事项1154项。设立“未办成事协调服务窗口”“政策咨询服务窗口”。开设“未办成事协调服务窗口”和“政策咨询服务窗口”，配备受理专员，负责接待群众来访、听取群众意见、受理群众诉求，派遣受理工单、联系协调审批或窗口人员整改或解释答复，并全程跟踪督办。推行政务服务“好差评”，基本实现政务服务“一事一评”。2022年，全市“好差评”评价非常满意1.74万次，满意6次，满意率100%。通过在窗口设置网上办流程图，由窗口工作人员主动为前来办事的群众宣传推广全流程网上办服务，帮助指导群众网上办理。开展五指山政务服务事项“网上办”“就近办”乡镇宣传活动，引导群众了解赋权乡镇事项及“网上办”“就近办”办事程序，大力推广政府服务的便利度，给企业和群众提供更加优质、高效的政务服务。

△6月28日，昌化江上游滨河雨林生态修复综合治理工程(南圣镇—通什镇段)项目评审会在五指山市行政审批服务局举行

(梁强 摄)

【公共资源交易管理及“12345”市政府热线】 各单位重新明确一名责任领导、一名联络人员，在全市形成上下联动、左右贯通，全覆盖的热线服务和诉求办理网络。2022年，“12345”五指山分平台共接入71个行政部门，包括全市7个乡镇政府及畅好居、4个市政公用企业。2022年1月1日至12月31日，五指山市“12345”热线分平台共受理工单5.46万件(含省下派8924件)。2022年5月5日召开主要领导现场确认会。会上，28个单位主要负责人确认220项群众诉求事项，责任清单明确了对诉求人诉求事项受理的法律依据，做到受理事项有法可依，有据可循。五指山市公共资源交易中心建设工作采取“先挂牌、后规范，边建设、边规范”的方法，分步实施，有序推进，实现工程建设项目招投标、政府采购统一进场交易。全面实现政府采购、工程建设项目登记、信息发布、场地预约、专家抽取等全流程电子化。实现省、市两级信息化平台互联互通，专家资源共享，建成涵盖公共服务、交易受理、交易评审、行政监察及综合管理的公共资源交易信息化平台。2022年以来，完成交易项目43宗，交易总额8.99亿余元，其中工程建设类39宗，交易额8.82亿元；政府采购类4宗，交易额1635万余元。

(杨欣颖)

中国人民政治协商会议五指山市委员会

综 述

【概况】中国人民政治协商会议海南省五指山市委员会(简称五指山市政协)设办公室、提案与社会法制委员会、经济与人口资源环境委员会、文史资料与教科文卫委员会、民宗与港澳台侨外事委员会、农业和农村委员会,其中办公室下设副科级公益一类事业单位1个:市政协研究中心。根据市政协的"三定"方案:市政协委员会行政编制12名,其中主席1名,副主席4名(含2名不占编制),秘书长1名,副秘书长2名,各专门委员会配备主任1名;市政协研究中心事业编制3名,其中主任1名,其他管理人员2名;机关工勤人员财政预算拨款事业编制1名。2022年,实有行政在编在岗人员21人,其中主席1人,副主席4人,秘书长1人,副秘书长2人,专门委员会主任5人,一级调研员1人,三级调研员1人,二级主任科员1人;研究中心事业编3人;机关工勤在编在岗人员1人,公益岗1人。政协五指山市第五届委员会安排委员名额145名,实配委员141名,2022年,实有委员141人,分别由中共、民盟、民建、民进、无党派、共青团、总工会、妇联、工商联、文化艺术、科技、社科、经济、农业、教育、体育、新闻出版、医卫、社保、少数民族、宗教、特邀22个界别组成。市政协常务委员会组成人员安排名额27名,实配25名。

【政治理论学习】2022年,市政协召开党组会议15次,理论学习中心组学习会10次,主席会议12次,党支部学习会27次、干部职工会议6次。市政协领导班子成员深入驻点村宣讲党的二十大精神5场次。

【联谊工作】2022年,市政协配合省政协在五指山市开展调研视察9批次,接待外地政协到五指山市考察15批次。组织委员到海口、三亚、陵水等地开展调研,把五指山市政协的履职成果向外宣传,让外地的经验在五指山市推行。各专门委员会会同各民主党派开展联合调研、联动协商,共同提升协商议政水平。

【文史资料和文化工作】2022年,市政协强化文化建设。有序推进史料征集编纂工作,初步编撰完成《口述非遗》一书。推荐一名副主席增补为省政协理论研究会成员。加强宣传报道工作,全年编发美篇36篇。深入开展委员读书活动,扎实推进"书香政协"建设。

【机关党建】2022年,市政协认真落实好党员目标管理和"三会一课"制度。定期召开党员大会、支委会,组织党员集中学习政策理论知识。认真落实党费缴纳制度。坚持党组成员、党支部书记轮流给支部党员上党课制度。建立机关党员干部与政协党员委员联动机制,发挥党员委员的先锋模范作用,推动委员联系服务界别群众工作走深走实。支持帮助市政协离退休党支部建设工作,推动市政协离退休党支部换届工作。落实"一岗双责",加强党风廉政建设。落实党风廉政建设责任制,遵守中央八项规定精神,严格执行《关于新形势下党内政治生活的若干准则》《中国共产党纪律处分条例》,落实全面从严治党各项新要求。坚持民主集中制，在党支部党员大会、支委会和机关行政工作会议讨论重大问题、重要事项时，实行“一把手”末位表态制，提高领导班子议事决策的民主、科学化水平。

【政协自身建设】 2022年，强化机关队伍建设，以党的政治建设为统领，严格落实全面从严治党要求，推进政协支部建设标准化、规范化。深入开展“能力提升建设年”暨深化拓展“查堵点、破难题、促发展”活动，推动解决堵点问题5个，完成率100%。举办实战化大培训、专业化大练兵等主题活动，抓好“学习型、服务型”政协机关建设。组织机关党员干部开展形式多样的主题党日活动，重视和加强离退休老干部工作，鼓励部分年龄大的同志提前退休，树立正确用人导向，不断激发政协干部队伍的整体活力。为解决政协“两个薄弱”问题，争取市政府支持，在全市7个乡镇、市畅好居调配8名兼职政协工作人员，实现基层政协工作有党委副书记抓、有工作人员具体落实的新局面。组织机关全体干部职工参加全国政协线上第139期干部培训，深入系统学习政协理论政策知识；开展能力提升政协业务知识测试2次；举办2022年基层协商民主建设工作培训班、政协委员履职能力提升专题培训班各1期；组织机关4名年轻干部参加周末英语轮训班。

用心用情抗击疫情。自“8·1”疫情发生后，市政协党组认真贯彻落实市委关于疫情防控的决策部署，第一时间向全体市政协委员、政协各参加单位发出倡议，班子成员以上率下，带头深入一线进行指导督查，确保疫情防控各项措施落实到位。市政协机关全员投入，各界委员闻讯而动，立足本职岗位抗疫。特别是医药界委员坚守抗疫一线，各界别委员、各民主党派也立足本职工作，各展所长，尽己所能，助力疫情防控。据统计，全市100多名政协委员累计参与志愿服务1200多人次，捐款捐物100余万元。防控形势好转后，向全体市政协委员发出《五指山市政协关于发挥政协优势、助力复工复产的倡议书》，围绕助企纾困、推进复工复产等工作深入调研，助力销售山竹果3000多公斤，走访委员企业28家，形成《五指山市政协关于企业复工复产专题调研报告》，市委市政府，市委书记和市长高度重视，并对调研报告作出批示。

扎实开展“我为群众办实事”实践活动。组织机关全体党员干部和政协委员开展爱心助农活动，以接龙的方式认购西

△8月11日，市政协主席黄美莲（右三）、市委副书记林方江（右一），代表市委、市政府到市疾控中心等相关单位慰问医务工作者

（市政协 供图）

瓜、火龙果、地瓜、蚂蚁鸡等农副产品，共消费3万余元，以实际行动助力农户增收，促进农村振兴；配合市政协班子开展“新春下基层”走访调研活动，调研各村产业发展、基础设施建设、基层协商民主建设等工作，共谋五指山发展；主动开展走访企业委员活动，深入了解委员工作、生活情况，以及需要协调解决的问题。

重要会议

【市政协五届一次会议】 政协五指山市第五届委员会第一次会议于2022年1月5日至7日召开，132名委员出席，审议第四届委员会工作报告和提案工作情况，强调过去五年在市委领导下，市政协围绕中心工作，发挥协商机构作用，建言献策，助力五指山市高质量发展的成绩。会议选举产生新一届领导班子，黄美莲任主席，姜风云、邓清辉、林书忠、吴多东为副主席，罗锋为秘书长，并选出19名常务委员。会上，委员们就经济社会发展、乡村旅游、医疗保障等热点难点问题提出建设性意见，共收到并办理提案476件，立案457件，全部办理答复，满意率超98%。闭幕会上，黄美莲主席强调未来五年将贯彻市党代会精神，强化党的领导，围绕中心履职，凝聚共识，强化自身建设，为五指山市高质量跨越式发展贡献力量。

【市政协第五届常委会会议】2022年3月31日，政协五指山市第五届委员会常务委员会第一次会议在市福德莱大酒店四楼多功能厅召开。传达学习习近平总书记近期重要讲话精神、中央有关文件精神，2022年全国“两会”、全国政协主席会议、全省“两会”等会议精神。审议通过《政协五指山市第五届委员会常务委员会2022年工作要点》《政协五指山市委员会关于进一步加强委员、常委出席全体会议、常务委员会会议考勤工作的规定》《政协五指山市委员会关于进一步加强委员、常委考核工作的规定》。

2022年7月8日，政协五指山市第五届委员会常务委员会第二次会议在市福德莱大酒店四楼多功能厅召开。会议传达学习了习近平总书记考察海南重要讲话、近期重要讲话精神，中央有关文件精神、全国政协“学习贯彻习近平总书记重要指示深入开展政协委员读书活动”座谈会精神，全国政协主席汪洋等中央领导有关海南工作的批示精神，省委领导讲话、批示精神、《中国共产党政治协商工作条例》、省第八次党代会和省委八届一次全会精神等内容。通报了市政协2022年上半年大气污染防治“六个严禁 两个推进”和水环境质量民主监督情况。审议通过了人事事项。

2022年9月29日，政协五指山市第五届委员会常务委员会第三次会议在市福德莱大酒店四楼多功能厅召开，市政协主席黄美莲主持会议。市委常委、常务副市长贾鹏，市委常委、统战部部长、政协党组副书记陈有强，市政协副主席姜风云、邓清辉、林书忠出席会议。政协各专委会负责人及各乡镇、畅好居有关负责人等列席会议。会议传达

△7月8日，政协五指山市第五届委员会常务委员会第二次会议在福德莱酒店四楼多功能会议厅召开 （陈泽翠 摄）

学习习近平总书记近期重要讲话和署名文章精神、全国政协十三届常委会第二十二次会议精神、全国政协文史工作座谈会精神及省委领导署名文章精神。通报五指山市2022年上半年经济形势，听取五指山市政协助力疫情防控和复工复产工作汇报。

2022年11月28日下午，政协五指山市第五届委员会常务委员会第四次会议在国金大酒店召开。会议先后传达学习了党的二十大精神、十九届七中全会精神、习近平总书记近期重要讲话精神、中央有关文件精神、省委八届二次全会精神、全省领导干部大会精神、市委五届五次全会精神、全国政协十三届常委会第二十四次会议精神和省政协七届常委会第二十八次（扩大）会议精神，审议通过了政协五指山市第五届委员会常务委员会第四次会议议程和《政协五指山市委员会委员联系界别群众实施办法（试行）》《政协五指山市委员会完善委员联系界别群众制度机制工作领导小组和职责》。

主要工作

【政治协商】 2022年，市政协党组制定《政协五指山市第五届委员会2022年度协商计划》，重点围绕"加强秸秆综合利用""培育壮大花卉产业"等4个重点课题开展专题调研。政协班子成员分别带队，组织政协委员58人次深入各乡镇、市直相关部门及海口、陵水等周边市县实地调查研究，召开协商座谈会4次，收集意见建议19条，撰写《培育壮大花卉产业，扎实推进乡村振兴》等调研报告4份，为市委市政府决策提供有益参考。培育"关于支持建设五指山至三亚三亚湾高速公路的建议"提案，提交省政协八届一次会议，经审查已立案。

推进基层协商民主建设工作。深入学习贯彻习近平总书记关于"有事好商量，众人的事情由众人商量"的重要指示精神，落实省政协各项决策部署，推动政协协商向基层延伸。建立主席会议成员下沉包抓乡镇、畅好居，各专委会下沉指导、政协委员下沉参与的三级联动机制，在全市7个乡镇、畅好居、59个村、4个社区成立基层协商民主议事室，把全体市政协委员分成73个履职小组下沉到基层，协助基层党组织开展协商民主议事活动，落实协商成果79个，有效促进社会和谐发展，达到"党政满意、群众满意"的效果。

创新传播共识途径，挂牌设立10个政协委员履职工作站和12个政协委员联系界别群众工作点，加强对委员的走访和工作指导，开展走访活动8次，实地了解界别委员所在企业运行和生产经营情况以及委员履职和生活情况，听取委员对政协工作的意见建议。制定《政协五指山市委员会委员联系界别群众实施办法（试行）》《政协五指山市委员会完善委员联系界别群众制度机制工作领导小组和职责》等。《人民政协报》早间新闻对五指山市畅好居政协委员联系群众的有关情况进行报道。《黎村苗寨"议"风和畅》文章在《人民政协报》上刊登，宣传五指山市毛道乡、番贺村和毛纳村联系群众的经验做法。

扎实推进国家热带雨林生态搬迁工作。市政协党组牢牢把握保护好生态环境这一"国之大者"，将生态搬迁作为当前建设热带雨林国家公园的首要任务，定期召开会议，听取政协机关包户工作进展情况，研究解决政协机关包户工作，市政协班子主动带队入户宣传动员，深入了解群众思想动态、搬迁意愿和存在的困难问题，与2户农户"面对面"沟通交流，帮助群众算好生态搬迁的"经济账"、生产生活的"长远账"、人居环境的"生态账"，打消农户顾虑困惑，以政策红利的"正能量"强化群众搬迁认同，圆满完成政协机关负责的2户包户搬迁工作，同时支持和帮扶搬迁户购买家具，为提高入住质量添砖加瓦，确保群众搬得出、住得稳。

【民主监督】 制定《关于进一步开展2022年度“六个严禁 两个推进”和水环境质量民主监督的实施方案》，对全市7个乡镇、畅好居开展全覆盖式民主监督活动3次，召开座谈会3次，提出意见建议19条。每半年进行考核排名。2022年，五指山市“六个严禁 两个推进”和水环境质量工作位居全省前列。围绕五指山市营商环境建设，深入开展协商式监督，提出意见建议12条，得到有关部门的采纳。围绕巩固国家卫生城市工作开展督查，并督促解决短板问题60多个。选派委员参加重点工程项目督导、检察开放日、案件庭审等监督和听证活动16人次，在强化监督中促进转作风、促落实、增效能。

发挥政协大统战优势，协商办理民主党派、工商联、无党派人士提案35件，邀请参加视察调研63人次。建立民主党派在政协参与讨论协商、提出提案、反映社情民意信息、作大会发言等机制，大会发言获市领导批示14件次。组织各界别委员57人参加“五指山市关爱地贫儿 一起向未来”无偿献血活动。

【参政议政】 始终把加强理论学习作为思想政治引领的有效途径，坚持把深学笃行习近平新时代中国特色社会主义思想摆在首位，及时跟进学习习近平总书记重要指示批示精神以及关于加强和改进人民政协工作的重要思想，认真学习党的十九届六中、七中全会和二十大精神，深入学习《中国共产党政治协商工作条例》《关于加强和改进新时代市县政协工作的意见》《中国共产党统一战线工作条例》《习近平谈治国理论（第四卷）》等，筑牢坚持中国共产党领导和中国特色社会主义思想根基。召开政协党组理论学习中心组学习会、党组（扩大）会议、主席会议、政协常委会议集体学习35次，主席班子成员主动深入各自所联系的驻点村，开展党的二十大精神宣讲5场次，切实用党的二十大精神统一思想、凝聚共识，汇聚正能量，提振精气神。

政治引领不断加强。自觉接受市委领导，主动向市委汇报重要工作、请示重要事项、报告重要活动；严格执行党建、意识形态、党风廉政建设“三个责任制”，充分发挥市政协党组把方向、管大局、保落实的重要作用，确保市政协始终在市委领导下主动负责、协调一致地开展工作；健全政协党组、机关党支部“二级联动”的党建工作格局；在政协全体会议期间和集中学习培训等履职活动中设立临时党组织，推动党的组织和党的工作从“有形覆盖”向“有效覆盖”转变，切实把党的主张和重大决策转化为政协履职实践和委员思想共识，确保政协工作始终沿着党指引的方向不断前进；紧扣全市中心任务谋划开展政协工作，切实把市委的决策部署贯穿政协工作全过程和各方面，确保与市委思想同心、目标同向、行动同步。

扎实开展能力提升建设年活动。市政协机关深入学习五指山市能力提升建设年暨深化拓展“查堵点、破难题、促发展”活动领导小组会议精神，及时召开政协机关动员部署会。制定了《五指山市政协机关关于开展“能力提升建设年”活动的实施方案》《市政协机关大比武工作方案》，指定专人负责各活动的组织实施、综合协调、材料整理和情况总结等，明确分工、落实责任；组织机关全体干部职工参加全国政协线上第139期干部培训，深入系统学习政协理论政策知识；开展能力提升政协业务知识测试2次；举办2022年基层协商民主建设工作培训班、政协委员履职能力提升专题培训班各1期；组织机关4名年轻干部参加周末英语轮训班；制作“市政协机关能力提升建设年”宣传栏；市政协机关深入查找本单位堵点5个，完成5个，完成率100%。

市政协专门委员会

【概况】 2022年，市政协各专门委员会牢牢把握团结和民主两大主题，紧紧围绕市委、市政府中心工作，认真履行三大职能，

△ 6 月 9 日，市政协领导班子为通什镇河南东社区政协委员之家赠送一批图书，为委员加强学习创造更好条件，营造“书香政协”读书氛围（陈泽翠 摄）

凝聚共识、汇聚力量、建言献策，为推进海南自贸港建设、助推五指山市经济社会高质量发展做出贡献。

【经济与人口资源环境专委会】 2022年上半年，五指山市“六个严禁 两个推进”和水环境质量工作位居全省前列。结合实际充分研究部署大气污染防治“六个严禁 两个推进”工作，建立健全问责考核机制，层层压实“禁烧”责任。开展秸秆禁烧专项巡查，严防死守，实现禁烧工作全覆盖、全监管，发现秸秆、垃圾等露天焚烧情况及时劝止。强调各相关职能部门要高度重视，务必认真完成任务。政协网格化民主监督日臻完善，大气环境污染防治体制机制建立健全。利用主城区沿街单位、宾馆酒店等的LED显示频滚动播放公益广告、安全提示、宣传标语，共播放公益广告、安全提示260次；联合三大运营商发送禁燃宣传短信1万余条。

【民宗与港澳台侨外事委员会】 2022年，市政协民宗与港澳台侨外事委员会围绕“创建海南民族职业学院增添州府故园文化底蕴”课题开展调研，由政协班子成员带队，组织委员及市直相关部门负责人到琼中、保亭等兄弟市县学习借鉴好的经验和做法，找准五指山市沿路景观带建设的不足和问题，撰写《关于创建海南民族职业学院增添州府故园文化底蕴的调研报告》，民宗与港澳台侨外事委员会开展走访界别委员活动25次，与他们共同探讨联系界别群众相关事宜，推动政协委员联系界别群众活动的开展，委员解决界别群众“急难愁盼”问题8个。

【文史与教科文卫体专委会】 2022年11月，市政协文史委组成调研组，以发现问题为导向、以“加快发展我市红色教育培训产业”为主题、以促进五指山市红色教育培训产业发展为目标，贯彻落实好习近平总书记“把红色资源利用好、把红色传统发扬好、把红色基因传承好”的指示精神，以“六园”建设为抓手，以文化为魂、旅游为基，切实做好融合发展文章，以红色旅游融合创新为发展路径，着力构建文化旅游产业高质量发展新格局，形成《关于加快我市红色旅游产业发展传承琼崖革命基因》调研报告，为市委、市政府决策提供参考。

【农业和农村专委会】 2022年，市政协农业农村委、协调指导全市各建设单位按要求开展2022年基层协商民主建设工作，2022年各单位已按要求完成每季度至少召开一次基层协商民主议事会，每季度协商完成可操作的协商议题一项，并逐步实施，将协商议题转化为协商成果。举办2022年五指山市推进基层协商民主建设工作专题培训班1期。

（陈泽翠）

纪检监察

【概况】2022年，五指山市纪委监委深入学习贯彻党的二十大精神，认真落实习近平总书记视察海南的系列讲话和指示批示精神，把监督执纪执法放到海南自贸港建设大局中谋划推进，推动纪检监察工作高质量发展，为全市全方位融入海南自贸港建设提供纪法保障。

【纪检监察重要会议】2022年2月16日，中国共产党五指山市第五届纪律检查委员会第二次全体会议召开。市委书记朱宏凌出席全会并讲话。陈国梁、万才胜、黄美莲、林方江等市级领导出席会议。2月24日，市纪检监察系统"能力提升建设年"动员部署会暨警示教育大会召开，市委常委、市纪委书记、市监委主任段小申出席会议并讲话。11月8日，市纪委召开常委会（扩大）会议传达学习全省纪检监察系统表彰大会精神。五指山市纪委监委荣获全省纪检监察先进集体称号，市纪委监委第三审查调查室主任刘琪获中央纪委国家监委嘉奖，市纪委监委办公室主任吴小丽、市纪委监委第二监督检查室主任徐盼获全省纪检监察系统嘉奖。

【强化政治监督】2022年，市纪委监委以"4·13"监督检查为引领，结合纪律监督等四种监督方式，扎实开展乡村振兴等四个常态化监督，"六个不能等"等七个专项监督，构建"一四四七"大监督格局，有效协助市委落实全面从严治党主体责任。狠抓省纪委监委"4·13"专项检查发现的问题，建立定期研判、清单报送、督查督办、结果运用4项工作机制，6个问题整改完成4个。深挖环保领域问题线索4件，问责1人，约谈2人，针对两轮中央环保督察反馈问题，推动相关部门整改，48件信访举报件如期办结，24项整改事项完成整改。查处乡村振兴领域腐败和作风问题11件，党纪政务处分7人，基层小微权力"监督一点通"解决拖欠村民外出务工工资等问题7个。加强"三个领域"监督执纪，发现问题19个，已完成整改。开展疫情防控监督检查44次，发现问题47个，谈话提醒5人次。深化政治巡察，提升巡察质效。2022年开展2轮巡察，对15个单位党组织进行巡察，发现问题335个、问题线索45件68人，推动立行立改问题7个。市自然资源和规划局14人主动上交礼金3.1万元，解决30名职工补缴社保等群众"急难愁盼"问题，巡察"利剑"作用彰显。

【一体推进"三不腐"机制建设】2022年，市纪委监委坚持监督、办案、治理一体贯通，制定《关于查处严重违纪违法案件同步开展以案促改、以案促治工作办法》，建立"七书两会三报告四建议"工作机制，从立案开始就筹划"后半篇文章"。审查调查市交通运输局党组书记、局长洪永富期间，深入开展工程领域招投标和验收环节收受红包专项整治，9家单位32人主动交代问题，实现"查处一案、警示一片、治理一域"的效果。

【深化作风建设】2022年，市纪委监委持续整治作风突出问题，查处违反中央八项规定精神和"四风"问题51件51人，给予14人党纪政务处分，给予37人诫勉谈话等组织处理。从讲政治的高度整治形式主义、官僚主义，查处8件8人，给予2人党务政务处分，给予6人诫勉谈话等组织处理。围绕"六个不能等"作风专项整治工作方案提出的6个方面16种问题开展跟踪监督，发现问题220个，督促有关单位完成整改124个，推动党风政风持续好转。

【违纪违法案件查处】2022年，五指山市坚持办案是最有力的监督手段，全市纪检监察机关持续加大审查调查力度，立案审查调查61件61人（含留置2人），同比增长7.01%，结案59件59人，党

△ 3 月 28 日，市委常委、市纪委书记、市监委主任段小申（左二）带队检查省“4·13”专项检查反馈问题的整改工作

（市纪委监委 供图）

纪政务处分51人。严肃查处了洪某富等严重违纪违法案件，该案系五指山市自办案以来查处受贿数额最大的一起案件，在全市范围内起到较好震慑效果，已有20名公职人员主动说明问题，同比增长125%。运用“四种形态”批评教育帮助和处理189人次，其中运用第一种形态批评教育138人次，占总人次的73.02%，第一种形态占比逐渐优化。

【信访举报】2022年，市纪检监察机关接收信访举报85件次，同比下降58.9%。其中，检举控告16件次，业务范围外信访件64件次，无实质内容5件次。

【党风廉政建设】2022年，市纪委监委制定《五指山市纪委监委优化营商环境监督工作实施方案》，线上设置“损害营商环境问题线上受理平台”、线下建立“营商环境监测点”等，发现行政审批、执法监管等方面问题21个，督促相关职能部门整改。探索建立营商环境领域违纪违法问题快速查处机制，查处问题9件9人，给予党纪政务处分9人。将“三个区分开来”贯穿纪检监察全过程，积极开展容错纠错、澄清正名、查处诬告陷害、重新使用“四位一体”工作，建立案管、信访、审理、党风定期协商、集体研判机制，对2021年8月以来给予了结和免予处分的64条问题线索逐项过筛，为4名受到失实检举控告的党员干部澄清正名，对1名党员启用容错纠错机制，鼓励干部放下包袱、担当作为。

【反腐倡廉宣传教育】2022年，市纪委监委深入挖掘琼崖革命历史和州府文化中的廉洁元素，选取本地查处违纪违法典型案例，为全市党员干部开展纪律教育课程102场次，制作《因贪自缚　插翅难逃》等3部警示教育片，组织干部集中观看。谋划建立五指山市廉政警示教育基地，为全市开展常态化警示教育注入新的阵地“活力”。开展“廉洁文化进机关”活动，创新传播手段，营造廉洁氛围，强化家风家教，让清廉文化在各领域各行业多点开花。5个派驻纪检监察组与5家清廉机关试点单位建立长期联络机制，加强统筹指导，开展一次警示教育，上一堂纪律教育课程，让党员干部知晓“红线”、筑牢“防线”、守住“底线”。

【源头治腐】2022年，市纪委监委坚持“管行业就要管清廉”的理念，优先个别孵化，加快成片推进，选取5家主动性强、基础好的单位作为“清廉机关”试点，鼓励各行业各部门结合职能特点和业务属性，强化主体责任，探索载体鲜明、亮点突出的务实举措。以清廉机关为基准，统筹推进“清廉校园”“清廉村居”“清廉医院”等清廉单元建设，推动清廉建设蔚然成风，探索构建“全域清廉”新格局。围绕腐败易发多发的重点领域和关键环节，开展制度廉洁性评估，对全市103个规范性文件进行评估，发现一些部门私自增设行政许可等12个问题，废止3件，修改7件，织密廉洁风险防控网。

【纪检监察队伍建设】2022年，市纪委监委结合“能力提升建设年”活动，完善教、学、练、战一体化培训机制，让干部在大培训中学业务，在大练兵中提技能，打造能说能写能思能干的“四能”干部队伍。围绕“查破促”活动要求，纪委领导班子带头真刀真枪抓落实，组织召开问题研讨会，有效整合资源，查摆出5个问题，平均整改完成率94%。开展“揭榜挂帅”攻关活动，聚焦制约纪检监察高质量发展的突出问题制定15个榜单，领导班子带领分管室组主动“揭榜挂帅”，成立工作专班细化措施，分步骤分阶段开展工作，确保“周周有进展、月月见成效”。2022年，市纪委监委荣获全省纪检监察先进集体称号，1人获中央纪委国家监委嘉奖，2人获全省纪检监察系统嘉奖。

（陈海兴）

民主党派·工商联

中国国民党革命委员会五指山市基层委员会

【概况】2022年,民革五指山市基层委员会有支部4个,党员55人,其中省人大代表1名,市人大代表1名,五指山市政协委员5人(常委2人)。基层委员会以习近平新时代中国特色社会主义思想为指导,以践行"四新""三好"要求为目标,继承和发扬孙中山爱国、革命、不断进步精神,提高思想政治共识,提升"五个能力",围绕市委、市政府的中心工作履职尽责,加强自身建设,履行参政党职能,做好社会服务工作,为五指山市的经济建设和社会发展建言献策。

【自身建设】2022年,民革五指山市基层委员会组织召开全委会议和委员扩大会议各1次,支部专题学习会议4次,举办1次能力提升建设培训班、线上专题培训班、"矢志不渝跟党走 携手奋进新时代"主题教育活动各1次,累计学习人数135人。每年为骨干党员订阅《团结报》,提升党员的政治素质,增强党员政治意识。

加强与党员的日常联系,了解党员的工作、生活动态。帮助有困难的党员孙世云向民革中央、中山博爱基金会申请慰问款1万元,对家庭发生变故、生病住院及生育的党员开展慰问,2022年共慰问党员5名,发放慰问款2500元。

【参政议政】2022年,民革五指山市基层委员会累计提交政协提案13篇,人大建议议案2篇,其中副主委周烨撰写的《严控重型地贫儿出生 完善患者保障制度》被选为政协大会发言,并获得市委书记重点批示;张新刚委员撰写的《关于加强农垦实验中学正门前道路交通管理的建议》《关于配备正规校车的建议》《关于修剪清除道路交叉口或转弯处植物以提升交通安全的建议》,郭鹏委员撰写的《关于加强我市共享电动车管理的相关意见和建议》《改变农村学校教育生态 提升基础教育质量》,均反映出五指山市存在的交通安全问题和教育问题,获得市委书记重点批示督办。此外,组织党员参加人大政协开展的各类会议与培训,提升党员履职能力与参政议政水平。

【社会服务和抗击疫情】2022年,民革五指山市基层委员会对帮扶户的关心关爱,对有产业需求的帮扶户进行精准施策,捐赠化肥13袋、鸡饲料11袋、鸡苗110只,总计8360元。开展慰问活动,共发放慰问品1200元。12月3日联合民建、农工党开展义诊活动,组织民主党派的医护人员到番慢村进行免费诊疗。

主委王冬宁,副主委李桂香、周烨、黄光星奔波在抗疫一线,发挥带头作用。委员赵星霞、陈太耀、郭鹏、胡轶南等立足本职工作,参与志愿服务,在核酸检测、后勤保障等方面贡献自己的力量。骨干党员刘少燕、罗斌、黎珍、韩敏、廖涌权等人在医院及疫情防控工作指挥部的安排部署下,参与五指山市的核酸采样及检测、流调统计、高风险区后勤保障工作。此外,民革五指山市基层委员会联合五指山市其他民主党派开展抗疫慰问活动，为奋战在抗疫一线的工作人员送去慰问物资，价值12330元。

（黄鹤）

中国民主同盟五指山市委员会

【概况】 民盟五指山市委贯彻“十六字”方针，坚持中国共产党领导的多党合作和政治协商制度，学习贯彻中共、民盟会议文件精神，执行上级组织的各项决策和决定，履行各项职责。2022年，民盟市委下设4个支部：行政机关支部、社会综合支部、教育科技支部、医疗卫生支部。盟员71人，其中市政协常委1人、市政协委员5人。

【自身建设】 2022年，盟员参加省委统战部、民盟省委、民盟市委、市政协和市委统战部组织的学习、工作会议50余次。如市民盟主委参加民盟海南省委召开的主题教育动员会；组织骨干盟员参加市委统战部举办的“能力提升建设年”大培训专题讲座；盟员干部参加市委党校、市组织部举办的“深入学习贯彻习近平总书记考察海南和省第八次党代会精神专题培训班”；盟员参加市统战部及各单位举办的中共二十大专题学习；盟机关干部参加市委组织部开展的英语能力培训等。

民盟市委围绕迎接、宣传、贯彻中共二十大、民盟十三大、中共海南省第八次代表大会和民盟海南省第八次代表大会这条主线推进学习。民盟市委组织召开委员学习会议6次，各直属支部组织学习活动5次。民盟市委5月13日开展主题教育活动，组织23名盟员集中学习了中共党史、习近平总书记考察海南的讲话内容和第八次党代会会议精神。重走习近平总书记4月11日考察水满乡毛纳村的路线，重温总书记的殷切嘱托和重要讲话精神。8月，民盟市委与五指山市其他兄弟党派联合举办民主党派能力提升培训班，选派新任班子及骨干盟员12名参加本次培训。

中共二十大召开后，民盟市委组织班子成员集中学，通过线上线下方式系统学，各盟员参加本单位精准学，利用盟员群、学习会的方式开展讨论发散学。与市民进、致公党及九三学社联合举办专题培训班，邀请党派领导宣讲中共二十大精神，从党派的角度出发充分围绕二十大精神开展系统性学习。

民盟市委遵循“人才兴盟”“人才强盟”原则，对新入盟对象严格把关，坚持质量优先、突出民盟界别特征。2022年，新入盟4人，平均年龄37岁，学历均为大学本科以上。2022年是民盟省委换届年，民盟市委按《关于报送民盟海南省第八次代表大会代表相关材料的通知》要求，于3月10日召开全委会议，进行民主选举。于立丽、张秋未、林川三人代表民盟五指山市委参加6月25日在海口举行的民盟海南省第八次代表大会。

【参政议政】 2022年，民盟市委围绕加快海南自由贸易港建设中的重大问题和五指山市“六园”建设的难点，以及人民群众普遍关心的热点、难点问题，突出民盟界别优势，为五指山市发展献计出力。

2022年，民盟市委拟定《“双减”背景下，五指山如何提升教育教学质量的策略研究》《全面推进乡村振兴过程中，如何发挥新型政党制度优势》《全民大健康背景下的慢性乙型病毒性肝炎筛查的必要性研究》3个课题作为2022年参政议政工作的重点方向开展调研工作。同时参与民盟海南省委的组稿工作，撰写社情民意及提案。

2022年，民盟市委及其中的政协委员在市政协例会上提交提案7件，其中集体提案3篇、个人提案4件。提交的6件提案被市政协提案委受理，正在办理中。在市政协组织召开的常委会、委员会上，民盟市委中的市政协常委、委员提出许多建设性意见，均得到肯定和赞誉。

【社会服务】 2022年，民盟市委帮扶责任人到什会村委会30余次，针对帮扶户实际情况协助发展产业。春节前夕，民盟市委联合五指山市其他民主党派开展新春文化下乡活动，邀请五指山市文联、市书协人员为村民义写春联。在元旦、春节、中秋等节日期间赠送大米、食用油等慰问品，价值2000元。3月，民盟市委在什会村开办水稻技术培训班，向村民重点讲解水稻栽培技术，现场解答村民提出的水稻种植技术问题，受益群众40余人，发放农业技术手册150多份。5月，民盟市委投入8000元，向帮扶的农户捐赠25袋挪威牌复合肥料，帮助他们发展生产。

盟员陈福银参加支援上海的医疗队，盟员陈妙参加支援三亚的医疗队，新盟员常凯参加支援海口的医疗队。除此之外，各个岗位上的盟员也承担疫情防控重任，投身抗疫一线，主动发挥志愿服务、物资筹备、心理咨询等作用，在特殊时期发挥民盟界别优势，展现民盟担当作为。在2022年“8·1”疫情中，民盟五指山市委盟员纷纷慷慨解囊，向四川省支援五指山市医疗队、南圣镇、海南省第二人民医院抗疫一线医护及工作人员赠送物资，共计6600元。

（张秋未）

中国民主建国会五指山市委员会

【概况】 2022年，民建五指山市委会有会员67人，其中担任五指山市政协委员8人(常委2人)。民建五指山市委会加强思想建设，推进组织建设，充分履行参政党职能，开展参政议政、社会服务和乡村振兴等工作。

【自身建设】 2022年，民建市委会开展“矢志不渝跟党走、携手奋进新时代”政治交接主题教育活动3次，与兄弟党派联合开展专题培训班2期；选派会员参加省委统战部、民建海南省委和五指山市有关部门举办的各类培训班20人次；按照组织发展工作要求，发展3名新会员；在日常生活中，主动关心会员的工作、学习和生活，在春节前夕慰问生病的会员和老会员，领导班子定期到会员企业按时走访，为会员企业协调解决一些困难。市委会注重加强与省内外各市县民建组织的沟通和交流，与民建海南省委直属商务支部开展交流经验活动，与民建海南省委海师支部共建“结对子”友好支部。

【参政议政】 2022年，民建市委会认真履行参政议政职能，以助力“六园”建设为工作主抓手，深入开展专题调研，市“两会”前后，会员向市政协递交提案15件

△7月29—30日，民建五指山市委会与其他党派联合开展五指山市民主党派能力提升培训班

（吴军 摄）

△ 2022 年，民盟五指山市委与民盟儋州支部、三亚市委一同开展调研
（民盟五指山市委 供图）

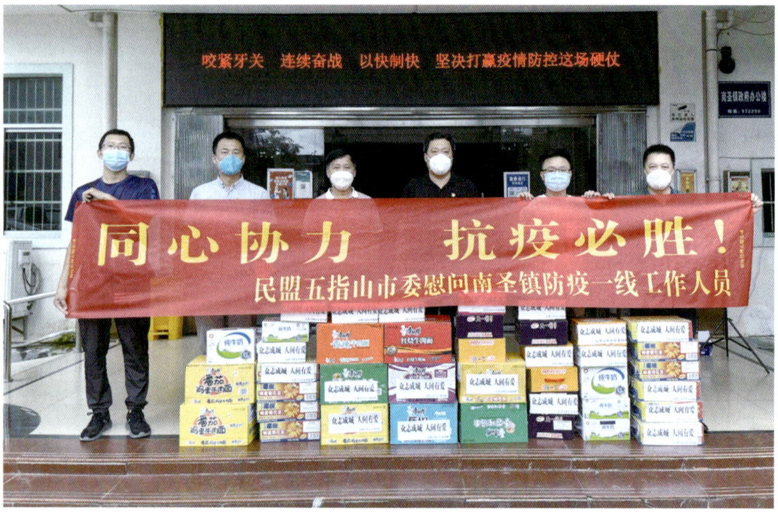

△ 8 月，民盟五指山市委派人到南圣镇进行慰问
（民盟五指山市委 供图）

（其中大会发言材料1篇），围绕建设海南自由贸易港，市委会调研组向民建海南省委递交2篇调研报告；会员参加市委统战部征文比赛获三等奖。

【社会服务】 2022年，民建市委会发挥界别优势，鼓励会员积极参与社会服务、抗击疫情，助力乡村振兴。跟踪落实五指山中学“民建启航班”第二、三期100名学生助学金发放和学习情况，市委会向“民建启航班”学生捐赠书籍价值2480元，11月，民建海南省委海师支部会员向“民建启航班”捐赠价值7500元的教辅材料，7月第二期“民建启航班”学生毕业，32名学生进入高中，28名学生进入中职院校，开启新的求学生涯。为脱贫户送去复合肥、割草机和鸡饲料等物资（价值8000元），并向脱贫户讲授种植知识、分发种植知识册子等，助力脱贫户发展生产。民建市委会联合民革、民盟等，到什会村开展“翰墨飘香、迎春送福——弘扬传统文化，助力乡村振兴”活动。开展活动慰问特殊学校学生，送去糕点和文具，价值1500元。

（吉训莹）

中国民主促进会五指山市委员会

【概况】 民进五指山市委会成立于1989年3月，民进市委会2022年下辖4个支部委员会，在册会员61人，在职会员37人，退休会员24人。会员主要分布在教育、文化、医疗卫生、司法、政府机关、企业等部门，会员中有市政协副主席1名、市政协委员5名、政府机关公务员5名、司法机关公务员2名、教师会员12名、医疗卫生会员4名，获得各类高级职称人员16名、中级职称21人。

【思想政治建设】 2022年5月9日，召开理论学习中心组（扩大）学习会暨“矢志不渝跟党走、携手奋进新时代”政治交接主题教育动员会，讨论民进五指山市委会理论中心组学习计划、2022年民进五指山市委会调研课题工作方案等，部署2022年主要工作。6月11日，市政协副主席、市委会主委姜凤云带领市委会班子成员和骨干会员11名到毛纳村参观学习，引领广大会员牢记习近平总书记殷殷嘱托，投身到海南自贸港建设和五指山市“六园”建设中去，贡献民进力量。6月25—26日，民进琼山区委员会专职主委吴书生一行14人到五指山市开展党史学习教育、政治交接主题教育、组织工作交流和调研活动。7月9日，民进中央委员、民进中央青年工作委员会主任杨金龙率青工委部分委员及民进北京、山东、重庆、广东、广西、江苏、江西、内蒙古、海南等地青年委员会代表一行30余人到水满乡毛纳村开展“重走主席路·民进蓝碳行”主题教育活动，市政协副主席、民进市委会主委姜凤云等陪同调研。10月16日，姜凤云、卓强云、吴静等7名会员在海口市参加由民进海南省委组织的集体收看中共二十大开幕直播；11月2日，民进市委会召开五届五次全委（扩大）会议，传达学习贯彻中共二十大精神，姜凤云为参会会员作专题学习辅导；11月10日，民进海南省委会专职副主委刘心红到五指山开展基层联系点活动，召开市委班子和骨干会员座谈会、学习宣传贯彻“中共二十大精神”宣讲会。11月25日，民进市委会联合民盟、致公党、九三学社等兄弟党派举办“学习贯彻中共二十大精神培训班”，市委会领导班子成员和骨干会员10人参加培训学习；11月29日，市政协副主席、市委会主委姜凤云到通什镇福利村委会为该村进行“学习宣传贯彻党的二十大精神”宣讲。

【组织建设】 2022年12月初，吸收海南省农林科技学校讲师周才光、五指山市税务局一级行政执法员刘亮亮等2人入会。7月29—30日，民进市委会联合民革、民盟、民建、农工党、致公党、九三学社6个民主党派在万宁市联合举办2022年民主党派能力提升培训班，市政协副主席、市委会主委姜凤云、副主委卓强云、吴静、盛达声等班子领导和骨干会员参加培训，姜凤云为培训班作“解决问题的思维策略”的专题教学。7月，通过2022年全省公务员招录，羊彩春被录用为市委会专干，于同年10月到岗任职。民进五指山市委会被民进海南省委评为“民进海南省2022年组织建设工作先进集体”，教育二支部、综合一支部被评为“民进海南省先进基层组织”。教育一支部、综合二支部被民进五指山市委会评为“先进支部”。

【参政议政】 2022年，会员中的市政协委员，提交政协提案8件，被相关职能部门采纳；会员中的市政协委员积极参与联系的村委会，开展基层协商民主建设，助推五指山市乡村基层民主协商工作。市委会参加2022年民进海南省委、中共五指山市委统战部统战理论课题调研，提交《关于少数民族文化发展与传承调研报告》，参加论文评比，荣获三等奖；2022年7月，市委会深入五指山乡镇调研，撰写《关于民进中央“推动农村改厕、生活污水与垃圾治理协同投入和设施一体化运行管护”》课题的调研报告，获得二等奖，受到民进海南省委的肯定。

【社会服务】 2022年5月11日，五指山市综合二支部、教育第一支部在思源学校小学部举办“爱鸟周”宣传进校园活动。8月15日，民进、民盟联合慰问抗疫外援医疗队，慰问组向医疗队赠送160箱百香果，价值5000余元。8月21日，联合五指山市其他民主党派购买牛奶等食品一批，价值1000元，慰问海南第二人民医院医护人员。投入资金超过10000元，助力农户产业发展。4户帮扶户，已实现每户至少有1人外出打工，有一项种

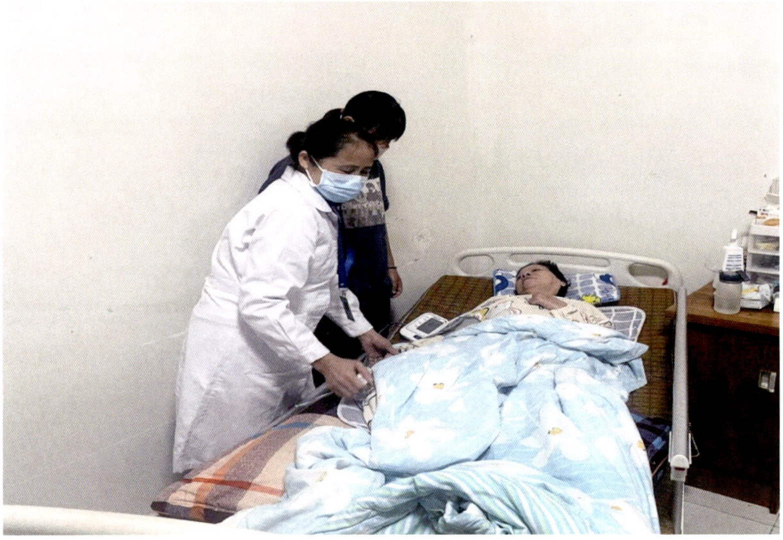

△12月3日，农工党五指山市支部联合民建、民革前往番慢村开展联合义诊活动　（许梦莹 摄）

养业，家庭人均纯收入最低1.3万多元，最高为2.7万多元，比上年的人均纯收入显著提高，确保脱贫户不返贫。

（羊彩春）

中国农工民主党五指山市支部委员会

【概况】2022年，农工党五指山市支部有党员32人，其中，五指山市政协委员5人(常委1人)。市支部加强政治思想建设，推进组织建设，履行参政党职能，开展参政议政、社会服务和乡村振兴等各项工作。

【自身建设】农工党五指山市支部始终坚持以习近平新时代中国特色社会主义思想为指导，深入学习贯彻习近平总书记关于海南工作的系列重要讲话和指示批示精神、中共二十大精神、省第八次党代会精神，不断增强支部党员"四个意识"、坚定"四个自信"、做到"两个维护"。2022年市支部与其他民主党派联合开办2期专题培训班；选派党员参加农工党海南省委、市委统战部和五指山市各有关部门举办的各类培训班40人次。

【参政议政】农工党五指山市支部履行党派参政议政职能，以助力"六园"建设为工作主抓手，深入开展专题调研，围绕建设海南自由贸易港，撰写提案，建言献策。2022年，向市政协大会提交提案4件。其中，大会书面发言提案有4件。支部调研组到通什镇、南圣镇等开展调研，并形成调研报告2篇。

【社会服务】2022年，农工党五指山市支部联合民建、民革前往番慢村开展送医送药义诊活动，服务群众20多人，赠送价值700元的药品。为脱贫户制定产业帮扶措施，根据农户需求捐助耕田机1台、饲料10包、肥料5包、发电机1台，价值约9000元。23名党员参与到抗击疫情的战役中，同时向防控点送上价值2600元的抗疫慰问品，助力疫情防控工作。农工党五指山市支部联合民革、民盟等，到什会村开展"翰墨飘香、迎春送福——弘扬传统文化，助力乡村振兴"活动。

（陈福梁）

中国致公党五指山市支部委员会

【概况】2022年，致公党五指山市支部有支部委员11人，其中主委1人、副主委2人。支部设办公室和3个直属党小组。拥有党员50人，平均年龄54岁。党员中，中级以上职称14人，其中高级职称6人；行政机关13人，事业单位18人，企业单位19人，其中市政协委员8人，市政协常委3人；副处级领导干部1人（已退休），副科级领导干部4人;归侨、侨眷13人。

【自身建设】 2022年,支部开展“不忘合作初心,继续携手前进”主题教育和“矢志不渝跟党走,携手奋进新时代”主题教育活动。全年组织召开学习中共十八大、十九大、二十大、二十届二中全会精神会议4次,与五指山市其他民主党派到万宁市联合举办的2022年民主党派建设培训班1次,组织党员赴文昌市参加市委统战部、市委组织部、市委党校举办的2022年五指山市少数民族干部和统一战线参政议政能力提升培训班1次,选派党员参加致公党海南省委举办的2022年海南致公党员“矢志不渝跟党走,携手奋进新时代”素质提升培训班3期,联合民盟、民进、九三学社举办学习贯彻中共二十大精神培训班1期,组织党员参加市乡村振兴业务与理论政策培训3次、参加市委统战部、市委组织部、市民族局等举办或主持的关于五指山市茶叶科技知识培训、“能力提升年”“查破促”问题及关于铸牢中华民族共同体意识讲座3次,参与党员人数47人次。支部联合五指山市兄弟党派慰问五指山市等抗疫一线人员4次,统筹和引导致公党员捐赠抗疫物资和资金价值51.93万元,其中支部2次捐赠慰问物资王老吉30箱、方便面30箱、优酸牛奶20箱、面包13公斤、饼干6.5公斤,合计4320元;支部委员、五指山铭远地产开发有限公司副董事长、副总经理陈锦荣携公司捐赠慰问金50万元;支部党员、海南全富兴贸易有限公司总经理王亮携海南椰树集团向桂林洋捐赠1500扎椰树矿泉水,价值1.5万元,为本次抗疫尽快清零目标提供力所能及的物资支持。主委许金平,副主委王熔、葛俊鑫,委员文克深、陈慧、李小丽、李燕、陈佩,党员李建南、黄永芬、王晓琳、王海妹、梁振质等主动下沉当抗疫志愿者,配合单位和市(县)委统战部指挥,服务疫情阻击战各项决策和措施。支部贯彻致公党中央提出的“党员人数少、声音不能小”理念。全年召开各级各层会议13次,组织党员参加省内外政治理论学习培训或轮训7次47人次,其中组织党员参加市委统战部在文昌市、在万宁市、在五指山市内举办的联谊培训班3次;开展慰问困难党员社会服务及乡村振兴活动6次。全体党员按照党的工作纪律要求自己,操守严谨,作风正派,廉洁行政,做到使用经费程序符合财经纪律要求,杜绝不廉洁现象。截至2022年12月25日,支部正常经费4.3万元、机关办公室使用经费6228元、乡村振兴工作经费1万元,结余办公经费1.38万元,由市财政局收回国库。

【参政议政】 2022年,支部坚持将参政议政工作作为组织工作的“重中之重”,围绕党中央、省委、市委和市政府的中心工作,就社会关注的战略性、全局性、前瞻性问题以及五指山市“1867”战略目标,发挥致公党“侨海”特色优势,开展社会调研工作,为五指山市各项事业持续发展建言献策。在市政协四届六次大会期间,支部提交6篇工作意见和建议提案,其中支部撰写的提案《关于加快建设海南热带国家森公园展示区的建议》和《积极探索乡村文化振兴新路子,推进乡村文化生态旅游消费提质升级》;党员许金平撰写的提案《关于加强我市停车场规划建设及管理的建议》、符国钰撰写的《关于解决城市交通拥堵问题的建议》、葛俊鑫撰写的《关于深化学前教育改革,补齐农村学前教育短板的建议》和陈慧、王熔撰写的《关于修订五指山市鼓励旅行社开发客源市场奖励暂行办法的建议》;支部撰写2022年理论调研课题2篇,即《发挥五指山气候优势,发展五指山康养产业的建议》和《发展康养产业,促进少数民族地区共同繁荣》,按时上报致公党海南省委、省委统战部和市委统战部。

【社会服务】组织、协调支部乡村振兴工作联系人参加市委组织部、市委党校举办的2022年乡村振兴工作理论与政策培训班2次，参加支部主委研究乡村振兴工作会议6次、省市级工作会议11次，支持机关工作联系人参加市委统战部组织召开的乡村振兴工作部署会议4次，保证党员帮扶联系人确实掌握乡村振兴工作方针政策，政治思想认识与党中央保持高度一致。

年初，支部领导班子深入每个乡村振兴联系户家庭，谋划好全年乡村振兴工作。通过慰问交流与倾听民众愿望、呼声，做到“把脉”农户乡村振兴工作胸有成竹。全面落实帮扶举措。2022年元旦慰问帮扶户大米、花生油、腐竹等物资，价值1200元，为帮扶户写对联、入户走访。

（黄永芬）

九三学社五指山市支社

【概况】2022年，九三学社五指山市支社有社员19人，其中，男社员6人，女社员13人，常住五指山市工作生活16人，本科以上学历占85%，中级职称占80%，高级职称占20%，分布在政府机关、事业单位、医疗卫生、企业等单位，平均年龄41岁。支社被九三学社中央表彰为“九三学社全国宣传思想工作先进单位”。

【参政议政】2022年，支社围绕中心服务大局，做好本党派参政议政工作，增强社员的参政议政能力，组织社员参加社省委、统战部、市政协等组织的能力提升培训班，全年参训23人次；鼓励社员履行职能职责，反映社情民意，提高参政议政能力。支社共有政协委员5名，“两会”期间支社围绕五指山市中心工作提交政协提案5篇（涉及农业、旅游文化、民生等），得到市主要领导批示3篇，立案答复率100%。课题调研方面，支社课题《关于地中海贫血防控的调研》得到有关部门的重点关注与落实。此外还积极参与九三学社省委社情民意工作，社员王丽娟获得九三学社省委颁发的“参政议政先进个人”称号。

【社会服务】 持续开展2022年“世界地贫日”主题宣传活动，走访困难地中海贫血（简称“地贫”）患者家庭，向地贫患者发放物资、筹措救助资金；组织1场大型的定向输血和有奖地贫知识问答，共有125名市民献血成功，献血量达3.42万毫升，是五指山市献血人数最多的一次；发放900余份地贫宣传册、礼品和调查问卷；邀请海南省地贫专家走进高校科普地贫知识、走入海南省中部市县地贫家庭中进行答疑，协调华大基因为5个不同市县33个地贫患儿家庭67人采集配型样本；邀请冰墩墩设计师向社会呼吁关爱地贫患儿，并为地贫患儿赠送冰墩墩。五指山市地贫日主题宣传活动在全省宣传活动中取得良好成效；支社利用人才平台资源打造“九三学堂”社会服务品牌，举办4期“九三学堂”，聚焦关爱青少年青春期生理健康成长和老年人骨质疏松症，助力乡村振兴提升乡风文明

△3月17日，九三学社五指山市支社在海南省农垦实验中学附属五指山思源实验学校举办以“善待自己 远离疾病 健康成长”为主题的青春期生理健康教育公益讲座 （徐雪燕 摄）

礼仪讲座等；邀请九三学社的医学专家和高级教师举办讲座，惠及1500余人；2022年疫情期间，支社发挥自身优势，医疗系统社员李晓龙、潘思宇战斗在抗疫前线，社员王丽娟、徐雪燕开展捐赠和助农销售活动，机关企事业单位社员唐金金等积极投身志愿队伍，以各种形式抗击疫情，用实际行动践行参政党的使命担当。支社联合其他党派和其他社员企业，慰问抗疫一线工作人员4场次，送出慰问物资便携充电设备、方便面、八宝粥等价值3000余元，社员爱心企业为五指山市一线医护人员和省外支援医护人员送出700盒五指山红茶，价值21.6万元，购买助农纾困产品百香果、山竹等2.5万元。

（张文）

五指山市工商业联合会（总商会）

【概况】 2022年，五指山市工商业联合会以习近平新时代中国特色社会主义思想为指导，贯彻落实党的二十大精神、习近平总书记关于海南工作的系列重要讲话和重要指示批示精神，以“六园”建设为工作主要目标，以“六个不能等”活动为契机，帮助企业厘清思路，破解发展难题，充分发挥桥梁纽带作用，促进五指山市民营经济健康发展。

【思想引领】 2022年，市工商联鼓励非公企业负责人发展企业、回馈社会、造福人民，涌现出五指山市铭远房地产开发有限公司、五指山中部旅游投资有限公司、五指山万泉园艺有限公司海南福慧健康投资有限公司等一批爱心企业。

【营商环境】 2022年，市工商联开展“亲清”茶室活动，设立“亲清”茶室五指山市“1867”茶体验馆。定期开展政企座谈会，针对不同类型的企业、不同的问题，集中“面对面”解决问题，为企业解决困难，受理五指山中部旅游投资有限公司等案件4件，并转五指山市营商环境办公室办理。组织民营企业家、光彩会及青年企业家委员会会员到保亭、三亚工商联开展交流走访活动。组织民营企业家到五指山市廉政警示教育基地参观。

【乡村振兴】 2022年，市工商联帮扶13户脱贫户外出务工，发放水泥、铁皮等材料价值3600元，发放大米、花生油、牛奶等慰问品价值4000元。配合海南省工商联、温州商会开展牙南爱心助学活动，共资助南圣镇牙南村大学新生9名，发放助学金2.7万元。

【疫情防控】 2022年，市工商联向全市民营企业发出倡议书500余份，得到民营企业的积极响应，陈锦荣、谢光明、刘江峰等一批民营企业家捐款捐物折合91万元。乡镇商会为疫情防控工作中表现突出，通什镇商会为抗击疫情捐助3万元，毛阳镇商会捐助2.5万元，毛道乡商会捐助2万元，南圣镇商会捐助6万元。五指山铭远房地产开发有限公司、五指山中部旅游投资有限公司2家企业和陈锦荣、谢光明2名企业家被五指山市委、市政府表彰为疫情防控先进集体和先进个人。

【牵线搭桥】 2022年，市工商联倡导非公企业致富思源、回报社会，立足光彩事业，倡导社会责任，搭建非公企业与群众之间的沟通桥梁。开展五指山市“百企联百村”结对专项行动，促成6家企业与水满乡方龙、新村等6个村委会签订合作帮扶协议，其中海南真吾乡茶叶有限公司、五指山甘工茶业有限公司获得海南省乡村振兴“百企联百村”结对专项行动匾牌；五指山万泉园艺有限公司及海南真吾乡茶叶有限公司被列为海南省光彩事业重点单位。

（罗林城）

群众团体

五指山市总工会

【概况】 2022年，市总工会深入学习宣传贯彻党的二十大精神，落实习近平总书记视察海南重要讲话精神、省第八次党代会及市第五次党代会精神，落实省总工会、市委的工作部署，全力履行工会职能，团结带领广大职工以“六园”建设为工作主抓手，在打造民族地区高质量发展的典型中扛起工会组织担当。

【工会组织建设】 2022年，市总工会新组建基层工会17家，发展会员436名。开展新就业形态劳动者入会集中行动，组织快递员、网约送餐员入会172名。按照“六好”标准开展考核工作，完成全市7个乡镇、3个农场、1个居委会工会实地考核评估工作。举办厂务公开民主管理暨工资集体协商培训班3期。

【职工文化建设】 2022年，到乡镇、企业放映禁毒、红色教育电影题材14场次，举办“喜迎二十大·颂歌献给党”五指山市职工歌手大赛，支持基层工会开展“中国梦·劳动美”系列职工文体活动17场次。

【职工技能竞赛】 2022年，市总工会以产业工人队伍建设为重点，推动企业安全生产和工会劳动保护工作创新发展，举办“能力提升建设年”茶业行业培训班和“安康杯”茶业行业技能竞赛各1期，汇集全市茶业企业16家41名选手参赛，营造比学赶超和精益求精的干事创业氛围，推动五指山市“三片叶”产业高质量创新发展。

【职工维权服务】 2022年，市总工会开展“尊法守法·携手筑梦”服务农民工公益法律服务行动1场，发放《中华人民共和国工会法》《中华人民共和国民法典》等宣传资料。开展女职工“维权行动月”普法宣传活动8期，参加女职工2292人次。举办女职工系列知识讲座1期，邀请劳模和主任医师等授课，参加知识讲座的女职工140余人次。健全安全生产责任体系，依法参加工伤死亡事故调查。深入企业宣传禁毒活动，不断增强职工“识毒、防毒、拒毒”的意识。获2022年海南省职工禁毒知识竞赛第一名。

【工会干部培训】 2022年，市总工会开展学习贯彻习近平总书记考察海南及五指山市重要讲话精神和省第八次党代会精神，学习党的二十大精神暨职工素质教育，参加“能力提升建设年”、法律大讲堂、财务经审、厂务公开民主管理、工资集体协商等培训班7期，培训基层工会干部800余人。

【工会经费缴费与审查】 2022年，增补编外人员工会经费11.2万元，受益职工120人。严肃财经纪律，依法加强基层工会财务管理审计工作，促进全市工会系统党风廉政建设，对2020年和2021年度工会经费、财务收支、资产管理和专项资金使用情况进行审计，共审计基层工会69家，发现问题135个。

【困难职工帮扶】 2022年，建立健全城市困难职工医疗帮扶、金秋助学、生活救助、就业创业等帮扶机制，慰问困难职工197户次，发放生活救助金9.9万元。代缴医疗保险费6335元，受益12户38人。发放疫情防控补贴3.1万元，物价补贴4.932万元。资助困难职工陈某电视机1台，资助钢筋水泥折价5000元。

【金秋助学】 2022年，为进一步巩固拓展城市困难职工解困脱困成果，推动解决困难职工家庭子女上学难问题，帮助困难职工子女圆大学梦，完成大学学业，2022年资助困难职工子女3人，发放金秋助学金1.76万元。

（李忠全）

共青团五指山市委员会

【概况】 2022年，五指山市有基层团委12个，其中7个乡镇团委、1个畅好居团委、4个学校团委；基层团工委1个，即五指山市教育团工委；团（总）支部1个；团支部197个，团员2241人，实现全市4个社区、59个行政村建团全覆盖。共青团五指山市委员会在编干部共5人，本科以上学历5人。2022年，五指山市各基层团组织围绕喜迎党的二十大主题主线，聚焦学习宣传贯彻习近平总书记在庆祝中国共产主义青年团成立100周年大会上的重要讲话精神，以“青年大学习”宣讲交流主题活动为抓手，持续开展微信、微视频展播等新媒体宣传，增强青少年思想认同；坚持开展“青年志愿者行动”“共青团服务大学生就业创业”“青少年维权工作”“希望工程助力乡村振兴圆梦行动”等品牌活动，助力青少年成长；强化团干部队伍建设，不断激发团组织活力。

【青少年思想教育】 2022年，以建团100周年为契机，在全团范围内广泛宣传学习习近平总书记在庆祝中国共产主义青年团成立100周年大会上的重要讲话精神。持续用习近平新时代中国特色社会主义思想武装全团、教育青年。深入学习“青年大学习”网上主题团课29期，覆盖团员青年30000余人次。组建“青年大学习”宣讲团，开展“青年大学习”暨党的二十大精神宣讲进校园志愿服务活动，走进杜郎口实验学校、五指山市红星学校、五指山中学、海南省农垦实验中学附属思源实验学校4所学校，引领青少年坚定理想信念、继承革命传统、弘扬爱国精神。发挥团属新媒体在核心价值观教育中的引领作用，在微信、微博等平台发布共青团工作动态，成为五指山共青团工作的重要对外宣传窗口，借助微信公众号推送“庆祝建团百年·100个团史故事”62期，组织少先队员参与学习“红领巾爱学习”网上主题队课29期。至2022年底，共青团五指山市委员会官方微信公众号关注数8.7万人，全年发布信息1017条；新浪微博粉丝727人，全年发布微博信息182条。

【青年志愿者行动】 2022年，深化实施乡村振兴青春建功行动，组织动员广大青年在乡村振兴的伟大实践中发挥生力军和突击队作用。持续开展助力“山城好物民俗赶集日”志愿服务活动37场，组织志愿者通过检测体温、核验行程健康码、维持现场秩序等方式保障“赶集日”活动顺利开展。持续开展“河’我一起，保护母亲河”志愿服务活动22场，组织青年志愿者常态化开展巡河护河、河道垃圾清理及环境卫生整治活动。常态化开展环境卫生整治活动40余次，切实把“四爱”文明卫生健康大行动推向纵深。

【青年就业创业】 2022年，建立番阳镇乡村振兴青年联盟，定期组织开展就业创业、税务、金融服务政策知识讲座，为农村创业青年搭建起交流合作、共赢发展的平台。组织举办2022年五指山市农村青年创业致富“领头雁”暨“青马工程”培训班，培训农村青年致富带头人、返乡创业青年30人次。组织开展大学生寒暑假“返家乡”“扬帆计划”实习实践活动，依托市内党政机关、事业单位等征集到实习岗位66个，努力实现校地双方工作共建、资源共享、成效共赢。

【青少年维权】 2022年，拓展青少年关爱保护工作的深度和广度，全面提升青少年关爱保护工作服务水平，助力市域社会治理。以新一轮“禁毒三年大会战”为契机，开展“健康人生·绿色无毒”禁毒流动课堂、“一誓一课一体验”禁毒宣传教育、“禁毒宣传进万家”宣传等活动24场，在常态化开展禁毒宣传教育进校园活动的基础上创新禁毒宣传的方式方法，进一步筑牢青少年的禁毒思想防线。联合市教育局开展“培养健康心理 预防学生欺凌”心理健康教育进校园活动13场，邀请团省委“12355”青少年服务台心理咨询师针对青少年防欺凌防性侵、青春期教育等内容进行讲解，引导青少年增强自我保护意识，进一步推动和谐校园、平安校园建设。以学雷锋纪念日、维权行动月、国际儿童节、国家宪法日等时间节点为契机，组织青年志愿者开展普法进乡村、进社区活动15场，广泛宣传《中华人民共和国宪法》《中华人民共和国民法典》《中华人民共和国未成年人保护法》《中华人民共和国反有组织犯罪法》《中华人民共和国海南自由贸易港法》等与青少年合法权益息息相关的法律政策，增强青少年法律意识，有效防范青少年违法犯罪。

【大学生志愿服务西部计划】 2022年，五指山市在岗服务的大学生志愿者共38人，其中全国项目31人、地方项目6人、健康扶贫专项1人，服务于乡镇及以下岗位25人、乡镇中心校10人、团市委2人、市卫健委1人，志愿者岗位为乡镇及以下服务单位比例达92%。

【希望工程】 2022年，五指山市“希望工程圆梦行动”共募集助学金49.35万元，资助三批89名贫困学子，发放助学金40.7万元。以“希望工程1+1——幻方助学计划”为契机，推选资助五指山市贫困小学一至三年级女生155名，资助金额合计7.75万元。联合五指山市星火双创志愿者协会开展“点亮‘微心愿’圆梦暖童心”活动，经申请、筛选、会议讨论等各个环节，共有89个“微心愿”被认领，以“微行动”助力青少年实现“微心愿”。以深化拓展“查堵点、破难题、促发展”活动为契机，出台《五指山市“希望工程爱心助学”跟踪帮扶回访机制（试行）》，推进五指山市爱心助学回访、跟踪工作规范化、制度化。

【少先队】 2022年，印发《五指山市关于全面加强新时代少先队工作的实施方案》，不断完善少先队工作体制机制，纵深推进少先队改革。广泛开展“红领巾奖章”争章活动，推选五指山市17名少先队员荣获海南省2021年度“红领巾奖章”四星章个人、1个少先队大队荣获海南省2021年度“红领巾奖章”四星章大队、4个少先队中队荣获海南省2021年度“红领巾奖章”四星章中队。集中表扬2022年度“五指山市优秀少先队员”24名、“五指山市优秀少先队辅导员”23名、“五指山市优秀少先队大队”13个、“五指山市优秀少先队中队”13个，有效引领和激励更多的少先队员、少先队工作者、少先队集体奋发进取、锐意创新。协助推进海南省青少年示范性实践教育营地（基地）暨筑梦大道·全国青少年“大思政”实践育人基地项目，搭建公益性的少先队校外活动场所，建设青少年全面发展的实践课堂。

【团干部管理】 2022年，重视青年培养锻炼工作，提升引领力、组织力、服务力和贡献度。组织召开2021年基层团组织书记述职评议会，强化团组织书记抓团建工作的主体责任，增加团组织间的交流和联系。组织召开共青团五指山市第四次代表大会，选举产生共青团五指山市第四届委员21人、候补委员9人及常委13人，选举李阔为共青团五指山市第四届委员会书记，闫媛、李娴夏饰为副书记，余权东为挂职副书记，苏小艳、卓书颜为兼职副书记，研究分析新形势下五指山市共青团工作面临的新任务和新要求。组织举办2022年五指山市团系统业务骨干能力提升暨“青马工程”培训班，培训基层团干部35人。

（马智捷）

五指山市妇女联合会

【概况】 2022年，五指山市妇女联合会（简称“五指山市妇联”），围绕贯彻党的十九届六中全会及二十大精神、习近平总书记视察调研海南重要讲话精神、省第八次党代会精神和市委五届历次全会精神，以联系妇女、服务妇女、教育妇女、维护妇女儿童合法权益为根本任务，开展一系列工作，立足“妇女需要、妇联所能”的工作定位，进一步解放思想，引导妇女、服务妇女，维护妇女儿童合法权益，动员全市妇女积极投身经济建设。组织妇女参加专项活动学习，提高妇女素质；积极响应、主动配合新冠肺炎疫情防控；组织活动，凝聚人心，营造妇女儿童健康发展的良好氛围；以人为本，依法维权，推动维护妇女权益工作再上新台阶；履行职能，把关爱妇女儿童工作落到实处；服务大局，恪尽职守，积极做好中心工作。五指山市妇联注重先进带动作用，积极挖掘、培养各类先进妇女典型事迹，“巾帼建功”，呈现新气象，发挥先进带动作用。在通什镇应示村委会创建“绿色家庭”及家庭教育指导服务示范点。在全市范围内创建绿色家庭100户，其中80户获评省级“绿色家庭”；评选全市“最美家庭”21户，推选6户家庭获评“全省最美家庭”，1户家庭获评“全国最美家庭”。联合市纪委推动“清廉家风”优秀文案征集活动，共征集到11篇优秀的“清廉家风”作品。组织“最美家庭”开展家庭家教家风交流分享会，号召带动更多的家庭见贤思齐、向善向美。结合三八妇女节、世界读书日、国家安全教育日、端午等节日，组织开展亲子绘画、阅读、“禁塑”和垃圾分类知识问答，推动建立良好亲子关系，构建和谐美好家庭，推进家庭家风家教建设。

【妇女干部队伍建设】 2022年是各乡镇妇联、市直机关妇委会换届年。市妇联指导市税务局、教育口、政法口、政府口、财贸口、建设口、农口、卫健委、党群口9个妇委会完成换届选举工作，选举产生新一届妇委会委员。换届后的妇联队伍整体文化水平显著提升、年龄结构更趋年轻化、人员构成更加丰富。持续推动在五指山市社会组织中建立妇女组织。7月，推动建立海南珠江格瑞物业管理有限公司五指山分公司妇联。推动在广场舞女性中建立妇联组织，筹备建立五指山市苗韵艺术协会妇联、五指山市芝翁协会妇联，吸纳优秀女性成为广场舞妇女组织成员，让她们成为推动广场舞妇女思想政治引领工作的骨干力量，带动更多的广场舞女性参与“巾帼志愿服务”等各类公益活动，将广场舞队伍打造成为积极向上、传播正能量的集体。以“能力提升建设年”活动为契机，加大对基层妇联干部的教育培训。组织全市各乡镇、村（居）58名妇联干部参加基层妇联“领头雁”培训，联合市司法局组织全市各乡镇、村（居）妇联干部79人参加“五指山市乡村（社区）妇联“法律明白人”培训，加强五指山市基层妇联干部的知识储备，提高综合素质和履职能力。组织五指山市优秀女性干部参加省妇联举办的“我是海南自贸港最美巾帼奋斗者”演讲比赛，共有3名选手入围决赛并有1名选手获得三等奖。组织市妇联二届执委、各乡镇妇联主席20余人参加海南省妇联举办的“巾帼心向党·喜迎二十大”群众性主题宣传教育活动，提高基层妇联干部政治引领妇女、贴心服务妇女、密切联系妇女的本领。

【妇女就业创业】 2022年，向省妇联推荐五指山市幼儿园、五指山和煦家政服务有限公司2个单位，获评2022年海南省“巾帼文明岗”。在“三八”国际妇女节期间，向44个历年荣获“三八红旗手”“最美家庭”“巾帼文明岗”称号的先进集体和先进个人送去价值1.03万元的慰问品，表达节日祝福。以“乡村振兴巾帼行动”为抓手，在水满乡组织42名茶农进行茶艺培训；联系五指山和煦家政服务有限公司，联合市社区教育指导中心，组织各乡镇妇女参加家政服务培训，提升妇女群众实用技能，拓宽就业渠道。组织五指山市50余名创业女性参加劳动主播培训，组织16名返乡创业女青年、乡村致富带头人参加省妇联举办的高素质女性农民培训及海南省巾帼劳动主播培训，培养一批新型复合型人才，助推五指山市特色优势产业发展。组织五指山市20个女性创业团队参加2022年海南自贸港女性创新创业大赛，获得2个项目三等奖，2个项目优秀奖，引导五指山市女性创业者抓住海南自贸港建设发展机遇，释放创新创业热情、开拓创新创业思维、锻炼创新创业能力。

【妇女权益保障】 2022年，市妇联邀请专业律师等法律工作者到各乡镇、畅好居组织开展8场次《中华人民共和国家庭教育促进法》宣讲活动，同时进行线上有奖知识问答，参与人数1514人。“国际家庭教育日”宣传周期间，联合市教育局在全市12所中小学挂牌的家长学校组织开展“送法进万家家教伴成长”家庭教育指导服务讲座，进一步推进家校社协同育人力度。同时以禁毒流动课堂、“6·26”禁毒日为契机，组织各级妇联深入学校、村居组织开展普法、禁毒、“禁塑”和垃圾分类宣传及预防溺水宣传。以《中华人民共和国反家庭暴力法》实施为契机，依托妇女之家，做好矛盾排查、心理疏导、纠纷调解、法律帮助、困难帮扶等工作，不断完善维权服务。做好群众来信来访工作，全年共受理上访件24件，完成调处24件，调处完成率100%。发挥“巾帼志愿者”“妈妈训教团”力量，通过上街设点宣传咨询、发放宣传资料、知识讲座等多种形式，开展《中华人民共和国妇女权益保障法》《中华人民共和国反家庭暴力法》等普法宣传。与市检察院联合签订《关于建立共同推动保护妇女儿童权益工作合作机制的实施意见》，建立共同推动保护妇女儿童权益工作合作机制。

【关爱儿童】 五指山市妇联关注妇女儿童民生，切实维护妇女儿童权益，在春节、“三八”国际妇女节、“六一”儿童节等节日期间对困难妇女儿童开展慰问活动。2022年，发放“雏凤”助学金6.4万元，资助42名困难家庭高中及大专以上女生；开展“迎新春送温暖结对帮扶关爱活动”，走访慰问38名困境妇女儿童；“三八”国际妇女节期间，走访慰问28名特殊困难妇女及3个涉毒家庭，“六一”儿童节走访慰问五指山市73名困境儿童，发放慰问物资2万余元；对121名生活困难的留守、残疾妇女儿童和单亲、失亲等重点妇女儿童人群进行走访慰问，发放慰问物资价值3.15万元，为困难群众送去党和政府的关怀。

【乡村振兴工作】 春节期间，走访慰问71户脱贫户，并慰问定点联系村干部及驻村干部21人，共发放慰问物资1.52万元；端午期间，组织定点联系的毛旦村巾帼志愿者开展“粽情粽意，携手共进”包粽子、送温暖志愿服务活动；为84户次脱贫户发放有机肥309包，发放鸡饲料6户6包，帮助脱贫户发展生产；为2户脱贫户提供3吨水泥铺设住房地板，改善居住环境，助力乡村振兴。圆满完成生态移民搬迁包户工作。成立市妇联生态移民搬迁工作专班，如期完成2户生态移民搬迁包户工作任务，并为搬迁户购买价值1.18万元的家具，增进搬迁户归属感、幸福感，确保搬迁户实现“搬得出，稳得住，能致富”的目标。

（黄燕金）

五指山市科学技术协会

【概况】 2022年，五指山市科协狠抓工作落实，主动作为，团结服务科技工作者，以履行“四服务”职责为立足点，开展科学普及工作，促进全民科学素质提高。2022年，五指山市科协主办的以“创建六园城市 禁塑你我有责”为主题的系列活动，荣获中国科协授予的“2022年全国科普日优秀活动”称号，五指山市还被评为“全国科普示范市（县）”。

【科普宣传工作】 2022年，市科协到南圣镇军民村、番阳镇孔首村和毛组村等村委会开展科普进农村活动，发放农民科学素质读本及“禁塑”、低碳生活等科普读本300本，加快科技知识在全社会的传播速度，扩大覆盖范围，帮助广大农民了解必要的科学技术知识。

开展2期“春季第一课”禁

毒流动课堂，参与学生250名，发放科普读本1000本；在红星学校开展国家安全教育专题报告会，共发放科普读本850本。在全市各中小学校开展10场“童心向党赞祖国　科技创新筑未来”科技科普巡展活动，约1.4万名学生参加，讲解先进科技，为青少年演示航模，培养学生学科学、爱科学的兴趣。开展8场“少年儿童心向党 生态文明进家庭”主题活动，厚植家国情怀、传承和弘扬中华民族传统美德。

联合市教育局在市气象局开展国际生物多样性嘉年华科普活动，现场设置热带雨林生物多样性科普展、蚕生科普体验、蜜蜂科普展等8个科普教育区或体验场，300余人参与活动，提升公众保护生物多样性、保护热带雨林的意识。

开展海南万名大学生乡村科普行（五指山站）活动，市科协联合各乡镇人员和海南热带海洋学院的45名师生，深入五指山市7个乡镇59个村委会开展“禁塑”、碳达峰碳中和、环境保护、用电安全、防灾减灾等科普宣传，提高农民科学素质，开展活动59场，受益群众约5000人次。开展海南省公民科学素质调查，完成问卷调查450份，发放科普宣传资料约1000份。

结合2022年“全国科普日”活动，市科协开展为期2天的热带雨林科普线上有奖问答活动，网民通过网上链接观看热带雨林科普短视频，并可无限次答题，参与人数2000余人次，发放民族特色礼品约600份。

【实用技术培训】 2022年，市科协在毛道乡、南圣镇、毛阳镇、通什镇4个乡镇的6个村委会开展蜜蜂养殖培训、油茶栽培技术培训、金钗石斛栽培技术培训6期，共培训农户170余人，发放科普读物500余本。

【青少年科技】 2022年，组织开展五指山市青少年科普小先生演讲比赛，来自全市23名优秀选手参加角逐，最终评出一等奖3名、二等奖4名、三等奖16名；并选送一等奖选手代表五指山市参加第十五届海南省青少年科普小先生演讲比赛，荣获3个三等奖。组织开展七巧板比赛，选送组合作品17个、团体赛作品5个，参加省级决赛评比，荣获一等奖1个、二等奖5个、三等奖15个。组织选手参加第三届海南省青少年创意编程与智能设计大赛，获得三等奖11名。组织青少年参加第34届海南省青少年科技创新大赛，竞赛作品荣获一等奖2个，指导老师李玲玲荣获“海南省十佳优秀科技辅导员”称号。

【科普示范基地建设】 2022年，市科协举办中国流动科技馆海南巡展（五指山站）活动，2022年海南省巡展的首站，在五指山市农垦实验中学和市思源实验学校、市一小、毛阳中心学校开展为期5个月的以“体验科学 追逐梦想”为主题的巡展活动，约有9000人次参与，让学生们感受科技魅力、感知科技的发展、感动人类的文明进步，进一步推进中小学校科普教育。

利用省科协下拨的基层科普行动计划资金，完善五指山市红星学校、毛阳中心学校2所科普示范学校及红星社区的科普社区建设，积极推进科普教育基地和社会科学普及示范基地创建工作，提高科普公共服务产品供给。2022年，五指山革命根据地纪念园管理中心被海南省社会科学界联合会评为“海南省社会科学普及示范基地”、五指山市气象局被中国科协认定为“2021—2025年度全国科普教育基地”、热带雨林国家公园五指山分局被评为“海南省科普教育基地”。

（李娇）

五指山市文学艺术界联合会

【概况】 2022年，五指山市文联认真学习宣传党的二十大精神，贯彻落实省第八次党代会精神，坚持以习近平新时代中国特色社会主义思想为指导，全面贯彻落实习近平总书记关于宣传思想工作、文艺工作、群团工作的重要论述精神，紧紧围绕党的二十大精神，坚持以人民为中心

2022 年五指山市文艺作品一览表

表 3

时间（期号）	名称	出版（刊发）单位	备注
2022年	《秘境回声》		邓西：《秘境回声》入选中宣部出版局“奋进新征程 建功新时代”好书荐读活动7月书单、中国图书评论协会“中国好书”6月榜单、《中华读书报》7月好书榜、中宣部2022年主题出版重点出版物选题等
2022年1月	长篇小说《奔跑的足球》获海南省民族文化“七个一”长篇小说一等奖	海南省民宗委	邓西获海南省民族文化“七个一”长篇小说一等奖
2022年1月16日	散文诗《故乡的脸》	《海南日报》	唐鸿南
2022年1月30日	散文《年》	江苏省文学艺术界联合会、江苏文化艺术周讯《繁荣报》	吕俊杰
2022年1—12月	短篇小说和诗歌《杜凡凡和他的鸭子》《甜药》《未来造梦师》等11篇	《儿童文学》《十月少年文学》《校园文学》《诗歌月刊》等刊物	邓西
2022年2月	摄影《多彩五指山》	海南省旅游和文化广电体育局	孟志军摄影《多彩五指山》获海南热带雨林国家公园摄影大赛三等奖
2022年2月	摄影《旭日东升》	海南省旅游和文化广电体育局	孟志军摄影《雨林与您》在海南省“学习二十大、镜头看变化”主题摄影作品展入选
2022年3月	群舞《浪花思绪》	海南省文学艺术届联合会	李洋、张宇创编，获第四届海南省南海文艺奖

续表 3

时间（期号）	名称	出版(刊发)单位	备注
2022年3月	摄影《醉美昌江》	海南省摄影家协会，中共昌江黎族自治县委宣传部、县文学艺术界联合会、县旅游和文化广电体育局	孟志军摄影《醉美昌江》获第八届“昌化江畔木棉红”全国摄影大赛入选奖
2022年3月	《水木青红》	海南省摄影家协会，中共昌江黎族自治县委宣传部、县文学艺术界联合会、县旅游和文化广电体育局	张江英摄影作品在第八届“昌化江畔木棉红”全国摄影大赛获入选奖
2022年3月	散文《黎山植物记》	海南省民族宗教事务委员会 海南日报报业集团	王蕾散文《黎山植物记》在2020年海南省民族文化“七个一”作品征集评选活动荣获散文一等奖
2022年3月	《路过一棵开花的树》	海南省文联	邓西：《路过一棵开花的树》获第四届海南省南海文艺奖
2022年4月	摄影《湖光山色》	全国旅游摄影大赛组委会	岳立君摄影作品《湖光山色》获大美中国——2022第四届全国旅游摄影大赛 旅游景区西藏林芝 摄影类百佳奖
2022年8月	摄影《苗家婚礼美丽瞬间》（组图）、《响彻》《新郎新娘》3幅作品	中华全国归国华侨联合会	李树林摄影《苗家婚礼美丽瞬间》（组图）、《响彻》《新郎新娘》3幅作品入选2022年中华全国归国华侨联合会举办的“亲情中华——侨与新时代”摄影作品展
2022年8月	《致敬琼崖纵队老战士》	海南省摄影家协会	张江英摄影《致敬琼崖纵队老战士》参加海南省第八届摄影艺术作品展，并获评委推荐奖
2022年8月	摄影《世纪大桥》《丰收的喜悦》 2幅作品	中华全国归国华侨联合会	付金城摄影《世纪大桥》《丰收的喜悦》入选2022年中华全国归国华侨联合会举办的“亲情中华——侨与新时代”摄影作品展
2022年8月	摄影《五指山日出》	《中国财政》杂志	孟志军摄影《五指山日出》被《中国财政》杂志第16期封面采用

续表 3

时间（期号）	名称	出版（刊发）单位	备注
2022年10月	摄影《辛勤》	中共海南省委宣传部 海南省文学艺术界联合会 海南省美术家协会 海南省书法家协会 海南省摄影家协会	李树林摄影《辛勤》作品入选2022年海南省抗疫主题优秀美术书法摄影展
2022年10月	摄影《辛勤》	海南省摄影家协会	李树林摄影《辛勤》作品入选2022年海南省抗疫主题摄影作品公益展
2022年10月	散文《胶林里的年华》	《海南农垦报》	李君莉
2022年10月	摄影《五指山三月三文化传承精彩三十载》（组图）	海南省摄影家协会	李树林摄影《五指山三月三文化传承精彩三十载》（组图）入选2022年海南省第八届摄影艺术作品展，被评为“评委会推荐佳作”
2022年10月	《齐心协力》	海南省文学艺术界联合会 海南省美术家协会 海南省书法家协会 海南省摄影家协会	张江英摄影作品入选2022年海南省抗疫主题优秀美术书法摄影展
2022年10月	摄影《五指山市图书馆坚持三十多年送书下乡服务活动》（组图）	海南省摄影家协会	李树林摄影《五指山市图书馆坚持三十多年送书下乡服务活动》（组图）作品入选2022年海南省第八届摄影艺术作品展
2022年10月	摄影《五指山太平山水库风光》	海南省摄影家协会	郑家新摄影《五指山太平山水库风光》入选2022年海南省第八届摄影艺术作品展
2022年10月	摄影《崖洲渔港晨韵》《沙滩拔河赛》《风光无限》《太阳河大桥风光》《晚霞映照鱼鳞洲》	海南省旅游和文化广电体育局	孟志军摄影《崖洲渔港晨韵》《沙滩拔河赛》《风光无限》《太阳河大桥风光》《晚霞映照鱼鳞洲》在海南旅游公路慢游季摄影大赛中获优秀奖
2022年10月	摄影《游艇会风光》	海南省旅游和文化广电体育局	孟志军摄影《游艇会风光》在海南旅游公路慢游季摄影大赛中获二等奖
2022年10月	摄影《彩霞映照无限美》《飞舞》《惊涛拍岸》《渔港夕照》《欢聚》《太阳河大桥》	海南省旅游和文化广电体育局	王庆贵摄影《彩霞映照无限美》《飞舞》《惊涛拍岸》《渔港夕照》《欢聚》《太阳河大桥》在海南旅游公路慢游季摄影大赛中获优秀奖

续表 3

时间（期号）	名称	出版(刊发)单位	备注
2022年11月	散文《我们都爱哈尔滨》	《哈尔滨日报》	李君莉散文《我们都爱哈尔滨》在2022年哈尔滨日报社“我爱哈尔滨”作品征集评选活动中荣获优秀奖
2022年11月	《鲸歌岛的夏天》获海南文学双年奖	海南省作协	邓西:《鲸歌岛的夏天》获海南文学双年奖。入选第十七届文津图书奖推荐图书、中宣部“十四五”时期国家重点出版物出版专项计划
2022年12月	散文《红牡丹之城》	《长春日报》	李君莉
2022年12月	散文《阿芳姐的幸福生活》	《海南农垦报》	李君莉
2022年12月	2022年《微笑着生活》	《燕赵农村报》	李君莉
2022年12月	散文诗《山海乐东》(组章)		唐鸿南在2022年海南环岛旅游公路漫游季诗歌联展中荣获三等奖
2022年12月	世纪大桥日出前的景色	海南日报报业集团	张江英摄影作品在海南日报报业集团举办的“星”动海口——首届城市影像节摄影比赛中，荣获入围奖
2022年12月	《二十三年红旗不倒——琼崖革命精神在他们身上熠熠发光》	中共海南省委网络安全和信息化委员会办公室	张江英摄影作品在2022年海南自贸港“六个十佳”网络正能量精品评选中，荣获“十佳网络正能量图片”奖
2022年12月	摄影《牙胡梯田晨韵》《牙胡梯田日出》《丰收的喜悦》《割胶忙》《甜蜜蜜》《采茶女》《南瓜熟了》	海南省林业局	海南省林业局在加拿大召开的生物多样性缔约方大会展出孟志军摄影《牙胡梯田晨韵》《牙胡梯田日出》《丰收的喜悦》《割胶忙》《甜蜜蜜》《采茶女》《南瓜熟了》
2022年12月	摄影《雨林与您》	海南省文联和省摄影家协会	孟志军摄影《雨林与您》在海南省“学习二十大、镜头看变化”主题摄影作品展入选

的工作导向，坚持强化政治引领，认真履行职责使命，精心服务中心工作。

【文艺作品创作】2022年，市文联组织五指山市文学艺术界走进基层，创作一批贴近群众生活、反映时代发展变化的文艺作品。

【文艺交流】2022年10月28日，举办"相约文学名家、走进黎族文化"文学对话沙龙活动。与4名来自全国各地的著名作家座谈交流。五指山市13名会员参与此次活动。

10月29—30日举办"喜庆二十大　讴歌新征程"文学采风活动，市作协7名会员参与活动。

11月13日，省作协主席梅国云到五指山市宣讲党的二十大精神，梅国云从党的二十大的主题和主要成果、过去5年的工作和新时代10年的伟大变革、马克思主义中国化时代化、中国式现代化、全面建设社会主义现代化国家的目标任务、坚持党的全面领导和全面从严治党、应对风险挑战等7个方面，对党的二十大精神进行了全面系统深入的宣讲解读。最后，梅国云与基层作家进行了座谈，认真听取基层作家的意见建议，就有关问题进行深入研讨交流。

【文艺下乡与采风】1月19日"我们的中国梦"文艺志愿服务到我家 新春全家福拍摄活动启动仪式在通什镇番香村拉开帷幕。市文联组织摄影家协会招募15位摄影自愿者，于2022年1月19—29日，深入7个乡镇66户农户家中，用娴熟的技巧诠释每户家庭的温馨、幸福、喜庆、团圆，一张张充满幸福感的家庭画面定格在摄影师的镜头下。摄影作品体现了新农村的精神面貌，展现了乡村振兴的建设成果。

1月24—25日，开展"我们的中国梦"文化进万家五指山市文联2022年迎新春送春联活动。写春联活动展示书法艺术魅力，弘扬社会主义核心价值观，营造乡村新春喜庆气氛，推动新农村文化建设。

5月31日，由海南省文联、省文艺志愿者协会、市文联联合主办，市民间文艺家协会承办的2022"文艺进万家健康你我他"文艺培训志愿服务行动—海南五指山市毛祥村文艺培训项目在毛祥村委会举行开班仪式。市文联主席吉慧芳、市民间艺术家协会主席黄海林、副研究馆员黄翠玲、项目培训老师、乡村振兴工作队及毛祥村文艺队员等30多人参加开班仪式。市文联多次深入毛祥村调研，与南圣镇政府、毛祥乡村振兴工作队、村干部沟通协调，组建毛祥村文艺队，已有30人报名加入文艺队。联合举办2022"文艺进万家 健康你我他"文艺培训志愿服务行动—海南五指山市毛祥村文艺培训项目活动。

6月29日，市文联应省书法家协会的邀请，带领5名书法家参加省书法进校园暨水满乡毛纳村创作采风活动。

11月6日上午，由海南省文学艺术界联合会、海南省文艺志愿者协会、五指山市文学艺术界联合会主办的"宣传党的二十大2022文艺进万家 健康你我他·新时代文明实践文艺志愿服务活动走进五指山毛祥村文艺培训成果展演"在毛祥村委会举行。

（董伶）

五指山市残疾人联合会

【概况】2022年，五指山市残疾人联合会根据第二次全国残疾人抽样调查统计，全市持有残疾人证的残疾人共3872人，占总人口的3.4%。2022年共核发残疾人证311本；为181名残疾人发放186件辅助器具，并为6名残疾人适配假肢；集中发放重度残疾人护理补贴594万元；审核困难残疾人生活补贴材料818人，共计76.25万元；完成2022年度"阳光家园计划"居家托养补助对象825名残疾人的审核及补贴发放工作，发放补贴82.82万元；实施"阳光家园"计划，发放阳光家园计划补贴818人、76.25万元。组织海南省第二人民医院、海南省平山医院专家到7个乡镇、市畅好居开展下乡入户残疾鉴定服务12次，共为92名困难残疾人免费实施残疾评定，给残疾人送去优质、高效、温馨的评残鉴定服务。

【残疾人服务体系建设】2022年，市残疾人联合会完成对0～17岁孤独症、脑瘫、智力等“三类”残疾儿童的抢救性康复训练。在接受康复训练的30名儿童中，29名为0～6岁残疾人，1名为7～17岁残疾人；开展“关爱残疾人，精准康复进乡镇”辅助器具适配等活动，为181名残疾人发放186件辅助器具，其中，助听器14件，手杖、盲杖、普通轮椅、护理床等辅助器具172件。

【扶残助残】2022年，市残疾人联合会落实残疾人家庭无障碍改造项目要求，进村入户对残疾人家庭的改造需求进行核实，优先照顾低保户、重度残疾、多重残疾、一户多残的残疾人家庭，精准确定改造对象，并按照“一户一档”要求，将项目申请表、验收表、改造部位前后照片、残疾人证复印件等相关资料收集归档。2022年，无障碍改造完成25户，拨付补贴8.91万元，解决残疾人日常生活中的实际困难，极大改善了他们的生活条件。

【残疾人社会保障工作】2022年，市残疾人联合会落实困难残疾人生活补贴和重度残疾人护理两项补贴发放工作，报送重度残疾人护理补贴2102人、2.29万人次，共发放补贴168.65万元；完成2022年度“阳光家园计划”居家托养补助对象825名残疾人的审核及补贴发放工作，共发放补贴82.82万元。省级资金下达五指山市3万元，全市重度残疾人因就医、康复、教育、培训、就业等原因出行408人，累计报销出行4005人次、5.05万元；实施“阳光家园”计划，发放阳光家园计划补贴818人次、76.25万元；审核发放残疾人燃油补贴199人，共5.17万元。

【残疾人教育】2022年，市残疾人联合会加强与教育部门沟通协调，组织特校教师、基层专委深入基层，走村入户，发动适龄残疾儿童入学、送教上门，适龄儿童入学率达100%。救助残疾学生21人，其中学前教育2人、义务教育9人、高中（中职）教育9人、残疾大学生1人，发放教育扶持资金4.23万元。

【残疾人就业】2022年，投入20万元扶持40户残疾人发展产业，促进残疾人的家庭收入。开展农村残疾人实用技术培训，培训残疾人100人。落实残疾人就业保障工作，依法征收残保金89万元。

【残疾人关爱工作】2022年，市残疾人联合会开展节日慰问困难残疾人活动，元旦、春节期间，慰问92名困难残疾人；在三八妇女节期间，走访慰问10名残疾人妇女；在第68届“世界防治麻风病日”暨第34届“中国麻风节”期间，走访慰问麻风病人13人；开展“五个一”全市残疾人文化周系列活动，投入6232元为残疾人购买保险、电影票、报销车票等活动费用，带领他们参观毛阳革命根据地历史陈列馆、观看抗日精彩影片、阅读党的二十大书籍；开展“走进特校”慰问残疾学生活动，投入3286元购买书籍、体育用品、文具玩具等慰问品送给残疾学生，让残疾学生感受到党和政府的关心与关怀，呼吁更多的人了解、接纳、包容残疾儿童及家庭。激励广大残疾人自立自强，勇敢迎接生活挑战。

【残疾人信访维权】2022年，市残疾人联合会共接待23个来电来访，及时化解矛盾，解决残疾人的合理诉求。

【残疾证办理】2022年，市残疾人联合会宣传残疾人保障政策，动员未办证的残疾人办证，市残联联合相关部门深入乡村开展残疾鉴定，特别是为建档立卡贫困户残疾人办证。累计核发残疾人证311本。开展下乡（社区）残疾鉴定服务活动，先后17次组织海南省第二人民医院、海南省平山医院专家到7个乡镇、市畅好居开展下乡入户残疾鉴定服务12次，为92名困难残疾人免费实施残疾评定，让残疾人享受到“零距离”的评残鉴定服务，确保残疾人享受各项补贴政策。

（高林鲜）

军 事

五指山市人民武装部

【概况】2022年，市人武部深入贯彻习近平强军思想，学习贯彻党的二十大精神，深刻领悟习近平主席有关国防和军队建设讲话的深刻内涵和实践要求；坚持以备战打仗为牵引，围绕国防动员这一中心开展工作，全面落实战备工作，狠抓军事训练，提高后勤装备保障效益，发挥桥梁组带作用，人武部各项工作取得质的提升。

【理论学习和政治教育】2022年，市人武部党委把思想政治教育摆在首位，强化理论武装，深入贯彻军委思想政治教育工作会议精神，抓实部党委理论学习中心组的学习，抓实"忠诚维护核心、矢志奋斗强军"主题教育，加强爱国爱军、敬业奉献、遵章守纪等教育，跟进做好政策制度改革的教育引导工作。五指山市委、市政府始终坚持党管武装的根本原则，对习近平主席有关国防和军队建设的讲话精神和上级通知指示做到第一时间传达学习、第一时间研究部署，做到领导高度重视、政策大力支持、财力优先保障。市委、市政府领导多次到市人武部现场办公，协调征兵工作，民兵建设和民兵训练基地建设事项。领导干部爱军拥军、务战备战的意识不断增强。

【民兵教育与训练】2022年，市人武部坚持党委统揽、军地协作、精准抓建、创新管理，努力推进民兵建设工作整体进步。及时调整民兵工作领导小组，扎实组织民兵潜力调查，采取逐个人员核对的方式，检查验收整组情况，圆满完成民兵整组工作任务。安排200余人次民兵参与应急应战、防台救灾、森林防灭火演练等活动，提高了民兵分队实战能力和服务能力。

【征兵工作】2022年，市人武部针对"一年两征"，以征集高素质大学生兵员为重点，严格按照"五率"标准要求，严密组织征兵工作，做到早准备、早部署、早展开。对照省征兵办下达的年度征兵任务，扎实抓好任务部署，及时调整征兵工作领导小组，协调市政府成员单位，联合办公，促进了工作进程，提高了工作效率。开展辖区内高校毕业生和在校大学生的调查摸底和宣传发动，借助媒体加强征兵工作宣传，走村入户宣讲政策、解答疑问，确保征兵工作顺利完成。

【双拥共建】2022年，市人武部协调市委、市政府帮助驻军单位解决营房建设、道路维修、装备器材购置等困难。登门走访慰问革命功臣，荣获全国模范退役军人、全省最美退役军人称号的优秀退役军人，现役军人家属代表、优抚对象代表、困难退役军人代表，送去党和政府的诚挚问候和亲切关怀。

（王会思）

五指山市消防救援大队

【概况】2022年，五指山市消防救援大队深入学习贯彻党的二十大精神和习近平总书记在海南考察时讲话精神，围绕“能力提升建设年”活动，全面推进年度各项目标任务落实，全市连续31年无亡人火灾事故，队伍建设发展持续呈现向上向好态势，确保了火灾形势和队伍“两个稳定”。完成“12·26”重大勤务安保和全国安全生产大检查暨国务院2021年度省级政府安全生产和消防工作考核巡查迎检工作。在全省执勤岗位大练兵比武竞赛中取得第一名，1名指战员被应急管理部评为全国119消防先进个人，1名指战员荣获省总工会“五一”劳动奖章，2名指战员被省消防安全委员会评为2021年度先进消防工作者。

【队伍管理】 2022年，大队以习近平新时代中国特色社会主义思想和重要训词精神凝心铸魂，深入推动党的二十大精神和省第八次党代会精神学习贯彻走深走实。持续巩固深化“牢记领袖训词、永做忠诚卫士”主题教育，建立党史学习教育成果常态化、长效化制度机制。组织指战员到五指山革命根据地纪念园、毛纳村开展实践学习活动；联合广东省湛江市徐闻县消防救援大队通过“云方式”开展纪念“渡海战役胜利72周年”主题党日活动。将疫情防控、重要安保、重大救援作为检验主题教育成效的主战场、大考场，把学习成果转化成全体人员干事创业的精神动力。大队坚持按条令管，按纲要建，以正规化达标创建活动和“琼蓝创安”活动为抓手，严格队伍管理，紧盯“人车酒、网电密、训战勤、疫情防控”等薄弱环节，持续推进队伍规范运行。

【执勤训练】 2022年，大队修订完善大队《应急救援作战指挥力量体系建设方案》，将消防员、专职消防员、消防文员、外聘人员纳入“六大”体系（指挥调度、专业救援、通信保障、战勤保障、政工保障、宣传保障）建设当中。紧盯接警、出动、途中、初战、内攻五个关键环节，持续开展“一短三快”（接警时间短、出动快、到场快、展开快）初战机制改革。坚持以高层、地下、人员密集、建筑工地、易燃易爆等场所为重点，组织开展“六熟悉”132次，实兵实车实装演练116次，修订完善重点单位数字化灭火救援预案22份，灾害事故应急救援预案7份。组织开展绳索救援技术、潜水员和无人机培训，16名指战员取得消防高空救援技术OSAR证书，6名指战员取得星级潜水员证书，24名指战员取得UTC无人机飞手证。

【灭火救援】 2022年，大队共接处警264起，其中火灾47起，抢险救援64起，社会救助81起，公务执勤66起，其他6起，出动消防救援车368辆次，消防救援人员2214人次。结合辖区灾害事故特点，强化山岳水域救援突击队、交通事故救援队和地震救援专业队建设，全年模拟开展交通事故救援实战训练6次，依托辖区山地、峡谷、悬崖、河流等地形开展山岳水域救援实战训练9次，应急通信保障拉动演练4次，无预案实地拉动演练7次。联合市应急、供电、水务等部门开展“三月三”购物广场灭火救援、五指山市2022年防汛防风综合救援、五指山市2022年森林火灾扑救等大型联合演练3次，队伍综合救援能力素质显著提升。

【社会消防管理】 2022年，市消防救援大队建立市委、市政府“定期会商研判、联合专项整治、督导考核评比”的消防工作机制，召开专题会议研究部署火灾风险防控、消防专项整治工作9次，市领导带队开展消防安全检查10余次，在全省率先以市政府名义推进消防工作站建设。制定印发《五指山市“十四五”消防救援事业发展规划和乡镇消防工作站指导意见》，在全市7个乡镇建立消防安全委员会。依托市安委会、消安委平台组织消防联席会议6次，开展高层建筑、经营性自建房、电动自行车、仓储物流场所等6个专项治理，常态化通报消防安全形势和突出问题，解决一批重大消防安全问题。2022年，共检查单位489家，督促整改隐患415处，责令三停3起，临时查封6起，销案整改2处

△ 1月8日，在山海高速公路番阳往五指山方向两辆车追尾，市消防救援大队到场救援　（市消防救援大队 供图）

△ 4月13日，市消防救援大队在会议室集中收听收看习近平总书记到五指山考察视频直播　（市消防救援大队 供图）

重大火灾隐患。

【社会消防宣传】 2022年，市消防救援大队持续开展消防宣传“五进”（进社区、进企业、进学校、进农村、进家庭）活动，利用全市40块公交车候车厅和35处沿街商铺LED显示屏滚动播放消防安全提示。在重点时间段依托中国移动、联通和电信三大运营商累计发送消防安全提示短信16万条。发动消防安全志愿者等力量开展上门入户宣传110余次，发放宣传资料5万余份。组织全市200余名网格员，消防安全重点单位、物业企业、仓储物流企业、施工工地等100多名行业管理人员接受消防安全知识和技能培训。组织开展火灾事故现场警示案例教育会3次。消防站开放参观学习群众累计1000余人。全年媒体上稿200余篇，央视报道2次，省级以上媒体上稿169篇。其中《校园家庭一手抓 亲子互动学消防》在CCTV—13、海南新闻、海南青少等电视频道播出，取得良好的宣传效果。

【消防队伍建设】 2022年，严格按照《海南省消防救援队伍经费管理实施细则（暂行）》，依法有效落实经费保障。加大基层装备器材建设投入力度，先后采购高层、水域、森林等各类专业队救援装备1036件（套）。落实《消防救援队伍应急装备物资保障体系建设纲要》要求，建立企业协议储备、产能储备机制，共计签订联勤联储协议5份，修订防汛抗风等4种类型战勤保障预案。整合社会储运投送资源，综合运用仓储、物流等储运网络，完善紧急运力调集、跨区域优先通行等机制。大队综合楼于2022年10月建成投入使用，办公、住宿条件得到改善。投入200余万元完善南圣镇政府专职消防救援站配套设施建设，投入399.5万元启动二期训练塔建设；启动大队全勤指挥中心，番阳、水满2个政府专职站项目建设前期工作。

（陈胜）

退役军人事务局

【概况】 五指山市退役军人事务局为正科级行政部门，属于市政府工作部门，负责退役军人的移交安置、教育培训、就业创业、优抚优待抚恤、拥军优属拥政爱民、烈士褒扬、烈士纪念设施保护、军人公墓保护等工作。下设2个事业单位，分别是五指山市退役军人服务中心（公益一类副科级事业单位）和五指山革命根据地纪念园管理中心（公益一类正股级事业单位）。2022年2月，五指山革命根据地纪念园获批为海南省级烈士纪念设施；2022年4月，纪念园被省民宗委命名为全省民族团结进步教育基地；2022年10月，纪念园获评国家AAAA级旅游景区；2022年7月，纪念园入选教育部等八部门联合设立的首批“大思政课”实践教学基地；9月，毛阳镇退役军人服务站荣获全省“标杆型退役军人服务站”称号；推荐的1名退役军人被评为全国“最美退役军人”，是自2019年以来海南省唯一获此殊荣的退役军人；市退役军人事务局在2022年度《中国退役军人》宣传工作中，被退役军人事务部评为先进单位；在2022年全省退役军人工作督查考评中，以总分第一名的成绩获评优秀。

【宣传工作】 2022年，投入18万余元印制《退役军人优待目录》《烈士褒扬条例》，制作宣传袋等宣传品。利用新媒体开展全天候普法，退役军人事务局微信公众号阅读量9.23万人次，用户遍布全国20个省市，日均新增用户11名，累计发布退役军人政策宣传、工作动态、退役军人风采等文章230篇。

【军人优待抚恤】 2022年，1080名人员享受领取各项军人、退役军人待遇，累计发放各项补助600余万元；发放海南省第一张退役军人优待证，当年共发放退役军人优待证1343张；有优抚对象332名。印发《五指山市现役军人立功受奖奖励实施办法》。

【退役军人移交安置】 2022年，政府安排工作的退役士兵，均安置到事业单位工作；接收军队退休干部，落实住房、医疗保障政策。出台历年安置在事业单位工勤岗位的退役士兵转为管理岗或专技岗政策，多名政府安排工作的退役士兵转为管理岗。

【退役军人教育培训就业创业】 2022年，组织退役军人参加技能培训、学历教育；累计为退役军人发放贷款11笔213万元；举办退役军人专场招聘会2场，提供153个优质岗位，多名退役军人达成就业意向；通过市退役军人事务局微信公众号发放招聘信息，为退役军人解决就业。

【烈士褒扬】 2022年，联合市委宣传部、市财政局制定印发《五指山市县级以下英雄烈士纪念设施整修工程实施方案》，迁移6座散葬烈士墓至五指山革命根据地纪念园安葬管护，组织协调开展9月30日烈士公祭活动，投入606万元提质改造烈士纪念设施。为26名琼崖纵队老兵各拍摄1张勋章照。

【双拥工作】 在春节、八一等重大节日期间走访慰问部队官兵；落实2021年市委常委议军会议审议通过事项，投入约500万元帮助部队解决生活、训练、改善办公条件等需求；协调市教育局安排现役军人子女优先入学入园；发放现役军人立功受奖奖励金2.49万元，市领导走访送喜报5人次；举办随军家属专场招聘会一场；做好市委常委议军会议、市双拥工作领导小组第一次全体会议的会务工作；做好迎接第十一届海南省双拥模范城考评工作。

（邵海燕）

法 治

政法委及综治

【概况】2022年，全市坚持以习近平新时代中国特色社会主义思想为指引，全面贯彻党的二十大、二十届一中全会精神，坚决贯彻落实习近平总书记关于海南工作系列重要讲话及重要指示批示精神，深入推进平安五指山建设，为中国特色自由贸易港建设和五指山“六园”建设营造安全稳定的社会环境。

【维护社会稳定】2022年，常态化实行“责任单位+乡镇+村居+网格员”和“一个问题、一个专班、一个方案、一抓到底”的工作方法，坚持做到排查、化解、教育同步推进，从严从实从细抓好各项安保工作措施落实。

成立国家安全人民防线建设小组，实现全覆盖。强力推进反恐反邪教工作，加强社会面联勤防控工作。常态化开展“公安+武警+群防群治队伍”巡逻，严格落实“1、3、5分钟”快速响应机制。

【法治五指山建设】2022年，采取“线上+”宣传模式。通过“五指山普法”新媒体平台开展《中华人民共和国民法典》《中华人民共和国海南自由贸易港法》、防范养老诈骗、扫黑除恶知识线上普法宣传。积极利用微信公众号开展“4·15”国家安全日学《中华人民共和国民法典》知识、学《中华人民共和国反有组织犯罪法》等线上答题活动，累计参与群众1万多名。“五指山普法”新媒体平台实现阅读量/观看量约2.57亿人次，其中公众号推送普法文章1172篇，今日头条、快手、抖音推送普法文章及短视频1386个，进一步扩大普法宣传的覆盖面，新媒体普法为普法工作注入新动能、增添新活力。采取“线下+”宣传模式，深入乡村、社区开展扫黑除恶、未成年法治宣传教育活动。通过悬挂横幅、设置法律咨询台、解答群众法律疑问、发放宣传资料等形式开展宣传，开展125场宣传活动，发放《校园安全宣传册》以及扫黑除宣传资料共计6900余份，发放环保袋2100余份，开展“法律进校园”宣讲活动8场次。以移动公交、法治文化主题公园等为载体开展普法宣传。建立法治建设“引导工程”，探索建立“1+6”警网联动模式，建立社区民警与网格员法治宣传服务联动、基础信息联采、重点人员联管、矛盾纠纷联调、打击犯罪联手、社区平安联建“六联工作机制”，法治工作走进社区、走近群众。推进“法官进网格”全面开展，9名法官和33名干警主动亮明身份走进各村居委，开展走访活动15次、座谈会7场次、法庭巡回服务7次、协助送达10次、协助执行4次，全面打造人民法院法官下沉网格、服务基层、共建共治共享的社会治理新格局。建立健全覆盖城乡公共法律服务实体平台，68名法律援助联络员覆盖到自然村，基本形成城镇半小时、农村“一小时公共法律服务圈”。扎实开展“法律明白人”培养工程，培养221名“法律明白人”。

【社会矛盾纠纷调处】2022年，深入推进矛盾纠纷大排查大化解专项行动，排查出风险隐患11个，全部化解，不留隐患。着力防范和化解信访风险，2022年重大活动期间领导干部接访下访71批73人次，接待群众90批次159人次，有信访事项90件次，化解

85件次。

【扫黑除恶斗争】 2022年，常态化开展扫黑除恶斗争。把贯彻落实《中华人民共和国反有组织犯罪法》作为全市全年常态化扫黑除恶斗争的总牵引，组织开展两轮《中华人民共和国反有组织犯罪法》宣传，提高社会知晓度。聚焦信息网络领域、自然资源、交通运输、工程建设等四大重点领域，成立专项整治工作领导小组，通过定期排查专项整治等行动正本清源，全部通过行业整治评估。2022年7月1日起，启动教育、市场流通、金融放贷、医疗四大领域整治，比全国部署早2个月，制定实施方案。累计侦破建筑领域案件3宗、自然资源案件5宗、交通领域1宗、未成年人违法犯罪案件18宗，电信诈骗案件2宗。自开展常态化扫黑除恶斗争以来，发放“三书一函”66份，整改完成59份，正在整改7份。

【整治社会治安】 2022年，严打严防突出违法犯罪活动。坚持以“控发案、多破案、压事件、防事故”工作为主线，建立健全“点卡+线巡+面控+基础要素”社会治安整体防控体系，2022年立刑事案件227起，破178起，受理治安案件316起，查处317起，抓获违法犯罪嫌疑人650名（不含交通违法人员），社会治安取得“两降两升五遏制”的良好成果。审判机关受理各类案件4.09万宗，结案3.10万宗，结案率75.72%；受理执行案件1.55万宗，执结1.27万宗，执结率82.1%。检察机关受理审查逮捕案件68件89人，批准逮捕42件49人；受理起诉案件87件130人，提起公诉63件76人。加强社会面联勤防控工作。常态化开展“公安+武警+群防群治队伍”巡逻，实行“警保联控”勤务机制，充分整合特警、交警、派出所民警等警种警力，最大限度地屯警街面，对社会治安复杂、防范薄弱区域和时段，加强巡逻组次，延长巡逻时间，严格落实“1、3、5分钟”快速响应机制。累计组织投入公安、武警、消防巡逻防控警力1.85万余人次，组织社会力量参与维稳巡逻6500余人次，治安卡口投入警力3500余人次，盘查、检查各类社会车辆6700余辆次，检查各类人员7.8万余人次。

【社会服务管理延伸】 2022年，完善对肇事肇祸精神障碍患者管理和社区服刑人员监管的制度。加强对210名三级以上严重精神障碍患者的监护人落实监管工作，对五指山市690名精神障碍患者进行筛查和危险等级评估，送到省平山医院住院治疗36名，做到“应收尽收，应救尽救”；为全市精神障碍患者监护人购买商业责任保险，投入经费8.33万元。强化社区服刑人员教育管控，创新社区矫正集中教育模式，在册社区服刑人员手机定位成功率100%，社区服刑人员和社区矫正对象两类人员无一脱管、漏管，无重新违法犯罪。

【新一轮禁毒三年大会战】 2022年，扎实开展新一轮禁毒三年大会战工作。全市禁毒形势稳固并持续向好发展，取得“三降三升”的工作成效。2022年有吸毒人员47人，占全市常住人口的0.30‰，仍是全省吸毒人员占常住人口比例最低的市县之一。实现精准智能管控平台提档升级，椰风送暖App签到率实现新突破，达到99%以上；指导完成通什镇、南圣镇、毛阳镇、番阳镇“海岸线驿站”建设，实现全覆盖；开展社戒社康人员关怀救助工作，指导社戒社康人员自主择业35人，政府帮扶就业3人；配齐配强禁毒专干9人，开展能力素质提升培训。

【未成年人管理】 2022年，加强校园安全及预防青少年违法犯罪工作，压实部门主体责任，强化督导考核，对18名法治副校长和33名帮教干警进行年度述职考核，优秀率分别为50%和48.5%。强化“四访五帮”工作机制，共有42名政法干警帮教26名有不良行为的未成年学生，累计开展311次帮教走访活动，心理评估3次，劝导16名学生返校，送9名涉案未成年学生到海口荣山学校接受学习教育。

【社会治理】 2022年，坚持和发展新时代“枫桥经验”，依靠群防群治助力平安乡村建设。五指山市全市68个村（居）实现综治中心和调解委员会全覆盖，落实调解委员会工作场所，综治中心和调解委员会功能互补，为矛盾纠纷排查化解工作提供必要元素。壮大队伍，市司法局聘请19名专职人民调解员，市公安局23名民警担任23个村（居）党支部书记，市法院组织9名法官和33名干警对各村居委网格实行“法官进网格”包干责任制，市公安局整合警力资源形成统一调度、统一指挥的13支89人的警保队伍，各乡镇网格服务突击队31支457人，网格志愿队84支1147人，6支队伍成为矛盾纠纷排查化解的排头兵。

稳步推进打击整治养老诈骗专项行动。2022年累计召开市级部署工作会议7次，成立4个工作专班，建立健全工作机制。接到有效举报线索27条，其中接收到“12377”智能化举报平台转交核查的举报线索1条，自行摸排的线索26条，核查出的有效线索27条。分别涉及网络信息、老年旅游、涉老“保健品”虚假宣传、养老领域非法集资、高价推销“保健品”“医养”等问题隐患。办结27条，办结率100%，其中苗头性问题1条，存在明显问题但不构成犯罪1条，涉及其他部门涉诈问题线索16条，涉嫌犯罪9条。

【群防群治】 2022年，完成综治中心规范化建设，进一步完善工作协调机制。建立市、乡、村三级综治中心77个，覆盖率100%，落实市级综治中心人员编制7人，各乡镇、村级综治中心兼职人员161人，形成三级上下联动、垂直发动的运行机制。建立平安建设“五个联动协调运行”工作机制，建立健全“派出所—村（居）治保会—村（居）网格服务巡逻队—居民”四级治安防控体系。发挥综治中心多元化运行机制，实现与网格中心功能互补。建立三级网格化服务中心（站）77个，负责人由市、乡镇、村（居）综治中心主任兼任，把网格化服务管理落实到基层末梢，提升服务管理水平。

【政法队伍建设】 2022年，坚持以政治建设为统领，全面加强政法机关队伍的建设。深入学习党的二十大精神、习近平法治思想，坚决拥护“两个确立”，在深学细悟中进一步增强“四个意识”、坚定“四个自信”、做到“两个维护”。持续贯彻落实《中国共产党政法工作条例》《海南省贯彻〈中国共产党政法工作条例〉实施细则》等重要文件，将党对政法工作的绝对领导落到实处，加强乡镇政法委员的联系指导工作。巩固深化全市政法队伍教育整顿成果，落实全面从严管党治警要求，开展全市政法系统队伍建设巡查，将政治督察及纪律作风督查巡查、重点案件交叉评查及法律监督专项检查纳入巡查范围，加强执纪监督问责。政法队伍纪律作风进一步改善，政法队伍整体素质和战斗力持续提升。持续深化政治教育、党史教育、廉政教育、业务教育等内容，强化理论武装，深化思想动员，引导党员干部真学实学、学深悟透，全体政法干部的政治思想素质、业务技能水平进一步增强。不断加大对干警的培训力度，严格落实政治轮训制度，督促指导政法各单位政工部门做好队伍政治轮训和业务培训，政法各单位举办各类培训班75期2319人次。

（朱紫翎）

公安

【概况】 2022年，五指山市公安局坚持以习近平新时代中国特色社会主义思想为指导，围绕海南自贸港建设和五指山“六园”建设大局，以助力全省创建“全国最安全地区”为目标，以“控破压防”为主线，以队伍建设为根本，加强和改进各项公安工作，确保全市不发生影响社会大局稳定的案（事）件，全市政治社会大局稳定。2022年，五指山市公安局立集体二等功2次、集体三等功5次、集体嘉奖6次、先进集体2次，治安管理大队被评为“全国优秀公安基层单位”、立个人二等功1次，个人三等功10次，林宏谋被评为“海南省公安机关最美警察”，朱德豪被评为“全省优秀人民警察”。

【打击犯罪专项行动】 2022年，

五指山市公安局刑事案件整体呈下降趋势，共立刑事案件271宗，同比下降17.1%，其中盗窃69宗，同比下降34%；电信网络诈骗79宗，同比下降18%；接触性诈骗7宗，同比下降72%；危险驾驶24宗，同比持平；强迫、引诱、容留、介绍卖淫3宗，同比下降79%；非法制造、买卖、储存、持有枪支2宗，同比下降82%；破坏环境资源保护3宗，同比下降70%；开设赌场3宗，同比下降67%；故意伤害8宗，同比上升14%；毒品犯罪3宗，同比下降80%；强奸13宗，同比上升160%；抢劫0宗；经济犯罪6宗，同比上升200%；其他51宗。在此期间共破刑事案件190宗，破案率70.11%，其中盗窃34宗，破案率49%；电信网络诈骗4宗，破案率5%；接触性诈骗8宗，破案率114%；危险驾驶28宗，破案率112%；强迫、引诱、容留、介绍卖淫4宗，破案率133%；非法制造、买卖、储存、持有枪支4宗，破案率200%；破坏环境资源保护5宗，破案率167%；开设赌场3宗，破案率100%；故意伤害7宗，破案率88%；毒品犯罪1宗，破案率100%；强奸13宗，破案率100%；其他79宗。在此期间共立命案1宗，已破获，破案率100%。

2022年，刑侦大队利用周末、节假日等空余时间，积极组织全体民警、辅警进入各社区、村委会、扶贫市场、广场、街道等人员聚集区域开展反诈宣传工作。同时，市公安局联合各乡镇派出所开展“国家反诈中心”App推广活动，累计推广人数2.08万人。其间，刑侦大队共组织开展反诈宣传活动20余次，发放宣传手册、宣传海报1.2万余份，受宣教人次约1.2万人次，在宣传的同时发放奖励安装注册“国家反诈中心”App的小礼品6000余份。

2022年，刑侦大队深入五指山市各地开展反走私宣传7次，组织综合执法局等相关部门开展3次反走私专项整治工作。重点对1家免税店、2家农贸市场、6家冻品商家、7个中小型冻库开展专项整治工作，主要核查商品来源、进口货单、发票等相关单证是否齐全，引导商家自觉抵制“套代购”走私，鼓励商户向公安机关举报非法转卖、倒卖等走私行为。

2022年，录入全国公安机关查找被拐卖/失踪儿童信息系统摸排疑似被拐人员模块8人次，以上人员均已完成信息采集并送检；录入被拐人员系统的入户摸排模块30人次。完成历年来五指山市2起被拐案件的卷宗查找、调阅及相关信息录入。

【经济案件侦查】 2022年，经侦大队共受理经济案件7起，立案6起，不予立案1起，刑事拘留3人，移送检察机关起诉1人，取保候审2人，串通投标案件涉案金额高达6227.53万元，案件类型包括串通投标、职务侵占及合同诈骗。协助侦办非法吸收公众存款、组织领导传销、假冒伪劣、虚开增值税发票等各类经济案件22起，其中协助侦办传销案件20起，非法集资案件2起，对370余人进行稳控。在联合执法方面，经侦大队与市烟草局、市综合行

△ 6月21日上午，五指市在通什镇人民政府举行2022年“禁毒宣传进万家”活动启动仪式

（五指山市公安局禁毒大队 摄）

政执法局等多个职能部门在五指山市辖区内开展烟草市场清理整治专项行动15次，查获售卖假烟案件19起，其中一起涉案金额为5万元，沉重打击五指山市侵犯知识产权和制售假冒伪劣商品犯罪分子。

【禁毒三年大会战】 2022年全市所破获的4起毒品刑事案件中，有1起是2017年之前的积案，有3起为2021年所发的现行案件，从侦破现行毒品犯罪案件明显减少来看，全市毒品犯罪得到有效遏制。戒毒康复成效明显提升。全市戒断三年以上未复吸人数从2016年底的146人增长至2022年的389人，占登记入库吸毒总人数的比例从31.6%增至82.8%。全市2022年吸毒人员已降至47人，占全市总人口比从2016年的2.28‰已降至2022年的0.30‰。全市8个乡镇(居)中，有4个乡镇(毛道乡、水满乡、畅好乡、番阳镇)吸毒人员全部实现“清零”，年内争创全省“无毒乡镇”，全市亦无发生过吸毒人员肇事肇祸的案(事)件。群众安全感明显提升。吸毒人员实施“两抢一盗”等非毒品类刑事案件占全市刑事案件总数的比例逐年下降，从2016年的10.9%已降至2022年的0，由吸毒引发的各类案件下降显著。

【社会综合治理】 2022年，结合公安部统一部署，开展“百日行动”，五指山市公安局抽调各部门、派出所精干警力集中清查18次，会同市旅文局、综合执法局、市场监督管理局等单位开展联合执法6次，累计出动警力3216人次、警车467辆次，检查KTV、酒吧等娱乐场所92家次，宾馆酒店220家次，足浴按摩场所18家次，网吧26家次、出租屋89家次，盘查可疑人员523人次，尿检418人次。对涉毒的1家娱乐场所给予停业整顿的处罚，对涉黄的5家足疗按摩店予以停业整顿。强化旅馆业治安管理，督促旅馆业落实“四实”和未成年人“五个必须”登记制度，每月定期开展明察暗访检查，同时联合缉毒警、特警、各派出所民警每月多次开展联合检查。开展旅馆业

△1月31日，局治安大队牵头组织缉毒警、特警、派出所民警联合市综合执法局等单位开展全市清查行动

（五指山市公安局治安大队 供图）

△3月5—8日，市公安局妇委会代表市局党委走访慰问公安烈士、因公牺牲、因公致残民辅警的母亲、妻子，“援助”民警家属，为她们送去组织的关怀与温暖，并送上慰问品和《慰问信》

（五指山市公安局政工室 供图）

联合清查行动12次，明察暗访8次，检查宾馆、旅馆等行业场所220家次，查处不按规定登记住宿客人信息旅馆11家，取缔1家。组织全市旅馆业经营业主开展治安管理信息系统使用及新修订《中华人民共和国未成年人保护法》学习等业务培训，全市52家旅馆、9家旅租、4家民宿，全部安装治安管理信息系统，全市旅馆业上传率95%以上。加强全市34家寄递物流安全检查，检查107家次，通过开展检查，没有发现五指山市寄递物流行业违反“3个100%”制度和邮寄毒品、枪支弹药、管制刀具等禁寄物品情况。加强散装汽油安全检查。对五指山市5家加油站每月进行安全检查1次，检查62家次。五指山市有民爆企业1家，五指山市公安局治安大队牵头，在重要节点均对海南鑫鹰爆破有限公司民爆仓库进行检查，年底前累计检查10次，排查安全隐患8处，行政处罚1次。

【应急处突】 2022年4月—10月，启动社会面常态化武警联勤巡逻防控，落实巡逻防控四项机制，对人群密集场所采取“车巡+步巡”相结合的方式，对重点部位提高巡逻防控频次和覆盖面，累计组织投入公安、武警巡逻防控警力以及群防群治力量6603人次，投入巡逻防控警力占全局警力数的66%，投入武警警力数285人次，出动警车860辆次，在巡逻中，累计盘查人员1000余人次，盘查车辆900余辆次，确保五指山市重大节假日、重大会议活动及重要节点政治、经济、社会面的安全稳定，提升群众安全感。

【警务安保】 2022年，五指山市公安局针对各项大型活动和警卫任务，制定相应安保和警卫工作方案，明确工作职责、措施，共牵头完成活动安保任务4次、警卫任务9次（其中一级+警卫1次、一级警卫1次、三级警卫3次），出动警力1800余人次，确保重要时期、重大警卫、重大活动各项警卫、安保工作万无一失。针对警卫任务时间紧、线长、面广、点多、环境复杂等困难，治安部门民警、辅警发挥攻坚克难、不怕苦不怕累的精神，确保重大安全警卫安保任务完成。

【户籍管理】 2022年，开展海南省人口数据起底式大清查专项工作，完成省公安厅下发的对标数为3.10万条，完成率100%；完成房屋总数2.44万条，完成率100%。发放边防证30张、省外异地身份证397张、军人身份证76张，办理引进人才手续112人，审核户籍材料860份。

【出入境管理】 2022年，出入境办公室严格出入境证件办理，对前来咨询办理出入境证件的群众仔细询问、耐心解答相关政策调整问题、对有出国（境）旅游等非紧急事由申请办证群众进行温馨提示，得到群众的理解。

【交通安全管理】 推进中小学生安全防护工作，落实抄告机制，促进整改，查处未满16岁学生驾驶电动车、摩托车的交通违法行为，将违法信息书面通报至市教育局。开展校园周边安全隐患排查治理，对五指山市82所中小学校周边道路进行道路安全隐患排查，逐一建立基础台账，督促职能部门整改。开展断油断修专项行动，印制《关于禁止向未成年人提供加油、车辆维修服务的通告》300份，在全市辖区所有的加油站、车辆维修点、售卖店及各学校张贴，并通过新媒体平台向社会面推送，要求全市辖区所有加油站、维修店禁止向未成年人提供服务，严防严控未成年人违规骑行。创新护学勤务新模式，采用“空中+地面”立体化巡控，在上下学高峰期，出动无人机到城区各重点中小学校周边巡飞，发现拥堵路段后，第一时间反馈至地面交警实施精准管理。

2022年，完成省公安厅下发整改25处交叉路口“千灯万带”工作。依靠科技手段，利用“电子警察”、路口监控准确锁定不按规定使用安全带、不佩戴安全头盔等交通违法行为，实现线上线下联动管控，推进“一盔一带”安全守护行动，共查处不系安全带、不佩戴安全头盔1.46万起，城区驾乘摩托车电动车安全头盔佩戴率明显提升。设立便民服务网点，开展两轮车上牌工作,在全市17家电动两轮车销售店和7个乡镇派出所设立电动自行车登记代办服务点,最大限度延伸管理触角,形成网格化服务网点。共注册登记摩托车、电动自行车19884辆。推行"流动车管所下乡服务模式"。为了方便群众就近办理车管业务,全年开展流动车管所下乡服务活动28场,组织考试6400人,提供业务咨询服务8000余人次,解决群众"往返跑、多头跑"问题。开展报废摩托车"上门式"回收服务。,加强摩托车交通安全管理,遏制摩托车道路交通事故多发势头,上门回收报废摩托车1336辆,解决偏远地区车辆"报废难"问题。

【警务保障】 2022年,市公安局警务保障室,截至2022年11月共投入596.66万元推进项目建设。其中,"两所一队"建设工程造价结算审核30.86万元,采购警卫安保服装25.2万元,采购警用电瓶车费用98.04万元,采购警务防爆防护装备123万元,购买新型案件取证设备146.85万元,派出所视频会议系统服务费106.91万元,水满派出所办案区升级改造项目65.8万元。做好警用装备、设备采购维修等工作,严格按照《招投标法》、政府采购流程等规范采购。投入217.6万元采购警用装备、设备。其中,办公耗材48.09万元;办公家具2.57万元;设备维护维修22.38万元;车辆维修78.45万元;办公设备采购51.54万元;防疫物资采购14.57万元等。

【公安信息化建设】 建设五指山市公安局智慧警务系统。为迎接海南自贸港2025年封关运作,省社管平台在全省范围搭建一套反走私系统,2021年市公安局交通部门积极配合该系统搭建,2022年对该系统的监控点位进行调整优化。社管平台对公安分平台进行初设工作。结合各个派出所的辖区治安情况,对重点区域的监控视频盲点进行补点,实现重点区域、场所监控视频全覆盖。对讲机基站建设。在市公安局统筹下开展部分警用对讲机(PDT)信道写频工作,新增39部手持对讲机,并拟新增四个警用对讲机(PDT)信号薄弱点位的基站建设,2022年已完成现场勘察,解决部分区域信号弱的问题,为日常警务活动及安保任务提供通信保障。视频会议系统建设工作。建设完成市局至派出所的视频会议系统,实现省、市、所三级视频通信。

【从严治警】 2022年,召开党委理论学习中心组(扩大)会议12次,学习习近平总书记系列重要讲话精神。深入开展党史学习教育,选购党史学习书籍808本发放到各党支部组织学习。局班子成员定期到所在党支部上党课,监督指导各党支部党建工作,累计改选13个党支部。贯彻落实"三会一课"制度,召开党员大会700余次、支委会180次,支部书记上党课54次。建立谈心谈话制度,共开展岗前谈话会议4次,谈心谈话182人次。利用五指山红色资源开展红色教育,4月28日,组织党员到五指山革命根据地纪念园开展"致敬·缅怀·奋进"主题党日活动,在党的101周年华诞之际,开展系列主题党日活动,营造良好红色教育氛围。

加强执纪监督问责,持之以恒纠正"四风"。2022年,对群众来访反映、省公安厅和市纪委转办的涉及执法、工作作风等问题线索开展核查工作,收到问题线索9件,查结8件,办结率88.9%;组织处理8人(提醒谈话4人,诫勉谈话3人,党内严重警告、政务记大过1人)。落实"日巡查周通报"机制,定期开展视频巡查,做到每日巡查、每周通报,常态运行,完善提醒、通报、整改、反馈、问责机制。共编发网上督察通报46篇,查纠相关问题59个。

规范民警及其亲属经商办企业行为,贯彻执行防止干预司法"三个规定",规范看守所办理减、假、暂案件等,从制度上补齐短板、堵塞漏洞,标本兼治,形成长效机制,2022年以来,未发现上述违纪违法问题。"大数据+网上督察"促进公安工作落实围绕"盗抢骗"案件降格处理、子女民族成分异常、有案不受问题、死亡人员异常数据、错误录入违法犯罪人员信息、旅馆业登记异常、公务用枪管理、双重身份交叉比对、入监所人员未录入一体化信息采集管理系统、行政拘留未执行、移送起送未呈请侦查终结等主题，依托警务督察信息研判系统，搭建各类模型56个，查纠各类问题18634个（条）。"我为群众办实事"的具体举措落地。在全市9个辖区派出所增设公安政务服务综合窗口，在海南省率先实现覆盖全市的"综合窗口"公安政务服务新模式。

坚持"一个典型就是一面旗帜"的鲜明导向，开展"学英模、见行动"活动。组织全警学习全国公安系统英雄模范立功集体表彰大会精神及全省受表彰的11个集体和13名个人先进事迹。选树典型、宣传典型，引导全警见贤思齐、以学促做、"比学赶超"。

2022年，市公安局共举办各类培训33期，累计培训718人次，专题学习140余次，开展"读书日"、学习分享会140余次，领导干部、业务骨干上台讲课29次，业务比拼"小擂台"4次，服务标兵比拼活动1次。

市公安局党委将"三个规定"和中央政法委等6部委联合印发的《新时代政法干警"十个严禁"》纳入理论中心组学习目录，组织班子成员、各所、队、室主要负责人进行学习，推动全局上下提升政治判断力、政治领悟力、政治执行力。制定《五指山市公安局关于民警及其亲属经商办企业行为的规定（试行）》《五指山市公安局进一步贯彻执行防止干预司法"三个规定"实施细则（试行）》，引导民警自觉遵守、规范言行。推动机制落实到位，要求民警在办案过程中将领导干预司法活动、插手具体案件办理的情况和市公安局内部人员过问案件的情况全面、如实记录下来，实现对案件办理各个环节发生的违法干预、插手、过问司法活动的监管，做到全程留痕、有据可查登记台账135条，其中正常履职135条，未发现违法违规问题线索。

（吉力劼）

检察

【概况】2022年，五指山市人民检察院人员编制36人，其中政法专项编制32人，事业编制4人；截至2022年12月31日，实有人员35人，其中政法专项编制31人，事业编制4人，政法编制缺编1人。在职人员中，中共党员20人，占在职人数的57.14%。人员年龄状况。政法编制人员平均年龄37.4岁，其中35岁以下16人，占在职人数的51.61%，35岁以上15人，占人数的48.39%。人员学历情况。本院政法编制人员中，硕士研究生学历3人，大学本科学历28人，大学本科以上学历人员中，法律专业15人，其中国民教育序列全日制法律专业毕业的11人。

【惩治职务犯罪】2022年，市检察院办理职务犯罪案件4件，平均办案用时不到20天，如对五指山市交通管理局原局长洪某某决定逮捕、提起公诉并提出量刑建议，市法院全部采纳市检察院量刑建议，洪某某被判处有期徒刑十年，取得了较好的政治效果、法律效果和社会效果，为反腐败大局贡献检察力量，助力清廉五指山建设。

【预防未成年人犯罪】2022年，市检察院从严惩治侵害未成年人犯罪，对侵害未成年人的成年人批捕率、起诉率分别为90%、100%。对涉罪未成年人坚持教育为主，惩罚为辅，对涉罪未成年人不捕率、不起诉率分别为83.3%、40%。严格落实未成年人特殊司法保护制度，为涉罪未成年人提供法律援助14人次、心理救助27人次，开展社会调查率791.67%，帮教率100%；对未成年被害人提供司法救助6人、心理疏导21人次，救助率达100%。开展亲职教育321人次，对家庭监护不到位的家长发出督促监护令18份。深化未成年人社会支持体系建设和未检工作社会化建设，继续与社会专业团队签订合作协议，聘请社工、心理咨询师为涉案未成年人提供心理疏导、社会调查；继续与市教育局及公益团队实施"女童保护""一校一讲师"工程，实现"预防性侵"教育的常态化和全覆盖；与市妇联签订合作机制，联手保障妇女儿童合法权益。探

△ 9 月 14 日，五指山市人民检察院深入开展职务犯罪案件涉财产刑执行部分“顽瘴”清查工作专项活动　　（市检察院 供图）

索落实从业禁止制度，护航未成年人健康成长，对猥亵儿童的被告人陈某，市检察院建议法院判处其五年以上有期徒刑，同时建议法院判处其终身禁止从事密切接触未成年人工作，这是海南省首例对性侵未成年人的教职人员实行“终身从业禁止”的案件。常态化开展法治进校园活动，含院领导在内共有15名干警担任法制副校长，并讲授法治课，累计开展法制宣讲41场次，受教育人数7830人。市检察院未成年人检察工作在全省未成年人检察工作现场会上作经验交流，未成年人检察工作考核在全省二类院中排名第一。

【惩治刑事犯罪】 持续巩固和扩大扫黑除恶专项斗争和禁毒三年大会战工作成果。2022年，批捕并起诉涉黑犯罪“漏网之鱼”1人，批捕并起诉涉毒案件4件4人。

深入贯彻落实“少捕慎诉慎押”刑事司法政策，促进刑事和解，挽回被害人损失，化解矛盾纠纷。把少捕慎诉慎押落到实处。2022年不批准逮捕52人，不捕率47.27%，同比上升16.14个百分点；不起诉34人，不起诉率27.03%，同比上升12.22%；开展追赃挽损，共受理侵犯人身财产权利案件18件50人，刑事和解12件38人，为被害人挽回经济损失130余万元；开展羁押必要性审查，通过主动履职、当事人申请等方式开展羁押必要性审查5件5人，决定改变羁押措施3件3人，改变率60%，诉前羁押率从2021年的51.85%降至38.29%；推进认罪认罚从宽处理制度，适用认罪认罚从宽制度办理案件量占比88.54%；坚持简案快办，建议适用简易程序办理案件占比57.14%，建议适用速裁程序办理案件占比28.23%，有效减少社会对立面，促进社会和谐。

推进“断卡”专项行动，持续开展打击电信网络诈骗活动。2022年，办理涉“两卡”犯罪案件22件31人，案件量占全部刑

△ 12 月 1 日，法治教育进校园 携手护航助成长——副检察长林益平到红星学校授课　　（市检察院 供图）

事案件数的11%。召开公检法座谈会、联席会5次，累计开展防范电信网络诈骗宣传活动10余场次，审查起诉开设网络赌场、网络洗钱团伙2个，涉案金额累计4758.92万元。与公安机关联动为被害人追回被诈骗款100余万元，守护人民群众“钱袋子”。

【诉讼监督】 持续加强侦查活动监督，会同市公安局设立侦查监督与协作配合办公室，推动提升公安执法和检察监督规范化水平。2022年，监督公安机关立案12件，监督撤案6件，监督纠正侦查活动违法12件，采纳率100%，追究漏捕3件3人，追究漏诉3件4人，追诉漏罪8件10人。持续加强审判活动监督，书面纠正审判活动违法4件，采纳率100%。

【刑事执行监督】 持续加强刑事执行检察监督，以巡回检察监督为契机，对市看守所监管执法活动进行检察监督，制发检察建议书3份、发出纠正违法通知书2份，确保监管场所的安全稳定，维护在押人员合法权益；落实每季度深入乡镇司法所开展社区矫正检察制度，对监外执行刑罚不规范行为制发纠正违法通知书9份，涉及人员31人，促使44名社区矫正对象顺利回归社会；对市法院财产刑执行工作进行检察监督，发出纠正违法通知书3份，督促追缴罚金共23.91万元，实现财产刑监督案件罚金执行到位的首次突破。

【民事行政检察监督】 2022年，办理各类民事检察案件17件，向同级人民法院提出检察建议8份，均被采纳，办理案件数量与2021年相比增长70%。其中，办理的黄某某不服生效裁判申请监督案，市检察院审查后，依法向人民法院提出再审检察建议并获采纳，人民法院依审判监督程序已依法改判。积极开展民事支持起诉工作，助力农民工讨薪维权，支持追索劳动报酬18万余元。针对农民工等弱势群体存在“不懂诉、怕麻烦”的情况，与市司法局联合会签海南省首个《关于建立支持起诉与法律援助协作机制的意见》，使得民事支持起诉与法律援助工作有效衔接，加大对弱势群体的支持起诉工作力度。

发挥行政检察“一手托两家”的双重监督作用，2022年共办理行政检察案件5件，发出检察建议4份。其中，行政审判活动监督3件、行政非诉执行监督和检察建议案件各1件。成功办理海南三发置业投资有限公司行政申诉案，圆满化解一起时间跨度长达7年的行政处罚执行案件行政争议，提升监督效果和检察公信力。市检察院同时注重维护人民群众合法权益，与五指山市综合行政执法局建立劳动保障行政执法领域信息共享、案情通报、案件移送机制，提出检察建议，督促有关单位全面履行劳动保障监察职能，以实际行动履行法律监督职能。

【强化公益诉讼监督】 深化与行政机关的检政协作机制，形成一体履职，共守公益“双赢多赢共赢”局面，2022年，办理行政公益诉讼案件54件，发出诉前检察建议43份，发出磋商意见书10份，行政机关积极整改，一批损害公共利益的问题得到及时有效整治。通过办案，督促收回国有财产879.7万元，有效保护国有财产。办理的本市首例侵犯公民个人信息刑事附带民事公益诉讼案例和整治市民办幼儿园、早教中心消防安全隐患案例入选最高人民检察院“为民办实事破解老大难”专项的千案展示，办理的市石油液化气安全隐患案例和市学校泳池水质卫生及人身安全隐患案例入选海南省检察机关公益诉讼典型案例。

【化解社会矛盾】 严格落实群众来信件件有回复制度，2022年，受理的59件信访案件，均做到七日内程序性回复，三个月内办理过程或结果答复，回复率和答复率均为100%。检察长接待信访案件13件19人，院领导包案办理刑事控告申诉案件

△ 12 月 2 日，市检察院开展检察上门听证，积极回应群众诉求。图为上门简易公开听证会现场　　（市检察院 供图）

6件，申诉人息诉罢访5件，有力促进矛盾纠纷化解。在全市范围内推出“12309”检察服务中心巡回接访暨法治宣传活动，覆盖五指山市辖区7个乡镇、1个畅好居，以巡回的方式开展接访服务工作8次，切实做到让检察干警“多跑腿”，让人民群众“少跑路”。

毛阳检察室积极协助公安机关派出所、乡镇司法所、工商联等部门化解矛盾纠纷，运用法律专业优势在调解中对当事人进行释法说理，将矛盾纠纷化解在基层、避免激化成更大事件，维护辖区的和谐稳定。2022年，共接待来信来访6件；化解矛盾纠纷16件。

【乡镇检察室建设】 乡镇检察室对辖区内派出所、司法所、巡回法庭开展了多次走访，同时配合市检察院第一检察部派驻公安机关检察室，开展“两所一庭”监督及两项监督，对派出所的案件办理、法庭的审判文书、司法所社区矫正人员的管理等进行监督检查。2022年，对市公安局监督立案14件，口头纠正侦查活动违法行为17件，发出书面纠正侦查活动违法通知书6份；对市司法局口头纠正社区矫正违法行为9件，发出书面纠正违法通知书3份；对毛阳法庭口头纠正法庭审判违法行为15件，发出书面纠正检察建议3份。

与市工商联联合走访民营企业并召开民营企业家座谈会，了解民营企业经营状况，接受民营企业反映的法律问题，为民营企业分忧解愁、提供法律服务。2022年，为民营企业提供精准法律服务17次；帮助民营企业解决法律诉求4件。组织开展以“服务‘六稳’‘六保’护航民企发展”主题检察开放日活动，提升市检察院为民营经济提供法律帮助的能力。

【检察队伍建设】 始终把筑牢政治忠诚作为第一标准，坚持以习近平新时代中国特色社会主义思想为指引，全面贯彻党的二十大精神，深入学习习近平总书记考察海南重要讲话、省第八次党代会和市第五次党代会精神，发挥党建品牌优势，组织理论学习中心组学习会22场次，各党支部、各部门开展学习研讨60余次。继续坚持使用“移动图书馆”解决干警工学矛盾，将抓学习与办业务相结合。巩固党史学习教育和政法队伍教育整顿成果，注重排查流毒再整治，以线下公共区域及办公区域排查、内网电脑及外网电脑联查、会议档案与案件卷宗核查的“三查”方式动员全院上下开展肃清流毒工作，意识形态工作有力有序，全年没有发生涉检舆情。

把学习研讨、检视问题、组织实施、建章立制贯穿省委开展的“能力提升建设年”和最高检确定的“质量建设年”活动全过程，共形成调研理论文章9篇；开展大培训4期；完善工作流程图20个；自查“查破促”问题5个，其中上报省活动办堵点问题1个，均已办结完成。利用“学习强国”“海南干部在线学习”和“中国检察网”等线上平台开展学习培训，参加培训441人次。线下采取现场集中教学、领导干部上讲台等方式开展教育培训，参训人员达505人次。通过常态化召开读书班、交流会，组织参观红

色教育基地、警示教育基地，参加知识竞赛、业务比赛等形式，持续引导检察干警守初心、担使命、找差距、抓落实。1名干警被省委办公厅授予全省禁毒三年大会战(2020—2022年)先进个人。

坚持党对检察工作的绝对领导，坚决落实政法工作条例，严格执行重大事项请示报告制度，向省检察院、市委及市委政法委请示报告25次。每季度召开党风廉政建设工作联席会议、每半年召开意识形态工作联席会议，邀请派驻纪检组列席会议，主动接受外部监督。持续抓好"三个规定"落实，全年共记录报告过问或干预、插手检察办案情况等重大事项33件，切实做到"逢问必录"，全年开展谈话提醒8人次，内部监督形成常态，没有发生被通报批评或其他违法违纪情况。

（陈君二）

△ 11月22日，市市场监督管理局到五指山市法院旁听庭审

（王烁 摄）

法 院

【概况】2022年，五指山市人民法院全年共受理各类案件4.64万件，审(执)结4.60万件，结案率同比上升4.89%。

【依法惩治刑事犯罪】2022年，市人民法院共新收各类刑事案件78件，已审结75件。开展扫黑除恶工作，审结涉黑案件19件25人，涉恶案件3件12人，均依法适用财产刑，共22件37人。始终对毒品犯罪保持高压严打态势，受理涉及毒品类案件4件4人。依法从严惩处，坚决贯彻"从严从重从快"的惩治方针，及时审结本辖区内的各类毒品犯罪及毒品衍生犯罪案件。及时做好未成年人保护和预防犯罪工作，共受理涉及未成年人案件8件10人，严厉打击侵害未成年人和青少年的违法犯罪活动。

【民商事案件审判】2022年，市人民法院共受理民事案件4.62万件，占全院案件数的99.60%，结案4.58万件，结案率99%。审结买卖、租赁、承揽合同纠纷案件327件，促进社会诚信，维护市场秩序。审结建筑工程、房地产、物业服务合同纠纷案件318件，助推房地产市场健康发展，构建和谐物业管理，审结民间借贷纠纷案件204件，规范民间借贷行为。审结人身损害赔偿纠纷案件、机动车交通事故案件30件，推进城乡居民人身损害赔偿标准统一适用，实现"同命同价"。审结婚姻家庭纠纷案件87件，促进家庭和睦，弘扬社会主义核心价值观。

【行政诉讼】2022年，市人民法院受理行政诉讼案件71件，审结71件，结案率100%；受理行政非诉案件22件，审结22件，结案率100%；行政诉讼案件中受理异地管辖行政诉讼案件55件，非诉案件22件。深入推进行政案件异地管辖改革工作，提高审判质效，贯彻落实省高院行政案件异地改革的指示，提高司法公信力。推进行政机关负责人出庭应诉工作，提高出庭应诉率，年底行政机关负责人出庭应诉100%。

【司法救助】2022年，市人民法院受理司法救助案件6件，发放

司法救助金10.38万元，受理国家赔偿案件2件，建立司法救助类案件快审快结的审理制度，司法救助案件从立案到审查、结案30天内完成。

【诉讼调解】 2022年，市人民法院诉前调解案件数量共2.79万件，占一审民事立案数量的比重为90.26%；其中调解成功1.05万件，践行"抓党建带队建促审判"的基本思路，以"党群联络员"为联系纽带，将法治思维融入社会治理大格局。五指山市法院9名法官、33名法官助理主动对接联系全市73个村（居）委会，覆盖各乡镇网格。坚持"把非诉讼纠纷解决机制挺在前面"，对接市司法局，搭建由75个调解组织、337名人民调解员构成的覆盖全市的调解网络。综合应用大数据、人工智能等技术，按照智能化、专业化、多元化的标准，建立健全党委领导下的多元化解机制，基本实现民事案件"能调则调，应调尽调"。设立诉调对接中心，专门负责五指山市诉讼与非诉解纷案件的衔接工作，指派两名干警作为五指山市金融调解中心的工作人员负责市法院金融类案件的沟通协调工作，引进南京金智调解中心、海南自贸港金融消费权益保护协会两家专业调解协会，参与到市法院的多元解纷工作中来，增强市法院矛盾纠纷化解力量。

【案件执行】 2022年，市人民法院共受理执行案件1.8万宗，已结案件约1.8万宗，整体结案率98.51%，已结到位金额1.3亿元（其中首次执行案件已结到位金额2200.71万元，执行恢复案件已结到位金额715.60万元，保全案件实际保全到位金额1.0034亿元）。共将被执行人纳入全国失信被执行人名单库438人次，纳入限制高消费233人次，开展司法拘留行动7次，开展司法拍卖77件，成交7件，成交额1554.43万元。

【审判监督】 落实市五届人大二次会议决议和代表提出的意见建议，配合市人大常委会的专项检查和调研，向市人大常委会专题报告贷后金融服务产业发展情况，邀请人大代表30人次视察工作、旁听庭审、见证执行等。依法接受纪检监察监督和检察机关法律监督。办理纪委监委交办事项9件、检察建议10件。推进司法公开四大平台建设，裁判文书上网295篇，完成裁判文书预上网2493篇，开展庭审直播2152件案件，观看人次110.27万人次，开展"法院开放日"活动3次。

【涉诉信访】 建立信访工作"周例会、月报告"制度，定期分析研判涉诉信访形势和突出问题，确保信访案件及时转办、交办和落实到位；完善院领导带案下访、包案化解责任制，要求院领导做到率先垂范、靠前指挥，带着群众感情、政治责任化解信访积案，依法解决群众合理诉求。妥善接待和处理来信来访27件，做到"事事有回应，件件有着落"。

【人民陪审员制度】 把好人民陪审员"选任关"，定期进行人民陪审员任期测试，保证人民陪审员队伍整体素质，提升人民陪审员依法履职能力，确保参审案件质量和陪审效果。制定《人民陪审员管理工作自查实施方案》，使人民陪审员管理工作的制度化、法治化水平进一步提升。确保人民陪审员日常业务纳入立案庭归口管理，参审案件由系统随机抽取，按规定将有效任期内陪审员信息一并录入智慧审判系统，做到信息及时更新。每年至少进行两次人民陪审员集中培训，并建立人民陪审员工作交流群，不定期推送法律法规、法院动态、参审指南等文章，不断提升人民陪审员的业务能力和法律素养。

【廉政建设】 坚持"首题必政治"要求，强化责任担当。院党组重视队伍政治建设，坚持把深化理论武装、加强党性修养作为法院干警终身课题来践行，贯彻落实《中国共产党政法工作条例》，坚持党对法院工作的绝对领导，严守政治纪律和政治规矩，坚持重大事项请示报告制度，落实意识形态工作责任制，确保法院坚持正确的政治方向。组织开展党的二十大和十九大及十九届历次全会精神专题

轮训、习近平总书记考察海南时的重要讲话精神和省第八次党代会精神专题轮训。以深入开展“两个坚持”专题教育、“两个维护”主题教育为抓手，深入学习贯彻习近平新时代中国特色社会主义思想，坚持党对司法工作的绝对领导、加强人民法院党的政治建设，结合党史学习、政法队伍教育整顿、能力提升建设年、“查堵点、破难题、促发展”等活动，提高全院党员干警的政治素质、政治能力，坚持“抓党建带队建促审判”的工作思路，推进人民法院队伍建设，推进新时代人民法院工作发展。诫勉谈话2人2次，谈话提醒13人13次，给予情况通报5人，谈心谈话96人，批评教育5人。

【普法宣传】 落实“谁执法谁普法”的普法责任制，多渠道开展普法活动，展示审执工作成果。加强互联网宣传阵地建设，全力构建开放、动态、透明、便民的阳光司法机制。2022年，在各级媒体刊发稿件250篇，获得中央媒体采纳的正面报道11篇：其中《法治日报》3篇、人民网1篇《民主与法制》7篇。拍摄以五指山法院未成年人保护工作为蓝本的微电影—《解套》，营造良好的舆论氛围。五指山市法院通过普法、送法解决人民群众最现实、最关心、最直接的利益问题，有力维护社会稳定，保障和促进全市经济社会高质量发展。

【为民服务】 推进“一站式”诉讼服务，提升群众司法获得感。2022年，市法院诉讼服务指导中心信息平台质效2.0+及3.0长期排名位于全省前5名。使用网上立案申请3.08万件、网上缴费1361件、跨域立案10件、电子送达2.88万件、保全平台申请财产保全2件。引导当事人使用24小时法院、“12368”服务热线等线上服务平台，建立“互联网+诉讼服务”新模式，打造“线上+线下”一体化立案渠道，降低诉讼成本。为残障人士等弱势群体提供网上立案、上门立案、电话立案服务，贯彻落实涉残案件“优先立案、优先审理、优先执行”。

发扬“枫桥经验”，打造基层综治示范点。毛阳法庭辖区的水满乡是创建五指山市新时代“枫桥经验”示范点，市法院派出

△ 10月13日，五指山市法院党总支开展“喜迎二十大 奋进新征程”主题党日活动（王烁 摄）

△ 12月9日，五指山市法院组织宪法宣传日暨法院开放日活动（王烁 摄）

审判团队与水满乡司法所举行座谈，了解当地活动开展情况，针对当地矛盾多发的案件加强司法调解工作业务交流，形成座谈交流的长效机制，通过多元化社会调解联动，实现"小事不出村，大事不出镇，矛盾不上交"的整体目标。

2022年，市法院圆满完成海南热带雨林国家公园生态2户8人的搬迁任务。选派2名干警担任驻村乡村振兴工作队员，其中1人担任驻村第一书记兼乡村振兴工作队队长，选派25名干警担任帮扶责任人，开展乡村振兴工作，结对帮扶什哈村、福利村104户346名脱贫户。共投入乡村振兴帮扶资金12.79万元，助力乡村振兴。

市法院成立由法官、法官助理、书记员组成的帮教专班，对有不良行为的未成年学生进行"一对一"帮教。主动加强与学校、家庭、村委会等各方联系，根据未成年学生性格特点、家庭结构、身心健康、学习和工作状态及面临的困难等，结合其年龄层次和个体需求制订针对性的帮教计划，提升帮教实效，共派出8名法官分别在海南省农垦实验中学、五指山市毛阳中心学校等8所学校任法治副校长，开展法治进校园活动8次。

【法院队伍建设】 坚持把深化理论武装、加强党性修养作为干警终身课题来践行，组织全院干警认真贯彻落实《中国共产党政法工作条例》，增强"四个意识"、坚定"四个自信"、做到"两个维护"。坚持党对法院工作的绝对领导，严守政治纪律和政治规矩，坚持重大事项请示报告制度，严格落实意识形态工作责任制，确保法院工作坚持正确的政治方向。开展彻底肃清流毒影响专项工作，通过张家慧等反面典型案例，组织全院干警观看警示教育片20余部，到廉政基地接受警示教育10余次。制定完善《五指山市人民法院关于廉政风险防控管理工作防控办法（试行）》等23项制度机制，从源头上减少执法、司法腐败，切实堵塞制度漏洞，补齐制度短板。组织干警深学细研海南自贸港相关文件精神，提高服务海南自贸港建设的履职能力。开展"我为加快推进海南自由贸易港建设做贡献"活动，突出示范引领，强化干警"敢于担当比作为、尽职尽责讲贡献"的使命意识和行动自觉，在执行力上做到掷地有声。

（王烁）

司法行政

【概况】 五指山市司法局（原通什市司法局，2001年8月更名为五指山市司法局）成立于1987年1月，承担统筹推进法治政府建设责任，监督、指导律师、法律援助、公证等法律服务管理工作，开展法治宣传，调解矛盾纠纷，抓好刑满释放人员的安置帮教和社区矫正等多项重要工作，业务上受省司法厅指导。五指山市司法局行政编制33名（含乡镇司法所编制14名，其中每个乡镇司法所各2名）。

【依法治市】 制定《五指山市行政机关负责人出庭应诉管理办法》，2022年办结复议案件40件，五指山市行政机关负责人出庭应诉率90.48%，达到《2022年度海南省法治建设考核指标体系》规定的90%以上的标准。全省法治建设考核从2021年第十九名上升为第十名，为历年来最好排名。

【普法工作】 坚持将学习宣传贯彻习近平法治思想作为全民普法的首要政治任务，通过完善各级党委（党组）理论学习中心组学法、领导干部法治讲座、法律知识考试考核等制度；借助专家授课智慧普法云平台，积极组织全市机关单位开展线上学法和《中华人民共和国海南自由贸易港法》知识考试；市普治办举办全市普法业务骨干培训班，邀请律师、法学院教授解读《中华人民共和国宪法》，加强对各级机关领导干部的法治宣传教育。

落实“谁执法谁普法”的普法责任制，督促各单位认真梳理与业务工作相关的法律法规，完善、细化部门年度普法清单，落实重要时间节点普法职责，分时段开展特色鲜明、形式多样、生动有效的法治宣传教育活动，压实各级各类普法主体的普法责任。开展2022年度五指山市国家机关“谁执法谁普法”履职评议，通过评议晒成绩、争先进、找不足，展示普法工作效能，切实检验各单位履行普法责任制情况，推动普法工作高质量发展。

深入开展“八五”普法，压实“谁执法谁普法”的普法责任制。出台《2022年五指山市普法依法治理工作要点》和《五指山市国家机关“谁执法谁普法”2022年普法责任清单》，细化明确全市各单位普法职责，构建多部门联动普法、实现齐抓共管的法治宣传网络。加大全民普法力度，落实“法律六进”要求，利用“3·8”妇女维权周、“6·26”禁毒日、民法典宣传月、“12·4”宪法宣传周等活动节点，将习近平法治思想《宪法》《民法典》《海南自由贸易港法》等法律法规作为普法重点内容，通过设点宣传、发放普法宣传资料、悬挂法治宣传横幅、张贴宣传海报等方式，深入开展普法宣传活动，2022年以来，累计开展法治宣传139场次，发放各类普法宣传资料7000余份。着力抓好“互联网+”新媒体普法工作。利用“五指山普法”新媒体平台开展《民法典》《海南自由贸易港法》和其他法律法规线上普法宣传。利用微信公众号开展“4·15”国家安全日、“学民法典知识”、“学反有组织犯罪法”“海南自由贸易港政策法规”“青春伴法行·守护少年的你”等线上答题活动，累计1万多名群众参与活动，截至12月底，“五指山普法”新媒体平台阅读量/观看量约为2.6亿人次。12月8日“五指山普法”快手号获评中央政法委第四届“四个一百”优秀政法新媒体。

△7月28日，五指山市召开2022年社区矫正委员会第一次会议，市委副书记、政法委书记、市社区矫正委员会主任林方江主持会议并讲话（林道敏 摄）

2022年7月19日，市委宣传部、市司法局、市民政局、市农业农村局、市普治办联合印发《关于印发〈五指山市乡村（社区）"法律明白人"培养工程实施方案〉的通知》，实施农村“法律明白人”培养工程，指导督促各乡镇组织开展“法律明白人”培养工作。全市共培养“法律明白人”258人。由政治素质高、法律基础扎实、实践经验丰富并热心法治宣传教育事业的律师、领导干部及业务骨干46名组建“八五”普法讲师团；组建70名市“八五”普法志愿者队伍，做大做强普法队伍。

制作一批“我是守法好公民”头盔、帆布袋、雨伞、保温杯等广受群众喜爱的法治宣传品，用于普法宣传活动，做到学法有内容、普法有物品；利用五指山市公交车身宣传习近平法治思想《民法典》《宪法》《海南自由贸易港法》等内容，让群众在乘车过程中学习法律知识，接受普法教育。

推进基层民主法治建设，

申报第九批全国民主法治示范村（社区），5月初，市司法局、市民政局组织水满乡毛脑、新村村委会申报"全国民主法治示范村"。截至2022年底，创建省级民主法治示范村17个、国家级民主法治示范村2个。加强法治文化阵地建设，2022年初已建成1个法治文化主题公园，努力推进7个乡镇和市畅好居及每个村（居）至少建有1个法治文化宣传栏（橱窗、长廊）。

【人民调解】 发挥基层司法行政优势，开展矛盾纠纷预防、排查和人民调解工作，为维护社会稳定"第一道防线"起到积极作用，2022年，受理115件矛盾纠纷调解案件，成功调处矛盾纠纷调解案件111件，调处成功率96.5%，其中土地、山林、水利资源权属类纠纷11件，经济合同类纠纷8件，损害赔偿类纠纷66件，邻里关系类纠纷2件，交通事故类纠纷3件，劳资类纠纷3件，婚姻家庭类纠纷1件，其他类纠纷17件，调解金额共206.7万元。无重大矛盾纠纷、无因矛盾纠纷处置不及时而引发刑事案件情况。在党的二十大期间，深入村（居）委会积极排查各类矛盾，确保五指山市和谐稳定。联合市人民法院制定《矛盾纠纷多元化解联动衔接办法（试行）》《在线调解工作规则（试行）》《多元化纠纷解决机制实施细则（试行）》《关于诉前调解的工作规定（试行）》，受理法院委派，完成诉前调解任务9件。

△ 11月1—2日，五指山市司法局联合市纪委监委、市检察院组织开展2022年第二次行政执法监督检查 （贺喜 摄）

【社区矫正】 2022年，五指山市在册社区矫正对象55人，其中缓刑53人，暂予监外执行2人。男性45人，女性10人。接收社区矫正对象38人，期满解除社区矫正对象46人。在册社区矫正对象中，有未成年人2人，无涉黑涉恶对象。

【安置帮教】 2022年，衔接刑满释放人员58人，并及时登录全国安置帮教系统开展核查、录入等工作，截至2022年底，全市在册安置帮教人数364人，均做到"一人一档"，借助刑释解教人员管理系统，开展人员信息核查工作，落实疫情期间刑满释放人员衔接工作，开展刑满释放人员排查走访工作，走访安置帮教人员68人。

【法律援助】 2022年，市司法局建立健全覆盖城乡的公共法律服务实体平台，设立7个公共法律服务工作站、15个法律援助工作站，实现全市68个村（居）委会法律顾问及法律援助联络员全覆盖，市、乡、村三级法律服务工作平台不断发挥作用，基本形成城镇半小时、农村一小时公共法律服务圈。加强公共法律服务热线平台运行管理，建立值班律师库，选派执业经验丰富的专职律师每天坐班接听"12348"热线电话，畅通群众依法解决利益诉求的渠道，截至12月底，接听热线电话3759人次，咨询内容主要涉及合同纠纷、房屋继承、离婚纠纷、劳动争议纠纷等问题。推动公共法律服务网络平台融合发展。推进“互联网+公共法律服务”，实现律师、公证、法律援助等事项“一网通办”，在全市宣传推广公共法律服务网络平台。在大厅服务窗口安排专人引导来访群众关注、下载海南法律服务网，提高海南法律服务网络平台的使用率，有效利用7个公共法律服务工作站积极宣传网络平台功能，积极引导群众下载和关注海南法律服务网，使公共法律服务网络平台成为老百姓的贴心法律顾问。

2022年，市司法局受理法律援助案件316件，其中刑事案件、民事案件、行政案件分别为103件、213件、0件，免费为群众解答咨询797人次，代写法律文书48份，办结案件303件。为受援人挽回经济损失602.49万元。受理的案件和咨询录入海南法律援助管理系统。公共法律服务中心共受理通知辩护的刑事案件79件，确实维护当事人的合法权益，市公共法律服务中心安排律师每周二在五指山市看守所值班，每周三在五指山市人民法院值班，每周四在五指山市人民检察院值班，为犯罪嫌疑人、被告人提供法律帮助，共提供法律帮助109人次，有效维护当事人合法权益。

【公证事务】 2022年，市公证处受理各类公证事项475宗，其中国内公证454宗，涉外公证21宗；公证总收费34.41万元。为自然人办理大量财产继承、房屋买卖、委托书、赠与、保全证据等公证，全年的公证工作以房屋委托公证居多。推进公证员业务学习，提高办证能力，坚持依法办证，注重公证质量，在受理、审查后符合出证条件的公证事项，要求承办公证员填好审批表报主任或指定的公证员审批，做到先审批后出证，有效防止错证、假证的发生。

【律师工作】 2022年，五指山市有6家律师事务所，分别为海南省椰树春律师事务所（3人）、海南知非律师事务所（3人）海南众品律师事务所（9人）、海南金岛律师事务所（4人），河北卓远（五指山）律师事务所（3人），湖南芙蓉（五指山）律师事务所（3人），在册专职律师人数25人；另有五指山为民法律事务所1家，有法律工作者3人；公职律师3人（国税局1人、审批局1人、政法委1人）。市司法局组织指导五指山市律师事务所开展年度考核各项工作，并协助省司法厅与海南省律师协会完成对6家律师事务所、28名律师（含公职律师）年度考核工作。组织辖区内25名律师积极参加公益性法律服务，要求需达到司法部、省司法厅与海南省律师协会的合格标准。市司法局向社会公示律师事务“双随机一公开”结果，落实监督指导律师代理重大案件和律师代理重大敏感案件报告报案工作。检查督导五指山市6家律师事务所承接涉黑涉恶案件报告备案工作，及时检查督导涉黑涉恶案件的每个阶段情况，及时收集和上报。市司法局监督村（居）法律顾问按要求完成每月不少于4小时到村（居）值班的法律服务，每半年开办不少于1次的法治讲座，完成省司法厅要求每季度法律顾问满意度督查。

【司法队伍建设】 2022年，市司法局定期研究年度法治建设工作任务，召开市委全面依法治市委员会会议和法治政府建设工作领导小组会议各1次，安排部署法治建设工作；常态化开展领导干部集体学法，提升领导干部运用法治思维和法治方式深化改革、推动发展、维护稳定、化解矛盾的能力和水平。市委常委会会议、市政府常务会议集体学法6次，各级党委（党组）理论学习中心组学习习近平法治思想283次，学习《习近平法治思想学习纲要》129次，举办领导干部法治专题讲座65期、领导干部法治专题培训班92期、执法专项业务培训49次，参训学员4755人次。

（林道敏）

经济

经 济

经济管理

宏观经济管理

【概况】2022年，全市生产总值38.81亿元，按不变价格计算，同比增长1.7%。其中，第一产业8.37亿元，同比增长3.0%，拉动经济增长0.6个百分点；第二产业6.55亿元，同比增长1.4%，拉动经济增长0.2个百分点；第三产业23.89亿元，同比增长1.3%，拉动经济增长0.9个百分点。三次产业结构比例为21.5:16.9:61.6。

【主要经济指标完成情况】2022年，工业增加值2.06亿元，按不变价格计算，同比下降8.8%。规模以上工业总产值（不含电网）2.67亿元，同比下降10.8%。固定资产投资24.37亿元，同比增长11.3%。其中，房地产投资完成7.1亿元，同比下降2.7%；非房地产项目投资完成17.27亿元，同比增长18.3%。社会消费品零售总额11.91亿元，同比下降7.2%。一般公共预算收入2.17亿元，同口径下降5.7%。其中，税收收入1.03亿元，同口径下降13.2%，非税收收入1.14亿元，同比增长2.4%。一般公共预算支出16.56亿元，同比增长6.0%。其中，教育支出3.98亿元，同比增长11.2%；社会保障和就业支出2.75亿元，同比增长9.0%；卫生健康支出2.89亿元，同比增长20.7%；农林水支出6.94亿元，同比下降7.6%。接待游客总数139.8万人次，同比下降17.4%。其中，接待过夜游客人数72.4万人次，同比下降16.2%。实现旅游总收入10.7亿元，同比下降10.5%。城镇居民人均可支配收入3.51万元，同比增长0.8%；农村居民人均可支配收入1.66万元，同比增长8.1%。

【营商环境优化】2022年，推行首问负责制、营商环境登门服务“123”追访机制，采取“第三方监督评价”“企业服务窗口”等多项措施，让营商环境有了“看得见”的变化。深化政务服务“零跑动”改革，“零跑动”事项可办率达75%，超出既定目标10个百分点。完成水电气网联动报装改革，实现线上线下办理“水电气网联动报装一件事”，累计推出137项“一件事一次办”导办服务。推行“政府免费刻章服务”，实现企业开办“一网通办”。“12345”推诿工单同比减少97%，行政效能、服务效能显著提升。勇挑“审管法信”改革全省试点市县担子，实现受理审批、监督检查、执法办案闭环运行。组织开展“万名干部下企业”服务行动，派出127名业务骨干下沉企业共克时艰，助力解决实际问题78个。推行“优化营商环境政务服务‘体验官’”工作制度，让“政务切身体验”“专业观察监督”迈入制度化、常态化轨道，以问题导向推动营商环境全方位深度优化提升。全力补齐社会信用体系短板，五指山市信用检测在全国排名提升130位，获国家城市监测月报点名表扬。

【社会信用体系建设】 2022年，制定《五指山市社会信用体系建设规划纲要（2022—2024年）》《五指山市社会信用体系建设规划纲要任务分工表（2022—2024年）》。编制《五指山市社会信用体系建设工作考核办法》，建立并完善社会信用体系建设工作督查和考核制度。加强信用信息归集。截至年底，五指山市共向海南自由贸易港信用信息共享平台（归集管理）报送信用信息4363条，入库4314条。加强社会信用体系宣传工作。开展特色诚信宣传活动，推进诚信文化，逐渐形成“守信处处收益、失信寸步难行”的社会氛围。

【新能源利用、充电桩建设】 印发《五指山市2022年电动汽车充电基础设施建设实施方案》，汇总各乡镇和各个行业主管部门报送充电桩建设需求。加强充电桩对外开放工作，由第三方对政府建设的111个充电桩全部接管，进行统一管理，对其中的56个充电桩完成更换，并对外开放，提供扫码充电服务。加快充电桩建设工作，新增充电桩86个（128枪），超额6.7%完成省定建设目标（120枪），其中5个（10枪）为汽车站公共充电桩，5个（10枪）为旅游景区充电桩，28个（56枪）为酒店公共充电桩，9个（14枪）为小区公共充电桩，8个为院（校）充电桩，9个为自用桩。采取“政府+企业”的建设模式。积极吸引社会资本参与充电基础设施建设。

【保障和改善民生】 2022年，制定《五指山市2022年“菜篮子”建设实施方案》《2022年五指山市“菜篮子”保供稳价重点工作任务指标分解表》，做好应对疫情发生时的物资保障工作。统筹推进田头电子秤数据上传、电子秤铺设、蔬菜价格指数保险推广等各项工作任务。

【能源消耗总量和强度“双控”】 2022年，印发《2022年五指山市节能宣传周和低碳日活动方案》，在“三月三”广场开展“绿色低碳，节能先行”节能宣传周活动。普及生态文明、绿色发展理念和知识，营造简约适度、绿色低碳、文明健康的社会风尚，增强全社会节能降碳意识。

（张庆烨）

财政

【概况】 五指山市财政局是主管全市财政工作的市政府工作部门，为正科级。加挂五指山市国有资产监督管理委员会牌子。市财政局有行政编制21名，设局长1名，副局长3名。2022年，市财政局牢固树立服务意识，紧紧围绕年初确定的工作思路和既定目标，着力落实年度重点工作，确保经济持续健康发展，采取多种手段增收节支，确保全市财政平稳运行。

【政府性债务及债券资金管理】 2022年，偿还地方政府性债务本息8388.91万元，其中偿还地方政府债券到期本息8367.07万元、清理存量债务21.84万元；完成2022年偿债任务。国家核定债务风险评级为绿色，属于无风险地区，守住不发生系统性风险的底线。债券资金管理，核定新增地方政府债务限额6.69亿元，比2021年增长4%。向上争取债券资金9000万元，增长50%，其中争取专项债券资金3000万元，实现市专项债券资金“零”的突破。

【脱贫攻坚资金投入】 2022年，投入各级财政衔接补助资金2.05亿元，其中市级配套资金超中央、省级规定的投入比例。全年抓衔接资金拨付进度，拨付率达99.39%。制定《关于加强衔接推进乡村振兴补助资金使用管理的实施细则》，全程监管衔接资金，开展各类专项检查。

2022年度五指山市一般公共预算收支决算总表

表4 单位：万元

项目	决算数	项目	决算数
一般公共预算收入	20898	一般公共预算支出	269356
上级补助收入	241257	补助下级支出	0
返还性收入	7039	返还性支出	0
一般性转移支付收入	227632	一般性转移支付支出	0
专项转移支付收入	6586	专项转移支付支出	0
下级上解收入	0	上解上级支出	4895
待偿债再融资一般债券上年结余	0		
上年结余收入	25204		
调入资金	1141	调出资金	0
债务收入	0	债务还本支出	6150
债务转贷收入	6000	债务转贷支出	0
动用预算稳定调节基金	37150	安排预算稳定调节基金	29448
		待偿债再融资一般债券结余	0
		年终结余	21801
		减:结转下年的支出	21801
		净结余	0
收 入 总 计	572907	支 出 总 计	331650

【生态环境治理资金投入】 五指山市与乐东黎族自治县、琼中黎族苗族自治县签订2021—2022年昌化江流域上下游横向生态保护补偿协议，2021年4个季度水质均达标，2022年下达2021年流域上下游横向生态保护补偿省级奖补资金221.13万元。2022年安排农村污水治理3124.65万元，垃圾清运处理1371.43万元。

【新冠疫情防控资金拨付】 2022年，安排新冠疫情防控资金6707.65万元，其中中央资金100万元，省级资金1400万元，市县级资金5207.65万元。截至2022年底，预算资金支出6571.43万元。

【就业和社会保障资金投入】 2022年，下达中央财政就业补助资金2399万元，截至2022年底，预算资金支出2082.76万元。

【民生福祉资金投入】 2022年，投入2929万元用于老旧小区改造，其中589万元为上级资金；农村、城市居民最低生活保障标准由月人均425元、530元分别提高到530元、610元；全市教育投入经费4.19亿元，用于提升办学条件。

【财政预算绩效管理改革】 持续开展项目绩效目标及部门绩效目标管理工作，全年纳入绩效目标管理100%。继续开展预算项目绩效自评，涉及预算项目1481个，评价资金8.4亿元。加大对重点项目评价工作力度。对

2021年度16个公共工程(含地债资金)项目和重点生态功能转移项目支出项目实施绩效评价。开展部门绩效评价，对全市62家预算部门开展部门绩效评价工作，对排名倒数1～3名核减5%，倒数4～6名的核减3%。对部门整体支出绩效综合评价排名前6位，可分档给予部门下年度经常性项目预算奖励，1～3名奖励5%，4～6名奖励3%。

【财政事权和支出责任划分改革】 2022年，市财政局均按照省政府实施意见实施，由于五指山市将乡镇政府作为市级部门管理，收入及支出均归属市级财政资金，因此无法划分市与乡镇财政事权。

【政府采购改革深化】 2022年，市财政局举办政府采购业务培训班，提高全市采购单位业务能力，创建市政府采购微信群，及时解决采购方面疑难问题。

【非税收入电子化改革】 依托全省统一的非税收入项目库和非税收入电子化管理信息系统，全面取消主管部门和执行单位设立的非税收入过渡账户。通过财政部门、执收单位、代理银行间联网，实行非税收入电子化管理，实现资金和信息自动匹配。并通过财政专户缴入国库。非税收入退付信息在合法性和有效性审核基础上，直接从国库退付到缴款人账户，实现全市财政票据和资金收缴退付数据集中管理和综合使用。非税收入票据全面落实电子化。

【政府专项债券资金管理】 2022年，核定五指山市新增地方政府债务限额6.69亿元，比2021年增长4%。向上争取债券资金9000万元，较上年度增长50%。市财政局转发《海南省财政厅地方政府债券资金管理使用指南的通知》，明确部门职责，建立工作台账，细化政府专项债券资金管理。

（陈小妹）

财政国库支付管理

【概况】 五指山市财政国库支付中心隶属五指山市财政局，为副科级事业单位，受其委托负责管理和具体从事全市各单位会计核算、财政国库支付、工资统发等工作。

【财政国库集中支付】 2022年，市财政国库支付中心修订《国库集中支付业务内部控制操作规程》，解决预算单位难题，协调处理电子单异常，对接商业银行高效处理，避免造成支付延误，充当预算单位与银行的沟通桥梁，解决支付业务问题；及时按点清算，处理回单保证指标恢复；截至12月12日，通过一体化系统国库集中支付，共支出约23.61亿元，单位基本户支付约9943.28万元，支付功能无问题发生。

【工资网络统发】 市财政国库支付中心根据核定编制及工资构成标准等，对工资增减变化、人员增减变化进行审核、监督，严格按照“三核一统”的方式做好工资发放并及时向银行跟进工资发放情况，发放完成127家财政供养行政事业单位职工工资，全年发放工资4.19亿元，其中：公务员发放1.46亿元，事业人员2.63亿元，机关工勤943.5万元，离休人员103.72万元；通过线上业务指导、修订《工资统发业务内部控制操作规程》等方式，为全市预算单位解答工资统发难点问题，保障预算单位基本支出指标充足，维护统发系统人员信息，对处分人员、退休人员信息进行调整，发放完成离休人员生活费；积极与多部门协调，按时发放绩效奖金。另外，新工资统发一体化系统初始化与测试工作前期准备已完成。

【财政会计集中核算】 市财政国库支付中心组织内部开展2021年上、下半年规范化考评，聘请第三方完成2022年上半年规范化管理考评，将结果通报上会，要求会计人员高度重视整改内容，认真对待整改内容，切实学深悟透《关于进一步规范会计基础工作的通知》《省本级会计集中核算单位财务报账指南》并融会贯通，对分数较低的会计进行提醒谈话，避免同样问题再次发生，不断提高报账审核质量。委派会计为127家预算单位审核报账资料，确保疫情防控经费及时支出，参与单位预算支出执行分析，按时完成预算单位财务系统初始化、凭证装订、报表造册等工作，编制2021年政府部门财务报告，会同市财政局开展全市部门决算审核、汇总、分析撰写，按照节点上报决算报表。配合市委巡察，抽调约10名业务骨干参加专项检查等工作，进一步优化对上游的服务，维护预算管理一体化系统数据，更新功能模块，据实完成授权工作，修订印发《五指山市预算单位财务报账资料清单（第三版）》，优化《集中核算业务内部控制操作规程》，制作核算业务应知应会手册2种，保障业务顺利开展。

【公务卡结算】 截至2022年12月，五指山市使用公务卡单位共133家；2022年度“零户”公务卡支出5175笔，总金额 1150.41万元；基本户公务卡支出103笔，总金额26.4万元；合计全年公务卡支出总数金额为1176.81万元。

【村财代管】 2022年，根据印发《五指山市实行农村“三资”委托代理服务工作的意见》《关于农村“三资”委托代理服务试点工作方案》的要求，市财政国库支付中心负责全市“三资”委托代理服务范围包括7个乡镇，共59个村委会，331个村小组。其中：通什镇16个村委会，90个村小组；毛阳镇13个村委会，71个村小组；水满乡5个村委会，27个村小组；畅好乡10个村委会，43个村小组；番阳镇有5个村委会，32个村小组；南圣镇6个村委会，40个村小组；毛道乡4个村委会，28个村小组。中心乡镇核算站负责三资工作共有28人，其中代理服务中心主任7人，由乡镇核算站站长兼任，21人负责乡镇农村“三资”日常工作。业务上，督导“三资”核算工作，确保会计核算符合国家统一的会计制度，做到手续完备、内容真实、账目清楚、数字准确，按时完成核算工作，及时提供财务报表，与核算单位共同对报表的真实性负责；协助各村委会建立与所属村民小组之间的报账制度，理顺报账规程和资金支付关系；指导报账单据和财务公开报表等工作，保证会计服务到位。学习上，加强政治理论和业务知识学习，组织财务基础业务等专业培训，树立良好的职业道德，并要求不断学习政治理论知识要点，强化政治思想素养，巩固业务开展水平，提高管理服务质量。

【会计队伍建设】 2022年，组织开展2021年度政府部门财务报告编制、会计综合能力提升、公共基础设施及在建工程转固培训班，创新引用案例教学，同时派业务骨干下沉一线，到全市6个乡（镇）开展村级“三资”财务管理业务培训，由市到乡（镇）组织会计开展培训8期，参训448人；采取“大讲堂”“共享课堂”等方式轮流讲课，依托海南省会计管理服务平台，组织会计自主学习90个学时，组织干部职工参加省第八次党代会精神专题培训班、周末英语轮训等，个别干部脱产到市外交流学习，

△ 2022 年 4 月 14 日上午，市财政国库支付中心组织市直、乡镇核算站会计参加由省财政厅举办的 2021 年度政府财务报告编报专题视频培训 （陈冰 摄）

提高“五个方面”能力。利用业务培训及党支部活动开展知识测试比拼小擂台，将学习内容潜移默化，克服本领不高的难题，并组织人员开展专项内部财务管理考评，通过讨论形成《规范化管理考核指标》，以会计制度文件为准绳，按照实时进组检查原则，由分管行领导带队，通过现场座谈问询、翻阅凭证、单据等资料交叉检查工作质量，保证检查评比与业务提升相促进；另外，按照季度评比考核安排，通过线上票选、班子研讨的方式开展党员先锋评比、干部季度考评活动，将评比结果与年度考核挂钩落在实处，激发干部创新活力。完善《内部轮岗交流机制》，建立“帮扶小分队”下基层，委派业务骨干到预算单位上门服务，“一对一”耐心细致教学填写要素表、撰写业务函件，下派业务骨干前往对口帮扶乡（镇）核算站指导业务，调整岗位，发挥以老带新、以新促老的作用，解决部分政策不熟悉、业务不规范的问题。

（陈冰）

税务

【概况】 2022年，五指山市税务局共组织税收收入2.46亿元，同比下降9.4%，减收2551万元；社会保险基金收入4.2亿元，同比增长10%，增收3831万元；非税收收入3256万元，同比增长72.3%，增收1366万元。

【税收征管】2022年，市税务局依法组织税费收入，提升税收征管服务效能。统筹安排2021年度企业所得税汇算清缴工作，帮助五指山市143户企业享受2021年度小型微利企业所得税优惠，受惠面达100%，为本辖区内3户高新技术企业申报享受研发费用加计扣除；健全督察快速反应机制，组建督察监督小组和留抵退税风险分析团队，加强留抵退税失职失责案例警示教育，强化风险防范，通过事前筛查和“回头看”缴回11户留抵退税税款。

【税务稽查】 2022年，市税务局严厉打击虚开发票骗税，完成稽查局接受虚开增值税普票协查案件1起，涉及普票1份。

【社会保险费征管】 2022年，加强社保费和非税收收入征管，制定《树牢税费皆重理念齐抓共管做好社会保险费和非税收收入工作实施方案》，制定6项工作目标并细化为41项措施，推动解决全市社保非税工作的统筹协调和部门协作问题。顺利承接国有土地使用权出让收入项目，全年共征收国有土地使用权出让收入70笔。联合市财政局、市水务公司及光大银行工作人员开展座谈会，确定通过光大银行的光大“云缴费”平台实现水务公司收费后实时开具电子票据，解决水务公司代征垃圾处理费使用非税电子票的难点、堵点问题。

【税收信息化建设】 2022年，推进数字化转型工作，深化政务

△ 2022 年 6 月 1 日，市税务局邀请人大代表、政协委员体验办税服务

（邢景伟 摄）

服务“零跑动”改革，大力推行“非接触式”办税缴税，利用“码上办”系统处理相关任务753条，征纳互动平台纳税人激活率达95.15%。打造协同办税新模式，完成电话即问即办事项100余件，“远程帮办”475件。引入征纳服务平台，建立14个税企直联服务群，发挥“初心”咨询工作室优势，安排人员轮流值班，及时回答税企交流群涉税问题，接听咨询热线700余个，做到群内有问必答、咨询热线有铃必接，收获表扬信50封。

【纳税服务】 2022年，召开纳税人满意度工作专题会议4次，分析研判满意度工作形势，对照调查指标，细化工作措施。组建“问计问需”工作专班，逐户收集纳税人意见建议，及时解决纳税人问题，收集的意见建议35条均及时答复解决。将“我为纳税人缴费人办实事暨便民办税春风行动”与“春雨润苗”活动相结合，开展“一把手”走流程，邀请人大代表、税费体验师参加留抵退税“走流程”。开展“万名干部下企业”活动，对重点纳税人实施“一对一”涉税辅导服务；通过“云直播+在线访谈”宣讲最新政策，精准答疑解惑；开通“绿色通道”，快速响应大企业涉税诉求。节假日期间，加强税收执法监管，解决个别服务行业未按规定开具发票问题，保障五指山旅游消费市场稳定。

【依法治税】 2022年，持续优化执法方式，加强对本单位行政审批事项的办理和监控；组织办理行政复议、行政诉讼，协调重大税务案件审理及重大执法决定的法制审核工作；严格落实税务行政处罚“首违不罚”清单有关要求，开展税收执法过错责任追究共48人次。推进法治建设，坚决落实党政主要负责人履行推进法治建设第一责任人职责，深入学习贯彻习近平法治思想，坚持依法行政、依法治税，开展宪法宣誓仪式、干部线上学宪法等活动，聘用法律顾问，强化法治思维。

△2022年5月27日，市税务局开展税法进校园活动　（云蕾 摄）

【税收宣传】 2022年，以“税费优惠促发展 惠民利企向未来”为主题，开展第31个税收宣传月系列宣传活动，举办线上“学知识、送惊喜”有奖竞答活动，共有8418人参加，中奖率90%以上；借力公交车等交通工具将税宣标语在全市流动；组织业务骨干成立党员先锋队走访企业、个体户，为财务人员讲解税收政策和答疑解惑；与五指山红星学校开展“税收之船 驶向未来”税法进校园活动，讲解税收知识，拉近孩子们与“税”的距离。

【税务队伍建设】 2022年，探索培训新模式，推广实战化培训，全年组织1553人次参加国家税务总局、省税务局及市有关部门举办的培训68场次，1204人次参加局内培训，选派102人次参加省税务局脱产培训；推进“学习兴税”平台应用，学习测试覆盖率100%。发挥绩效管理和数字人事“双轮”驱动作用，落实数字人事“1+9”制度。选派44名干部参与五指山市乡村振兴工作，开展关爱慰问帮扶户活动14次，组织干部职工助力消费扶贫约19万元；组织干部职工参与省税务局工会“兴税强国杯”篮球比赛、健身操舞比赛、五指山市职工歌手大赛，精神文明创建活动成绩显著，“双创”工作成效明显，青年志愿服务队参加社区公益活动获得好评。

（邢景伟）

审计

【概况】 五指山市审计局内设市委审计委员会办公室秘书岗、办公室、财政企业审计岗、政府投资审计岗、行政事业审计岗、农业与资源环保审计岗、社会保障审计岗、经济责任审计岗8个岗室，下设1个事业单位：五指山市自然资源资产审计中心。市审计局有行政编制14人，设局长1人，副局长3人，市经济责任审计工作联席会议办公室主任1名（副科级，由1名副局长兼任）；2022年在岗在职12人；市自然资源审计中心有事业编制5人，设主任1人，在岗在职4人。

【财政审计】 2022年，完成2021年度市本级政府预算执行及编制本级决算草案情况审计，披露问题11个，涉及问题金额1.54亿元；完成五指山市2021年度本级部门预算执行情况审计，披露问题33个，向市纪委移送审计线索1个，促进被审计单位建章立制5项；完成五指山市自然资源和规划局2019—2021年财政财务收支审计，披露问题40个，涉及金额3376.78万元。

【专项资金审计】 2022年，完成WZSJS-2020-85-A、B号两宗地块（原味精厂）土地出让情况专项审计调查，披露问题8个，报送审计要情1篇。根据省审计厅统一部署，完成五指山市新冠疫情防控专项资金和政策落实情况跟踪审计，披露问题4个，形成审计要情1篇，向市委、市政府领导报送并获得批示。

【经济责任审计】 2022年，市审计局统筹领导干部经济责任审计与自然资源资产离任审计相结合，提升审计监督效率，2022年，受市委组织部委托开展经济责任审计项目6个、自然资源资产离任审计项目2个，已开展经济责任审计项目4个，披露问题40个，涉及问题金额2455.33万元；已开展自然资源资产离任审计项目1个，披露问题4个，涉及金额3.24万元。

【其他事项审计】 2022年，落实《检察公益诉讼与审计监督协作配合的实施意见》，与检察机关相互配合、协调联动新机制，解决公益诉讼涉及国有资产保护等领域发现线索难、取证难的问题，在线索移送时，不仅限于市纪委监委，还将线索向市检察院、市农业农村局和市科工信局等部门移送，共移送线索16个，其中：市纪委监委6个，市检察院8个，市农业农村局1个，市科技和工业信息化局1个。

【公共工程跟踪审计】 2022年，完成对番香三村至山水名城道路等10个公共工程开展跟踪审计，披露问题44个，涉及金额471.34万元。其中存在未缴纳农民工工资保证金、未缴纳印花税等共性问题，形成审计要情2篇向市委市政府领导报送，并获得批示。

【审计整改】 2022年，市审计局重视审计整改工作，推动市委、市政府建立五指山市审计整改工作规则；2021年度市本级预算执行和其他财政收支审计工作报告披露问题76个，截至2022年底，完成整改57个，正在整改19个。

（郑佳琪）

国有资产管理

【概况】 2022年，市国有资产服务中心全力推进市政府工作报告重点任务、国企改革三年行动、能力提升建设年等工作，坚持按照“管人、管事、管资产”原则，以党建引领为抓手，查改革堵点、破监管难题、促国企发展，全面依法履行出资人职责。

【国有企业改制】 2022年，持续

深化国企改革创新，激发企业活力，着力推进市食品公司改革工作，采用“揭榜挂帅”方式引进高层管理人才；新组建五指山热带雨林旅游文化投资有限公司（以下简称“旅投公司”）于2022年3月3日注册登记成功，2022年市属国有企业共成立7家子公司，增加全市国有企业市场经营的竞争力和经营抗风险能力。

【国有资产处置】2022年，将持有的五指山旅游开发有限公司股权无偿划转给旅投公司，优化国有资本布局结构，增强国有经济整体实力；依法依规拆除海南雅宾观音禅寺有限公司非法占地建筑物。

【国有资产监督管理】2022年，指导6家市属国有企业按时完成2022年财务国有资产统计报表工作，注册资金6232万元，资产总计23.56亿元。持续推进国企在线监管系统建设工作，实现市属国有企业“三重一大”动态监管，加快形成上下联动的信息化监管格局。收缴市属关闭国有企业出租资产租金53.1万元，做到应收尽收。扎实推进市国资系统党风廉政建设和反腐败工作，组织各国有企业党员职工学习党的路线方针政策，加强党风廉政工作，并与6家市属国有企业主要负责人签订了2022年度个人廉洁承诺书。

（王茜）

市场监督管理

【概况】2022年，五指山市场监督管理局行政编制61名，设局长1名、副局长3名。内设科室12个：办公室、组织人事室、企业登记注册监管室（行政审批办公室）、市场监管室、公平交易与消费者权益保护室（“12315”指挥中心）、知识产权与广告室、质量监管室、特种设备监管室、食品生产监管室、食品流通监管室、餐饮服务监管室、药械化监管室。派出机构8个：河南市场监督管理所，编制11名，设所长1名、副所长2名；河北市场监督管理所，编制8名，设所长1名、副所长2名；毛阳市场监督管理所，编制4名，设所长1名；番阳市场监督管理所，编制2名，设所长1名；毛道市场监督管理所，编制2名，设所长1名；畅好市场监督管理所，编制2名，设所长1名；南圣市场监督管理所编制4名，设所长1名；水满市场监督管理所，编制3名，设所长1名。

【市场主体准入】2022年，市场监督管理局依托“海南e登记”平台，实行企业刻制印章、申领发票及税控设备、企业社会保险参保登记、住房公积金开户登记、银行预开户与企业设立登记同步办理、同步完成，实现企业开办“一网通办”。五指山市有市场主体1.23万户。新设市场主体1855户，其中，新设企业837户，同比减少34.97%，新设个体工商户1007户，同比减少35.94%，新设农民专业合作社11户，同比增长175%。

【食品安全监管】2022年，制定《五指山市食品安全领域“守底线、查隐患、保安全”专项行动工作方案》，认真落实“守、查、保”食品安全专项整治工作。开展春季、秋季学校食堂食品安全专项检查工作，全覆盖排查中小学校食堂40家，发现食品安全风险隐患15个，开展高考期间监考人员饮食保障及重大活动食品安全保障工作10次，出动工作人员107人次。扎实开展代用茶等食品专项整治、肉制品生产监督检查、食品生产环节标签监督检查等，均未发现违法违规行为。完成食品生产、销售和餐饮服务环节抽检任务514批次，其中未出具检验结果6批次，不合格13批次；快检室快检1844批次，全部合格。

【药品安全监管】2022年，开展药品安全专项整治“护航行动”，检查药品零售企业53家次、使用单位26家次、医疗器械经营使用单位69家次、化妆品经营使用单位50家次。对在售新冠病毒抗原检测试剂盒的5家零售药店开展质量监管。对3家新冠病毒核酸检测试剂使用单位开展三次全覆盖检查。做好药品、化妆品不良反应和医疗器械不良事件上报工作，上报药品不良反

△ 10 月 28 日，在福德莱酒店四楼会议室，五指山市市场监督管理局举办 2022 年五指山市“两品一械”不良反应事件监测培训班

（李二曼 摄）

应138例，完成率125.4%；上报医疗器械不良反应事件29例，完成87.8%；上报化妆品不良反应3例，完成27.2%。超额完成药品抽检工作，共抽取样品39批次，完成率105%。完成化妆品抽检20批次，完成率100%。

【食品药品安全宣传】 2022年，食品安全宣传方面，以“共创食安新发展，共享美好新生活”为主题，在全市范围内开展食品安全宣传周活动。举办主题为“共创食安新发展，共享美好新生活”的食品安全线上有奖知识竞赛，共有2.51万人次参与。开展“你送我检”活动，对群众送来的日常消费最多的农畜产品，如生鲜肉、蔬菜、水产品等食品进行取样编号并登记记录，由检测人员依次对食品或食用农产品进行快速检测，并当场反馈结果和对外公示。现场共检测样品19批次，未检测出不合格食品项目。开展食品安全科普知识宣传。利用全市各类LED屏等载体，播放食品安全科普动画和食品安全宣传标语。发动各监管所、各乡镇政府的力量，到农贸市场、超市、乡村、学校，发放宣传预防食源性疾病、拒绝餐饮浪费等内容的宣传手册2000余份，发放印有食品安全宣传标语的围裙、雨伞、袋子等1500余份。开展校园食品安全健康教育主题活动。制作校园食品安全专题宣传栏，在校内LED屏滚动播放食品安全宣传标语，提高学生食品安全健康意识。开展食品安全健康教育主题班会，在教师指导下学习食品安全健康知识，让学生深入了解食品安全健康的重要性。

药品安全宣传方面，加强正面舆论引导和突发事件舆情应对，引导公众客观看待药品医疗器械和化妆品安全问题，开展以“监管科学 你我同行”为主题的药品科技活动周、以“安全用妆 携手‘童’行”为主题的化妆品安全科普宣传周、以“健康人生 绿色无毒”为主题的禁毒宣传月活动，通过发放资料、现场讲解、张贴海报、摆放展板、悬挂横幅、制作播放科普视频、科普知识进校园等方式向消费者、咨询者宣传药械安全知识、法律法规，发放安全用药科普材料1500余份，悬挂横幅标语5条，搭建宣传展板8块，累计出动宣传人员

△ 11 月 10 日，五指市市场监督管理局机关支部走进社区开展“安全用药，同心同行”志愿服务活动（李二曼 摄）

45人次，受众逾1000余人，现场接受咨询100余人次。

【特种设备安全监管】2022年，组织开展特种设备安全隐患排查整治行动，下达安全监察指令书2份，排查一般安全隐患25条，完成整改25条，整改率100%。截至2022年12月31日，五指山市未发生特种设备安全事故。配合市住房和城乡建设局、市应急管理局等部门对五指山市中石化供气站、通达供气有限公司和9家燃气经营三级网点开展联合执法检查，严查"黑气瓶"充装行为，杜绝充装报废瓶、过期瓶，保障用气安全。经检查，未发现违规充装行为。联合市应急局、市住建局对全市餐饮行业开展燃气安全检查，检查餐饮服务单位156家，发放宣传资料150余份。

【事中、事后监管】2022年，落实注销便利化改革，将简易注销公告期压缩在7天，并实现注销登记全程网上办。全市注销市场主体1134户，其中企业467户，个体工商户619户，农民专业合作社48户。推进企业年报工作。全市应年报企业2271户，已报2093户。开展农贸市场明码标价专项检查、教育收费专项检查、涉企收费专项检查和化肥市场价格检查等检查。开展打击整治非法制售口罩等防护产品和野生动物违规交易专项执法行动，检查农贸市场815个次、超市652个次、餐饮店1635个次、网络经营主体2个次。开展全面禁止生产、销售和使用一次性不可降解塑料制品工作，出动检查人员710人次，检查企业2617家次，移送"禁塑"案件线索16条，张贴禁塑宣传海报1500份，悬挂禁塑横幅20条，发放禁塑宣传手册200份。开展网络监管行动，对全市的网络平台进行检查，重点对网售禁限商品、治理"三无外卖""三假直播""一老一小"用品质量违法问题、规范重要节点促销活动等，共检查网络平台2家次，未发现有违法的情况。建立公平竞争委员会，完善公平竞争审查制度；聘请第三方机构，对新出台及存量政策措施文件开展公平竞争审查，完成政策文件审查297份；组织开展公平竞争业务培训，19个成员单位50人参加培训。

【消费维权】2022年，"12345""12315"平台受理工单795件，办结794件，为消费者挽回经济损失8.12万元。开展创建"放心消费"活动，创建"放心单位"10家、线下"无理由退货"单位22家、"放心消费"商圈1家。

【知识产权保护】2022年，保护"五指山"地方品牌，谋划落实市品牌建设工作部署。对"毛纳""毛脑""和茹""水满""久久不见久久见""不到五指山 不算到海南""硕果亭""1867+图形设计""五指山1867"等商标的核心类别开展保护注册工作，并函请省知识产权局向国家知识产权局请求协助支持。同时就"五指山"商标积极与省知识产权局、海南自由贸易港知识产权法院沟通协调，争取支持；开展保护性注册，对五指山实业有限公司4

△ 11 月 23 日，消费者向五指山市市场监督管理局执法人员赠送锦旗
（李二曼 摄）

月13日初步审定公告的49616789号第30类五指山商标发出异议申请书。积极筹备建设五指山市商标品牌指导站，为群众提供便民利民的专业化知识产权公共服务，获海南省知识产权局批复。2022年10月，成立市知识产权人民调解委员会，填补了知识产权调解机构的空白，扩大五指山市知识产权非诉纠纷解决渠道，使知识产权权利人有更多的方式和更便捷的条件处理知识产权纠纷。开展2022年冬奥会和冬残奥会奥林匹克标志知识产权保护专项行动、违法“遵义1935”商标专项整治行动、打击养老诈骗专项整治行动、房地产虚假违法广告专项整治行动、医美乱象专项整治行动、月饼和蟹券市场专项整治行动等，组织知识产权相关部门在市人大代表、市政协委员的监督下，开展商标专利联合执法工作，加强商标专利市场监管力度，净化知识产权市场环境。

【打假治劣】 2022年，组织开展民生领域执法“铁拳”行动，与市综合行政执法局联合印发《五指山市2022年民生领域案件查办“铁拳”行动方案》。开展面向未成年人无底线营销食品专项治理。开展打击混淆仿冒、侵犯商业秘密行动，制定加强商业秘密保护工作实施方案，未收到关于侵犯商业秘密的投诉举报。制定《2022年五指山市市场监督管理局扫黑除恶斗争市场流通领域整治行动工作方案》《五指山市市场监督管理局医疗卫生领域商业贿赂和医药价格违法专项整治工作方案》。

【“质量强市”工作】 2022年，及时调整质量强市工作领导小组成员单位，充实质量强市工作力量。稳步推进公共场所外语标识标牌建设工作，制定《五指山市公共场所外语标识标牌规范建设三年行动方案（2022—2024年）》，调整五指山市公共场所外语标识标牌规范建设工作联席会议机制。开展流通领域产品质量监督抽查工作，抽检汽油、柴油、燃气具、灭火器、纸尿裤、玩具、眼镜、电线电缆、电动自行车、酒、灭火器、电线电缆、安全帽、日常防护型口罩、食品接触用塑料制等15批次产品，其中，燃气具抽检结果为不合格，移交案件线索至市综合行政执法局。组织召开雨林联盟认证宣贯交流会，邀请34家茶企代表参会，提升五指山市茶叶产品优势，提高产品竞争力。开展“5·20”世界计量日宣传活动、有机产品认证宣传周、绿色产品认证与标识宣传周和服务认证体验周活动。做好酸汤鱼食谱操作规范及推广。

【脱贫攻坚与乡村振兴】 2022年，市市场监管局有帮扶联系点3个，56名帮扶联系人结对173户，严格落实“四个不摘”要求，为脱贫户落实好就业、产业、教育等政策。发动全体干部职工参与山城好物民俗赶集日活动，全年消费助农资金2.07万元，助力乡村振兴。

【质量宣传】 2022年，组织开展“5·20”世界计量日宣传活动。紧紧围绕“数字时代的计量”的活动主题，加强计量诚信监管，组织好为民惠民行动，派出执法人员7人次、执法车辆2辆，联合五指山市康明眼镜店，在人流量较大的学校门口开展现场宣传活动，通过发放宣传册、免费验光、现场接受咨询等方式，向市民群众普及计量知识，发放《计量发展规划（2021—2035）》宣传册120份、计量小知识手册150张，印有计量知识的购物袋、扇子、书签等宣传物品200余个，接受群众咨询15次，提供免费验光36次，受众人数达350余人次。另外，现场还受理了2家企业计量器具检定申请，免费为企业检定计量器具12台。活动当日，在五指山市辖区内各市场监督管理所利用LED屏播放“计量日”宣传标语8条。

（李二曼）

物价管理

【概况】 2022年，五指山市价格认证中心受理各类价格调查、价格认定、成本监审等价格认证评估563宗，涉及价格评估标的金额23亿元。其中涉及刑事价格认定案件108件，涉案金额465万元；涉纪案件5起，涉及金额372万元。为侦查部门、起诉机关、审判机关提供有力证据；涉农专项资金评估40件，涉及金额1914万元；涉疫物资价格调查22件，涉及金额3130多万元；其他有关价格认证、成本监审涉及金额达18亿多元，业务范围包括市自来水供水价格、电动汽车充电设施服务收费、海南热带雨林国家公园门票收费、水满河热带雨林风景区门票收费、润城山语公寓一期物业服务收费、锦绣花园（一、二期）物业服务收费、锦程花园物业服务收费、"一房一价"价格备案等多种项目，为政府的价格决策提供依据。

【收费管理】 2022年，配合市教育局开展教育"双减"工作，加强课后服务收费管理，对校外学科类培训机构实行政府定价；配合市民政局开展行业协会商会乱收费专项清理整治工作，对全市6家行业商会开展收费项目检查，未发现乱收费情况；配合市融媒体中心解决水务公司关于更换水表违规收费事宜，确认该项收费行为违反文件规定，水务公司同意按程序整改；配合市住建局解决山水绿世界小区燃气问题；会同市市场监督管理局、市旅文局等对全市旅游景区开展检查，对景区收费、明码标价情况等进行监管。

【价格审批】2022年，对五指山市涉及教育、旅游、水电气等多个行业的收费价格制定价格标准或调整价格。对全市6家非营利性民办幼儿园实行统一备案管理；印发《五指山市发展和改革委员会关于印发五指山市电动汽车充电设施服务收费标准的通知》，确定全市充电设施服务收费标准；发挥五指山市普惠性养老服务主体作用，制定《五指山市公办养老机构普惠型养老床位收费标准》，解决低收入群众养老供给和养老需求不匹配、服务质量和服务收费不匹配问题。

【稳定"菜篮子"价格】 2022年抓好"菜篮子"工作，市领导多次通过走访市场基地、主持召开专题会议等方式研究部署全市平价蔬菜工作，认真对待每一期省级价格预警，及时作出批示指示，协调解决存在问题。制定《五指山市2022年"菜篮子"建设实施方案》《2022年五指山市"菜篮子"保供稳价重点工作任务指标分解表》，明确"菜篮子"全年重点工作目标任务及季度任务目标，压实各责任部门责任。

【农副产品平价监督】2022年，将五指山市南圣镇、畅好乡、番阳镇具有代表性的15户农户作为全市农产品调查点。对调查户的种植意向、存售粮情况调查和农资购买情况调查，帮助农调户解决生产中存在的问题，开展农产品专项预测、直报调查（2021年早稻产量情况）、常规调查（2020年早晚稻产量情况）和蔬菜种植工作。开展农产品调查6个项目品种90份调查材料，完成统计报表和分析材料等工作，按时上报海南省农调队。

五指山市价格认证中心在春节、五一、国庆等重大节日及台风自然灾害期间，成立市场巡查（检查）应急领导小组，启动市场价格监测日报工作制度，出动150人次，对市辖区内3个农贸市场、超市、平价商店的肉、禽、蛋、蔬菜类和粮油等重要商品价格进行监测，保障全市居民的"菜蓝子""米袋子"充足稳定。协助相关部门对市辖区内农贸市场及超市、平价商店的日常重要商品进行价格联合巡查（检查），并分析价格走势情况，如发现价格有异常波动，及时向上级主管部门汇报，为价格管理和宏观调控提供决策依据。

【价格认证服务】制定《五指山市2022年橡胶收入价格保险工作方案》，五指山市价格认证中心派出工作人员到6个乡镇的7家橡胶收购点进行询价、采价和计价，及时汇总数据，综合分析得出价格指数，定期在政府网站公布，为橡胶保险提供价格参考依据。

2022年，五指山市价格认证中心受理商品房价格备案24宗，总价18.78亿元。开展房地产价格备案和明码标价工作，严格按照规定备案，价格不超过当地同路段均价，备案后6个月内不得调高备案价格。与市住房保障服务中心等部门联合检查、联合执法，查处恶意炒作、串通涨价、哄抬房价等不法行为。

（王常、单小芬）

统计

【概况】2022年，五指山市统计局的基本工作职责为：组织完成人口、工业、农业、第三产业和基本单位等重大的国情国力普查和专项调查；搜集、整理、提供全市的基本统计资料，并对全市国民经济、社会发展和科技进步情况进行统计分析、统计预测和统计监督；向市委、市政府及有关部门提供统计信息和咨询建议，定期发布全市国民经济社会发展情况的统计信息；统一核定、管理和提供全区性的基本统计数字，积极开展信息咨询服务工作；加强统计信息自动化系统建设，建立健全统计数据库体系，执行统计数据库网络的基本标准和运行规则，推进统计计算手段、传输设备现代化等。

【统计法治】2022年，五指山市统计局组织培训13次，受训800余人，通过培训，提升五指山市基层和一线统计人员的业务能力和依法统计意识；通过联网直报平台月报、季报、年报和月度"一对一"数据核查和实地调研，有针对性地对重点企业开展个性化培训指导；对于新进的企业，新上岗的统计人员，组织业务和法律法规培训，提升一线统计人员的业务能力和依法统计能力。

11月28—29日，邀请琼海市统计局、保亭县统计局执法人员对五指山市2家房地产企业、2家固定资产投资企业开展执法检查工作。采取全面自查和随机复查两种方式，对全市范围内"四上企业"和固定资产投资项目开展入退库执法检查工作，全部完成34家企业的检查任务，发现问题5家，要求投资核查数与上报数不一致的企业将差错金额在后续报表中补录，对漏报企业进行约谈，再次普及统计法律法规、业务知识。

坚持有案必查、违法必究，对统计违法案件"零容忍"，保持惩治高压态势。依法查处虚报、多报，及时查处瞒报、漏报行为，严肃查处统计违法违纪行为，全面保障统计数据质量。2022年未发现统计违法案件。

（曾献忠）

综合行政执法

【概况】2022年，五指山市综合行政执法局是主管全市综合行政执法工作的市政府工作部门，为正科级单位，加挂五指山市城市管理执法局牌子。局机关核定编制8名；下设8支执法队，核定编制139名，实有在编在岗人员102人，持有行政执法证件的执法人员88人。

【综合行政执法能力建设】2022年，成立五指山市法治建设工作领导小组，把法治建设、依法行政工作摆上议事日程，定期分析依法行政工作形势，推进依法行政工作。开展"读书日"等活动，学习《习近平谈治国理政》《中华人民共和国民法典》等。结合深化拓展"查堵点、破难题、促发展"活动，全面深化"放管服"改革，针对行业监管部门和综合行政执法部门衔接不畅等问题，市执法局对接市行政审批服务局，做好行业主管部门与执法部门之间职责边界认定等工作，配合市行政审批部门出台《五指山市建立"审批、监管、执法、信用"闭环运行管理制度》。依托一体化政务服务、"互联网+监管"及海南自由贸易港信用信息共享三大平台，建成"审管联动"信息平台，在全省率先试搭建运行。依托信用信息平台，统筹推进信用信息归集共享及运用，推动实施联合惩戒和事中分类分级监管，提供完整链条审管服务，初步形成"审监执信"

△ 12 月 20 日下午，五指山市综合行政执法局举行换装仪式

（市综合执法局 供图）

四个维度闭环管理服务体系，促进全市营商环境持续优化。开展党史学习教育，组织党员干部学习习近平总书记“七一”重要讲话精神和党的十九大、二十大精神，特别是习近平总书记“4·13”重要讲话精神、中央12号文件等，抓好党员干部的意识形态教育工作，夯实党员干部意识形态的思想政治基础。持续推进党风廉政思想建设工作，组织召开党风廉政案例警示教育大会，组织全体干部职工参加党员干部警示教育巡回展，加强党员干部廉政思想建设。开展廉政风险防控工作。全年共开展执法督查工作8次，谈话提醒35次35人，系统内通报3人次。

【疫情防控】 2022年，市综合行政执法局成立疫情防控工作专班，做好进口冷链食品疫情防控工作，检查销售冻品的超市50家次、冻库20家次，出动执法人员200人次，对五指山市各冻品市场、冷库、冷链食品配送单位等进行专项检查，防范和降低冷链食品风险，防止走私冻品流入市场。经检查，未发现未按疫情防控工作规定销售进口冷链食品的违法行为，以及采购、存储、销售来源不清、无检验检疫证明的冻品现象。配合市市场监管局开展常态化疫情防控工作专项检查。派出执法队员8名，组成专项检查工作小组，督促各重点场所、重点单位落实疫情防控各项措施，检查农贸市场、超市、餐饮酒店、文体场所、医疗机构、宾馆、住宅小区及其他场所2000余次。

【投诉件办理】 2022年，市综合行政执法局受理“12345”综合服务平台批转涉及“多规合一”和城市管理综合行政执法各类举报投诉问题2339件，办结2339件，受理办结回复率100%，做到受理“12345”综合服务平台批转件件件有着落。

【销斑工作】 2022年，市综合行政执法局依法拆除本市“两违”违法建筑物、构筑物2.33万平方米。加快推进卫片执法监管处置工作。完成2021年土地卫片补充图斑248个的外业核查及内业判定上报工作，完成率100%；2022年上半年，下发图斑24个，经外业核查和内业判定违法图斑共8个，涉及耕地图斑3个，面积5.59亩，违法比例74.58%，完成整改2个，整改完成耕地面积比例由0增至60%。受理毁坏林木等案件4宗，依法处罚3宗，移交公安机关处理1宗，依法罚款2.27万元。认真做好森林图斑专项整治工作，完成核查2021年疑似违法图斑14个，完成率100%。实地核查过程中，确认不予行政处罚图斑5个，依法行政处罚图斑7个，依法罚款19.86万元；依法处罚毁林图斑11宗，其中不予立案1宗，责令整改3宗，责令移除1宗，超过追诉期3宗，依法处罚3宗，依法处罚金额17.57万元。

【河道采沙管理】 2022年，市综合行政执法局做好非法采砂执法巡查工作，主动对接市公安局、市水务局等部门，对南圣、番阳和毛道等乡镇河道进行执法巡查，对存在的违法行为予以严厉打击，开展依法巡河82次，出动巡河执法人员332人次，依法查处取缔非法采砂点22处，依法查处抽砂浮台12处、机具（柴油机、挖掘机、装载机等）12部、车辆6辆、治安拘留4人，立案（办结）2宗，依法罚款2万元。

【生态环境保护行政执法】 2022年，市综合执法执法局出动执法人员420人次，检查企业82家次，依法查处生态环境保护类案件3起，已办结3件，依法罚款193.25万元；依法立案查处林业行政案件2件，7件正在办理中，依法行政罚款303.75万元。

【农业行政执法】 2022年，市综合行政执法局严厉打击各类涉农违法行为，立案查处5宗违法案件，其中农资打假类案件1宗，农产品质量安全类案件4宗，依法罚没8225元并上交国库，依法没收劣质农药33瓶，维护五指山市的农资市场秩序和农业生产秩序。

【旅游文化和城市管理行政执法】 2022年，市综合行政执法局出动执法人员644人次、执法车辆247车次，检查出版物市场182家次、网吧104家次、娱乐场所173家次、景区景点66家次、旅行社27家次、影剧院7家次、游戏游艺场所13家次、旅游购物点8家次，联合其他部门巡查商铺、店铺1303家次。共处理办结案件3起，依法罚款3万元。

【市场监督和卫生健康行政执法】 2022年，市综合行政执法局推进市场监管执法办案工作，办理案件175件（含食品安全违法案件42件、药品安全违法案件15件、专利案件3件、商标案件5件、无证无照类违法案件6件、“禁塑”违法案件91件、假冒伪劣类案件13件），依法处罚19.24万元。

【交通运输行政执法】 2022年，市综合行政执法局开展超限运输治理、非法营运整治和路域环境治理等专项行动，严厉打击各类交通运输违法违规行为，持续巩固交通执法工作成效，开展执法检查235次，出动执法人员1269人次、执法车辆265车次，依法立案查处交通运输违法违规案件38宗，结案38宗，依法处罚30.7万元。

【劳动保障和应急管理行政执法】 2022年，市综合行政执法局日常接待处理来访欠薪投诉线索143起，涉及劳动者1144人次，涉及金额1877.40万元，其中协调解决欠薪投诉123起，为劳动者追讨工资1313.72万元，涉及劳动者845人；依法下达《劳动保障监察限期责令改正决定书》19份，立案7件，协调处理2件，办结立案案件4件和协调案件2件，为劳动者68人追讨工资127.48万元。全年排查非煤矿山、危险化学品生产销售企业157家，开展安全生产执法巡查210次，排查安全隐患404条，依法下达责令整改通知书195份，依法立案查处安全生产类案件7宗，办结7宗，依法处罚1.57万元，依法吊销营业执照1家。

【行政执法队伍建设】 2022年，市综合行政执法局向市委组织部推荐1名干部到上级部门跟班学习和挂职锻炼。加强对乡镇综合行政执法中队的业务指导力度，采取“培训+跟班学习”方式，提高乡镇综合行政执法中队的执法业务能力和水平，有3个乡镇执法中队派3人到市执法局跟班学习，5月10日举办执法能力提升培训班。通过执法骨干现场授课、典型案例解析、现场交流相结合的方式开展教学，将实操与理论相结合，按需施教。6月14—15日，市执法局、市司法局联合举办2022年综合行政执法能力素质提升培训班（第一期），市综合行政执法局全体干部职工、各乡镇执法中队执法人员120余人参加培训。

（胡珊榕）

农 业

农业综述

【概况】 2022年，全市农林牧渔业总产值13.88亿元，按可比价计算，同比增长3.35%。其中，种植业产值10.23亿元，同比增长16.08%；林业产值1.48亿元，同比下降13.88%；畜牧业总产值1.8亿元，同比下降17.88%；渔业总产值3264万元，同比增长2.72%。

种植业仍是带动农业经济增长的重要因素，全年种植业对农林牧渔业总产值贡献率达9.95%。全年瓜菜、热带水果受短暂干旱影响较小，扩种增养、"一抗三保"等政策见效明显，撂荒地复耕完成省定目标的120%，瓜菜播种面积900.78公顷，产量为2.46亿吨，同比分别增长37.9%、97.2%；水果收获面积688.26公顷、产量2.56亿吨，同比分别下降37.1%、81.9%。槟榔收获面积2008.08公顷，同比增长22.1%，产量6940.02吨，同比增长14.5%；益智产量4900.69吨，同比增长124.8%；茶青收获258吨，同比增长22.3%。

持续加大森林保护力度，完成更新造林106.67公顷，同比增长6.7%；原木采运10.9万立方米，同比增长53.38%。橡胶收获面积1.2万公顷，同比下降8.93%，产量9924.84吨，同比下降8.34%。

渔业生产主要依靠养殖和内河捕捞，全市养殖面积365.90公顷，水产品产量2318吨，比上年同期增长1.13%。

五指山市生猪生产逐渐恢复正常。全市生猪出栏2.74万头，同比增长11.92%；生猪存栏2.47万头，同比下降23.84%。家禽出栏66.28万只，同比下降6.98%。

【全面实施乡村振兴战略】 2022年，制定《五指山市2022年全面推进乡村振兴重点工作的实施方案》，围绕坚持完成"三农"底线任务、推进热带特色农业高质量发展、推进乡村高质量建设、扎实做好"三农"风险防控、强化乡村振兴政策支撑保障、加强党对"三农"工作的全面领导等七大项35小项重点工作，解决产业发展结构单一、乡村振兴基础设施比较薄弱、槟榔产业政策调整引发的增收不稳问题，推动全市巩固拓展脱贫攻坚成果同乡村振兴有效衔接，确保农业稳产增产、农民稳步增收、农村稳定安宁。在2022年度市县党政领导班子和领导干部推进乡村振兴战略考核中，五指山市排名全省第6。

2022年，五指山市投入涉农资金3.26亿万元，其中水利发展资金3853万元、林业改革发展资金628.79万元、乡村振兴及百镇千村补助资金1912万元、农村综合改革转移支付1373万元、农业资源及生态保护补助资金125万元、农业生产发展资金3932.71万元(其中2022年冬季瓜菜发展资金1086.63万元，耕地地力发展资金603.49万元，粮食生产补贴1089.71万元，粮食生产农资补贴92.52万元，实际种粮农民一次性补贴92.05万元)、动物防疫等补助经费26.67万元、大中型水库移民后期扶持资金374.34万元、农田建设补助资金719万元、土地指标跨省域调剂收入676万元、衔接推进乡村振兴补助资金1.9亿万元。

五指山市及时调整市委农村工作领导小组，市委书记任组长，市委副书记及市政府分管副市长任副组长，市委农办主任由市委副书记兼任，市农业农村局局长任市委农办常务副主任。严格执行市、乡、村三级书记抓“三农”的工作机制，完善党政领导班子和领导干部乡村振兴战略的实绩考核办法，将“三农”硬任务作为各乡镇(居)党委书记党建述职述廉考核重要内容。发挥乡村振兴督导组的作用，对全市推进乡村振兴工作进行全面督导。

【农产品质量安全】 2022年，五指山市落实农产品生产销售企业、农民专业合作社、畜牧屠宰企业、收购储运企业、经纪人和农产品批发零售市场等生产经营主体监管名录制度，将全市农资零售企业16家、农民专业合作社449家、屠宰场1家、瓜菜生产基地45家纳入监管名录。建立五指山市生产经营主体“黑名单”制度，将销售违法产品的经营主体列入黑名单管理，维护市场秩序。对纳入监管名录的农产品生产经营主体实施质量承诺，落实生产记录制度，严格执行禁限用农兽药管理、农兽药安全间隔期(休药期)等规定。屠宰企业(代宰点)落实流向登记制度，鼓励农产品生产企业和农民专业合作经济组织对销售的农产品开展自检或委托检验，有条件的农民专业合作社按要求开展自检和委托检验。屠宰企业(代宰点)建立健全进场查验、驻厂检疫、肉品品质检验、“瘦肉精”检测等制度。强化农产品收购储运企业和农产品批发市场建立进货查验、抽查检测制度。建立病死畜禽及不合格农产品无害化处理机制，病死畜禽无害化处理率100%。

对农药、兽药、渔药、饲料及饲料添加剂等农业投入品市场实施准入管理和生产经营主体监管名录制度，对全市17家农药和兽药经营门店建档立卡，监管不留缝隙，责任落实到门店。落实农药、兽药许可经营制度，推行良好经营台账制度，完成农药经营体制改革工作，确定经营网点17家，按照法定程序全部核发农药经营许可证。严格规范农药、兽药生产和经营销售管理，确保有案可追责、有责可追查。落实农业投入品购买索证索票制度，对养殖环节自配料实施监管，规范生产和经营行为。建立农业投入品质量常态化监测制度，定期对辖区内主要生产基地、交易市场的投入品开展监督抽查和技术指导。推进农药监管信息平台建设，通过建设农药监管信息平台，实现农药监管可追溯。全市农药零售经营店都安装农药监管与服务平台，农药追溯信息管理系统应用覆盖率100%。实行“农资一卡通”购药制度，落实实名制购买农药制度，实现农药监管可追溯，定期对辖区内主要生产基地、交易市场的投入品开展监督抽查和技术指导。

2022年，市农业农村局与市行政综合执法局、市农技农机中心等单位联合开展2022年放心农资下乡活动，出动执法人员63人次，发放宣传资料105份，对35家农资产品销售门店开展执法检查，未发现违法违规出售农资行为。全年出动检查监管人员332人次。畜禽产品抽样66批次，定量检测100批次，其中抽样检测鸡肉8批次、猪肉32批次，猪肝4批次、鸡蛋14批次、牛肉1批次、饲料2批次、兽药5批次，所有样品送省饲料兽药监测部门检测，项目检测合格率100%；定量检测鸡蛋50批次、禽肉50批次，项目检测合格率100%。

加强对农业投入品生产经营和农产品生产、收购、储运、批发等开展执法检查，严厉打击农业投入品生产环节非法添加行为，取缔无证无照农业投入品生产企业。对全市农资店所售农药的专营标识情况、台账记录情况和农药标签标注内容规范情况进行专项检查，严厉查处无证经营、销售高剧毒和违禁农药的违法行为，通过实行实名购买制度，加大源头治理力度。积极开展农药产品质量检查工作，累计出动执法人员80人次，对全市16家农药店和1家兽药店开展检查63家次，联合市综合行政执法局开展检查5次，联系市综合行政执法局、市市场监管局、市公安局开展检查1次，开展兽药监督5批次，检查过程中未发现农药店存在包装及标签标识不符、进货和销售未如实记录问题，兽药店未发现存在经营假劣兽药和使用非法添加违禁药物，未发现物流点运输农药情况。

【农业科技服务与培训】 2022年，五指山市生态科技特派员开展培训、下乡咨询服务等工作，涉及产业有青瓜、朝天椒、玉米、槟榔种植，培训主要内容为科学种植、防寒防冻、病虫害防控等。建设"一村一品"基地12个，涉及种植忧遁草、茶叶以及养殖毛阳鹅等优势特色产业，促进乡村特色产业发展。

【农业人才工作】 2022年，市农业农村局开展高素质农民培育和农民实用技术培训。开办培训班9期，参训人数340人，占计划培育的100%；农民实用技术培训工作，举办19期农民实用技术培训，培训1516人次，占计划培训2000人次的75.8%；万名中专生培养工作，2022年继续依托省农业广播电视学校，培养万名中专生在读学员130名。

以罗文军等本地农民为代表的乡村人才，帮助农户通过电商平台、各类展销会销售农产品，拓宽产品销售途径；以郑丽娟、徐雪燕、雷华松、宋金梅等乡村人才，致力于将茶叶、五指山山鸡、蓝莓等特色产业做大做强，在生产技术、劳务用工、产品销售等方面带动当地农民增收；以陈亚忠、黄月芳、王梅姗等村委会书记为代表的农民致富带头人，带领村民菜地里"淘金"，调整产业结构，发展树仔菜、朝天椒、大叶茶、油茶等热带高效产业，带动农户发展经济，增加收入，解决农产品销路难题；以卓书颜、王添霖、王启旺等为代表的大学生返乡创新创业人才，通过农村电商、农民主播等形式，宣传水满乡大叶茶，打通销售渠道，带动当地农户发展大叶茶产业，提高茶叶品牌知名度；以王伯和等退伍军人为代表的农民创业人才，利用本地资源大力发展五指山水满大叶茶，带动当地农户发展茶叶产业，增加收入。

2022年，审核报送热带特色高效农业人才申请落户1人，并呈报省农业农村厅审定。

市农业农村局与市委组织部人才局联合邀请行业专家对五指山市2021年农业系列专业技术职称申报材料进行评审，经专家评审，7人通过农业系列专业技术评审，其中初级职称3人，中级职称4人；初审农业系列专业技术中级职称申报材料4人。

推荐本地人才参加省级相关培育或竞技比赛，推荐王馨卉、徐丁冠2名高素质青年农民参加由海南省农业农村厅、海南团省委联合举办的高素质青年农民培训；推荐8名农业企业、经营主体带头人参加海南省乡村产业振兴带头人培育"头雁"项目；推荐农业行业、黎锦制作能手10人参加海南省农业行业职业技能大赛——首届乡村人才技艺技能竞赛，五指山市获得电商项目优秀奖1个、黎锦制作项目优秀奖4个。

向社会招聘1名畜牧兽医学专业研究生，为全市畜牧专业人才队伍建设注入新动力；向市委组织部推荐1名畜牧专业人才到华南农业大学跟班学习1年。

【培育壮大新型农业经营主体】 2022年，全市有省级农业龙头企业2家、省级家庭农场1家，全市注册成立合作社366家，登记注册家庭农场18家。落实《五指山市建立产业化扶贫利益联结机制》《产业扶贫主体年度目标任务和责任》，引导和支持扶贫龙头企业、农民专业合作社、家庭农场等经营主体转变发展方式，与农户建立“风险共担、利益均沾”的紧密型利益联结关系，通过“公司+合作社+(农户)贫困户”“合作社+(农户)贫困户”“职业院校+农村集体经济+合作社+(农户)贫困户”等经营模式，引导全市企业(公司)、合作社、增收示范点、致富带头人等经营主体带动贫困户“抱团发展”。

【共享农庄】2022年，五指山市创建共享农庄6家，其中试点共享农庄3家，分别为水满茶香沃凡有机农庄、蜘蛛养殖基地—蛛王部落共享农庄、番茅村黎寨共享农庄；认定共享农庄3家，分别为永忠村黎宝共享农庄、水满润红茶博园共享农庄和雨林茶乡共享农庄。新认定方诺寨雨林共享农庄、水云居共享农庄2家共享农庄。

【依法治农】2022年，严格落实生猪屠宰监管，兽药、饲料及饲料添加剂监管，畜产品药物残留检测等工作，保障畜产品质量安全，抽样检测94份，经专业机构检测，样品全部合格；“瘦肉精”检测6份，结果呈阴性。屠宰场派驻4名官方兽医查验动物标识、检疫合格证、非瘟检验报告，三者不匹配的严禁进入屠宰场。生猪宰后，“两证两章一报告”齐全的方可进入市场销售。开具动物产品A证365张，动物产品B证38014张。开展重大动物疫病监测2次，监测样品1020份，其中畜类样品556份，禽类464份，自检均未发现非洲猪瘟、禽流感等重大动物疫病。加大对农资、饲料市场的监督检查力度，严厉打击经营假冒伪劣农资和高剧毒禁用农药行为，出动执法人员64人次，检查种子店4家次、农药店35家次、化肥店35家次、饲料店11家次、兽药鱼药店2家次、农机店3家次。检查期间，责令3家农药店将过期未及时下架草铵膦5瓶、丁草胺39瓶、临期敌草快21瓶下架封存，退回原公司，未发现销售假冒伪劣产品行为和销售禁限用农药行为。开展水产品药物定量检测工作，五指山市辖区内抽取的50个达到上市标准的水产品样本全部合格。配合省农业农村厅完成2022年国家产地水产品兽药残留监控抽样工作，共抽取8个样本，全部抽检合格。到养殖现场进行水产品质量安全检查30家次，未发现违规使用水产投入品的情况。加强农产品质量安全检测，检测冬季瓜菜及常年蔬菜样品3万个，合格率100%，超额完成省下达的快检任务；检测出岛瓜菜样品3652个，合格率100%，出岛车次3652辆，总吨数2.2万吨，出具食用农产品合格证4390份，农产品农残检测合格报告单3652份，农产品“双证”出岛持证率100%。全市未发生重大农产品质量安全事故。

【强农惠农政策助力扶贫】2022年，投入1251.8万元为6536户农户7900公顷可开割橡胶购买橡胶收入价格保险，承保蔬菜价格指数保险11家109.13公顷。全年落实各类强农惠农补贴资金2954.69万元，其中发放耕地地力保护补贴603.49万元，实际种粮农民一次性发放补贴92.05万元，发放冬季瓜菜种植补贴1086.64万元、粮食种植补贴1085.49万元、农资补贴87.02万元。

【农村土地承包经营权确权登记工作】2022年，完成农村土地经营权确权登记颁证工作，颁证率100%。启用农场土地确权管理系统，实现网络查询。开展农村土地承包经营权信息更新常态化工作，按程序受理更新户主、增减共有人、补换发等农村土地承包经营权证信息更新申请事项212项，新印制农村土地承包经营权证212本。

【推进农村改革工作】2022年，对全市59个村委会、331个村组共390个集体经济组织的农村集体资产开展农村集体资产清产核资，重点清查核实资源性资产和经营性资产。经核查，2017年底核实资产为2.1亿元；2018年底核实资产为2.08亿元；2019年底核实资产为2.18亿元；2020年底核实资产为2.53亿元；2021年底核实资产为3.59亿元。集体成员基本确定。共确认成员身份1.69万户5.82万人。组建机构实现权能拓展。全市共组建59个村股份经济合作联合社，331个村股份经济合作社，印制了390套集体经济组织登记证和1.68万本股权证。

【农村生态保护】 2022年，制定《五指山市2022年冬季田间地头农膜回收清理专项行动方案》《五指山市2022年农膜回收工作方案》，农膜废弃物回收量达183.82吨，回收率111.4%，比省下达年度农膜回收率指标值多29.4个百分点；农药包装废弃物回收量2.93吨，回收的农膜、农药包装废弃物全部运往天明公司琼中厂区，集中进行无害化处置。

（杨光宇）

种植业

【概况】 2022年，在稳定粮食生产的基础上，继续调整品种、品质结构，推广优良品种，做优做强山地热带高效农业，推广高新技术、无公害生产和标准化生产技术，提高产量和产品质量。与此同时，抓好农作物病虫害防治，确保农作物安全生产。全年种植业产值10.23亿元，同比增长16.08%。

【粮食生产】 2022年，粮食生产播种面积2253.93公顷，产量1.32万吨，同比增长0.7%；其中早稻737.47公顷，晚造1191.73公顷，同比分别增长1.6%和5%，薯类324.73公顷，同比增长-13.7%；早稻产量4704吨、晚稻7034吨，同比增长-2.4%和10.2%，薯类1444吨，同比增长-23.3%。建立撂荒地复耕台账，督促乡镇组织农户复耕，撂荒地复耕33.52公顷，超额完成省级下达的33.33公顷任务。完成市级储备粮全年1000吨轮换工作。

【油料生产】 2022年，全市油料作物播种面积160.66公顷，产量372.55吨。花生播种面积和产量占油料作物播种面积和产量的100%。

【瓜菜生产】 2022年，五指山市继续实施“菜篮子”工程建设，全年引进一批抗病抗逆性强、产量高、适应本地大面积推广种植的优良品种，包括青瓜、苦瓜、椒类等；稳定苦瓜种植面积，扩大青瓜、杭椒等种植面积；推广应用新技术。采用瓜菜塑盘和营养袋育苗方式，并积极推广地膜覆盖栽培、大棚栽培、喷滴灌等技术；抓好技术服务。组织专家和技术人员巡回指导，要求菜（瓜）农科学使用农药，引导及鼓励使用生物制剂农药代替化学制剂农药，减少化学农药使用量，严禁农药残留超标，提高瓜菜产品质量；抓好无公害生产基地建设。继续加强无公害生产基地监督管理，做好复查换证工作。

【水果生产】 2022年，全市水果收获面积688.26公顷，产量2.56万吨，同比分别下降37.1%、81.9%。

【热作病虫害防控】 2022年，五指山市开展橡胶白粉病、六点始叶螨、介壳虫的防治，以及槟榔病虫害防治。

（杨光宇）

畜牧业、渔业

【畜牧业】 2022年，全市生猪出栏2.74万头，同比上升11.92%；生猪存栏2.47万头，同比下降23.84%。家禽出栏66.28万只，同比下降6.98%。年初牛存栏3242头，出栏1306头，年末存栏3650头；年初家禽存栏24.9万只（鸡20.5万只，鸭2.5万只，鹅1.9万只），出栏66.28万只（鸡52.91万只，鸭9.84万只，鹅3.53万只），年末存栏25.95万只（鸡21.43万只，鸭3.44万只，鹅1.08万只）。畜禽肉总产量3464.98吨，其中猪肉2102.80吨，牛131.34吨，羊30.67吨，禽类1107.36吨，其他92.81吨。

【渔业】 五指山市的渔业生产主要依靠养殖和内河捕捞，全市水产品产量2318吨，比上年同期增长1.13%。

（杨光宇）

农产品加工运销

【“冬交会”】 2022年第25届中国（海南）国际热带农产品冬季交易会（以下简称“冬交会”）于2022年12月15—18日在海口市海南国际会展中心举办冬交会。

市农业农村局组织五指山椰仙生物科技有限公司、五指山深林蜂业有限公司、五指山什再种养农业专业合作社、五指山苗绿香茶业专业合作社、五指山甘工茶业有限公司、五指山南圣华松蚂蚁鸡特种养殖专业合作社、五指山瑞丰农民专业合作社等29家企业参展，馆内设有特色接待区“黎家小院”，开展品鉴活动，参展茶品质量优良，大多是“斗茶”比赛的明星产品；重点展出五指山红茶、铁皮石斛、灵芝、黎锦、忧遁草、蜂蜜、山兰酒、烤乳猪等特色农产品。五指山市通盛生物科技有限公司自主创新研发的“忧遁草饮”在此次展销会中首次亮相。本届冬交会首次开通冬交会小程序，统一开设中英文双语官方网站，开通“线上冬交会平台”，为各参展农企、参会农批市场等客商打造“永不落幕”的供需信息交流合作平台。

通过“冬交会”，结合新浪网、《海南日报》、淘宝网、微信等平台，加大对五指山市农产品的宣传和推广；与供销大集网合作，开拓网络营销经营模式，实现线上线下同步销售；展示五指山市近年来发展特色农业和社会主义新农村建设取得的成果，宣传五指山市优越的农业资源和宽松的农业投资环境，以及独特的黎苗文化，实现产销对接，促进农业增效、农民增收。

本次“冬交会”上，五指山市坚持自主参展、严格挑选、突出特色、确保质量安全、选优推优的原则，参展产品进馆参展前需经检测合格，贴上二维码，力争高品质农产品得到充分展示，扩大影响力。除了展销常规的瓜菜、水果等农产品外，还展出茶叶、灵芝、五指山蜘蛛、五指山五脚猪等系列产品近百件，全市企业销售总额近36万元，其中线下销售额29.05万元，线上销售额6.8万元，意向订单23项。

【农产品产销信息服务】 2022年，五指山市加强市场监测预警，搞好信息服务，完善“生产环节与消费环节相衔接、重点监测

△ 12月15日，第25届中国（海南）国际热带农产品冬季交易会五指山展馆

（市融媒体中心 供图）

与全面监测相补充”的信息采集体系。配合省农业农村厅做好信息发布工作，科学引导农产品生产与流通。

借助“冬交会”“农交会”“丰收节”等大型活动加大全市农副产品宣传力度，拓宽销售渠道，促成大宗农副产品销售订单的签订；通过微信扶贫群以“接龙”的形式，帮助农户解决田间地头的急销农产品；做好全市超市、市场和农户的产销对接工作，帮助农户的农产品直接进入市内销售；加强农村电子商务体系建设，加大农村经营主体和电子商务人才培育力度，依托市电商中心和大型电子商务平台，拓宽全市农特产品销售渠道，促进销售。

加强农超对接、直供直销、连锁经营、电子商务、电商直播，拓宽农产品销售渠道。完成“互联网+”农产品出村进城工程试点申报工作；5家企业参与网络销售，参与省“6·18”电商直播，参与京东直播、天猫“6·18”活动宣传和销售。

【农民专业合作社】 2022年，落实《五指山市新型农业经营主体全产业链扶持实施方案》，引导新型农业经营主体提升规模经营水平、完善利益分享机制，发挥带动农民进入市场、增加收入、建设现代农业的引领作用。新型农业经营主体在经营规模、经营水平、完善利益分享机制方面得到较大改善，带动农民进入市场。全市新型农业经营主体全产业链奖励补贴4家企业，补贴资金294.73万元。

【农产品品牌建设】 2022年，五指山市持续实施农产品品牌提升战略，继续落实《五指山市品牌农业发展奖励暂行办法》《五指山市新型农业经营主体全产业链扶持实施方案》等办法、措施，鼓励农业经营主体创建农产品品牌。“五指山红茶”“五指山五脚猪”“五指山蜘蛛”通过国家地理标志登记认证，“五指山红茶”被评为海南十大最受欢迎地理标志农产品。正在申请“五指山山鸡”“五指山树仔菜”地理标志登记认证，全市共获得“三品一标”认证11个，其中有机产品3个、绿色食品1个、无公害农产品4个、地理标志认证3个。政策上加大支持力度，对绿色食品、有机农产品、无公害农产品、地理标志农产品等给予一次性奖励，共拨付“三品一标”品牌奖励资金109万元。

【农产品加工】 五指山市农产品加工企业处于转轨变型期，农产品由数量增长阶段向提高产品内在质量、丰富的产品种类阶段发展，农产品加工企业已进入以质量优良、品种丰富参与市场竞争的阶段。随着人们生活水平的不断提高，保健意识的不断增强，以红茶等高品质农产品为原料加工的各类商品不断增加，出现灵芝茶、忧遁草茶等产品。

【瓜果菜运销】 2022年，市涉农单位定期派驻工作组协助乡镇做好瓜果菜的产前、产中和产后服务工作。乡镇政府派出工作队进村驻户，实行分片包干，深入做好群众的宣传发动和组织协调工作，帮助群众和公司老板签订合同，增加瓜果菜订单面积。

（杨光宇）

农业科技推广服务

【耕地质量监测】 2022年，针对全市9个耕地质量监测点，制定耕地质量监测方案，完善维护3个标准化监测点，2022年已完成监测点早造水稻收割及数据监测。在毛阳等7个乡镇推广测土配方施肥474人次，发放施肥建议卡500份。开展化肥减量增效技术培训14期，指导农户532人，发放资料1100份。持续做好秸秆还田技术推广，在全市7个乡镇推广秸秆还田面积466.67公顷，发放秸秆腐熟剂2.1万包（2千克/包）。

【农机具推广】 2022年，五指山市发放农机购置补贴宣传册400余份，为农户提供咨询服务1000多人次，动员全市不少于14个村委会购买谷物联合收割机16台，群众申请农机购置补贴46.08万元，补贴农机具22台，受益农户/组织17户，在番阳镇、南圣镇、畅好居、水满乡等多个田洋进行试点，进行水稻机械化插秧，面积400多亩，农机化机耕率99.25%，机收率88.93%，基本实现农机作业。“3·15”期间，发放宣传袋200个、宣传册400余份、宣传帽50顶，为农户提供政策咨询超过1200人次。

【病虫害防治】 2022年，五指山市开展水稻、草地贪夜蛾、红火蚁等有害生物的普查、监测、防控。普查水稻病虫害面积5000多亩，指导防治面积4500多亩，病虫预测预报2期；开展水稻统防统治600公顷；普查玉米草地贪夜蛾为害面积2000多亩次，虫害发生面积1350亩次，指导防治面积1500多亩；安装监测性诱捕器300个，发放防控药剂14箱，绿色防治面积500多亩，指导防治效率达90%以上；普查红火蚁面积3000多亩，危害发生面积1050多亩，防控面积1300多亩次，防控效率85%以上。现场实地开展田间技术指导培训60次，受益农民360多人次，发放技术资料1800多份，指导防治面积3700多亩次。科学指导农户做好冬季瓜菜的防寒工作，发放防寒技术资料500多份，现场指导农户、冬季瓜菜种植专业户15次，技术覆盖面积5000多亩。开展茶叶统防统治面积14.67公顷。开展百香果、荔枝绿色防控示范面积13.33公顷，举办瓜菜、槟榔等农作物病虫害防治技术培训班18期，参加培训人数600多人，发放资料1000多份。

【农产品质量安全检测】 2022年，五指山市完成冬季瓜菜及常年蔬菜检测样品总量3万个，合格3万个，合格率100%。其中，冬季瓜菜田头检测样品2.64万个，合格率100%，出岛瓜菜检测样品3652个，合格率100%，出岛车次3652辆，总吨数2.2万吨，出具食用农产品合格证4390份，农产品农残检测合格报告单3652份，做到农产品持“两证”出岛上市，持证率100%。对青瓜、苦瓜、叶菜等抽样150批次，委托威尔检测认证服务（海南）有限公司进行定量检测，合格149批次，不合格1批次，合格率99.33%；对豇豆抽样616批次，送至乐东县黄流镇、海口市甲子镇的山东寿光检验检测有限公司进行半定量检测，不合格3批次，合格率99.51%。配合省农业农村厅开展瓜菜例行监测抽样，抽取样品1批次，合格1批次。

【种子市场监管】 2022年，五指山市开展种子市场监管32次，检查种子销售门店69家次，出动76人次。2022年种子备案225份，其中杂交水稻种子备案95份，玉米、蔬菜种子备案130份。联合市农业农村局、农业执法大队等部门开展种子、农机、农药、肥料等农资打假执法检查2期，执法检查各类门店20家，出动人力20人次，未发现假种劣种案件。

【农业实用技术培训】 2022年，五指山市在各乡镇举办水稻、瓜菜、朝天椒、槟榔等种植业管理技术及病虫害防治技术培训班，邀请农业专家在田间现场讲课，举办培训班81期，培训2615人，发放技术资料4000多份。

【农作物新品种推广】 2022年水稻早造引进、推广深优1618、泰黑香9号、天目19、特优128、2068、668、7166、3301、386等特优系列，野香优2998、华优329等21个杂交水稻良种，全市推广种植823.56公顷；晚造引进、推广了博Ⅱ优312、2877，博优1263、吉优5618、1918、吉丰优1002、双青优2008、泰优1002、珍优9822、红糯822等18个良种，全市推广种植971.79公顷。玉米引进、推广了天桂糯919、美玉15号，湘糯2008等8个良种，全市推广种植66.67公顷；花生主要推广桂花771、四粒红等品种，全市推广种植86.67公顷；番薯主要引进推广广薯87、高系14、三角宁等良种，全市推广种植186.67公顷；在瓜菜方面，苦瓜重点推广海研二号、长身油瓜；青瓜推广津绿18号、亮丰88号2个品种；豇豆重点推广华赣宝冠、海豇1号、2号3个品种，种植68.27公顷。辣椒重点推广朝天椒、线椒2个品种，种植73.07公顷；引进推广的部分新品种已成为当家品种，为农业增效、农民增收打下坚实的基础。

【行业安全】 2022年，五指山市开展农机经销店安全质量检查与农机维修点安全隐患排查10次，检查8家经销点，发现2家电线凌乱、未安装电箱，存在严重的安全隐患，已完成整改。举办农业机械化技术推广与安全生产培训班6期，培训210人次，拖拉机驾驶培训3期，培训110人。到7个乡镇50个村委会开展变型拖拉机排查与下乡送检工作，累计排查变型拖拉机477辆，办理注销登记117辆，年度检验240辆、办理拖拉机驾驶证补证换证50本、行驶证补证换证10本，发放宣传资料近500份、群众咨询相关业务近500人次。开展农机安全宣传活动15次，向农民群众发放宣传T恤800多件、宣传帽150件、宣传袋1000个，悬挂宣传横幅30条、各类安全宣传资料近2000份，同时还利用网络平台方式发送宣传语6000条。组织开展道路安全检查38次，发现安全隐患拖拉机62台，已全部完成整改。组织开展农村沼气安全生产大排查整治工作，开展排查活动4轮次，现场排查巡查各类沼气工程64处次、户用沼气池492户，发放农村沼气安全使用挂图500多份、农村沼气安全使用明白纸800多份，张贴防火警示标志牌250多份，悬挂安全宣传横幅12条。

（朱彩露）

水务

【概况】 2022年，五指山市水务局按照“进步治理水平、进步服务质量”的工作目标，落实“节水优先、空间均衡、系统治理、两手发力”的治水思路，立足服务经济发展、抓紧、抓牢、抓实水务基础设施建设，盯紧城乡生活污水治理重点，稳步推进“六水共治”工作。2022年，投入各类水利建设资金1.72亿元。

【“六水共治”概况】 2022年，五指山市围绕“六水共治”（治污水、保供水、排涝水、防洪水、抓节水、优海水）目标，组织召开市治水工作领导小组会议、市治水办专题会议、市委常委会会议、市政府常务会议、市政府专题会议等35次，研究部署五指山市治水攻坚工作。1月7日成立，由市委书记、市长为组长的市治水工作领导小组，从市委宣传部、市生态环境局等8个成员单位抽调10名优秀干部到市治水办工作，落实工作经费19万元，做到人员配置到位、经费到位。印发《五指山市2022—2026年治水攻坚工作方案》《五指山市2022年治水工作要点及任务分工清单》《五指山市治水工作领导小组办公室监督考核工作机制（试行）》《五指山市2022年度治水攻坚督察方案》等文件。建立《五指山市试点示范事项清单表》《治水项目进度计划表》两本台账，进行台账管理，掌握治水项目进展，确保项目建设问题发现及时、解决有效。坚持规划先行，项目为王，统筹推进治水项目的建设。全年谋划并实施项目建设17个，其中治污水9个、保供水5个、排涝水1个、防洪水2个，总投资7.75亿元，完成年度投资2.31亿元。

【水政工作】 2022年3月22日，以“世界水日、中国水周”宣传为载体，深入学校、机关、乡镇等开展节水爱水、护水机关的宣传。6月20日，开展线上有奖知识问答活动，宣传推广节水、护水、保供水、治污水等知识。常态化打击非法采砂，实施综合整治。市水务局联合执法部门对河道非法采砂进行执法，扣押车辆4辆，焚毁采砂设备及浮台3台，处罚违法装载河砂案件2宗，处罚金额2万元。

【水资源管理】 2022年，五指山市用水总量4444万立方米，万元GDP用水量比2020年下降27.19%，万元工业增加值用水量比2020年下降35.48%，农田灌溉水有效利用系数0.6998，重要江河湖泊水功能区水质达标率100%。

【重点工程建设】 海南省昌化江上游滨河雨林生态修复（南圣至通什段）综合治理项目，总投资4.48亿万元，截至12月底，已开展进场施工前期准备工作。

五指山市中心城区南圣河（昌化江上游段）污水主管网改造工程项目，总投资1.57亿万元，截至12月底，已开展进场施工前期准备工作。

五指山市区污水处理厂扩建工程，总投资6281.63万元，7月初完成竣工验收并投产运营，新增污水处理能力0.7万立方米/日。

五指山市2022年水土保持生态清洁小流域建设工程，总投资2000万元，12月完成工程进度。

毛旦水库工程总投资3275.55万元，截至12月底，完成工程进度的79%。

五指山市小型水库供水保障工程，总投资782万元，9月28日，完成初步设计及概算工作；12月19日开工。

五指山市春雷水闸除险加固工程建设，总投资721.12万元，12月底完成工程进度的70%。

五指山市南圣河支流牙益河（南圣河入口段）河道整治工程，总投资695.57万元，12月底，完成工程进度的70%。

畅好居场部片区供水管改造工程，总投资554万元，12月底，完成工程进度的25%。

【水旱灾害防御】 2022年调整五指山市水库“三个责任人”，5月12日，组织五指山市22座水库、水闸“三个责任人”共112人进行线下集中培训；完成21座水库大坝安全管理应急预案、调度方案和10座水库防汛抢险应急预案的修订及批复；完成山洪灾害及水库应急抢险演练；完成21座小型水库灭蚁工作；完成22座中小型水库公示牌更新工作；开展1座中型水库及2座小型水库安全鉴定工作，五指山市22座水库安全鉴定工作全部满足国家有关要求。

【农村水利水电】 2022年，实施农村供水保障工程17宗，项目总投资1761.86万元；受益人口6460人。12月底完成总体进度。开展考核4次。做好水费收缴工作，做到“应收尽收”，形成长效机制。五指山市共收缴水费222.49万元。

【河长制湖长制工作】 2022年，完成全市396条河流（昌化江除外）和22宗水库管理范围划定工作；完成6条市级河流水域岸线保护与利用规划工作；组织开展五指山市河长制管理信息系统平台建设工作，截至12月，完成初步验收工作。开展五指山市水浮莲清理“百日大战”攻坚行动，出动1939人清理水浮莲；排查河流长度200公里；清理重点区域水浮莲河段1.6公里；面积3.02万平方米；清理建筑垃圾、漂浮物和水浮莲418吨；五指山市持续通过巡查暗访等方式保持全市河湖“长治久清”的面貌，截至年底排查16个问题，完成整改16个，整改率100%。

【水库移民】 2022年，开展水库移民人口核定，精准核定核减人员，按照规定进行公示，公示后按时发放水库移民直补资金。抓好移民后期扶持项目建设，实施美丽家园建设工程3宗，工程概算投资388.58万元，工程顺利按时完工并发挥效益。

（邓木兰）

工业

综述

【概况】2022年，全市规模以上工业总产值2.7亿元，按名义增速计算，同比下降10.8%。全年全市工业增加值2.06亿元，按可比价格计算，同比下降8.8%。其中，规模以上工业增加值1.23亿元，同比下降14.6%；规模以下工业增加值8331万元，同比增长1.3%。

【工业企业扶持】2022年，加快金融服务体系建设，搭建银企交流平台，完善银政企联席机制，深化银企合作，鼓励金融机构量身定制适应五指山工业发展特点的金融产品；建立健全工业发展激励机制，促进企业做大做强；着力培养、引进人才，建立科学的人才引进、培育、使用体系，加强企业经营管理人才、专业技术人才、技术工人三支队伍建设；优化经营环境，全面推进企业减负工作，清理规范涉企收费；加强企业周边环境及社会治安治理力度，维护企业、投资者人身财产安全。扶持发展"龙头企业"，培育工业竞争主体，推进中小企业成长工程，以成长性好、有竞争优势、管理规范、年实现主营业务收入在一定范围的中小企业为重点，加快技术改造，实施重组联合，促进企业规模、水平、效益同步提升。

【工业科技创新】2022年，加大技术创新支持力度，增强企业自主创新能力。加快运用高新技术和先进适用技术，提升产业发展水平，以技术、产品、标准创新为基础，推动品牌创新，支持、鼓励企业争创名牌产品和名牌商标，培育一批名、优、特、新品牌产品。

建材工业

【五指山南鸿混凝土配送有限公司】五指山南鸿混凝土配送有限公司于2011年6月成立，是一家集混凝土生产和配送服务于一体的生产企业，年设计生产60万立方米商品混凝土。公司员工65人，拥有HZS180生产线2条、搅拌车23台、52米泵车1台、46米泵车3台、38米泵车1台、装载机2台、地磅1个、配合搅拌楼正常工作的配料机1套、皮特输送机2套，以及保证连续生产用的维修设备及其他辅助设备等。

药品生产行业

【海南制药厂有限公司】2022年，海南制药厂有限公司员工197人，拥有资产过亿元，占地面积10多公顷，生产片剂、注射剂、口服液软(硬)胶囊剂、颗粒剂、酊剂、溶液剂、中药提取、原料合成、滴眼剂等200多个品种药品，8个生产车间16种剂型全部通过国家GMP认证。

【海南长春花药业有限公司】2022年，长春花药业有限公司专注于技术创新，已于2020年通过"高新技术企业"认定，2021年成为海南省"专精特新"中小企业，2022年在海南省高新技术企业"精英行动"中被认定为"海南省高新技术瞪羚企业"，获得4项国家发明专利。

（李会鑫）

商贸·旅游业

综 述

【概况】2022年，五指山市落实落细“菜篮子”工作，完成174台电子秤铺设任务，备案率100%。开展政府消费券活动4期，累计核销各类消费券2.45万张，优惠金额150.31万元，直接带动消费418.05万元。完成5个点位垃圾分类屋的建设和8套分类垃圾桶的采购、投放；设置宣传横幅1条、宣传展板5块，发放全生物可降解塑料袋10000个、宣传物料2400余份、海报100余份。

【保障市场供应】2022年，建立全市20家重点保供企业(配送车队)名录库，指导加大八大生活必需应急储备，全年调运蔬菜320吨投放市场，品种100余种。

【商贸领域行业管理】2022年，开展巡查检查30余次，出动约100人次，下架不合格一次性纸杯2批次，没收不合规塑料制品11件，其中立案5件，批评教育50余次。完成全市10家农贸市场“禁塑”考核，推动建立10家农贸市场可降解塑料制品集中采购点，在销售价基础上以下降不低于20%的指导价进行销售，全市农贸市场参与率100%。组织开展全市燃气安全风险隐患排查整治。组织全市200余家餐饮企业参加五指山市餐饮行业安装燃气泄漏报警装置培训大会，发放宣传折页400余份；开展3次专项治理检查，出动30余人次，安装燃气泄漏报警器的餐饮企业有326家，安装率100%。

【商业网点建设】2022年，在全市设立41家平价蔬菜销售网点，利用蔬菜保险补贴机制，推动全市菜价稳中有降；通过公开拍卖拍下河北农贸市场，进行升级改造，已竣工验收。

【招商引资】2022年，五指山市成功签约11个项目，合作范围涵盖文旅融合、农旅融合、茶旅融合、生态康养、体育运动、红色研学、交通物流、热带特色高效农业、农产品加工、农业科研、医疗科研、贷后金融服务等，围绕五指山市规划的五指山茶产业园、五指山新征程绿色金融产业园、五指山雨林农产品加工产业园、五指山国际实验动物科技创新产业园、五指山雪茄烟产业园、五指山自行车骑行运动产业项目，打造一批名优品牌拳头产品，加速产业化、规模化、标准化进程。

【招商服务】2022年，五指山市招商专班办公室对接26批次128家企业考察团，涉及现代服务业、农业、旅游康养业、高新技术产业等行业。建立市营商环境登门服务“123”追访机制，通过招商引资工作专班、项目服务工作专班企业帮扶工作专班，强化前、中、后服务理念，3个专班均由市长任组长，统筹领导全市招商引资和投资促进工作，督促、检查、推动各项招商引资工作举措的落实，推动全过程服务质量体系建设，构筑“人人参与、事事有服务有回应”的“大招商”机制。

【电子商务】2022年，五指山市依托建成的36个村级电商服务站、7个乡镇级电商服务站、1个市级电商公共服务中心，完成电商交易。通过不断优化电商服务站功能建设，实现电子商务与乡村振兴的相互促进。帮助本市企业、合作社、个体创业者、脱贫户等提供单次服务430次以上，同时与中海油能源发展股份有限公司、甘肃麦瑞果果农业发展有限公司达成销售合作，有效拓展省外销售渠道。通过实施电子商务进农村综合示范项目，五指山市域电商农产品交易额达1500万元以上。

【促进消费】 2022年，五指山市开展“家电下乡”优惠活动和摩托车促销活动1期，促销摩托车122辆，销售金额50.6万元。开展2022年五指山中部国际车展活动1期，销售车辆92台，销售额约1564万元。2022年中秋、国庆期间，对市场投放平价猪肉约50.9吨，政府补贴32.52万余元。

【经贸交流】 2022年，五指山市社会消费品零售总额11.9119亿元，同比下降7.2%。受新冠疫情影响，全市旅游、住宿、餐饮、零售等行业生产经营恢复较慢，群众线下消费节奏放缓，消费需求和消费活力仍处在较低水平；货物进出口额637万元。

（陈姿铮）

粮油流通

【概况】 2022年，五指山市粮食储备中心以确保五指山市粮食供应安全和市场稳定为目标，构建粮食库存检查、粮情监测预警应急、储备粮管理和粮食流通监管体系，开展各项粮食工作；完善粮食基础设施建设，为五指山市储备粮仓储安全提供保障。

【粮情监测预警应急】 2022年11月3日，由市粮食和物资储备服务中心主办、市消防救援大队协办的2022年五指山市粮食安全生产应急演练在南圣粮食储备库准时开展模拟演练。市粮食储备有限公司、市军粮供应有限公司参加演练，五指山市粮食安全党政同责责任制工作领导小组成员单位、五指山市粮食应急指挥部成员单位到场观摩。

【粮食储备管理】 2022年1月28日，市粮食储备中心召开“五指山市级储备粮管理暂行办法培训班”，学习《五指山市级储备粮管理暂行办法》。

印发《2022年五指山市政策性粮食库存检查实施方案》，成立“五指山市政策性粮食库存检查工作领导小组。针对查出的问题，建立五指山市政策性粮食库存检查整改任务台账，确定整改时限、整改责任人，下发整改通知书，逐一对账销号，完成整改。

【粮食安全生产检查】 2022年，市粮食储备中心召开“春节期间疫情防控保供稳价和安全生产工作部署会”，部署春节期间疫情防控粮油保供稳价和粮食安全生产工作，安排人员走访粮油市场，了解市场粮油价格及供应情况，安排市级储备粮承储企业做好粮食安全生产工作，节假日期间做好值班工作。组织全体干部职工开展安全生产能力提升专题培训班，学习安全生产十五条措施《中华人民共和国安全生产法》等，组织粮食系统人员参加消防安全知识培训，观看消防安全片，讲解实际案例，普及用电安全和灭火器的使用知识，树立“安全生产无小事”理念，增强安全防控能力。

【粮食流通监管】 2022年，市粮食储备中心完善粮食企业基本信息，对粮食企业进行信用评价，按时完成企业信用评价工作。

按“五要五不准”收购守则，严格执行质价政策，确保政策落实不出偏差、不打折扣。坚决查处“克扣斤两”“压级压价”“打白条”等损害群众利益和“以次充好”“先收后转”“转圈粮”“以陈代新”等损害国家利益的违法违规行为，维护粮食流通秩序，开展夏粮和秋粮两季收购专项监督检查。五指山市在粮食监督检查过程中，采取处罚和宣传教育相结合方式，对粮食经营者的违法行为讲道理、讲法律，实行说教式执法。五指山市在夏粮和秋粮两季收购专项监督检查过程中，没有发现农民“卖粮难”情况，没有发现抬级抬价、压级压价、拖欠售粮款等违法现象，市粮食储备中心在粮食收购中自觉做到随到随收、依质论价、公平公正、准确计量、不打白条。

（李太莉）

供销合作

【概况】 2022年，五指山市供销合作联社牢记“三农”服务宗旨，紧密结合部门工作职责，为巩固脱贫攻坚成果，积极承担消费助农赶集日、改建综合服务社、“菜篮子”保供稳价工程、管理乡镇农贸市场、“三农”服务等各项工作责任。

【赶集日活动】2022年，五指山市供销合作联社继续巩固脱贫攻坚成果，继续办好“山城好物民俗赶集日”活动。全年共举办47场，累计销售526.59万元，受益农户5683户。

【农贸市场管理】2022年，五指山市供销合作联社负责市级市场及乡镇市场的管理工作，招聘12名公益岗人员，负责维持农贸市场秩序，缓解当地农民就业难的问题，增加家庭收入。

【“菜篮子”工程】2022年，五指山市供销合作联社兴合公司对番阳镇、毛阳镇公益性农贸市场开展常态化平价蔬菜批发配送，同时加大部分财政供养食堂、学校食堂、小区食堂的供应，每天批发供应蔬菜5吨，种类有50多种。2022年与3家本地蔬菜种植基地签订购销协议、搭建采购—供应链路，持续支持本市蔬菜供应，满足大部分市民要求。

【专业合作社建设】经五指山市供销合作联社长期走访、勘察各乡镇选址，最终装修改造8家农村综合服务社和1家为农服务中心，完善和构筑现代流通网络，扩充门店服务功能。

【“三农”服务】2022年，完成乡镇保障性住房和乡镇农贸市场的房屋安全质量鉴定与消防检测，为番阳镇农贸市场、毛阳镇农贸市场、畅好居农贸市场安装伸缩门，以保护市场农户的权益和资产安全。市供销合作联社11名帮扶责任人为67户帮扶户开展帮扶工作，摸排帮扶户生活情况，协助劳动力转移，动员72名富余劳动力外出务工，涉及会计、服务员、种植、水泥工等。春节假期，向帮扶户赠送慰问品，让他们感受到温暖与关爱。

【农资供应保障】2022年，市供销合作联社发挥农资供应服务流通主渠道作用，利用市、镇、村三级农资经营网络优势，保障农业生产用肥用药稳定供应。基层社、农资经营企业要到田间地头，了解农资需求情况，做好市场调查和分析预判，守住农资质量和价格两条底线，及早部署，备足货源。对农资市场实行不定期监测，掌握实际

△ 2022 年 7 月，农村综合服务社改建验收　（刘积洪 摄）

△ 2022 年 2 月，市民与农户参加“山城好物民俗赶集日”活动　（黄永昕 摄）

情况；深入供销社系统农资销售网点，调查库存情况，强化监督检查，加强对农资经营网点的管理。

（黄永昕）

烟草专卖

【概况】2022年，五指山市烟草专卖局（营销部）坚持稳中求进总基调，突出党建引领，统筹抓好经济运行、市场监管、基础管理、队伍建设等，确保各项工作顺利开展。

【卷烟销售】2022年，销售卷烟4744.38箱，同比增长0.37%，销售收入1.59亿元，同比增长3.39%，单箱销售收入3.35万元，同比增长3.08%。一、二类烟累计销售2509.49箱，同比增长3.85%，销售收入11672.37万元，同比增长5.20%，销量占比由51.12%提高到52.89%，收入占比由72.21%提高到73.47%。自有品牌累计销售399.32箱，同比增长27.59%，其中三沙（蓝）卷烟累计销售61.56箱，同比增长32.27%。主销品牌规格价格指数运行平稳，卷烟零售价不低于指导价，名优品牌价格坚挺。

【卷烟网络建设】2022年，建设吸烟区2个，吸烟点75个。完善卷烟营销网络。"椰海金叶"加盟终端6个，中级终端12个，初级终端85个，乡村便利店1个。开展卷烟零售户诚信互助小组建设，建立诚信互助小组82组，覆盖率98.14%，开展小组活动45次。

【烟草市场监管】2022年，五指山市持证户共914户（不含电子烟经营户2户）。受理新办申请95户，其中准予行政许可16户、不予许可79户。

专卖执法工作　2022年五指山市烟草专卖局出动人员570人次，车辆132台次，查处各类违法案件23件，其中非渠道案件20件、假烟案件1件、走私烟案件1件、无证运输1件；查获各类违法卷烟972.5条，其中真烟503.6条、假烟458.5条、走私烟10.4条，涉案金额21.4万元。完成5万元以上假烟案件1件，涉案卷烟539.2条，案值9.86万元。开展卷烟零售户综合治理专项工作，对辖区内1014户零售户逐户进行排查，清理出435户异常户，其中不在原址经营21户、主体不符15户、不经营卷烟45户、店面不符41户、其他异常类型313户，异常户清理工作已完成。

（符钰）

旅游业

【概况】2022年，五指山市全年接待游客139.81万人次，同比下降17.42%，全市实现旅游总收入10.66亿元，同比下降10.48%。

【旅游项目建设】2022年，将五指山革命根据地纪念园创建成国家AAAA级旅游景区。五指山市水满乡获评第二批全国乡村旅游重点乡镇，水满乡毛纳村获评第四批全国乡村旅游重点村和"中国美丽休闲乡村，并入选文旅部"乡村四时好风光——瑞雪红梅 欢喜过年"全国乡村旅游精品线路。全市创评成功海南省级全域旅游示范区。

【旅游标准化建设】2022年，五指山市在五指山湖、南圣镇新民村、毛阳镇唐干村打造3处公共露营点。完成五指山雨林大礼包设计并上线各类电商平台、公众号。在毛纳村打造雨林文创产品广场，将融合雨林、红色、非遗几大元素的文创产品连同乡村振兴特色农产品进行展销。

【旅游接待情况】2022年，五指山市累计接待过夜游客72.38万人次，同比下降16.20%，累计增速在全省排名第10；"一日游"游客67.43万人次，同比下降18.70%，累计增速在全省排名第一。过夜收入8.96亿元，同比下降9.43%；"一日游"收入1.70亿元，同比下降15.60%。全年旅游收入增加值4.75亿元，占GDP的12.24%。

【旅游宣传】2022年，通过"海南五指山旅游"微信公众号、朋友圈广告、城市欢迎短信及抖音、快手等10个新媒体平台开展旅游宣传，整体视频播放量超6000万，累计粉丝4.7万人，累计上榜14次，上榜话题累计超5092万人次观看。原创视频《茶园诗行》《上山采茶》等多

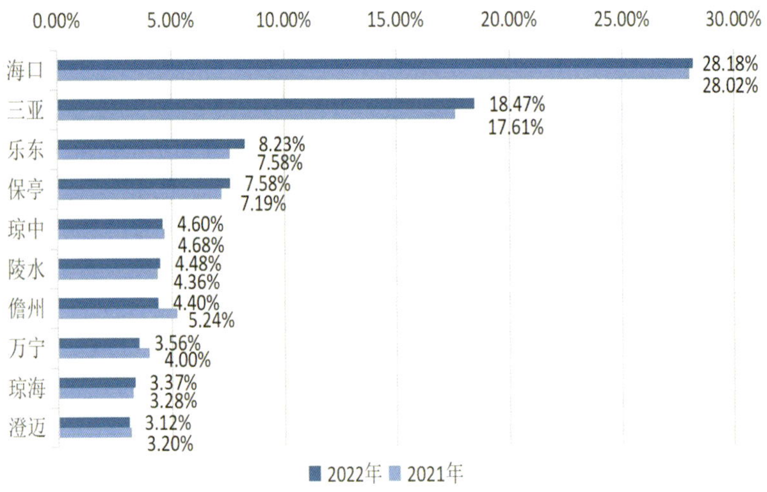

2022年五指山市旅游业省内客源地TOP10

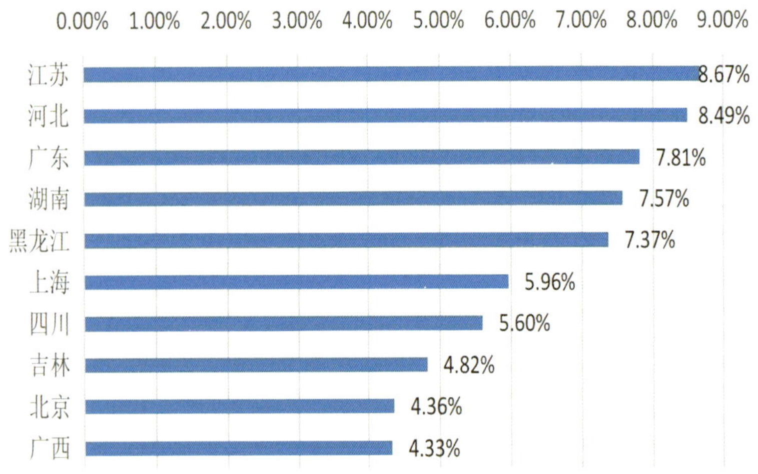

2022年五指山市旅游业省外客源地TOP10

次进入全国热搜。参加湖南长沙推介会、“奇趣旅行家”赛事活动等，加速五指山融入大三亚旅游经济圈，发挥“海陆空”宣传手段，在国庆期间，将五指山市城市形象展示在海口美兰国际机场、秀英港一类船舶客舱、新海港客运站、海南迎宾馆，助力五指山市文化旅游宣传推广。

【旅游客源资源】 2022年，五指山市接待的游客中，省内游客占比75.34%，省外游客占比24.66%，与2021年游客结构基本相同。省内游客客源地中，排名前4的客源地与2021年保持一致，分别为海口（28.18%）、三亚（18.47%）、乐东（8.23%）、保亭（7.58%）。省外游客客源地中，前5名省份与2021年一致，说明五指山市省外游客客源地比较稳定。省外客源地中，江苏省、河北省、广东省位列客源地前3，占比分别为8.67%、8.49%、7.81%。

【旅游节庆文体活动】 2022年，五指山市举办海南（五指山）红叶文化旅游节、“寻觅雨林·万物共生”雨林文化展、非遗文化艺术节、“5·19”国际旅游日自驾露营之旅、亲水三项赛、第五届五指山漂流文化节、“雨林与您”系列活动—雨林好时光、2022“锦·无界”雨林精灵时装秀、阿陀岭徒步登高祈福活动、五指山2022茶乐雨林红茶雪茄品鉴会、红色旅游文化系列推广活动暨“海南人嗨游海南”等旅游节庆文体活动。

【旅游宣传促销】 2022年，五指山市推出以琼崖革命主题游、州府老城主题游、“红+绿”、热带雨林“森”呼吸等精品旅游路线9条。水满河风景区、红峡谷风景区和黎峒文化园推出门票优惠和打卡礼品活动，组织三大漂流景区举办大峡谷漂流勇士激情挑战赛、“五指山红峡谷，趣嗨漂流季”、“激情雨林谷漂流，研学醉美五指山”等活动，一年一度的双11“购物狂欢节”五指山电商平台在线上线下开启打折优惠活动，亚泰雨林酒店推出预定客房即可赠送酒店内藏瓷艺术馆参观门票活动以及抽奖和优惠购票活动，以抱团优惠的方式刺激游客消费。

（陈姿铮）

金融·保险

金融综述

【概况】2022年，五指山市有政策性银行1家（中国农业发展银行五指山市支行）、商业银行5家（中国工商银行股份有限公司五指山市支行、中国农业银行股份有限公司五指山市支行、中国建设银行股份有限公司五指山市支行、中国邮政储蓄银行有限责任公司五指山市支行和海南银行股份有限公司五指山支行）、地方法人银行业金融机构2家（五指山市农村信用合作联社和海南省五指山长江村镇银行）。

【金融结构】2022年，五指山市金融系统贯彻落实稳健的货币政策和金融助企纾困政策，在用好金融政策、强化内外联动、优化资源配置和深耕金融服务上持续发力，以优质、便捷、高效的金融服务护航实体经济发展，支持辖区经济社会发展，金融业多项指标呈现良好态势。总体看，全市金融运行总体稳健，信贷总量保持稳定增长；金融纾困政策加速落地，最大限度稳住经济大盘；信贷结构持续优化，有效保障重点领域支持力度；金融营商环境持续优化，民营和小微企业融资可得性不断提升。全市第一产业发展形势较好，产业发展与产业结构较为稳固，农业“压舱石”作用持续显现，拉动GDP增长0.8个百分点；第二产业呈下降态势；第三产业整体运行稳中有升，但部分接触性服务行业受疫情影响呈下降态势。

【征信体系建设】2022年，累计向信息主体提供信用报告查询服务3166笔，其中，提供查询企业信用报告131笔，个人信用报告3035笔。全市完成农户信息采集和初评户数分别为1.51万户和1.47万户，采集率和初评率分别为99.97%和97.68%；地方法人机构完成49个行政村整村授信工作，预授信金额3.92亿元，累计用信0.69亿元，惠及农户1110户。

【辖内支付结算】2022年，人行五指山市支行做好人民币银行结算账户开立、撤销和变更工作。人民币银行结算账户系统核准账户341个，人民币结算账户资料影像系统备案账户761个。开展支付服务督察工作，对辖区23个银行营业网点的流动就业群体开立账户情况和支付手续费降费让利政策落实、宣传落实、公示落实等情况实行100%的督察暗访。联合市公安局，组织辖区8家银行金融机构，召开2022年五指山市打击治理电信网络诈骗工作会，联合开展《中华人民共和国反电信网络诈骗法》宣传活动，强化警银联防共治。深化涉案账户排查，强化源头管控。组织五指山辖区银行机构对海口中支下发的涉案账户清单涉及本辖区的企业、人员进行账户排查，截至12月末，五指山辖区涉及开立涉案账户的银行机构6个、网点15家、开立的个人银行涉案账户数105户。

【涉农信贷】2022年，全市银行业金融机构涉农贷款余额43.92亿元，同比增长21.23%，高于各项贷款增速6.72个百分点。其中，农户贷款余额3.44亿元，同比增长15.58%。

【保险发展】2022年，全市保险

业呈现平稳发展态势,保费收入持续提升,全市保险公司能力不断加强,服务社会能力有持续增长,防范经营风险及赔偿能力不断加强,服务社会能力有效提升。各类保费总收入1.11亿元,较2021年同期增加1145.12万元。其中,寿险公司保费收入4763.20万元,同比下降11.08%;财险公司保费收入6296.10万元,同比增长38.15%。全市保险公司各类保费理赔总支出3271.96万元,较比2021年同期增加1032.87万元。

【金融维稳】 2022年,全市再贷款余额12872.90万元,同比增长45.34%,全年累计投放再贷款12872.90万元;落实阶段性为普惠小微贷款延期提供1%奖励资金的优惠政策,全年通过发放24.62万元激励资金,引导辖区法人机构给予市场主体延本付息2462.35万元,惠及33家受困主体。开展常态化"扫村扫街"行动,走访和对接受疫情影响较大的住宿餐饮、批发零售、交通物流等行业市场主体融资需求。全市银行业金融机构批发零售业、住宿餐饮业分别同比增长21.33%和4.63%。以惠民利民为重点,引导金融机构向实体经济让利,全市新发放的企业贷款、普惠小微贷款平均利率分别同比下降0.33个和0.56个百分点。

【存贷款业务】 2022年,全市金融机构聚焦"稳企业保就业",持续加大对实体经济的支持力度,积极提升服务质效,信贷总量合理增长,信贷投向进一步优化,市场主体融资可得性明显提高,持续助力稳住地方经济大盘。全市银行业金融机构各项存款余额89.05亿元,同比增长4.46%,增速较上年同期增加4.2个百分点。全市金融机构存款结构呈现"一升三降"的特点,即住户存款保持稳定增长,非金融企业存款、机关团体存款和财政性存款增长后劲不足,特别是财政性存款同比大幅下降。全市银行机构各项贷款余额67.36亿元,同比增长14.51%,增速高于全省平均增速9.95个百分点。非金融企业及机关团体贷款余额49.64亿元,较上年增长15.74%。全市银行业金融机构住户贷款余额17.72亿元,同比增长11.18%,增速较上年回落9.51个百分点。

(彭秋荣)

中国人民银行五指山支行

【概况】 2022年,中国人民银行五指山市支行制定《关于贯彻新发展理念构建新发展格局 推动海南自贸港金融实现高质量发展的意见》,引导金融机构合规经营,强化自我约束和自律管理,提升金融机构的金融服务质量和水平。稳步推进利率市场化改革。引导辖内银行机构稳步推进贷款市场报价利率定价机制建设,完善贷款市场报价利率形成机制,提高利率传导效率,推动降低实体经济融资成本。

【基层央行监管】 2022年,中国人民银行五指山市支行加强金融机构风险监测,密切关注法人机构风险状况,及时分析法人机构的风险情况,上报法人银行机构风险监测报告12份。关注地方经济金融运行情况、房地产业和地下非法金融活动情况,认真分析,评估影响,判断辖区金融稳定情况;密切关注新冠疫情可能影响本地金融稳定的突发事件,严格落实重大事项报告制度,防范金融风险,维护辖区金融稳定。做好金融机构综合评价工作。认真组织开展辖区银行业金融机构综合评价工作,综合评价辖区银行业金融机构2021年度完成人民银行部署的各项工作任务的效率、质量、贡献等情况,并将评价结果进行通报,有效督促金融机构依法合规经营。

【金融管理】 2022年,中国人民银行五指山市支行开展多种形式的征信知识宣传活动。借助主题党日活动推进征信知识进黎村苗寨、借助诚信道德讲堂传播诚信家风、借助特色产业调研普及征信知识、借助乡村振兴电视夜校和金融机构网点进行阵地宣传，多渠道多途径普及征信知识，提醒“征信修复”“征信铲单”等诈骗陷阱，避免社会公众上当受骗。做好存款保险宣传工作。安排乡村振兴工作队下乡宣传，组织银行金融机构在人行办公楼门前、在市“三月三”广场开展宣传活动，到五指山市水满乡国家雨林公园开展宣传，让公众了解《存款保险条例》，增强公众我国银行体系的信心。开展存款保险集中宣传5次，发放宣传折页160余份。响应海南省2022年度防范非法集资宣传工作，制定宣传活动方案，组织辖区银行金融机构在人行办公楼门前开展以“守住钱袋子·护好幸福家”为主题的防范非法集资宣传活动，配合五指山市打击非法集资办公室参加“6·15”防范非法集资集中宣传活动，增强社会公众防范非法集资意识，有效维护辖区金融秩序。利用新媒体开展金融知识普及宣传。金融知识普及月期间，制作征信知识、存款保险、农村信用体系建设等多期宣传小推文，并在市融媒体中心发布，直观、快速、密集地向辖区社会公众宣传金融知识，扩大宣传受众面和影响力。

【金融业务】 2022年，履行经理国库职责，确保国库资金安全。疫情期间，开通国库TCBS系统“绿色通道”，畅通国库资金汇划渠道，累计拨付防疫专项资金279.3万元。全力推进数字人民币试点工作，开通数字人民币商户1350户，累计交易金额351.59万元。

开展外汇便利化业务，收汇16.5万美元、付汇2.8万美元。

联合金融机构开展“金融知识进校园”活动。借助“我爱五指山”微信平台连续推送10期线上金融知识，推送金融知识、金融政策。

【企业党建】 2022年，中国人民银行五指山市支行组织党组理论学习中心组学习9次、支部大会集中学习20次、党小组学习36次，开办党课3次，举行主题党日活动11次，开展“政治能力提升年”测试1次。落实意识形态工作责任制，做好意识形态领域工作。严明党的政治纪律和政治规矩，严格执行重大事项报告制度。坚持民主集中制，严格执行党组议事规则和决策程序。加强领导班子建设，努力提高班子谋划全局、科学决策、推动工作的能力。落实保密工作责任制，加强保密管理，防范失泄密案件发生。强化安全生产意识，抓好安全保卫工作。

【自身建设】 2022年，中国人民银行五指山市支行履行全面从严治党监督责任，抓好对“一把手”的监督。成立“大监督”工作领导小组，强化问题线索和监督信息共享，形成监督合力。以“纪律作风整顿年”为抓手，做细做实警示教育，通过召开警示教育大会、观看警示教育片等方式，坚持不懈开展纪律和廉政教育。强化关键节点的提醒和监督，严查违反中央八项规定、“四风”等突出问题。组织开展反腐倡廉宣传和警示教育活动8场次。

（彭秋荣）

海南银保监局五指山监管组

【概况】 2022年，中国银行保险监督管理委员会海南监管局五指山监管组（以下简称“海南银保监局五指山监管组”）统筹推进疫情防控和经济社会发展，坚决打好服务实体经济、防控金融风险、深化金融改革三大任务，坚决维护各市场主体合法权益，切实守住不发生区域性系统性风险底线，促进辖内银行保险业稳健运行，督促各银行业保险业机构助力巩固脱贫攻坚和乡村振兴，有效服务地方经济发展和自贸港建设。

【保险行业监管】 2022年，海南监管局五指山监管组按月、季收集辖内各银行业金融机构资产负债表、业务状况表、损益表等财务报表，结合“1104”非现场监管报表信息系统，加大对辖内法人银行机构的非现场季度分析和大额贷款监测，及时了解各机构经营管理情况、风险状况、盈利水平和其他重要监管指标，分析研判可能存在的风险，开展农合机构有关情况排查工作，分析研判可能存在的潜在风险，剖析风险形成的原因，提前制定应急预案和处置措施，切实兜牢风险底线；开展对辖内农信社安全保卫工作现场检查，对五指山联社9个营业网点、6个业务库、29台自助设备开展全面安全检查和抽查，其中对网点及业务库做到全覆盖，对安全保卫工作制度短板、人员执行缺陷、设备配置不足、日常管理松懈等方面进行深入排查，进一步加强安全保卫工作，堵塞安保漏洞；列席辖内法人机构“三会”，及时了解各机构经营管理情况和风险控制情况，2022年度共列席村镇银行“三会”10次，农信社“三会”2次。

【银行业金融机构监管】 2022年，根据辖内银行业机构2021年度经营情况，配合农银处分别对五指山联社、五指山长江村镇银行进行监管初评，全面、广泛收集监管评级所需初级评级要素，如监管、走访、列席“三会”发现的问题及风险点，从资本充足、资产质量、公司治理与管理质量、盈利状况、流动性风险、市场风险、数据治理、信息科技风险、机构差异化要素等9个方面进行系统性综合分析，并将初评结果上报农银处。

【金融对外服务】 2022年，督促辖内各银行业金融机构在做好疫情防控工作的同时，毫不放松对“三农”、小微企业及地方特色产业的金融支持，夯实金融服务乡村振兴的经济基础，鼓励辖内农小机构下沉工作重心，坚守“农”的定位，立足县域阵地，将信贷资金向“三农”和小微企业倾斜，助企纾困，弥补乡镇偏远地区金融服务空白；督导各保险公司切实提升保险保障功能，立足辖内热带农作物种植现状，鼓励开发适合本地区的槟榔、橡胶、瓜菜等保险产品，扩大防返贫保险覆盖范围，配合地方政府全面推进巩固脱贫攻坚和乡村振兴战略。

【其他工作】 2022年，落实“三会一课”和主题党日活动，坚决扛起支部对党员干部的教育和管理责任，召开党员大会6次，集中学习26次，支部书记讲党课3次，开展主题党日活动12次，开展专题警示教育活动，通过干部自学和支部集中学习的方式，学习局党委15篇制度要求和10个典型案例通报，组织干部观看系列警示教育片，学习讨论典型贪腐大案要案，增强党员干部对制度和纪律红线的敬畏心，构筑起廉洁政治生态。疫情防控工作。8月，组建“五指山市金融系统抗疫先锋队”，组织志愿者深入各中高风险区、市内及乡镇各大核酸检测点，负责协助维持秩序、采集信息、运送物资及标本等。疫情期间，五指山监管组共组织辖内银行保险机构干部参与志愿服务280余人次，各银行机构累计捐赠物资4.57万余元。

（房贤）

中国工商银行五指山市支行

【概况】 2022年，工行五指山支行围绕总行“48字”工作思路和“三比三看三提高”工作方法，积极开展各项工作，各项业务都取得新成绩和新突破，储蓄存款稳步增长，同业排名不断提升，人行端同业存款统计口径中，各项存款增量工行五指山支行排名同业第二，其中对公存款增量排名第一；普惠贷款有所突破。第三季度，由工行五指山支行独立营销、发放商户贷、经营快贷各1笔，该2笔普惠贷款为五指山支行时隔多年首次独立投放的普惠贷款。

【业务发展】 2022年，工行五指山支行各项存款时点余额8.93亿元，较年初增加3248万元，其中储蓄存款时点余额6.77亿元，较年初增加5948万元，对公存款时点余额2.16亿元，较年初减少2700万元。人行端同业存款统计口径中，各项存款工行五指山支行增量排名第一，对公存款增量排名第一，储蓄存款增量排名第三。各项贷款余额2194万元，比年初增加1100万元；中长期贷款400万元，较年初增加200万元，短期贷款1794万元，较年初增加900万元。

【内控预防工作】 2022年，支行内控管理水平评级结果按季度分别为B-、B-、A、A-，第三季度内控考核排名全行第一。做好日常内控工作，网点负责人每月至少进行两次查库，每月抽查一次每个员工办公区域抽屉及保险柜，对销售专区不定期进行巡查，调阅监控查看，未发现违规代客操作、客户信息泄露等情况。做好安保日常工作，每日按时扫码巡查，未发生漏防撤防事件，每月组织一次安保演练，其中内容包括模拟歹徒持械抢劫场景、模拟发生火情场景、测试网点红外感应、震动报警系统等场景。做好结算账户存续期检测管理工作，对2022年开户的企业结算账户，自查有关账户的尽职调查、受益所有人识别管理、备案情况等情况，未发现存在问题，完成10户存量公司机构客户的信息补录，对撤销、吊销营业执照的企业做好账户管控工作。

【企业党建】 2022年，工行五指山支行落实“三会一课”制度，通过召开支部党员大会，组织学习党史《中共中央关于党的百年奋斗重大成就和历史经验的决议》、党的十九届六中全会精神、党的二十大报告，提升党员干部廉洁意识和责任担当意识；通过召开民主生活会，开展批评与自我批评，为支行的发展提供建设性意见；主动将党建活动同乡村振兴工作相结合，发挥党员先进性和先锋模范带头作用，由支部党员加入乡村振兴驻村工作队，参与到乡村基层党建活动中，开展支部党员和入党积极分子下乡务农实践、消费支持农户创收、结合建党建军节日慰问对接农户老党员老战士等形式多样的主题党日活动，引导支部成员参与到乡村振兴工作中；着力党支部“年轻化”建设，加强支行党支部后备力量的培养，做好后备力量的审查备案工作，严把政治关，同时做好关爱员工的工作，引导青年员工树立正确的职业发展观念，引领政治思想觉悟高、工作积极认真的青年员工向党组织靠拢。

（李志清）

中国建设银行五指山支行

【概况】 中国建设银行股份有限公司五指山支行是中国建设银行股份有限公司海南省分行的下属机构，设有办公室、营业部、客户部3个内设部门。正式员工28人。

【企业党建】 2022年，中国建设银行股份有限公司五指山支行领导干部带头讲党课，常态化推动党史学习教育，组织党员和干部员工认真学习贯彻习近平新时代中国特色社会主义思想和党的二十大精神，认真落实习近平总书记重要指示批示精神和党中央、总行、省行重大决策部署。落实基层党建重点任务，严格遵守党的各项规章制度，配合省行党委做好党的二十大代表选举工作、清查整治突出问题、规范党务等工作；做好党员发展工作，发展预备党员1名。严格落实中央八项规定，坚决反对和纠正“四风”问题，强化“严”的工作作风，杜绝“七类聪明人”。

【业务发展】 2022年，向小微企业、个体工商户等普惠客户提供全方位、全流程、全覆盖的金融服务；立足服务民生，发展金融科技业务；运用商机推送、“一键维”、云工作室、数字人民币及建行生活推广等举措，精准定位目标客户，实现精准营销。

狠抓客户资源，提升零售业务创收空间。实行片区承包责任制，打造商户生态圈。落实员工营销责任制，把五指山市城区划分为若干网格，客户经理分区承包，负责做好本片区的商户营销拓展工作。定期组织员工学习相关业务知识，通过上门走访、电话或短信邀约、小区驻点服务等多种方式开展营销，提升建行分期产品的影响力。

2022年，全口径存款余额11.4亿元，比年初新增7250.78万元；贷款2.07亿元，比年初新增1217.26万元；实现中间业务净收入203万元，实现净利润1179.08万元。

【内控管理】2022年，加强合规管理，支行通过开展案件警示教育活动、员工行为网格化管理等方式进行合规管理，提高员工的合规意识，落实好全面“从严治党、从严治行”的要求。加强信贷风险管理，提高征信和内控管理水平。严格执行贷前诊断会议工作机制，坚持将风险管控落实在第一步；按时召开信贷客户经理剖析会，主动形成防范信贷风险的意识。加强日常安全管理，开展消防安全知识培训和防火防抢预案的演练，高度重视安全生产，落实安全生产责任制。

【乡村振兴】2022年，中国建设银行股份有限公司五指山支行结合当地实际，确定产业发展项目，组织发动贫困户发展产业，向省行申报4.2万元扶贫专项资金，用于支持贫困户发展产业，进一步增加家庭收入。开展消费扶贫，营造良好氛围。秉持爱心扶贫、消费扶贫、精准扶贫的原则，搭建数字人民币使用平台助力乡村振兴，并组织本单位员工积极参与扶贫消费活动。

（郑楚楚）

中国邮政储蓄银行五指山市支行

【概况】2022年，中国邮政储蓄银行五指山市支行下辖6个网点，其中2个自营网点分别为支行营业部、毛阳镇支行，4个代理营业所分别为红旗路营业所、迎宾路营业所、南圣镇营业所、合口营业所。机构改革后，五指山市支行内设3个职能部门，分别为综合管理部（风险合规部）、公司金融部、零售金融部。

【业务发展】2022年，中国邮政储蓄银行五指山市支行资产规模达13.76亿元，同比增幅3.06%。其中信贷类资产规模3.03亿元，市场占有率为4.51%。居民个人储蓄存款11.26亿元，公司存款0.74亿元。

【风险管控】2022年，加大不良资产清收力度，建立不良客户跟踪台账，实行“一户一策”机制，实现不良资产快速回收，截至12月末，不良资产金额143.42万元，综合不良率0.44%。切实加强案件防控工作，开展员工行为规范教育活动。将制度学习、警示案例学习、违规积分警示、违规问题通报等工作列入常态化行为规范教育，强化合规文化培育，提升全行合规管理水平。强化员工行为管理，控制案件隐患，全年无案件发生。

【企业党建】2022年，五指山市支行党支部共组织14次党员集中学习、4次青年员工理论学习、4次党课和4次集中学习研讨。组织全体员工开展以“突破自我，担当实干，凝心聚力，奋力前行”为主题的“重走总书记考察路线”活动，实地学习习近平总书记考察海南省时的讲话精神，体会实施乡村振兴战略的重大意义。7月，组织党员和积极分子到五指山革命根据地纪念园开展红色教育。11月24日，联合定点帮扶的应示村党支部宣讲党的二十大精神，从“党的二十大报告要点”“党的二十大关于乡村振兴的要求”和“以高质量党建引领乡村全面振兴”三个方面，紧扣乡村振兴主题，对党的二十大精神进行解读。

【自身建设】2022年，五指山市支行开展以“践行普惠金融，推进乡村振兴战略”为题的领题破题活动。通过深耕“三农”，全面服务乡村振兴，累计建设53家信用村，覆盖五指山行政村总数的89.83%，累计评定信用户1783户，累计发放信用村贷款1023笔，金额7997.09万元。加强邮银协调，促进内控合规体系建设，联合市邮政分公司持续开展案件警示教育活动，强化违规警示教育作用和员工合规意识，教育员工“知敬畏、存戒惧”。市支行通过设立合规文化长廊、组织观看案件警示教育片、通报典型违规行为和案例、开展员工违规行为问责制度培训学习等一系列主题活动，实现以案代训、以案促改，根植守法合规文化，夯实案防工作基础，助力各项业务的发展。

（曾丽萌）

五指山市农村信用合作联社

【概况】2022年，五指山市农村信用合作联社（简称“五指山联社”）有9个营业网点、7个一级职能部门、9个二级职能部门，在职员工116人，其中研究生学历6人，本科学历69人。五指山联社党委下设11个党支部，其中机关党支部5个，网点党支部6个，党组织实现全面覆盖。2022年有正式党员62人，其中预备党员4人，女党员30人，少数民族党员24人；有入党积极分子4人。有规范化党支部党员活动室6间。

【业务发展】2022年，各项存款余额37.82亿元，其中，对公存款7.90亿元，储蓄存款29.92亿元。占五指山市存款市场份额42.48%，较年初增加1.78个百分点，排名全市第一。各项贷款余额18.48亿元，比年初增加1.02亿元。其中，剔除票据后一般贷款余额18.08亿元，比年初增加1.23亿元；信用卡增量1598万元，贷款市场份额27.43%，较年初下降2.24个百分点，全市排名第二。各项不良贷款余额8880.92万元，比年初上升2978.99万元。各项营业总收入1.70亿元，总支出1.45亿元，利润总额0.25亿元。开立手机银行42237户，发放社保卡11.64万张，发放信用卡6020张，布放二维码商户727户。

【企业党建】2022年，3名预备党员按期转正，2名发展对象转预备党员，提升党员队伍活力。强化理论武装，激发党建活力，与外单位党组织开展党建共建活动，促进党建与业务深度融合。辖区内10个党支部与26家共建单位签订协议书，开展共建活动60次，营销发放贷款2.17亿元，揽收存款2.47亿元，清收不良贷款2827.62万元。

【信贷资源配置】2022年，五指山联社支持市地方重点项目14个，支持市小微企业、民营企业、个体工商户及小微企业主191户。严格执行“不抽贷、断贷、压贷”政策，帮助小微企业纾困解难。截至12月末，办理延期还本66户（包含变更还本计划及展期）。利用支农再贷款政策，2022年度累计发放支农再贷款8015.74万元，贷款利率最高5.5%。

（周建隆）

中国财产保险五指山支公司

【概况】2022年度，中国财产保险五指山支公司呈现保费同比正增长，经济效益持续向好，各项工作有序推进的良好局面。截至12月31日，实现保费收入1816万元，完成全年任务。

【承保工作】2022年，开展客服工作，为客户提供标准化服务，使用服务用语，杜绝服务禁语。严格执行超权限业务上报省、总公司审批，并按照批复意见出单。不随意扩大或缩小保险责任，或随意变更总公司统一报批报备的条款费率的违规行为。不撕单埋单、不签发阴阳保单、按净费率出单。认真履行代收车船税义务，严格按照承保车辆实际情况代收车船税。严格执行“见费出单”制度，有效控制应收保费。

2022年，五指山支公司与五指山市政府签署橡胶价格保险，承保总保费862万多元；与五指山市农村农业局开展蔬菜价格保险和平价蔬菜保险，承保总保费75.75万元左右；与五指山市民政局、市应急管理局等单位沟通，上报综合治理保险、看护保险等方案，为深入开发其新保险产品合作奠定基础。

【理赔管理】2022年，理赔均严格按照理赔实务操作流程操作。按公司理赔规章制度，规范理赔案件处理，完善每件赔案的相关资料和必备理赔单证。严格执行公司“十五条禁令”，无虚假赔付、无责赔付、越权赔付案件等。加强理赔服务水平，提高服务质量，减少理赔纠纷。通过优质的理赔服务，挖掘出更多的承保客户。

【费用管理】2022年，公司强化预算管理，规范财务报销流程，加强费用支出管理，做好开源节流、降本增效工作，明确销售费用列支的相关要求，保证费用列支的真实、准确及依法合规。

【反洗钱工作】 2022年，支公司加强反洗钱知识培训，使各岗位员工全面了解和掌握反洗钱的各种相关知识，做到能熟知相关法律法规，在工作中全面履行相关法律义务，确保不发生系统性风险。

【团队发展】2022年，根据五指山地区的实际情况，以点带面，培养、招收城市和周边乡镇兼职个代营销员，扩充团队销售能力，打好城市攻坚战和县域市场保卫战。加大力度挖掘城镇周边私家车和修理厂业务，发展车险业务。

（袁晓华）

中国人寿保险五指山市支公司

【概况】2022年，公司首年期交保费达成509.06万元，十年期保费达成244.41万元，短期险保费达成130.73万元。2022年公司个险部门共有持证人员33人，年度招募13人，年度月均出单人员13人，季均有效考核人员29人。首年期交保费达成67万元，其中，五年期交保费达成11.2万元，短险保费达成21.46万元。大短险保费达成298.09万元，其中学生保险达成81.61万元，军警保险达成2.61万元，建工险达成4.04万元，掌上保险达成24.29万元，康悦医疗险达成31.2万元，旅游险达成5.03万元，吉祥呵护险达成4.82万元，政保业务达成52.29万元，法人员福保险达成73.56万元，其他业务达成18.64万元。

【基层服务】2022年，公司赔付支出554.47万元，其中死亡给付72.19万元，伤残给付0元，医疗给付30.8万元，满期给付221.43万元，年金给付158.7万元，赔款支出71.35万元。学生保险类赔付20.01万元，赔付率24.52%；康悦医疗险类赔付6.76万元，赔付率21.6%；旅游险类赔付1.03万元，赔付率20.48%；吉祥呵护类赔付0.55万元，赔付率11.28%；政保业务赔付22.73万元，赔付率43.45%；法人元福保险赔付41.88万元，赔付率56.9%；其他业务类赔付2.72万元，赔付率14.58%。

【防疫抗疫】 2022年，公司参与疫情防控工作，联系单位办理志愿者意外保险，在疫情最严重的4月、8月、9月组织人员参与志愿者活动，出动员工5人次，并向五指山市政府捐赠防疫物资，体现央企社会担当。

【自身建设】 2022年，联系市政府相关部门和各乡镇相关部门及部分企业，开发更多团体意外保险。2022年新增各乡镇村“两委”人身意外保险，护路员人身意外保险，新增保险保费约10万元。与各单位联系，做好保险服务，提升服务质量，提供更多人员保障，涵盖了旅游险、计生保险、残疾人保险、振兴工作队人员保险和帮扶责任人保险及学生保险等，为97家政企单位提供20.64亿元的意外伤害及疾病医疗等保障。

（苏敬贤）

交通·邮政·电信

交通运输管理

【概况】2022年，完成山海高速南圣出入口改造及“南水”“毛水”公路沿途景观改造工程等重点项目，全年完成投资5939.31万元。全市完成客运量53万人，比2021年增长-41.78%；完成货运量867吨，增长-15.33%。

【公路建设】2022年，五指山市结合“查破促”活动，将13个项目推进存在的问题纳入2022年堵点问题，截至11月，13个项目全部完工。组织对南圣、畅好两个高速公路出口及其延长线南水、毛水公路进行全线景观改造，对沿线乱搭乱建乱堆乱放等进行精细化整治，南水路成功创建2022年度海南省“美丽农村路”示范路。提前谋划2023年度建设任务，完成11座漫水桥（危旧桥）改建工程前期工作，11月完成项目施工招标工作，提前进场施工。启动畅好乡、红雅、毛贵3条旅游资源路前期工作。

【公路养护】2022年，五指山市村道列养里程592.02千米，其中：县道115.33千米，乡道178.16千米，村道298.53千米，桥梁168座。海南省公路管理局下达养护补助资金322.8万元，市财政安排养护预算资金588万元，全年共投入养护资金910万元。全市7个乡镇开发173个公益性养护岗位扩展至204个。强化五指山市路长制动态管理，在全市县道、乡道、村道和主要交通要道、醒目地段均设路长制公示牌，覆盖率100%。年终开展农村公路考核大评比，并将“四好农村路”年度考核纳入市级绩效评比。

【客运行业管理】春运期间，全市道路运输实现“零事故”“零伤亡”。全市投入客运车辆56辆，总班次2097班次，同比减少11.6%；客流量3.18万人次，同比减少25.6%；周转量423.92万人公里，同比减少30%。2022年全年490人登记包车辆155辆，临时加班车辆621辆。全市投入171辆车，共开通20条线路（“村村通”8条、农村客运5条、公交车7条）。全市59个建制村（含生态移民村）已全部通车。全年开展检查21次，发现问题13个，整改问题11个，整改完成率84%。全年指导五指山六龙观光巴士有限公司年审车辆32辆，海汽五指山分公司年审车辆29辆，五指山琼信出租车公司年审车辆9辆。

【货运行业管理】截至2022年底，五指山市登记在册货车97辆。全年办理货车迁入迁出99辆，从业人员办证65项。

【车辆维修市场管理】2022年，全市维修企业49户。全年按照“一查、二看、三询问、四评议”方式实地检查维修企业44家，发现问题责令维修生产企业现场整改，备案办结维修企业4家，注销维修企业1家。

【驾驶员培训审核】2022年，开展道路运输从业人员网上报名和资格审核工作，全年完成受理、审核75人次，考试通过人数65人。督导检查4次考务工作，规范出租车驾驶员背景审核和建档工作。

【路政综合整治】2022年，加强日常巡查管护，推行常态化联合执法模式，严厉打击各类侵犯路产路权行为。公路养护组、建设组每周上路巡查不少于3次，道班养护人员每日上路巡查，累计上路巡查226人次，消除路障11处，纠正各类路政违章15件，处理损害路产路权案件11件，结案11件，办理许可11件，缴费40.44万元。台风、雨季期间，联合各乡镇开展公路隐患排查，出动人员89次，5座漫水桥存在隐患，全市11座漫水桥均设立安全标志、标牌，安装半自动升降柱等。

【联合治超】 2022年，牵头组织市交通管理大队、市综合行政执法局等部门每月至少开展一次联合治超专项行动，查处超限超载、非法改装、大吨小标、危险化学品车辆、无证经营、渣土车等违法违章经营行为累计牵头组织开展联合治超10次，查处超限超载车辆21辆、非法改装车辆25辆，切割车厢25辆，处罚金额11.44万元。

【城市公共交通】 2022年，五指山市59个行政村通硬化路和通客运100%，有客运场站2座、农村候车亭58个、城乡公交班线10条、农村公交车辆41辆、农村客运班线8条、农村客运车辆18辆，日发171个班次。拥有巡游出租汽车30辆。为扩大公路覆盖面，2022年5月投放30辆新能源微型公交车，采取巡游扫街运营模式，为市民提供全新的“招手式”公共出行体验。2022年4月28日，以水满乡为试点，投放5辆新能源微公交用于开通五指山自然保护区、观山点区、毛纳村、大峡谷、环乡5条旅游公交线路，总长度为52千米，设计站点20余个，票价2元到5元不等。该公交主要以“打车”运营模式，支持招手即停、电话预约等乘坐方式，集巡游出租、网约、公交等功能于一体，提供“点对点”“门对门”便捷服务，使农村群众实现出门抬脚上公交，公交开到家门口的梦想，打通了农民群众出行“最后一公里”，解决群众出行难问题。

（唐伯秀）

公路养护

【概况】 2022年，五指山公路分局落实公路养护各项工作，促进五指山市公路养护事业稳步发展。

【公路养护管理】 2022年，处治毛九线沥青罩面病害2907平方米，处治海榆中线路面裂缝2555米；路面保洁2828.3千米，清理水沟242.65千米；整修边沟路肩平台草等848.33千米；养护桥涵15座、涵洞217道。投入资金48.4万余元实施海榆中线路面小修换板410平方米；投入资金18.7万余元进行小修保养，修复水沟挡土墙12处，涵洞23道。投入15万元，实施G540毛九线延安桥护栏(A类)改造项目。投入7万余元修复什稿桥、延安桥两处损坏栏杆和锥坡。

组织道班培育种植硬枝黄蝉、软枝黄蝉、虎皮、一品红等花苗3.6万多株，用于补植公路沿线绿化带。投入29万余元，用于加强海榆中线k198处S弯道景点改造提升建设，增添公路景观彩色效果。

加快推进新项目实施，完成历年项目收尾工作。2021年实施福安桥加固改造工程，工程进度完成100%，正在办理结算审计。实施2022年养护工程项目。截至2022年12月，五指山市G224海榆中线安全设施精细化提升工程(k181+409～k222+609)，完成工程总进度的98%。G224海榆中k192+000～k206+000段路面修复养护工程已完成工程进度。五指山市G224海榆中线毛阳桥危桥改造工程，批复总投资753.97万元，完成征地拆迁和预制9片梁，钢便桥正在施工。

2022年，成功抗击台风“暹芭”，出动人员39人次，出动车辆12车次，累计清理倒伏树木11棵，清理涵洞1处，清理塌方7处，共150立方米，排查和消除安全隐患1处。开展公路水毁抢修，组织施工队对海榆中线k207+450处路基挡土墙坍塌处进行抢修，投资45万余元，新建挡土墙25米，确保过往车辆及人员安全。组织抢修队、各道班对管养路线修复附属设施防撞护栏8处，修复护栏88米，修复路面标线350平方米。

2022年，养护机械设备完好率90%，利用率85%。全年采购割草机5台、高枝油锯2台、高压清洗机1台、手提油锯1台。沥青油使用6.8吨，结存5.1吨。砂石材料使用14立方米，结存河沙127立方米、石屑104立方米。养护材料压缝带使用1800米，结存3600米。养护材料标线涂料使用1.25吨，结存2.25吨。养护材料沥青冷补料使用3吨。

【公路状况指标】 2022年，五指山公路分局管养公路里程61.2千米，公路技术状况指数MQI87.55。其中：国道海榆中线（G224）41.2千米、毛九线（G540）20千米，管养桥梁15座，涵洞217道。海榆中线公路技术状况指数MQI89.73，毛九线公路技术状况指数MQI85.36。

【路产路权管理】 2022年，共巡查163车次，上路巡查291人次，巡查里程共计1.21万千米，当场制止并责令整改的违法行为5起。全年处治损坏路产案件2件，收缴路损赔（补）偿费1640元；办理行政许可案件11件，收缴行政许可赔（补）偿费22.56万元。编制了《五指山公路分局路产法制股路产管理岗位应知应会手册》；制定了《路产人员与道班路产协管员的协作机制》；与五指山市综合行政执法局建立了《五指山市综合行政执法局交通运输行政执法大队与五指山公路分局路产法制股保护公路路产路权联动协作机制》；加大《中华人民共和国国家安全法》《中华人民共和国民法典》《中华人民共和国海南自由贸易港法》《中华人民共和国宪法》等法律宣传工作。共播放宣传短片8部、宣传标语30条，组织干部观看宣传短片2次，出动车辆宣传13辆次，出动人员40人次，张贴海报28张，悬挂横幅73条，发放《中华人民共和国公路法》《公路安全保护条例》等宣传资料200余份。

【安全监督管理】 抓好安全生产管理工作，实现安全生产"零事故"。2022年，组织开展"扫黑除恶""禁毒""反恐""安全生产月""消防宣传月"等宣传活动，制作展示板4块，发放宣传单及手册1125份，悬挂宣传横幅29条，张贴海报40张。开展安全生产专题学习2次，组织机关领导干部学习《河南郑州"7·20"特大暴雨灾害调查报告》，观看《人民至上、生命至上》《生命重于泰山》专题片；召开道班安全生产工作会议4次，组织机关干部下基层和5个道班集中学习关于安全生产重要文件精神；开展新聘劳务派遣人员岗前安全生产培训1次，讲解安全生产等各项规章制度和法律法规。加强道路安全隐患排查整治，完成在建项目施工现场安全检查和公路桥涵、公路附属设施、临水临崖路段、公路枯死树木等道路安全隐患排查，建立"清单"台账，逐一销号。排查出225处，完成整改225处，完成整改率100%。在G224海榆中线k221+120开展公路突发事件应急演练，组织干部职工46人，调用安全锥、施工牌、限速标志牌、爆闪灯、编织袋、反光衣等应急物资200多件，出动机械车辆7辆，完成应急预案可行性检验。

（王泰鹏）

邮 政

【概况】 2022年，五指山市邮政分公司共有职工65人。其中具有大专以上文化程度的52人，中专文化程度的4人，初级职称的有8人，中级以上职称的有3人。设置职能部室3个、三大中心班组2个、后台支撑班组2个、营业网点5个、自营邮政所6个；固定资产原值2560万元，邮政生产用房面积1380平方米。

【党建工作】 2022年，市邮政分公司先后3次组织全体党员专题学习党的二十大精神，制定学习宣传贯彻党的二十大精神实施方案。全年开展理论集中学习13次，开展主题党日活动12次，开展"七一"党员活动1次。组织全体党员参加"学习贯彻党的十九届六中全会精神""党风廉政教育"线上培训，合格率100%。落实党风廉政建设"两个责任"，严格落实"一把手负总责，分管领导齐抓共管”的领导监督机制。落实意识形态工作责任制，召开2次专题会议，研究意识形态工作。整治形式主义、官僚主义，弘扬实事求是的工作作风，加强公文和会议管理，严控文件数量，少开会、开短会。全年发文125份，发文数量同比下降8%。做好精神文明、企业文化建设和群团工作。坚持以党建为统领，推进企业文化建设。完善职工小家“建管用”长效管理机制，投入7.5万元改造集大客户室、职工活动室、乡村振兴工作室于一体的多功能室，将客户服务、班后生活、经营发展有效融合。营造企业文化氛围，投入3.5万元在综合办公楼打造文化墙，内容涵盖党建、廉政、企业文化、工会等，得到相关单位及职工群众的一致好评。投入12万元改造职工集体宿舍及配备基础设施，提高职工幸福感和归属感。

【业务发展】2022年，市邮政分公司完成收入2005万元，同比增长4.23%，完成进度排全省第3位。经营利润完成65万元，超额完成省分公司下达预算目标，首次扭亏为盈扭负为正。普遍服务。依托三级物流体系建设，6个乡镇网点形象全面完成改造升级。建制村投递频次为一周五班的占比提升至83.05%。城市当日见报率持续保持100%，机要通信全年万无一失。传统业务紧扣时政热点，销售政务图书17.2万元；推进函件业务向数媒转型，营销橱窗广告屏业务2万元；全年传统业务收入202万元，同比增长9.75%。代理金融：强化AUM(资产管理规模)为王理念，从“经营产品”向“经营客户”的理念逐步转变，提升复杂型产品销售能力，财富业务收入202万元，同比增长30.32%。打造数字货币消费场景109户，完成年计划的218%，完成进度全省排名第一。代理金融业务收入1166万元，同比增长7.56%，较全省平均增幅高3.61个百分点。非利差收入284万元，同比增长9.46%。长期期缴保险销售额523万元，同比增长103.5%；长期期缴占比18.58%，较2021年末提升6.91个百分点。加大政务市场开发力度，新增、激活政务客户7个，政务市场收入32万元，同比增长32%。极速鲜业务取得新突破，成功揽收荔枝包裹655件，实现特快收入4.03万元。加大散户现费市场营销力度，散户现费市场收入69.15万元，同比增长26.19%。对重点客户通过“一户一议”、不同地区不同时间资费的方式，结合优势线路，制定出不同的资费优惠政策。快递包裹边际贡献率达19.42%，同比提升59.18个百分点。电商业务。推进线上渠道运营，邮乐小店分享人次同比增长120%，日均分享活跃邮乐小店达60个，开展抖音平台直播带货活动1场。推进农资下乡、农产品进城，销售化肥12吨，农产品销售额30.1万元。加快推进惠农合作项目，走访信用村、合作社、农户等，融资“E净增”贷款755万元，同比增长298%。加强邮银协同发展，对公业务累计新增24户，完成年计划的1043.48%，完成进度全省排名第二位；对公钱包新增18户，完成年计划的300%；完成进度排全省第3位；引荐信用卡156张，完成年计划的243.75%，完成进度全省排名第一。

【企业管理】 2022年，修订《五指山市分公司自提点计件分配及开发人员奖励方案》《中国邮政集团有限公司海南省五指山市分公司计件薪酬管理办法》，体现多劳多得的分配原则；落实寄递业务末端经营模式创新，实行内部承包，有效激发经营活力。坚持将制度建设纳入重点工作，先后修订完善6个管理制度，如修订督办工作办法，提升工作效率；修订资金管理细则，规范资金管理；修订公文管理细则，提高工作质量等，不断完善各项规章制度，提升企业管理水平，同时强化对风险的识别能力和防范能力。持续强化年轻干部队伍建设，健全年轻干部培养选拔机制，重点培养敢担当、善作为、堪当大任的年轻员工。先后调整2名业绩排名靠后的理财经理，调整2名年轻员工到支局长岗位，调整3名年轻员工到机关管理岗位，促进年轻员工多岗位锻炼，实行能者上、庸者下的正确用人导向，为企业持续发展提供人才储备。推进寄递业务改革，推进降本增效工作，在揽投部推行内部承包制，在乡镇网点推行邮快合作，四大环节降本全部完成目标值。投递环节1.96元/件，同比下降19.34%；运输环节5.16元/吨公里，同比下降39.72%。同时购置伸缩机设备，提高邮件处理效率，降低人工处理成本，装卸费单价下降50%，装卸费成本较2021年下降9.6万元。坚持防范化解重大风险，扎实推进平安邮政建设，组织开展安全生产三年专项整治、安全生产大检查大整治等活动，全年发现隐患32个，已落实整改31个，未整改问题主要为经警人员持枪证问题，因超过办理持枪证年龄无法整改。全年无生产安全责任事故、事件、案件发生。此外，运用风险模型疑点数据核实，组织金融从业人员行为排查，加大屡查屡犯问题问责力度，确保“五不发生”。制定《督办工作管理办法》，明确督办工作机制，挂钩绩效考核，机关作风明显改善，机关干部综合素质明显提升，解决实际问题能力明显增强，各项工作部署有效落实，推动企业各项工作顺畅开展。

【社会责任】2022年，扎实推进三级物流体系建设。结合电子商务进农村项目，落实集团公司、省分公司战略部署，推动邮快合作及快递进村工作，解决农村投递“最后一公里”问题。建成市级共配中心1个、镇级共配中心6个、村级综合便民服务站36个，整合极兔、韵达2家快递企业入驻市级共配中心，与极兔、韵达、中通、申通、德邦开展邮快合作，日均代投量超过2500件，快递进村覆盖率达100%。服务乡村振兴。推进“站点+电商”、金融、寄递、便民服务场景建设，全力服务乡村振兴。通过“站点+”场景模式建设，共服务农村合作社3家，实现电商销售额5万元；邮银共建信用村6个，试点开展风险信息员工作；推进快递进村，服务人次56.6万人次，帮助村级站点人员51名实现每月人均增收323元。

（王禄定）

中国电信公司五指山分公司

【概况】2022年，中国电信公司五指山分公司有员工41人，设“四部一中心”（综合部、销售部、网络部、政企部、综合服务支撑中心）。

【网络建设】中国电信公司五指山分公司加强全光网投资建设和移动网建设，2022年，光网共投资立项35个，5G基站建设开通完成22个，完成率116%，完成4G网络皮站补盲优化站点9个。

【企业管理】2022年，中国电信公司五指山分公司加强基础管理，梳理业务流程，完善管理制度，修订分公司账务调整实施细则和应收账款回收工作方案；针对投诉集中点及业务发展需求，加大移动网络补盲；坚持每周对窗口及装维人员开展服务、营销技能等培训；持续开展总经理抓服务活动。狠抓划小承包经营，多举措激发划小活力。聚集政企细分市场，实现量价“双提升”。举全渠道之力开展宽带攻坚，市场份额持续改善。加大力度优化渠道布局，提升渠道能力。坚持高质量发展，做实客户经营。关心关爱员工、凝聚发展力量；“五一”、中秋和国庆期间慰问一线促销员工，慰问生病住院及困难员工。举办“迎国庆”及“篮球友谊赛”交流活动，丰富员工业余生活。分公司党支部发扬“人民邮电为人民”的优良传统，结合“两深入两服务”和“深入基层、服务一线”主题实践活动，为基层员工办5件实事好事：购置2辆生产车辆，解决生产经营中生产车辆不足问题；完成员工食堂装修改造；完成一楼员工活动室建设；重新对羽毛球场进行装修改造；改善通信综合大楼办公环境，对一楼大厅进行装修改造，二、三、五层楼道重新铺设瓷砖。

【网络维护】2022年，中国电信公司五指山分公司加大力度做好移动及光网质量双提升，安装相关设备对市区和乡镇5G传输网络进行优化，对老旧网络设备进行升级改造，完成交换机、OLT中继和业务端口扩容工作。五指山市的自然村光纤覆盖率100%。

【企业党建】 2022年，中国电信公司五指山分公司加强理论武装。坚持党支部学习组学习制度，持续深入学习习近平新时代中国特色社会主义思想、党的二十大精神等。深化党的政治建设，严肃党内政治生活。完善党建基础管理，推进党建指导员和党员积分工作，党建指导员及党员按月深入责任区宣传党的政策，强化指导与沟通。紧扣生产经营，谋划推进党建工作，加强支部"一部一品"创建，开展"深入基层、服务一线"活动。与扶贫帮扶村开展"党建冀联"，促进业务发展，巩固脱贫攻坚成果。

【扶贫和疫情防控】 2022年，中国电信公司五指山分公司选派分公司1名干部担任通什镇牙日村第一书记兼工作队长，中国电信公司五指山分公司2022年度定点帮扶工作被五指山市委、市政府评为"好"的等次，驻村第一书记兼工作队长的吴为城被评为五指山市优秀驻村干部和优秀帮扶联系人；分公司认真践行央企之责任，持续做好定点帮扶村牙日村巩固拓展脱贫攻坚成果和乡村振兴工作。2022年7月，牙日村荣获五指山市乡村振兴村级大比武"优胜村"称号。抓基层组织建设，加强"党建翼联"，组织开展形式多样的党建活动，抓巩固拓展脱贫攻坚成果工作，开展送温暖活动和节日慰问。分公司贯彻落实疫情防控工作要求，压实主体责任，建立工作机制，组织开展各项防疫工作。加强重点场所管理，做好防疫物资储备和发放。2022年分公司被评为五指山市疫情防控先进集体；分公司1人被评为2022年五指山市疫情防控先进个人。

（刘清）

海南联通五指山市分公司

【概况】2022年，中国联合网络通信有限公司五指山市分公司（以下简称五指山市分公司）由政企营销中心、营销部、综合部、交付中心4个部门组成，有员工52人。城区渠道有华瑞专营店、联盟专营店、华乐专营店等7家，乡镇渠道有南圣专营店、水满专营店、毛阳专营店等4家，全市共有11家渠道专营店。

【通信建设】 2022年，五指山市分公司有物理站点138个、逻辑站点123个：4G有138个、5G有61个、宽带端口为26508个；5G在服率平均99.99%；光缆中断率平均值0.4（目标值0.6）；光缆及时率平均值100%；专线故障处理及时率平均值100%。

【业务发展】 2022年，五指山市分公司通过惠民下乡、科技助残等活动为贫困户、残障人士提供专属通信产品，同时"一对一"解决使用难题，受到广大用户的认可。通过5G 900M低频网的整体网络建设布局，全面提升用户端的使用感知，让更多的用户感受到科技创新带来的便捷。

【服务工作】 2022年，五指山市分公司遵循营业厅各项规章制度和服务管理考核办法，抓好基础服务管理工作，每月定期召开例会，对营业厅服务质量进行通报，并纳入营业员KPI考核，建立监督检查考核机制。每月开展以"服务面对面，关心1+1"为主题的"总经理服务日"活动，让分公司总经理走进营业厅前台，以普通员工身份接待客户，处理服务难题，检查服务环境和服务规范执行情况，改进营业窗口服务质量，提升公司的客户口碑和服务形象。

【企业人文关怀】2022年，五指山市分公司每月员工过生日，领导、同事送上祝福，并举办生日聚会；每半年分公司开展一次团队建设活动，增进员工的团队归属感；年底组织一次全身体检，此外，还为员工额外购买"重大疾病及意外伤害团体险"，在原有保险重疾28种的基础上又增加了特定重疾92种（现重疾种类达120种）、中症20

种、轻症40种，总共180种病例。切实解决广大员工后顾之忧，提供更多安心保障。

【安全生产管理】2022年，五指山市分公司严格落实安全生产责任制和责任追究制，与领导班子签订安全生产责任书，自上而下，层层落实，责任到人，提升安全生产工作质量，保障生产运营安全进行。围绕“遵守安全生产法，当好第一责任人”方针，制定2022年“安全生产月”活动实施方案。召开安全生产专项会议，组织员工观看《抗震救灾纪录片》《新冠肺炎疫情防控方案》《生产安全事故典型案例盘点》等安全宣传教育片，增强员工安全法治意识和自我防范意识。根据《中国联通五指山市分公司消防安全管理实施细则(试行)》《中国联通五指山市分公司消防安全灭火和应急疏散预案》，组织安全消防知识培训及演练，定期排查办公场所、营业厅、通信机房、基站等方面的安全问题和隐患。

（张惠）

信息化建设

【概况】2022年，五指山市以推进电子政务外网建设和农村地区信息基础设施建设为重点，重点突破农村偏远地区信息化建设，提高应用水平，持续推进电子政务外网建设，加强信息网络安全工作，提高五指山市信息化建设水平。

【信息基础设施建设】2022年，五指山市推进五指山市信息基础设施建设，支撑五指山市高质量发展，督促电信、移动、联通、铁塔4家运营企业扎实推进各项工作。在5G机房改造、5G基站建设、5G配套设施改造、光纤网络扩容建设、4G网络优化建设、在解决突出问题等方面，五指山市均完成或超额完成省下达任务指标。其中，5G网络建设方面：完成5G综合接入机房建设改造1个，完成中高频5G基站建设47个，完成低频5G基站建设43个，完成5G基站铁塔改造42个，完成5G应用项目建设1个；4G共享基站建设：完成4G共享基站建设170个；光纤网络扩容建设：完成10G-PON及以上端口建设256个；解决突出问题：协调解决突出问题6个。五指山市信息基础设施建设任务考核得分100分，考核等级优秀。

【电子政务建设】2022年，五指山市继续推进电子政务外网建设，做好电子政务外网的日常维护、网络检修、安全排查和催办短信发送等工作，实现对五指山市各乡镇、各单位使用OA系统的全覆盖培训，保障五指山市的政务网络信息安全，实现办文高效、节约资源的良好效果。9月，组织开展非涉密业务专网迁移整合实施工作，将五指山市财政局、市统计局、市生态环境局、市场监督管理局、市人社局、市社保服务中心、五指山住房公积金管理局、海南省交通规费征稽局五指山分局8家单位的非涉密业务专网整合到五指山市电子政务外网中，助力优化海南省电子政务外网网络架构，强化提升网络安全防护能力，实现全省“一张网”，为跨部门、跨地区的网络互联互通、信息共享和业务协同提供坚实的网络支撑服务。

【信息技术应用】2022年，五指山市推进“一网协同”工作，持续推进“海政通”平台推广应用，助推政府数字化转型工作，在“海政通”平台录入2329人，在编人员导入率100%；激活2329人，激活率100%，40家机关单位建立86个海政通工作群。推进政务数据共享工作。组织开展政务数据共享工作培训班3期，培训涉及政务服务事项的单位和政府组成部门50多个。2月，全市各单位在省政务数据共享平台上完成政务数据目录录入2620条，完成事项基本目录覆盖率100%和业务办理项覆盖率100%的“双百”目标任务。

（李会鑫）

城乡建设与管理

住建管理

【概况】 2022年，五指山市住房和城乡建设局持续开展房地产行业常态化整治，检查房企62次，责令完成整改问题9个；检查中介机构17次，责令完成整改问题1个；检查物业企业191次，责令完成整改问题24个。开展公开招投标项目专项检查，3个项目存在“确定中标人后未能在15日内提交书面报告”等问题，当事人被查处。对3家招标代理机构记不良行为诚信分18分，规范招投标市场行为。开展建筑施工和城镇燃气安全隐患排查大整治，整治各类隐患问题557个，约谈项目4个，下发停工通知书8份，查处违法违规行为2件，2项记不良行为记录，查处4个无证经营燃气点。开展工地扬尘治理24场次，与施工安全同查共管。完成全市经营性自建房排查，录入671栋，100%处置隐患经营性自建房7栋。持续开展非经营性自建房排查录入工作，排查录入1.37万栋，未发现存在安全隐患问题。开展“回头看”（712栋）活动，确保五指山市自建房排查整治有序推进。

强化基础保障，民生事业持续巩固提升。城乡以气代柴扩面提质。实现主城区燃气主管道供气全覆盖。38个小区已安装1.23万户，开通使用8643户，非居民用户13户；推进燃气下乡“气代柴薪”，完成2个乡镇23个村小组1263户农户的燃气管道入户安装工作。拨付危改补助金33万元完成10户危改任务。举办自建房排查及农村工匠培训班，培训280多人次。制定《五指山市2022年农村厕所革命实施方案》，高位推动，明确分工，落实责任，分步实施。拨付补助资金106.88万元，超额完成农村厕所防渗漏改造408户。垃圾分类设施日趋完善。编制《生活垃圾处理与建筑垃圾污染环境防治专项规划》，印发《生活垃圾分类工作实施方案》《2022年生活垃圾分类工作计划》及《示范样板区域创建实施方案》，完善制度体系，党政机关、学校医院、居民小区等配备生活垃圾分类投放容器1301个。完成2022年为民办实事事项，建设6座垃圾分类收集屋，建成120个生活垃圾分类屋；完成生活垃圾与建筑垃圾资源化利用厂的选址工作。城市更新全面启动。坚持以“州府故园”建设为工作主抓手，扛起通什专班责任担当，统筹推进“州府故园”示范区综合改造提升工程建设。启动“三月三”大道及其延长线项目建设，有序推进项目前期工作，完成设计和勘察招标，组织编制初步设计及概算，城市更新工作稳步推进。

化解防范风险，行业领域持续平稳有序。房地产风险化解处置见成效。坚持“稳字当头”，做好房地产风险防范和矛盾纠纷化解稳控工作，维护社会大局稳定。运用法治手段化解矛盾纠纷，处置化解山水林溪等15个房地产风险项目；联合市自然资源和规划局、市税务局等部门妥善解决国际公馆、天山丽田、颐山居、通海花园、林科所等项目“办证难”问题，得到群众高度肯定，获赠锦旗7面，群众获得感、满意度大幅提升。信访投诉办理提质增效。共收到工单2591条，办结率100%，满意率94%；信访件38件，办结率100%，满意率

73.68%。安全生产风险意识不断增强。紧扣“遵守安全生产法当好第一责任人”主题，增强安全红线意识，围绕全国第21个“安全生产月”，举办“2022年五指山市高空坠落应急救援演练”，集中观看《生命重于泰山》专题片，并邀请专家讲授《中华人民共和国安全生产法》、开展“安全生产月”活动，发放宣传册200余份，通过学习宣传，大大提升行业从业人员的安全生产风险防范意识。

【城市供气建设】 2022年，五指山市完成投资1445万元。市政府或居民共有产权的城市燃气管道老化更新改造，完成投资1445万元，其中庭院管道6公里，投资180万元；立管23公里，投资575万元；用户设施数量3834户，投资690万元。

【农村住房建设管控】 2022年，组织工作人员对农村危房改造户进行71次质量安全巡查，并对施工现场进行指导监督，记录巡查情况，并存入农户危改档案。

【消防验收】 2022年，五指山市住建局审查项目工程资料，验收达到特殊工程标准的项目，对审查合格的项目进行备案。对消防验收、备案抽查的项目进行100%抽查，由海南省住建厅消防专家到项目现场进行踏勘及备案抽查工作，抽查到不合格者，当场提出整改意见，项目整改结束，发放特殊工程消防验收合格意见或备案抽查合格意见书，2022年完成建设工程消防验收2件，消防验收备案7件。

【农村危房改造】 2022年，海南省下达五指山市危房改造任务10户。经排查鉴定，全市共有10户农户符合农村危房改造条件，并被列入年度改造计划（其中C级2户，D级8户），截至年底。竣工入住10户。按照D级拆除重建3.5万元/户、C级拆除重建2.5万元/户的标准，共拨付危房改造补助金33万元。

【乡村民宿点建设】 2022年，五指山市乡村民宿备案推行证明事项告知承诺制，实行市场准入承诺即入制，2022年末办理民宿备案。

【建筑市场行政执法监督】 2022年，五指山市在建项目23个，检查项目22个，未发现建筑市场违法行为。

【建设工程监管】 2022年，出动580人次对全市所有21个在建工地，开展质量安全检查，排查整治各类违法违规行为和质量安全隐患。对存在问题的项目和企业签发整改告知书94份，约谈项目经理和项目总监8人次，对2个项目中的3个违规企业记不良行为记录，同时对签发的整改告知书跟踪督促企业落实整改，整改完成率100%。全年未发生一起安全生产事故。

【招投标管理】 2022年，五指山市符合房屋建筑工程和市政工程公开招投标条件的项目有27个。五指山市住建局针对项目招投标文件、招投标程序、施工合同和工程量清单等内容进行核查，发现存在问题的项目3个，已对相关单位进行处罚。

【房地产市场监管】 2022年，定期召开五指山市委常委会会议，听取整治情况，研究解决存在问题。成立由分管副市长担任组长，市住建、发改、自然资源和规划、公安等部门领导为成员的房地产专项整治工作领导小组，各部门抽调精干力量集中开展联合整治工作。五指山市政府多次召开工作会议，明确将规范房地产秩序及专项整治列为市政府工作重点任务，并进行了研究部署，将涉及房地产整治的各项任务分解到各责任单位。

开展常态化整治工作。市场、综合执法、住建、发改（物价）联合执法常态化机制已建立，前三季度共检查房地产企业62次，发现并责令整改问题9个，完成整改9个；检查中介机构17次，责令整改问题1个，完成整改

1个；检查物业企业191次，责令整改问题24个，完成整改24个。开展打击整治养老诈骗专项行动，组织专人对房地产开发企业及中介机构进行全面排查，现场督促企业依法依规经营，杜绝养老诈骗，对发现养老诈骗隐患的违法违规行为及时上报。同时向所排查的企业发放宣传物资，在行业管理微信群发布《关于接受养老诈骗线索举报的通知》，召开房地产、中介、物业三个领域打击整治养老诈骗专项行动工作部署会议，挂宣传横幅，扩大打击整治养老诈骗的宣传范围，提高群众识骗防骗意识，形成浓厚的打击整治养老诈骗氛围。通过排查全市房地产开发企业及中介机构，发现苗头性问题2起。塔山·汇金城项目在宣传册中存在“购房无门槛”的字眼；山水名城项目在宣传册中存在“一房难求”的字眼。现场督促上述2家企业进行整改，撤销销售门店里已印制的宣传广告，将宣传广告中有误导性的字眼删除，均已整改完毕。各部门联合开展排查整治工作，共排查物业小区57家，户数39743户，其中出租户数1483户；排查城区自建房61户，其中出租户数17户。发现改建物业共用部位1宗，已移交执法部门依法查处；发现占用物业共用部位1宗，已责令整改完毕；发现涉消防问题6宗，责令整改完毕。开展物业小区消防安全检查，现场抽查小区楼栋的消防设施状况、检查记录卡登记情况，查看疏散通道、安全出口、消防车通道是否畅通，督促物业企业完善消防设施，确定并公示消防安全管理人，及时处理电动车“拉飞线”等消防隐患问题，提高物业企业安全及责任意识，检查小区56个，下达责令整改通知书45份，完成督导整改的小区25个。排查五指山市商办类项目6家，其中已批未建项目2个，在建未售项目3个，在建在售项目1个。共出让土地面积24.16万平方米，规划建筑面积27.26万平方米，已办理规划许可27.26万平方米，取得施工许可面积18.60万平方米，取得预售许可面积0.93万平方米，已销售面积0.26万平方米。排查发现2个项目存在问题，其中泰山公馆在规划建设方面存在问题，塔山·汇金城在宣传销售方面存在问题，已责令整改完毕。

鼓励开发企业盘活闲置房源，指导椰枫家园、润泽院、六艺王宫、水墨雨林、山水青城、檀溪等6个项目将300套闲置住房用于经营“共享住宅”业务，切实解决五指山市一批空置房资源浪费问题，提高资产利用效益，同时也保证企业有持续的资金收益，促进房地产市场健康发展。鼓励企业将商品住房转型为安居型商品住房，筹集山水名城等项目10个，共计445套4.63万平方米，正在进行价格评估，有效化解房地产风险，逐步化解17宗房地产风险项目历史遗留问题，稳步推进国际公馆等项目问题化解，指导督促开发企业(单位)依法完善相关手续，按照《关于不动产登记历史遗留问题处理意见的通知》规定的证办分离、证缴分离的基本原则有序办理产权登记手续，联合市自然资源和规划局、税务局等部门解决“办证难”问题8件，办理36本不动产登记证书，稳妥有序地推进历史遗留问题解决。印发《五指山市常态化整治规范房地产市场秩序工作方案》，针对房地产开发、房屋买卖、住房租赁、物业服务等领域的违法违规行为及人民群众反映的突出问题，持续开展常态化整治规范房地产市场秩序工作，形成部门齐抓共管工作格局，逐步改善市场环境。

（麦昌润）

城乡规划

【概况】《五指山市国土空间总体规划(2021—2035)》、各乡镇总体规划和控制性详细规划、村庄规划及各专项规划，作为城市规划建设管理的直接依据，是五指山市政府用以引导和制约各类社会组织、企业、团体和个人行为的政策工具，是各类自然资源保护利用和城乡开发建设管理的行为准则。

【国土空间总体规划】 2022年，五指山市组织编制形成《五指山市国土空间总体规划(2021—2035)》(送审稿)。规划形成“两山环抱，两河为脉，一园一心一环、多点联动”的山水城交融的五指山市开发保护总体空间格局。“两山环抱”：指北部黎母山脉和南部五指山脉。“两河为脉”：指昌化江和南圣河。“一园一心一环”：“一园”指海南热带雨林国家公园，“一心”指中心城区南圣一体化发展核心，“一环”指贯穿全市域的旅游交通道路形成的城镇发展环。多点联动：指毛阳镇、番阳镇和水满乡等重点发展城镇。

【乡镇总控规编制】 2022年，五指山市完成《南圣镇总体规划及控制性详细规划》《毛阳镇总体规划及控制性详细规划》《畅好乡总体规划及控制性详细规划》《五指山市毛道乡总体规划及控制性详细规划》《番阳镇总体规划及控制性详细规划》《五指山中心城区控制性详细规划》编制工作，并经市政府批准实施。

五指山市各乡镇控制性详细规划结合五指山市实际情况，如生态保护、经济发展、文化展现、风貌塑造、设施完善等方面诉求，系统梳理主城区建设存在的各种问题，落实上位规划要求，明确并强化政府职能，重视市场的变化和需求，平衡城市近期建设及长远发展的矛盾，制定适合城市可持续发展的土地利用和开发建设管理的行为准则。主要任务概括为“定用地、强风貌、细设施、定规则、建模型”，按编制内容，主要包括以下四个方面：

(定用地)一张蓝图：确定各乡镇土地使用性质，形成土地利用“一张蓝图”。

(强风貌)一个模型：强化各乡镇城市设计，确定空间形态、建筑风貌和建筑管控要求，并制作形成各乡镇城市设计模型。

(细设施)四类设施：深化细化公共服务设施、道路交通设施、市政设施和综合防灾设施等四类设施。

(定规则)一套图则：制定各乡镇控制性和引导性管控图则，明确各乡镇核心功能、人口规模、开发总量，以及其他控制要求。

(黄彩琼)

市容环境综合管理

【概况】 2022年，五指山市市政服务中心在编在岗干部职工70人，隶属于五指山市人民政府，为公益一类事业正科级单位，资金来源主要由财政全额拨款，其工作职能：负责城市街道公共设施的维修；市区公园、绿地、道路绿化带管理及黄土裸露的治理；市区公共照明维修维护；开展第三方的城乡生活垃圾一体化作业监督考核。

【垃圾处理设施建设】 2022年，五指山市建成垃圾转运站5座(毛阳垃圾转运站、番阳垃圾转运站、水满生活垃圾转运站、南圣生活垃圾转运站、城区生活垃圾转运站)，厨余垃圾处理站1座；城区转运站的设计处理量为145吨/日，其他乡镇的垃圾转运站的设计处理量为30吨/日；11月市区建成厨余垃圾处理站，厨余垃圾日处理能力5吨，试运营阶段日处理厨余垃圾3吨；2022年已封场的垃圾填埋场共处理渗滤液5.92亿吨，达标排放3.56亿吨。渗滤液处理工艺采用“AOO+膜”的处理工艺，设计处理规模150吨/天，尾水水质达到国家二级排放标准，排水去向为直接排入福兰河，监测手段采用在线监测。渗滤液调节池设计库容6374立方米，能满足渗滤液收集。

【生活垃圾无害化处理】 2022年，全市生活垃圾产生量3.88万吨，生活垃圾清运量3.88万吨，城乡生活垃圾处理率100%，所有生活垃圾无害化处理主要转运到陵水焚烧发电厂进行处理，无害化处理率100%。

【生活垃圾处理费征收】2022年，五指山市税务局收取生活垃圾处理费246.1万元。

【公共厕所设施管理】2022年，全市有公共厕所21座，均指定专人负责管理，其管理主要分为两部分：一部分是公厕内外的环境卫生保洁，主要委托第三方负责（三亚明佳公司）；另一部分是公厕的设施（硬件）由市政服务中心环卫岗派专人巡查并对设施及时更换维修。

【园林绿化建设和管理】2022年，新增绿化面积3.68万平方米，绿化花苗补种4.8万多株，有福建茶、小叶龙船、朱蕉、红花风铃、小叶紫薇、红千层、巴西野牡丹、黄心梅、重阳木、麦冬、变叶木、红背桂、大叶龙船、花旗木、红花玉蕊等品种，种植面积4268.77平方米，补种草坪600多平方米，补种胸径12～25厘米的行道树44株。清理行道树枯枝1500多株、修剪低矮树枝2000多株，市区行道树头涂白灰3080多株；春节、“三月三”期间，共摆花3.5万多盆，花种有三角梅、一品红、万寿菊、矮牵牛等6种。五指山市绿化覆盖率为41.24%，绿地率34.78%，人均公园绿地面积为5平方米，比2021年的人均公园面积6.84平方米/人少了192383平方米/人。

【公共照明建设和管理】2022年，新增道路2条。全市新安装路灯616杆、616盏，截至2022年底，全市道路安装路灯3335杆、1.12万盏，道路装灯总长度6.75万米，灯具完好率95%，亮灯率98%，全市公共照明用电总功率1232.05千瓦，张灯结彩迎新春，安装彩灯608套，其中，中国结10套，LED灯笼185套，布灯笼413套。

【城乡环境卫生管理】2022年，五指山市城区环境卫生由市政服务中心委托明佳公司五指山分公司负责，实行城乡环境卫生一体化服务。主要是负责市区路面、人行道、背街小巷的保洁、洒水降尘，减少空气颗粒污染，路面作业保洁主要以机械清扫代替人工清扫；人工清扫主要在人行道、背街小巷。建成区总面积94.15万平方米，机械化清扫面积87.56万平方米，机扫率93%。乡镇的环境卫生主要由各乡镇招聘乡村保洁员负责保洁，其保洁主要以人工为主；各乡镇、市区收集清扫的垃圾，转运到指定转运站后，再由明佳公司五指山分公司运往陵水焚烧发电厂处理。

（邢涵潇）

城市供水排水

【概况】五指山水务有限公司成立于2011年6月27日，股东为海南省水务集团有限公司和五指山市人民政府。公司负责城乡供水、污水处理、污泥开发、水利工程建设与管理、水产养殖、水质检测项目收费、销售不动产与房屋出租、光伏发电项目、给排水管道安排维护等。2022年，公司设立10个部门、4个供水厂、6个污水厂、2个水库，有干部职工306人（其中正式员工246人，劳务派遣60人）。

【财务指标】2022年，五指山水务有限公司完成营业收入4423.56万元，营业总成本为4130.40万元，实现利润总额302.04万元。营业收入4423.56万元中，供水收入1346.49万元，污水处理收入506.95万元，光伏收入8.34万元，委托运营费收入2315.68万元，其他收入246.10万元。营业成本3662.24万元中，供水成本926.43万元，污水成本639.78万元，光伏成本15.36万元，委托运营成本1887.03万元，其他成本193.64万元。应付职工薪酬2188.53万元，单位从业人员306人，其中在岗210人，其他从业人员（内退、自谋职业）36人，劳务派遣60人。

【供水与售水】2022年，五指山市自来水普及率100%，水质合格率100%，城区供水管网漏损率9.2%。自来水供应实行企业化运作，由五指山水务有限公司负责运营管理。五指山市有太平水厂、雅圣水厂、水满供水厂及毛阳供水厂4座供水厂，负责全市7个乡镇和1个居委会的供水，日供水能力为3.1万吨。城市供水管网总长度为179.5千米。截至2022年11月底，五指山市城镇供水总量为571万吨。2022年供水总量573万立方米；售水总量521万立方米，其中，居民用水448.56万立方米，非居民用水48.38万立方米，特种用水24.06万立方米，五指山市城市居民9万1口用水普及率100%。人均日综合用水量158.60升，人均日生活用水量136.55升。

【城市排水】2022年，五指山市城市排水量为城市售水量的85%，即442.85万吨。

【水费收缴】2022年，五指山市售水量521万吨，应收水费1154.25万元。其中，居民生活用水448.56万吨，水费875.49万元；非居民生活用水48.38万吨，水费162.79万元；特种用水24.06万吨，水费116.68万元。

【供水设施建设】2022年供水管线长度179.5千米。年漏损总量52.7万立方米，漏损率9.2%。水表累计2.02万个，其中生活用水计量水表1.9万多个，其他1137个。2022年管网水质综合合格率100%。其中浑浊度合格率100%，色度合格率100%，臭和味合格率100%，游离氯合格率100%，菌落总数合格率100%，总大肠菌数合格率100%，耗氧量合格率100%。管网压力合格率100%，管网水平3.5兆帕。

【污水处理设施建设】2022年，五指山市城区污水集中收集率为39.3%，进水BOD平均浓度为55.5毫克/升，城镇污水处理水量464.73万吨。五指山市共有城镇污水处理厂6座，均由五指山水务有限公司负责运营管理，日处理能力2.33万吨，污水管网总长度129.8千米。五指山市污水处理厂总处理水量506.97万吨，日均处理水量为1.39万吨，平均负荷率100.41%。其中，毛阳镇污水处理厂总处理水量10.39万吨，日均处理水量为285吨，平均负荷率28.5%；水满乡污水处理厂总处理水量9.38万吨，日均处理水量为257吨，平均负荷率42.8%；畅好乡污水处理厂总处理水量2.30万吨，日均处理水量63吨，平均负荷率41.9%；毛道乡污水处理厂总处理水量1.86万吨，日均处理水量51吨，平均负荷率34%；番阳镇污水处理厂总处理水量3.39万吨，日均处理水量为92.9吨，平均负荷率23.2%。

【城乡供水一体化建设】海南省五指山市太平水厂位于海南省五指山市太翡路，设计日处理水量1万立方米/日，服务人口约占市区总人口的2/3。该厂始建于20世纪80年代，当时是五指山市唯一一座供水厂，至今仍担负着五指山市城区供水主要任务。供水处理工艺：水源→反应池→消毒→沉淀池→过滤池→清水池→管网。出水水质符合《生活饮用水卫生标准》(GB5749—2006)。

五指山市雅圣水厂（隶属于五指山水务有限公司）距五指山市中心约14千米，位于五指山市南圣镇牙南上村后边，占地约2.41万平方米。该厂总投资1亿元，工程建设分为两期。设计供水能力3万吨，第一期工程于2013年5月开始建设，2016年完工并正式投入使用，其供水能力达1.5万吨，能够满足五指山市三分之二人口饮用水需求。2022年该厂从引水到输送配水全部采用重力流方式完成，途中无加压工艺，生产过程基本实现全自动化。

【海南省五指山市水满乡供水处理工程】位于海南省五指山市水满乡，工程新建日处理量为规模3000立方米/日；新建配套供水管网总长度约23公里，工程总投资为4164.61万元。工程于2018年4月投入试运行。供水处理工艺：水源→加氯加药→管式混合器→穿孔旋流絮凝池→斜管沉淀池→加氯→超滤膜池→清水池→管网。出水水质符合《生活饮用水卫生标准》(GB5749-2006)。

【海南省五指山市毛阳镇供水处理工程】 位于海南省五指山市毛阳镇，工程新建日处理量为规模3000立方米/日；新建配套供水管网总长度约35.279公里，工程总投资为4421.22万元。工程已于2019年12月投入试运行。供水处理工艺：水源→加氯加药→管式混合器→穿孔旋流絮凝池→斜管沉淀池→加氯→超滤膜池→清水池→管网。出水水质符合《生活饮用水卫生标准》(GB5749—2006)。

（吴开雄）

住房保障

【概况】 2022年，五指山市市住房保障中心围绕五指山市委、市政府中心工作，坚持以“六园”建设为统领，以住房保障服务工作为重点，认真做好各项工作，超量完成预期各项工作目标，扎实推进住房保障服务领域工作高质量发展。

【保障性住房建设与管理】 2022年，五指山市安居型商品住房计划建设任务341套，为解决五指山市城镇居民和引进人才的住房问题，五指山市以筹集房源方式，积极探索将安居型商品住房建设与房地产去库存相结合的模式，住房保障中心积极走访各房地产开发企业进行沟通协商，在已建未售的商品住宅项目中转型配建安居型商品住房。截至2022年8月24日，与明珠壹号、雅润小区等10个房地产开发企业签订转型安居房协议，共筹集安居房房源342套，超额完成海南省住建厅下达的任务。

自2022年4月起，五指山市共受理申请安居房家庭1070户，市住房保障中心结合工作实际，分三批进行审核，并及时将房源进行分配。首先，优先审核基层教师和医务人员购买资格，解决了146户基层教师和医务人员住房难题；其次，审核引进人才和本地人才住房资格，分配221套安居房，解决其家庭住房难题；最后，将2021—2022年存量商品住宅转型安居房，作为城镇居民住房房源。截至12月，完成存量商品住房转型安居房190套房源的分配工作。

2022年，市住房保障中心积极走访房地产开发企业，完成认购森林湖8套商品房转安居房（人才公寓），解决胡大一团队8名专家住房难题。

2022年，接收50套闲置房源。其中：市水务局培训中心宿舍40套、金安小区2套、市委大院宿舍3套、市粮食局宿舍5套。截至12月，盘活的50套房源已转型进入租赁市场。

【公租房动态监管】 2022年，市住房保障中心按规定每年开展年审工作，主要对公共租赁住房家庭主要收入、人口及住房等状况进行复核，认真执行退出制度，对骗租、转租、长期闲置的坚决予以清退，共清退46户公共租赁住房家庭。

采取多种形式追缴长期拖欠的租金。结合历年审计问题，通过张贴公告、手机短信、电话提醒等形式，对五指山市公共租赁住房拖欠租金超过6个月的租户家庭追缴租金，累计追缴历年拖欠房屋租金29.9万元。

【棚户区改造项目】 2022年，市住房保障中心派出6人组成2个工作组，专门负责拆迁入户协调工作。全部完成二轻厂37户50名职工的住房安置工作，发放货币安置72人。

【老旧住房改造项目】 2022年，五指山市老旧小区改造项目有5个，涉及38个小区56栋楼1078户居民，已全部施工，改造建筑面积10.41万平方米。完成施工改造总工程量的60.12%。

（邓晓慧）

文化

文 化

文化·体育

综 述

【概况】 2022年，五指山市以脱贫户和农村妇女为对象，举办线下培训班24期，线上举办12期培训班，培训1000人次。举办“醉美三月，墨画飘香”书画展，以书画展现五指山市的地域文化、人文风情及近年来经济社会的发展变化。

【非物质文化遗产保护】 2022年，五指山市有非物质文化遗产23项，其中国家级4项、省级6项、市级13项；其中，黎族传统纺染织绣技艺入选联合国教科文组织人类急需保护的非物质文化遗产保护名录。全市共有非遗工坊7家、非遗传习场所20处、传承村4个、传习所14间，2022年揭牌成立五指山传统工艺工作站、黎族竹木器乐传习馆。组织开展黎族民歌、苗族民歌、黎锦纺染织绣技艺、苗族刺绣等非遗项目培训班20期。

【非遗和文物保护宣传】 2022年，五指山市组织67名非遗传承人及16家非遗精品店和7家非遗工坊参加“2022年文化和自然遗产日海南省宣传展示活动”，通过现场活态展示及产品展销，销售产品4.98万元，完成网络直播23场，在线约3000人，发布宣传信息105篇，宣传浏览量5.27万人次。在雨林田园实景演出开幕式中，组织黎族竹竿舞、苗族刺绣、黎族藤编、黎族织锦技艺传承人进行现场活态展示，组织本土20名商家现场进行产品展销。联合海南省民族博物馆举办“5·18”国际博物馆日活动，将传承千年的活态非遗技艺与馆藏静态文物相结合，实现保护与传承的双重展示。完成省级文物保护单位“番茅大队队部旧址”修缮。

【文化惠民】 2022年，开展文化惠民演出34场次，受益人数2500人次。

【图书流通服务】 2022年，五指山市开展图书流通服务16次。

【乡镇综合文化站建设】 2022年，五指山市建有7个乡镇文化站、59个行政村综合文化服务中心。

（陈姿铮）

文学艺术

【概况】2022年，五指山市文学艺术界联合会坚持以人民为中心的创作导向，坚持正确的文艺方向，为加快推进海南自贸港建设提供有力的精神支撑。

【文学】 2022年6月，支持市诗词楹联学会在《中华诗词》杂志开出“黎苗三月三，风情醉游人”专栏，出版诗词31首。12月14日，首届“五指山杯·筑梦六园之黎风苗韵”全国征文大奖赛共收到征文588篇（首），其中散文234篇、诗歌354首。经大赛组委会组织省内名家采取匿名方式评审，最终评选出散文、诗歌获奖作品各42篇（首）。

【书法】 2022年，由中共五指山市委宣传部指导，五指山市文联主办、五指山市书协承办的“喜迎二十大 讴歌新时代 奋进新征程”——五指山市书法展于7月3日在市文化宣传中心二楼文联展厅开幕。

【摄影】 2022年4月13日，举行博鳌雨林展，市摄影家协会会员积极创作投稿253张，共协调组织47幅摄影作品、14幅美术作品参与“寻觅雨林·万物共生”2022年博鳌亚洲论坛公园雨林文化展的公园画苑——“指尖”热带雨林风情里的雨林摄影展和雨林绘画展。

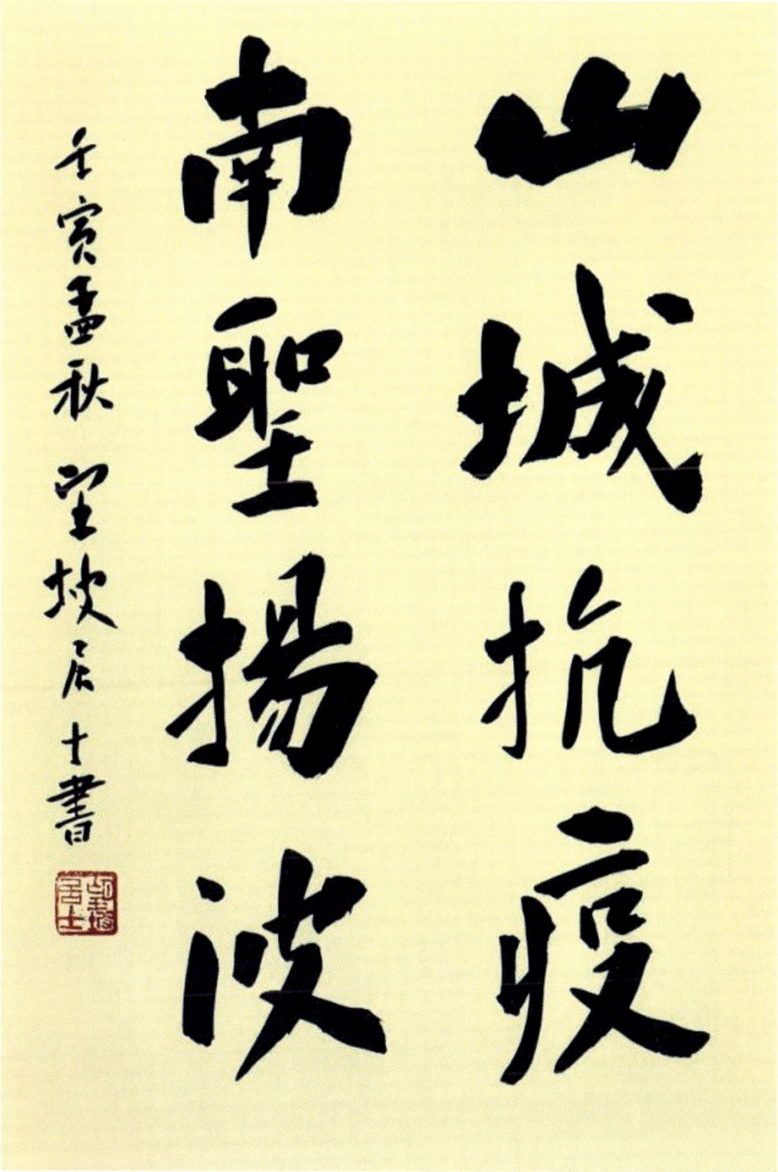

△作者：李景新
作品：行书条幅
释文：山城抗疫，南圣扬波

10月15日，由中共五指山市委宣传部指导，五指山市治水工作领导小组办公室、五指山市文学艺术界联合会联合主办，五指山市摄影家协会承办“喜迎二十大 水绿五指山”五指山市2022年摄影网络展，网络浏览次数突破1万次，此次摄影展评出优秀作品9幅，入展作品24幅，邀请参展作品8幅。

【音乐】2022年5月21—22日，举办由市文联主办，市音乐家协会协办的“五指山市黎族歌曲培训班”，邀请中国民间文艺家协会会员、海南省文艺家协会理事、五指山市非物质文化遗产代表性民歌传承人黄清妍授课，学习的曲目有《幸福不忘共产党》《求雨拦路》《请你留下来》《秋歌啃》4首黎族歌曲，其中《幸福不忘共产党》入选中国民族报社庆祝中国共产党成立100周年“唱支山歌给党听——颂党歌曲大联唱”征集活动十佳歌曲之首。参加此次培训的50多名学员分别来自五指山市音乐家协会合唱团、五指山市鸿雁合唱团、五指山市候鸟协会合唱团、五指山市文化艺术协会合唱团4个合唱团队。

【技艺体验】 2022年4月30日至5月1日，市文联邀请黄珠兰、黄冬辉在市“三月三”广场举办黎陶技艺体验活动。

【抗疫】 2022年8—9月，五指山文联动员广大文艺工作者发挥艺术特长，积极创作抗疫主题文艺作品，通过书法、美术、摄影、文学、音乐、舞蹈等艺术形式，记录、反映五指山市广大干部群众在党的领导下同心同德、共抗疫情的精神风貌，一起给抗疫人员加加油、给群众鼓鼓劲，凝聚共克时艰、同心抗疫的精神力量。疫情期间共创作作品837幅（篇），参与创作161人。其中，文学作品92篇、书法作品51幅、美术作品36幅、摄影作品616张（美编使用数量）、音乐3首、舞蹈视频1个。已制作成美篇、短视频在微信平台、抖音、新闻媒体平台展示、展播。

（董伶）

体育

【群众体育】 2022年，五指山市举办热带雨林国家公园阿陀岭徒步活动、乡村绿色骑行系列活动、首届“1867杯乡村篮球联赛”等群体活动。

【竞技体育】 举办2022第二届“五指山大力神杯”青少年足球冬令营邀请赛，毛纳村2022五指山市旅游形象公益大使推介暨元宵联谊活动、中国自由搏击俱乐部超级联赛。组队参加海南省第六届运动会。

【体育设施建设】 2022年，五指山市在全市范围内升级改造乡镇篮球场10个，新建全民健身路径123件。

△ 2022 年漂流文化节漂流现场　（市旅文局 供图）

公共文化设施

档案管理

【概况】 2022年，五指山市档案馆核定财政预算全额拨款事业编制8名，有干部职工7人，其中领导职数3名(馆长1名，副馆长2名)，其他管理人员4名。馆内设办公室、综合业务岗、保管利用岗、编研岗4个职能岗位。

【档案征集】 2022年上半年，市档案馆征集收藏了习近平总书记视察五指山市水满乡毛纳村实物档案2件及影像档案资料，以及中华人民共和国成立以来朱德、王震、习仲勋、习近平、江泽民、朱镕基、李瑞环、贾庆林、华国锋等20多位党和国家领导人视察五指山市的珍贵照片。与原海南黎族苗族自治州州长王学萍初步达成捐赠其任自治州州长时的办公桌椅及文件柜等实物档案的意向。

【档案安全】 2022年，市档案馆对档案工作人员开展经常性的安全教育，强化档案安全防范意识，完善档案管理规章制度，加强对规章制度执行情况的监督检查，制定《市档案馆开展档案安全隐患排查工作方案》，7月，完成全市档案实体安全隐患排查、档案信息安全隐患排查、应急管理安全隐患排查三项工作，举办消防演练和信息化安全培训，保障档案安全防范工作。每天常规性做好库房温湿度登记工作，给库房通风、除湿，做好库房卫生，保持库房清洁，每月做好安全检查工作；做好24小时安保值班工作，保障档案安全。对来访人员实行登记管理制度，确保馆藏档案安全。

【档案利用】 2022年，市档案馆接待市委组织部、市纪委、市旅文局、市乡村振兴局、市卫健委、市农业农村局等47家单位、公司及学校117人查阅利用档案，利用档案件数、卷数分别为1359件、37卷。

【业务指导】 2022年，市档案馆加强对各归档单位的业务指导，提高档案的管理水平。在档案工作推进中，发挥档案馆的培训、指导作用，辅导厘清工作思路，规范管理流程，提高业务水平和服务质量，加快五指山市档案事业发展。通过建立全市档案工作微信群，根据各单位档案业务需求，组织业务骨干深入市委组织部、市委宣传部、市旅文局、市人社局、团市委、市就业服务中心、各乡镇等50个单位，对年度文件材料整理归档、档案移交进馆及电子档案管理系统使用等进行业务和技术指导57次144人次。5月6—7日，举办“工程项目建设”“文书档案”和“乡村振兴”三个专题业务培训班，邀请海南省档案局业务指导处陈俏琼为“工程项目建设档案”专题业务培训班学员授课。各乡镇、畅好居、市直各单位、省驻五指山单位、企业的分管领导、档案干部，以及全市68个村(居)委会党支部书记、村“两委”档案管理员460人次参加了三个专题班的培训学习。“乡村振兴档案”专题班是建市以来最大规模的一次乡村档案培训。档案馆通过调研选定并完成3个村档案整理试点工作。毛路村委会整理归档1972—2020年文书档案1412件1.51万页、农业生产责任制合同119本、户口簿22本。红雅村委会整理归档2008—2020年度文书档案2696件5.76万页。毛道村委会整理归档2004—2020年度文书档案394件4684页。制定《村级档案管理制度》《查阅利用登记本制度》，指导完善试点村档案室配套设施，档案规范排列入柜，有序查阅利用。

【档案法制】 2022年，市档案馆组织干部职工学习《中华人民共和国档案法》《中华人民共和国民法典》;订阅《档案工作》和《海南档案》内刊,赠送市四套班子领导阅读学习。制定国家档案日宣传工作方案,围绕《中华人民共和国档案法》及档案相关法律法规开展线上档案知识竞答活动,浏览量1万余人次,发放奖品300份;通过LED屏、短信、在"三月三"广场悬挂横幅等方式开展档案法律法规宣传,提高全民档案意识。

【馆藏纸质档案数字化】 2022年10月,市档案馆制定《馆藏纸质档案数字化项目工作方案》,完成数字化统计、报批、议标等前期工作,对58个全宗单位约5万余件、38万余页馆藏纸质档案开展数字化工作,充实丰富档案管理系统数据库,提高档案现代化管理水平。

【历史展览厅利用】 2022年,市档案馆配备历史展厅1名讲解员,印制参观须知和历史展厅宣传册1000份,开展"6·9"国际档案日历史展厅开放日活动,制作宣传视频投放到各工作群,扩大宣传,提高知晓率。全年接待市政协、市委党校、市总工会、通什镇、城投公司、红雅村等9个党支部和琼中档案馆等10批次200余人参观,向公众展示五指山市历史文化传承与城市发展等方面的成就,宣传各种传统文化,提高历史文化的传承与保护水平。下半年与团市委联合开展"以史为鉴求发展、以党为先做先锋"校外实践教育活动,制定《五指山市少先队校外实践教育基地挂牌工作方案》,举行"五指山市少先队校外实践教育基地"揭牌仪式,组织学生分批开展社会教育活动,发挥社会教育功能。

【档案移交】 2022年,市档案馆接收市委办、市委政法委、市林业局、市国资中心、市编办、市乡村振兴局、通什镇等31家单位移交档案,移交进馆文书档案2.19万件、328卷,专业档案(农业普查)37件,实物档案38件,扶贫档案7486卷、数字化光盘201张,特殊载体4册(72张)、5盘(119条)。整理入库2021年全年、2022年上半年报纸、期刊,共45盒。

(王能)

海南省民族研究所

【概况】 海南省民族研究所位于海南省五指山市,2022年,海南省民族研究所各类在职人员共26人,其中,高级专业技术人员1人,中级专业技术人员8人,初级专业技术人员15人,其他人员2人。内设6个科级部门,分别为行政办公室、社会经济发展研究室、民族历史文化研究室、信息资料研究室、民族织锦研究室、民族工艺设计研究室。同时悬挂"海南省少数民族古籍整理办公室"牌子,实行"一套人马,两种模式"的办公模式,兼顾负责开展海南少数民族古籍整理研究工作。2022年,海南省民族研究所收集、撰写、发布海南民族地区各类信息26篇,先后被国家民委门户网站、中国民族宗教网、省民宗委门户网站、"学习强国"平台等媒体采用。

【课题研究】 2022年,海南省民族研究所开展并完成"白沙起义在现当代中国历史发展中的地位和作用研究""海南自贸港建设背景下少数民族乡村发展空间研究""海南自贸港建设背景下少数民族地区社会治理""黎族纺染织绣技艺对中国(民族)资本主义萌芽的推动作用研究""世界遗产背景下黎族传统文化的保护传承研究""大歧黎历史文化调查""海南苗族歌谣收集整理"等社会调查;参与"海南热带雨林与黎族传统聚落"、《中华民族交往交流交融史料汇编》之海南卷的研究工作。

【科研成果】 2022年,海南省民族研究所组织人员审核《海南少数民族事业发展报告(1998—2019)》、海南省博物馆民族文化展览资料、《中国国家人文地理》之"儋州""保亭""陵水""屯昌""五指山"等卷、《海南黎族龙被制作技艺》《文化即生活》《远古文化基因的通与变》《海南黎族龙被制作技艺》《奇甸文明》《初保村民居修缮项目勘察设计方案》《海南黎族织锦非遗传承人图谱调查》(调研报告)等图书、资料的内容;初步完成《海南苗族民间歌谣精选》的编辑,收集整理约2000多首海南苗族民间歌谣;编辑出版《海南苗绣》一书;完成《海南黎族传统织锦图案解读》一书的编辑与校对;参加《别样的黎族文字》纪录片的拍摄。

【海南民族文化遗产保护】2022年,海南省民族研究所积极申报国家级与省部级项目、省哲学社会科学规划课题、海南省财政厅重大支出项目课题等,报送五指山市"六个一批"文化惠民建设项目;申请挂牌"铸牢中华民族共同体意识研究中心";同时,与海南省热带海洋学院合作申报国家民委民族问题研究课题——"海南黎族大学生群居孤独感研究";与五指山市国家级、省级黎锦苗绣技艺传承人团队合作创建"黎锦苗绣产学研基地",该基地集黎锦苗绣制作、教学、研发、培训、交流、展示于一体,共同做好五指山地区黎锦苗绣及民族文化遗产的保护传承工作。

(邢增烜)

海南省民族博物馆

【概况】 2022年,海南省民族博物馆现有编制30名,编内实有20人,编外46人。其中,高级职称5人,中级职称3人,初级职称11人。2022年游客线下参观人数5.89万人次,其中未成年人4673人次;线上浏览1.28万人次,未成年人3898人次。

【展览社教】 春节期间,海南省民族博物馆完成亲子活动、拓"福"业务活动。举办"雨林秘境—海南民族文化展",进驻博鳌亚洲论坛年会期间主题公园。博鳌"5·18"国际博物馆日与五指山市旅文局联合开展"博物馆的力量——保护与传承传统文化"主题活动。省博物馆、省民族博物馆联合开展五指山市南圣村委会"六一"儿童节慰问及课外拓展活动。活动现场邀请孩子们参观"寻找救星——海南少数民族革命斗争史展",并一同体验"古代的复印机——拓印"、海南岛地图智力拼图和礼仪谦让的插壶等不同的趣味游戏,赠送文创礼包和奖品。在"6·13"自然和文化遗产日开展非遗传承人展演活动。完成"寻找救星——白沙起义纪念展"陈列内容设计方案和陈列形式设计初步效果图,不断优化展览,提升文化品位,扩大知名度,取得良好的社会效益。完成海南省民族博物馆"琼州民风"基本陈列。举办"踏浪而来,琼岛寻文,海南民博,黎苗流芳"研学活动,促进学生的全面发展并助力文旅融合。编撰中国少数民族图谱(海南卷)工作。与《小主人报》联合开展"'跟着民博去旅行'海南文化寻根之旅"(该研学路线经专家评审后,更名为"黎乡寻踪",被推荐为2022年海南十大精品研学旅行路线),并制定"博物馆奇妙日"专题研学实践工作方案,扩大宣教面,加强民族文化传播力。

【文物征集保护】 2022年10月,海南省民族博物馆收到社会热心人士无偿捐赠抗击疫情代表性实物44件(套),规范征集工作规程,签订征集协议,及时完成征集清单、原始记录表等相关材料的建档工作。完成馆藏可移动文物保护项目的竣工验收,文物保护设备硬件更加完善,文物安全系数显著提升,文物资源利用更加充分。

【省"十四五"规划二期工程项目】 2021年11月1日,省发改委批复了项目可行性研究报告,项目投资估算1.07亿元。2022年3月24日,省发改委下拨3500万元资金用于2022年项目的建设。省民族博物馆狠抓该项目落实,采取项目代管制推进项目建设工作,2022年底,已完成初步设计单位、全过程造价咨询单位、勘测(勘察和测量)单位、水土保持评价和地质灾害评估等单位的招标工作,并签署了相应的合同。项目已落地并加紧推进。

【学术研究】 2022年,海南省民族博物馆专业技术人员刻苦钻研,理论联系实际,开展学术研究工作,《文物博物馆管理体制创新的思考》《论海南三亚"正堂禁碑"的史料价值》《黎族骨簪制作技艺与文化传承》《寻找救星—海南少数民族革命斗争史策展记》4篇论文在国家级刊物发表,《海南陵水疍民"更路簿"初探》《海南疍家"更路簿"〉概述》2篇论文在省级刊物上发表。

(冯祥盛)

社会

社 会

教 育

综 述

【概况】2022年，五指山市共有市属中小学校44所(含教学点、民办学校)，其中完全中学1所、九年一贯制3所、特殊学校1所、完全小学10所、教学点29个。在职教师1419人，其中小学教师826人，初中教师291人，高中教师70人，特殊学校教师17人，幼儿园教师215人(含外聘)。有小学在校生7863人、初中在校生3640人，高中在校生1047人，特殊教育学生84人。市属幼儿园(含民办)19所，在园幼儿3386人。

【教育投入】 2022年，五指山市一般公共预算安排的教育经费4.86亿元。其中，一般公共预算教育经费3.98亿元，占整个教育经费投入的82%；其他一般公共预算安排的经费8729万元，占整个教育经费投入的18%。

【教育普及程度】 2022年，五指山市义务教育学校入学率100%；适龄残疾儿童入学率100%；学前三年毛入园率97%，公办幼儿园在园幼儿占比77.5%，公办幼儿园和普惠性民办幼儿园在园幼儿占比86.3%。

【教师队伍建设】2022年，五指山市公开招聘引进农村地区优秀校长1名、专任教师17名，落实20名农村义务教育阶段学校特岗教师、5名学前教育阶段特岗教师和23名，免费培养师范毕业生上岗工作；招聘98名学校后勤服务工作人员。落实“国培”“省培”和“市培”计划，组织开展新聘教师、骨干教师、中小学班主任等各类培训活动，累计培训教师8165人次，达到“全员覆盖，所有学科覆盖，各个领域覆盖”的目标。

【控辍保学工作】2022年，五指山市继续落实家庭经济困难学生成长“一对一或一对多”关爱帮扶体系，持续加强控辍保学工作，压实“两条线”控辍保学工作责任。召开控辍保学联席会议2次，联合市妇联举办家庭教育讲座14场，联合市检察院到乡镇召开家长教育培训会1场。开展“万名教师访万家”和适龄儿童入学排查，全市2000名教师家访1万余名学生。坚持就近免试原则，依法保障适龄儿童少年接受义务教育，全市在校进城务工随迁子女507人。

【生源地信用助学贷款】 2022年，五指山市累计受理全市620名学生生源地信用助学贷款申请，累计金额600.28万元。

【考试工作】2022年，五指山市

成立组织机构召开联席会议和考试工作会议，做好宣传和培训工作，抓好试卷安全保密工作，为全市1331名高考生、3767名中考生营造公平、公正、平等的考试环境。

【督导检查】2022年2月21—22日，省政府教育总督学潘惠丽率省教育厅督导检查组一行到海南省民族技工学校、海南热带海洋学院附属中学、五指山杜郎口实验学校、通什中心学校、通什中心幼儿园、省农垦附属思源实验学校、五指山中学等，通过实地走访、查阅资料、听取汇报等形式，聚焦开学疫情防控、开学常规、后勤安全保障和"双减""六项管理"四大方面，详细了解各中小学、幼儿园开学工作准备情况。

【德育教育】2022年，五指山市组织开展"传承红色基因·赓续红色血脉""我们的节日·清明节"主题研学和线上祭扫先烈、"海南全面深化改革开放暨自由贸易港建设展（馆）"儿童绘画比赛、"新时代好少年·强国有我，自贸有我"主题教育读书等系列活动。扎实开展"一校一品"，组织童声合唱团，开展活动。利用课后服务、"第二课堂"等方式持续开展非遗文化进校园活动。开齐开足学校体育课程，开展丰富多彩的民族体育特色项目运动，学生每人掌握1～2项运动技能。组织学生积极参加各类竞技比赛并屡获殊荣。2022年5月16日上午，邀请省家校合作促进会会长季淑华到市一小开展"送法进万家，家教伴成长"家庭教育指导服务系列讲座。同日，海南省"未成年人道德讲坛"活动走进五指山，为五指山中学、红星学校、市一小等10所中小学校开展巡讲。

△ 2022年11月，毛道中心学校组织学生前往五指山市红色革命根据地纪念园开展"传承红色基因，赓续精神血脉"主题研学活动

（毛道中心学校 供图）

【中小学教师资格证考试】2022年3月12日，在五指山中学进行2022年上半年中小学教师资格证考试，此次考试有615人报名。其中，101综合素质(幼儿园)有118人，设4个考场；102保教知识与能力有125人，设5个考场；201综合素质（小学）有179人，设6个考场；202教育教学知识与能力有155人，设6个考场；201A综合素质（小学）（音体美专业）有19人，设1个考场；202A教育教学知识与能力（音体美专业）有19人，设1个考场。10月29日，在五指山中学进行2022年下半年中小学教师资格证考试，此次考试有1785人报名。其中，101综合素质（幼儿园）有325人，设11个考场；102保教知识与能力有302人，11个考场；201综合素质（小学）有558人，设19个考场；202教育教学知识与能力有526人，设18个考场；201A综合素质（小学）（音体美专业）有35人，设2个考场；202A教育教学知识与能力（音体美专业）有39人，设2个考场。

【校园安全治理】2022年，五指山市组织各类安全主题教育活动100余场次、安全隐患排查5次。全市44所学校（教学点）均安装"一键式"报警并将视频监控联网至公安局。配备第三方保安85人，公益岗保安17人，实现保安配备、视频监控与公安联网、校园封闭式管理，护学岗设置"四个100%"。完成小学学校55台AED除颤仪安装工作，同时开展AED使用培训，受益师生1.3万余人。为市一小、市三小等14所学校安装"一键式"升降防撞栏。联合市公安局对全市6辆校车的驾驶员和车况进行督导检查；协同食药监局、卫计委等部门开展专项食堂督查，加强学校公共卫生防疫、传染性疾病预防免疫和突发公共卫生防控工作；与市委宣传部、市"扫黄打非"领导小组办公室、市综合执法局等相关部门开展联合行动，整治各个校门口售卖"三无"产品的流动摊贩的行为；组织开展常态化扫黑除恶工作；加强禁毒教育，在各学校开展禁毒流动课堂宣传活动17场。建立健全学生欺凌防治工作责任体系和制度体系，开展中小学生欺凌防治落实行动，有效降低和控制校园欺凌事件的危害。

【捐资助学活动】2022年6月9日，海南省宁波商会党支部和海南陵水丰润农业开发有限公司向南圣中心学校学捐赠了价值数万元校服，共900套。这是宁波商会连续第三年向该校捐献校服。此外，还通过"一对一"教育帮扶先后资助了牙南村3名家庭困难的学生，并开展了上门家访、慰问等热心助学活动，向山区学子贡献一份社会力量。9月9日，东润公益基金会为五指山市教育系统捐赠100万元"东润益师奖"资金。11月23日，中国公众科学素质促进联合体、中国电子学会分别向市第一小学、通什中心学校捐赠机器人教具、无人机教具、3D打印机等科教物资，帮助学校完善信息科技教学的配套设施，为乡村小学生的科学知识普及提供硬件保障。

【党建工作】2022年，累计召开理论学习中心组学习30次、党风党纪专题研讨4次、廉政警示教育12次，组织入党积极分子、党员培训700余人次。举办市教育系统学习贯彻习近平总书记考察海南重要讲话、党的二十大精神等一系列培训，累计参加5000人次。加强党风廉政建设工作，推进廉洁机关和廉洁文化进校园创建，加强教育系统作风整顿，约谈4名干部，对30名干部进行谈话提醒，干部作风进一步转变。

（陈云飞、王梦瑜）

教学科研

【基础教育提质工程】2022年，投入3.49亿元，用于学校硬件、学校信息化和绿化美化校园等建设。制定《五指山市乡村教学点调整撤并工作方案》加快推进市三小搬迁、五指山中学改扩建、水满中心幼儿园教师周转宿舍等项目建设，实施"义务教育薄弱环节与能力提升工程"，补齐办学条件短板。继续推进"一市（县）两校一园"工程，引进海南农垦实验中学托管市思源实验学校；加快推进集团化办学，引进海南热带海洋学院附属中学托管市红星学校，建立进五指山市第一小学教育集团项目，夯实教育公平基础。

【教研教改】2022年，五指山市印发《五指山市专递课堂管理应用试点工作方案》等文件，明确"同步/专递课堂"推进模式、教师选派与配合、规范应用管理和激励机制。积极探索"同步/专递课堂"常态化教学运行机制和有效教学模式，加强设备管理应用培训活动，提高在线"同步/专递课堂"教学质量。全市培训4场，

△1月，五指山市教育局与海南农垦实验中学在五指山市思源实验学校举行合作办学签约仪式（市教育局 供图）

培训400多人次。探索以“互联网+优秀教师”为主要内容的“同体式”“支教式”“协作式”互动同步课堂模式工作，帮助教学点和乡镇学校开齐开足开好国家课程。确定“1+N”互动专递课堂(即1所城区学校辐射多个教学点，城区学校与教学点之间按照国家课程开展常态化的专递课堂，补齐教学点教学短板)。专递课堂项目首批试点辐射21个教学点，涉及4个乡镇中心学校，3个主课堂均在市一小。授课主要采取主课堂“现场无学生”方式进行。“专递”年级为教学点一至三年级，主要设置美术、音乐和英语三门课程，教学点受益学生218人。通过“中心学校带教学点”“一校带多点”“一校带多校”的教学组织模式，形成“资源一张网、作息一份表、异校一堂课”，解决部分教学点、中心学校由于师资力量不足、教师年龄偏大，存在着开不齐课(音乐、美术)、开不好课(英语)的难题。通过城区学校“同步/专递课堂”的帮助，弥补教学点教师结构性缺编、专业课教师业务水平不高等不足，提高全市优质资源服务能力，促进城乡教育均衡发展。

(陈云飞、王梦瑜)

学前教育

【学前教育】 2022年，全市公办幼儿园有12所，其中市直属幼儿园4所、乡镇中心幼儿园8所。全市公办幼儿园教职工384人，其中专任教师195人，职工189人；幼儿人数2623人。

【教育资助】 2022年，五指山市拨付教育公用经费1210.5万元，完成2022年家庭经济困难学生学前至中职教育特惠性资助发放5160人，发放金额624.17万元；累计发放普惠性资助1.57万人次845.43万元，有序推动“全上学、全资助”。

(陈云飞、王梦瑜)

基础教育

【“双减”和“六项管理”工作】 “双减”即有效减轻义务教育阶段学生过重作业负担和校外培训负担。“六项管理”即分别为手机、作业、读物、睡眠、体质健康和考试管理。2022年，在全市中小学校开展5＋2校内课后服务，开设基础托管服务班级349个，特色托管服务班级255个。排查校外培训机构16个，学科类培训机构压减率100％。组织指导20名督学每月到校进行“双减”“六项管理”督导检查，反馈发现问题，督促学校整改。

【校方责任保险投保】 2022—2023学年，对全市34所中小学、幼儿园(含民办)投入教育保险(校方责任保险)，投保面达100％；投保学生1.46万人，投保率100％。

【免费提供教材、作业本】 2022—2023学年，免费发放中小学生作业本43.9万本。

【网络安全与教育信息化工作】 2022年，五指山市投入“薄改与能力提升”中央补助资金124.5万元，对五指山中学、番阳中心学校、南圣中心学校、红星学校、通什中心学校及部分教学点的网络进行基础升级改造。升级学校的设备板件级、设备级、网络级备份等，制订可靠的网络备份策略，保证网络具有故障自愈的能力，最大程度地支持学校教学的正常运行，为开放平台的建设和智慧校园支撑打下良好基础。

2022年，投入320万元，推进“互联网+教育”，将各学校宽带网络经费和设备运维经费纳入财政预算，提升所有学校宽带速度，宽带接入率100％，实现中小学校出口带宽达到100兆位/秒以上；引进运维公司对所有学校幼儿园教学设备进行统一维修，统筹支付费用，保障学校信息化的通畅和利用。

继续推动乡村小规模学校“三个课堂”应用全覆盖，推动全市乡村小规模学校开足开齐开好国家规定课程，实现优质教育资源共享，发展公平而有质量的教育。

2019—2022年，五指山市共有6所中小学校入选海南省中小学教育信息化应用示范校，获得省级扶持资金420万元。示范校充分发挥教育信息化应用示范引领和辐射作用，以点带面，引领和辐射全市中小学，更好地推进教育信息化应用工作。

【学生营养改善计划】 2022年，五指山市继续全面落实农村义务教育学生营养改善计划，下达营养餐专用资金1215.19万元，受益学生累计2.75万人次，覆盖义务教育学校46所(含2所省直属中学、1所民办学校)。

【中考工作】 2022年，五指山市初中毕业生学业考试报考人数共1845人。其中，海南热带海洋学院附属中学307人；海南省农垦实验中学311人；五指山中学470人；思源实验学校530人；红星学校178人；五指山市杜郎口实验学校41人；外地返籍考生8人。分别设五指山中学和五指山思源实验学校2个考点，共设62个考场。其中，五指山中学考点考生1315人，设44个考场；五指山思源实验学校考点考生530人，设18个考场。

【初中会考】 2022年，五指山市八年级报考人数共1922人。其中，海南热带海洋学院附属中学323人；海南省农垦实验中学304人；五指山中学451人；五指山思源实验学校554人；红星学校165人；五指山市杜郎口实验学校117人；外地返籍考生8人。分别设五指山中学和思源实验学校2个考点，共设65个考场。其中，五指山中学考点考生1368人，设46个考场；五指山思源实验学校考点考生554人，设19个考场。

（陈云飞、王梦瑜）

高中教育

【高中合格性考试】 2022年，报考科次8689科/人，总共设296个场次。其中思想政治科1356人，设46个考场；物理科1162人，设39个考场；地理科1352人，设46个考场；生物科1164人，设39个考场；化学科1039人，设35个考场；历史科1439人，设48个考场；技术科1277人，设43个考场。分别设五指山中学和五指山思源实验学校2个考点。

【普通高考】 五指山市全市普通高校招生报名考生1331人。其中，海南热带海洋学院附属中学367人；农垦实验中学572人；五指山中学340人；往届生52人；共设46个考场，考点设在五指山中学。

【爱心高考】 高考期间，五指山市交警全程在街头和考点执勤，维护现场周围交通秩序，确保考生及时进入考场。爱心企业为考生及家长准备了遮阳伞、矿泉水、考试专用包、口罩、消毒用品等，为有需要的考生提供相应帮助。星火志愿者协会在考场外为考生和家长提供志愿服务。

（陈云飞、王梦瑜）

中学选介

【海南热带海洋学院附属中学】 该校创办于1957年8月，是在周

△6月，全市1331名考生参加2022年全国普通高等学校招生考试。图为海南省农垦实验中学考生进入五指山中学考点

（市教育局 供图）

恩来总理亲切关怀下，由黎族领袖王国兴亲手创办的一所学校。其前身为广东省海南黎族苗族自治州中学、海南第二中学、琼州学院附属中学，是海南省“一级学校”。学校占地面积1936公顷，2022年有教职工170人、专任教师150人（少数民族教师33人）、高级教师54人、国家级骨干教师2人、特级教师2人、省政府引进专家型教师2人、省级学科带头人2人、省级骨干教师14人、省级教学能手4人。有42个教学班级（初中18个，高中24个），共有学生2093人（初中学生937人，高中学生1156人），少数民族学生989人（初中455人，高中534人），少数民族学生占比为47.3%。学校下设3个党支部，共有中共党员64人。2022年5月，郑海明被任命为附属中学党委书记。2022届高考本科率78.94%，其中二本率52.4%，完成学校高考备考预定目标。

（庄泰川）

【海南省农垦实验中学】 海南省农垦实验中学占地面积10.77万平方米，建筑面积61996平方米，2022年在校生2600多人，共有56个教学班。学校拥有高中、初中教学楼、科学馆、图书信息中心、艺术体育馆、标准化田径运动场、游泳池等，足球场、篮球场、排球场、羽毛球场、乒乓球场和健身房等运动场所一应俱全。多功能学术报告厅、生态环境教学创新实验室、化学数字创新实验室和美术、音乐、舞蹈、钢琴等功能教室设施完善，多媒体教室实现全覆盖，办学硬件基本实现现代化和信息化。2022年有专业教师216人，学历全部在大学本科以上，学历达标率100%，其中研究生学历23人，高级职称79人。学校拥有一大批中青年优秀教师，有全国优秀教师2人、省卓越校长工作室主持人和省卓越教师工作室主持人2人、省级学科带头人2人、省级骨干教师16人、省级教学能手5人、省教坛新秀4人。

2022年全校高考A批入围率94.7%，特殊类型线入围率54.2%，被北京大学录取1人，被空军航空大学（空军招飞）录取1人，被华中科技大学、浙江大学、复旦大学等国家“双一流”大学录取17人；中考717分以上125人，其中录取到本校高一的有118人。中考800分以上15人，其中14人录取到本校，为学校输送了一批优质生源。

（何欣）

【五指山中学】 五指山中学创办于1985年，前身是海南黎族苗族自治州实验中学，面向自治州8个市县招生。1987年海南建省撤州，1988年学校改为名海南省民族实验中学，隶属省教育厅直管；1990年由通什市接管，学校更名为通什市第一中学。2003年通什市更名为五指山市，市第一中学和第二中学合并，更名为五指山中学。如今的五指山中学是五指山市仅有的一所完全中学，是市级重点中学。学校校园总面积55551.06平方米，校舍建筑总面积2.09万平方米，校园行政区、教学区、运动区、生活区布局合理，教学设施齐全，师资力量雄厚。2022年学校有47个教学班，学生2335人（初中1282人，高中1053人），教职工171人，专任教师166人，其中高中教师78人，初中教师88人。从省外引进骨干校长1人、学科骨干教师2人。有高级教师32人、一级教师67人、二级教师67人，本科以上学历的教师占76.5%。学校先后通过海南省规范化学校、海南省义务教育学校标准化建设评估、海南省义务教育均衡发展评估的验收。

【五指山思源实验中校】 海南省农垦实验中学附属五指山思源实验学校前身是海南五指山思源实验学校，始建于2009年8月，是为贯彻落实省委、省政府教育扶贫移民政策，由省政府举办，香港言爱基金会资助，为迁移农村边远贫困地区义务教育阶段的初中学生而设立的全寄宿制公办学校。校园位于五指山市区工业路8号，毗邻南圣河畔。2012年学校顺利通过海南省规范化学校验收，2014年8月与五指山市第二小学合并，成为一所九年一贯制学校。2022年1月17日正式由海南省农垦实验中学托管，学校更名为海南省农垦实验中学附属五指山思源实验学校。校园规划科学、布局合理、环境优美，具有热带园林风格。各类教学、生活、运动设施齐全，设备先进，能满足现代化教学的需要。教学区、生活区和运动区相对独立。校园占地总面积为53785.3平方米，建筑用地面积为2.48万平方米。2022年学校有教职工172人、高级教师19人、一级教师49人、二级教师67人。具有本科以上学历的教师占80%以上。有35个教学班，在校生1565人，学生全部来自通什、毛阳、番阳等乡镇，少数民族学生占98%。

【五指山市红星学校】 五指山市红星学校原名畅好中学，创建于1970年，2009年9月归地方政府管理，更名为五指山市红星学校，是一所九年一贯制义务教育学校。学校位于美丽的五指山脚下，傍依南圣河畔。学校占地面积2.81公顷，2022年有班级28个班，学生人数1146人，教职工97人。学校师资学历达标率100%，有高级教师6人、省级学科带头人1人、省级骨干教师2人、市级学科带头人2人、市级骨干教师7人。学校教学设施完善，现有教学楼2幢、功能室楼1幢、学生宿舍3幢、教师宿舍楼1幢、食堂1幢；运动场1个、、篮球场2个、排球场2个；各种教学设备齐全，能满足教学所需。学校地处少数民族聚集地区，黎苗族学生占比86%以上。学校始终坚持课程改革，倡导学生学习自主性，形成"五环课堂"教学模式；实行"A、B、C"分层辅导走班制，促进不同层次学生获得最大程度发展；立足"五育并举"，促进学生全面发展，开设"星之梦"课程，其中"留住黎苗族记忆"校本课程深受师生喜爱，逐步打造成有文化、有内涵、有特色的乡村学校。曾获得"教育部关心下一代工作委员会先进集体""海南省规范化学校""海南省美育示范学校""海南省家长示范学校""海南省现代信息教育示范学校""五指山市教育教学管理先进单位"等荣誉称号。

（陈云飞、王梦瑜）

职业教育

【海南省民族技工学校简介】 海南省民族技工学校是一所隶属海南省教育厅，以培养职业技能型人才为主的国家公办省级重点中等职业技术学校。学校创办于1974年，校园总占地面积74460平方米。现有教职工170人，其中具有中级以上职称教师52人，国家级传承人4人，省级以上工艺大师6人，"双师型"教师65人，全国劳动模范1人，海南省优秀教师3人，此外还聘请兼职老师30多人；学生9700多人。

2022年，学校通过开展校内师德师风教育、课堂教学比武、教师业务培训、班主任能力提升等活动，不断提高教师的专业能力，学校教师指导学生参加全国全省各类技能竞赛，26人获得不同等级奖项。组织教师到企业实践21人，有针对性地选取教师37人开展课堂教学比赛，组织教师到企业实践21人，提升教师的专业技能。参与乡村振兴发展建设。在教学上，选派单面织、双面织专业骨干教师到学校乡村工作点开展教学教育帮扶活动4次，使农民掌握织锦技艺，又能生产销售出精美的黎锦作品，促进农民经济收入。同时助推当地

△海南省民族技工学校的教室，陈达谞（中）在指导学生织黎锦

（朱娇倩 摄）

39个农户(保亭县4户、五指山市35户)实现脱贫并走向乡村振兴之路,受到当地党委政府和农户的好评。

(唐鸿南、曾丽萍)

【海南省农林科技学校简介】 海南省农林科技学校位于五指山市河北东路9号,创建于1958年,是海南省教育厅直属公办省级重点中等职业学校。学校曾荣获“全国社会扶贫先进集体”“全国农村成人教育先进学校”“海南十佳中职学校”“海南省双优学校”等荣誉称号。2022年秋季在校学生10234万人,其中全日制学生1578人,非全日制学生8656人。毕业生共计3095人,其中全日制毕业生355人,非全日制毕业生2740人。就业学生3088人,直接就业人数3040人,毕业生就业率99%,专业对口就业率96%。

(朱晓帆　李树杰)

【海南省第二卫生学校简介】 海南省第二卫生学校创办于1958年,隶属于海南省卫生健康委员会,是海南省办学历史最久的卫生学校。办学65年来,共培养和输送出合格人才2万多名,海南省中南部各级医疗卫生单位中大部分护理人员为该校毕业生,为海南医疗卫生事业特别是中南部少数民族地区卫生事业的发展做出了贡献。学校在1998年被海南省人民政府评为“省部级重点中专学校”,1999年被海南省人民政府评为“民族团结进步模范单位”,多年连续被省政府评为“文明单位”。2006年经教育部和海南省教育厅评审为示范性“护理专业实训基地”,2010年2月经海南省人力资源和社会保障厅批准,在该校设立了“海南省第七十九国家职业技能鉴定所”,取得较好的社会效益。

2022年,学校基本情况:学校占地面积3.32公顷,建筑面积4.89万平方米。其中学生宿舍1.19万平方米,教室1.38万平方米(大电教室8间、小教室46间),实验实训教室5532平方米,体育运动场面积5947.11平方米,食堂824.28平方米,有786个用餐座位。学校有教职工139人(编内111人,编外聘用28人),专业技术人员104人,其中:副高29人,中级42人,初级33人。有“双师型”教师47人,省级骨干教师4人。专任教师97人,其中本科学历89人,硕士研究生7人。聘请了28名医院临床专家到学校任教。在校学生3900人左右。学校开办护理、中医护理、药剂、中药、中医康复技术、中医养生保健、医学检验和医学影像等8个专业。其中护理专业为学校重点建设专业,人数占招生总数的68%。毕业生大多在县级以下医疗机构、社区卫生服务站、乡村卫生室、社会和民办医疗等机构就业,平均就业率96%以上。学校有教育教学仪器设备约3060.22万元。有带录播系统的多媒体教室54间(大教室8间,小教室46间)、各类专业实验室42间,有教学计算机229台。配备了解剖学、生理学、药理学、基础护理学、内科学、外科和五官科学、妇产科学、儿科学、中医学等12间设备先进齐全的实验室和模拟临床病房、模拟手术室、模拟产房。积极引进现代化教学手段,建设了护理实验室ICU模拟病房、3D虚拟解剖实验室,2017年建成约300平方米的全息技术生命科学馆,是海南省卫生职业教育实训基地建设中的一大亮点。教学实习基地有海南省人民医院、海南医学院附属医院、洋浦经济开发区医院等28家市县级以上医院。

(单宝兰)

社会办学

【民办学校简介】 五指山市有民办学校1所:五指山市杜郎口实验学校。在校学生664人,其中小学在校生342人,初中在校生322人;有专任教师45人。有民办幼儿园7所:小天鹅幼儿园、六一幼儿园、启蒙幼儿园、捷培幼儿园、星苹果幼儿园、青葵幼儿园、杜郎口幼儿园。有工作人员110人,其中专任教师49人,保育员30人,工勤人员31人。在园幼儿763人。

(陈云飞、王梦瑜)

科技

【国家级创新型县(市)验收】 2022年,五指山市经专家评审、现场复核及综合评议,通过中华人民共和国科学技术部验收,获批国家首批创新型县(市),作为海南省唯一的国家级创新型县(市),跻身全省科技创新"第一梯队"。

【全国科技管理系统先进集体】 2022年,五指山市科技和工业信息化局被科技部评选为全国科技管理系统先进集体、被海南省科技厅评选为"海南省第十八届科技活动月"先进集体。

【生态科技特派员工作】 2022年,五指山市对接海南大学、中国热带农业科学院和海南省农科院等省内外高校、科研院所,遴选39名优秀科技人才,实现人才要素向农村农业的流动。全市在任136名生态科技特派员,省内外科研院所专家占比50%以上,实现59个行政村科技服务全覆盖。全市坚持动态管理服务原则,对生态科技特派员进行年度工作考核,对考核优秀的22名生态科技特派员予以通报表扬并颁发荣誉证书,辞退9名考核不合格的生态科技特派员,提高特派员队伍的质量。

【生态科技特派员培训班】 2022年12月4日至10日,由市科技和工业信息化局主办,中国海油集团提供20万元资金,组织生态科技特派员、茶企代表以及市政府政研中心、市林业局、市农机中心相关负责人40人到浙江省杭州市培训学习先进工作经验。

【全市科技工作者座谈会暨表彰会】 2022年,结合"海南省第十八届科技活动月""五指山市第十八届科技活动月"及第六个"全国科技工作者日",5月31日,市科技和工业信息化局和市科协联合召开五指山市2022年科技工作者座谈会暨表彰会,全市20名科技工作者代表、市政府办、市委组织部、市教育局、市卫健委、市农机农技中心、各乡镇政府相关负责同志参加会议。发放科技创新奖励50.4万元,激励全市企业加大科研投入、创新创业。扶持五指山市雪茄产业,发放雪茄产业奖励补助40.07万元。为2021年生态科技特派员优秀奖获奖代表和2021年科技创新奖励企业代表颁发奖金及荣誉证书。

【高新技术产业主体增加】 2022年,五指山市有4家高新技术企业,较上年新增1家,增幅为33%;成功入库省级高企培育库企业2家;全市13家科技型中小企业,较上年新增5家。投入研发资金共1585.9万元,其中海南制药厂有限公司投入研发资金695.5万元,海南省林业科学研究院(海南省红树林研究院)五指山分院投入323.6万元,海南长春花药业有限公司投入566.8万元。

【科技活动月】 2022年5月18日,"海南省第十八届科技活动月暨万名大学生乡村科普行"活动启动仪式在市"三月三"广场举行。启动仪式由海南省科技厅党组副书记、副厅长李劲松主持,省科技厅党组书记许云、省科协副主席徐伟、五指山市长陈国梁、大学生志愿者代表分别发言,中国科学院院士、省崖州湾种子实验室主任杨维才、英国皇家学会院士Richard Leaver通过视频发言。启动仪式上,省科

△ 2022年海南省第十八届科技活动月场景 （黄婷 供图）

技厅和五指山市人民政府签订《共同推进五指山市科技创新驱动发展工作会商制度议定书》，建立厅市工作会商制度，推进五指山市科技创新驱动发展。启动仪式还对省第十六、十七届科技活动月先进单位和先进个人进行颁奖。组织实施“海南省万名大学生科技志愿者乡村科普行”系列活动，对即将出发的13支高校科技志愿服务队进行授旗。“万名大学生乡村科普行”通过组织全省上万名大学生深入乡村举办科普教育活动，助力农民和农村青少年科学素质提升，引导广大基层群众热爱中国共产党，崇尚科学、文明、健康的生活方式，推动乡村振兴和海南自贸港建设。省直各有关单位、各市县、各科研院所、高等院校以及媒体记者200余人参加启动仪式。

【签订《共同推进五指山市科技创新驱动发展工作会商制度议定书》】 2022年，市科技和工业信息化局整合相关科技资源，增强五指山市承接和参与国家、省重大科技项目的能力，提高五指山市自主创新能力，突破五指山市经济社会发展的重大技术瓶颈。五指山市人民政府与海南省科学技术厅签订《共同推进五指山市科技创新驱动发展工作会商制度议定书》，会商制度实施期暂定为2022年至2025年。

【科技创新项目】 2022年，市科技和工业信息化局发布《五指山大叶种茶种质资源库建设及资源创新利用关键技术研究与示范》《五指山热带雨林花果走廊关键技术研究与示范》两个项目榜单。印发《五指山市2022年科技项目申报指南》，根据初审、专家评审意见、会议审定，确定最终立项3个项目，加快科技成果转化。发布《五指山市科技和工业信息化局关于申报2022年生态科技特派员项目的通知》，经初审、专家评审、会议审定，最终确定15个项目立项，结合全市乡村振兴产业发展需求，择优立项，提升全市生态科技特派员示范引领作用。

【省派科技人才服务产业】 2022年，市科技和工业信息化局对接省科技厅派遣2022年度“三区人才”、挂职科技副乡（镇）长，召开“三区人才”报到座谈会、2022年乡村振兴挂职科技副乡（镇）长报到会，并与畅好乡、通什镇、番阳镇、水满乡联动做好挂职科技副乡镇长对接工作。多渠道、多方式加强与省厅联动，完善全市科技人才队伍建设，提升服务水平。

【农民实用技术培训】 2022年，市科技和工业信息化局组织生态科技特派员、农业科技110服务站人员、“三区人才”等科技人员，深入田间地头，提供种养技术指导。涉及的产业有青瓜、朝天椒、苦瓜、茶叶、槟榔等，培训主要内容为科学种植、防寒防冻、病虫害防控等，帮助村集体合作社和贫困户解决发展产业过程中遇到的困难，提高贫困户种养科学管理能力和经济收入，全市农民实用技术水平明显提高。截至2022年末，共开展培训58期，培训1784人次，下乡指导、服务农户2833人次。

（黄婷）

卫 生

综 述

【概况】2022年,五指山市卫生健康委员会(简称"市卫健委")下设12个事业单位,分别为市疾病预防控制中心、市计划生育服务和妇幼保健院、市中医医院、市爱国卫生运动服务中心、市卫生健康服务中心、市通什镇卫生院、市南圣镇卫生院、市毛阳中心卫生院、市番阳镇卫生院、市畅好乡卫生院、市水满中心卫生院、市毛道乡卫生院。市计划生育协会列入群众团体序列管理,市红十字会与市卫生健康委员会合署办公。有4个社区卫生服务站(通什镇卫生院加挂"河南西区社区卫生服务站"牌子,市中医医院加挂"河北社区卫生服务站"牌子),还有市中西医结合医院。

【卫生基础项目建设】 2022年上半年,13个标准化建设项目余下的番阳镇卫生院住院楼、通什镇卫生院综合楼、畅好乡卫生院综合楼、水满中心卫生院业务房4个项目竣工,投入使用。6月28日,通什镇卫生院完成整体搬迁工作。组织开展海南省基于5G物联网的基层医疗卫生机构能力提升工程项目培训、设备分发等工作。实施"基于5G物联网的基层医疗机构能力提升工程",有序推进优质医疗资源下沉,构建以省第二人民医院为龙头,其他医院及各基层医疗卫生机构参与的医疗集团。完成7家乡镇卫生院、中西医结合医院及60家村卫生室心电图、胎儿心电图、眼科、超声检查等设备配置,实现与省第二人民医院的数据互传。完成7家卫生院远程会诊设备安装使用,完成省第二人民医院、省平山医院和市中医医院省级全民健康信息平台与医疗机构数据对接上传工作。

2022年,市疾控中心投入170多万元采购4部疫情防控应急保障车,市中医医院投入699.6万元采购负压车及其设备、省二院投入约200万元采购2部负压车。投入国债资金6160万元建设的省二院内科住院楼医疗环境提升改造工程、市人民医院公共卫生防控能力建设病区改建、市中医医院发热门诊、市疾病预防控制中心业务技术楼、南圣镇卫生院标准化规范配套设施、水满乡中心卫生院标准化规范配套设施共6个项目陆续竣工、验收及投入使用。认真核对,准确填写,按时报送"7+3"项目周报表、基层医疗机构标准化设备使用情况。乡镇卫生院5个发热门诊改建项目竣工并投入使用,资金支出100%。组织发放中国人口福利基金会无偿提供五指山市医疗机构医疗设备43台,总金额约134万元。

【卫生事项行政审批】 2022年,共受理行政许可、行政确认和公共服务事项480件,其中即办结283件,提前办结197件,办结463件,办结率96.5%。共节省群众办事时间605天。

【卫生应急】"早"预警机制逐步完善,预防控制体系更加健全。按照"四早"要求,关口前移到乡镇,哨卡设置到村,形成市、乡、村三级疫情防控体系。市卫生健康委员会建立了覆盖所有医疗机构的传染病疫情网络直报平台、中小学校学生因病缺课监测系统,以及传染病疫情和突发公共卫生事件监测数据分析报告制度。发热门诊(诊室)应设尽设,持续提升核酸检测能力,增配PCR设备17台,单检能力达2.224万管。"快"处置的能力明显提升。在获得突发公共卫生事件信息后,能够及时地逐级报告,同时组织开展现场处置,判定突发事件的预警级别,提出相关建议。科学开展流调溯源工作,为排查可能的感染途径提供客观依据。"控"得住的措施得到加强。根据事件类别和应急处理需要,按规定采取患者和疑似患者隔离治疗、密切接触者医学观察、易感人群应急接种、疫点消毒、水源保护,职业中毒事故物品等的追回和封存等措施。"治"得了的水平有效提升。加强医院平疫转化病房建设和急救、重症资源的扩容,在集中隔离点、医学观察点、医院集中收治点对不同类型的群体进行集中观察、收治。扎实推进农村疫情防控工作,关口前移,做好重点人群健康管理工作,保障基层卫生机构服务设施和药品充足达标。

(李佐辉)

医药卫生体制改革

【国家基本药物制度】2022年,五指山市有8家基层医疗机构及56家村卫生室实行基本药物"零差率"销售,所有政府办基层医疗卫生机构和村卫生室覆盖率100%,2022年拨付补偿资金154.77万元给基层医疗机构及村卫生室。

【基本公共卫生服务】2022年五指山市累计建档11.02万份,完成98.13%。为辖区0~6岁儿童建立预防接种证7089人,并按要求接种各类国家免疫规划疫苗。早孕建册773人,产后访视产妇813人,免费为773名孕产妇做产前检查。免费为65岁以上老年人体检7560人。对6610名高血压和3114名糖尿病患者进行管理。对82名结核病患者进行管理。2022年所有登记在册的确诊重性精神疾病患者数584人,检出率5.2%。建立传染病疫情报告管理制度,传染病及时报告率达100%。各项目单位协助卫生监督所开展巡查次数1031次。

【家庭医生签约】2022年,五指山市组建家庭医生团队数45个,居民签约3.68万人,脱贫人口签约2.27万人,签约率100%;重点人群签约2.02万人,重点人群签约率60.1%。

【紧密型县域医共体建设】五指山市是紧密型县域医共体建设省级试点市县之一,制定《五指山市紧密型市域医共体(医疗集团)建设实施方案》,由省第二人民医院作为牵头单位,以海南省平山医院、五指山市中医医院、五指山市中西医结合医院作为参与单位,联合通什镇、毛阳镇、南圣镇、番阳镇、水满乡、畅好乡、毛道乡等7家卫生院作为乡镇分院,组成五指山市医疗集团,覆盖辖区各级公立医疗机构。建立推动工作机制,设立市医疗集团党委,党委领导下的总院长负责制;成立市医疗集团管理委员会,对五指山市医疗集团的资产、财务、人事、薪酬、绩效、管理目标、政策投入等的重大事项实行决策和监督;制定市医管会、市卫健委、市医疗集团三方权责清单,明确各方权力责任,充分对医疗集团进行放权;制定医疗集团章程,明确内部牵头医院和成员单位之间的权力义务,加强政府对医疗联合体的监管职责;制定政府对医疗联合体的综合性绩效考核工作方案,规定了医疗联合体内党建、行政、人员、财务、质量、薪酬、考核等方面的内容;出台双向转诊方案,建立集团内转诊机制。医疗集团总院能力建设。制定全面推进胸痛、卒中、创伤、危重孕产妇和新生儿救治等"五大中心"建设实施方案,心脏康复中心成立并正式揭牌运营,胸痛中心、卒中防治中心等通过国家认证,危重孕产妇和新生儿救治中心与省级危重新生儿及危重孕产妇救治平台组建互联互动,创伤中心在积极推进认证工作。引进胡大一专家团队和凌锋脑神经团队,稳步推进海南中部地区心脏联盟和心脑医学中心建设，打造“2小时心脑血管救治圈”。优化参与分院功能互补。海南省平山医院、市中医医院和市中西医结合医院作为二级医疗机构分院，从专科的角度积极参与医疗集团的管理及对乡镇卫生院的帮扶和专科建设，充分发挥精神专科优势，提高慢性病管理，推动区域中医药创新发展，健全中西医疗及医养康养服务，满足人民多元化就医需求。优质医疗资源逐级下沉。建立“上派下挂”制度，由牵头医院派驻“第一院长”和业务骨干共14人，分别到7家乡镇卫生院坐诊帮扶，推动基层医疗机构急救站、胸痛救治单元的建设有2家乡镇分院开展住院诊疗服务，年度收治患者16人次，结束基层医疗机构多年无住院服务的历史。

【推广三明医改经验建设】 建立高效的医改领导体制和工作推动机制，将医改任务落实情况作为全面深化改革和政府目标管理绩效考核的重要内容。完善现代医院管理制度，建立公立医院现代管理制度，促进公立医院规范化、专业化、精细化管理，提高医疗服务质量和工作效率，确保医院公益性目标的实现。加大“三医联动”改革力度，做好药品耗材集中带量采购，完善公立医院取消药品补偿机制，执行医疗服务价格调整，并建立医疗服务价格动态调整机制，推进医保支付方式改革，以DIP付费为主的多元复合式支付方式，逐步提高DIP付费、DRG付费、按床日付费、门诊按人头付费等医保支付方式所占比例，减少医保基金按项目付费比例。

【健全分级诊疗制度】 借助全省全面推动城市医疗集团和县域医共体信息化建设工作，加快“互联网+医疗健康”发展，完善全民健康信息平台，推进新一代信息技术在医药卫生领域的应用，促进医药卫生管理和服务模式的重塑。由医疗集团牵头医院建立医学检验（包括临床检验、病理检验）、影像诊断（包括放射诊断、心电诊断）、远程医疗（包括会诊、培训）、120救援、消毒供应、中心药房等业务中心，为市医疗集团内各成员单位提供服务，利用“互联网+”，继续深化与乡镇卫生院开展远程心电、放射DR会诊以及发送诊断报告服务，将优质医疗资源向基层医疗卫生机构延伸。

疾病防控

【传染病监控】 2022年，继续加强对霍乱、登革热、布雷图指数、布鲁氏菌病、病毒性肝炎、流感、狂犬病、手足口病等疾病监测，其中：全市有布雷图指数监测点21个，达标的监测点数16个，占76%；全年狂犬病监测1117人，均没有发生狂犬病。

【疫情控制】 2022年，五指山市暴发4起疫情和突发公共卫生事件。2022年五指山市累计阳性病例19766例。对冷冻食品、外环境和从业人员进行采样送检，累计监测重点场所次数133次，共3376份，其中冷冻食品标本1848份、外环境标本1223份，从业人员呼吸道标本305份，检测结果均为阴性。

【传染病管理】 2022年发现法定传染病11种664例，无死亡病例报告。无甲类传染病报告，乙类5种573例，丙类6种91例，发病率591.42/10万。报告病例居前三位的传染病：乙肝（312例）、肺结核（112例）、丙肝（65例）。

【碘缺乏病监测】 2022年，抽取5个乡镇100名孕妇进行1次随机尿样检测及家中食用盐定量检测；5个乡镇各抽取一所小学200名8～10岁非寄宿学生，男女各半，进行尿碘检测。检测结果如下：（1）全市共抽检家中食盐304份，合格碘盐299份，不合格碘盐5份，碘盐覆盖率100%，碘盐合格率98.36%，合格碘盐食用率98.36%，碘盐中位数为23.9毫克/千克。（2）全市共检测孕妇尿碘100份，尿碘范围65.92~321.11微克/升，尿碘中位数117.07微克/

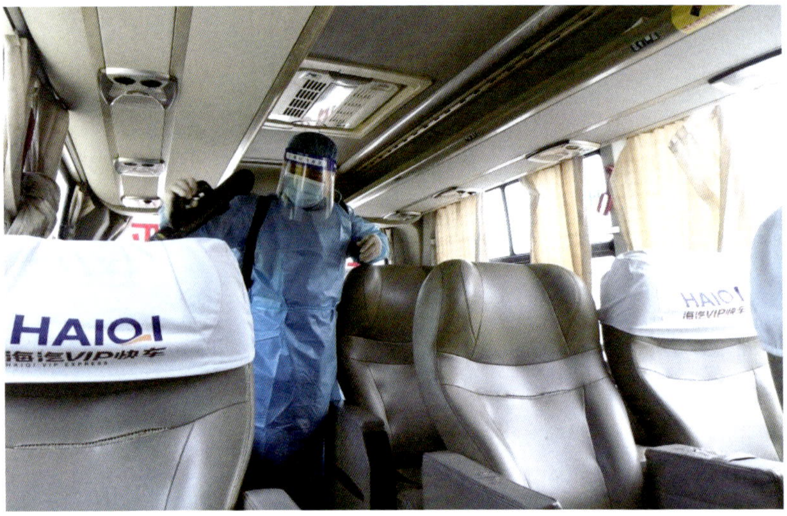

△ 9 月 17 日，新冠疫情防控转运车辆消毒场景 （徐焕志 摄）

升，小于50微克/升的比例为0，小于100微克/升的比例37%。（3）全市共检测5所学校学生尿碘204份，尿碘范围75.35~277.80微克/升，尿碘中位数140.04微克/升，尿碘频数分布：小于50微克/升的比例为0，小于100微克/升的比例17%。（4）对全市5所小学204名8~10岁儿童进行甲状腺B超检查，未查出甲状腺肿大病例。

【计划免疫】2022年，五指山市新出生儿童881人，建卡724人，儿童预防接种入册率、建证率均为99.17%。全市常规免疫儿童接种疫苗1.98万剂。各疫苗基础免疫与加强免疫接种率均高于99.8%，达到国家免疫规划疫苗接种率的指标要求。全市无疫苗针对传染病病例。

【艾滋病宣传监测】2022年，五指山市存活HIV感染者32例、艾滋病患者8例，其中在治36例，均按时进行随访，进行CD4检测和病毒载量检测。艾滋病自愿咨询检测689人次，发现阳性患者1例。监管场所、暗娼及娱乐场所血样检测112人次，未发现HIV感染者。每月对暗娼人群和外来劳务人员进行干预，干预暗娼165人次、外来劳务人员1100人次。公共场所发放艾滋病宣传资料3200册，发放安全套2440只。

医疗

【社会资本办医管理】五指山市医疗卫生机构情况：五指山市辖区内共有129家医疗卫生机构，其中公立医疗机构95家（医院4家，公共卫生机构2家，医务室23家，卫生所1家，乡镇卫生院7家，村卫生室58家），私立医疗机构34家（社会办医医院1家：五指山光明眼科医院，社区卫生服务站2家，诊所24家，门诊部4家，其他医疗机构3家）。其中诊所执业登记备案的医疗机构有6家。2021年7月—2022年11月，五指山市诊所执业登记备案3家。落实“谁主管，谁监管”原则，将备案诊所纳入五指山市医疗质量管理控制体系，2022年，五指山市聘请第三方公司开展2022年五指山市医疗机构疫情防控及年度校验现场审查工作，并向社会公开诊所备案信息，加强行业自律和社会监督。

【医疗安全管理】成立医疗、妇产科、院感、护理、药事、中医、临床检验和病案管理8个医疗质量控制中心。开展医疗机构医院感染预防与控制工作。对全市医疗机构的预检分诊、发热门诊、医疗废物、院感等进行全面检查，并组织五指山市质量控制小组对五指山市医疗机构疫情防控、疫苗接种、医疗救治等进行培训。

【医务人员管理】组织开展2022年医师资格考试考务工作，累计报名101人。组织五指山市医师进行2020—2021年度医师定期考核，累计考核医师409人。

【健康扶贫】2022年，市卫生健康委的定点帮扶村是南圣镇同甲村委会及牙南村委会。市卫健委在全市卫健系统内选派2名优秀年轻干部下沉同甲村委作为驻村第一书记和乡村振兴工作队员，实行脱岗工作在村，吃住在村，党组织关系在村，助力巩固拓展脱贫攻坚与乡村振兴有效衔接工作。市卫健委共选派43名帮扶联系人，定点帮扶农户109户396人，其中监测对象6户22人（2户已解除监测、4户未解除监测）。在做好本系统帮扶责任人的日常管理的同时，督促各帮扶联系人按照市委组织部、市乡村振兴局制定培训计划参加培训。组织本系统帮扶联系人进行乡村振兴有关业务培训，确实做到“两熟悉”。督促帮扶联系人落实好入户走访和帮扶，确实做到责任落实、政策落实、工作落实和成效巩固。

卫生监督

【药品监督管理】 2022年，市卫健委检查药店33家，抽查消字号卫生消毒用品63种，主要检查经营单位建立进货检查验收制度情况，索取相关许可批件或评价报告情况；核对消毒产品、涉水产品标签（铭牌）、说明书是否符合《消毒产品标签说明书管理规范》《涉及生活饮用水卫生安全产品标签说明书管理规范》。

【医疗机构监督】 2022年，市卫健委检查二级医疗机构4家、乡镇卫生院7家、社区卫生服务站2家、卫生院门诊部1家、诊所19家、口腔诊所7家。

【公共场所卫生监督】 2022年，市卫健委检查五指山市公共场所165家次，其中住宿场所65家次、美容美发场所69家次、游泳场所25家次、音乐厅6家次。

（李佐辉）

爱国卫生

【概况】 2022年，市爱国卫生服务中心开展卫生（健康）城市、卫生（健康）村镇创建活动，坚持共建共享，普及健康知识，动员群众参与，养成文明健康、绿色环保的生活方式，巩固和发展五指山市城乡环境卫生整洁行动成果，建立长效管理机制，推动从环境卫生治理逐步向社会健康管理转变，有力推动全域卫生创建（巩固）工作取得优异成绩。2022年，省爱卫办确认保留五指山市国家卫生城市和水满乡国家卫生乡镇的称号。

【爱国卫生月活动】 2022年4月20日，五指山市在“三月三”广场举行以“文明健康 绿色环保”为主题的海南省纪念爱国卫生运动70周年暨第34个爱国卫生月启动仪式。爱卫月期间，各乡镇、各单位结合博鳌亚洲论坛2022年年会和第二届中国国际消费品博览会及海南黎族苗族传统节日“三月三”暨壬寅年祭祀袍隆扣大典活动等有关工作，在全市持续深入开展城乡环境卫生综合整治，广泛发动干部群众持续深入开展环境卫生综合整治，重点对本辖区内车站、主次干道、高速公路沿线、居民小区、背街小巷、建筑（拆迁）工地、城中村及城乡接合部等重点区域环境卫生进行全面整治，不断强化环境卫生精细化管理能力，推进落实城乡环境卫生整洁行动落实，全面提升五指山市爱国卫生运动水平，掀起全民参与爱国卫生运动的新高潮。活动期间，动员各乡镇及畅好居责任片区党员干部职工、志愿者及广大人民群众共2万余人次，清理小广告400余处，卫生死角534处，清理垃圾4050吨；发放《文明健康绿色环保生活方式手册》等各类宣传册共8400余册、宣传海报3600张、灭蚊防蚊等宣传折页1.7万张。

【巩固国家卫生城市】2022年初，五指山市召开“双创”工作总结表彰暨“创建全国文明城市巩固国家卫生城市创建国家森林城市”动员部署会，成立创建全国文明城市和巩固国家卫生城市领导小组，指挥长由市政府市长担任，副指挥长由市委、市政府领导担任，成员由42个部门

△ 4 月 20 日上午，五指山市在“三月三”广场举行以“文明健康 绿色环保”为主题的海南省纪念爱国卫生运动 70 周年暨第 34 个爱国卫生月启动仪式 （张晶 摄）

△ 6 月 6 日上午，五指山市在“三月三”广场举行“清洁家园 防蚊灭蚊”夏秋季爱国卫生百日专项行动启动仪式和第六个“世界害虫日”现场宣传活动 （张晶 摄）

主要领导组成，领导小组下设办公室和5个工作小组，专职负责协调推进“创文巩卫”工作。并印发《2022年五指山市巩固国家卫生城市工作实施方案》《五指山市2022年卫生（健康）城市卫生（健康）村镇创建工作方案》等文件，明确五指山市巩固国家卫生城市各阶段任务目标，以提高城市综合管理水平和市民文明卫生素质为抓手，按照“条块结合、以块为主”的原则，与各部门签订责任书，全面启动行业部门负责“条”，通什镇（社区）负责“块”的“条块结合”工作机制。把建成区划分为31个片区129个网格，由31名市级领导挂点片区和129个单位包点网格责任区，把责任落实到每个市级领导和单位“一把手”，构建“横向到边、纵向到底”的网格责任工作制，推动五指山市从环境卫生治理逐步向社会健康管理转变。结合五指山市全域卫生（健康）创建工作，利用公益宣传道旗、LED屏幕、公交站点宣传橱窗、健康教育宣传栏、围墙围挡等载体，广泛开展公益宣传，不断提高群众的知晓率和支持率。同时结合新冠疫情防控，发动群众参与“巩卫”活动。组织开展“爱国卫生运动”“清洁家园”“四爱”等专题活动，发动全市干部群众4万余人次参与环境卫生整治、交通秩序维护和入户宣传等，常态化开展周五“双创”环境卫生整治及志愿服务活动，着力改善城乡人居环境，加快形成文明健康、绿色环保的生活方式，有效保障人民群众健康，全面提升五指山市爱国卫生运动水平。处理环境卫生问题投诉件8件，推动社会力量积极参与、支持巩固国家卫生城市和建设全国健康城市的“大卫生大健康”格局，形成全面共建共治共享的良好局面。严格执行常态化督查通报、不定期暗访曝光等督查方式，以督查通报倒逼问题整改和责任落实。市“巩

△ 3月2日上午，市“巩卫”工作推进组组长、市政协主席黄美莲（左二）带队督导五指山市“巩卫”工作 （张晶 摄）

卫”工作推进组加强对各乡镇和网格责任单位的督查考核工作，2022年，组织开展督查考核100余次，发现问题300余处，下发整改通知书200余份，问题整改率达85%，全市环境卫生面貌有了显著提升。

【病媒生物防制】 2022年 举办五指山市病媒生物防制暨登革热防控培训班，部署和明确年度工作目标任务，提升病媒生物防制专职人员的业务技能水平，推动病媒生物防制工作规范化和制度化。结合全域卫生创建等工作部署，组织专业病媒防制队伍，定期对市建成区和各乡镇开展全面消杀工作。通过随机抽查、定期聘请第三方专业机构等方式对病媒生物防制公司在五指山市城乡开展的病媒防制效果进行评估，确保五指山市城乡病媒生物密度控制在国家C级标准。2022年，开展随机抽查和聘请专家评估考核20次，发现问题300余处，下发整改通知4份；举办专题培训班1期；组织全市开展病媒生物防制活动11次，清理病媒生物孳生地3000余处，出动专业防治人员2586人次。组织成立应急消杀队伍，在疫情期间累计出动专业消杀人员818人次，为全面打赢新冠肺炎疫情阻击战奠定良好的环境基础。

【爱国卫生其他工作】 2022年，举办五指山市健康城市和健康村镇创建工作培训班。全国爱卫会授予五指山市林雪虹“爱国卫生运动70周年先进个人”的称号；省爱卫会在全省通报表扬五指山市在开展爱国卫生运动70周年中表现突出的郭仁欢、李辉等5位基层爱国卫生工作者；省爱卫办确认保留水满乡国家卫生乡镇的称号；番阳镇、南圣镇、水满乡完成省级病媒生物防制鉴定考核；南圣镇、番阳镇等2个省级卫生乡镇、毛阳镇毛路村等12个省卫生村和五指山市公安局等11个省卫生先进单位顺利通过复审考核；新创7个省卫生村、9个省卫生先进单位，省卫生村占全市行政村比例达93%；省爱卫办命名番阳镇为省级健康乡镇，命名通什镇什保村等4个村为省级健康示范村；创成4家健康促进机关和100户健康家庭。2022年，市财政局下拨五指山市卫生（健康）创建专项资金227万元至市爱卫服务中心，用于五指山市全域卫生（健康）创建等工作，市爱卫服务中心拨付172.54万元至各有关乡镇，作为全域卫生（健康）村镇创建专项经费，为巩固五指山市全域卫生（健康）创建成果提供保障。积极组织开展第34个爱国卫生月、冬春季爱国卫生运动、博鳌亚洲论坛年会活动爱国卫生保障工作、夏秋季爱国卫生百日专项行动、“四爱”卫生健康大行动等专题活动，常态化开展周五“双创”环境卫生整治及志愿服务活动，共发动全市干部群众4万余人次参与环境卫生整治、入户宣传等；推动社会力量积极参与、支持国家卫生城市创建。及时将农户档案信息录入海南改厕管理系统。各乡镇在持续开展环境卫生综合整治的基础上，加强常

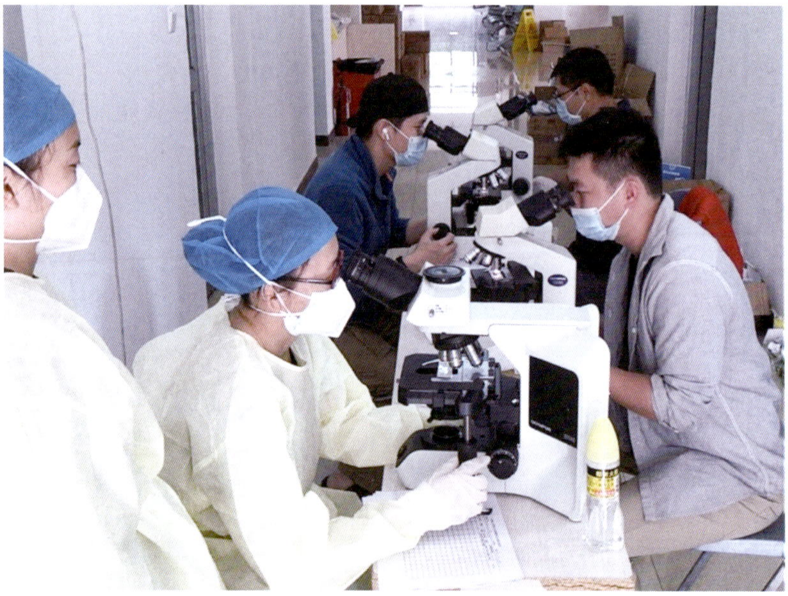

△ 11 月 16 日，人体寄生虫调查检测场景　　（徐焕志 摄）

△ 7 月 5 日，病媒生物密度监测场景　　（徐焕志 摄）

态化农村户厕管理，并利用爱国卫生月等活动开展现场宣传，发放宣传资料1000余份。

【计划免疫】2022年，五指山市新出生儿童739人，建卡739人，儿童预防接种入册率、建证率均为100%。全市常规免疫儿童共接种疫苗19759剂。各疫苗基础免疫与加强免疫接种率均高于99%，达到国家免疫规划疫苗接种率的指标要求。全市无疫苗针对传染病病例。

【卫生监测】2022年学校卫生：学生常见病近视筛查监测任务为7所学校1840人，完成7所学校1911人，超额3.86%完成任务。食品卫生：全年采集食品样本105份，完成105份，完成率100%。食源性疾病病例监测共262人，其中标本采样125人份，检出沙门菌5份。食源性疾病暴发监测聚集性病例事件6起，处置率100%，网报率100%，总暴露人数226人，发病人数80人，治愈出院2人，治愈率100%，无人死亡。生活饮用水监测：枯水期水样74份，其中城市供水采样监测9份，合格9份，合格率100%；乡镇饮用水采样监测16份，合格16份，合格率100%；学校饮用水采样监测3份，合格3份，合格率100%；农村饮用水采样监测46份，合格38份，合格率82.6%。丰水期水样74份，其中城市供水采样监测9份，合格9份，合格率100%；乡镇饮用水采样监测16份，合格16份，合格率100%。学校饮用水采样监测3份，合格3份，合格率100%。农村饮用水采样监测46份，合格40份，合格率86.96%。不合格指标主要是游离余氯和微生物指标。2022年工作场所卫生：工作场所职业病危害因素监测10家，对市内非医疗机构（汽车总站）1家、医疗机构（省第二人民医院）1家开展放射诊疗设备性能监测和场所防护监测，均完成监测及上报工作；完成省第二人民医院放射科47名放射工作人员一年四个周期的放射性个人剂量监测。

【健康宣教】2022年，全市加强开展防控健康宣传教育工作，同时开展常态化全民健康素养促进行动、中国居民健康素养66条宣传教育、中医文化素养、“2+3”健康服务包宣传、“创文巩卫”宣传、国家基本公卫政策宣传、优生优育宣传教育，开展各种卫生日宣传活动，如开展世界防治结核病日、世界艾滋病日、世界无烟日、世界防治麻风病日、世界精神卫生日、全国疟疾日、全国碘缺乏病防治日、职业病防治宣传周等活动，开展诸如病毒防控宣传、手足口病防控宣传和登革热防治宣传和厕所革命宣传等。宣传活动根据不同内容制定宣传方案，惠及人数达2万人以上。

2022年，开展各种卫生日主题宣传活动12次，印发《健康素养66条》折页2万张、海报200张，印发控烟宣传折页2万张、海报300张，“2+3”健康教育核心信息（折页）3万张，“2+3”健康教育核心信息（海报）300张，高血压患者健康教育处方3000张，2型糖尿病患者健康教育处方3000张，肺结核患者健康教育处方3000张，儿童青少年近视患者健康教育处方3000张，碘缺乏病患者健康教育处方3000张，唐氏综合征防治健康教育核心信息（折页）1万张，血友病防治健康教育核心信息（折页）1万张，先天性心脏病防治健康教育核心信息（折页）1万张，健康宣传品5216件（跳绳、毛巾、手提袋、衬衫、雨伞），发放“健康知识小课堂”光盘50个。全市12个项目单位全年播放视频联播（ITV）累计600小时。2022年全市健康素养水平为24.5%，比2021年同时期提高5.2个百分点，提前完成“十四五”规划目标要求。15岁以上人群吸烟率27.3%，比上年同时期下降6.5个百分点，控烟成效显著。

深入宣传“2+3”疾病防治核心信息，提高全市居民对“2+3”健康服务包政策措施等知识的知晓率。利用流动宣传车、LED显示屏、乡镇广播、文化大院、标语口号等平台工具循环播放疾病防控信息和政策宣传口号。落实“六个一”：发放一张“宣传纸”，提供一张“健康教育处方”，确定一个固定的“2+3”宣传栏，打造一个“2+3”视频播放平台，每季举办一场“2+3”疾病讲座，每季举办一场“2+3”疾病咨询活动。举办或参与指导培训3期，为健康促进市创建工作网络培训班、健康促进场所创建培训班、基本公共卫生健康教育培训班，参与人数347人。组织省级、市级专家深入农村、企业、学校、机关和社区开展健康巡讲宣传活动共29场，覆盖人群3560人。开展健康素养知晓率调查（知晓率为81.5%）、学生眼保健知识知晓率调查（知晓率为65.7%）、结核病防治知识知晓率调查（知晓率为78%）。

开展健康细胞创建指导工作，覆盖机关15家、学校12家、医院11家、企业3家、社区4个。开展无烟单位督导检查，其中无烟学校15所、无烟医院12家、无烟党政机关30家。开展基本公共卫生健康教育服务项目督导考核，范围覆盖7家乡镇卫生院、4家社区卫生服务站、1家市中西医结合医院和24家村级卫生室。在疫情防控工作上，指导中招考试疫情防控工作2次，对辖区内4所大中专学校开展“春季校园疫情防控专项督导”，举办1期邮政快递行业疫情防控知识培训班。

（郭 燕）

控烟工作

【概况】2022年，五指山市全面开展无烟环境建设。利用世界无烟日、卫生健康主题日等时机，发挥领导干部的模范带头作用，鼓励医务人员、教师发挥控烟引领作用，围绕无烟党政机关建设、无烟学校建设、青少年控烟等重点工作开展宣传活动，广泛开展社会动员，传播烟草烟雾危害健康知识及戒烟方法，倡导无烟健康生活方式，着力提高人民群众对烟草危害的认识；在海南省第二人民医院配备专门诊室、诊疗设备、药品储备等硬件设施和具有提供戒烟服务能力的专兼职医务人员，按照国家要求开展戒烟干预，努力降低15岁以上人群吸烟率，营造良好的戒烟氛围，促进吸烟者戒烟，降低吸烟率，五指山市无烟环境建设取得初步成效。五指山市有党政机关50家，创成市级无烟党政机关51家，无烟党政机关占比超额2%；五指山市有医疗卫生机构98家，创成无烟医疗卫生机构79家，无烟医疗机构占比80.6%；五指山市有幼托机构、中小学校和中等职业学校、普通高等学校30所，创成市级无烟学校30所，无烟学校占比100%。

【"无烟单位"创建与督导】 2022年，市卫健委将市水务局等6家单位、海南热带海洋学院五指山校区等15所学校和全市公共卫生机构、各级各类医院、基层医疗卫生机构、其他医疗卫生机构等列入2022年无烟单位创建目标，举办五指山市健康促进场所（健康细胞）创建暨无烟单位创建工作培训班和五指山市无烟医疗机构建设工作培训班，提升各单位、学校、医疗机构等控烟专职人员的业务技能和业务水平；8月1日至2日市爱卫办组织市爱卫服务中心和市疾控中心业务骨干通过查阅资料和现场检查的方式，对市住房保障服务中心等6家申报创建无烟党政机关的单位进行市级督导。

△2月11日上午，五指山市卫生健康委员会联合组织相关单位和医疗卫生机构，在"三月三"广场举行以"送烟＝送危害"为主题的控烟现场宣传活动　　（张晶 摄）

【控烟宣传】 2022年，市卫健委组织开展"送烟=送危害""第35个世界无烟日""爱国卫生月"等活动通过向广大居民群众发放控烟宣传资料、展示无烟党政机关建设阶段性成果、公示市无烟党政机关名单等方式，广泛传播吸烟及二手烟危害，普及电子烟危害知识，推广"中国戒烟平台"微信小程序，引导吸烟者主动戒烟、非吸烟者勇于拒绝二手烟，协助戒烟者科学戒烟。通过"我爱五指山""五指山新闻"等媒体广泛报道和宣传线上戒烟控烟有奖知识竞答，以"微信朋友圈"及"微信群"为载体扩大传播影响力，提升群众参与度，知识竞答参与人数5000人，发放奖励金2000余元。宣传活动现场，省第二人民医院戒烟门诊医生为有戒烟意愿的群众提供戒烟咨询和义诊，宣传省第二人民医院的戒烟门诊和"12320"戒烟热线，为吸烟者提供戒烟服务。组织开展公共场所控烟执法活动，重点对辖区机关单位、服务窗口、医疗机构、车站、宾馆饭店、歌舞厅、网吧等场所进行检查，打造公共场所无烟环境，推进全社会无烟环境建设。发放控烟宣传资料3.2万余张（册）；制作禁烟巡查、监督、劝导员红袖标350个、无烟党政机关建设宣传展牌20块、禁烟标识300余张；发放控烟宣传品2500余件；在"我爱五指山"客户端发布控烟宣传稿件19条，浏览量近12.5万人次；利用LED屏播放控烟标语300多条，更换健康教育宣传栏315个；为市民提供免费咨询500余人次；暗访抽查27家无烟党政机关，组织开展控烟联合执法活动1次。

（符钰）

省驻医疗机构

【海南省第二人民医院】 2022年，海南省第二人民医院（简称“省二院”）占地面积近5.53公顷，建筑面积6万多平方米，有编制床位300张、开放床位514张、临床科室22个、医技科室10个、职能科室19个，门诊部设有13个专科诊室。全院在职职工702人，其中高级职称124人，中级职称157人，硕士研究生18名。

2022年，省二院总收入2.18亿元，其中，医疗收入1.82亿元；出院人数1.27万人次；门急诊人数2.12万人次；手术台次数2645人次，出院患者手术占比20.82%，其中，微创手术513例，占总手术人数19.40%；四级手术452例，治愈好转率97.98%，死亡率0.61%，抢救成功率94.28%；出院患者平均住院日8.39天；床位使用率62.21%；国家基本药物金额占比34.18%，抗菌药物使用强度37.41DDDS。

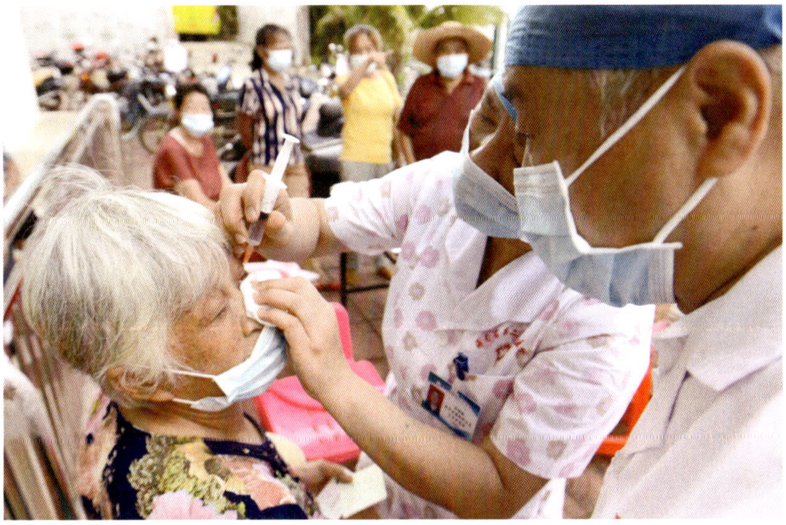

△6月17日，在保国中心卫生院义诊 （海南省第二人民医院 供图）

全年下达预算资金3053.09万元，支出2885.13万元，完成预算执行率94.5%。

（童忠德）

【海南省平山医院】 海南省平山医院创办于1979年8月，原名为海南行政区黎族苗族自治州精神病院；1993年6月更名为海南省平山医院(副处级事业单位)；2002年并入海南省安宁医院，更名为海南省安宁医院五指山分院；2008年6月更名为海南省平山医院(正处级事业单位)，隶属于海南省卫生健康委员会，为一二级精神病专科医院，与三亚、东方、保亭等市县开展了精神康复医联体的合作，是全省新型农村合作医疗、城镇医疗、事业医疗保险定点单位。

△省平山医院开展“2022年世界防治结核病日”义诊宣传活动

（省平山医院 供图）

医院占地面积4.77万平方米，建筑面积2.45万平方米。核定人员编制150个，核定病床数1500张，实际开放床位680张。有职工285人，其中卫生专业技术人员213人，高级职称31人，中级职称16人，初级职称142人。

（张涵）

民 政

【城乡低保规范管理】 2022年，五指山市将治理漏保问题纳入符合条件的城乡低保对象160户322人；治理动态管理不到位、清退城乡低保对象536户1026人；治理近亲属备案不到位、新增低保近亲属备案111户。2022年，全市城乡低保对象1215户2217人，其中城市低保242户486人；农村低保973户1731人。累计为2.99万人次发放城乡低保金1456.41万元。

【临时救助】 2022年，五指山市临时救助1016户3744人次，发放救助金348.91万元，其中小额临时救助682户2510人次，发放临时救助金98.39万元。

【社会捐赠】 2022年，五指山市累计收到捐赠金22笔共66.56万元，主要划拨给市应急局、市旅文局用于购买疫情防控物资。

【流浪乞讨人员及精神病人员救助】 2022年，五指山市救助“三无”流浪人员13名，提供返乡乘车凭证和食物，共支出1300元。开展“寒冬送温暖”街面宣传工作3次，完成五指山市5名“三无”流浪精神病患者落户工作。完成五指山市社区精神康复照护中心建设，为全市155名精神病患者建立康复档案，做好滞留“三无”流浪人员返乡工作。救助“三无”流浪精神障碍患者15名，均安置在省平山医院救治。落实长期滞留“三无”人员落户安置工作，通过开展救助寻亲返乡工作，查明户籍5人。

【弃婴、孤儿与困境儿童救助】

△6月24日，五指山市民政局开展未成年人保护和预防犯罪宣传活动　（翁花玉 供图）

2022年，五指山市为3名孤儿发放基本生活补贴55人次7.43万元，为198名困境儿童发放基本生活补贴2163人次78.88万元，为44名事实无人抚养儿童发放生活补贴419人次48.07万元。收到收养申请6例，经审查符合条件3例。推动市福利院转型为市未成年人救助保护中心，于5月27日正式揭牌，总占地面积842.79平方米，设置床位26床。"六一"儿童节期间，走访慰问孤儿、事实无人抚养儿童、困境儿童，发放慰问品220份，总计2.2万元。中秋节开展以"浓情中秋，爱暖童心"为主题的慰问活动，走访48户特殊儿童，送出48盒月饼、48箱牛奶。开展寒冬送温暖活动，为五指山市低保对象、留守儿童、困境儿童和事实无人抚养儿童发放物资1738件。

【留守儿童和孤寡老人关爱】 2022年，完成全市52名留守儿童信息系统录入工作，指导乡镇儿童督导员落实探访制度，做好留守儿童摸排工作。为36名留守老年人开展"五帮"服务，通过社会购买服务方式开展相关关爱帮扶活动，关爱帮扶456人次。

【两项残疾人补贴】 2022年，五指山市两项残疾人补贴对象3240人（其中重度残疾人1905人，困难残疾人1335人），累计为3.98万人次（重度残疾人2.29万人次，困难残疾人1.69万人次）发放两项残疾人补贴594.97万元（发放重度残疾人补贴426.34万元，发放困难残疾人补贴168.63万元）。

【敬老院管理】 2022年，全市有4个公办养老机构，分别是五指山市养老中心（通什镇敬老院）、毛道乡中心敬老院、毛阳镇敬老院、番阳镇敬老院，总床位252张，集中供养特困人员33人，配备专职护理人员10人。市养老服务中心（通什镇敬老院）于2021年2月投入使用，设置养老床位156张。完成五指山市锦绣花园和教师村日间照料中心建设，设置长者饭堂功能设施，为小区老年人提供午餐服务。开展留守老人和分散供养特困老人关爱帮扶812人次，支出48.72万元。成立养老机构非法集资风险专项排查工作领导小组，摸排调查养老机构3家。举办五指山市养老护理员（初级）培训班，培训养老护理员（初级）114名。抓好疫情防控工作，对各敬老院采取封闭式管理，购买各类防疫物资发放到各敬老院，确保防疫物资充足。每月进行核酸采样，保障养老机构防控安全。

【特困人员供养】 2022年，五指山市纳入符合农村低保条件的脱贫户124户153人，纳入低保的监测户95户170人。累计为脱贫户发放低保金724.16万元，发放特困供养金72.23万元，特困供养工作进一步规范。全市享受特困供养对象232人，足额为供养对象2465人次发放供养金187.03万元，对失能、半失能、自理分散供养特困人员实施照料护理，发放照料护理补贴2062人次，补贴50.98万元。

【老年人、高龄人补贴】 2022年，五指山市足额发放老年人长寿津贴，核发80周岁以上老年人高龄津贴1.24万人次216.95万元，核发百岁长寿者补助金179人次18.5万元。开展"关爱老人，你我同行"等多项关爱老年人服务活动，累计服务1871人次。

【婚姻登记】 2022年，五指山市结婚登记728对，离婚登记119对，补发结婚证登记105对，补发离婚证登记11对。

【福利彩票管理】 2022年，五指山市设立14个电脑型福利彩票投注站，销售各类福利彩票465.26万元。其中，"数字3"销售25.94万元；"双色球"销售238.97万元；"七乐彩"销售1.08万元；"即开型彩"销售131.25万元；"快乐8"销售68.03万元。

【基层政权建设】 2022年，建立完善"一核两委一会"（"一核"是指村党组织发挥硬核作用；"两委"是指村民委员会和村务监督委员会，是自治组织和监督组织；"一会"是指村务协商会，是村民协调议事组织。）乡村治理机制，要求各乡镇、畅好居指导各村（居）委会在每个村（居）小组每周至少播放1次广播，形成"我制定、我承诺、我执行"的良好氛围。制定《关于开展2022年村规民约（居民公约）宣传活动方案》，投入3万元印制宣传材料2.9万份，制作横幅16条。投入80万元，指导毛阳镇政府完成毛贵村社区服务站改造提升项目（红色试点村）。组织开展村务公开培训班，培训各乡镇分管领导、民政助理44人。开展民法典宣传进社区活动，发放宣传资料2000余份。开展"禁毒流动课堂"等进社区宣传活动，悬挂横幅4条，发放宣传资料3300余份，展板24块，现场签署禁毒承诺书300人次，参与答题互动的群众1710人次。

【社区服务】 2022年，五指山市印发《五指山市贯彻落实〈关于加强海南自贸港基层治理体系和治理能力现代化建设的实施意见〉的具体措施清单》，明确责任，投入80万元提升全市城乡社区治理法治化、精细化水平和组织化程度。

【殡葬管理】 2022年，五指山市发放惠民殡葬补贴对象6人2.4万元。五指山市殡仪服务中心项目办理用地划拨决定书，完成地下室钢筋作业。制定《五指山市2022年清明节祭扫工作方案》，成立五指山市清明节工作协调领导小组。推出清明文明祭扫线上有奖知识竞答活动，参与人数3.36万人次。印发倡议书600余份，横幅95条。加强仙归园公墓管理，策划仙归园公墓园区绿地改造项目，对园区实施绿化改造。

【扶贫救助】 2022年，五指山市农村低保对象973户1731人，占脱贫户人数的5%；享受农村特困供养的脱贫户90户91人，占脱贫户人数的0.4%；认定低保边缘家庭的脱贫户137户573人，占脱贫户人数的2.4%。累计为脱贫户发放低保金1.54万人次724.16万元，特困供养金1029人次72.23万元。

（翁花玉）

△5月27日，市民政局民政业务培训班开班（翁花玉 供图）

民族事务

【概况】2022年，五指山市民族事务局在编人数5人，局长1人，副局长1人；内设2个职能岗室，分别为民族事务岗、文化宣传与教育科技岗。

【民族团结进步宣传】 2022年2月28日，市民族事务局邀请省民宗委政策法规处派员指导五指山市全国民族团结进步示范市创建工作，收集和编印《五指山市民族团结进步创建工作纪实》200册，为各有关单位在创建工作中提供参考。推出民族团结进步线上有奖竞答，在市“三月三”大道两个LED显示屏利用3个月时间滚动播出民族团结进步宣传内容。4月至12月，线下举办“民族团结进步示范创建业务培训班”等培训班。利用节假日的民俗集市举办歌舞演出促销活动，印制民族团结进步和民族法律法规宣传，开展民族团结进步进集市宣传活动。开展民族团结进步进机关、进学校、进企业、进社区、进乡镇、进村庄等活动，营造民族团结进步创建活动浓厚氛围。支持海南热带海洋学院在五指山校区成立“铸牢中华民族共同体意识研究中心”，举办

△ 2022年，五指山市举办“铸牢中华民族共同体意识 打造黎苗文化精神家园”学术研讨会 （五指山市民族事务局 供图）

“铸牢中华民族共同体意识打造黎苗文化精神家园”学术研讨会，收到学术论文51篇。开展“中华民族共同体意识大讲堂”活动，先后邀请海南热带海洋学院院长张朔人和厦门大学社会与人类学院副院长张先到五指山宣讲授课。支持市供销合作社在“山城好物”集市每月常态化举办民族文化公益路演活动，搭建铸牢中华民族共同体意识文化交流展演平台，苗润协会、省民族技工学校、五指山竹木器乐团等文化团队累计演出40余场次，成为海南民族文化与消费助农有效融合的一张名片。投入199万元，实施五指山市创建全国民族团结进步示范市文化宣传项目，把民族团结进步知识拓展到城市每个角落。投入20万元，拍摄五指山民族团结进步创建活动专题片，融合多媒体手段多角度展示五指山市创建成果。在乡镇社工站加挂“石榴籽”工作站牌子，把民族团结进步工作延伸到一线，打通服务群众“零距离”。在黎锦苗绣文创基地设置“石榴籽”工作室，挖掘不同民族组成的“石榴籽”幸福家庭，把民族团结进步创建工作往深层次推进。发挥民族团结主阵地作用，打造省民族博物馆、市一小、五指山革命根据地纪念园等一批国家级、省级民族团结教育基地，形成民族团结进步创建工作的亮点。成功申报全国民族团结进步示范市。

【少数民族发展资金管理】 2022年，市民族事务局下达中央及省级少数民族发展任务资金1475万元，其中第一批中央少数民族发展任务资金729万元，用于南圣镇乡村旅游提升项目349.8万元；用于支持毛阳镇乡村旅游提升项、番阳镇基础设施、通什镇产业发展奖励补贴379.2万元；第二批中央少数民族发展任务资金264万元，主要用于毛阳镇产业项目（5个）。省级少数民族发展任务资金482万元，其中第一批省少数民族发展任务资金420万元用于毛道乡10项基础设施建设项目和毛阳镇什道精村乡村旅游提升项目；第二批省少数民族发展任务资金62万元用于什会村油茶加工厂项目建设。所有下达项目资金均明确绩效目标，不含负面清单事项。其中，产业项目1107.21万元，占少数民族发展任务资金总数的75%。

【少数民族特色村寨建设】 2022年，7月，毛纳村、番赛村、牙曼村、空共下村被命名为2022年海南省少数民族特色村寨。截至12月，五指山市有国家级少数民族特色村寨2个（毛阳镇初保村、南圣镇永忠村）、省级少数民族特色村寨6个[水满乡新村、毛阳镇唐干村、水满乡毛纳村、通什镇番赛村、番阳镇加艾三村（牙曼村）和毛道乡空共下村]。

【传统节日“三月三”】 2022年，市民族事务局协调市旅文局等单位完成“醉美三月·墨画飘香”线上美术作品展览活动，伴手礼创意设计大赛线上活动和竹木器乐比赛线上活动。

【打造民族文化产品】 2022年，五指山市民族事务局落实《关于开展五指山市民族文化保护和传承“六个一批”专项工作的通知》，协调开展建设一批民族特色村寨、出版一批图书文献和文化研究、推进一批民族文化项目、打造一批民族文化产品、发展一批以黎药苗药为基础的南药康养项目、形成一批民族文化生态，以产业化、项目化的方式推动项目落地，推进民族文化创造性转化和发展。完成项目建设10个，启动60个。

△ 11月26—27日，以黎锦为主要文化元素的“锦·无界 2022 雨林精灵时装秀”在五指山精彩上演　　（五指山市委宣传部 供图）

【少数民族政策宣传】 2022年，市民族事务局结合法制教育、民族团结进步宣传月活动营造民族大团结氛围。做好中考、高考少数民族成分资格审核，考上“双一流”建设高校和攻读研究生毕业的海南籍少数民族学生奖励及变更民族成分审核工作。审查357名少数民族考生进行高考加分资格申请，审查22名高中阶段学校招生少数民族考生资格申请，审核并发放37名考上“双一流”建设高校和攻读研究生毕业的海南籍少数民族学生资料申请，审查6名民族成分变更。

【非遗技艺传承】 2022年，举办黎锦、苗绣、竹木器乐、黎陶、藤编、传统民歌等技艺培训28期，让少数民族技艺进乡村，参与人数6719人次。举办“我的家乡我代言”乡村民族民俗生态讲解员暨互联网营销师职业技能培训班，参加学员19名，让群众学会讲，能讲本土文化，介绍家乡风土人情，提升文化自信，进一步助力乡村振兴。此外还举办各类文化演出活动98场，现场受众约15.63万人次。

（林泓汐）

气象·地震

气 象

【概况】 2022年，五指山市气象局有国家气象观测站1个、土壤监测站1个、乡镇区域自动站10个、单点雨量站9个、负氧离子监测站3个、GPS水汽站1个、大气成分站1个、电子显示屏20块。全局在编在岗人员10名，其中研究生学历1人，本科学历9人；高级工程师1人，工程师4人，助工5人。

【五指山气候特点】 2022年，五指山市年平均气温23.7℃，比上年偏低0.2℃；极端最高气温35.2℃，比上年偏低1.1℃；极端最低气温10.0℃，比上年偏高4.4℃；年降水量为1628.1毫米，比上年偏多2.5%；降水天数175天，与上年相比偏多30天；全年日降水量最大值112.3毫米，出现在7月2日，该日所在的降水过程处在3号台风“暹芭”影响之下；年总日照时数1737.2小时，比2021年偏少290小时。出现雾日数7天，比上年少1天。主要受

△5月22日，五指山市气象局联合五指山市科学技术协会在市气象科普教育基地举办社区教育之生物多样性主题系列活动

（林菁 摄）

到5次重要气象过程影响：受偏东气流影响，5月19日，五指山市普降大到暴雨，局地大暴雨。最大风力出现在番阳镇，为7.6米/秒（4级）；受弱季风槽影响，6月1日，五指山市普降中到大雨，局地暴雨；最大风力出现在毛阳镇，为15.6米/秒（7级）；受3号台风"暹芭"影响，7月2日，五指山市普降大雨，局地暴雨；最大风力出现在阿陀岭电视塔，为16.9米/秒（7级）；受台风"奥鹿"残余云系影响，10月1日，普降中到大雨，局地暴雨，最大风力出现在市区，为8.6米/秒（5级）；受20号台风"纳沙"残余云系影响，10月25日，普降大到暴雨，最大风力出现在阿陀岭电视塔，为17.8米/秒（8级）。

【气象基础业务】 2022年，市气象局观测工作质量错情率为0，没有出现重大装备事故，现用和备用的仪器性能良好，均未超检。

【气象保障服务】 2022年5月至10月，市气象局向市委、市政府、市"三防"办等报送重要气象快报59期；发布灾害性天气预警信号93次；发布预警短信4万余条。

【气象台站建设】 2022年，市气象局利用世界气象日、全国防灾减灾日等重要主题日，开展气象科普宣传活动，发放宣传资料约5000份，接待公众参观8200人次，接受咨询50人次。科技月活动期间，联合市科协、市教育局在五指山市气象科普教育基地举办"生物多样促发展 绿水青山共守护"主题活动，通过实物展示、图片影像、知识讲座、互动体验等形式，融合气候与生物要素开展科普宣传，吸引60个家庭近500人参与活动；联合市青少年活动中心、五指山万泉园艺有限公司和五指山妙自然茶叶有限公司开展"走进科技 你我同行"科技月科普研学活动，同步实时网络直播，吸引8000多名网友在线观看。11月29日，经过中国科协办公厅综合评审，五指山市气象科普教育基地被认定为全国科普教育基地，成为海南省气象部门首家全国科普教育基地。

△ 5月27日，五指山市气象局联合市青少年活动中心、五指山万泉园艺有限公司和五指山妙自然茶叶有限公司开展"走进科技 你我同行"科技月科普研学活动，毛道中心学校研学团到五指山市气象科普教育基地参观学习 （林菁 摄）

【气象管理】 2022年，市气象局与市应急管理局沟通协调，将发布暴雨红色预警信号增加为启动全市防汛防风应急响应的条件，并由市"三防"指挥部印发《〈五指山市防汛防风防旱应急预案〉应急响应启动补充条款和人员值守及响应指挥更新条款的通知》。市气象局与市应急管理局沟通协调，双方建立以气象预警为依据的应急响应启动机制，当省气象局发布预警细化表后，市气象局将与市应急管理局会商研判，启动不低于气象预警级别的应急响应。

（曾婷）

地震

【概况】2022年，五指山市印发《五指山市2022年抗震救灾、防震减灾重点工作任务清单》《五指山市防震减灾"十四五"规划》。五指山市有海南省地震局直属管理的地震形变基准观测站1座；装有无线电台、GPS定位等设备，地震应急车1辆；防震减灾助理员8名（乡镇、畅好居各1名），地震联络员64名（乡镇村委会、畅好居社区各1名），地震宏观观测点7个（每个宏观观测点由1名观测员负责）。

【地震监测预报】2022年，五指山市依法开展地震监测设施的维护与观测环境保护，重点加强对地震宏观观测点的管理和业务指导，对地震联络员开展培训，提高地震监测预报质量。对五指山市地震形变基准观测站周边环境进行树障清理和电线维护30余次，有效保障观测站的正常运转。在已有的4个地震宏观观测点基础上，新增3个地震宏观观测点，总数达到7个，实现7个乡镇全覆盖，并设立公示牌，在每个点配有专人负责和联络。同时五指山市地震局加强日常值班、节假日和重要时期的震情保障工作，及时核实地震前兆观测预报情况，并上报海南省地震局监测预报中心。

【震灾防御体系建设】2022年，五指山市开展地震灾害风险普查工作，编制完成《五指山市第一次自然灾害综合风险普查项目地震构造调查报告（说明书）》，并通过海南省地震局和第三方专家组的验收。28日至29日，举办2022年度地震群测群防暨农居工程推广和工匠培训班，提高群测群防联络员的业务水平，推进五指山市防震减灾各项工作。

【应急演练】2022年，五指山市地震局联合市教育局指导全市中小学、幼儿园开展地震应急疏散演练20余次，涉及7个乡镇中心学校、幼儿园，1万多人次，有效提高学校师生应对地震突发情况的自救和互救能力。

【防震减灾宣传】2022年，五指山市开展防震减灾宣传教育活动。在"5·12"全国防灾减灾日、科技活动月启动仪式、"7·28"唐山大地震纪念日、"10·13"国际减灾日等活动期间，五指山市地震局在市"三月三"广场开展宣传活动，活动主要设置宣传台，面向广大群众开展宣传教育，发放宣传物品，现场回答群众关心的问题等，发放防震减灾知识折页600张、农村防震避险知识手册800本、防震减灾宣传页800张、宣传笔500支、防震减灾科普知识500本、无纺布袋2000个、宣传广告扇600个，发放有奖竞答奖品防震减灾宣传伞200把、毛巾200条、指甲盒套装200盒、急救包200个。5月，五指山市地震局到五指山市第一小学开展防震减灾宣传教育活动，增强学生自我保护意识和自救互救意识，提高学生避震应急处置能力发放宣传品和奖品震减灾知识折页100张、防震减灾宣传页200张、无纺布袋200个、防震减灾科普知识100本、中小学生防震避震常识手册100本、宣传广告扇100个、活动折叠伞30把、急救包20个。

五指山市地震局向各乡镇（含畅好居）发放防震减灾宣传物品，各乡镇结合工作实际，组织地震群测群防联络员开展宣传活动发放防震减灾知识折页、农村防震避险知识手册、防震减灾宣传页、宣传笔、防震减灾科普知识、无纺布袋、宣传广告扇、毛巾、指甲盒，2000余份。

（李会鑫）

社会事务

人事管理

【事业单位人员管理】2022年，五指山市事业单位从业人数3182人，其中编内人员2281人，编外聘用人员427人，劳务派遣人员474人。开展事业单位工作人员及机关工勤人员年度考核工作，核定337人获得优秀等次，给予337名事业单位工作人员嘉奖，并发放一次性奖金。加强事业单位岗位管理，为231名事业单位工作人员进行岗位设置，其中高级专业技术人员35人，中级专业技术人员107人，初级专业技术人员67人，管理人员22人。35名事业编制干部由九级管理岗位晋升为八级职员。

【事业单位人员招聘】2022年，五指山市公开招录59名事业编制工作人员，其中急需紧缺和高层次人才2名。23家企事业单位的147个岗位通过海南自贸港招聘网平台发布招聘信息。为19名事业编制干部办理调动手续，为2021年公开招聘的12名事业编制干部办理试用期满考核转正手续。

【落实复工复产政策】2022年，发放外出务工奖励和一次性交通补助1194人次165.77万元。通过“免申即享、直补快办”的方式，无需企业报送申请材料，向31家企业58人发放吸纳就业一次性补贴11.6万元，向40家企业178人发放社会保险补贴44.45万元，鼓励企业吸纳132名脱贫劳动力和就业困难人员就业。落实援企稳岗政策，向519家企业发放稳岗返还补贴，惠及人数4717人174.05万元，助力企业稳岗扩岗，加快复工复产。发放失业保险金1105人次208.58万元、失业补助金258人23.80万元，落实失业人员疫情防控期间的基本生活保障政策。

【职业技能培训】2022年，累计开办SYB创业培训、辣椒栽培、农业技术员（初级）等各类技能培训班90期，培训3659人次。创办2022年五指山职业技能大赛，设3个类别6个职业（工种）竞赛项目，吸引216名选手报名参赛，评选出高级工15人、中级工58人。

【城乡居民基本养老保险】2022年，五指山市城乡居民基本养老保险参保人数4.55万人，比上年增加1.1%。其中，领取养老待遇7286人。新增领取养老待遇人员449人，死亡注销444人，累计发放金额1723.16万元。

【工伤认定及劳动能力鉴定】2022年，收到工伤认定申请28件，办结26件。受理职业伤害申请1件，已办结。受理劳动能力鉴定申请16件，其中工伤劳动能力鉴定6件，办结5件；非工伤劳动能力鉴定10件，办结10件。

【干部档案管理】2022年，新收集年度考核表、工资表、党员材料等1934份人事材料，并归入档案。受理查阅档案申请150人次。接收新招录事业单位工作人员档案49卷。接收调档函20份，调出人事档案42卷，调入人事档案15卷。审核办理退休人员档案转出15卷。完成人事档案信息化建设，对档案室在库324名事业编干部人事档案全部进行录入、扫描、质检、装订，实现档案数字化管理。

（莫昌桂）

【社保卡发行】 2022年，五指山市新发社保卡2084张，累计发卡11.51万张。金融账户激活率为95%。电子社保卡签发数为实体卡发行数的73.38%，全市累计签发量9.76万次，签发率为86.92%。完成社保卡在酒店、民宿、校园、交通、生态旅游、图书馆等场景的应用拓展。

（郑芊芊）

△ 9月29日，五指山市首家就业驿站——五指山通什站揭牌仪式暨高校毕业生“服务攻坚行动”专场招聘活动在市人社局大楼前举行

（五指山市就业服务中心 供图）

社会保障

【概况】 2022年，五指山市社会保险服务中心负责本市用人单位及个人的社会保险登记和管理；参保单位及个人的社会保险缴费申报与核定；参保人员的社会保险关系、个人账户、个人权益记录的建立与管理；计算、核定和支付本市城镇从业人员基本养老保险、基本医疗保险、工伤保险、城乡居民基本养老保险待遇；核算与管理城镇从业人员基本养老保险、职工基本医疗保险、工伤保险、城乡居民基本医疗保险、城乡居民基本养老保险基金，开展本市离退休人员社会化管理服务工作，退休人员（到龄符合领取养老待遇人员）领取养老金资格认证等工作。

【城镇从业人员基本养老保险】 2022年，五指山市城镇从业人员基本养老保险参保人数为1.80万人，较2021年增长7.31%，年支付发放城镇从业人员基本养老保险待遇37917.57万元。

【城乡居民基本养老保险】 2022年，五指山市城乡居民基本养老保险参保人数4.65万人，年发放养老金 1965.21万元。为全市2417名低保对象、特困人员、返贫致贫人口、脱贫不稳定人口、边缘易致贫人口、突发严重困难户、定期抚恤补助金的优抚对象等代缴2022年城乡居民基本养老保险，代缴金额48.34万元。

【城乡居民基本医疗保险】 2022年，五指山市城乡居民基本医疗保险参保人数7.34万人，较2021年减少3.46%，年支付医疗费6134.27万元。为全市3944名低保对象、特困人员、孤儿等困难群体代缴城乡居民基本医疗保险个人缴费部分，代缴金额124.35万元，全市特殊困难人员享受城乡居民医疗保险报销4.28万人次2607.20万元，享受大病保险报销1697人次313.20万元，享受医疗救助补偿9300人次227.03万元。

【工伤保险】 2022年，五指山市工伤保险参保人数1.61万人，较2021年增长6.25%，年支付工伤保险费260.29万元。

【生育保险】 2022年，五指山市生育保险参保人数1.35万人，较2021年增长0.02%，生育医疗费用支出154.72万元，生育津贴支出127.18万元。

【社保基金监管】 2022年，五指山市城镇从业人员基本养老保险基金总收入1.35亿元，总支出2.28亿元，累计结余2582万元；城乡居民养老保险基金总收入2766万元，总支出2088万元，累计结余1.48亿元。城镇职工基本医疗保险基金总收入9418万元，总支出7289万元，累计结余2495万元；城乡居民医疗保险基金总收入3639万元，总支出8275万元，累计结余1990万元；工伤保险基金总收入247万元，总支出260万元，累计结余264万元。

（郑芊芊）

医疗保障

【概况】 2022年，五指山市医疗保障局突出抓好全民医疗保障，贯彻执行各项医疗保障政策，加强医保基金监管，推进医保工作有效平稳运行。

【医疗保障】 2022年，五指山市脱贫人口、低保对象、特困人员、监测对象、低收入家庭成员等基本医疗保险报销4.28万人次2607.20万元；大病保险报销1697人次313.20万元；医疗救助9300人次227.03万元。给各相关单位推送农村低收入人口、脱贫人口及一般户大额医疗费用监测数据12批次，推送农村低收入人口个人自付金额大于9038元的人员310人次，一般户及稳定脱贫人口个人自付医疗费用金额大于18076元的人员633人次。印发《五指山市城乡居民基本医疗保险参保积分制实施方案》《五指山市2023—2025年突发严重困难户参加城乡居民基本医疗保险实施方案》，将突发严重困难户纳入参保资助范畴，资助标准与脱贫不稳定户一致，确保突发严重困难人员全部参加城乡居民基本医疗保险及大病保险，实现基本医疗有保障。将参加城乡居民基本医疗保险纳入乡村治理积分比工作范围，与《在五指山市乡村治理中推广运用积分制工作方案》相衔接。从参保人数积分和参保时间积分两方面来设置指标，以正向的积分奖励机制，全面推动五指山市群众参加城乡居民基本医疗保险的积极性、主动性。同时，通过加大医保政策宣传、强化部门数据比对、精准落实参保资助等措施，不断强化参保扩面。2022年突发严重困难户资助参保258人7.4万元。

【慢性病筛查】 2022年，五指山市医疗保障局针对各乡镇门诊慢性特殊疾病人员数量动态变动，为了让群众在家门口就能进行门诊慢性特殊疾病认定并纳入管理，确保参保人员切实享受医疗保障待遇，建立常态化的服

△ 5月18日，五指山市医疗保障局在“三月三”广场开展2022年度打击欺诈骗保宣传月活动

（陈冬梅 摄）

△ 6 月 23 日，五指山市医疗保障局组织海南省第二人民医院、海南省平山医院专家前往番阳镇卫生院，开展门诊慢性特殊疾病认定工作 （顾润昊 摄）

务下沉工作机制，打通群众服务“最后一公里”。在不降低慢性病审核标准的前提下，最大限度简化慢性病鉴定所需程序，缩短审核周期。2022年五指山市有6824人次纳入门诊慢性特殊疾病管理。

【医保支付方式改革】 2022年，五指山市被省医保局选为海南省第一批模拟运动地区，于2022年12月进入实际付费阶段。出台《五指山市医疗保障局关于印发〈五指山市DIP支付方式综合改革三年行动计划实施方案〉的通知》《五指山市2022年DIP支付方式综合改革行动工作要点》《五指山市医疗保障局关于印发按病种分值付费（DIP）医疗保障 经办管理规程（试行）的通知》等文件。指导各定点医疗机构成立医保DIP支付方式综合付费改革监督领导小组，组织开展8次DIP相关培训。与上海分支公司签订服务合同，借助第三方的力量推动医保支付方式改革。2022年全市7家开展住院业务的定点医疗机构全部开展DIP医保支付方式改革，全市医保结算清单上传率在96%以上。

【药品采购改革】 2022年，五指山市医疗保障局共组织开展药品、耗材采购17批次，拨付新冠疫情药品集中采购预拨款358.37万元。对五指市11家医疗机构结余留用资金考核2批次，拨付结余留用金额58.67万元。集采药品价格大幅降低，有效减轻患者用药负担。开展“村医通”便民服务工程工作，为全市7个卫生院和59家村卫生室开展操作培训，并及时解决使用过程中信号不好等问题。对全市定点医疗机构15项医保信息业务编码进行贯标，对定点医疗机构、医保医师、医保护士等信息进行

△ 9 月 15 日，五指山市人民政府在市政府大楼四楼会议室组织召开医疗保障基金监管工作领导小组会议 （陈冬梅 摄）

△5月12日上午，五指山市医疗保障局在会议室举办医疗保障政策暨医保电子凭证宣传推广培训会　（刘晓菲 摄）

完善。

【医保基金监管】 2022年，五指山市医疗保障局以“日常检查”加“专项检查”的方式对全市各定点医药机构实现检查全覆盖，全年确认违规使用医保基金136万元，公开曝光违规使用医保基金案件12起，向公安部门移交案件2起，行政处罚5起，行政奖励1起。

五指山市普通门诊报销业务和医保个账在各定点医疗机构启动，2022年职工普通门诊报销4.35万人次，统筹支出415.34万元。

全市定点药店开通医保刷卡购药功能，参保人在购药时，使用医保电子凭证即可实现医保个人账户支付购药。2022年，开通6家医保定点零售药店。

【政策培训】 2022年，五指山市医疗保障局组织开展“人人享受医保户户幸福安康”线上有奖问答活动，2200人次参与。印制医疗救助宣传手册、五指山市城乡居民医疗保障有关政策等宣传手册共4.5万份，使参保人了解熟悉医保政策。开展医疗保障乡村振兴政策线上知识科普及知识竞答活动有2.5万多人次参与学习竞答。在全市70家定点医疗机构集中开展医保宣传活动。利用各定点医药机构LED显示屏、悬挂横幅、张贴海报、发放宣传材料、互动交流等方式，宣传医保政策，接受群众咨询。通过移动、电信联动发送缴纳城乡居民医疗保险信息13万条，引导广大群众主动参保，积极缴费，确保应缴尽缴，应保尽保。

（刘晓菲）

城乡居民生活

【城乡居民收入】 2022年，五指山市城镇居民人均可支配收入3.51万元，农村居民人均可支配收入1.66万元。

【城乡居民支出】 2022年，全市人均消费支出1.85万元，其中城镇人均消费支出2.29万元，农村人均消费支出1.30万元。

【消费结构】 2022年，全市社会消费品零售总额11.91亿元，同比下降7.2%，增速高于全省2.0个百分点。按城乡类型分，城镇零售额10.13亿元，同比下降7.2%，乡村零售额1.78亿元，同比下降7.3%。按消费类型分，商品零售额9.72亿元，同比下降7.3%，餐饮收入2.19亿元，同比下降7.0%。

【食品烟酒支出】 2022年，五指山市食品烟酒全体人均消费支出7981元，其中城镇人均消费支出9435元，农村人均消费支出6151元。

（曾献忠）

劳动就业服务

【概况】 2022年，五指山市脱贫人口及监测人口外出务工1.05

2022 年城乡居民收入结构表

表 5

指标	全体	城镇	农村
人均可支配收入(元)	26888	35071	16593
一、工资性收入	16225	24416	5920
二、经营净收入	5355	3755	7368
三、财产净收入	1225	2080	150
四、转移净收入	4083	4820	3155

2022 年城乡居民消费结构表

表 6

指标	全体	城镇	农村
人均消费支出(元)	18527	22894	13033
一、食品烟酒	7981	9435	6151
二、衣着	830	990	628
三、居住	2370	2654	2016
四、生活用品及服务	1113	1518	603
五、交通通信	1969	2444	1372
六、教育文化娱乐	1975	2721	1036
七、医疗保健	1746	2568	711
八、其他用品和服务	543	564	516

万人。其中，脱贫人口外出务工10283人，比2021年(10251人)增加32人，是2021年脱贫人口务工总数的100.31%。扶持22家就业扶贫车间(基地)，鼓励吸纳脱贫人口就业307人。培育农村劳务带头人、致富能人和乡村匠人"三支队伍"129人，累计带动农民工2626人就近务工增收。开发各类公益性岗位3741人，其中2022年开发乡村振兴公益性岗位281人，优先安置"无法离乡、

无业可扶”的农村低收入家庭劳动力就近就业。完成海南省就业驿站五指山通什站、五指山南圣站建设并投入运营，形成市区步行十分钟、乡村辐射十公里的“就业便民服务圈”。驿站求职登记数624条，定期开展岗位信息推送16期，发布岗位信息717条，职业咨询指导288人次，劳务带头登记在册34人，就业政策宣传288次，帮助用工单位解决用工346人，为劳动者和企业搭线，满足劳动者多元化的就业需求。发放一次性吸纳就业奖励补贴31家企业58人11.6万元，单位社会保险补贴40家企业178人次44.45万元，一次性扩岗补助45家企业135人13.5万元，一次性留工培训补助719家商事主体5705人171.15万元。五指山市农村劳动力务工总人数2.6万人，完成目标任务的118.18%。

【就业再就业扶持政策】 2022年，五指山市人力资源和社会保障局印发《五指山市2022年提升就业质量助力全面推进乡村振兴工作实施方案》，为促进脱贫人口稳定就业、实现增收，推动实现更加充分、更高质量就业，持续巩固拓展脱贫攻坚成果，助力全面推进乡村振兴提供政策支持。印发《五指山市2022年外出务工奖励和一次性交通补助工作方案》，促进农村低收入家庭劳动力外出务工增收致富。印发《五指山市2022年职业技能培训工作方案》《关于发放2022年稳定脱贫户职业技能培训伙食交通补贴的通知》，加强推进农村劳动力职业技能培训工作，激发广大农村劳动力参与职业技能培训。印发《关于进一步规范乡村公益性岗位开发管理工作的通知》《关于下达2022年乡村振兴公益性岗位开发计划的通知》，进一步规范乡村公益性岗位的开发管理，助力乡村振兴。印发《五指山市2022年就业援助月专项活动工作方案》《2022年春风行动工作方案》，营造氛围，搭建供需对接平台，促进劳动者就业。印发《关于培育农村“三支队伍”助力乡村振兴的通知》，发挥典型模范带动作用，促进农村劳动力外出务工就业创业。印发《五指山市就业困难人员认定管理业务经办规程》，填补就业困难人员认定的空白，为就业帮扶政策的精准落实提供依据。

【就业再就业服务】 2022年，五指山市就业服务中心开展“就业援助月”“春风行动”“技能培训”“点对点输送服务”等活动，引导全市农村劳动力特别是农村低收入家庭劳动力就近就地就业和转移就业。利用微信公众号、微信工作群和乡镇及村委会宣传栏等方式，定期向社会发布“海南省每周优选岗位”，建立就业岗位信息发布工作机制，方便群众获取就业信息。举办“线上线下”招聘会20场，实现就业95人。向519家参保单位发放企业稳岗返还补贴174.05万元，惠及职工4717人。向31家企业58人发放一次性吸纳就业奖励补贴11.6万元。发放创业担保贷款48笔1205万元，扶持46家生产经营主体创业，带动就业208人。为创业者提供创业孵化平台，吸引10家企业进驻创业孵化基地，带动119人就业，其中2家为大学生创业，带动就业19人。安排专人到政务服务中心，负责人才“一站式”业务办理工作，发放人才住房租赁补贴272人次125.23万元。

【职业技能培训】 2022年，五指山市就业服务中心举办农村劳动力职业技能和创业培训班90期3659人，实现就业2020人。实现全市7个乡镇农村转移就业劳动力、脱贫劳动力、大学毕业生、退役军人、残疾人等重点群体全覆盖。结合五指山市产业发展实际和企业用工需求，重点开展老人陪护、家务操持、母婴护理、建筑工、茶叶加工与制作和SYB创业等工种培训，其中家政类培训27期1054人，从事家政服务就业人数170人。通过开展就业对接活动、培训前签订就业意向协议等措施，积极为培训学员

△5月12日，举办"百年驿站送春风"返岗复工行动启动仪式

（刘晓菲 摄）

推送介绍就业岗位，帮助家政类97名、织锦类33名学员实现家门口就业。

【失业保险】 2022年，五指山市累计办理失业登记290人，城镇登记失业率1.18%，控制在4%以内。全年发放失业保险金1105人次208.58万元，代缴医疗保险1100人次77.84万元，发放失业补助金384人次28.36万元，促进失业人员再就业。发放"4050"等就业困难人员社保补贴271人次81万元，促进就业困难人员灵活就业。

【创业竞赛与技能竞赛】 2022年6月24日，由中共五指山市委人才发展局指导，市人力资源和社会保障局、市教育局、市退役军人事务局、市乡村振兴局共同主办，市就业服务中心承办的2022年五指山市创业大赛决赛在福德莱酒店4楼多功能厅举行有18个项目获奖，其中6个项目分获乡村振兴组和劳务品牌组一、二、三等奖，其中，"黎苗忧遁—高山神奇妙草，共享美好生活"和"非遗系列茶·五指山红茶工匠"分别斩获本次大赛乡村振兴组和劳务品牌组的一等奖。另有12个项目获得优秀奖，含6个预赛阶段的项目和6个决赛阶段项目；10月25—27日，由中共五指山市委人才发展局指导，五指山市人力资源和社会保障局主办，五指山市就业服务中心承办的第二届自贸港技能大赛—五指山市行业职业技能竞赛在五指山仁帝山康养中心举行，比赛设立茶艺师、绿茶手工炒制、养老护理员、育婴员、中式烹调师、餐厅服务员等6个项目216人报名参赛，评选出88个获奖选手，其中培育高技能人才24人，发放12.8万元奖金。

（黄肖文）

劳动保障监察

【劳动保障监察】 2022年，五指山市处理来访欠薪投诉线索143起，涉及劳动者1144人次，涉及金额1877.4万元，其中协调解决欠薪投诉线索123起，涉及劳动者845人，为劳动者追讨工资1313.71万元。全年受理日常投诉案件9件，办结立案案件4件，协调处理2件，移交市公安局2件，共为68名劳动者追讨工资127.48万元。

【劳动法律法规宣传】 2022年，五指山市深入在建项目68次，检查督促各项目工地落实八项制度，督促在建项目按时拨付农民工工资，全年无重大拖欠农民工事件发生。

【劳动人事争议调解与仲裁】 2022年，五指山市受理劳动人事争议案件54件，不予受理案件15件。全市仲裁机构共审结劳动人事争议案件55件，其中仲裁调解23件，撤诉案件2件；仲裁裁决30件；审结涉案金额160.18万元。

【劳动工伤认定】 2022年，五指山市收到工伤认定申请28件，办结26件。

（莫昌桂）

应急管理

【概况】2022年，五指山市应急管理局重点抓好安全生产、防灾减灾、森林防灭火等应急管理工作，营造安全稳定社会环境，助力“六园”建设。截至12月底，五指山市全年未发生生产安全事故，未发生死亡安全事故，与上年同期相比，事故数量下降100%，死亡人数下降100%。没有发生较大级别以上自然灾害和事故灾难，全市生产安全形势持续稳定向好。

【应急监管体系建设】2022年，市应急管理局组织召开全市安全生产工作推进会18次、“三防”工作部署会17次、防灾减灾工作协调会9次、森林防灭火工作部署会28次，签订《森林防火工作责任书》32份。

【应急预案管理】2022年，市应急管理局完成《五指山市地震应急预案》修编工作。加强对全市19家负责修编行业突发事件专项应急预案的责任单位进行预案修编指导，对修编进度进行跟踪统计并及时通报。截至2022年12月，全市共有1个总体应急预案、47个专项应急预案，完成预案修编19个，正在进行修编28个，持续推动五指山市形成完备的应急救援预案体系。

【应急值守】2022年，严格落实24小时值班值守制度，实行“双人双岗”制度，带班领导在岗；截至2022年12月底，值班值守系统平台共接收信息189条，接听协调处置电话12人次，出动搜救3次，事故上报2条，信息上报24条。

【安全生产三级监管网络建设】2022年，市政府调整充实市安全生产委员会成员，由市长任市安委会主任，11位副市长任副主任，全市7个乡镇、市畅好居及27个部门和省驻五指山市的4家单位主要负责人为成员。各乡镇、各部门、各单位均成立安全生产委员会（或安全生产领导小组），乡镇一级设立7个执法中队（应急管理中队），各村委会也明确了安全生产监管员，市、乡镇、村三级均建立了安全监管网络，全市38名党委、政府领导和负责安全生产工作的党政领导干部，按照“党政同责、一岗双责”要求，深入一线实地调研、暗访暗查，督导检查，建立工作台账，构建“党政同责、一岗双责、齐抓共管、失职追责”和“横向到边、纵向到底”的安全生产工作责任体系。

【安全生产执法】2022年，五指山市安全生产坚持依法监管，创新监管方式，加强对辖区监管单位的执法检查，及时消除隐患，依法查处安全生产非法违法行为，维护安全生产法治秩序，形成权责明确、行为规范、监管有效、保障有力的安全生产行政执法检查运行机制。对1家非煤矿山、9家危险化学品生产厂家每家检查4次，对20家烟花爆竹零售点每家检查2次，对涉及有限空间及粉尘涉爆的4家重点工贸企业每家检查2次，对综合监督的工矿商贸、建筑工地等10家企业，全年每家单位至少检查2次，确保执法检查计划执行完成率98%以上，检查、复查率达100%。依法吊销危险化学品安全生产经营许可1家，约谈警示(危险化学品、矿山)9家，执法检查发现的129项问题均已完成整改。

【安全风险隐患排查】 2022年，市应急管理局认真抓好烟花爆竹、非煤矿山、危险化学品三大主管行业的隐患排查整治。在烟花爆竹方面：市应急管理局联合相关职能部门组成联合执法检查组，对全市审批经营的20家烟花爆竹零售点开展安全检查，检查13次，出动90余人次，车辆13车次，检查核实取消不合格零售点6家，发现警示标志不足等隐患问题36项，下达限期整改通知书1份，查获违规违法行为6起，扣押产品65箱，立案调查1起，打击非法运输储存烟花爆竹案件3起，行政拘留3人。在危险化学品方面，全市排查整治危化品经营企业9家，依法吊销安全生产经营许可1家，约谈警示8家，发现问题100项，全部完成整改。组织专家开展指导服务工作，对危险化学品生产经营企业进行精准指导帮扶，初步建立一体化监管系统，实现“互联网+监管+服务”的模式，对全市涉危企业36家全部进行流通监管。在非煤矿山方面：管理局加强日常监管，组织专家对矿山企业安全风险辨识管控情况进行全面检查，发现问题29处，已整改28处，整改率97%，约谈警示1次。

【应急知识宣传教育】 2022年，市应急管理局组织举办安全生产、防灾减灾、森林防火等应急管理业务培训班7期，培训898人；市安全生产委员会办公室以“安全生产月”为重点，协调成员单位组织观看学习《生命重于泰山》专题片86场2978人次，发放有关安全生产政策法规学习资料8850本；市森林防灭火指挥部办公室在森林防火期组织开展森林防火宣传活动，张贴《五指山市人民政府森林禁火令》495份，悬挂宣传标语800多条，发放宣传资料2.1万多份；全市出动防火巡逻宣传车辆100多次；市减灾委员会办公室在“5·12”防灾减灾宣传周、国际减灾日期间组织开展防灾减灾宣传活动，通过线上线下相结合的方式普及防灾减灾救灾科学知识，组织地震及电动车火灾疏散、心肺复苏急救、防溺水等应急演练，发放各类宣传材料1.3万余份。

【应急演练】 2022年，结合机构改革职能划转和本地区气候和地形等特点，模拟真实场景贴近实战，选调职能部门一线人员参与实战演练，采取“一年一乡镇，一年一重点”的方式选取演练场地，分别在畅好乡、毛阳镇开展森林防灭火、防汛防风应急演练各1场，参演干部群众500余人。截至2022年12月底，全市共开展生态环境、气象灾害等专项应急预案演练6个。

【应急救援队伍建设】 2022年，全市调整更新应急管理工作分管领导和信息员队伍，涉及42个单位82人；完善防灾减灾组织体系，及时更新各级“三防”责任人77人及市、镇、村三级灾害信息员队伍97人，明确水库责任人64人，并与驻军武警民兵消防等队伍建立救援联动机制，全面壮大救援队伍力量。强化对相关队伍的日常训练，举办各类应急队伍力量培训班7期898人次，通过理论巩固、野外实操、设备维护等专业性培训方式，确保救援队伍在关键时刻拉得出、用得上、效率高。

【应急救援装备与物资保障】 2022年，在森林扑火设备方面，全市配备运兵车2辆、水罐车4辆；全市储备油锯、风力灭火机、二号工具等扑火器2323件；在“三防”物资储备方面：动员社会力量，10家企业提供受灾群众安置点和物资保障；重点抓好市救灾物资储备中心（番阳物资储备库）日常管理，截至12月底，存有价值500余万元的应急抢险救援物资，其中救灾物资棉衣、棉被、帐篷等19类，价值280余万元；防汛抗旱物资防汛编织袋、打桩机、橡皮艇等41类价值220万余元。

【防疫物资保障】 2022年4月至12月，市应急管理局入库各类防疫物资459.24万件，配送各乡镇和城区14个隔离点位防疫物资298.19万件，配送物资650余次，约67.1吨，及时清点各隔离点回收的42类10万余件物资。

【防灾减灾】 2022年，五指山市未发生较大级别的自然灾害。五指山市应急管理局发挥“三防”指挥部及减灾委办公室统筹协调作用，重点抓好乡镇级“三防”预案制定、隐患排查、自然灾害综合风险普查等工作。修订完善五指山市自然灾害防治工作联席会议制度，组织专班编制《五指山市台风灾害风险防控实施方案（2021—2023年）》，协调各乡镇（居）进行“三防”应急预案编制工作，全市8个乡镇（居）和59个行政村均制定完成和印发应急预案。开展汛前隐患排查，对辖区内22座水库、23座水电站、3座水闸，已开工的工地，34处地质灾害隐患点、18处边坡和围墙隐患，13座漫水桥（路），12座危旧桥，7个景区和各乡镇重点区域等600余个点位进行隐患排查。截至12月底，治理13处地质灾害隐患、21处道路边坡隐患、排查各类疑似隐患389处，累计转移246人，系统治理工作稳步推进。进入汛期以后，落实24小时汛期值班，面对强降雨天气叠加影响，严格执行灾情报告制度，启动防汛防风各类应急响应9次。完成全国自然灾害综合风险普查清查工作，市畅好居红星社区成功创建全国减灾示范社区。

【森林防火】 2022年，五指山市无森林火灾发生，防火形势平稳。森林火险期间，市应急管理局重点抓好风险隐患排查，组织人员蹲守巡逻，进入森林防火期前，对重点单位开展森林防灭火督导检查，发现问题34项，已完成整改33项，还有1项在推进落实中。进入森林高火险期后，市应急管理局组织五指山市森林消防专业扑火队在重点部位设立防火哨卡，对重点人员进行排查管控，同时严格执行24小时值守，时刻做好应急扑火准备。在南水、毛水旅游公路沿途清理可燃物整治行动中，市森林消防专业扑火队协助清理路面10余千米，清理可燃物13吨，消除火灾隐患。推进森林火灾扑救资源调查，组织市森林消防专业扑火队协同林区属地辖区半专业扑火队深入各个林区开展森林火灾扑救资源摸底调查工作，包括7个乡镇及市畅好居林地30宗，涉及14个村小组，形成重点林区森林火灾扑救资源台账，增强森林火灾扑救效率和火灾处置能力。

【党建引领应急管理工作】 2022年，市应急管理局党委坚持围绕中心抓党建、抓好党建促业务。在“查破促”中，高质量解决应急避难场所、危险化学品许可监管、扑火队伍建设等5项应急管理堵点问题；在党建引领基层治理中，统筹组建应急志愿服务队，2022年完成“直通联办”应急搜救任务3宗；在主责主业中，安全生产专项整治三年行动被评为全省优秀。2022年安全生产“零事故”，是10年来的最好水平；没有发生较大级别以上自然灾害和事故灾难，全市应急管理形势持续稳定向好。

（胡月）

乡村振兴

【概况】 2022年，五指山市狠抓责任落实、政策落实、工作落实，推动巩固拓展脱贫攻坚成果同乡村振兴有效衔接工作取得积极成效。截至2022年底，全市脱贫户6144户2.27万人，累计识别监测对象508户1865人（2022年识别150户515人），累计解除监测对象264户1045人（2022年解除163户653人），未消除风险监测对象244户820人（脱贫不稳定户7户30人、边缘易致贫户43户142人和突发严重困难户194户648人）。

【脱贫攻坚与乡村振兴制度衔接】 五指山市持续推进政策衔接工作，严格落实“四个不摘”要求，在现有帮扶政策基础上进行延续、优化、调整，确保政策连续性和稳定性。组织召开五指山市2022年巩固拓展脱贫成果和乡村振兴有效衔接工作调度会18次、市委实施乡村振兴战略领导小组会议11次；建立乡镇任务清单制和工作半月通报制，已印发乡镇任务清单19期419条、《2022年度巩固脱贫攻坚成果同乡村振兴有效衔接工作简报》25期。通报教育、医疗、住房、饮水安全、兜底救助等民生保障政策落实情况，确保“四个不摘”落到实处。

【联手帮扶】 2022年，五指山市安排35名市领导具体联系1~2个行政村，实现59个行政村联系全覆盖。组建2个由处级省管干部带队的乡村振兴工作督查组，脱岗到各乡镇、各行业部门开展常态化督查，对发现的问题进行全市通报督办，对工作典型进行全面推广。安排100家单位定点帮扶59个行政村，1830名党员干部结对帮扶所有建档立卡脱贫户及监测户，对接协调中海油、省纪委等18个单位，结对帮扶20个行政村，20家民营企业参与“百企帮百村”，确保帮扶力量不减。

【综合保障】 2022年，五指山市持续推进社会救助与乡村振兴有效衔接，巩固拓展兜底保障质量。健全农村低收入人口动态监测和帮扶机制，通过加强部门信息共享力度和频次、定期对全市低保对象与防止返贫监测对象“双向纳入”、全市农户医疗报

△采茶 （许欢 摄）

销、残疾人认定等信息进行数据比对，落实“单人户”和就业成本扣减相关政策等方式，摸清农村低收入人口的底数，做到早发现、早救助。截至2022年底，全市享受低保的脱贫户617户1145人；脱贫户享受农村特困人员待遇的有90户91人，累计为脱贫户1.8万人次发放各项社会救助资金927.24万元；享受低保的监测对象有214户605人；享受农村特困人员待遇的监测对象有15户15人，累计为监测对象发放各项社会救助资金7189人次408.36万元，及时有效解决农户的基本生活困难问题。

【农村基础设施建设】 2022年，投入2256.92万元，建设6个农田水利项目和5个高标准农田项目，有效提高农村基础设施建设水平。继续推行“户分类、村镇收集、市运转”的垃圾收运模式，在全市配置垃圾分类收集屋306个，为3689户农户发放垃圾分类桶11067个，全市农村垃圾清运处理和无害化处理率均达100%，农村人居环境持续向好。

【国家考核、巡查、巡视反馈问题整改】 五指山市挂牌督办专项整改方面：2022年5月16日，印发《中共五指山市委实施乡村振兴战略领导小组关于印发〈五指山市挂牌督办专项整改工作方案〉的通知》，截至2022年7月底，针对存在的问题，制定15条整改措施，已全部落实到位，清退槟榔无序种植，重点关注对象转产，试点林下经济。2022年9月19日印发实施《中共五指山市委农村工作领导小组关于印发〈五指山市2022年国家挂牌督办摘牌验收总体实施方案〉的通知》，成立五指山市2022年摘牌验收工作领导小组，开展全面自查，确保“转、调、改、补、兜”等分类实施的措施落实到位。海南省委农村工作领导小组对五指山市挂牌督办事项整改情况进行检查验收。12月8日，印发《中共海南省委农村工作领导小组关于同意五指山、临高2个挂牌督办市县摘牌的批复》，同意五指山市摘牌。国家2021年巩固脱贫成果考核评估反馈问题及本省自查发现问题整改工作方面：坚持把问题整改作为全面提升乡村全面振兴质量的重要举措，认真落实主体责任，主动认领问题，狠抓问题整改。2021年国家巩固拓展脱贫攻坚成果同乡村振兴有效衔接考核评估反馈，五指山市存在两大方面19个整改问题，其中，认领国家脱贫攻坚成效考核反馈的问题9个，认领本省发现的问题8个，自查发现的问题2个，制定针对性的措施63条。针对反馈的问题，坚持以最坚决的态度、最果断的措施、最大的工作力度整改，确保全面、高效、及时整改到位，按时全部销号清零。

【乡村振兴干部激励】 2022年，五指山市相继召开了全市驻村第一书记和乡村振兴工作队队长、村党组织书记、退役军人和返乡创业人员、老党员老干部和乡村人才、农村致富带头人等五个座谈会，重温习近平总书记殷切嘱托，着力激发干部队伍在乡村振兴中建功立业的使命感和责任感。紧扣乡村全面振兴需要，结合村“两委”换届工作，加大“头雁”选育力度，实现新一届村“两委”班子年龄结构进一步优化、性别结构进一步优化、学历结构进一步优化、整体素质进一步提升，夯实了乡村振兴组织基础。建立村干部“三酬三有”激励保障体系，为村干部发放基本报酬、绩效报酬、效益报酬，实现病有所医、伤有所保、退有所养。健全培养机制，用好用活干部教育培训资源，抓好村干部轮训全覆盖。推动农村党员“挂牌亮户”全覆盖，通过亮明党员身份调动农村党员参与乡村振兴的积极性和主动性。结合“六园”建设、生态环保、乡村振兴等重点工作，围绕政策法规宣传、科技致富示范等10个方面为农村无职党员科学设岗，充分发挥农村无职党员的模范带动作用。加大基层一线干部提拔使用力度，2022年以来，累计对116名在乡村振兴一线业绩突出的干部予以提拔重用和晋升职级，占全年提拔重用总人数的33.7%、晋升职级总人数的46%，进一步树立重视基层、重视业绩、重视一线的选人用人导向。

【医疗保障】2022年，五指山市持续推进健康帮扶工作，巩固拓展基本医疗质量。持续开展大病专项救治工作，对在市域内就诊的罹患30种大病患者，按照自愿原则和“定定点医院、定临床路径，加强质量安全管理”的模式实施诊疗，实现“应治尽治”。对患高血压、糖尿病、重性精神病、肺结核4种慢性病的建档立卡脱贫户、监测对象实现家庭医生签约“应签尽签”，并严格落实每季度上门走访1次的要求。统筹安排128万元做好农村低收入人口分类资助参保工作，截至2022年底，共安排3147.43万元落实特殊人员医疗保障待遇政策，其中基本医疗保险报销42772人次2607.20万元；大病保险报销1697人次313.20万元；医疗救助9300人次227.03万元。

【“雨露计划”】五指山市乡村振兴局继续落实“雨露计划”相关政策，2022年向建档立卡脱贫户和监测对象家庭中高职学生1785人次发放“雨露计划”职业教育助学补助313.08万元，做到符合条件的中高职学生应发尽发。

【就业帮扶】2022年，五指山市利用光伏电站80%以上的收益资金开发村级护林员、环境卫生监督员、水利管护员等675个公益性岗位，优先安置“无法离乡、无业可扶”的已脱贫家庭（含监测对象）劳动力就近就业，全市共安置乡村公益岗3741人。组织开展“就业援助月”“春风行动”等专项活动，加强脱贫劳动力务工信息的跟踪排查，强化就业供需对接服务。截至2022年12月底，共举办18场招聘会，参与企业431家，初步达成就业意向669人。累计完成SYB创业培训班和职业技能培训班80期3168人次。培育农村劳务带头人、致富能人和乡村匠人“三支队伍”129人，累计带动农民工2626人务工增收。截至2022年12月底，全市脱贫人口及监测人口外出务工1.05万人。

△五指山市水满乡毛纳村　（李天平 摄）

【消费帮扶】2022年，五指山市开展“山城好物民俗赶集日”活动，累计举办活动42场。通过山城好物、电商、驻村干部接龙、定点单位参与等方式消费帮扶1389.83万元。

【金融帮扶】2022年，共为333户脱贫户、监测户发放小额信贷贷款1315.88万元。通过组织入户走访，全面了解贷款农户生产经营、还款能力等情况，多部门联动提前抓好逾期风险防控及清收处置等工作，为291户脱贫户化解逾期风险。全市累计为3040户脱贫户、监测对象发放小额信贷贷款1.22亿元，小额信贷贷款余额覆盖率20.68%，逾期率为零。印制6000份脱贫人口小额信贷政策宣传页发放至每位帮扶联系人及脱贫户手中，加大脱贫人口小额信贷政策宣传力度。

【革命老区建设方面】2022年，五指山市革命老区项目计划共投入资金1046万元（其中第一批计划投入资金824万元，第二批计划投入资金222万元），用于11个老区村庄建设项目，覆盖3个乡镇5个村委会11个自然村。截至年底，项目开工率100%，项目进度完成率100%，受益群众1478户5560人。

（胡培）

生态环境

生 态 环 境

环境保护

综 述

【概况】 2022年，五指山市把握中部生态保护区定位目标，锚定“1867”发展战略，贯彻新发展理念，以改善生态环境质量为核心，以问题为导向，以精准治污、科学治污、依法治污为工作方针，统筹产业结构调整、污染治理、生态保护、应对气候变化等，推动“产业生态化、生态产业化”绿色发展方式，以更高标准打好蓝天、碧水、净土保卫战，突出生态环境问题整改，牢记“国之大者”，发扬“1867”工作作风，全力以赴护好绿水、守住青山，持续巩固提升国家生态文明建设示范区的建设成果。

【制度保障】 2022年，五指山市印发《五指山市大气污染防治工作月报》《五指山市2023年大气污染治理工作督查考核指标》《大气污染防治日常巡查监管等六项工作制度》《2023年五指山市春节、元宵期间烟花爆竹燃放管控工作方案》《五指山市老旧柴油车淘汰财政补贴实施方案》《五指山市深入打好污染防治攻坚战行动方案》《五指山市生态环境局突发环境事件应急预案》《五指山市入河排污口排查整治工作方案》《五指山市水满乡“绿水青山就是金山银山”实践创新基地建设实施方案（2022—2025年）》《五指山市环境噪声污染专项治理方案》《五指山市建筑工地污染防治专项整治联合执法工作方案》。

【地表水水环境质量】 2022年，五指山市地表水环境质量总体优，水质优良率100%。所有监测断面水质均达到《地表水环境质量标准》（GB 3838—2002）或优于Ⅲ类标准。城镇集中式饮用水水源和农村集中式饮用水水源水质均达到或优于Ⅲ类标准，水源地达标率100%；城镇内河太平溪冲山一桥、阿陀岭溪冲山二桥、福德莱大酒店旁吊桥和通什防洪大坝4个断面水质均达到“十四五”水质目标Ⅲ类要求。

【大气环境质量】 2022年，五指山市环境空气质量总体优良，优良天数比例100%，有效监测天数365天，其中优级天数比例为92.1%，良级天数比例7.9%，无轻度及以上污染天数。

【声环境质量】 2022年,五指山市区域环境噪声总体水平等级为二级,声环境质量总体较好。道路交通噪声强度等级为一级,道路交通声环境质量总体为好。

【环境监测】 2022年,五指山市生态环境局每月按时将上月数据报表上报海南省生态环境监测中心。五指山市水满乡农村空气质量自动监测站自2022年2月1日开始运行,全年有效运行天数314天。监测数据显示,水满乡环境空气质量总体优良,优良天数比例99.1%,其中优级天数比例88.9%,良级天数比例10.2%,轻度污染天数比例0.90%;完成五指山市上、下半年农村生活污水处理设施出水水质监测工作,出水水质均达标。

【水污染防治】 2022年,五指山市印发《五指山市河长制办公室关于开展博鳌亚洲论坛年会及春节前河湖卫生整治活动的通知》等文件,压实水污染防治责任。补齐生活污水处理设施建设"短板",有序推进市区污水处理厂扩建工程等项目建设。加强水体污染源管控,污染水体阿陀岭小溪和太平小溪,已达到管控目标Ⅲ类水质要求,优良比例100%。加强集中式饮用水水源地保护,五指山市23个集中式饮用水水源地,均已完成立碑定界工作。城镇集中式饮用水水源和农村集中式饮用水水源水质均达到或优于Ⅲ类标准。

【大气污染防治】 2022年,五指山市出台《五指山市烟花爆竹燃放管控工作实施方案》《五指山市2022—2023 年秋冬春季大气污染防治攻坚行动方案》《五指山市2021—2025年秸秆禁烧和综合利用工作实施方案》,厘清工作职责、时间节点和牵头单位,夯实职能部门主体责任。持续加大对在建施工项目的监督巡查力度,实现全市在建项目"钉盯执法"全覆盖。配置清扫保洁作业车辆292辆,推动城市道路清扫保洁机械化作业率90%以上。实行常态化巡查和现代科技赋能相结合,从严从快查处焚烧秸秆、垃圾行为。全市累计出动护林员、水利管护员、执法中队人员等5970人次,巡查1055次,依托"蓝天卫士"视频监控系统发现烟雾警240起,有效遏制秸秆焚烧重大大气污染事件的发生。持续加强春节期间烟花爆竹巡查管控,科学划定烟花爆竹管控区域;全市出动4100余人次,对全市所有零售店开展实效化全覆盖和禁燃区域常态化巡查检查,累计依法查处非法储存销售烟花爆竹点3处,查处违规燃放案事件3起,批评劝阻61人燃放烟花爆竹,缴获烟花爆竹390件,销毁烟花爆竹927箱。妥善解决油烟污染问题,推动五指山市368家餐饮单位全部安装油烟净化器,督促全市民营加油站安装三次油气回收设备并连接在线监测系统。

【土壤污染防治】 2022年,五指山市未发现受污染耕地,未发现涉镉等重金属重点行业企业。加强建设用地准入和危险废物规范化管理,强化土壤环境风险防控,加强重点监管企业监督性监测,将危险废物规范化管理纳入日常执法检查。全年未发现大宗固体废物堆存场所,全市危险废物利用处置率保持100%。

【生态环境保护工程】 2022年,全市有7个乡镇59个行政村287个自然村,已建成58个行政村农村生活污水处理设施,行政村治理率100%(其中通什镇报龙村委会已实施生态搬迁);覆盖271个自然村,自然村治理率为94.43%;市畅好居有37个连队,已完成农三队、农四队、农七队、农八队等13个连队的生活污水处理设施建设。在通什镇南定村委会白章村、空伦村、南巴村、南天村,市畅好居8队等5

个自然村(队)建设污水资源化利用示范工程，总投资360.58万元，项目由五指山水务有限公司担任代管单位，2022年底已完成工程建设工作。开展五指山市新春水库饮用水水源地立碑定界项目建设，已完成竣工决算工作。建成五指山市水满乡环境空气质量自动监测站并投入使用。

【环保督察整改】2022年，五指山市两轮中央环保督察牵头整改事项24项，其中第一轮环保督察牵头事项9项，第二轮环保督察牵头事项15项，均按要求完成整改并销号，完成率100%。海南省生态环境保护百日大督察反馈五指山市整改事项13项，其中7项完成整改并长期坚持，6项完成整改，整改完成率100%。省级生态环境保护例行督察移交群众举报问题15批次122件，办结90件，阶段性办结28件。其中，责令整改12家；简易程序处罚4家，罚款4800元；立案处罚9宗，罚款27.93万元；起诉1宗1人。

【环保宣传教育】2022年，市生态环境局以“6·5”世界环境日等为契机，宣传环境保护法律法规，提升全民环境意识，建设生态文明的良好风气。开展环境保护进校园活动，促使学生树立起环保意识、公德意识和爱国意识。开展环境保护法律法规和环境保护知识的宣传，对环境违法行为进行舆论监督。

【生态环境监察】 2022年，五指山市审查涉生态环境保护各类规范性文件30件，发现涉环境违法行为45件，及时函告相关职能部门及市综合行政执法局办理。

（韩秀）

自然资源管理

【新增建设用地报批】 2022年，五指山市自然资源和规划局组织梳理土地预征收(收回)报批和拟新增建设用地农转用项目清单，及时做好沟通协调，确保提前摸清问题、收集问题、研究问题、解决问题，避免因信息不对称等原因影响项目用地报批进度，保障五指山新车站项目、山海高速公路畅好出入口改造及绿化改造工程、水满乡茶产业园、番阳镇虾青素、毛旦水库项目等6个项目顺利推进，同时开展上述项目的土地预征收(收回)工作，正在办理河北东路二期市政道路(第一、第二标段)、五指山市畅好乡番好村党群服务中心项目和毛阳镇村委会特色农产品产销一体化等项目的农用地转用手续报批。

【土地征收储备】2022年，五指山市自然资源和规划局根据市场需求和城市规划，制订储备地利用计划，推进储备地的出让和开发，共登记入库储备地7宗，总面积为24.3公顷，其中依法征收12.7公顷，依法收回11.6公顷。7宗储备地中，位于市畅好医院对面的3.45万平方米储备地，划分出两宗地块(A地块5446.7平方米，B地块2.15万平方米)上架海南省“土地超市”交易平台。制定了《储备地管护巡查制度》，通过定界立界、设立标识告示牌、开展巡查等多种方式对储备地进行管护，7宗储备地都设立标识告示牌并开展定期巡查管护，做好巡查记录，对侵害储备地权利的行为做到早发现、早制止、早处理。

【用地指标安排】2022年，五指山市预安排2022年新增建设用地指标13公顷，其中统筹使用10公顷，专项用于农民宅基地新增建设用地指标3公顷。计划新增建设用地指标40公顷，专项用于巩固脱贫攻坚成果和乡村振兴用地需要。

【土地应用】 2022年，五指山市供应土地1宗，供应方式为划拨，供应面积3335.41平方米，供应用途为医疗卫生用地，划拨使用权人为五指山市疾病预防控制中心。

【耕地保护】2022年末，五指山市耕地总面积为3389.9711公顷。开展“三区三线”划定工作，最终划定五指山市“十四五”期间耕地保护责任目标面积3344.6809公顷，永久基本农田保护面积2551.6013公顷。召开全市耕地保护田长制管理系统推广应用培训会，建立田长制月报通报制。

五指山市通过异地购买的方式向海南农垦自然资源开发运营有限公司购买6.67公顷的水田指标。同时组织开发五指山市的耕地后备资源，实施五指山市毛阳镇南乐村土地开发（占补平衡）项目等13个补充耕地开垦项目。加强耕地保护宣传工作，以“4·22”世界地球日、“6·25”全国土地日等为契机，进行基本农田、保护耕地工作宣传，增强群众保护基本农田意识，落实最严格耕地保护制度。

【矿产资源管理】2022年，五指山市现有矿山石场6个，分别是南圣镇石场、福道石场、162石场、十四队石场、毛阳镇石灰岩矿、毛阳镇什行坝石场。其中：闭坑石场5个，边采边修复石场1个，即福道石场。五指山市是全省生态核心区，在“十四五”规划中，全市6个石场将予以关闭。

2022年7月，毛阳镇石灰岩矿、南圣镇石场全面完成修复治理工作。12月25日毛阳镇什行坝石场完成修复治，理并通过专家验收。

【地质灾害防治】2022年，五指山市上报省自然资源和规划厅报备地质灾害项目20个，分别是：畅好居19队（红光居委会）、畅好居26队（红光居委会）畅好乡番通村委会番道村崩塌、番阳镇毛组村委会毛组一村崩塌（毛农）、番阳镇番阳村委会番阳七村崩塌（万透）、番阳镇毛组村委会毛组三村（毛域）、番阳镇孔首村委会抱隆村、毛阳镇牙合村委会便文村崩塌、毛阳镇什稿村委会什牙立村崩塌、毛阳镇毛旦村委会什道精二村崩塌、毛阳镇毛兴村委会南乐村崩塌、毛阳镇毛兴村委会毛兴村崩塌、水满乡新村村委会新村一组崩塌、水满乡牙排村委会毛苗村崩塌、畅好农场二区25队2组崩塌（红卫居委会）、通什镇番赛村委会番赛村不稳定斜坡、通什镇福关村委会毛送村崩塌、通什镇抱龙村委会报龙村崩塌、通什镇福利村委会福利二村崩塌、琼州学院五指山北校区第三宿舍区危房。完成治理（验收通过）10个，分别是：毛阳镇什稿村委会什牙立村崩塌、毛阳镇毛兴村委会南乐村崩塌、毛阳镇毛旦村委会什道精二村崩塌隐患点、水满乡新村村委会新村一组（B段）崩塌、畅好居26队（红光居委会）崩塌、红卫社区七队1栋后崩塌点、牙排村委会毛苗村崩塌、番阳村委会番阳七村崩塌（张明金后山坡）、毛卓村委会什托村路口入什托村1公里处崩塌、新村村委会新村大门到蒋仁全家A段崩塌。

【土地测绘】2022年，市资规局完成基础测绘“十四五”规划编制工作和数字五指山安全等级测评工作，联合市旅文局开展五指山市旅游行业地图专项检查。

【规范土地登记】2022年，五指山市办理各类国有土地登记23宗，办理各类国有土地证书23本。

【不动产登记】2022年，五指山市完成转移登记证书发证2663本；首次登记证书发证9934本（其中宅基地房地一体首次登记9864本）；其他登记证书发证210本；变更登记证书发证73本；更正登记1本；预告登记（含一并申请）发证252本。完成不动产抵押登记证明402份；预告抵押登记证明213份。

【项目土地征收】2022年，五指山市发出市“三月三”大道道路及景观改造工程（福安桥至南圣路口）项目、五指山市山海高速公路畅好出入口改造及绿化改造项目、新车站工程项目等11宗征地文书。

（黄彩琼）

林业管理

【概况】 2022年，五指山市林业局作为“创建省级森林城市”工作牵头部门，紧盯任务节点，统筹协调推进创建各项工作。制定年度任务分解表，把2022年完成的任务内容细化为42项，分解到各单位抓落实。建立工作专班群，每月通报一次各牵头单位创建省级森林城市任务完成进度，统筹协调各有关单位有序开展创建省级森林城市工作。持续开展造林绿化工作和义务植树活动，以老残林更新造林为主，开展生态修复工作，全市完成造林绿化面积45.9公顷、义务植树10万株，超额完成省绿委办、省林业局下达的年度任务计划（40公顷）指标，国土绿化成效显著，全市森林覆盖率90%以上。

【林业生态保护】 2022年7月，在全省率先印发《五指山市林下经济产业发展指南（试行）》（简称《指南》），开展林下经济试点，发挥示范带头作用。指导全市7个乡镇分别完成林下经济试点不少于6.67公顷任务，各乡镇结合自身优势完成林茶、林菜、林药、林花、林蜂等试点工作，圆满完成市政府挂牌督办工作。11月26日，五指山市政府与中海石油气电集团签署林业碳汇合作开发意向协议，依托央企技术力量开展林业碳汇业务合作，深入探索符合本地实际的碳汇开发研究方法、生态价值实现路径。加大生态补偿力度，2022年下拨资金超3000万元，人均标准提高到460~660元，受益农民近6万人，激发群众参与生态环境保护的内生动力。

【打击涉林违法行动】 2022年，市林长办牵头，协同市检察院、市法院、市公安局、市综合行政执法局、国家公园五指山分局等部门开展2022年打击毁林专项行动，严厉打击蚕食林地、毁林种植槟榔的违法行为。排查毁林问题线索40条，移交查处17条，形成高压态势。此外，市林长办联合市检察院、市公安局森林分局、市综合行政执法局等部门到乡镇多次开展2022年“打击毁林”专项行动主题宣传活动，组织专职护林员、生态护林员、部分乡镇村级林长旁听毁林案件公开庭审，拍摄打击毁林主题宣传短视频等，遏制毁林种植槟榔的势头。

【热带雨林国家公园建设】 2022年，五指山市作为全省生态搬迁任务最重的市县，涉及搬迁的有5个村小组139户，集体土地约1800公顷。五指山市以“搬得出、稳得住”的基本导向全力做好生态搬迁宣传动员工作，截至12月20日，全市已签订130户搬迁协议，占比94%，基本完成搬迁任务。

2022年4月20—22日博鳌亚洲论坛期间，市林业局积极参与筹备五指山“寻觅雨林·万物共生”博鳌亚洲论坛雨林文化展，完成“看苑”雨林展馆布置工作，展示五指山丰富的自然资源禀赋和雨林文化，促进招商引资，提升五指山知名度，拓展五指山发展渠道。

牵头筹备2022年“雨林与您”体验活动。“雨林与您”体验活动是海南热带雨林国家公园成立后首个体系化、品牌化的专项宣传推介活动，印发《五指山市2022年“雨林与您”体验活动实施方案》，牵头做好“雨林与您”相关筹备、宣传推介活动，积极对接省林业局、国家公园等部门，协调落实涉林地块，做好后勤接待工作，保障活动开幕式在五指山市顺利举办，向世界充分展示五指山市雨林保护工作的建设成果。

筹备“海南热带雨林和黎族传统聚落”世界双遗产申报工

作。3月初，完成《2022“海南热带雨林和黎族传统聚落”申遗研讨会工作方案（初稿）》的编制，委托第三方公司代理策划、组织和实施研讨会项目，向有关专家、领导发送邀请函，并就申遗研讨会酒店、考察地点等提前进行踩点和工作安排。3月24日，因疫情防控工作要求，申遗研讨会暂时取消。

（房国超）

森林保护

【概况】 五指山市公安局森林分局原名五指山市森林公安局，组建于1990年3月（副科级机构）。2014年6月，海南省森林公安系统率先在全国实行垂直管理改革，五指山市森林公安局转归海南省森林公安局垂直管理（正科级机构）。2021年1月全省森林公安机关由省级垂直管理体制调整为属地管理体制，划转由五指山市公安局直接领导管理，更名为五指山市公安局森林分局（正科级机构）。领导职数：局领导配备二正二副（其中局长1名、政委1名、副局长2名）；内设：办公室、刑事侦查大队两个副科级机构，下设正科级番阳林区派出所1个；核定政法编制共16名。

2022年森林分局机关有局领导3名（局长、政委、副局长各1名）、民警7名、工勤1名、辅警3名，番阳林区派出所有副所长1名、民警3名。

森林分局主要职责：依法保护辖区内森林和野生动植物资源，维护辖区治安稳定，查处辖区内破坏森林和野生动植物资源的违法犯罪案件，负责火场警戒、交通疏导、治安维护、火灾侦破等，协同有关部门开展森林防火宣传、火灾隐患排查、重点区域巡护、违规用火处罚等。

【打击涉林违法犯罪】 2022年，市公安局森林分局立涉林刑事案件3宗（立案数同比下降62.5%），侦破3宗，抓获犯罪嫌疑人3人。为海南自由贸易港和热带雨林国家公园建设创造安全稳定的林区社会环境。

【开展专项行动】 2022年，市公安局森林分局高度重视“昆仑2022专项行动”“百日行动”、打击破坏古树名木违法犯罪等专项行动，配合市林业局、市农业农村局、市住建局、市综合行政执法局等相关职能部门开展联合行动，严厉打击破坏野生动植物资源的违法犯罪行为，加强宣传力度，在全市形成共同关注和保护野生动植物资源的良好氛围。“百日行动”期间，配合市公安局在全市范围内开展夏夜治安巡查巡防集中统一行动，全年按照市公安局安排，常态化配合开展日常巡逻工作等。

【森林防火与宣传】 2022年，市公安局森林分局协同相关职能部门抓好森林防灭火工作，确保全市林区安全。清明节前、“五一”前、“十一”长假前、党的二十大期间，均召开森林防灭火工作会议，密切与应急、林业等部门的协调配合，落实工作责任，细化工作措施，营造安全稳定的社会环境。结合“全警联系村（居）”活动，开展防火宣传、重点区域巡护，开展火灾隐患排查整治行动，采取针对性措施，强化源头管控，彻底消除火灾隐患，有效防范化解重大风险，有效确保全市林区“零火警”。加强节假日期间和重点时段应急值班值守，严格执行24小时值班和双领导在岗带班制度，确保信息、通信和警令畅通，一旦发生森林火灾，在市森林防火指挥部的统一指挥下，能第一时间组织警力赶赴火灾现场，配合应急、林业等部门，采取安全有效措施，加强火场警戒和治安维护，并强化社会面巡逻防控，维护火场周边交通秩序。持续绷紧森林防灭火这根弦，及时收集气象信息，第一时间掌握天气情况，为森林防火工作提供依据。

乡镇发展

乡镇发展

通什镇

【概况】 通什镇位于五指山市中南部，为市政府驻地，地理位置优越，东与南圣镇、畅好农场毗邻，南靠畅好乡，西与毛道乡接壤，北邻毛阳镇。镇人民政府驻市区河北农垦路，2022年下辖有番茅、番香、牙畜、福安、番慢、应示、什会、什保、福关、牙日、太平、红雅、福利、报龙、番赛、南定16个村委会、4个居委会、1个镇农场、1个农科站，有40个居民小组、72个自然村、90个村民小组，总人口53303人。辖区总面积325平方千米，耕地面积890.37公顷。通什镇下属部门有党政综合办公室、社会事务办公室、经济发展办公室、社会事务服务中心、农业服务中心、自然资源和规划建设管理所、综合行政执法中队等。镇党委下辖57个党支部，党员1537人，其中农村党员793人。

"通什"是黎语的汉字译写，读tōng zá。黎语"通什"指山谷中连片的田地。通什镇古称通什峒，后相继改称为通什乡、通什镇、通什市；2002年，红山乡与冲山镇合并成立冲山镇；2012年，冲山镇更名为通什镇。

通什镇地处五指山市区边陲，海拔高320米，纬度低，森林密布，光、热、水资源丰富，气候属热带雨林气候，冬暖夏凉。镇境内多山，林业资源丰富，全镇林地面积1.27万公顷。水资源丰富，境内有南圣河流过，辖区内有8座山塘水库，主要供应居民日常用水和农业用水。因其四面环山、气候宜人、四季如春，素有"翡翠山城""南国夏宫"之美誉。

【农业产业】 2022年，通什镇组织各村农户参加市农业农村局举办的种养殖技能培训班5期，培训150余人次，开展农业病虫测报、畜牧防疫工作，安排专人负责全镇水稻、蔬菜等农作物病虫害的预测预报工作，组织开展春、秋两季重大动物疫病防疫工作，免疫禽类6.21万只、猪4958头、牛851头。推广使用秸秆还田防腐剂和有机化肥，发放秸秆还田防腐剂2100包、有机肥1191包，维护通什镇农业生产安全。开展农产品质量安全检测工作，对豇豆、叶菜类实行集中送检、集中开证，检查296批次，检测唑磷、毒死蜱、氰戊菊酯、氟苯虫酰胺、丁酰肼（比久）5种禁用农药，从源头上确保人民群众"舌尖上的安全"，让群众吃得放心、吃得健康。全年累计发放产业发展奖励补贴661户157.2万元；耕地地力补贴2447户124.90万元；冬种瓜菜补贴1675户219.51万元；早造粮食生产补贴1192户80.14万元、晚造粮食生产补贴1616户124.75万元。

【特色产业】 2022年，通什镇累计投入资金483.4万元，发展番慢什里村兰花项目1万平方米、福安村无花果种植5.33万平方米、福安昌冲常年瓜菜基地1.33万平方米、福安番道瓜菜基地1.33万平方米、福安村金钗石斛大棚1333.33平方米、什会村油茶加工厂1500平方米、福安村冷库200平方米等产业项目。投入644.34万元，在番茅、福关、番慢、应示、什会、南定、番赛、牙畜、红雅、福安、太平等村委会建设光伏电站22个，电站规模2041千瓦。完成槟榔无序种植清退、重点关注槟榔户转产、林下经济试点全覆盖“三个100%”工作任务，累计清退槟榔6.31万平方米，完成8.67万平方米林下种植试点任务。

【社会事业】 2022年，通什镇统筹资金1847.2万元，用于新建机耕路、生产路、水利设施、挡土墙等49个项目。

2022年，通什镇有城乡低保兜底户488户935人、特困供养户47户48人、城乡低保边缘家庭84户333人。发放临时救助困难群众资金259户916人102.7万元，“救急难”2户5人8万元。办理80岁以上高龄老人津贴7826人。为73名农村留守儿童、困境儿童提供心理疏导、精神慰藉、社会融入等服务，发放防寒保暖物资。为86人办理残疾人证，其中新办证56人，换证30人。受理行政审批办件2602件，其中赋权行政许可事项办件406件，公共服务事项办件2196件。落实各项惠农政策，累计发放耕地地力补贴2447户124.9万元、冬种瓜菜补贴1675户219.5万元、早造粮食生产补贴1192户80.1万元。开展乡村治理积分评分，累计积分188.8万分，受益农户1.5万户次。完成新汽车站、市政教育路等一批重点项目征地拆迁工作。推进精神文明建设，开展“爱心义诊进村 暖心服务为民”“关爱·从头开始”等文明实践志愿服务活动10余场次；深化“我们的节日”活动，以中华传统节日为切入点，累计开展活动5场次，继承和弘扬中华民族优秀传统文化。

深入开展安全生产三年专项行动，全力排查防范自建房、道路两侧违法建筑、槟榔采摘触电等重点领域事故。累计排查自建房1242户，均不存在安全隐患；拆除24宗道路两侧违法构建物、构筑物；签订《防范采摘槟榔等触电安全告知书》80余份，清除槟榔115株。切实维护人民群众生命安全，累计排查易发生灾害事故点15次，树立防溺水警示牌87块、地质灾害警示牌15块。常态化开展扫黑除恶斗争，配合防范打击邪教组织、“私彩”等违法行为。开展吸毒人员监控、禁毒宣传、回访慰问等工作，全镇社区戒毒康复人员执行率100%。做好信访和12345平台服务工作，共排查化解矛盾纠纷10宗，受理并办结信访件22件，办结政府服务热线“12345”平台投诉转办件1097件。

【疫情防控】 2022年，通什镇投入102.8万元疫情防控资金，为65岁以上重点人群、65岁以上“候鸟”老人和全部农村群众等发放健康爱心包8746份。

【精神文明建设】 2022年，通什镇召开学习会议15次，指导各支部通过党员大会、实地学习等方式开展集中学习250余次。拍摄《歌声献礼二十大 唱响幸福五指山》等微视频，组织镇班子领导、第一书记、支部书记等人围绕习近平考察海南重要讲话、党的二十大精神等内容开展专题党课活动70余场次。配合成立通什工作专班，实行任务项目化、项目清单化、清单责任化管理。

【新农村建设】 2022年，通什镇投入600万元建设红雅、什会、什保美丽乡村项目建设，着力完善基础设施、强化景观改造，统筹资金1847.2万元，用于新建机耕路、生产路、水利设施、挡土墙项目49个，配合水务部门建成生活污水处理设施50个，番香、牙畜、龙庆新村3个村全部接入市政排污管网处理。

围绕乡村治理、乡风文明“七个倡导”方面开展宣传活动，召开以“倡导男女平等 共创健康生活”为主题的男女平等倡导会8场次；组织志愿者深入社区开展文明饮酒宣传志愿服务活动2场次；开展“厉行节约 倡导文明新风”系列志愿服务活动4场次；深入通什镇番香村、应示村开展乡风文明、家风家训宣讲活动5场，开展“敬老助老”宣传志愿服务活动等3场次；组织各村每月定期开展环境卫生整治活动60余场次；开展严厉打击“私彩”违法行为的主题宣传活动。配合市就业服务中心开展就业招聘活动。

【社区管理】 2022年，通什镇下辖4个社区，分别为河南东社区、河南西社区、河北东社区、河北西社区，有25个居民小组、67个物业小区。

协调解决卓达山水青城、翡翠名苑、翡翠谷等小区物业、业主之间的矛盾纠纷。配合市公安民警做好帮教工作，对辖区内吸毒人员进行排查、“四位一体”帮教，使他们懂得珍惜生命，重归社会。在社区开展法律进社区法制宣传教育活动，发放宣传资料，组织居民学习法律法规，增强居民法律意识。

做好辖区全员人口登记管理和计划生育工作，积极配合开展孕前优生健康检查活动，完成下达的任务。做好城市居民“低保”等工作，认真受理城市困难居民申请，并逐户调查核实，同时将结果张榜公布，努力做到公平、公开、公正，确保困难居民应保尽保。

开展“双创”工作和爱国卫生运动，抓好社区环境卫生的整治。积极协助城建、爱卫部门开展除“四害”运动，协同有关部门对秩序混乱、卫生环境差的营业场所进行整顿，打造干净、整洁的人居环境。

【人居环境整治】 2022年，通什镇支持国家热带雨林公园建设，组建生态搬迁工作专班，倒排工期入户动员，93户签订生态搬迁协议，完成率96%。推进人居环境整治提升行动，累计开展环境卫生综合整治活动128次，出动1200余人，清除垃圾30余吨。深入推进农村“厕所革命”，新建厕所及防渗漏改造共62座。配合水务部门建成生活污水处理设施50个，番香、牙畜、龙庆新村3个村委会全部接入市政排污管网处理。拆除4座水库的违规违法建筑。稳步落实生态补偿机制，发放生态效益补偿金4365户1.42万人663万元。全面落实河长制、林长制，累计清除河道周边垃圾约10.2吨、违规种植约300平方米；累计开展巡林143次、村级林长巡林674次，开展打击毁林专项行动3次，开展村级联合检查1次。

【党建工作】 2022年，通什镇强化基层党组织建设，排查整顿软弱涣散党组织，对河北西、番慢2个村（社区）的软弱涣散党支部进行整顿。完成党建巡回检查、换届“回头看”和清查整治党务不规范突出问题等工作，推进基层党建“4321”工程，成功创建应示村、番赛村、河北东社区3个五星级党建示范点。强化提升干部队伍建设，向社会公开招考10名社区工作者，调整撤换村、社区支部书记3人和其他“两委”干部15人，不断增强基层干部队伍力量。推进“两新组织”“两个覆盖”双提升工程，指导海南众品律师事务所、五指山和煦家政有限公司等成立党支部，指导香格里拉旅业发展有限公司、六龙观光巴士有限公司的党支部按照程序选举产生党支部书记。严把党员“入口关”，规范发展党员23名，储备后备干部120人。协调改造完成五指山市党群服务中心，新建龙庆新村党群服务中心，完成全镇村级党群服务中心统一标识挂牌，为党员提供活动场所。推动农村党员户全部挂牌亮身份，培育53名党员致富带头人，带动934户群众增收致富。

（吴茵）

毛阳镇

【概况】 毛阳镇位于五指山市北部，东与水满乡毗邻，西和番阳镇、白沙县交界，南靠通什镇，北接琼中县什运乡，行政区域总面积236.5平方千米，距市区22千米，境内大部分为山地，地势西高东低，平均海拔400～500米，最高点海拔800

米，最低点海拔200米。毛阳镇辖毛路、毛兴、毛贵、什益、空联、牙胡、毛栈、什稿、毛阳、牙力、毛旦、毛辉、牙合13个村委会，71个村民小组（其中黎村70个，苗村1个）。2022年，全镇人口1.63万人，其中少数民族人口占总人口的93.5%。毛阳镇是白沙起义遗址、五指山革命根据地琼崖纵队司令部旧址所在地及1949年海南岛第一面五星红旗升起所在地。2022年，毛阳镇获得“海南省计生基层群众自治乡镇示范点单位”称号、入选2022年度海南省信访工作示范乡镇，毛阳镇毛兴村入选“海南省2022年度省级乡村振兴示范村”，毛阳镇获得“五指山市新型冠状病毒感染疫情防控工作先进集体”，46人获得“五指山市新型冠状病毒感染疫情防控工作先进个人”荣誉称号。

【农业生产】 2022年，毛阳镇耕地面积869.33公顷（其中水田714.08公顷，旱地155.25公顷），主要种植水稻、玉米、花生，以及苦瓜、青瓜、南瓜、朝天椒等冬种瓜菜。主要经济作物有橡胶、槟榔、益智等；森林面积2.11万公顷，森林覆盖率89.7%，是五指山市的农业大镇。

【优势特色产业】 2022年，毛阳镇重点发展阉鸡、毛阳鹅、食用菌猪肚菇和山兰稻等一批“短、平、快”优势特色产业项目。橡胶种植面积3033.33公顷，开割面积2666.67公顷，总产量3791.63吨，总产值5076.67万元；槟榔种植面积1366.67公顷，采摘面积373公顷，总产量1286.85吨，总产值7264.7万元；益智种植1420.84公顷，可采收面积632.53公顷，产值1457.36万元；冬种瓜菜面积408.8公顷，常年蔬菜面积247.27公顷，产值约1.06亿元，同比增长16.6%；2022年粮食种植面积688.18公顷，同比增长22%，有效遏制“耕地非粮化”“耕地非农化”。支持大叶茶规模化发展，推动牙合、毛辉、毛路等村规模种植大叶茶23.87公顷，全镇大叶茶种植面积在66.67公顷以上，发展油茶、石斛、益智等林下经济。加大牙胡梯田雨林山兰稻、毛阳雨林金钗石斛等特色产品培育力度，形成“以点带面”辐射发展。积极推动“红色村庄”先导性项目实施，继续挖掘特色农旅资源，打造毛贵初心驿站、毛路红色品牌地瓜等一批农旅产业，成功举办牙胡梯田“体验农耕、快乐播种”“传承农耕文化，共享丰收之乐”等旅游推介活动，通过实施“政府+合作社+脱贫户”“示范点+脱贫户”“党支部+脱贫户”等模式，有效提高脱贫户自身的“造血”功能。

△ 11月24日，市委常委、市委宣传部部长喻倩（左二）到毛阳镇开展新时代文明实践工作调研 （邓婕 摄）

【社会事业】 2022年，毛阳镇有镇文化站1处、村级文化活动中心13处、各类图书室13个，藏书8万余册。有幼儿园1所——毛阳中心幼儿园，下设毛路、毛栈、什稿3所分园。有小学1所——毛阳中心学校，在各村设立分校教学点13所。有镇级卫生院1所、门诊部1个、村级卫生室13所，均配备专业医疗人员。毛阳镇监测对象住院报销54人次135.48万元，监测对象普通门诊报销180人次0.84万元，监测对象特定门诊报销32人次4.96万元；脱贫人口住院报销293人次293.50万元，脱贫人口门诊特定病种报销244人次10.21万元，脱贫人口普通门诊报销6166人次26.85万元；低保户住院报销109人次102.15万元，低保户门诊特定病种报销253人次60.57万元，低保户普通门诊报销665人次4.60万元；特困供养人员住院报销8人次13.54万元，特困供养人员普通门诊报销110人次0.62万元，特困供养人员特定门诊报销2人次0.03万元；低收入家庭普通门诊报销80人次0.29万元。不断加大农村合作医疗缴交动员力度，缴费人数1.31万人，参合率97.08%；发放临时救助98户360人35.25万元。在镇区、各行政村均投放健身器材。发挥农村文体骨干作用，组织开展跳广场舞等群众性健身活动及民族、民俗、民间体育活动。自觉接受镇人大主席团和人民群众的监督，办理人大代表建议35件，答复"12345"服务热线96件，主动公开政务信息238条；持续开展扫黑除恶和禁毒三年大会战行动，依法严厉打击"村霸、菜霸、路霸"等黑恶势力和农村宗族恶势力，建立健全矛盾纠纷多元化解机制，探索形成矛盾纠纷化解"1+1+N"工作格局，调解成功矛盾纠纷18宗，开展法制教育20场、法律咨询与援助130次。

【精神文明构建】 2022年，毛阳镇开展各类学习教育活动167次，1647名党员干部奋战在毛水公路沿线整治、疫情防控卡口一线，圆满完成2022年4月重大活动保障任务和疫情防控任务。深入挖掘琼崖革命斗争精神，弘扬革命优良传统，新建两处红色主题建筑，镇区加挂202面五星红旗，营造浓厚红色氛围。依托五指山革命根据地纪念园开展爱国主义教育，组织党员干部、农村群众510人次到纪念园开展爱国主义教育活动。组织开展"七个倡导"等各类文明实践活动324场次，拍摄公益视频5个，发挥微信公众号等新媒体平台优势，做好群众思想引导工作。以"党建红+志愿蓝"为载体，成立镇、村志愿服务队伍14支，召集志愿者939人，开展帮扶等各类活动，为民办实事324件。开展乡村治理超市评分活动，对每户家庭成员精神文明和实际行动进行打分，全镇共发放爱心积分145.82万分，已兑换商品113.25万元。开展"家风家训宣讲进乡村"等活动26场次，覆盖群众2000多人。评选"绿色家庭"15户、"五指山好人"4人、"红榜"典型案例13个和镇级"星级文明户"71户。开展村庄环境卫生考核，评选出15个"卫生标兵村"、1048户"卫生标兵户"。开展新时代文明实践活动，覆盖节庆活动、文体比赛、红色传诵、环境整治、技能培训、就业推荐等方面，累计230场次。建设志愿服务活动品牌项目"红心伴我童行"，荣获五指山市首届新时代文明实践志愿服务大赛铜奖。

【新农村建设】 2022年，毛阳镇实施农村基础设施项目80个，总投资4500万元，新建光伏电站6个，完成道路硬化29.2千米、护脚墙及挡墙建设7.3千米，水利及排水沟建设25.99千米。大力实施"厕所革命"工程，建成农村标准化改厕70座，完成厕所化粪池防渗漏改造70户，清掏429户户厕1823立方米，综合治理环境成效显著提升。

【人居环境治理】 2022年，毛阳镇投入220万元，用于农村人居环境整治，改善垃圾处理设施与转运设备，发动"村庄清洁行动日"活动700余次，病媒防治17次，无害化清理垃圾3621吨。在全镇开展垃圾分类"进乡村""进机关""进家庭""进学校"宣传工作，新建垃圾分类屋9个、分类站4个，聘用垃圾分类员71名，持续推进农村生活垃圾分类和资源化利用示范乡镇创建工作。全镇已接通污水管网，有排污系统净化池一体化处理终端64台，13个村全覆盖，实现行政村生活污水处理100%覆盖。建成供水厂1座，保证全镇正常使用生活饮用水。持续抓好大气污染防治"六个严禁、两个推进"工作，全面宣传烟花爆竹禁燃禁放，做好大气污染防治工作。组织各村购买6台秸秆收割粉碎一体机，用于秸秆还田，强化秸秆综合利用。严厉打击随意、恶意焚烧秸秆和垃圾露天焚烧现象，劝阻焚烧秸秆50余次。严格落实“河长制”“林长制”，整治河道“四乱”问题6宗；整改森林违法图斑4宗，严厉打击蚕食、毁林等违法行为37起；配合执法部门打击非法采砂2次，有效打击破坏生态违法行为。

【经济发展】2022年，毛阳镇农业总产值2.77亿万元（其中：种植总产值为1.90亿元，林业总产值5193.09万元，牧业总产值3238.9万元，渔业总产值186.2万元），比2021年增加1903.09万元，常住人口1.33万人，人均产值2.07万元，同比增加1400元，增长7.25%。按照“一镇一业、一村一品”的发展原则，毛阳镇发展热带高效农业，引导各村各户精耕细作，发展好橡胶、槟榔、冬季瓜菜等传统产业。做大做强热带高效农业，形成以朝天椒、苦瓜及青瓜为主的常年瓜菜布局，通过推广“菜—菜—稻”轮作模式，提高土地利用效率。

【脱贫攻坚与乡村振兴】2022年，毛阳镇严格落实“四个不摘”工作要求，做好全镇脱贫群众的帮扶工作，坚决防止发生规模性返贫，推动脱贫攻坚与乡村振兴战略实现政策并轨、机制互融、力量统筹，增强人民群众的获得感和幸福感。全镇有建档立卡脱贫人口1281户4580人。截至2022年12月30日，全镇监测户53户203人（其中脱贫户23户78人，均为突发严重困难户）。种植槟榔重点关注户49户187人（其中，监测户46户174人，一般户3户13人）。该镇农村居民主要收入以种植橡胶、槟榔、冬季瓜菜及外出务工为主，农村居民人均可支配收入为1.74万元，同比增长12.3%。镇统筹整合乡村振兴有效衔接资金4334.37万元，累计支出4317.60万元，支出进度99.61%；落实义务教育保障政策，春季学期各类教育补贴发放516人次70.98万元：其中特惠性补贴391人49.10万元；“雨露计划”补贴125人21.88万元。秋季学期各类教育补贴发放29人次5万元，其中“雨露计划”补贴29人次5万元。全镇有低保133户279人，其中低保脱贫户82户170人，占全镇低保户数的62%；特困户共有40户41人，其中低保特困户19户20人。各级财政衔接推进乡村振兴补助资金为2563.35万元，重点发展阉鸡、毛阳鹅和茶叶等一批“短、平、快”优势特色产业项目，累计发放阉鸡1.86万只、毛阳鹅3400只、鸭苗1936只、茶叶种苗1.99万株、金钗石斛15.68万株、益智苗3.56万株、油茶4310株、椰子苗270株、沉香1290株、复合肥375包，有效提高脱贫户自身的“造血”功能。2022年已落实贴息小额贷款55户，贷款金额220.4万元；继续实施橡胶价格保险和“保险+期货”项目，发动1.29万人参与防贫综合保险，其中低收入人群4860人全部代缴，惠及胶农1493户，参保面积2.24万亩，完成理赔108.7万元。

【疫情防控】 2022年，毛阳镇实各项优化措施，新冠病毒感染调整为“乙类乙管”后，因时因势优化完善防控政策，强化老年人、慢性基础性疾病患者等重点群体健康服务，落实镇、村干部184人“一对一”包保服务428户，发放农村地区健康爱心包3850份，全力保障群众就医用药需求，实现防控措施调转有序，顺利平稳度过疫情流行高峰期。

【党建工作】2022年，毛阳镇带头落实“一岗双责”。组织召开党建工作例会12次，班子成员带头联系各党支部，研究各党支部党建工作开展情况。开展“党的二十大”“省第八次党代会”等专题学习活动85次，引导各支部结合党史学习教育常态化，开展学习活动167次，镇领导班子成员、党支部书记上党课、送教上门等活动50次。履行意识形态主体责任，新建两处红色主题建筑，开展各类文明实践活动324场次，通过拍摄公益宣传片、微信公众号等形式做好群众的思想引导工作。开展镇、村换届“回头看”，与村级班子成员谈心谈话，对村级班子运行情况逐一分析研判，调整补选2个行政村的3名村“两委”干部；从严管好乡村振兴工作队，谈话提醒3人。打造毛栈村清廉村居示范点，教育引导党员干部自觉提升廉洁意识。依托“党建红+志愿蓝”载体，成立镇、村志愿服务队伍14支，召集志愿者939人，开展帮扶等各类活动，为民办实事324件。高标准选人育人，选拔村级后备干部82人。严格按照发展党员组织程序，发展新党员10人。做好"双学历""双轮训"工作，选送在读大专班10人，选送在读中专班4人。结合"能力提升建设年"暨"查破促"活动，整改完成堵点难题5个，分层次、分门类举办各类培训班109次，培训党员、群众3652人次。完成毛兴和毛贵2个村级党建服务中心修缮，规范村级党群服务中心标准化建设。制定"一支部一方案"，完成牙合村软弱涣散村党支部的整顿提升任务。对全镇69名村干部履历材料、党员档案等资料进行整理归档，推进村干部专职化管理。持续开展农村发展党员违规违纪问题排查整顿工作，对全镇866名党员进行全面排查，整改问题3个，约谈党员干部4人。将全镇划分14个大网格、91个小网格，组织干部职工、各党支部党员等358名网格员，按照"14+91+358"模式推动镇村党建、综治、民政等各类网格整合成"一张网"。

（胡小花）

番阳镇

【概况】 番阳镇位于五指山市西北部，东依毛阳镇，西与乐东县交界，南接毛道乡，北和白沙县毗邻，昌化江和南圣河（昌化江支流）交汇于此。2022年，全镇行政区域总面积123.3平方千米，共有林地3402.98公顷、耕地553.74公顷。下辖5个村委会、32个村民小组、1个镇农场，常住人口2773户9864人，是黎、苗聚居地。地势平坦，土地肥沃，雨热同步、光照充足、气候温和、水资源丰富，属山谷盆地，热带季风气候，兼岛屿气候。地势四周高、中间低，台地、平坡约占总面积的31%，山地占60%，丘陵占7%，河流阶地占2%。森林覆盖率83%。土地组成以中酸性喷岩为主。主要经济作物有水稻、青瓜、豇豆、橡胶、香蕉等热带农产品。畜牧养殖业主要有五脚猪、黄牛、黑山羊、五指山山鸡等。积极发展山兰酒、忧遁草、雪茄烟叶等新兴产业。番阳镇地处琼乐高速与山海高速连接线起点，半小时可达五指山、琼中、乐东3市县的城区，高速可直达三亚、海口市城区，省道313线穿过镇区，交通便利，区位优势明显。

【农业发展】 2022年，全镇农业总产值2.51亿元。农民人均可支配收入1.66万元，同比增长8.1%。各项事业加快发展，经济保持稳定发展。发挥瓜菜种植优势，促进主导产业提质增效，种植冬季瓜菜面积287.68公顷，主要种植青瓜、豇豆、朝天椒等。其中，种植青瓜262.59公顷，占冬季瓜菜总面积的91.3%，实现销售收入6868.91万元，创番阳镇青瓜销售收入历史最高纪录。复种豇豆169.69公顷，产量5082.5吨，实现收入1016.5万元。天然橡胶总产量1631.2吨，总收入978.72万元；槟榔总产量732.2吨，销售收入3551.17万元。林下种植益智收获面积198.13公顷，实现收入313.27万元。着力推动9个常年蔬菜种植基地建设，其中已建成瓜菜大棚设施5个，总面积4.82公顷，有效补齐番阳镇农业专业化生产短板。完成全年市政府下达种粮任务470.69公顷，其中早稻种植69.97公顷，晚稻种植377.32公顷，其他粮食23.4公顷；种植槟榔812户311公顷，夯实粮食根基，清退违规占用的基本农田，牢牢端稳粮食饭

△1月24日，番阳镇青瓜收购 （罗绘楠 摄）

碗。完成布伦三村、布伦四村、加艾四村“一户一田”约333公顷的地块分配工作，实现由“小田变大田”的土地整合，提高农业生产土地利用效率和集约经营水平，改革试点工作取得实效。

【雪茄烟叶种植】 番阳镇种植雪茄烟叶80公顷，2022年产值800多万元，实现税收收入160多万元完成番阳村委会土地流转71.07公顷，全镇可种植雪茄烟的面积约107.73公顷，超额完成市委市政府要求的100公顷的目标，同时雪茄烟种植产业为农户创造就业岗位，吸收农户务工近1万人次，发放工资111万元。推动冻干厂项目的落地，成立征地领导工作专班，开展项目用地征地工作，截至年底，签订33户农户青苗及地上附着物协议赔偿表，涉及土地3.12公顷，做好青苗补偿款发放后续工作，为推动番阳产业园区重点项目的落地提供保障。

【社会发展】 2022年，番阳镇有1所镇中心小学、1所中心幼儿园和4个教学点，小学和幼儿园硬件设施较为完善。有1所镇卫生院和5个村卫生室，卫生室均配备乡村医生，卫生与计划生育工作稳步开展。有镇村文化活动室23个、篮球场21个、农家书屋6间。参加城乡居民养老保险人数3194人。全镇管理低保户143户233人、特困户32户33人，为低保户发放低保金144.15万元。有重度残疾户248人，发放残疾人

△7月26日，“喜迎二十大 文明实践义演进基层”活动走进番阳镇 （罗绘楠 摄）

重度护理补贴51.39万元。开展扫黑除恶斗争，调解矛盾纠纷，排查社会治安等问题，成功调解各类矛盾纠纷8起，发放各类宣传册1100张，办结“12345”政府热线问题98宗，群众满意度95%以上。严格落实安全生产责任制，对危化品生产企业及镇区个体户排查12次，排查整改采摘槟榔触电隐患14宗，坚决杜绝各类生产安全事故发生。

【精神文明治理】 2022年，番阳镇结合“线上+线下”的宣传方式，强化党的宣传阵地，传播党的声音，累计开展党的二十大精神政策宣讲21场次、更换宣传栏内容564面、推出宣传简讯356篇，推动党的理论“飞入寻常百姓家”。推进乡风文明建设，推优评选五指山好人3户，评选人居环境整治文明家庭154户，通过选树典型示范引领，不断厚植文明沃土。积极开展“弘扬美德传承好家风”主题宣讲活动，组织榜样典型78户参加“定格幸福传承好家风”全家福公益拍摄文明实践活动，传承良好家风，引领新风气。建立道德“红黑榜”制度，收集挖掘道德“红黑榜”正反面典型11人，宣传教育引导群众学习榜样、抵制歪风。丰富文化文艺生活。开展全镇“迎新杯”羽毛球和篮球比赛、“世界读书日”、妇联趣味文体活动、公益电影放映、“永远跟党走奋进新征程”歌咏比赛活动等10余场次，展示番阳新农村建设成果。

【人居环境整治】 2022年，番阳镇结合每周主题党日活动，组织各村发动党员群众参与环境整治6800余人次，清除卫生死角160余处、垃圾140余吨，村庄历史存量垃圾、卫生死角、乱搭乱建清理完成；持续推进裸露土地绿化工作，种植大叶油草坪7.9万多平方米、三角梅3400株，投入种花种草绿化资金40余万元；建成合亩仓库32个、建材银行26个、巴掌公园40个、庭院花园49个，改善农村人居环境，提高农民幸福感、获得感。建立镇村人居环境整治长效机制，出台镇村

人居环境整治网格化方案，镇区由镇三套班子成员带头、村庄由村“两委”成员、正副村长、党员等带头作为网格员，每周至少督导一次人居环境整治，全镇人居环境整治制度得到有效落实，荣获2022年全市农村人居环境卫生整治综合考核第一名。

【脱贫攻坚与乡村振兴】2022年，番阳镇巩固拓展“两不愁、三保障”工作，助力乡村振兴。在基础工作方面：做好全镇965户3836人的防返贫监测巩固拓展工作，完成动态监测重点人群36户138人，已解除监测38户170人，做到早发现、早干预、早帮扶。在教育保障方面：向572名学生发放152.28万元的教育补助，农村适龄人口全部上学。在住房保障方面：完成全镇贫困户危房改造，住房安全鉴定1341户，发放“五个直观”改厕补贴74.68万元。在医疗保障方面：100%落实贫困户家庭医生签约服务，落实健康扶贫政策和医疗救助5844人，报销金额399.9万元，其中大病救助103人次，救助金额17.8万元。全面落实代缴城乡居民基本医疗保险、大病商业补充保险、人身意外保险和综合防贫保险，帮助全镇贫困户完成办理慢性病证188户188人。同时加大金融帮扶力度，办理小额扶贫贷款248户950.9万元。坚持靶向发力，助力产业振兴。培育壮大17个产业增收示范点，带动脱贫户及监测户113户，全年累计分红18.24万元。组织发放各类鸡、鸭、鹅苗2.58万只，发放罗非鱼苗50.4万尾，给脱贫户、监测户及槟榔重点户共117户发放椰子苗3130棵，有效激发脱贫户产业发展的内生动力；组织农户参加山城好物赶集日活动36场，累计销售农副产品25.36万元，打通农民销售渠道的“最后一公里”。引导发动脱贫户、监测户外出务工1506人，提供村级公益岗位382个。成功举办专场招聘会2场，提供岗位1037个。

【基层党建】2022年，番阳镇召开党建工作专题部署会议4次。制定《番阳镇2022年党建重点工作》，明确2022年党建工作目标，抓好规范支部建设，认真执行“三会一课”制度。严肃党员发展纪律，发展党员8名；落实党务政务财务公开，按时足额收缴党费32401.8元。完善人才工作机制，优化干部队伍管理，挖掘本土非遗文化人才8名，提供党政工作锻炼平台，聘用返乡大学生12名，建立完备人才工作站，引进专业技术人才6名。推进乡村振兴工作队规范化管理，完成监督检查8次，定期开展季度考核，激发队伍整体活力。严格履行全面从严治党主体责任和纪委监督责任，紧盯重点工作，深化基层政治监督，严肃执纪问责，开展专项监督检查39批次，谈话提醒60人次。加大力度严肃查处违纪案件，予以了结问题线索1件1人，初核了结问题线索1件7人，立案审查2件2人，立案率50%，持续保持基层反腐高压态势。

（黎小星）

南圣镇

【概况】 南圣镇位于海南岛中南部名山五指山南麓，五指山市东南部，是五指山市的南大门，地处北纬18°44′，东经109°35′，东北部和南部毗邻保亭黎族苗族自治县，北部与水满乡毗邻，西部和西北部与通什镇接壤，镇政府驻地距海榆中线6千米，距市区11千米，距山海高速南圣互通出口2千米。2022年，全镇土地面积149.03平方千米，常住人口2293户8035人，是黎族、苗族聚居地。下辖南圣、什兰、牙南、同甲、毛祥、红合6个行政村，29个自然村、40个村小组和1个农场。有耕地面积437.48公顷、水田面积330.8公顷。境内花岗岩、大理石等矿物储量较多，矿产资源和森林资源丰富，森林覆盖率达85.29%。主要旅游景点有红峡谷漂流景区、水云居酒店、六艺王宫、永忠黎族特色村寨等。

【特色产业发展】 2022年，南圣镇种植早造、晚造水稻面积125.97公顷，橡胶1297.17公顷，槟榔1268.36公顷，椰子20.31公顷，胡椒31.85公顷等；种植蔬菜376.1公顷，其中树仔菜30.5公顷、辣椒62.84公顷；出栏猪3935头、牛118头、羊176只，养殖鸡6.24万只、鸭1.21万只、鹅1389只；引进特色产业，增扩花卉种植10.33公顷。在已有红掌花、朝天椒、树仔菜等产业基础上，打造毛祥百香果、同甲村林下经济、南圣庭院花卉、什兰村6.67公顷大叶茶种植等特色产业。

【社会事业】 教育方面。2022年，南圣镇巩固提高九年义务教育水平，全镇小学生春、秋季入学率达到100%，建立健全“控辍保学”长效机制，动员社会、家庭、学校“三位一体”力量，相互配合、共同参与、齐抓共管；向518名家庭经济困难学生发放学前至中职教育阶段特惠性资助624.565万元；向84名春季高职高专及中职稳定脱贫人口发放“雨露计划补贴”14.70万元，向147名秋季高职高专及中职稳定脱贫人口发放“雨露计划补贴”25.7250万元。有序推动“全上学、全资助”。持续加强“控辍保学”工作，逐级签订“控辍保学”目标责任书，压实“控辍保学”“两条线”责任，确保除身体原因不具备学习条件外脱贫家庭义务教育阶段适龄儿童少年不失学辍学。

文化方面：成功举办“三月三”黎苗婚庆，加强非物质文化遗产的弘扬与保护，结合“三月三”文化下乡惠民演出等活动，充分展示南圣镇苗族“盘皇舞”“苗绣”、黎族“竹竿舞”“黎锦”等民间传统文化，继续挖掘和培养南圣镇民族文艺演员。

社会保障方面：2022年全镇城乡居民基本养老保险、基本医疗保险参保率均达到90%以上；全年新生人口76人，为41对怀孕夫妇开展免费孕前优生健康检查和地中海贫血筛查诊断服务，并按时发放节育奖和生产补助等奖励；2022年，全镇城镇最低生活保障4户5人，农村最低生活保障152户256人，落实低保户补助150.1271万元、残疾人生活补助18.3万元；发放生态补偿440.95万元、冬季瓜菜种植补助70.84万元、农村厕所改造补助14.40万元。

安全生产方面：结合清明节森林防火、防灾减灾日、安全生产月、汛期学生防溺水、“11·9”消防宣传日等主题活动，深入开展安全知识和相关法律法规的宣传教育，共张贴宣传海报50余张，拉设横幅15条，发放宣传资料600余份；组织开展消防安全演练1场、学生防溺水培训1场；开展烟花爆竹、城镇燃气安全、生产经营租住村(居)民自建房重大火灾风险综合治理、涉电安全、自建房安全、电动自行车火灾风险治理、学生防溺水等领域的专项整治行动，严格按照时间节点按质按量上报相关材料，通过专项监督检查行动，提高企业自我安全管理和群众安全防护意识，杜绝安全生产事故发生。

乡风文明及乡村治理工作方面：开展家风家训宣讲进乡村活动3场次130多人参加；开展“七个倡导”活动，推动农村移风易俗，利用村委会宣传栏和帮扶联系人入户召开家庭会议等方式进行宣传；完成31户“喜迎二十大　定格幸福传承好家风”全家福公益拍摄活动。全镇设定“佳旺超市”为乡村积分治理超市，覆盖全体农户。

【基层党建】 2022年，南圣镇紧扣乡村振兴需要，加大“头雁”选育力度，结合村“两委”换届工作，新一届村“两委”班子实现“三优化一提升”，即年龄结构进一步优化、性别结构进一步优化、学历结构进一步优化、整体素质进一步提升，夯实了乡村振兴组织基础；建立村干部“三酬三有”(基本报酬、绩效报酬、效益报酬，病有所医、伤有所保、退有所养)激励保障体系，激发村干部干事创业热情。健全培养机制，用好用活干部教育培训资源，抓好村干部轮训全覆盖；发挥无职党员的先锋模范作用。为农村共产党员“挂牌亮户”，为农村无职党员科学设岗，结合“六园”建设、生态环保、乡村振兴等重点工作，围绕“五大”振兴，设立政策法规宣传、科技致富示范等10个方面岗位。建立党群服务中心，挂牌7个基层党群服务中心，以服务群众和民心民利为上，继续发扬“攻坚克难”“勇争一流”的精气神，牢记习近平总书记殷殷嘱托，全面贯彻落实基层党建工作重点任务。

【人居环境整治】 2022年，南圣镇发动360人次，出动机械900余台次，清理农村生活垃圾126吨，清理镇内水域面积25平方千米、水域垃圾5吨，清理农业生产废弃物60吨，清理乱贴乱画41处，基本达到全镇村庄无垃圾堆放、无污水横流、无杂物挡道，日常生产生活物品堆放规范，道路两侧环境干净。制定《南圣镇2022年农村公厕建设及管护实施方案》，做到每个行政村有独立式公共厕所或附属性公共厕所1座，定期开展农村无害化粪污清理，清掏农村户厕435个。将农村水环境治理纳入河长制管理，对村内外的黑臭水体、农业污染面源全面排查、登记，宣传教育引导村民节约用水，杜绝农村农业废污水向村巷道、河渠、田间直排现象。农村污水治理率100%，污水处理设施总数22座，集中治理30个村组，污水管网实现全面覆盖。40个自然村道路硬化率100%，入户路硬化全覆盖。持续推进燃气下乡"气代柴薪"行动；行政村4G、光纤网络实现全覆盖。

【乡村振兴】 2022年，南圣镇启动纳入监测程序9批次，27户89人，其中，边缘易致贫户5户17人，突发严重困难户21户66人，脱贫不稳定户1户6人。启动解除监测程序6批次，计13户55人，帮扶消除边缘易致贫户6户37人，帮扶消除脱贫不稳定户7户18人。就业帮扶方面。联合市就业局、市退役军人事务局联合举办2期用工招聘会，录用65人。开发公益就业岗位320个，落实灵活就业、稳定就业奖励政策，累计向36人次发放贫困户劳动力外出务工奖励和交通补助19.5万元。医疗帮扶方面。2022年以来，南圣镇脱贫人口、低保对象等低收入家庭成员参加2023年城乡居民基本医疗保险，实现特殊人群参加基本医疗全覆盖；全年统筹336.68万元落实医疗保障待遇政策，其中基本医疗保险报销5635人次279.16万元；大病医疗保险报销196人次27.46万元；医疗救助1138人次30.06万元，对患高血压、糖尿病、重性精神病、肺结核4种慢性病的脱贫人口实现家庭医生签约"应签尽签"，严格落实每季度上门随访1次要求、衔接资金项目建设方面：投入3083.69万元统筹整合资金，用于农村基础设施、产业发展配套设施、产业奖补等项目，涉及农村经济、农田水利渠道、排水沟、挡土墙、村庄环境整治以及就业务工等方面，推进巩固拓展脱贫攻坚成果同乡村振兴有效衔接各项工作。

【村镇规划建设】 2022年，南圣镇开展村庄规划建设管理工作，实施村庄规划建设审批手续，规范建房行为，完善申报审批制度，全镇申请报建农户有20户，审批10份，拆除乱搭乱建建筑物40处，进一步加强源头管理。严格遵守"一户一宅、符合规划、权属清晰"三大原则，加强农民建房管理，集约利用土地资源，规范农村宅基地使用和管理秩序。

【法治建设】 2022年，南圣镇加大普法宣传教育工作，加强未成年人思想道德建设。加强和改进信访工作，实行签约律师驻村制度，为每个行政村配备1名签约法律顾问，解决群众合理合法诉求，有效预防和化解社会矛盾。推进人民调解、社区矫正和法律援助工作，深入推进"平安南圣""法治南圣"创建活动，严厉打击多发性刑事犯罪活动，维护社会稳定。

【疫情防控】 2022年，南圣镇悬挂防疫宣传横幅100多条，张贴宣传海报200多张，各村广播播报1000余次。拓宽农产品线上线下销售渠道，采取精心组织农业生产、保障农产品运输畅通、组织农民就近务工、发放产业种苗补贴、产业奖励、举办招聘会等措施，全面落实中央和省委、省政府关于"一手抓防疫、一手抓生产"的决策部署，将"一抗三保"工作落到实处。

（黎志文）

水满乡

【概况】 水满乡位于五指山脚下，是海南岛海拔最高的乡镇，位处五指山市东北部，距五指山市区33千米，距琼乐高速30千米，面积106.3平方千米。水满乡遍布热带原始雨林，森林覆盖率89.13%。海南主要的流河——万泉河、昌化江从此发源。境内有海南热带雨林国家公园、五指山热带雨林风景区、五指山大峡谷漂流、黎峒文化园等旅游景点，是集登山探奇、避暑避寒、休闲度假于一体的综合性热带雨林山地旅游胜地。水满乡环境气候得天独厚，年平均气温21℃左右，空气洁净无粉尘，年降水量2400毫米左右，年平均日照2000小时左右，负氧离子含量每立方厘米1万个以上，位居全国前列，为纯天然氧吧。水满乡气候有“一日四季分明”之说，即晨凉、午热、夕暖、夜寒的独特气候，素享“天然空调”“南国夏宫”“清凉世界”的美誉。2022年，水满乡辖5个行政村、27个村民小组，总人口1272户4653人，其中黎族、苗族人口占95.8%。

【农业改革与管理】 2022年，水满乡抓好全乡5个村的集体产权制度改革工作，已完成5个村27个村民小组集体产权制度改革工作，1162户4241人完成登记发证，完成集体产权档案的移交工作。加强农作物的生产环节管理，特别是茶叶、水稻、蔬菜病虫害防治及培训工作，并邀请省农业科学院、市科学技术和工业信息化局、市农技中心等部门到水满乡进行指导和培训，确保农作物的增产增收。

【茶叶种植】 2022年，水满乡投入衔接资金2865.82万元，发展产业和基础配套设施项目40个。鼓励农民扩大茶叶种植规模，发展茶叶经济，全年茶青产量27.17万斤，同比增长42.2%，茶青收入815.01万元，同比增长33.3%。

【社会事业】 2022年，水满乡加强社会综合治理，常态化开展扫黑除恶斗争，推进“枫桥经验”试点建设，开展“大排查、大接访、大化解”活动，及时排查化解矛盾纠纷17批次55人次。组建5支警保联控队伍，强化重点时段巡查巡逻，保障社会治安稳定。加强禁毒宣传，开展禁毒普法宣传16场，定期走访社区矫正人员，提高群众法治意识。严格落实安全生产责任制，整治建筑施工中的安全隐患22个，为辖区内19家饭店酒店安装燃气报警器。做好汛期应急管理和自然灾害防治工作，有效防止安全事故发生。依法推进人口和计划生育工作，完成孕前优生检查任务17对，妇女“两癌”筛查219人，落实农村计划生育奖扶、特扶对象5人。依程序纳入低保户5户，帮助申请“救急难”2户、临时救助39户，完成特困申请10户、低收入认定4户，累计发放低保金、临时救助、残疾人补贴等各类补助救助金额108.81万元。对低保户、残疾人等困难群体走访慰问137次，发放慰问金、物资合计1.7万元。

【水满风情小镇建设】 2022年，五指山市重点打造毛纳村，设计“跟随总书记足迹，发现五指山之美”旅游线路，谋划毛纳村乡村旅游提升项目。建成新村村旅游服务中心，推出一批旅游文创产品，推动乡村旅游品质提档升级。深化茶旅融合发展，打造高标准农田1个，建成标准化茶园项目2个，加快推进2个方龙村民宿项目，推动水满村共享农庄、雨林书屋等项目建设，夯实水满全域旅游发展基础。举办“雨林与您”体验活动开幕式、热带雨林保护国际研讨会、雨林漂流文化节、雨林时装周、中国自由搏击俱乐部超级联赛揭幕战等系列重大文体旅活动，获《人民日报》《海南日报》等中央级、省级媒体多次宣传报道。

【精神文明建设】 2022年，水满乡依托新时代文明实践所、站阵地，开展茶叶种植、非遗技艺、抖音直播销售等实用技能培训26期，增强群众文明素养。倡树文明典型，评选产生市级“文明家庭”5个、“文明农户”3户。设立“道德红黑榜”，评出5名“红榜”人物，树立鲜明价值导向，培育文明新风尚。开展传承好家风、升学礼等活动10场，实施“积分+”乡村治理机制，引导群众积极参与乡村治理，推动移风易俗，形成良好社会风气。开展“1867”篮球赛、文艺下乡、电影放送等系列文体活动18场次，丰富群众文化生活。

【人居环境整治】 2022年，水满乡加强生态环境保护，推进“两山”实践创新基地创建工作。落实“河长制”“林长制”，强化巡河巡林履职，加大河道、森林管护力度，组织水利协管员清理河道垃圾60余次，累计清理垃圾20吨。开展植树育林行动，植树造林8400平方米，义务植树1万株。完成全部37宗森林违法图斑核查，复绿复种3处，做好森林违法图斑整改工作。深化环境卫生整治。推进“厕所革命”，完成厕所防渗漏改造40户。结合“四爱”“清四乱”等活动主题，开展环境卫生整治39次，累计出动人员5522人次，清理垃圾164.5吨，清除病媒滋生地392处、卫生死角406处，扎实抓好省专家组、第三方评估组检查反馈问题整改，水满乡成功保留“国家卫生乡镇”称号。

【脱贫攻坚】2022年，五指山市印发《水满乡关于做好巩固拓展脱贫攻坚成果同乡村振兴有效衔接实施方案》，定期召开乡村振兴大队例会12次，研究部署乡村振兴工作。制定阶段性任务分解清单17期，细化工作举措，推动各项任务落实到位。严格执行“钉钉”考勤等驻村管理制度，加强驻村工作队管理。落实“三早”机制，全面开展防返贫监测排查2轮，纳入监测对象管理9户27人。夯实“三保障”及饮水安全成果。全面落实“三保障”及饮水安全政策，发放教育特惠性资助金156人次17.39万元，“雨露计划”助学补助资金76人次13.3万元。完成197名慢性病脱贫人口、监测对象签约家庭医生，实现全乡1370名脱贫户、监测对象城乡居民基本医疗保险全覆盖。全面排查农村自建房屋安全隐患。实现集中供水、饮水到户，定期开展水质检测，水质达标率100%。抓好农民增收工作。发放小额信贷143万元，落实产业奖补31.5万元，进一步调动农民生产积极性。开发公益性岗位292个，开设扶贫车间4个，解决368名脱贫人口就近就业问题。引导外出务工脱贫劳动力674人，发放务工奖补17.5万元，增强脱贫群众内生动力。组织农户积极参与“山城好物民俗赶集日”等消费帮扶活动，累计销售20.29万元。推进挂牌督办专项整改工作。全面摸排登记槟榔种植底数758户331.68公顷，精准认定、依程序纳入重点关注对象18户78人。坚持“转、调、改、补、兜”分类施策，完成槟榔林下种植茶叶、益智、斑斓等作物100.63公顷，成功试点6.8公顷林下经济项目，推动槟榔产业结构成功转型，全乡无一户因槟榔价格下跌导致返贫致贫，顺利通过摘牌验收。

【党建工作】2022年，水满乡党委召开13次党委会和5次党建工作例会，研究部署基层党建工作。开展乡党委理论学习中心组学习25次，专题研究意识形态工作2次。严格落实“三会一课”、“两学一做”、主题党日等党内制度，健全以“乡村论坛”为主要载体的乡村治理体系，持续推进基层党组织规范化标准化建设。毛纳村获评“五星级农村党组织”，新村村获评“四星级农村党组织”。组织开展党的二十大、省第八次党代会、市第五次党代会精神宣讲6场次，开展“重走总书记考察路线、重温总书记殷殷嘱托”等主题党日活动40余次。开展业务“小讲堂”6次，提升党员干部素质能力。抓好党员队伍建设，培养入党积极分子10名，预备党员8名，储备村级后备干部34名。加强作风建设。严格履行“一岗双责”，坚持“严”的主基调，筑牢廉洁防线。组织干部职工集中学习廉政知识和法规3次，参加警示教育巡回展2场次，提升党员干部遵规守纪意识。重要节日发布廉洁短信，利用电子显示屏、公开栏宣传廉洁文化，使廉洁自律成为党员干部的行动自觉。坚持抓早抓小，对工作中出现苗头性、倾向性问题的1名乡村干部进行谈话提醒。

（黄德海）

畅好乡

【概况】畅好乡位于五指山市西南部，距五指山市区8千米，东依通什镇，南邻保亭县，西与乐东县接壤，北与毛道乡相接。2022年，总面积158.7平方千米，距山海高速入口7千米，出口6千米。辖草办、番贺、畅好、什奋、番通、什哈、毛招、什冲、保国、番好10个行政村，43个村民小组，1个农场，农村常住人口1376户4688人，其中黎族人口占99.14%。

畅好乡境内多山，牙益河注入昌化江。属热带气候，有多片热带雨林，森林资源丰富，覆盖率83.6%，还有国家二级重点保护野生植物桫椤等珍稀树种。冬无严寒，夏无酷暑，气候宜人，年平均气温21℃，年降水量1770毫米，雨量充沛，日照充足，适合多种热带经济作物生长，发展热带农业潜力巨大。

畅好乡重点围绕打造“雨

林秘境”的目标，以乡村振兴为抓手，聚焦生态环境保护、乡容村貌整治、优势特色产业打造、休闲观光点建设等重点，砥砺奋进、攻坚克难，经济社会持续和谐稳定。

【农业生产】 2022年，畅好乡农林牧渔业总产值2.4亿元，农村常住居民人均可支配收入1.72万元，同比增长11.03%。全乡粮食作物播种面积338.53公顷，其中水稻播种面积230.84公顷，总产量1443.18吨；薯类种植面积107.69公顷，产量896.5吨；蔬菜种植面积627.88公顷（含复种），总产量7945.83吨；橡胶种植面积1568.55公顷，收获面积1111.7公顷，总产量1127.61吨；槟榔种植面积649.35公顷，收获面积458.6公顷，总产量1547.78吨；益智种植面积706.13公顷，总产量1327.01吨。全年禽畜总产量525.83吨，猪出栏4951头，牛出栏152头，“三鸟”（鸡、鸭、鹅）出栏81200只。

【雨林特色产业】 2022年，畅好乡投入201万元，升级改造什哈油茶加工厂，积极推动畅好雨林油茶产业发展；打造畅好、草办、什哈等7个常年蔬菜基地和高山野菜基地27.53公顷，全市“菜篮子”农产品稳价保供；投入30多万元，在保国片区开展蜜蜂养殖产业，打造五指山雨林百花蜜品牌。大力谋划“一村一品”“一乡一品”产业，抓好农业种养结构调整，逐步做大做强以什哈村、草办村、番贺村为代表的五指山野菜产业，以毛招村、什冲村、番好村、保国村为代表的高山蜜蜂养殖产业，推动农业向高品质、高效益、高产量转型。主动融入市委“六园”建设总体思路，发挥临近城区、交通便利的优势，谋划建设什奋村、番通村、什哈村、畅好村旅游环线，“点、线、面”推进杪椤旅游公路建设。推进草办村少数民族特色村寨建设，推进草办村瓜果蔬菜采摘项目，打造农旅融合试点和样板。

【精神文明建设】 2022年，畅好乡强化干部队伍能力和作风，组织党员干部参加培训21期1000余人次，依托新时代文明实践所、站，开展元宵佳节游园会、“三八”国际妇女节游园活动、“我们的节日·端午”主题活动等群众乐于参与、便于参与的文体活动。对接上级部门深化文化惠民工程9次，近千名群众在多姿多彩、喜闻乐见的文体活动中共享文化惠民成果。

【人居环境治理】 2022年，畅好乡开展人居环境卫生整治45次，参与整治活动4500余人次，消杀重点场所159处，清除卫生死角692处，垃圾569吨，消除病媒滋生地151处。每周固定一天组织群众开展“村庄清洁行动日”活动，全面打造干净整洁有序、环境优美的村庄。有序推进草办村垃圾分类试点工作、二次分拣工作，村民对垃圾分类意识逐步提升。番贺、草办、什奋、毛招、畅好、什哈、什冲村7个村先后被评为省级卫生村。

【脱贫攻坚与乡村振兴】 2022年，畅好乡召开乡村振兴等会议38次，顺利完成国家挂牌督办专项整改和考核反馈问题整改，以及国家第三方评估检查。完成槟榔无序种植清退、重点关注户转产、林下经济试点。凝聚帮扶责任人、驻村工作队、定点帮扶单位三支队伍的攻坚力量，形成统筹乡村与社会各方力量合力攻坚的新局面。认真组织落实防止返贫监测和帮扶工作机制，严格按照程序，找准监测对象，将6户17人纳入监测对象，并及时落实帮扶措施。抓好农村基础设施建设，促进就业。加大乡村基础建设和投入，投入1541.24万元实施农村基础设施项目14个，新建改造公路2.8千米、水网线路5.02千米，安装路灯157座，完成40户农村厕所化粪池防渗漏改造，新建污水项目1个，全面提升村庄基础设施建设；完成番通村、番贺村的2宗小型农田水利工程项目，解决服务群众“最后一公里”问题。扎实抓好就业工作，举办招聘会2场，举办实用技能、创业培训班9期，培训334人次。全年引导贫困群众外出务工1073人，同比增长0.02%。

【党建工作】 2022年，畅好乡乡党委理论学习中心组学习55次。开展“七一”主题党日等活动113次。开展党的二十大精神宣讲36场次，参与人数1300余人次，实现全体党支部和党员干部全覆盖。以提升党的组织力为重点，坚持不懈推进基层党组织建设。以规范化标准化夯实基层党建基础，打造番贺村5星党支部，草办村4星党支部，成立畅好乡“蜂巢”党建联盟；补选村“两委”干部2人，新发展党员8人；新建草办、番好2个村级党群服务中心；完成全乡村级党群服务中心统一标识挂牌工作，以及开展党建巡回检查、换届“回头看”和清查整治党务不规范突出问题等工作，各级党组织服务功能明显增强，战斗力、凝聚力和服务水平明显提升。开展“能力提升建设年”活动和深化拓展“查堵点、破难题、促发展”活动，建立干部职工日常考核长效机制，强化干部队伍能力和作风，组织党员干部参加培训21期1000余人次。坚持以上率下，坚决贯彻落实中央八项规定精神和省委、省政府二十条规定，强化党风党纪教育，引导党员领导干部算好“四笔账”，执行好党章党规党纪，为广大干部群众树立标杆、做出表率。

（卢牡丹）

毛道乡

【概况】 毛道乡位于五指山市西南方向，距市区16千米，是典型山区乡镇。境内生长青皮、花梨，编制藤器用的红藤、白藤等珍贵植物。保国河、昌化河流经境内，水资源丰富。2022年，全乡土地总面积114平方千米，耕地面积39.81公顷，林地面积7664.98公顷，森林面积7563.44公顷，森林覆盖率98%。全乡总人口1534户5135人，下辖4个村委会28个村小组、12个机关企事业单位。

【农业补贴】 2022年，毛道乡发放耕地地力补贴122.33公顷37.43万元、产业发展奖励性补贴271户68.3万元、冬种瓜菜补贴34.39公顷30.95万元、粮食补贴62.33万元；撂荒地复耕补贴1.04公顷0.47万元，猪产仔补贴73户3.29万元，有机肥1350包，发放斑斓350株、油茶2310株、益智16830株，发放桥沙地瓜苗12公顷、青瓜嫁接苗7.33公顷、山兰稻苗11.33公顷。全乡1009户农户纳入“橡胶收入价格保险”投保范围，橡胶价格保险投保面积1646.67公顷，落实橡胶价格保险理赔金132.85万元。

【水果特色产业】 2022年，毛道乡在全乡范围内继续稳固扩种“荃优1606”水稻、百香果、山竹果等一批独具毛道特色的水果产业，扶持建设火龙果规范化种植基地，引进冰淇淋柿、巧克力柿等热带水果产业。创建槟榔林下经济试点示范园，在红运村委会空来、空洪小组约6.67公顷槟榔林地内套种益智、菠萝蜜、油茶等作物，以点带面，发挥引领示范作用。

【社会事业】 2022年，毛道乡帮助生活困难群众申请低保户资格11户27人，发放低保金121户208人，发放补贴127.06万元。2代缴养老保险207人，代缴养老保险金5.02万元。全乡60岁以上领取城乡居民基本养老保险待遇7609人次，全乡发放养老保险金168.83万元。落实享受重度护理补贴脱贫户69人13.24万元，困

△ 10月23日，毛道乡开展“风吹稻浪”——五指山毛“稻”生态之旅活动，图为活动现场 （毛道乡 供图）

△ 5 月 13 日，毛道乡在毛道中心幼儿园开展海南省第八次党代会精神宣讲活动　　（毛道乡 供图）

难生活补贴脱贫户109人11.32万元，发放临时救助金89户34.68万元，长寿补助113人。全乡城乡居民基本医疗保险参保人员4854人。全乡新生儿28人，落实农村夫妇孕前优生健康检查及地中海贫血筛查26例，参加孕优和动员孕优对象参检人员奖励6500元，落实28名中心户长补助全年1.08万元。特殊家庭2人2400元，悬挂横幅20余条。排查各类矛盾纠纷8件，化解8件。受理信访件6起，办结6起，满意率达到100%。继续落实乡村振兴积分兑换、消费扶贫、产业就业奖励、小额信贷等政策，不断提高群众生产生活条件和质量。全力推进扫黑除恶、社会综合治理、环境保护等工作，创建平安毛道。

【精神文明建设】 2022年，毛道乡以建设“合亩黎乡、凤凰毛道”为主抓手，组织创新开展“‘粽’享欢乐”主题露营、“书香毛道、红心向党”时空对话、“弘扬良好家风，喜迎二十大”“风吹稻浪·丰享毛道”“你好，二十大”等系列活动。利用“山城好物”平台，组织脱贫户参加农产品集市。依托“蔬香地、稻香地”活动，高质量解决。围绕建成的“毛道乡绿色生态可持续发展服务中心”，由点及面全力推进生活垃圾分类，着力解决农村生活垃圾，粪污资源化利用问题，形成“绿色生态可持续发展”的浓厚理念氛围。

【人居环境整治】 2022年，毛道乡4个村委会28个自然村配备村级保洁员95名、市级保洁员28名、垃圾分类员28名、环卫司机3名。制定村内公共区域卫生责任制度，村党员干部、乡村振兴工作队每日巡查制度，保洁员管理制度，村庄日常清洁制度及“门前三包”制度等。各村小组按标准配齐保洁员，并将“三要三不要”纳入村规民约。推行“户清扫、村收集、乡转运”生活垃圾收运体系，垃圾收集设施配套完善，外观整洁，内存垃圾日产日清。开展消杀工作48次，清理垃圾1200吨，清除卫生死角90余处，翻盆倒罐113处，清除各类积水73处。开展关于“清洁家园，百日行动”活动4次。开展博鳌亚洲论坛年会活动1次，周报48次，组织专业灭鼠、灭蚊和灭蝇各6次，并认真分析研究，制定相应的整治措施。

【脱贫攻坚与乡村振兴】 2022年，毛道乡建档立卡脱贫人口623户2269人，2022年顺利通过国家挂牌督办事项、省级大比拼及年底国考等各项考核督查。2022年度建档立卡脱贫户家庭人均纯收入1.75万元，同比增长17.12%。同比人均增长2561.84元。落实全乡383个公益岗位，利用毛道鸿泰机动车检测站、不老酒厂等企业和毛枝村、毛道村、毛卓村百香果基地等村集体产业项目吸纳本地123名群众就近就地灵活就业。28个村小组聘用28个垃圾分类管理员和开发乡村疫情防控临时性公益岗8名。全乡脱贫劳动力外出务工988人，发放外出务工奖补和交通补贴235人次36.6万元。联合五指山市就业服务中心举办母婴护理及家政服务等就业技能培训7期272人次，其中，脱贫户160人次。落实全乡建档立卡脱贫户623户2269人、边缘易致贫户4户10人的防贫综合保险，每人11元，代缴保险费2.23万元。发放生态补偿金1545户289.74万元；落实93个生态护林员公益性岗位，每月工资1000元，实现稳定就业增收。帮助群众防渗漏改造72户。开展"山城好物民俗赶集日"、线下扶贫展销、帮扶带货、电商消费等线上线下方式销售活动，实现消费扶贫金额114.52万元。

【基层党建】 2022年，毛道乡举办各类"线下"培训学习21期，参训人员900余人次。组织乡领导班子和人大代表53人到万宁市考察学习，拓宽思路、开阔眼界。开展业务知识"小讲堂"活动16期，参加人员500余人次。分管领导带头拍摄"微论坛"围绕党员入党程序、如何做好保密工作、打击非法诈骗等主题拍摄"微论坛"6期。组织开展"悦读书、悦分享"主题读书日活动11期。举办疫情防控知识、信访知识、习近平视察海南重要讲话和省第八次党代会精神等知识测试6次。对照"十张清单"，查摆出堵点、难点问题5个。

（王鹏飞）

畅好居

【概况】 畅好居位于北纬18°45′，东经108°33′，地处五指山市南郊，海榆中线贯穿其中，具有优越的地理位置和运输条件。设立于2017年6月26日(前身为2014年5月设立的五指山市畅好农场社会事务管理办事处)，隶属五指山市委、市政府管理。下辖红星、红卫、红光、红福、红明5个社区，38个居民点。辖区面积约59.91平方千米，耕地面积24.81公顷，2022年1，全居总户数2463户，人口6448人。

【经济建设】 2022年，畅好居农林牧渔业总产值9164.15万元，其中种植业总产值5629.13万元，主要有水果收获面积80.43公顷，总产量887.27吨；胡椒收获面积61.56公顷，产量124.81吨；蔬菜收获面积73.734公顷，总产量660.87吨；槟榔收获面积330.2公顷，干果产量803.47吨；其他经济作物收获面积13.86公顷，产量75.81吨。林业总产值890.32万元，畜牧业总产值2204.87万元，出栏生猪4765头、乳猪1266头，出栏家禽45726只、牛166头，出售禽蛋34.33吨、蜂蜜(蜡)4.7吨。渔业总产值392.89万元，养殖面积44.2公顷。

【共享农庄】 2022年，红光社区书文共享农庄依靠五指山独特的气候、空气、自然生态的优势和农庄幽静的环境，引入社会资金，打造集种养、观光、休闲娱乐、采摘品尝于一体的农庄。在保留鱼塘和部分槟榔树的基础上，引进种植东南亚特色水果皇家蜜柚、榴莲蜜。

【环境治理】 2022年，生活污水处理设施共涉及畅好居5个社区13个居民点；发现并及时制止秸秆燃烧30起，违规燃放烟花爆竹1起；每周持续安排专员开展严禁秸秆露天焚烧巡查工作，发放宣传折页500张、张贴海报40张、悬挂横幅30条，与各社区签订责任书5份，社区与队组签订责任书37份，队组与农户签订承诺书

809份，鼓励居民参与污染防治监督，形成良好舆论氛围；对农贸市场所有商铺、摊位每周进行两次排查，认真宣传贯彻落实上级部门的禁塑政策，发放禁塑宣传手册42册、宣传单50张、折页30张、宣传海报40张，签订禁塑承诺书21份；组织8957人次开展环境卫生整治，清理卫生死角538处，清埋水沟54次，翻盆倒罐829次，除草153人次，清理垃圾328立方米。

【农业治理】 2022年，畅好居入户核实并申报2021—2022年冬季瓜菜种植补贴123户12.03公顷，共发放10.81万元；2022年上半年发放粮食生产补贴18户1.79公顷，共1.07万元，下半年粮食生产补贴已上报41户4.01公顷；2022年粮食生产农资补贴22户2.48公顷；花生种植已上报11户0.59公顷；开展病虫草害监测调查15次，发放有机肥30吨，惠及农户151人、农田16.67公顷；发放秸秆腐熟剂471包，惠及农田10.47公顷。指导居民科学种植，开展技术培训3期63人次；技术人员深入田间指导农户进行科学防控，实地指导25人次；开展农药、兽药饲料规范使用宣传活动，发放技术资料58份；对畅好居种植大户发放各类宣传材料1000份；农田槟榔无序种植1公顷，清理0.97公顷；分类施策，对撂荒地进行整治，截至年底，红卫、红明两个社区30余亩地完成整治。

△6月9日，畅好居团委联合红福社区党支部、海南社工畅好居站等30余名党员干部、志愿者开展槟榔无序化种植清退志愿服务活动

（木亚沙尔 摄）

【重点项目建设】 2022年，畅好居重点推进红明社区整组安置工作，通过人口转移、中心居民点建设、政策扶持引导、政府资金补助等多种举措，发挥各项政策优势，做好移民后续扶持工作，确保移民脱贫致富、安居乐业。整组安置工作完成后，腾出乡村建设用地面积4.07公顷，均为国有用地。年底已进入招商引资阶段。

基础设施建设工程有38项：10队美丽乡村建设项目，总投资额约为190万元；公厕建设1座，总投资额约为44.97万元；复绿工程6项，种植大叶油草、风景竹等绿植，总投资额约36.07万元；公厕设备维修项目1个，总投资额0.57万元；太阳能路灯维修21盏，总投资额5万元；排水沟安装和维修3处，总投资额5.79万元；维修、改造旧文化室，总投资额约22万元；26队饮用水蓄水池更换过滤鹅卵石、石英砂，总投资额约6.3万元；完成道路硬化2项，总投资额约14.2万元；完成铁网围篱及木栅栏7项，总投资额约52.56万元；挡土墙建设项目3项，总投资额约31.16万元；撂荒地附着物清运3项，清理附着物6.33公顷，总投资额约23.47万元；其他工程9项，总投资额约74.15万元。

【安全生产】 2022年，畅好居召开各类应急管理工作会议24次，逐级签订《森林灭火责任书》74份；在“5·12”防灾减灾宣传周和“6·16”安全生产月、“11·9”消防安全月开展安全宣传教育活动11场次，悬挂横幅85条，张贴海报及标语350余张，发放宣传资料7500余份；联合市应急管理局和消防救援大队开展紧急包扎、灭火实操和心肺复苏抢救等演练3次；组织机关干部、各社区观看《生命重于泰山——习近平总书记关于安全生产重要论述》专题片3次；春节、元宵节期间，组织人员开展巡查和督导工作，回收各类爆竹20件。对辖区内危房及自建房开展排查，共排查自建房422栋，经营性自建房21栋，危房56栋。对31户经营性自建房悬挂消防登记(三色)评定牌；围绕重大节日、特殊时段，5次对辖区内的“三合一场所”、建筑工地、商铺、废品回收站、幼儿园、燃气销售点、学校等50多家单位开展综治、安全生产、消防等隐患排查，对烟花爆竹、液化气经营开展专项检查治理工作并建立台账；全年排查隐患99处；印制《致学生家长的一封信》3000份，分发到各家庭户主，建立易溺水风险隐患点台账，落实“三防”巡查管控责任，在44处溺水风险点安装警示牌，全年无溺水事故；督促5家餐饮店安装燃气泄漏报警装置，并通过验收合格；印制1000份《致槟榔种植户的一封信》，分发到槟榔种植户手中，并对高压线下种植高秆作物及槟榔树进行排查，全居存在高压线下种植槟榔树124户，估算面积3.5公顷，共有5400多株。经上门劝导，种植户有93户愿意砍伐；2022年是台风强降雨多发年，面对“暹芭”“马鞍”“纳沙”等台风强降雨来临，畅好居进行工作部署，做好安全隐患排查，对水漫桥安排人员值守，在易发山体滑坡的地方拉起警戒线，转移居住在危房及低洼处居民100余人次，确保居民生命财产安全。2022年，畅好居红星社区被评定为全国综合减灾示范社区。

【基层党建】 2022年，畅好居落实“三会一课”，各支部开展党员大会37次、支委会112次、党小组会10次、支部书记讲党课21次、“党日活动”68次；做好党内关怀，制定《五指山市畅好居党内关怀制度》，走访党员家庭64户；开展结对共建，居民服务中心党支部与海南热带海洋学院民族学院五指山校区学生第二、第四党支部成功结对，推动形成结对共建互联互帮机制；提升基层治理，制定《畅好居和谐社区积分管理办法》，48户家庭被评为“和谐社区好家庭”。为红星社区建立临时市场，为胶厂队组修建电动自行车集中充电设施及停车棚，为红光社区农5队建立“微公交”候车点，解决群众热点、难点问题；疫情期间召开专题会议17次，开展排查30次，出动工作人员300人次，在防疫一线体现党员担当；牢牢把握意识形态主动权，党委班子专题研究4次，在“五指山市畅好居”微信公众号平台发表原创新闻稿件282篇，其中被省、市级媒体采用5篇；切实抓好2021年述职评议问题整改，每季度听取党建工作开展情况，每月到各社区支部指导党建工作最少1次，督促班子成员每人负责监督指导一处联系点的日常党建工作，确保整改成效；严格党员教育管理，给予1名违纪党员党内警告处分，组织全居99名监察对象观看警示教育巡回展，“一对一”谈话提醒10名干部，营造风清气正的良好氛围。

（黄彩梅）

五指山市顺达投资开发有限公司

【概况】 2022年，五指山市顺达

△1月14日上午，畅好居雅韵小区安置房举行抽签仪式，54户安置居民通过抽签，分到期盼多年的新房　（贺清梅 摄）

投资开发有限公司(简称“顺达公司”)有职工15名,其中总经理1名、副总经理2名、中层管理人员5人、一般职工7名。公司设有党支部、董事会等议事机构,下设部门4个,分别为财务部、项目部、经营部、综合部。公司主要经营收入来源为房屋租金、土地租金和建设项目管理费。公司投资设立合资公司五指山集体经济管理有限公司,顺达公司占股20%;设有全资子公司五指山市顺成房地产开发有限公司,注册资本金1000万元,主要开发项目为五指山市安居型商品房项目,购买土地投资3617万元。顺达公司出资500万元成立五指山市雨林物业服务有限公司。

【收取房租地租及项目管理费】 收取地租情况:2022年,全年应收土地承包费140.34万元(含当年及往年欠款),实际收取土地承包费114.55万元。

收取房租情况:应收房屋管理费59.21万元(含当年及往年欠款),实际收取房租费30.38万元。

项目建设单位管理费提取情况:40个项目应计提建设单位管理费214.46万元,实际计提214.46万元。

【经营利润】 2022年,顺达公司投资开发有限公司实现利润总额481.68万元,扣除企业所得税25.68万元,实现净利润456万元,利润主要来源于计提建设单位管理费及收取土地租金和房屋租金359.39万元,市财政拨付2022年一般性经费(弥补经常性亏损)446万元。

【项目管理】 2022年,五指山市顺达投资开发有限公司在建项目共有42个,其中11个为2021年续建项目(其中已完工10个),已完工19个项目。第一季度新开工建设7个项目,第二季度新开工建设1个项目,第三季度新开工建设6个项目,第四季度新开工建设17个项目。同时,公司积极推行工程项目竣工结算、财务决算工作,已竣工并开展工程结算项目37个(其中:已完成结算审核报告20个,已完成结算初稿报告17个)。财务决算项目24个(已完成财务决算审核报告24个)。公司有五指山市桫椤旅游资源公路项目、五指山市托育所项目、五指山市河北西路环市西路至制药厂段道路工程等10个项目正在开展前期工作。

公司在建的24个重点项目,已完工9个:五指山市人民医院内科住院楼医疗环境提升改造工程、五指山市人民医院公共卫生防控能力建设病区改建项目、五指山市中医医院发热门诊楼项目、南圣河小岛公园拦河坝加固扩建工程项目、五指山市环市西路空路村安置点项目、海南热带雨林国家公园生态搬迁(五指山市)安置工程、五指山市疾病预防控制中心业务技术楼建设项目、五指山市山海高速南圣出入口改造及“南水”“毛水”等公路沿途景观改造项目。

【国有资产管理】 2022年,顺达公司加强国有资产增值保值管理,涉及对内32个连队576户、对外747宗土地租金和29个连队375户7宗房屋租金的收取工作。对各连队房屋资产进行再盘查、再盘点,各连队房屋共计1008间,建筑套内面积5.58万平方米,其中出租305间,房改房207间,被占用149间(其中海胶使用26间),连队、活动室、办公室32间,闲置315间(多数都为危房)。对39个居民点114栋房屋进行房屋安全鉴定,面积6.94万平方米。在落实企业安全主体担当的同时,划清房屋资产的优良等级;加强与省农垦集团沟通有关方面,协商将其名下位于五指山市的土地资产交由公司管理,由顺达公司代为收取土地租金,该项收入为41.75万元(实收37.31万元);与省农垦公司对接,基本完成55公顷土地资产的收回工作,完成对海南蛛王生物开发有限公司、梁鹤耀拖欠土地租赁、管理费的起诉,解决长达四年的租金拖欠问题。

(陈珊珊)

荣誉

荣 誉

表 7

2022 年五指山市获省级（含）以上表彰先进个人统计表

姓 名	性 别	民 族	受表彰 所在单位及职务	授予机关 及时间	荣誉称号
林元转	女	汉族	市生态环境监测站副站长	海南省生态环境厅（2022.11.23）	2022年全省生态环境应急监测大练兵竞赛单项奖（实验分析组）第一名
路 娇	女	汉族	五指山市综合行政执法局生态环境保护和林业行政执法大队执法队员	中国民主促进会海南省委员会	民进海南省委会2022年优秀通讯员
周金泽	男	汉族	中共五指山市委保密和机要局一级科员	中共海南省委保密委员会（2022.3.9）	2020—2021年度全省保密工作先进个人
王韩文	男	黎族	中共五指山市委保密和机要局四级主任科员	海南省密码工作领导小组（2022.3.10）	2021年度全省机要密码工作先进个人
卓文婷	女	黎族	中共五指山市委保密和机要局一级科员	海南省密码工作领导小组办公室（2023.3.10）	2022年度全省机要密码工作先进个人
李 辉	男	苗族	水满乡人民政府乡党委副书记、乡政府乡长	海南爱国卫生运动委员会（2022.12）	爱国卫生运动70周年表现突出的基层爱国卫生工作者
黎才慧	女	黎族	五指山市司法局	海南省司法厅（2022.12）	2016—2020年全省普法工作先进个人
邢福孝	男	汉族	五指山市总工会党组成员、副主席	海南省总工会（2022.12.30）	海南省工会职工之家阵地建设先进个人

续表 7

姓 名	性 别	民 族	受表彰所在单位及职务	授予机关及时间	荣誉称号
蒋翠梅	女	苗族	五指山市总工会工作人员	海南省总工会（2022.12）	在“劳动筑梦新时代”第四届海南职工抖音挑战赛中荣获三等奖
王生海	男	黎族	毛阳镇关工委常务副主任	海南省关心下一代工作委员会、海南省精神文明建设指导委员会办公室（2022.9）	《全省关心下一代工作先进工作者》荣誉称号
郭仁欢	男	汉族	中共番阳镇委员会、党委书记	海南省爱国卫生运动委员会（2022.12.27）	70周年表现突出的基层爱国卫生工作者
李阔	男	回族	共青团五指山市委员会书记	共青团海南省委员会、海南省青少年希望基金会（2022.7）	“2021年海南省希望工程助力乡村振兴圆梦行动”先进个人
陈艳艳	女	黎族	五指山市人民检察院检察委员会专职委员	中共海南省委办公厅	全省禁毒三年大会战（2020—2022年）先进个人
杨立功	男	汉族	海南省农垦实验中学校长	海南省教育厅	2022年海南省优秀教育工作者
王育博	男	汉族	海南省农垦实验中学学生科科长	海南省教育厅	2022年海南省德育工作先进个人
李炳军	男	汉族	海南省农垦实验中学副校长	海南省教培院	海南省中学政治学科卓越教师工作室主持人
邱莹莹	女	汉族	五指山市统计局县级调查员	国家统计局海南调查总队（2022.11）	住户调查能力提升标兵
闫慧	女	汉族	海南热带海洋学院附属中学教师	海南省教育厅（2022.9）	海南省中小学德育工作先进个人
王丽萍	女	黎族	五指山市畅好中心学校教研主任	海南省教育厅（2022.9）	德育先进个人

续表 7

姓名	性别	民族	受表彰所在单位及职务	授予机关及时间	荣誉称号
张琳花	女	黎族	五指山市红山中心学校德育主任	海南省教育厅（2022.9）	德育先进个人
谢淑娟	女	黎族	五指山市红山中心学校副校长	海南省关心下一代委员会（2022.9）	先进工作者
甘少敏	女	汉族	五指山市毛道中心学校少先队总辅导员	海南省关心下一代工作委员会（2022.9）	新时代好少年主题读书活动“先进个人”
李玲玲	女	汉族	五指山市第一小学分队辅导员兼科技办主任	海南省科协技术协会、海南省教育厅（2022.11）	优秀科技辅导员
洪恋恋	女	汉族	五指山市南圣中心学校少先队辅导员	共青团海南省委、海南省青少年希望基金会（2022.12）	海南省希望工程30年优秀乡村教师
韩　冰	女	汉族	五指山市第一小学少先大队辅导员	海南省教育厅（2022.9）	德育先进个人
王槐梅	女	汉族	五指山市疾病预防控制中心皮防科主管护师	海南省精神卫生中心（2022.3）	2021年度海南省精神卫生防治工作“先进个人”
卢　鑫	女	汉族	五指山市疾病预防控制中心应急办副主任、卫生科副科长	海南省疾病预防控制中心食品安全风险监测评估所（2022.11）	2022年食品安全风险监测数据审核纠错大比武“二等奖”、2022年食源性疾病暴发事件桌面推演大比武“三等奖”
符崇河	男	汉族	五指山市疾病预防控制中心卫生科干部		
潘德杏	女	汉族	五指山市疾病预防控制中心地慢科护理师	海南省疾病预防控制中心（2022.7）	2022年海南省第二届碘缺乏病防治技能竞赛“三等奖”

续表 7

姓 名	性 别	民 族	受表彰所在单位及职务	授予机关及时间	荣誉称号
符美艳	女	汉族	五指山市疾病预防控制中心地慢科科长	海南省肿瘤防治中心（2022.5）	2021年度海南省肿瘤登记工作获得“工作进步奖”
				全国慢阻肺病高危人群早期筛查与综合干预项目管理办公室（中日友好医院）（2022.11）	2022年慢阻肺病高危人群早期筛查与综合干预项目区县项目办优秀管理人员
邢益斌	男	黎族	五指山市疾病预防控制中心寄防科干部	海南省疾病预防控制中心（2022.7）	海南省首届病媒生物形态鉴定技能大赛个人二等奖
段小申	男	汉族	市委常委、市纪委书记、市监委主任	省委组织部（2022.7）	2022年度海南省公务员考核优秀等次
刘琪	女	汉族	市纪委第三审查调查室主任	中央纪委、国家监委（2022.9）	嘉奖
徐盼	男	汉族	市纪委第二监督检查室主任	中共海南省纪委、海南省监委、海南省人社厅（2022.9）	嘉奖
吴小丽	女	汉族	市纪委办公室主任	中共海南省纪委、海南省监委、海南省人社厅（2022.9）	嘉奖
林方江	男	汉族	中共五指山市委副书记、政法委书记	中共海南省委办公厅、海南省人民政府办公厅（2023.9）	2022年度海南省巩固拓展脱贫攻坚成果同乡村振兴有效衔接先进个人
莫朝伟	男	汉族	五指山市农业农村局局长	中共海南省委办公厅、海南省人民政府办公厅（2023.9）	2022年度海南省巩固拓展脱贫攻坚成果同乡村振兴有效衔接先进个人

续表 7

姓 名	性 别	民 族	受表彰 所在单位及职务	授予机关 及时间	荣誉称号
周 颖	女	汉族	五指山市乡村振兴局副局长	中共海南省委办公厅、海南省人民政府办公厅（2023.9）	2022年度海南省巩固拓展脱贫攻坚成果同乡村振兴有效衔接先进个人
李 香	女	汉族	五指山市财政局农业农村岗岗长	中共海南省委办公厅、海南省人民政府办公厅（2023.9）	2022年度海南省巩固拓展脱贫攻坚成果同乡村振兴有效衔接先进个人
朱跃全	男	汉族	五指山市毛道乡社会事务服务中心主任	中共海南省委办公厅、海南省人民政府办公厅（2023.9）	2022年度海南省巩固拓展脱贫攻坚成果同乡村振兴有效衔接先进个人
郭仁欢	男	汉族	中共五指山市番阳镇委员会书记	中共海南省委办公厅、海南省人民政府办公厅（2023.9）	2022年度海南省巩固拓展脱贫攻坚成果同乡村振兴有效衔接先进个人
张艺仟	男	黎族	五指山市通什镇人民政府副镇长	中共海南省委办公厅、海南省人民政府办公厅（2023.9）	2022年度海南省巩固拓展脱贫攻坚成果同乡村振兴有效衔接先进个人
王宏鹏	男	黎族	五指山市畅好乡人民政府乡长	中共海南省委办公厅、海南省人民政府办公厅（2023.9）	2022年度海南省巩固拓展脱贫攻坚成果同乡村振兴有效衔接先进个人
黄雪妮	女	黎族	五指山市南圣镇武装部部长	中共海南省委办公厅、海南省人民政府办公厅（2023.9）	2022年度海南省巩固拓展脱贫攻坚成果同乡村振兴有效衔接先进个人
王 莹	女	黎族	中共五指山市水满乡委员会委员	中共海南省委办公厅、海南省人民政府办公厅（2023.9）	2022年度海南省巩固拓展脱贫攻坚成果同乡村振兴有效衔接先进个人

续表 7

姓 名	性 别	民 族	受表彰所在单位及职务	授予机关及时间	荣誉称号
黄凌凤	女	黎族	五指山市毛道乡乡村振兴大队副大队长	中共海南省委办公厅、海南省人民政府办公厅（2023.9）	2022年度海南省巩固拓展脱贫攻坚成果同乡村振兴有效衔接先进个人
刘国友	男	汉族	省纪委监委驻省政府办公厅纪检监察组派驻五指山市番阳镇孔首村驻村第一书记	中共海南省委办公厅、海南省人民政府办公厅（2023.9）	2022年度海南省巩固拓展脱贫攻坚成果同乡村振兴有效衔接先进个人
周海泉	男	汉族	省旅游和文化广电体育厅派驻五指山市通什镇福关村驻村第一书记	中共海南省委办公厅、海南省人民政府办公厅（2023.9）	2022年度海南省巩固拓展脱贫攻坚成果同乡村振兴有效衔接先进个人
王仕君	男	汉族	五指山黎苗不老食品有限公司董事长	中共海南省委办公厅、海南省人民政府办公厅（2023.9）	2022年度海南省巩固拓展脱贫攻坚成果同乡村振兴有效衔接先进个人
李 天	男	汉族	中共五指山市毛阳镇毛兴村支部委员会书记	中共海南省委办公厅、海南省人民政府办公厅（2023.9）	2022年度海南省巩固拓展脱贫攻坚成果同乡村振兴有效衔接先进个人
钟斐秋	男	汉族	五指山市水满乡新村村民	中共海南省委办公厅、海南省人民政府办公厅（2023.9）	2022年度海南省巩固拓展脱贫攻坚成果同乡村振兴有效衔接先进个人
陈李兴	男	黎族	国家税务总局五指市税务局一级行政执法员	共青团中央、人力资源社会保障部（2022.9.22）	全国青年岗位能手
林宏谋	男	汉族	五指山市公安局刑侦大队大队长	海南省公安厅	海南省公安机关最美警察个人三等功
朱德豪	男	汉族	五指山市公安局看守所所长	海南省公安厅	全省优秀人民警察
胡 豪	男	汉族	五指山市公安局河南派出所教导员	海南省公安厅	个人三等功（2021年度）

续表 7

姓 名	性 别	民 族	受表彰 所在单位及职务	授予机关 及时间	荣誉称号
谢正丹	女	汉族	五指山市公安局交警大队车管所所长	海南省公安厅	个人三等功（2021年度）
林文鑫	男	汉族	五指山市公安局禁毒大队四级警长	海南省公安厅	先进个人
					个人三等功（2021年度）
黄　松	男	苗族	五指山市公安局水满派出所副所长	海南省公安厅	个人三等功（2021年度） 成绩突出个人
杨　扬	女	汉族	五指山市公安局刑侦大队技术中队中队长	海南省公安厅	个人三等功（2021年度）
吴　彦	女	黎族	五指山市公安局警务保障室三级警长	海南省公安厅（2022.10.20）	成绩突出个人
钱玉龙	男	回族	五指山市公安局政工室一级警长	海南省公安厅（2022.10.20）	成绩突出个人
黎永辉	男	瑶族	五指山市公安局经侦大队四级警长	海南省公安厅（2022.10.20）	成绩突出个人
王世勋	男	汉族	五指山市公安局交警大队教导员	海南省公安厅（2022.10.20）	成绩突出个人
梁海东	男	黎族	五指山市公安局交警大队辅警	海南省公安厅（2022.10.20）	成绩突出个人
王书颖	女	黎族	五指山市公安局看守所辅警	海南省公安厅（2022.10.20）	成绩突出个人
林　冰	女	汉族	五指山市公安局刑侦大队辅警	海南省公安厅（2022.10.20）	成绩突出个人

续表 7

姓 名	性 别	民 族	受表彰 所在单位及职务	授予机关 及时间	荣誉称号
黎毓杰	男	黎族	五指山市公安局 治安大队大队长	海南省公安厅	个人二等功
王世勋	男	汉族	五指山市公安局 交警大队教导员	海南省公安厅	个人三等功
陈 承	男	汉族	五指山市公安局 警务督察大队	海南省公安厅	个人嘉奖
梁运鸿	男	汉族	五指山市公安局 治安大队四级警长	海南省公安厅	个人嘉奖
周家龙	男	汉族	五指山市公安局 网警大队大队长	海南省公安厅	个人嘉奖
吴 刚	男	汉族	五指山市公安局 南圣派出所所长	海南省公安厅	个人嘉奖
王 靖	男	汉族	五指山市公安局 政工室一级警员	海南省公安厅	个人嘉奖
吕岳云	男	黎族	五指山市公安局 交警大队副大队长	海南省公安厅	个人嘉奖
刘 畅	男	黎族	五指山市公安局治安 大队副大队长	海南省公安厅	个人三等功

续表 7

姓 名	性 别	民 族	受表彰 所在单位及职务	授予机关 及时间	荣誉称号
吉力劼	男	黎族	五指山市公安局 指挥中心副主任	海南省公安厅	个人嘉奖
吴春宇	男	汉族	五指山市公安局 治安大队副大队长	海南省公安厅	个人嘉奖
王位进	男	汉族	五指山市公安局 治安大队四级警长	海南省公安厅	个人嘉奖
陈钟诚	男	汉族	五指山市公安局 刑侦大队副大队长	海南省公安厅	个人嘉奖
孙 涛	男	汉族	五指山市公安局 交警大队办公室主任	海南省公安厅	个人嘉奖
梁玉祥	男	汉族	五指山市公安局 交警大队辅警	海南省公安厅	辅警二星嘉奖
李天良	男	汉族	五指山市公安局 河南派出所辅警	海南省公安厅	辅警一星嘉奖
龚靖清	男	汉族	五指山市公安局 交警大队辅警	海南省公安厅	辅警一星嘉奖

续表 7

姓 名	性 别	民 族	受表彰 所在单位及职务	授予机关 及时间	荣誉称号
陈钟诚	男	汉族	五指山市公安局 刑侦大队副大队长	海南省公安厅	先进个人
王伟东	男	黎族	五指山市公安局 水满派出所所长	海南省公安厅 2022.12.14	个人三等功
韩陈江	男	汉族	五指山市公安局 河北派出所副所长	海南省公安厅 2022.12.14	个人嘉奖
李德典	男	黎族	五指山市公安局 警务督察大队四级警长	海南省公安厅 2022.12.14	个人嘉奖
黄 浩	男	汉族	五指山市公安局 河北派出所辅警	海南省公安厅 2022.12.14	二星嘉奖
王淑园	女	黎族	五指山市公安局 网警大队辅警	海南省公安厅 2022.12.14	一星嘉奖
王林超	男	黎族	五指山市公安局 特警大队辅警	海南省公安厅 2022.12.14	一星嘉奖

2022 年五指山市获省级以上表彰先进集体统计表

表 8

单位名称	荣誉称号	授予机关	授予时间
五指山市	全国民族团结进步示范市	国家民族事务委员会	2022.11
五指山市	国家生态文明建设示范区	生态环境部	2023.1
五指山市	全国科普示范市	中国科协	2022.8
五指山市	国家级创新型县(市)	科技部	2023.1
五指山市	中国气候宜居城市	中国气象局	2023.1
五指山市	全国信访工作示范市	中央信访工作联席会议办公室、国家信访局	2022.2
海南热带海洋学院附属中学	2022年全省民族团结教育示范学校	海南省民族宗教事务委员会 2022.1	2022.1
五指山市畜牧兽医和渔业服务中心	畜牧兽医系统工作表现突出单位	海南省农业农村厅	2023.1
毛阳镇人民政府	五指山市毛阳镇荣获“海南省计生基层群众自治乡镇示范点”荣誉称号	海南省计划生育协会办公室	2022.2
	五指山市毛阳镇荣获“2022年度海南省信访工作示范乡镇”荣誉称号	海南省信访局、海南省信访工作联席会议办公室	2023.1
国家税务总局五指山市税务局第一税务分局(办税服务厅)	一星级海南省青年文明号	海南省创建青年文明号活动组委会	2022.3
共青团五指山市委员会	2021年大学生志愿服务西部计划绩效考核优秀等次服务县项目办	全国大学生志愿服务西部计划项目管理办公室	2022.4
海南热带海洋学院附属中学	2021年度“海南省五四红旗团委”	共青团海南省委	2022.5

续表 8

单位名称	荣誉称号	授予机关	授予时间
五指山市总工会	全省工会经费审查工作规范化建设考核中，荣获一等奖	海南省总工会	2022.6
	市县级工会财务会计工作先进单位	中华全国总工会	2022.7
五指山市畅好居红星社区	2021年度全国综合减灾示范社区	国家减灾委员会、中华人民共和国应急管理部、中国气象局、中国地震局	2022.12
共青团五指山市委员会	“2021年海南省希望工程助力乡村振兴圆梦行动”先进集体二等奖	共青团海南省委员会、海南省青少年希望基金会	2022.7
海南省农垦实验中学	2022年海南省中小学德育工作先进集体	海南省教育厅	2022.9
五指山市森林消防专业扑火队	海南省首届森林消防专业队伍职业技能比武竞赛团体第二名	海南省森林防灭火指挥部办公室	2022.11
	海南省首届森林消防专业队伍职业技能比武竞赛水泵串联架设与撤收科目团体一等奖	海南省森林防灭火指挥部办公室	2022.11
	海南省首届森林消防专业队伍职业技能比武竞赛风力灭火机装卸与启动科目团体二等奖	海南省森林防灭火指挥部办公室	2022.11
	海南省首届森林消防专业队伍职业技能比武竞赛油锯实操科目团体二等奖	海南省森林防灭火指挥部办公室	2022.11
	海南省首届森林消防专业队伍职业技能比武竞赛风力灭火机操作科目团体三等奖	海南省森林防灭火指挥部办公室	2022.11
	海南省首届森林消防专业队伍职业技能比武竞赛3000米跑科目团体三等奖	海南省森林防灭火指挥部办公室	2022.11
海南热带海洋学院附属中学	2022年海南省健康学校	海南省教育厅	2022.11

续表 8

单位名称	荣誉称号	授予机关	授予时间
海南省农垦实验中学	2022年海南省健康学校	海南省教育厅	2022.11
毛道乡人民政府	2022—2024年海南省卫生镇	海南省爱国卫生运动委员会	2021.11
五指山市畅好居红星社区	2021年度全国综合减灾示范社区	国家减灾委员会、中华人民共和国应急管理部、中国气象局、中国地震局	2022.12
番阳镇人民政府	2022年海南省卫生先进单位	海南省爱国卫生运动委员会	2022.12
海南省平山医院	“喜迎二十大　篮球展风采”第二名	海南省卫生健康委员会	2022.12
五指山市农业农村局	海南省卫生先进单位	海南省爱国卫生运动委员会	2022.12
	科教环能系统工作表现突出单位	海南省农业农村厅	2023.1
五指山市供销合作联社	2021年全省供销合作联社系统综合业绩考核优胜单位三等奖	海南省供销合作联社	2022.3
五指山市公安局交通管理大队车辆管理所（2021年度）	集体二等功	海南省公安厅	2022.5.20
五指山市公安局河北派出所（2021年度）	集体三等功	海南省公安厅	2022.5.20

续表 8

单位名称	荣誉称号	授予机关	授予时间
五指山市公安局治安管理大队	成绩突出集体	海南省公安厅	2022.10.20
	全省优秀公安基层单位	海南省公安厅	2022.5.20
	集体二等功	海南省公安厅	2022.5.12
五指山市公安局森林分局	集体三等功	海南省公安厅	2022.5.12
五指山市公安局保障室、五指山市公安局水满派出所、五指山市公安局经济犯罪经侦大队	集体嘉奖	海南省公安厅	2022.5.12
五指山市公安局交通管理大队、五指山市公安局刑事侦查大队	集体二等功	海南省公安厅	2022
五指山市公安局河南派出所	集体嘉奖	海南省公安厅	2022
五指山市公安局禁毒大队、五指山市公安局网络警察大队	先进集体	海南省公安厅	2022
五指山市公安局南圣派出所	集体三等功	海南省公安厅	2022.12.14
五指山市公安局毛道派出所、五指山市公安局毛阳派出所	集体嘉奖	海南省公安厅	2022.12.14

2022年度五指山市获得表彰（奖励）情况表

表9

单位	获表彰时间和荣誉称号
五指山市审计局	2022年全省审计机关优秀审计项目二等奖 2022年全省审计机关优秀审计项目三等奖
九三学社 五指山市支社	2022年1月获九三学社海南省委员会2021年度优秀基层组织 2022年11月获九三学社全国宣传思想工作先进单位
五指山市幼儿园	2022年1月获海南省爱国卫生单位称号
五指山市 水满中心学校	2022年9月获海南省中小学德育工作先进集体
五指山市 南圣中心学校	2022年1月获海南省优秀少先队中队称号、12月获海南省省级规范学校称号
五指山市 红星学校	2022年11月获海南省美育示范学校
五指山市 通什中心学校	2022年12月获2021年海南省毒品预防教育示范学校
五指山市第一小学	2022年5月获海南省中小学同步课堂应用示范校 2022年9月获海南省关心下一代先进集体荣誉称号 2022年10月获2022年度海南省"红领巾奖章"集体四星章荣誉称号 2022年11月获海南省课后服务实践基地、海南省美育示范学校称号
五指山市教育局	2022年9月获海南省关心下一代先进集体荣誉称号
五指山市计划生育服务和妇幼保健院	2022年11月在省卫健委举办的"海南省避孕药具业务大培训、大练兵、大比武"竞赛活动中获得团体二等奖 2022年12月10日获海南省妇幼保健协会表彰为先进基层党组织

续表 9

单位	获表彰时间和荣誉称号
畅好乡	2022年8月27日，畅好乡草办村、什奋村评定为海南省首批“无疫村” 2022年9月1日，畅好乡畅好村、番贺村评定为海南省第二批“无疫村” 2022年9月4日，畅好乡什哈村、保国村、番通村、毛招村、什冲村、番好村评定为海南省第三批“无疫村” 2022年12月10日，《海南省爱国卫生运动委员会关于命名2022年海南省卫生村和海南省先进单位的决定》（琼爱卫〔2022〕9号）将畅好乡什哈村、什冲村评为2022年海南省卫生村
五指山市气象局	1月20日获海南省第十六届科技活动月先进集体 1月30日获2021年度海南省气象部门创新工作表彰 9月9日获第四届全国气象短视频创作观摩江西片区优秀作品奖 获2022年海南省气象科普工作先进集体
五指山市纪委监委	2022年9月荣获“全省纪检监察系统先进集体” 2022年12月荣获“全省纪检监察系统清廉自贸港廉政书画摄影比赛组织奖“
五指山市 科学技术协会	荣获2022年全国科普日优秀活动
毛道乡人民政府	海南省卫生镇、海南省卫生先进单位
五指山市 民族事务局	2022年1月荣获全省民族团结进步示范市 2022年11月荣获海南省第六届少数民族文艺汇演优秀组织奖、舞蹈类一等奖、剧目类三等奖
五指山市人民法院	2022年2月10日获得2020—2021年度先进集体 2022年3月获得海南省青年文明号
五指山市 综合行政执法局	2022年8月18日获得 全省稽查办案专业化大练兵三等奖
五指山市 水满乡人民政府	2022年1月获得“海南省民族团结进步示范单位”称号

续表 9

单位	获表彰时间和荣誉称号
五指山市水满乡	2022年3月获得省级"无毒乡镇"称号 2022年12月获得"全国乡村旅游重点乡"称号
五指山市水满乡党委	2022年8月获得"全国人民满意的公务员集体"称号
五指山市退役军人事务局	2022年11月获退役军人事务部表彰《中国退役军人》宣传工作先进单位
五指山市五指山革命根据地纪念园管理中心	2022年4月评为省民族团结进步教育基地 2022年7月评为教育部大思政教育基地 2022年10月评为国家AAAA级旅游景区、省社会科学普及示范基地
五指山市总工会	2021年度全省工会经费审查工作规范化建设考核中获得一等奖
五指山市市政服务中心	2022年11月1日获得海南省第二十届环卫工人节"市容环境卫生先进工作集体"表彰 荣获2021—2023年海南省卫生先进单位
通什消防救援站	4月30日荣获海南省"五四红旗团支部"称号
五指山市毛阳中心卫生院	2022年7月荣获国家卫生健康委:全国消除疟疾工作先进集体
五指山市疾病预防控制中心	2022年5月18日获得海南省肿瘤防治中心颁发的2021年度海南省肿瘤登记项目"工作进步奖" 2022年7月获得海南省疾控中心颁发的海南省首届病媒生物形态鉴定技能大赛团体二等奖 2022年11月2日获得海南省疾控中心颁发的2022年食品安全风险监测采样规范大比武一等奖 2022年11月21日获得海南省皮防中心奖金奖励,2022年第三季度艾滋病抗病毒治疗覆盖率较第二季度大幅提升

附录

附 录

政府工作报告

——2023年2月3日在五指山市第五届人民代表大会第三次会议上
五指山市人民政府市长 陈国梁

各位代表：

现在，我代表市人民政府向大会报告工作，请予审议，并请市政协委员和其他列席人员提出意见。

一、2022年市政府工作回顾

2022年是五指山极不平凡、极不寻常的一年，五指山承接了更光荣更重大的使命任务，经受了多重超预期因素的冲击考验。我们坚决贯彻省委、省政府决策部署，在市委正确领导下，在市人大、市政协监督支持下，统筹疫情防控和经济社会发展，统筹发展和安全，团结奋斗、攻坚克难，经济社会发展各项事业发生开创性变化，实现全方位进步。

（一）全力落实殷殷嘱托，发展动能持续增强

2022年，五指山最重要、最难忘的是历史首次接待党和国家最高领导人前来考察调研，习近平总书记对五指山的雨林保护与利用、乡村全面振兴、民族文化保护传承等工作表示肯定；在海南省汇报会上习近平总书记6次提及五指山，提高了五指山在国内外的知名度和美誉度，提升了全市上下干事创业的精气神。我们全面深入贯彻落实习近平总书记殷殷嘱托，细化分解了8大类167项任务，谋划包装15个先导性项目[1]。迅速成立通什、毛阳、番阳、水满工作专班专项推进，各项工作取得明显进展。

习近平总书记考察以来，我们助推毛纳村以“一点带动、水陆并行、六村联动”为抓手，着力提“颜”升“值”，成立了村级企业，招引专业公司合作开展农业生产、餐饮、民宿等多种经营，村集体经济不断壮大；精心设计“跟随总书记足迹，发现五指山之美”旅游线路，推动黎寨船屋、田园实景演出舞台项目落地，为游客精心提供黎族舞蹈、天幕下午茶、露营等文旅产品。2022年，毛纳村获得全国乡村旅游重点村、中国美丽休闲乡村等荣誉称号，4月11日至12月31日，毛纳村累计接待游客5.88万人次，旅游收入达294万元，同比均增长2.45倍，越来越多的老百姓吃上了旅游饭，日子正越过越红火！

“一枝独秀不是春，百花齐放春满园”。在习近平总书记考察调研的政治牵引下，产生明显变化的不仅仅有毛纳村。我们牢记习近平总书记“把所有精力都用在让老百姓过好日子上”的殷殷嘱托，推动全市城镇和农村居民人均可支配收入增速全省排名分别达到第3名、第2名；我们牢记习近平总书记“把生态文明建设作为重中之重”的殷殷嘱托，推动五指山成功获评国家生态文明建设示范区，成为全省首个获此殊荣的县(市)；我们牢记习近平总书记关于民族团结进步工作的系列重要指示精神，成功创建全国民族团结进步示范市。包括上述2项，2022年，我们获得了国家级创新型县(市)、中国气候宜居城市、全国信访工作示范市、全国科普示范市共6项“国字号”荣誉，以及省级全域旅游示范区等极具影响力的金字招牌。全市发展动能进一步增强！

(二)全力应对疫情冲击，经济运行提振复苏

我们牢记习近平总书记“最大限度减少疫情对经济社会发展的影响”的重要指示，高效统筹疫情防控和经济社会发展，认真贯彻上级关于稳经济大盘的一系列决策部署，及时出台稳经济助企纾困发展特别措施(2.0版)等有效措施，在助企纾困、要素保障和项目攻坚等方面打出一套“组合拳”，派出业务骨干下沉企业共克时艰，助力解决实际问题78个。全面推进退税减税政策快享直达，全市全年新增减税降费及退税缓税缓费共计1.2亿元，小型微利企业所得税优惠政策受惠面达100%，真正了解企业的燃眉之急，有效稳住经济基本盘。2022年全市地区生产总值38.81亿元，同比增长1.7%，增速全省排名第6。全年谋划生成项目322个，匡算总投资355亿元，实现PPP模式[2]项目落地“零的突破”，全市固定资产投资同比增长11.3%，增速全省排名第7。全市社会消费品零售总额11.91亿元，增速全省排名第3。城镇和农村常住居民人均可支配收入分别达到35071元、16593元，同比分别增长0.8%、8.1%。城镇登记失业率1.18%，远低于4%以内的省定目标，较好地完成了市五届人大一次会议确定的主要目标任务。

(三)全心呵护生态环境，“两山”转化成效初显

我们牢记习近平总书记“对热带雨林实行严格保护，实现生态保护、绿色发展、民生改善相统一”的殷殷嘱托，牢牢把握中部生态保育区发展定位。从严从实抓好中央和省级环保督察反馈问题整改，整改成效均达到目标要求。高质量抓好“六水共治”[3]工作，谋划推进昌化江上游滨河雨林生态修复综合治理项目等一大批生态治理项目，建制镇污水集中收集处理设施覆盖率、农村生活污水治理率等治污水多项指标名列全省前茅，市镇两级集中式饮用水水质、主要河流湖库水质优良率达100%。在全省率先开发应用“智慧林业”平台，实现森林资源“天空地”一体化监测[4]，全市森林覆盖率保持在86%以上。创新运用“钉盯执法”[5]方式实现重要生态环境点24小时全方位监测，空气质量持续保持全岛第一，$PM_{2.5}$浓度成为全岛首个实现个位数的市县，污染防治攻坚战考核获得“优秀”等次。充电桩布设和新能源汽车推广量均超额完成年度目标任务。成功举办热带雨林保护国际研讨会。启动热带雨林生态产品价值实现试点工作，初步完成“生态价”试点研究报告，积极组织茶企申报有机茶种植示范基地和申报茶产业生产技术标准，生态保护和利用取得重要进展！

(四)全面推进乡村振兴，农业农村加快发展

我们牢记习近平总书记“乡村振兴要在产业生态化和生态产业化上下功夫，把所有精力都用在让老百姓过好日子上”的殷殷嘱托，扎实推动脱贫攻坚与乡村振兴有效衔接。我们率先在全省创新建立“乡村振兴智慧管理系统”，实现对脱贫户的高效精准服务，顺利通过国家挂牌督办摘牌验收，全市无一户因槟榔价格下跌导致返贫致贫！

突出抓好农业生产。牢牢守住粮食安全底线，全面完成年度种粮任务，完成粮食播种面积3.81万亩，粮食产量1.38万吨。清退基本农田种植槟榔1309亩，超额完成省下达清退任务。重点围绕“4个1+N”[6]，累计开工实施乡村振兴项目387个，成功招引热带水果蔬菜冻干食品厂项目。推动5个高标准农田项目建设，建成智慧农业项目3个、田洋护田堤项目2个。加强农产品包装设计，举办伴手礼设计大赛，将五色粽、大叶茶、山兰米、高山地瓜等特色产品打包成五指山雨林大礼包进行线上销售。

全力促进农民增收。大力打造“山城好物”特色品牌，积极举办“山城好物民俗赶集日”活动等各类线上线下消费扶贫活动，销售额超2000万元。

开发村级护林员、环境卫生监督员、护路员、饮水及水利管护员等公益性岗位690个，新认定3家就业帮扶车间带动192人就近务工。组织开展“就业援助月”“春风行动”等专项就业促进行动，推动全市脱贫人口外出务工1万余人。

一体推进乡村建设。大力整治人居环境，创新建设合亩仓库[7]、建材银行[8]、巴掌公园[9]、庭院花园[10]14个，实施农村裸露土地复绿131亩，完成408户农村厕所化粪池防渗漏改造，农村生活垃圾无害化处理率达到100%。完成12条农村公路水毁修缮和两批农村公路漫水桥改造。国土空间规划编制顺利推进，59个行政村及社区形成实用性村庄规划编制成果。扎实推进番阳镇“一户一田”[11]试点改革，完成30户118亩“一户一田”地块分配，农业农村发展活力更加彰显。开展“定格幸福，传承好家风”全家福公益拍摄344户，引领乡风文明。

（五）全速推进“六园”建设，发展后劲持续增强

我们牢记习近平总书记“必须把发展质量问题摆在更为突出的位置，着力提升发展质量和效益”的重要指示，坚持围绕“特、高、融、新”发展四大主导产业[12]，全速推进五指山“六园”[13]建设，在建设现代化产业体系、推动高质量发展方面取得积极成效。

琼崖革命初心悟园成果丰硕。精心打造《五指山革命根据地的创建与发展》《海南岛第一面五星红旗升起的地方》等5个精品课程，寻访50位琼崖革命老战士挖掘红色故事，将五指山革命根据地等红色教育资源纳入党员干部培训的重要内容，建成毛贵村红色美丽村庄，五指山革命根据地纪念园获评国家AAAA级旅游景区，纪念园管理中心入选教育部等八部门设立的首批“大思政课”实践教学基地。

黎苗文化精神家园活力迸发。以“六个一批”[14]为抓手，支持省民族研究所建成黎锦苗绣产、学、研、培一体基地，开工建设省民族博物馆（二期），成功举办全国性“铸牢中华民族共同体意识”学术研讨会，形成51项专题研究成果，水满乡获得全省民族团结进步示范单位，毛纳村、番赛村、牙曼村、空共下村被命名为省少数民族特色村寨。大力保护和发展黎苗文化，“五指山·海南热带雨林和黎族传统聚落”名列联合国教科文组织世界遗产预备清单，黎族传统纺染织绣技艺入选“中国民间文化艺术之乡”建设典型案例。

底蕴厚重州府故园印记活化。以入选全省第一批生态型城镇化试点城市为契机，编制“州府故园”规划，确定“一区两线多点”[15]作为城市更新重点。“修旧如旧”开展农垦大院和琼州大学主楼等州府老建筑修缮及旅游化改造，启动“三月三”大道风貌管控示范街建设，推动长影老电影播放项目落地。成功处置闲置土地138万平方米，收回3.7万平方米省属单位在五指山闲置用地和房产，为城市建设发展增添活力。改造提升山海高速南圣和通什互通、南水和毛水公路以及“一河两岸”景观，山城独特的河岸线、山际线和天际线更加亮眼！

热带雨林国家公园潜能释放。精心举办博鳌亚洲论坛公园雨林文化展、博鳌全球旅游生态大会、热带雨林漂流文化节、“雨林与您”体验、雨林时装秀、中国自由搏击俱乐部超级联赛等一系列雨林文体活动，推出“雨林时光”田园实景演出，进一步提升热带雨林国家公园的影响力和知名度。推动热带雨林国家公园“天窗”社区建设[16]。基本完成生态搬迁安置工作，搬得出、稳得住、能发展的基础不断夯实。成立“四库”[17]研究专班，编制完成“四库”规划初稿。与中海油集团签订碳汇合作开发意向协议，共同探索以五指山为试点的热带雨林碳汇价值实现路径。

农旅融合富美田园积厚成势。推动精品茶园等文旅重点项目落地，启动毛纳生态旅游项目，水满乡和毛纳村分别入选新一批全国乡村旅游重点乡镇和重点村。全年打造公共露营点3个、周末露营基地1个、共享农庄3个，推出9条琼崖革命、州府老城、“红+绿”、热带雨林“森”呼吸等精品主题旅游路线，更多产业因旅游而兴，更多乡村因旅游而美，更多农民因旅游而富！

四季宜居康养乐园规模初具。海南胡大一心脏中心完成基础工程建设，引进胡大一等19名院士教授组成专家团队，国际医养中心项目加快建设，进一步夯实养老、养病、养生基础。初步编制完成特色健康产业发展规划、气候生态环境对人群康养效应研究及应用方案。成功举办第六届海南（国际）健康产业博览会五指山健康产业专场推介活动，并发布《五指山市气候与康养产业发展白皮书》，“一核心、二资源、三避害、四1800、五中心、六康养”[18]发展思路更加清晰。

（六）全心筑牢社会保障，民生福祉更加殷实

我们牢记习近平总书记“用心用情用力解决好人民群众的急难愁盼问题”的殷殷嘱托，始终将造福人民作为一切工作的出发点和落脚点。2022年我们圆满完成12项为民办实事事项，在关爱女性健康、保护学生安全、帮助弱势群体等方面为老百姓带来实实在在的好处。

社会保障坚实有力。全面推进稳岗就业，通什、南圣就业驿站投入运营，全年实现城镇新增就业1473人、城镇失业人员再就业185人，为779名劳动者追回工资1242万元。筹集安居房源342套，对38个老旧小区实施改造。发放救助资金2600余万元，覆盖9679名困难群众。新设公办养老机构普惠性床位115张，建成教师村和锦绣花园两个小区日间照料中心，为留守老年人提供“五帮”[19]服务，基本养老服务体系进一步完善。“菜篮子”重要商品量足价稳，达到省定“一低两高”[20]基本目标，“15＋N”种蔬菜[21]全年均价2.97元/斤，实现再降。

教育卫生再上台阶。积极推进“一市（县）两校一园”[22]工程，推动省农垦实验中学托管五指山思源实验学校，启动五指山中学扩建工程，组织开展“万名教师访万家”活动，义务教育入学率100%，适龄残疾儿童入学率100%。开展乡村教学点调整撤并，完成教学点停办9所，促进农村教育优质均衡发展。全国青少年“大思政”实践育人基地落户五指山。医疗集团总院派驻第一院长和业务骨干至各乡镇，指导开展新技术、新业务10余项，“双向转诊”[23]机制得到进一步落实。全面建成20家“康复健康小屋”，功能更齐全的疾控中心大楼投入使用。快速打赢疫情防控遭遇战、阵地战、追击战、合围战，迅速实现了高质量社会面清零，圆满完成省指挥部下派到五指山市的集中隔离任务，得到省委省政府及兄弟市县的充分肯定。

基础设施提质升级。17宗农村供水保障工程及太平水厂管网升级改造工程等水网工程建成使用，全市集中供水普及率达全省第一。高质量推进13座桥梁、2条道路续建。启用98座生活垃圾分类收集屋、3座生活垃圾转运站。加快智能电网建设，配电自动化有效覆盖率名列全省前茅。47个行政村“点亮”5G网络，行政村光缆通达率达到100%，光纤宽带网络实现自然村全覆盖。

（七）全面推动改革创新，政府能力切实提升

我们牢记习近平总书记“着力破除各方面体制机制弊端，形成更大范围、更宽领域、更深层次对外开放格局”的重要指示，坚持“刀刃”向内，着力通过改革创新为全市发展增添活力。

营商环境进一步优化。积极推进数字化转型工作，深化政务服务“零跑动”改革，实现“零跑动”事项可办率达75%，超出既定目标10个百分点。完成水电气网联动报装改革，实现线上线下办理“水电气网联动报装一件事”事项。创新行政审批制度改革，累计推出143件“一件事一次办”主题套餐服务，推行“一三五七承诺办结制”[24]改革，大幅压缩审批时限，实现519项行政审批事项“分级分类”审批，完成10个行业“一业一证”改革，实现“一证准营”。“12345”推诿工单同比减少97%，行政效能、服务效能显著提升。勇挑“审管法信”[25]改革全省试点市县担子，实现受理审批、监督检查、执法办案闭环运行。全力补齐社会信用体系短板，五指山市信用监测在全国排名提升210个位次，获国家城市监测月报点名表扬。

科技和产业创新成效凸显。新认定1家高新技术企业、5家科技型中小企业，入库1家省级高企培育库企业。大力发展贷后服务产业，累计吸引7家企业注册，3家金融机构累计委案4.3万余件，案件办结率达99%以上，“化风险、强信用、高产出、聚人才”的新兴服务产业框架基本形成。挂牌成立市金融调解中心，实现了多元化解机制在五指山市金融领域的全覆盖，开启了全市金融纠纷多元化解的新篇章！

社会治理能力持续增强。五指山市2022年未发生安全生产事故，在全省安全生产专项整治三年行动中获评优秀，市畅好居红星社区获评全国综合减灾示范社区，全市应急管理能力明显提升。常态化开展扫黑除恶，实现辖区涉黑涉恶目标逃犯清零。纵深推进禁毒斗争，现有吸毒人员占全市常住人口比例降至0.26‰，提前实现省下达五指山市0.42‰以下的目标，群众安全感、满意度连续5年排名全省前列。为全市各中小学校幼儿园安装一键报警装置，实现保安配备、视频监控与公安联网、校园封闭式管理、护学岗设置“四个100%”。市、乡、村三级法律服务工作平台实现全覆盖。成立覆盖全市80个小区的物业调解委员会。文明城市创建有力有效，3人入选中国好人榜，1人获评全国新时代好少年，全市文明向上的氛围愈加浓厚！

政府自身建设蹄疾步稳。市政府系统扎实开展“六个不能等”[26]作风问题专项整治和“查破促”[27]活动，整改作风问题140个，解决堵点66个。在5家单位试点建设“清廉机关”，为向全市推广积累了宝贵经验。组织举办市政府系统全员业务知识大比拼，有效激发领导干部学业务、补短板热情。在“0801”疫情防控工作中，全市党员干部冲锋在前，迅速形成245支党员志愿服务队、323个党员先锋岗，积极主动参与物资配送、流调排查、秩序引导、核酸检测、隔离点服务等工作，既提升了应急能力，也进一步增强了人民情怀。积极推进法治政府建设，行政机关负责人出庭应诉率同比上升46.5%，行政诉讼案件败诉率低于全省平均水平。持续开展市领导包案化解工作，信访积案化解率提升39个百分点，五指山市获得2022年度全省信访工作优秀等次。政府系统干事创业的热情和能力得到进一步提升！

与此同时，全市国防动员和后备力量建设、双拥优抚、退役军人服务保障等工作取得新成效，民族宗教、工会、共青团、妇女儿童、残疾人、地质、气象、测绘、红十字等工作也都取得了新的进步。各位代表，回首2022年，我们成功抗击了疫情、有效稳住了经济基本盘，成绩实属不易。这是市委坚强领导的结果，是全市人民勠力同心、团结奋斗的结果。在这里，我代表市人民政府，向全市人民，向人大代表、政协委员，向各民主党派、工商联、人民团体和社会各界人士，向省驻五指山各单位、驻五指山部队和武警官兵、消防指战员，表示衷心的感谢和崇高的敬意！

在肯定成绩的同时，我们也清醒地认识到面临的问题和挑战，具体表现在：对习近平总书记殷殷嘱托的学习领会还存在一定差距，尚未形成科学系统的贯彻落实路径，全市三产融合还不及预期。针对项目谋划能力不强、招商引资效果不优等短板问题，仍然缺乏行之有效的思路和举措；少数干部存在“躺平”思想，谋划能力不足、服务意识不够、执行能力不强等。对于这些问题我们将采取有力措施切实加以整改。

二、2023年工作安排

各位代表，今年是落实党的二十大精神的开局之年，是习近平总书记视察五指山后的第一个交卷年。做好今年政府工作，我们坚持以习近平新时代中国特色社会主义思想为指导，全面贯彻落实党的二十大精神、习近平总书记考察海南重要讲话精神及中央、省委经济工作会议精神，完整、准确、全面贯彻新发展理念，全力落实“一本三基四梁八柱”[28]战略框架及自由贸易港建设各项重点任务，锚定“1867发展战略”[29]，发扬“1867工作作风”[30]，以“六个不能等”为鞭策，大力优化营商环境，更好统筹发展和安全，全力跑引资、扩投资、壮产业、促就业，全力保障和改善民生，着力防范化解重大风险，围绕“六园”打造“六色”五指山[31]，助推五指山高质量跨越式发展。

今年经济社会发展的主要预期目标是：地区生产总值增长9.5%左右，一般公共预算收入增长15%左右，固定资产投资增长12%左右，社会消费品零售总额增长10%左右，城镇和农村常住居民人均可支配收入分别增长9%左右、10%左右，城镇登记失业率控制在5.5%左右，生态环境质量持续保持全省一流，减排和碳排放强度下降完成省里下达任务。围绕上述目标，今年我们将突出抓好以下6个方面22项重点工作。

（一）以生态优先为导向，突出补短板强支撑，推动绿色发展迈向更高质量

1. 推进重点生态环保项目。以生态环境"十地"[32]为管控重点，加强大气、水、农业面源污染和水土流失治理，深入打好污染防治攻坚战。高质量抓好各级各类生态环保督察反馈问题整改。深入推进"六水共治"，以开展"碧水绕城""青山满目"行动为抓手，加快推进昌化江上游滨河雨林生态修复综合治理项目等治水生态项目，实施11个农村集中式饮用水水源地水面隔离防护网项目，开展水满乡全域无化肥、无农药生态环保试点示范工作，重点围绕"山水林田湖草沙"一体化保护和修复来策划和包装一批重大生态修复项目。继续实施水土保持生态清洁小流域建设工程，编制国土空间生态修复规划，稳步推进水土保持示范市创建。修订完善五指山市林地保护利用规划，完成全市林业资产核查，加强林长制暨森林资源监管平台应用，全面提高林业数字化水平。

2. 大力实施标志性工程。加快建设国家公园"天窗"社区，建成"四门一心"[33]等服务基地。继续办好热带雨林保护国际研讨会。成功创建省级森林城市。推进向阳水库建设，争取纳入全省生态功能区转移支付范围。优化新能源汽车推广相关优惠政策，进一步增加充电桩布设数量。对符合采用装配式建造方式的新建项目，做到应用必用。推动农贸市场、公共机构等重点区域内全面"禁塑"。启动"无废城市"创建工作。

3. 丰富"两山"转换路径。出台点状组团式发展规划，探索建立生态经济体系。争取水满乡成功创建国家"两山"实践创新基地。做好"四库"规划编制，加大与高校、科研机构合作力度，力争成为全省"四库"实践的标杆。创新林业、碳汇、生态补偿等生态产品价值实现机制，探索推广茶园、橡胶园立体种植山兰稻，保持耕地占补平衡。探索"生态资产权益抵押+项目贷"模式，加大绿色金融支持力度。探索EOD模式[34]，积极争取GEP[35]金融政策扶持，推进五指山市GEP核算与应用工作。积极探索天然林碳汇试点，大力实施大叶茶碳标识生态价值提升工程，探索大叶茶全生命周期碳足迹核算，创建碳标签产品，推动茶产品与传统黎苗文化、雨林文化相融合，全面促进大叶茶产业高品质发展。

（二）以"六园"建设为重点，突出强项目蓄动能，推动经济发展迈向更高层次

4. 更大力度扩大有效投资。深入开展"产业投资提升年"和"基础设施推进年"活动，规范运用PPP，探索基础设施REITs试点[36]，开工建设海南热带雨林国家公园五指山片区"四门一心"等重大政府投资项目，加快五指山到三亚湾高速公路、南圣至水满空轨列车、通用机场项目前期工作。全力支持中西医医养中心、市商业中心、红峡谷等社会投资项目建设，实现项目快落地、快动建、快投产。完成南圣镇红合村饮用天然矿泉水资源地质勘查工作，争取年内出让矿权。紧盯海南自由贸易港建设重点工作以及生态环境保护、乡村振兴、生态型城镇化建设、重点产业发展、"四馆一院"[37]"一场两馆"[38]等"六园"建设主线任务，科学谋划、精心包装一批高标准高质量项目，做好项目编报，谋划储备项目55个、总投资68亿元以上。坚持生态优先，严格按照市国土空间总体规划，将五指山市拟供应地块纳入全省土地超市统一交易。完成剩余1250亩闲置土地处置工作。

5. 更大力度招商引资。启动"招商引资服务年"行动，出台招商引资重点产业激励政策，用好国际消费品博览会、健康博览会等重要展会平台，聚焦"十大招商"[39]项目，围绕旅游、康养、酒店、高端民宿、高新技术和热带特色高效农业等产业发展方向，积极对接龙头企业，组建专业招商团"出海""出省"引资，开展线上线下"点对点"精准招商考察推介活动，确保成功签约招商引资项目3个以上。

6. 更大力度创建一流营商环境。成立营商环境建设局，统筹推进营商环境全面提升。完善惠企政策兑现服务，精准落实减税降费、助贷融资和自贸港优惠政策，优化升级助企纾困政策3.0版，保护和激发市场主体活力。持续实行“党建引领·直通联办”机制，市委市政府主要领导开展“每月一题”点评，促进工作落实、作风转变。完善首问负责制，建立服务效能“红黑榜”，严格兑现奖惩。建立健全营商环境登门服务“123”追访机制[40]，定期开展营商环境综合评价。持续推进“一件事一次办”“一业一证”[41]改革，实现即办件占比30%以上。实行市场准入承诺即入制，年内实现“零跑动”事项可办率提升至80%以上。提供“服务专员”“一企一策”定制化服务，通过告知承诺办、容缺办、并联办，推动工程建设项目审批提速。深入开展“审管法信”试点工作，年内将519项审批事项接入审管联动系统，争取建立1～2个信用应用场景，在部分重点行业领域开展行业信用评价，实施分级分类差异化监管。建立“市场主体和人民群众说了算”评价机制，制定反映强烈突出问题清单，强力开展政务服务顽症专项整治，实现企业和群众办事满意度、获得感重大跃升！

7. 更大力度推进以通什为载体的生态型城镇化建设。抢抓全省生态型城镇化建设首批示范市县建设机遇，稳步推进州府故园“一路、一带、一区、多点”[42]示范综合修缮改造工程，争做全省生态型城镇化建设的示范。实现河北东路与环市西路衔接贯通，完成城市迎宾干道、“三月三”广场周边、滨水步行街区等州府故园示范区改造提升工程，推进海南热带海洋学院架空层停车库、小岛公园滨水停车场等配套设施建设，启动80年代时光小镇项目建设，谋划推进河北东路延长线、应示村桥梁项目，全面提升主城区基础设施和公共服务水平。推进“十大项目”[43]“十大节点”[44]、“15个先导性项目”以及市政道路“白改黑”建设，加快农垦大院和琼州大学主楼等老建筑旅游化改造，启动博物馆片区文旅项目、交通综合枢纽项目建设。以“三城连创”[45]为抓手，加快市委党校、郊野公园、市政人防项目、生活垃圾无害化处理场封场治理项目建设，启动实施智慧停车楼、城区智慧水网项目。加快五指山公共配送（物流）中心建设，提升物流运转效率和配送能力。加快盘活闲置土地、部队置换土地、农垦低效用地、停缓建工程，依法收回一批省属单位在五指山闲置用地和房产，保障城镇化合理用地需求。

（三）以乡村振兴为目标，突出促增收优环境，推动“三农”工作迈向更高台阶

8. 持续巩固脱贫成果。严格落实“四个不摘”[46]要求，保持现行帮扶政策、资金支持、帮扶力量总体稳定，用好乡村振兴智慧管理系统，巩固拓展脱贫攻坚成果同乡村振兴有效衔接。健全“4+1”防止返贫动态监测和帮扶机制[47]，牢牢守住不发生规模性返贫底线。加快探索发展槟榔林下经济，力争成为全省槟榔转产的示范。高标准农田改造提升1000亩以上。壮大新型农业经营主体，力争培育农业龙头企业1个、市级以上示范农民专业合作社5家、市级以上示范家庭农场3家。大力实施高素质农民培育计划、农村实用人才培养计划、乡村振兴农民科学素质提升行动计划，至少培育高素质农民200人。深化农村土地制度改革，全面完成集体建设用地和宅基地使用权房地一体确权颁证工作。梳理整合农村闲置坡地、效益不高园地及三、四级储备林地，做好项目开发。创建水满乡省级乡村振兴示范乡镇以及通什镇应示村、毛阳镇毛兴村等省级乡村振兴示范村，力争3年内示范村创建工作在全市铺开。

9. 建设生态宜居美丽乡村。完成59个村庄(社区)规划批复实施工作，高效开展农村居民建房审批，凸显热带雨林、黎苗文化等乡村特色风貌，推动番阳、毛阳、畅好等乡镇镇墟立面改造，做好杆栏式“船型屋”、初保老村等保护利用。深入实施农村人居环境整治提升五年行动，建立健全人居环境整治工作积分制度，开展“四乱”[48]治理，全面推广建设合亩仓库、建材银行、巴掌公园、庭院花园。实施一批污水设施建设项目，完成400户防渗漏改造任务，新建52个生活垃圾分类屋，乡村生活垃圾无害化处理率达到100%。积极创建“四好农村公路”[49]全国示范县和“城乡交通运输一体化”示范县。深入推进移风易俗，开展第四届文明典型评选，挖掘推广一批“七个倡导”[50]先进典型，持续实行道德“红黑榜”机制，依托新时代文明实践所、站、点阵地，营造向上向好、充满生机活力的乡风文明新风尚。

10. 高标准创建毛纳村全国乡村振兴示范样板。全力推进茶旅融合发展，实施有机肥替代化肥项目、茶园基础设施提升项目，大力改造低产老茶园，探索开展沉浸式采茶炒茶体验活动，建立茶技艺传承人、茶旅从业者人才培养体系，培育茶旅融合新业态。加快连花酒坊、稻田餐吧、萌宠乐园、精品茶园、雨林树屋项目建设，大力实施毛纳村游客服务中心改造，聚焦“跟随总书记足迹，发现五指山之美”路线，精心打造“竹筏泛舟·水上访茶”日游体验项目和“雨林奇幻漂流夜”夜游经典项目，加快创建五椰级乡村旅游点。深化村企与工商资本合作，开展农业生产和餐饮、民宿、农副产品售卖、民俗文化展示等多种经营，推动村集体经济大幅提升。提档升级毛纳村美丽乡村，完善电力、饮水、污水等基础设施建设，以黎族文化元素改造提升村容村貌，加快打造“全国少数民族特色村寨”。传承发展黎族传统文化，开发民族特色伴手礼，把毛纳村田园实景剧场打造成沉浸式、不落幕的雨林剧场，推动鼻萧等黎族特色器乐演出、黎锦织造技艺等非遗技术在硕果亭常态化展示。打造毛纳村歌舞团、合唱团等农村文艺队伍，展示乡村文化多彩新风貌。紧抓生态文明建设，力争起到典型示范作用，加快打造成向世界展示我国生态文明建设和乡村振兴成果的窗口。

（四）以自贸港建设为契机，突出扬优势固根基，推动产业升级迈向更高水平

11. 科学布局热带特色高效农林产业。突出抓好茶叶、雪茄烟叶、野菜叶“三片叶”，种植亩数分别提升至2万亩、1500亩、2000亩以上。突出高海拔、低纬度、季节差的优势，做足“冬茶”文章。实施茶叶优良品种选育和茶叶标准化基地建设，建成1～2家示范生产线。加快水满茶产业园建设，打造无公害绿色农业示范区。大力开发茶饮品等精深加工产品，整合全市优质茶企，引入社会资本规划打造“五指山热带雨林大叶茶”公共品牌，力求“小而美，美而精”。大力发展“十二个林”[51]的林下产业，围绕油茶、金钗石斛、益智、菠萝蜜、兰花，谋划打造一批林下产业示范基地，林下经济试点规模达到800亩。试点种植巧克力柿、冰淇淋果、番荔枝、榴莲蜜等“新奇特”全球同纬度热带水果，谋划建设热带雨林花果走廊。发展2022—2023冬春瓜菜种植1.5万亩次以上。推动五脚猪规模化养殖，力争年内出栏量达到2.4万头。加强五脚猪品种保种培育，力争建立1～2个五指山五脚猪保种场。围绕“4个1+N”谋划产业项目，高水平打造共享农庄、多元化水果庄园、番阳镇雪茄庄园，加快推进番阳生态农产品加工产业园落地。实施品牌强农，重点培育一批省级和市级区域公用农业品牌和企业农产品品牌，充分发挥商标品牌指导站作用。引导生态科技特派员实施热带特色高效农业关键技术攻关科研项目，实现一批科技成果转化。推动热带水果蔬菜冻干食品厂项目年内投产。打造畅好乡标准化野菜种植基地，让野菜成为餐桌上高端菜肴。

12. 大力发展全域旅游产业。启动国家全域旅游示范区和省级体育旅游示范区创建工作，加快水满乡省级旅游度假区创建。持续推进“六个一批”工作，配合推进“热带雨林和黎族传统聚落”世界双遗产申报工作，支持省民族博物馆创建AAAA级旅游景区。大力发展高端化、特色化旅游酒店，打造方诺寨、泓茗居、红雅高端民宿集群等一批精品民宿，谋划建设高端雨林度假酒店，引导美丽乡村、椰级乡村旅游点有序发展移动木屋、雨林树屋、帐篷露营点等新型非标住宿接待设施，年内打造和引进1–2家五星级酒店，力争新增1家金宿或银宿级民宿。深入打造唐干村红色村庄、毛贵红色旅游村庄，用好五指山革命根据地纪念园AAAA级旅游资源，联动开发3～4条红色旅游线路。用好“中国天然氧吧”“国家公园”等头衔，研究谋划研学基地、雨林人家等“雨林+”旅游产品，加快形成牙胡梯田等一批融合生态体验的特色产业。高水平办好雨林精灵时装秀、早春茶开采节等“十大活动”[52]，创新筹办好“三月三”祭祀袍隆扣大典等大型文体活动，特色举办中国自由搏击俱乐部超级联赛等赛事活动，打造独具特色、高影响力、高知名度的活动品牌IP，力求旅客过夜率有新突破，加快提升旅游消费活力。开工建设畅好乡杪椤路等3条旅游资源路。积极融入三亚旅游经济圈，加强区域联合旅游推介，联合开发“一、二日”旅游线路，鼓励跨区域旅行社合作，将五指山和周边热点景区串联起来。

13. 创新发展高新技术产业。持续巩固国家创新型县（市）建设成果，推进与中国热科院共建生态产业研究院，联合省科技厅共同推进科技创新驱动发展。继续组织申报实施一批科技专项计划，再培育一批高新技术企业和科技型中小企业，加强与中国医学科学院医学实验动物研究所等科研单位合作，加快发展实验动物养殖等高附加值的高新技术产业。

14. 稳步发展贷后服务产业。加大对产业实体在税收、租金、人才、住房等方面的支持力度，切实将自贸港制度优势转化为优惠政策。构建全链条贷后服务产业监管体系，重点关注舆情、行为等风险易发点，做好产业风险动态监管工作。对市法院调解平台、审判系统、执行系统进行优化升级，切实提升司法效能。积极推进南圣金融小镇建设。

15. 加快发展医养康养产业。大力宣传《五指山市气候与康养产业发展白皮书》，持续深入开展生态气候医学研究，推进森林步道等配套设施建设，出台扶持政策鼓励经营主体发展形式多样的森林康养旅游项目，积极谋划雨林特色康养产品，为高质量发展注入新活力。着力打造以高质量医疗资源保障引领的“养老、养病、养生”康养产业，坚持以患者为中心，推动以治病为中心向人民健康为中心的转移，建成胡大一心脏中心，做好凌锋神经科学中心和创伤中心人才引进工作，加快推动海南心脑科学中心、康复中心、省第二人民医院（三期）建设，盘活引导存量资产发展康养项目，围绕“两大人群”[53]做足气候康养文章，做好“两大人群”的流行病学研究并进行系统干预，探索推进“中国梅奥”医疗健康小镇建设，全力打造海南两小时心脑血管和创伤急危重症救治圈、全国心脑预防与康复胜地。精心打造中国森林与气候康养五指山论坛品牌。推动“康养+体育”融合发展，谋划打造体育主题公园、自行车、搏击等综合体育训练馆，加快国家体育训练南方基地建设。培育山地自行车赛事产业聚集地，打造五指山雨林天路自行车赛事IP品牌。改造建设自行车骑行专业赛道，实现全域自行车骑行覆盖，逐步增强运动康养城市影响力。

16. 探索发展培训教育产业。制定培训教育产业发展规划，招引企业大力开发课程，探索打造“颜色研学”品牌项目。创新探索“红色研学”，用好全国青少年“大思政”实践育人基地，系统全面整理五指山革命根据地故事，完善五指山革命根据地纪念园配套设施。创新探索“绿色研学”，充分发挥热带雨林国家公园影响力，完善珍稀动植物科普介绍，利用好“雨林+”的生态文章，融入体育赛事等文体活动，打响绿色研学精品品牌。创新探索“金色研学”，用好牙胡梯田，茶产业园等富美田园，结合“农民丰收节”“早春茶开采节”等时机，拓宽农旅融合发展路径。持续探索“彩色研学”，充分利用好五指山市科普示范基地，围绕黎苗文化、州府文化，利用国际博物馆日，组织学生参观省民族博物馆，制定“寻迹毛纳，传承文化”亲子研学课程，组织开展“习近平总书记到五指山考察一周年”等丰富多彩的研学活动。

（五）以解决群众关切为根本，突出夯基础优保障，推动民生福祉迈向更高品质

17. 充分保障就业。用好通什、南圣就业驿站，建设毛阳就业驿站，形成市区步行十分钟，乡村辐射十公里的“就业便民服务圈”。重点围绕就业技能培训，搭建就业服务平台，抓好高校毕业生、退役军人、农民工、建档立卡脱贫户等重点群体就业工作，力争2023年全市脱贫人口外出务工人数不低于2022年，实现城镇新增就业人数至少

1200人。开展职业培训不低于3000人次，促进失业人员再就业100人以上，促进农村劳动力转移就业至少2000人次，确保农村劳动力外出务工总数达到2.4万人以上，公益性岗位总数达到3600个以上。

18. 优化教育供给。不断优化教育布局规划，促进教育均衡化发展。完成农村教学点撤并整合，完成市第三小学异地迁建，加快推进五指山中学、嘉佳幼儿园扩建、全国青少年"大思政"实践育人基地等项目建设。积极开展中小学集团化办学试点，扎实推进市第一小学教育集团项目，推动海南热带海洋学院附属中学托管市红星学校，引进海南省属机关第二幼儿园托管毛阳中心幼儿园。统筹抓好"双减"[54]和"六项管理"[55]工作落实，全面实施"5+2"课后服务模式[56]，推动习近平新时代中国特色社会主义思想教育走进中小学课堂，加强中小学劳动实践研学基地建设，开设运动、劳动、编程等特色课程，促进学生全面健康成长。基层教育专业技术人才激励机制改革，招聘一批农村骨干校长、农村骨干教师、中央特岗教师和省级农村学前教育教师，持续提升全市中小学教育教学质量。配合市内中职院校探索创新，落实好试点先行农民职业教育培训新模式，推动五指山市农民、返乡农民工接受职业教育。

19. 推进健康五指山建设。稳妥实施新冠病毒感染"乙类乙管"[57]，贯彻落实"保健康、防重症、降死亡"要求，加快重点人群疫苗接种，全力保障群众用药、救治需求，确保防控措施调整转段平稳有序。加快中部区域医疗中心建设，全力支持省第二人民医院创建三级甲等综合医院，大力引进高端人才做强市中医院，切实加强乡村卫生室能力建设。持续推动市医疗集团建设，完善相关配套政策，落实医疗集团内部行政、人员、资金、业务、绩效、药械统一管理，促进优质医疗资源持续下沉，提升市域医疗卫生服务能力，建立健全"基层首诊、双向转诊、急慢分治、上下联动"的分级诊疗工作机制，实现"五升三降"[58]目标。用好"康复健康小屋"，扎实开展"2+3"健康服务包[59]行动。巩固省级文明城市创建成果，全力争取全国文明城市创建提名。持续巩固国家卫生城市成果，推动毛阳镇、畅好乡"国家卫生乡镇"创建和水满乡"国家卫生乡镇"巩固工作，实现省级卫生村全覆盖。争创水满乡全国民族团结进步示范乡镇。

20. 提升社会保障水平。高质量完成一批为民办实事事项。探索实施茶稻等套种模式，确保粮食播种面积稳定在3.36万亩以上，全面完成年度粮食种植任务。推动市食品公司完成"混改"，成立市农业投资集团。落实"菜篮子"市县长负责制，做好保供稳价工作。完善"一老一小"服务体系，发展普惠性养老。实施老年人家庭适老化改造项目，提升公办养老机构床位利用率，推动开展特殊困难老年人探访关爱服务。保障妇女儿童、残疾人等群体合法权益。提升退役军人服务保障工作水平。开展精神障碍社区康复服务，持续精准发放残疾人"两项补贴"[60]。建设1家公办托儿所。充分发挥物业调解委员会作用，开展物业服务市场突出问题专项整治，不断规范物业服务市场经营行为。严格执行限购政策，健全多主体供给、多渠道保障、租售并举的住房制度，筹集370套安居房和73套保障性租赁住房，完成38个老旧小区改造和5个新增住宅小区电力抄表到户项目。

（六）以平安五指山建设为基础，突出破难点筑和谐，推动社会治理迈向更高效能

21. 抓好社会维稳。落实自贸港全岛封关运作前重大风险防控任务。深入推进县域社会治理现代化试点工作，健全综治中心、社管平台、网格化服务管理、矛盾纠纷多元化解"四位一体"新机制。探索推进"警保联控""警网联动""法官进网格"，完善"一核两委一会"[61]乡村治理结构，及时把矛盾纠纷化解在基层、消灭在萌芽状态。推进"社会管理平台""智慧安防小区""智慧交通"和"非羁押人员监管平台"建设，让"智慧应用"助力平安五指山建设。常态化开展扫黑除恶斗争，持续推进新一轮禁毒大会战向纵深发展，实现青少年毒品预防教育的全覆盖，力争现有吸毒人员占全市总人口比例降至0.25‰以下。进一步抓好党管武装、国防和后备力量建设，确保国防动员新体系平稳转接、顺利起步，进一步深化军民融合发展，巩固双拥共建成果。充分发挥群团组织作用。促进民族团结进步和宗教和睦。扎实开展安全生产专项整治，重点抓好道路交通、建筑施工、消防、危险化学品等领域风险隐患排查整治，坚决遏制较大级别以上事故发生。开展未成年人“护苗”行动。精心打造“护学路”，针对上下学期间瞬时停车需求大问题，打造时空分离、人车分离的上下学立体接送体系，用心守护孩子平安！

22. 加强政府自身建设。加快推进法治政府建设，建立法律知识学习培训长效机制，完善行政机关领导干部学法制度，严格执行人民法院生效裁判，认真办理司法建议和检察建议，实现行政机关负责人出庭应诉率达到100%。深入开展“清廉机关”建设，发挥审计监督作用，用好五指山革命根据地纪念园及市廉政教育基地资源，常态化开展党史学习教育，持之以恒纠治“四风”[62]，充分用好2022年能力提升年和“查破促”活动成果，继续过“紧日子”，压缩非刚性支出，决不搞“政绩工程”“面子工程”！

志不求易者成，事不避难者进。各位代表，在习近平总书记莅临考察的政治牵引下，五指山已经受到中央和省委省政府史无前例的关心和重视，已经迎来前所未有的发展机遇。我们坚信，有市委的坚强领导，有全市人民、各界朋友的鼎力支持，我们无惧困难和挑战。2023年，我们将以党的二十大精神为指引，紧紧围绕习近平总书记殷殷嘱托，锚定“1867发展战略”不动摇，以“六园”建设为工作主抓手，发扬斗争精神，增强斗争本领，持之以恒发扬“不讲条件、攻坚克难、不辱使命、精益求精”的“1867工作作风”，把所有精力都用在让老百姓过好日子上，加快把五指山打造成全国生态文明建设的标杆、乡村全面振兴的样板、民族地区高质量发展的典型！

谢谢大家！

名词解释

[1]15个先导性项目：通什高速路口改造；省民族博物馆提升建设；市汽车客运站周边风貌改造；琼大主楼修缮和使用；三月三大道及其延长线改造；新征程大厦周边建设；“一河两岸”项目建设；“铸牢中华民族共同体意识展示馆”建设；“花果山”庄园建设；烂尾楼处置和风貌管控；乡村振兴智慧管理系统建设；茶产业发展；红色村庄建设；水满全域旅游；高端酒店建设。

[2]PPP模式：公共基础设施中的一种项目运作模式，鼓励私营企业、民营资本与政府进行合作，参与公共基础设施建设。

[3]六水共治：坚持治污水、防洪水、排涝水、保供水、抓节水、优海水“六水”共治，五指山市无海域管护任务，故无“优海水”任务。

[4]森林资源“天空地”一体化监测：通过将无人机技术、在线监测、通信技术、大数据技术整合到森林资源管理平台，实现天上卫星、空中无人机、山顶在线监测、林下人工巡护等技术和管理措施相结合，实现森林资源“天空地”一体化监测。

[5]钉盯执法：依托“高清监控前端＋平台系统”，建设统一的可视化应用系统、平台，提升城市治理工作的高效化、科技化，逐步推进城市精细化管理。

[6]“4个1+N”：一个乡镇一个美丽乡村、一片高标准农田、一个研学基地、一个露营基地和一村一品。

[7]合亩仓库：每个村建设一个仓库存储化肥、种子等农用物资。

[8]建材银行：回收农户的石头、沙子等建筑余料，待农户需要时再补发。

[9]巴掌公园：在农村空地设置健身器材，建设迷你型公园。

[10]庭院花园：每家每户种植花草，装饰

点缀庭院。

[11] 一户一田：一个户口一块农田，是指将农户们碎片化的土地，通过换地的方式整合成一块土地，实现耕地的化零为整。

[12] 四大主导产业：旅游业、现代服务业、高新技术产业和热带特色高效农业。

[13] 六园：琼崖革命初心悟园、黎苗文化精神家园、底蕴厚重州府故园、热带雨林国家公园、农旅融合富美田园、四季宜居康养乐园。

[14] 六个一批：建设一批特色民族村寨、出版一批图书文献和文化研究、推进一批民族文化项目、打造一批民族文化产品、发展一批以黎药苗药为基础的南药康养项目、形成一批民族文化生态。

[15] 一区两线多点：一个重点片区 + 南圣河沿线 + 三月三大道沿线 + 多个更新示范节点。

[16] 热带雨林国家公园“天窗”社区建设：雨林国家公园范围内共有 46 个天窗，可分为乡镇驻地、旅游景区、原林场场部、自然村落、基本农田五种类型，实施分类管控。乡镇驻地包括水满乡、南开乡、王下乡、毛阳镇、什运乡五个，天窗面积较大，人口较多，且具有旅游接待能力，具备游客集散、交通转换和服务接待功能，是服务基地建立的重点场所。

[17] 四库：水库、粮库、钱库、碳库。

[18] 一核心、二资源、三避害、四 1800、五中心、六康养：一核心：核心目标——建成“国际四季康养胜地”。二资源：促进自然资源（气候康养资源、森林康养资源、环境康养资源、食药康养资源等）与人文资源（文化精神康养资源：黎苗文化、红色文化、农垦文化、候鸟互助文化；运动康养资源等）融合发展。三避害：基于优质气候、生态、环境资源禀赋，打造“冬避寒 + 夏避暑 + 全年避霾”——“三避”康养品牌名片。四 1800：五指山地理位置和气候条件非常优越，拥有 1867 米的海拔、18.77 度的纬度、1887 毫米的平均年降水量、1897 小时的平均年日照时数。五中心：整合省、市、乡镇三级医疗资源，建立循环系统康复中心、呼吸系统康复中心、运动康复中心、精神康复中心、气候医学服务中心，全面提升康养产业发展的健康服务保障能力。六康养：因地制宜构建气候环境康养、热带雨林康养、文化精神康养、农旅融合康养、运动休闲康养、药食同源康养六大类康养功能区。

[19] 五帮：帮买菜、帮煮饭、帮搞卫生、帮买药、帮健康监测。

[20] 一低两高：“一低”指 2022 年蔬菜均价低于 2021 年水平；“二高”指平价蔬菜市场份额占比提高到 50% 以上，蔬菜自给率提高到 60% 以上。

[21]“15 + N”种蔬菜：茄子、上海青、黄瓜、青椒、尖椒、大白菜、长豆角、土豆、胡萝卜、蒜薹、芹菜、圆白菜、韭菜、西红柿、白萝卜。

[22] 一市（县）两校一园：每个市县至少引进优质教育资源办成 1 所优质普通高中（或完全中学，九年一贯制学校）、1 所优质完全小学和 1 所优质幼儿园。

[23] 双向转诊：就是“小病进社区，大病进医院”。积极发挥大中型医院在人才、技术及设备等方面的优势，同时充分利用各社区医院的服务功能和网点资源，促使基本医疗逐步下沉社区，社区群众危重病、疑难病的救治到大中型医院。

[24] 一三五七承诺办结制：对全部行政审批事项审批时限进行系统性、整体性优化，通过“承诺件改即办件”“压缩承诺件时限”改革，最大限度压缩承诺办结时限，全面提升审批效率，除依法需要听证、招标、拍卖、检验、检测、检疫、鉴定和专家评审等特别环节另行规定时限外，实现全部行政审批事项 7 个工作日内办结。对申请材料齐全、符合法定形式的行政审批事项实行“一三五七承诺办结制”，根据审批事项程序复杂程度分别压缩为 1、3、5、7 个工作日办结。

[25] 审管法信：审批、监管、执法、信用联动工作。

[26] 六个不能等：不能让群众等，多等一天就损一天党的形象；不能让企业等，多等一天就积一分心火怨气；不能让政策等，多等一天就失一次发展先机；不能让资金等，多等一天就迟一日惠企利民；不能让生态等，多等一天就误一方绿水青山；不能让干部等，多等一天就少一臂发展合力。

[27] 查破促：查堵点、破难题、促发展。

[28] 一本三基四梁八柱：一本：坚持以关于海南工作的系列重要讲话和指示批示为根本遵循。三基：以《中共中央、国务院关于支持海南全面深化改革开放的指导意见》《海南自由贸易港建设总体方案》《中华人民共和国海南自由贸易港法》为制度基石。四梁：以全面深化改革开放试验区、国家生态文明试验区、国际旅游消费中心、国家重大战略服务保障区为目标定位。八柱：以政策环境、法治环境、营商环境、生态环境、经济发展体系、社会治理体系、风险防控体系、组织领导体系为稳固支撑。

[29]“1867 发展战略”：“1”即深入贯彻落实习近平新时代中国特色社会主义思想和习近平总书记对五指山的殷切嘱托这一个根本遵循，“8”即全市 7 个乡镇和市畅好居，“6”即以琼崖革命初心悟园、黎苗文化精神家园、底蕴厚重州府故园、热带雨林国家公园、农旅融合富美田园、四季宜居康养乐园“六园”建设为愿景目标，“7”即大力发展热带高效农林产业、全域旅游产业、高新技术产业、贷后服务产业、医养康养产业、培训教育产业、生态化新兴产业 7 大产业。

[30]“1867 工作作风”：指“不讲条件、攻坚克难、不辱使命、精益求精”的工作作风。

[31]“六色”五指山：红色五指山，彩色五指山，原色五指山，绿色五指山，金色五指山，悦色五指山。

[32] 生态环境“十地”：一是管好禁地；二是管好农地；三是管好林地；四是管好工地；五是管好基地；六是管好裸地；七是管好要地；八是开拓新领地；九是坚守阵地；十是无立锥之地。

[33] 四门一心：热带雨林国家公园五指山东西南北（水满、南圣、通什、毛阳）入口服务区“山门”及水满生态旅游中心等服务基地。

[34]EOD 模式：是Ecology-Oriented Development 的英文简写，即生态环境导向的开发模式，是以生态保护和环境治理为基础，以特色产业运营为支撑，以区域综合开发为载体，采取产业链延伸、联合经营、组合开发等方式，推动公益性较强、收益性差的生态环境治理项目与收益较好的关联产业有效融合，统筹推进，一体化实施，将生态环境治理带来的经济价值内部化，是一种创新性的项目组织实施方式。

[35]GEP：生态产品总值，指生态系统为人类福祉和经济社会可持续发展提供的各种最终物质产品与服务价值的总和，主要包括生态系统提供的物质产品、调节服务和文化服务的价值。

[36]REITs 试点：房地产投资信托基金，指专门持有房地产、抵押贷款相关的资产或同时持有两种资产的封闭型投资基金。

[37] 四馆一院：综合馆、文化馆、图书馆、档案馆、大剧院。

[38] 一场两馆：体育场、游泳馆、体育馆

[39] 十大招商：通什影剧院、畅好居场队改造、毛苗村及五指山湖周边改造、牙胡梯田开发、毛道水库周边旅游、矿泉水和地表水利用、自行车运动基地建设、五脚猪养殖（模式猪研发）、部队研学活动、雪茄庄园建设。

[40] 营商环境登门服务“123”追访机制：“1”指的是对于招商项目，负责联系的市级领导或科级干部每个月至少要主动走访一次；“2”指的是对于在建项目，负责联系的市级

领导或科级干部每2个月至少要主动走访一次；“3”指的是对于已经完工投产并形成税收的项目，负责联系的市级领导或科级干部每3个月至少要主动走访一次。

[41] 一业一证：指将一个行业多个许可证件，合并为一张载明相关行政许可信息的行业综合许可证。

[42] 一路、一带、一区、多点：一路：城市迎宾干道建筑外立面及基础设施提升工程；一带：滨江步行街区及“一河两岸”环境综合修缮提升工程；一区：三月三广场周边建筑及道路综合修缮工程；多点：民族博物馆文化服务配套建设工程和城市配套停车场建设工程。

[43] 十大项目：“一河两岸”项目；“胡大一”心脏中心及省二院三期项目；人才房和安居房配套建设项目；毛纳全域旅游（毛纳夜游）项目；州府故园（三月三大道）项目；水满茶产业小镇项目；番阳农产品生态加工产业园项目；通什旧城改造（城中村）项目；毛道水库安置区项目；新车站建设和老车站开发项目。

[44] 十大节点：三亚、海口等地旅游推介（亚特兰蒂斯酒店、免税城、博鳌亚洲论坛年会、海南迎宾馆）；毛阳国旗雕塑建设；通什高速路口改造；铸牢中华民族意识共同体展示馆建设；廉政教育基地建设；童声合唱团成立；“九泓石壁”打造；方诺寨和雨林书屋打造；奥雅路台阶处打造；省民族博物馆大楼梯建设。

[45] 三城连创：持续巩固国家卫生城市创建成果，争创全国文明城市和国家森林城市。

[46] 四个不摘：摘帽不摘责任、摘帽不摘帮扶、摘帽不摘政策、摘帽不摘监管。

[47] “4+1”防止返贫动态监测和帮扶机制：定期一次摸排、落实一套政策、出台一项制度、加强一批培训和购买一份保险。

[48] 四乱：私搭乱建、杂物乱堆、线路乱挂、广告乱贴。

[49] 四好农村公路：指建好、管好、护好、运营好农村公路。

[50] 七个倡导：倡导男女平等、倡导勤劳致富、倡导文明饮酒、倡导远离私彩、倡导厉行节俭、倡导孝老爱幼、倡导卫生整洁，旨在全省营造农村群众自发参与乡村治理管理，培育文明乡风的浓厚氛围。

[51] 十二个林：林茶、林花、林果、林草、林菜、林菌、林药、林禽、林畜、林蜂、林游、林养。

[52] 十大活动：樊登雨林读书会；雨林音乐会；“雨林与您”体验活动开幕式；万里走单骑；雨林精灵时装秀；环岛自行车赛衔接赛事；搏击赛；场部影剧院；红叶节；早春茶开采节。

[53] 两大人群：指五指山市常住人口和五指山市“候鸟”人群。

[54] 双减：减轻学生作业负担和压减学科类校外培训机构。

[55] 六项管理：学生作业、睡眠、手机、读物、体质、考试等六项管理工作。

[56] “5+2”课后服务模式：学校每周5天都要开展课后服务，每天至少开展2小时，结束时间要与当地正常下班时间相衔接。

[57] 乙类乙管：将乙类传染病采取乙级的管理措施.

[58] 五升三降：即医保实际补偿比上升、市域患者下转率上升、居民健康素养提升、乡镇卫生院普通门诊人次上升、家庭医生服务能力提升，居民自付费用下降、患者市域外转诊率下降、急慢性疾病患病率下降。

[59] “2+3”健康服务包：高血压、糖尿病和结核病、肝炎、严重精神障碍5种疾病。

[60] 残疾人“两项补贴”：困难残疾人生活补贴和重度残疾人护理补贴。

[61] 一核两委一会：“一核”即村党组织；“两委”即村民委员会和村务监督委员会；“一会”即村务协商会。

[62] 四风：形式主义、官僚主义、享乐主义、奢靡之风。

2022年五指山市国民经济和社会发展统计公报

2022年，全市上下坚持以习近平新时代中国特色社会主义思想为指导，坚决贯彻省委省政府各项决策部署，全面落实“疫情要防住、经济要稳住、发展要安全”重大要求，着力做好稳增长、防风险、保稳定、惠民生等各项工作，经受住了超预期的冲击和挑战。全年经济运行总体保持恢复态势，市场主体企稳向好，“六园”建设持续深化，消费活力更大激发，民生保障有力有效，社会大局保持稳定。

一、综合

初步核算，2022年全市地区生产总值完成388102万元，按不变价格计算，同比增长1.7%。其中，第一产业增加值83659万元，同比增长3.0%；第二产业增加值65495万元，同比增长1.4%；第三产业增加值238948万元，同比增长1.3%。三次产业结构调整为21.5∶16.9∶61.6。全年人均地区生产总值34761元。

全市年末户籍人口104556人。其中，男性53724人、女性50832人。按民族分，汉族27822人，占总人口的26.6%；黎族69759人，占总人口的66.7%；苗族5952人，占总人口的5.7%；壮族378人，占总人口的0.4%；回族128人，占总人口的0.1%；其他民族517人，占总人口的0.5%。

全市年末常住人口11.12万人。其中，0～14岁人口1.89万人，占比17.00%；15～64岁人口8.07万人，占比72.57%；65岁及以上人口1.16万人，占比10.43%。出生率为7.17‰，死亡率为6.90‰，自然增长率为0.27‰。年末城镇化率为60.43%。

全年全市城镇新增就业人数1473人；年末城镇登记失业率1.18%，比上年末提高0.19个百分点；农村劳动力转移就业2361人，应届大学毕业生就业172人，城镇就业困难再就业人员225人。

全年居民消费价格（CPI）同比上涨1.6%。分类别看，交通和通信价格上涨5.0%，居八大类之首；其次是食品烟酒上涨2.5%。

二、农林牧渔业

全年全市农林牧渔业增加值83930万元，同比增长3.0%。

2022 年各季度情况

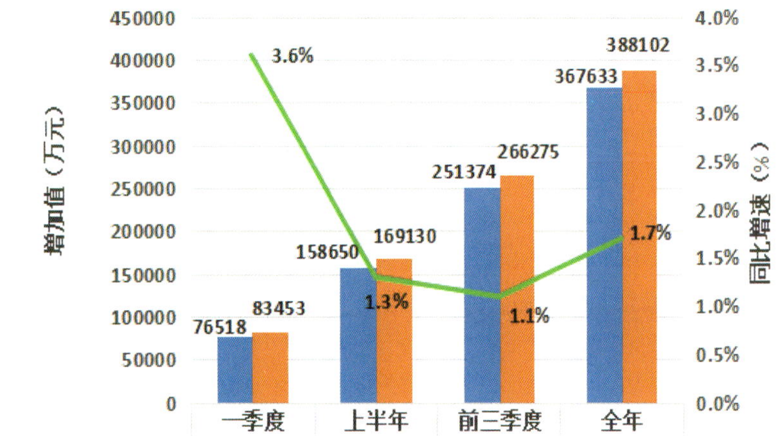

	一季度	上半年	前三季度	全年
2021年增加值	76518	158650	251374	367633
2022年增加值	83453	169130	266275	388102
2022年增速	3.6%	1.3%	1.1%	1.7%

2022 年居民消费价格比上年跌涨幅度（%）

居民消费价格	1.6
食品烟酒	2.5
衣着	0.0
居住	-0.7
生活用品	0.6
交通和通信	5.0
教育文化和娱乐	2.1
医疗保障	0.0
其他用品及服务	0.5

2022 年农林牧渔业主要产品产量及增长速度

产品名称	单位	绝对数	比上年增减 (%)
粮食	吨	13181.6	0.7
蔬菜（含菜用瓜）	吨	66645.8	14.3
水果	吨	4639.2	-81.9
其中：香蕉	吨	2256.2	-83.8
菠萝	吨	10.9	-38.0
芒果	吨	209.6	-92.9
荔枝	吨	793.2	-74.4
龙眼	吨	220.9	-87.8
橡胶	吨	9097.6	-8.3
槟榔	吨	7946.7	14.5
椰子	万个	104.7	47.9
茶叶	吨	319.1	44.6
益智	吨	4900.7	124.8
胡椒	吨	234.3	-8.5
猪肉	吨	2102.8	34.6
禽肉	吨	1107.4	-15.4
水产品总产量	吨	2318.0	1.1

农林牧渔业总产值138822万元，同比增长3.2%。从内部行业看，种植业产值102326万元，同比增长16.1%。粮食产量13181.6吨，同比增长0.7%；蔬菜产量66645.8吨，同比增长14.3%；茶叶产量319.1吨，同比增长44.6%；槟榔产量7946.7吨，同比增长14.5%。林业产值14767万元，同比下降13.9%。橡胶收获面积16.4万亩，同比下降8.9%，产量9097.6吨，同比下降8.3%。牧业产值17824万元，同比下降17.9%。禽类出栏66.3万只，同比下降7.0%，年末存栏22.2万只，同比下降0.4%；生猪出栏2.7万头，同比增长11.9%，年末存栏2.5万头，同比下降19.3%。渔业产值3264万元，同比增长2.7%。水产品总产量2318吨，同比增长1.1%。农林牧渔服务业产值641万元，同比增长7.8%。

三、工业和建筑业

全年全市工业增加值20613万元，同比下降8.8%；其中，规模以上工业增加值同比下降14.6%。

全年全市规模以上工业总产值（不含电网）26687万元，同比下降10.8%。分行业看，规模以上医药制造业产值同比下降8.1%；水利发电业产值同比增长13.7%；水泥制造业产值同比下降77.4%；水的生产和供应业产值同比下降1.6%；水泥制品制造业产值同比下降0.8%。

2022 年全市工业增加值及其增长速度

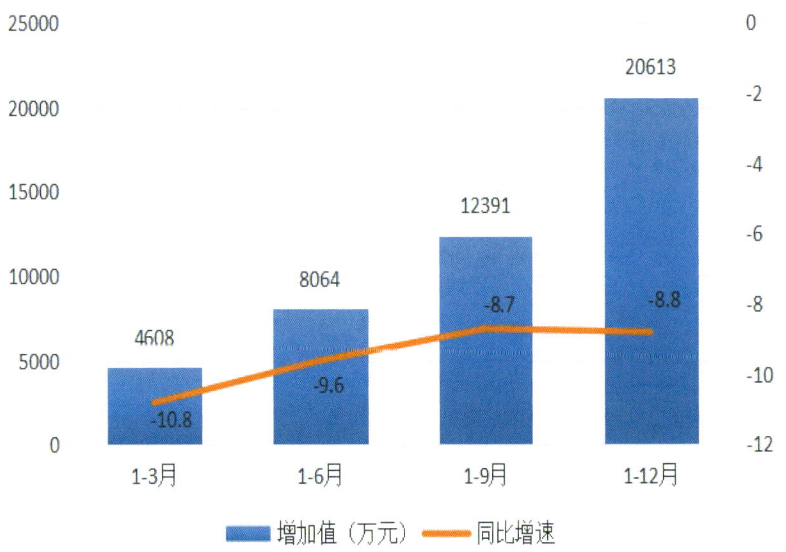

社会消费品零售总额月度累计同比增速情况

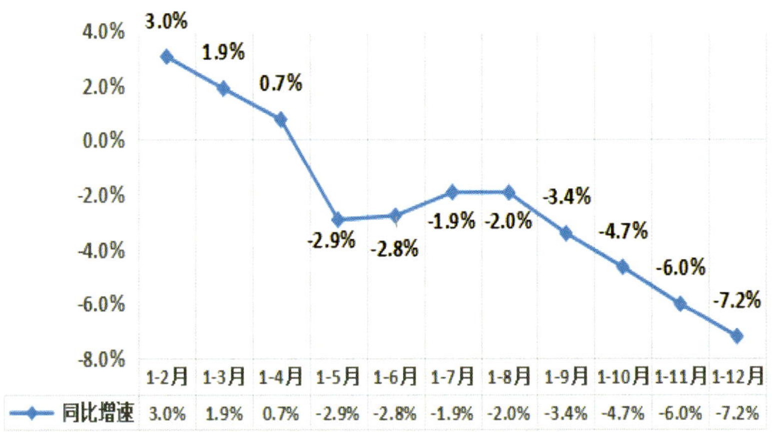

全年全市建筑业增加值44883万元，同比增长5.9%。全市具有资质等级的建筑企业单位2个。2022年全市资质内建筑企业全年房屋建筑施工面积4.46万平方米，比上年下降34.1%；房屋建筑竣工面积1.13万平方米，与上年持平。

四、服务业

全年全市服务业（第三产业）增加值238948万元，同比增长1.3%。其中，批发和零售业增加值27697万元，同比下降9.6%；交通运输、仓储和邮政业增加值8222万元，同比下降5.3%；住宿和餐饮业增加值26023万元，同比下降7.9%；金融业增加值20184万元，同比增长4.1%；房地产业增加值28329万元，同比增长9.3%；其他服务业增加值128222元，比上年增长4.1%。

全年全市货物周转量867万吨公里，同比下降15.3%；旅客周转量4190万人公里，同比下降44.4%；客运量53万人，同比下降42.8%；货运量17万吨，同比下降19.1%。

五、国内贸易与对外经济

全年全市社会消费品零售总额119119万元，同比下降7.2%。按城乡类型分，城镇零售额101272万元，同比下降7.2%，乡村零售额17847万元，同比下降7.3%。按消费类型分，商品零售额97196万元，同比下降7.3%，餐饮收入21923万元，同比下降7.0%。

全年全市货物进出口总额637万元，同比增长138.1%。

六、固定资产投资

全年全市固定资产投资同比增长11.3%。其中，房地产投资同比下降2.7%；非房项目投资同比增长18.3%。分产业投资看（不含跨境投资），第一产业投资同比增长713.5%，第二产业投资同比增长40.4%，第三产业投资同比增长15.5%。分投资主体看，政府投资同比增长58.3%；社会投资同比下降11.5%。

房地产项目房屋施工面积109万平方米，同比下降5.4%。商

固定资产投资月度累计同比增速情况

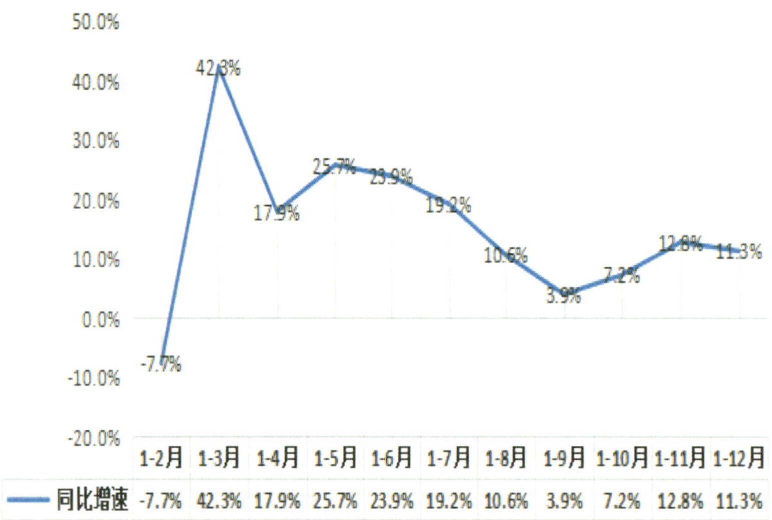

2022 年财政收支及其增长速度（同口径对比）

财政收入情况	总量（万元）	比上年增减 %	财政支出情况	总量（万元）	比上年增减 %
地方一般公共预算收入	20898	-5.7	地方一般公共预算支出	269356	6.0
1. 税收收入	9469	-13.2	# 一般公共服务支出	25550	5.4
# 增值税	705	-51.8	国防支出	391	-0.5
企业所得税	2632	18.4	公共安全支出	10817	12.9
个人所得税	706	-18.5	教育支出	39841	11.2
资源税	51	-29.2	科学技术支出	547	-63.0
城市维护建设税	382	-14.0	文化旅游体育与传媒支出	5370	6.7
房产税	708	31.4	社会保障和就业支出	27533	9.0
印花税	156	9.1	卫生健康支出	28852	20.7
城镇土地使用税	1988	6.9	节能环保支出	13324	-16.5
土地增值税	609	-41.6	城乡社区支出	20564	2.0
契税	776	6.4	农林水支出	69386	-7.6
2. 地方非税收入	11429	2.4	交通运输支出	5889	35.3
# 行政事业性收费收入	2486	-0.1	资源勘探工业信息等支出	2612	121.7
罚没收入	2680	74.8	商业服务业等支出	323	37.4
国有资源（资产）有偿使用收入	2141	76.2	自然资源海洋气象等支出	5247	234.4
			住房保障支出	9040	50.2
			粮油物资储备支出	270	-40.4
			债务付息支出	2149	-2.3

品房销售面积4.45万平方米，同比增长204.6%。商品房销售额40151万元，同比增长135.2%。

七、财政、金融和保险

2022年，全市一般公共预算收入20898万元，同口径下降5.7%。其中，税收收入9469万元，同口径下降13.2%，非税收收入11429万元，同比增长2.4%。一般公共预算支出269356万元，同比增长6.0%。

年末全市辖区金融机构（本外币）各项存款余额89.05亿元，同比增长4.5%。其中，住户存款68.03亿元，增长13.5%；非金融企业存款11.80亿元，同比下降7.4%。各项贷款余额67.36亿元，同比增长14.5%。其中，住户贷款17.72亿元，同比增长11.2%；非金融企业及机关团体贷款49.64亿元，增长15.7%。

全市原保险保费收入11369.21万元，同比增长13.0%。其中，财产保险收入6180.44万元，同比增长48.5%；寿险收入4187.32万元，同比下降12.2%；意外险收入325.28万元，同比下降21.4%；健康险收入676.17万元，同比下降6.1%。

八、居民收入和社会保障

全年全市常住居民人均可支配收入26888元，同比增长2.9%。其中，城镇居民人均可支配收入35071元，同比增长

0.8%；农村居民人均可支配收入16593元，同比增长8.1%。

城镇居民人均住房面积29.8平方米，同比下降0.7%；农村居民人均住房面积29平方米，同比增长3.6%。

年末全市城镇居民最低生活保障人数486人，同比下降30.2%；农村居民最低生活保障人数1731人，同比下降21.8%；农村五保户供养对象218人，同比增长42.5%；全年实施医疗救助9300人次，同比增长1.8%。

年末全市参加城镇职工基本养老保险人数27393人。年末城镇职工基本医疗保险参保人数21564人。城镇居民基本养老保险参保人数46457人。城镇居民基本医疗保险参保人数73354人。参加工伤保险16126人。

全年抚恤、补助各类优抚人员资金222.6万元。发放产业奖励金额635.8万元。冬季瓜菜补贴1086.6万元。投入乡村振兴资金20524万元。全市防止返贫监测对象6273户23170人。

全年全市农村危房改造10户，改造面积789.4平方米；竣工10户，竣工面积789.4平方米，竣工率100%。通过存量商品住房转安居房的方式筹集保障性住房342套，占年度计划100.3%。

九、科学技术和教育

2022年五指山市获批国家首批创新型县（市），成为海南省唯一的国家级创新型县（市）。发放科技创新创业比赛获奖奖励、2021年度高新技术企业认定和省级科技型中小企业入库奖励共50.4万元，落实发放雪茄产业奖励补助40.07万元。推荐3家企业申报高新技术企业，1家通过认定，2家成功入库省级高企培育库企业，全市高新技术企业达到4家。推荐13家企业申报科技型中小企业，13家通过认定，全市科技型中小企业达到13家，同比增长62.5%。面向全国公开遴选39名优秀科技人才，实现人才要素向农村农业的逆向流动。

市辖区内省属大中专学校全年招生人数10409人，毕业生6307人，在校生27531人。市辖区内省属中学全年共招生1646人，毕业1561人，在校4663人。全市各级各类市属学校73所。其中，九年一贯制学校3所，完全中学1所，完全小学10所，教学点39所，特殊教育学校1所，幼儿园19所。学生方面，全市秋季小学在校生8046人，秋季初中在校生3443人，秋季高中在校生1053人。教师方面，小学专任教师数753人，普通中学专任教师数757人。九年义务教育巩固率96.0%。高招全市高考报考人数1297人。

十、文化、旅游、卫生健康和体育

年末全市文化馆1个，公共图书馆1个，博物馆1个。广播综合人口覆盖率为99.8%，电视综合人口覆盖率达99.8%。全年深入全市建档立卡脱贫村、部队军区等开展文化惠民演出51场次，受益人数达5000人次。以脱贫户和农村妇女为主要对象，举办线上线下培训班36期，培训人数超1000人次。

2022年全市累计接待游客总数139.81万人次，同比下降17.4%。其中，接待过夜游客人数72.38万人次，同比下降16.2%；接待一日游游客67.43万人次，同比下降18.7%。

实现旅游总收入10.66亿元，同比下降10.5%。旅游事业方面，五指山市水满乡获评2022年全国乡村旅游重点乡、五指山市毛纳村获评2022年全国乡村旅游重点村、五指山革命根据地纪念园创建国家AAAA级旅游景区、五指山市获评省级全域旅游示范区。

全市医疗卫生机构123家。各类卫生技术人员1378人，其中，执业医师372人，执业助理医师64人，注册护士662人，药剂人员58人，检验人员60人。全市医疗机构床位数1490张。个体诊所数26个，个人诊所卫生技术人员85人。村委会卫生室56个，乡村医生和卫生员58人。城市居民规范化电子健康档案建档

34869份，农村居民规范化电子健康档案建档61012份，建档率达92.7%。

成功举办热带雨林国家公园阿陀岭徒步赛，第二届“五指山大力神杯”青少年足球冬令营邀请赛，中国自由搏击超级联赛等比赛。在海南省第六届运动会比赛中，五指山市获群众赛事奖牌38块，竞技赛事奖牌6块。在全面健身方面，升级改造乡镇篮球场10个，新建全民健身路径123件套。

十一、资源、环境和应急管理

初步核算，全年全市全社会能耗8.88万吨标准煤，同比增长0.5%。规模以上工业能耗0.83万吨标准煤，同比下降17.8%。

全年全市造林绿化面积678.6亩。城市绿地面积541.8公顷，现有林地面积146万亩，森林覆盖率90.16%。城市饮用水水源地水质达标率100%，地表水质优良比例100%，城市生活污水处理率97.5%。空气质量优良比例100%。全年完成垃圾填埋量3.9万吨，无害化垃圾处理率100%。无公害防治率100%。

五指山市今年共发生生产安全事故0宗，死亡0人，与2021年同期相比，事故宗数下降100%，死亡人数下降100%。全年全市组织安全生产执法检查25次，检查人员120人，检查生产经营单位225家。全市发现隐患问题1520宗，已整改1376宗，整改率达90.53%，其中，危化品、邮政快递行业、危险废物、燃气安全生产的专项整治整改率、经营性自建房排查录入率及燃气报警器安装完成率均为100%。年末汽车拥有量4.6万辆，同比增长26.8%。全年共查处各类交通违法65678起，道路交通事故死亡5人（无生产经营性道路交通事故），万车死亡率从2021年的1.37下降至1.07。

注释

1. 本公报部分数据为初步统计数，最终核实数以《五指山统计年鉴—2023》公布的数据为准。

2. 地区生产总值和各产业增加值绝对数按现行价格计算，增长速度按不变价格计算。根据《国民经济行业分类》（GB/T 4754—2017）对三次产业进行划分。

3. 本公报中部分指标合计数与分项数有出入主要是由于四舍五入的原因，均未作机械调整。

资料来源

本公报中财政数据来自市财政局，金融机构存贷款数据来自中国人民银行五指山支行，户籍人口数据来自市公安局，保险业数据来自中国银保监会海南监管局，价格、居民收入数据来自海南调查总队，科学技术数据来自市科技与信息化局，森林数据来自市林业局，交通运输数据来自市交通运输局，文化、体育和旅游数据来自市旅游和文化广电体育局，教育数据来自市教育局，医疗卫生数据来自市卫生健康委员会，医疗救助数据来自市医疗保障局，抚恤补助数据来自退役军人事务局，公共卫生、绿化数据来自市政服务中心，社会救助数据来自市民政局，社会保险数据来自市社会保险服务中心，就业数据来自市就业服务中心，乡村振兴数据来自市农业农业局、市乡村振兴局，危房改造数据来自市住房和城乡建设局，保障性住房数据来自住房保障中心，空气质量数据来自市生态环境局，生活污水处理数据来自市水务局，安全生产、交通事故数据来市应急管理局，汽车拥有量数据来自市公安局交通管理大队，其他数据均来自市统计局。

五指山市政府投资项目管理暂行办法（2022年修订）

第一章 总 则

第一条 为规范政府投资项目管理，严格基本建设程序，建立健全科学的政府投资决策机制和组织实施程序，提高投资效益，强化政府投资事中事后监管，根据《政府投资条例》（国务院令第712号）、《海南省人民政府关于印发〈海南省政府投资项目管理办法〉和〈海南省政府投资项目代建制管理办法〉的通知》（琼府〔2019〕61号）和有关法律法规，结合五指山市实际，制定本办法。

第二条 本办法所称政府投资项目，是指在本市行政区域内全部或者部分使用各级财政资金及政府性债务资金进行的固定资产投资活动。

第三条 政府投资应当投向市场不能有效配置资源的社会公益服务、公共基础设施、农业农村、生态环境保护和修复、重大科技进步、社会管理、国家安全等公共领域项目，以非经营性项目为主。

第四条 政府投资可以采取直接投资、项目资本金注入、投资补助和贷款贴息等方式。本办法只适用于直接投资、项目资本金注入的政府投资项目。投资补助和贷款贴息等方式的政府投资项目，按照有关规定执行。

第五条 市发展改革委为本级政府投资主管部门，负责年度政府投资项目计划的编制、项目库的管理、组织申报上级专项资金和项目的协调监督等综合管理工作；

市财政部门负责政府投资项目资金的统筹与拨付、协助行业主管部门申报项目上级专项资金、工程竣工决算（含工程结算和竣工财务决算）审批；会同行业主管部门在项目全生命周期内进行绩效评价；对五指山市资本金注入项目进行统筹管理，对政府和社会资本合作（PPP）项目进行物有所值评价、财政承受能力论证及PPP综合信息平台管理等。

市自然资源和规划部门负责统筹城乡功能规划布局，按照五指山市总体规划（空间类）要求，对列入政府投资项目储备库的项目科学合理布置，按照节约、集约用地原则，及时向项目单位提供项目建设规划设计条件并及时预审核项目单位编制的设计方案是否符合规划要求，出具审核意见，及时办理土地转用（征收）报批及供地手续，及时核发不动产权证书。

市行政审批服务部门负责政府投资项目审批工作，深入推进“一枚印章管审批”改革，建立健全行政审批工作机制，并组织实施。

市生态环境、林业等部门要按照职责和权限，对拟列入政府投资项目计划的项目及时预审核建设项目是否能够占用、砍伐（或移植）林地，环境评价是否能够通过等，确保项目能够依法依规开工建设。

市审计部门对政府投资项目依法列入年度计划进行审计监督。市监察部门在其职责范围内对政府有关部门履行政府投资管理职责情况进行监督。

市住房城乡建设、旅游和文化广电体育、生态环境、人力资源社会保障、教育、卫生健康、交通运输、水务、农业农村、各乡镇政府等部门在各自的职责范围内，分别承担行业内政府投资项目的启动、资金支出、项目实施、监督和管理等职责。

第六条 项目业主是项目管理的责任主体，原则上由有能力的市属国企、乡镇政府及行业主管部门（含下属事业单位）承担，具体由行业主管部门、各乡镇报请市政府确定。

第七条 政府投资项目原则上由项目业主负责建设。除涉及国家安全、国家秘密的项目外，不具备自行建设技术及管理条件的政府投资项目可以实行代建制、代管制，由项目业主按照《海南省政府投资项目代建制管理办法》《海南省政府投资社会领域基本建设项目实行代管制暂行办法（修订）》等相关规定执行。

第二章 项目储备与计划管理

第一节 项目储备管理

第八条 政府投资项目实行项目储备制度，实行动态管理。

各行业主管部门根据国民经济和社会发展规划或者经批准的专项规划，编制政府投资项目建议储备名单。市发展改革部门根据政府投资项目建议储备名单，统筹编制五年政府投资项目储备库。各行业主管部门根据五年政府投资项目储备库，每年9月前滚动编制本行业下一年度的政府投资项目三年建议规划，经市政府分管领导审定后，转送市发展改革部门。

市发展改革部门每年10月汇总政府投资项目三年建议规划，统筹编制下一年度政府投资项目三年滚动计划，报市政府批准后执行。

国家或省安排部署以及市委、市政府依法决策新增的项目，可以直接纳入政府投资项目三年滚动计划。

第九条 项目单位从政府投资三年滚动计划中选取需开展前期工作的项目，报市发展改革部门汇总审核论证，并提请市委、市政府批准后，列入项目储备库。

第十条 项目入库申报方式。

（一）集中申报。每年10月，各乡镇、各相关部门从政府投资三年滚动计划中，提出拟建设的项目计划，向市投资主管部门申报，市投资主管部门统筹汇总审核提出年度储备项目方案报市委、市政府研究批准后，列入项目储备库。

（二）按月度追加。非集中申报期间，因经济社会发展需要急需实施建设的项目，由各乡镇、各相关部门每月20日向市投资主管部门申报，市投资主管部门汇总审核提出意见后按月报市委、市政府按本办法规定程序审核批准后纳入项目储备库。

国家安排部署或者上级及本级人民政府依法决策新增的重点项目，可按需经市发展改革部门审核后报市委、市政府按本办法规定程序审核批准后纳入项目储备库。

第十一条 列入项目储备库的项目，项目单位可向市发展改革部门申请安排项目前期工作经费。前期工作经费包括规划、用地、用林、环境影响评价、地灾防治、水土保持、项目建议书、可行性研究报告、勘察、初步设计（实施方案）及概算等方面的编制、审查、论证所发生的费用，即办理施工许可证之前所发生的所有前期费用。

第十二条 列入项目储备库后，项目单位应当根据政府投资项目基本建设程序要求，加快推进项目勘察、设计、用地、用林等前期工作，落实项目开工建设各项前期条件，提高项目成熟度。项目单位应加紧完成建设准备阶段所有工作，直至项目达到施工招标条件。

第十三条 储备项目确定后，市自然资源和规划部门立即开展土地权属确认、用地预审和办理农转用（征收）报批手续；项目所在乡镇政府启动新建项目的土地和房屋征收工作；代建单位或代管单位（有代建单位或代管单位的由代建单位或代管单位负责，无代建单位或代管单位的由项目业主单位负责）负责组织实施征地拆迁工作中涉及的管线迁移（含绿化）等，并配合乡镇政府做好项目征地和房屋征收工作；管线（绿化）主管部门应协助代建单位或代管单位督促权属单位及时落实迁移工作。

第二节 年度计划管理

第十四条 政府投资项目计划应当遵循量入为出、综合平衡的原则。政府投资项目年度计划应当与本级预算相衔接。

市财政部门按照“优先安排收尾、其次续建、最后新开”的时序安排项目，安排项目资金。

第十五条 列入年度政府投资计划的项目，原则上应符合以下条件：

（一）采用直接投资方式的投资项目，已完成项目可行性研究报告或初步设计（实施方案）及概算批复；

（二）项目涉及用地、用林等的，用地、用林等手续均已完成；

（三）项目涉及需配套建设资金的，配套资金已落实或资金来源渠道已明确并承诺及时足额落实到位；

（四）项目须明确名称、建设内容和规模、项目总投资及各类建设资金来源、建设年限，年度投资额以及资金来源、年度建设内容等事项；

（五）涉及城市建设急需启动的计划外新增政府投资项目，由市发改委对行业主管部门、各乡镇提出的项目建设必要性进行论证，商市财政部门确认有明确资金来源后，按有关程序报市委、市政府同意并列入当年投资计划予以实施。

第十六条 经市政府批准的年度政府投资项目计划，是拨付建设资金的依据。市财政部门和项目单位应严格执行并保证建设资金及时足额拨付到位，不得截留、挤占和挪用。

第十七条 根据全市经济社会发展需要，在编制年度政府基本建设投资计划时，应安排一定的预留资金，用于争取中央及省财政投资项目配套及项目前期工作经费等专项支出。

第十八条 政府投资项目年度计划一经批准，必须严格执行，任何单位和个人不得擅自变更。确需变更或调整年度政府投资总额或者增减政府投资项目的，市发展改革部门应当会同财政和行业主管部门制定调整方案报市政府批准。

对已批准的年度投资计划进行调整的，由项目建设单位提出，经市发展改革部门征求财政和行业主管部门意见后审批，但累计安排资金不得超过计划明确的该项目政府出资总额。

第三章 项目审批管理

第十九条 政府投资项目实行审批制。按照规定批准项目建议书、可行性研究报告、初步设计（实施方案）及概算。由市行政审批服务部门负责按权限审批政府投资项目，应由上级项目审批部门审批的政府投资项目，由市投资主管部门或业主单位按程序逐级上报审批。

除涉及国家秘密的项目外，市投资主管部门和其他有关部门应当通过投资项目在线审批监管平台，使用在线平台生成的项目代码办理政府投资项目审批手续。

除市政府同意补办项目审批手续文件的项目以外，未经审批而建设完成的项目，不再补办审批手续。

有下列情形之一的，简化审批程序：

（一）估算总投资200万（含）—2000万元（不含）的项目，直接审批经过工程咨询机构评审后的初步设计与概算，不审批项目建议书和可行性研究报告；

估算总投资50万（含）—200万元（不含）的项目，由项目建设单位委托具有工程勘察设计资质的设计单位编制初步设计及概算或施工图设计及预算，并委托工程咨询机构进行评审后自行组织实施；

估算总投资50万元以下（不含50万元）的项目，不编制初步设计及概算，由项目建设单位编制项目建设实施方案及预算自行组织实施。

（二）国民经济和社会发展中长期规划及各有关专项规划中已经明确的政府投资项目，不再审批项目建议书，以规划代项目建议书的审批。

（三）为应对自然灾害、事故灾难、公共卫生事件、社会安全等突发事件需要紧急建设的项目，总投资额不受限制，由行业主管部门按程序报市委、市政府同意启动后直接编制初步设计及概算后，由市行政审批服务部门按程序审批。

（四）党政机关和公益一类、二类事业单位办公业务用房维修改造，由市机关事务管理部门或行业主管部门审批，并按同级财政部门有关支出标准执行。

第二十条　项目建议书的审批。项目建设单位可自行编制项目建议书或聘请工程咨询机构编制，项目建议书应当对政府投资项目的必要性、拟建地点、拟建规模、投资匡算、资金构成以及预期效益进行初步分析阐述，并提供相应的决策依据及其他申报材料。申请项目建议书审批时应提交如下材料：

（一）项目建议书审批书面申请；

（二）项目建议书；

（三）市委、市政府批准同意的会议纪要或相关文件；

（四）根据法律法规应提供的其他文件。

项目建议书编制完成后，按规定程序向项目审批部门履行报批手续。项目审批部门对符合有关规定、确有必要建设的项目，批准项目建议书，并将批复文件抄送市发展改革、自然资源和规划、生态环境等有关部门。批复文件有效期为2年。

市投资主管部门或者其他相关部门可委托投资评审机构等专业机构对项目开展评审和事前绩效评估。

第二十一条　项目可行性研究报告的审批。项目建议书经市行政审批服务部门批准后，项目建设单位应当委托工程咨询单位编制可行性研究报告，编制完成后报市行政审批服务部门委托工程咨询机构进行评估，所发生的咨询评估费用由本级财政部门在项目审批部门预算中安排经费予以保障。可行性研究报告应当对政府投资项目的技术方案和经济社会效益、投资估算等进行全面分析论证，并明确建设资金来源构成和筹措方案，申请可行性研究报告审批时应提交如下材料：

（一）项目可行性研究报告审批书面申请；

（二）项目可行性研究报告（须由工程咨询单位编制，并包含招标范围、招标组织形式、招标方式、招标估算金额等招标投标相关内容）；

（三）项目可行性研究报告评估报告（工程咨询机构出具的评估报告）；

（四）市行政审批服务部门出具的规划选址意见和土地预审意见；

（五）招标核准申请表；

（六）根据法律法规应提供的其他文件。

对国民经济和社会发展具有重大影响的项目、涉及农民利益民生类项目，可委托多家具有相应资质的咨询机构进行评估，或委托另一家具有相应资质的咨询机构对已完成的评估报告进行社会稳定评价。对经济、社会、环境有重大影响，社会公众普遍关注的项目，逐步推行政府投资建设项目公示制度，广泛征求社会各方面的意见和建议。

第二十二条　初步设计及概算的审批。可行性研究报告批准后，项目建设单位应当委托具有工程勘察设计资质的设计单位依照经批准的项目可行性研究报告编制项目初步设计及概算，初步设计的总概算应当包括项目建设所需的全部费用。不需审批可行性研究报告的项目，项目建设单位可直接委托具有工程勘察设计资质的设计单位编制初步设计及概算。初步设计及概算编制完成后报市行政审批服务部门委托工程咨询机构进行评审，所发生的咨询评审费用由本级财政部门在项目审批部门预算中安排经费予以保障。申请初步设计及概算审批时应提交如下材料：

（一）初步设计及概算审批书面申请；

（二）项目可行性研究报告批复（200万—2000万元的项目，需提交规划选址意见和土地预审意见）；

（三）项目初步设计文件；

（四）项目概算文件；

（五）项目初步设计及概算评审报告（工程咨询机构出具的评审报告）；

（六）根据法律法规应提供的其他文件。

承担咨询评估评审工作的工程咨询机构不得是承担编制本项目建议书、可行性研究报告、初步设计及概算的工程咨询机构。

业主单位应择优委托编制单位对项目建议书、可行性研究报告、初步设计及概算认真按照相关规范文件进行编制，业主单位在提交评估评审申请前需对编制文本认真审查。如提交的报告文本编制内容与实际情况不符、与相关规范文件不相符、内容较差的，由市行政审批服务部门做退件处理，并把编制单位、业主单位推送至市投资主管部门按照本办法第二十九条处理。可行性研究报告评估、初步设计及概算评审不得委托同一工程咨询机构进行评估评审。

项目总概算超过可行性研究报告批复投资估算10%（不含）以上的，须经市委、市政府批准同意后重新申请评估可行性研究报告再进行初步设计及概算评审。

项目建设单位向市行政审批服务部门报批初步设计及概算时，所有报送材料视同承诺严格按照初步设计及概算批复的建设内容和规模开展后续设计和实施工作。

经审批的初步设计及概算是编制施工图设计及预算、安排年度建设资金计划和资金拨付的依据。

项目建设单位根据批准的初步设计及概算，组织设计单位编制施工图预算及翔实的工程量清单。应当严格按照批准的建设内容实行限额设计，设计预算不得超过批准的设计概算，即施工图设计确定的建设内容、标准和规模不得超过初步设计批复的范围；工程总预算不得超过已批准的概算。

项目建设单位可在初步设计及概算批准后组织施工招标工作。

第二十三条 项目审批实行限时办结制。对于符合条件、审批所需材料齐备的，自正式受理之日起，项目建议书、可行性研究报告、初步设计及概算的审批应分别在3个工作日内办结。办理时间不含申请人补充资料导致的延时和咨询评估机构评估、评审时间。

第二十四条 项目建议书、可行性研究报告、初步设计、概算（含调整）的审批文件有效期2年，建设周期长的保障房、土地储备项目除外。

有效期内完成下一阶段审批工作的审批文件持续有效；有效期届满前未能取得下一阶段批复文件的，应在有效期满前3个月内向市项目审批部门申请延期（线下延期），原则上予以延期1次。

第二十五条 为进一步深化行政审批制度改革，提高行政审批效率，完善管理方式，强化事中事后监管，努力营造良好的营商环境，可推行行政审批告知承诺制。

（一）告知承诺制方式。告知承诺制为由项目建设单位提出行政审批申请，市行政审批服务部门一次性告知其审批条件和需要提交的材料，项目建设单位在当下无法全部提交申请材料的情况下，向市行政审批服务部门作出在期限(原则上不超过90个工作日)内补齐全部申请材料且符合法定审批条件的书面承诺。市行政审批服务部门在项目建设单位作出承诺后即可作出行政审批决定，并发放有关证照和批文。

（二）告知承诺制范围。可采用告知承诺制事项为生产建设项目水土保持方案审批、建筑业企业资质核准(首次核准)、人民防空地下室竣工验收备案与易地建设竣工验收复核、设置大型户外广告及在城市建筑物、设施上悬挂、张贴宣传品审批、影响交通安全的占道施工许可、建筑工程施工许可证核发、建设工程规划许可证（市政基础设施工程）、树木审批移植树木申请、树木审批临时占用绿地申请、城市道路挖掘审批、临时占用城市道路和城市道路设施审批。

市行政审批服务部门应对采用承诺审批的各类事项进行梳理，根据相关法律、法规、规章制定标准规范，按照全市统一的承诺书模板，逐项编制本领域实施事项的承诺书，编制材料目录，并对外予以公布。市行政审批服务部门在作出决定后应将承诺内容、审批结果推送至承诺事项主管部门，各有关行业监管部门应当通过在线平台实行信息公开、协同监管，加强事中事后监管，主动接受社会监督。

第四章 项目建设和资金管理

第二十六条 政府投资项目实行项目建设单位法人责任制，由项目建设单位对项目的策划、资金筹措、建设实施、经营管理、债务偿还和资产保值增值实行全过程负责。政府投资项目应当严格实行招投标制、监理制、合同制。项目建设单位应当建立预算、进度、质量三大控制体系，切实有效地提高政府投资项目效益。项目建设严格按照“估算控制概算、概算控制预算、预算控制决算”的原则控制投资成本，施工合同中应约定竣工决算资料报送要求等条款。

第二十七条 除涉及国家安全、国家秘密以及经国家发展改革委或省政府批准不公开招标的政府投资项目外，其他政府投资项目，项目建设单位应当通过市场竞争的方式择优委托有资质的招标代理机构，并按照现行的国家及省有关法律法规进行招标工作。项目建设单位必须按照中标价格同项目工程以及与工程建设有关的服务、货物单位签订固定价格合同，约定在合理工期内按既定的合约价格开展项目工程以及与工程建设有关的服务、货物供应，严格按照批准的设计内容、标准和规模建设，不得擅自变更设计方案。

第二十八条 建设工程的勘察、设计和监理等应当依法订立合同。为确保勘察、设计和监理工作质量，合同中应明确规定，项目建设单位应留取勘察费、设计费和监理费的15%作为后期服务费用。

第二十九条 政府投资项目应当依法办理相关手续，在具备国家规定的各项开工条件后，方可开工建设。

项目开工建设前，需办理环境影响评价的项目，项目建设单位应依法取得环境影响评价文件审批意见或者履行环境影响登记表备案手续。

政府投资项目建设过程中必须要按照有关规定确保资金落实到位，不得由施工单位垫资建设。

项目实施过程中不得任意压缩或随意延长合理工期。

第三十条 政府投资项目的建设资金管理按财政国库集中支付制度改革相关规定执行；实行专户核算管理的资金，其管理程序按相关支付管理办法执行。建设资金拨付实行概算控制和工程进度核准制，施工单位必须在工程开工前分别按工程中标价2.5%向属地劳动监察机构指定的账户存入农民工工资保证金。

施工单位凭资金审批文件、合同及拨款申请，到项目建设单位办理拨款手续。对有单位自筹和融资资金的项目，承诺筹措资金的单位必须按照项目进度同比例拨付。

工程进度款支付金额累计达到工程合同价款的85%时原则停止拨付金额，待工程竣工验收后，以经过结算审核的工程价款为依据办理竣工决算，保留3%的工程价款作为质量保证（保修）金，待工程交付使用一年质保期到期后清算（合同另有约定的，从其约定）；质保期内如有返修，发生费用应在质量保证（保修）金内扣除。

全额配置市级财政预算内投资的政府投资项目，项目主管部门应当视项目建设完成情况商市发展改革部门审核后再拨付其基本预备费。

第三十一条 政府投资项目的初步设计及概算一经审批，必须严格执行，不得擅自修改或者调整。确因以下原因造成投资增加，无法在概算中调剂解决的，可以申请调整概算。

（一）自然灾害等不可抗力造成项目建设条件发生重大变化的；

（二）地质条件发生变化、地下资源和考古被发现等情况的；

（三）重大政策变化、调整或者原材料价格波动超过上年度20%以上的；

（四）原设计方案经批准变更的。

如项目总投资不超过审批概算总投资10%（含）的，由项目建设单位报原初步设计及概算审批部门批准后实施。

如项目总投资超过审批概算总投资10%的（或未经结算审核的工程建安费超出已审批概算中工程建安费10%的，但工程总造价不超出审批概算总投资10%的情况也视为超概算处理），由项目建设单位向原初步设计及概算审批部门提出，原初步设计及概算审批部门按权限提出初审意见后，由项目建设单位按规定提交市委、市政府审议，以审议通过文件作为调概依据，经原审批部门对项目进行重新审核批复后，才能进行竣工结算审核。项目审批部门要督促项目建设单位严格依照已批准概算对工程造价（建安费）进行控制。

申请调整概算的项目，如使用预备费可以解决或不符合上述调整概算情形的，一律不予受理调整。概算调整原则上在项目建设期内只允许调整一次。

第三十二条　行业主管部门应当依据有关规定对政府投资项目进行专项或联合竣工验收。项目建成后，项目建设单位应当自行组织施工单位和有关专家进行初步验收，初步验收完成后，应当依据国家有关规定和合同约定及时请行业主管部门牵头组织有关部门和专家对项目进行正式竣工验收。

项目竣工验收后，应当在3个月内编报竣工财务决算，特殊情况确需延长的，中小型项目（500万元以下）不得超过2个月，（500万元及以上）大型项目不得超过6个月。因施工单位的原因，且经项目建设单位多次督促，无法提供结算报告等相关资料，导致项目建设单位无法送审的项目，项目建设单位有权拒绝向施工单位支付剩余资金。

项目建设单位必须加强内部控制和监督，按照国家和本省有关规定办理工程价款结算；项目行业主管部门会同市财政部门加强对工程价款结算的监督。

政府投资项目结余的财政资金按照有关规定收回统筹。

第三十三条　项目建设单位于竣工验收后向归口国有资产管理部门办理产权登记手续并及时完成移交。

实行代建制或代管制的项目，自项目竣工验收合格之日起，代建单位或代管单位应当在30个工作日内按照市财政部门批准的资产向项目建设单位办理资产交付手续，由项目建设单位办理产权登记手续。

项目建设单位应当按照有关规定加强政府投资项目档案管理，将项目审批和实施过程中与工程建设有关的服务、货物招投标采购信息及相关凭证、签证等文件、资料档案存档备查。

第三十四条　市发展改革部门依法对政府投资项目负有监督管理职责的行业主管部门通过在线平台实现政府投资项目信息共享，采取在线监测、现场核查等方式，加强对政府投资项目实施情况的监督检查。

市发展改革部门或行业主管部门应当按照国家有关规定选择有代表性的已建成的政府投资项目，委托中介服务机构对其进行后评价。后评价应当根据项目建成后的实际效果，对项目审批和实施进行全面评价并提出明确意见。

第五章　监督检查

第三十五条　市发展改革部门负责监督检查政府投资项目计划的执行，并及时向市政府报告计划执行情况。

第三十六条　市财政部门负责对政府投资项目的资金安排和使用进行监督。

第三十七条　市审计部门负责依法对本市政府投资项目进行审计监督。市审计部门依法独立行使审计监督权，不影响相关部门和单位依法履行相关合同的行为。

第三十八条　项目建设单位、代建单位或代管单位的勘察、设计、施工、监理单位的名称和责任人姓名应当在政府投资项目的施工现场和建成后的建筑物或者构筑物的显著位置公示。

项目审批各环节部门和建设环节各监督部门应设置并公布举报电话、网站和信箱。任何单位、个人有权举报政府投资项目审批、建设和运营管理中的违法行为。

第六章 法律责任

第三十九条 项目建设单代建单位或施工单位有下列情形之一的，责令限期整改，并依法追究项目法定代表人、代建单位负责人以及直接责任人的行政责任；情节严重的，5年内禁止其参与政府投资项目的建设工作；构成犯罪的，依法移送司法机关追究刑事责任：

（一）未按规定履行有关程序擅自开工的；

（二）违反国家规划、环保、土地、劳动、安全、消防、建筑等有关法律法规的；

（三）擅自提高或降低建设标准，改变建设内容，扩大或缩小投自然资源和规划模，投资严重超过原批复概算的；

（四）未依法组织招投标的；

（五）转移、侵占或挪用建设资金的；

（六）配套资金未按承诺及时到位的；

（七）弄虚作假骗取或套取建设资金的；

（八）发生重大质量或人员伤亡事故的；

（九）无正当理由拖延工期的；

（十）未及时办理竣工验收手续，或未经竣工验收，或验收不合格即交付使用的；

（十一）其他违纪、违法的情形。

第四十条 有关咨询评估、招投标代理、监理、勘察、设计等机构对项目提供服务时结论意见严重失实或弄虚作假的，根据其情节轻重，给予其通报批评或3年内不准在五指山市从事相关业务活动；造成损失的，依法承担赔偿责任；构成犯罪的，依法移送司法机关追究刑事责任。

第四十一条 政府有关部门有下列情形之一的，责令限期改正，并依法追究部门主要负责人和直接责任人员的行政责任；构成犯罪的，依法移送司法机关追究刑事责任：

（一）违反本规定擅自批准项目建议书、可行性研究报告、初步设计和概算总投资的；

（二）滥用职权、玩忽职守作出准予行政许可决定的；

（三）违反本规定拨付建设资金或未及时拨付建设资金的；

（四）强令或授意项目建设单位违反本规定的；

（五）提供给审计、公证材料失实或弄虚作假的；

（六）工程质量出现事故的；

（七）其他违纪、违法的情形。

第四十二条 政府投资项目在建设过程中不得拖欠农民工工资，项目建设单位和施工单位必须按规定缴纳农民工工资保证金，切实保障农民工工资支付。因不按规定及时拨付工程款或者是因工程结算拖延支付工程款导致拖欠农民工工资的，行业主管部门责成有关单位在未结清的工程款内拨付工程款用于垫付工资。严重拖欠农民工工资的，依法追究有关责任人员法律责任。

第四十三条 项目建设单位或代建单位人员在项目建设过程中滥用职权、玩忽职守、徇私舞弊、索贿受贿的，依法没收其非法所得，并追究行政责任；构成犯罪的，依法移送司法机关追究刑事责任。

第七章 附 则

第四十四条 水利、交通项目的实施可按行业管理要求进行。

第四十五条 本办法未尽事宜按国家、海南省相关规定执行。

第四十六条 采用政府和社会资本合作（PPP）模式的项目，依照国家、省和市有关规定执行。

第四十七条 本办法具体应用问题由市发展改革委负责解释。

第四十八条 其他市级规定与本办法冲突的，以本办法为准。

五指山市人民政府办公室

2022年8月19日印发

五指山市社会信用体系建设规划纲要（2022—2024年）

为进一步推进五指山市社会信用体系建设，营造诚实守信的社会氛围，持续优化营商环境，助力海南自由贸易港建设，根据《国务院办公厅关于加快推进社会信用体系建设构建以信用为基础的新型监管机制的指导意见》《国务院办公厅关于进一步完善失信约束制度构建诚信建设长效机制的指导意见》《海南省"十四五"社会信用体系建设规划》《海南自由贸易港社会信用条例》以及《五指山市国民经济和社会发展第十四个五年规划和二〇三五年远景目标纲要》，编制本规划，规划期为2022—2024年。

一、发展基础及形势

党中央、国务院及海南省委、省政府高度重视社会信用体系建设工作，连续颁布一系列政策法规文件，五指山市贯彻落实有关部署要求，稳步推进社会信用体系建设，各项工作取得积极进展，基本框架和运行机制初步形成，为进一步健全五指山市各领域信用体系建设奠定基础。

（一）发展基础

1.工作机制初步建立。2018年市政府决定建立五指山市社会信用体系建设联席会议制度，主要负责统筹协调全市社会信用体系建设工作，研究制定社会信用体系建设中长期规划等工作，并设置联席会议办公室，成员单位由35个部门组成，基本形成各部门协调配合的工作机制，稳步推进全市信用建设工作。

2.信用制度逐步健全。积极制定年度社会信用体系建设实施方案及工作要点，并印发社会信用体系建设工作考核办法。深入贯彻落实国家、省信用制度相关文件，结合实际出台《五指山市关于在行政管理事项中使用信用记录和信用报告的实施细则》《五指山市守信联合激励与失信联合惩戒实施细则》《五指山市2020年社会信用体系建设各部门职责清单》等多项指导性文件，各部门围绕信用信息管理、信用监管、信用奖惩、信用宣传等方面加强制度建设，信用制度体系初步建立。

3.数据报送不断提升。全面落实"双公示"信用信息归集报送工作，积极参加海南省信用信息数据报送培训工作会议，认真学习数据报送规范及要求，依托海南省信用信息共享平台（以下简称"省信用平台"），按照有效数据报送标准逐步实现全市信用信息及时上报，并可通过"信用中国（海南）"网站查询五指山市市场主体信用信息。

4.信用场景实现应用。五指山市各行业主管部门积极开展信用场景应用，一是实施信用承诺制度，贯彻落实《海南省全面推行证明事项告知承诺制实施方案》和《海南省全面推行涉企经营许可事项告知承诺制实施方案》等文件精神，市行政审批服务局对于连续3年无不良记录，且未列入黑名单的市场主体实施告知承诺制；市税务局在6个证明事项中实施告知承诺制；市市场监督管理局对于企业设立、地址变更中的地址实施告知承诺制；市公安局在旅馆业、公章刻制业特种行业许可证核发等3项涉企经营许可事项实行告知承诺制等。二是积极配合推进信用修复工作，如市税务局通过电子税务局开展纳税主体信用复核、信用修复工作等。三是在行政管理事项中应用信用记录和信用报告，市水务局在工程项目招投标工作中应用企业信用报告；市自然资源和规划局在土地类和规划类的相关业务中使用信用记录和信用报告等。四是开展市场主体信用评价工作，市税务局每年度开展纳税人信用评级，对纳税人进行分级分类管理；市住房和城乡建设局依据《海南省建筑市场诚信评价管理办法（试行）》开展评价工作；市人力资源和社会保障局开展诚信企业评价，划分A、B、C等级并进行分级分类监管等。

5.信用活动广泛开展。结合“3·15国际消费者权益日”“6·14信用记录关爱日”等重大节假日开展诚信宣传活动，通过设置宣传标语、现场咨询讲解、发放宣传手册等形式，积极引导社会公众在日常生活中讲诚信、重信用，营造诚实守信的社会氛围。

综上所述，目前五指山市社会信用体系建设逐步发展，但随着海南自由贸易港建设和各领域工作不断推进，五指山市社会信用体系建设仍存在诸多问题和不足，总体建设水平与海南自由贸易港建设要求及其他市、县相比仍有差距，具体体现在：部分部门对社会信用体系建设工作认识不足，未能在职责范围内有效开展信用相关工作；缺少市级信用信息共享平台，各部门间信用信息存在壁垒；信用信息数据归集共享水平有待提升，信用信息数据归集报送率和合规率较低；以信用为核心的新型监管机制尚不成熟；“信用+”应用场景较少，目前信用记录和信用报告等信用产品应用面较窄；各部门信用宣传及活动开展较为单一，社会诚信氛围尚不浓厚。

（二）面临形势

党中央、国务院高度重视社会信用体系建设，习近平总书记在党的十九大报告中明确提出推进诚信建设制度化。推进社会信用体系建设不仅是建设海南自由贸易港的重大战略任务，也是打造五指山市法治化和便利化营商环境的重要内涵。目前，五指山市社会信用体系建设面临重大机遇，通过政府推动、社会共建，形成社会信用体系建设合力。

1.加强社会信用体系建设是优化营商环境、实现市场经济良性发展的重要内容。《优化营商环境条例》第三十条要求“国家加强社会信用体系建设，持续推进政务诚信、商务诚信、社会诚信和司法公信建设，提高全社会诚信意识和信用水平，维护信用信息安全，严格保护商业秘密和个人隐私。”随着市场经济不断发展，全社会对于社会信用体系建设的需求更为迫切，持续深化简政放权、放管结合、优化服务改革，加快建立以信用为核心的新型市场监管机制将为实现市场经济良性发展提供有力支撑。

2.加强社会信用体系建设是有力推动海南自由贸易港建设的重要举措。《海南自由贸易港建设总体方案》及《海南自由贸易港社会信用条例》接连出台，提出要强化监管立法和执法，加强社会信用体系应用，建立健全社会信用体系，加强政务诚信、商务诚信、社会诚信和司法公信等重点领域诚信建设。《海南省“十四五”社会信用体系建设规划》更是提出加快建设社会信用体系是建设海南自由贸易港重大战略任务之一，是提升治理水平、助力高质量发展的重要支撑。

3.加强社会信用体系建设是全力打造讲诚信、守诚信、重诚信的“信用五指山”品牌的重要任务。近年来，海南省对各市、县人民政府进行社会信用体系建设年度考核工作，同时也对各市、县社会信用体系建设提出更高的要求。五指山市出台多项信用领域政策文件，各部门结合工作职责不断将信用管理嵌入公共管理及便民服务中，要求对照国内、省内先进地区的经验做法完善五指山市信用体系建设顶层设计，以更强的决心、更大的力度，狠抓各项任务落实，争取进入全省社会信用体系建设工作前列。

二、总体要求

（一）指导思想

以习近平新时代中国特色社会主义思想为指导，深入贯彻党的十九大和十九届二中、三中、四中、五中、六中全会精神及习近平总书记“4•13”重要讲话精神，全面落实党中央、国务院和海南省关于社会信用体系建设的总体部署和工作要求，建立健全以信用为核心的新型监管机制，不断规范和完善信用监管机制，着力加强重点领域信用体系建设，全力提升社会信用体系建设法治化、规范化水平，更好发挥社会信用体系在助力“放管服”改革、优化营商环境等方面的积极作用，全面有序推进社会信用体系建设，广泛形成守信光荣、失信可耻的氛围，共建“信用五指山”，为逐步创建社会信用体系建设示范城市打下良好基础。

（二）基本原则

统筹推进，规范有序。按照国家、海南省的统一部署，结合五指山市实际，针对社会信用体系建设的长期性、系统性和复杂性，强化顶层设计和制度规范建设。在社会信用体系建设各项工作中坚持法治化、规范化原则，切实维护各类主体合法权益，分步有序推进落实社会信用体系建设各项工作。

加强联动，信息共享。强化各部门、各领域信用信息互联互通和有效对接，建立健全各部门信用体系建设联动机制。将信用信息资源充分整合，及时、准确、全面归集共享各类信用主体的信用信息，同时提高信用信息报送合规率，注重信用信息有效性。

重点突破，注重实效。针对人民群众关切、社会反响强烈、失信易发频发的重点领域，及时分析研判，进行重点突破。确保各项措施落到实处，推进各部门将信用管理嵌入公共管理和便民服务，实施信用惠民便企，增强守信主体获得感和幸福感。

社会共建，加大宣传。积极发挥企事业单位、社会组织、社会公众等多元主体力量，凝聚信用建设发展合力，打造共建共治共享的社会信用体系建设格局。充分利用政府门户网站公开、新媒体账号发布、现场发放宣传手册、“一对一”进行讲解等各类活动形式，丰富诚信宣传活动内容，营造诚实守信的社会氛围。

（三）主要目标

1.夯实基础阶段（到2022年底）　贯彻落实国家、省社会信用体系建设政策法规；逐步建立五指山市信用信息平台，规划一期、二期信用信息平台功能建设；信用信息归集数量增加，加强政务信息公开，完善“双公示”工作机制；加强重点领域信用建设，推进医疗卫生、生态环境、旅游等领域市场主体信用评价工作；构建以信用为基础的事前、事中、事后新型监管机制，强化信用记录和信用报告等信用信息产品在行政事项中的应用；探索开展各部门联合奖惩工作，广泛收集梳理和定期报送信用联合奖惩案例；加强与第三方信用服务机构、社会组织等主体合作，共同推动社会信用体系建设；加大诚信宣传活动力度，营造诚实守信的社会氛围；加强在政府网站、信用网站、重点媒体等互联网网站公开信用工作动态，推进城市信用监测排名提升20%以上。

2.稳步推进阶段（到2023年底）　不断健全完善市级信用政策法规和信用标准体系；五指山市信用信息平台建设完成一期建设阶段，实现基础功能应用；信用信息归集更加规范，“双公示”、荣誉奖励信息等信用信息报送数据总量逐步增加，合规率达到85%以上；信用承诺制度全面落实，信用分级分类监管落到实处，各部门联合奖惩工作发挥作用；在重点领域大力拓展信用惠民便企和“信易+”等守信激励场景信用应用；不断推进失信专项治理工作，积极开展失信主体信用修复工作；通过大力组织诚信宣传、诚信评比等活动提升社会公众诚信意识，稳步推进五指山市社会信用体系建设，并进一步提升城市信用监测排名。

3.显著提升阶段（到2024年底）　努力构建形成与海南自由贸易港发展要求及与五指山市经济社会发展水平相适应的社会信用体系；五指山市信用信息平台运行有序，二期对原有模块进行改版和拓展，扩充服务渠道、简化使用方式、优化用户体验，促进信用信息交互共享；各部门信用体系建设工作意识加强，关键环节和重点领域制度标准全面覆盖，为社会信用体系建设制度化、规范化打下坚实基础；信用信息归集、共享和应用水平全面提升，信用信息数据安全性、有效性、规范性增强，“双公示”、荣誉奖励信息等信用信息报送数据总量稳定，合规率达到90%以上，信用信息的公开公示更加规范合理；守信联合激励和失信联合惩戒机制持续发挥作用，信用奖惩案例突出；在行政管理和公共服务过程中对各类市场主体信用记录、信用报告等信用产品的应用率提高，信用惠民便企和“信易+”等守信激励场景信用应用全面铺开，信用监管贯穿社会治理和行业监管的全过程；贯彻落实信用修复制度，建立有利于自我纠错、主动自新的社会鼓励与关爱机制,保障信用主体合法权益;各领域线上线下诚信宣传、培训及评比等活动形式丰富,活动举办次数明显增加,诚信宣传力度加大,企事业单位、社会组织及社会公众广泛参与社会信用体系建设,形成诚实守信的良好社会风尚,城市信用监测排名位于全省前列。

三、主要任务

坚持法治化、制度化、标准化建设要求,以制度标准为基础,以信用信息归集共享为重点,加强信息安全防范工作,促进信用产品应用及信用服务机构发展,全面提升诚实守信意识。

(一)健全信用管理制度,推进信用法治化

1.坚持依法依规推进社会信用体系建设。全面落实法律法规涉及信用工作的条款规定,明确全市社会信用体系建设中各类主体的相关权利义务,厘定信用信息管理、信用监管、信用奖惩、信用主体权益保护、信用服务行业规范发展等各类活动的法律责任,纠正和杜绝信用信息滥用与信用惩戒泛化。

2.健全完善行业领域信用管理制度。坚持"先规范,再完善"的原则,推动重点行业领域信用管理制度健全完善。对与国家、省规定相违背的文件,按照"谁制定、谁清理"的原则,及时废止或按程序进行修订,确保全市社会信用体系建设管理制度严谨统一,规范有序。鼓励各部门结合行业特点,完善配套制度,在公共信用信息开放与共享、信用评价与分级分类管理、全周期差异化新型监管、信用应用场景、失信预警、信用修复、信用服务市场培育与规范等方面,研究制定信用建设实施细则与工作方案。

(二)加强信用信息归集共享,防范信用风险

1.提升信用信息数据质量。贯彻落实国家、省相关文件要求,结合各部门权责清单及时更新完善五指山市社会信用体系建设各部门职责清单,依托省信用平台,在办理注册登记、资质审核、日常监管、公共服务等事项过程中,严格按照相关法律法规及政策文件,及时、准确、全面归集市场主体信用信息。对于数据来源部门存在漏报、错报、重复报送数据等情况及时处理,保证信用信息有效性,实现数据真实可追溯。

2.加快信用平台建设,实现数据共享。坚持"全省一盘棋、全岛同城化",积极对接省信用平台,分期实施市公共信用信息平台项目建设,实现全市信用资源要素的深度共享。预计一期以实现平台基础功能为主,包括信用动态、信用公示、政策法规、信用承诺、诚信文化宣传等模块,实现与省信用平台对接,保证各部门信用信息数据及时上传;二期在一期的基础上推动信用平台升级改造,包括政务信用监管、信用信息分析、信用评级评价和信用分、"信易+"产品应用等模块,依法向社会提供信用信息服务,为社会信用体系建设提供基础保障,推动大数据在各领域的应用。

3.加强信息安全与权益保护。加快落实数据安全保护责任、个人信息保护相关制度,保护国家秘密、商业秘密和个人隐私。推动完善信息查询、异议处理和信用修复机制,保障相关主体的合法权益。充分发挥行政监管、行业自律和社会监督在信息安全与权益保护中的作用,严厉打击非法收集、买卖信用信息、数据滥用等违法行为。开展信用泛化滥用治理,对各部门政策文件进行监测,发现信用泛化滥用措施、损害企业和个人合法权益的,依法依规予以叫停,切实保护企业和个人合法权益。

(三)构建以信用为基础的监管机制,实现信用监管

1.规范开展信用承诺。按照国家和省部署,编制信用承诺事项清单,在行政审批、公共服务、证明事项办理等领域推行告知承诺制度,逐步推广容缺受理型信用承诺,编制信用承诺书范本。将市场主体的承诺履约情况纳入信用记录,作为事中、事后监管的重要依据。建立承诺信息归集和践诺信息反馈机制,完善事前、事中、事后全流程监管,形成"承诺—监管—践诺"闭环管理。鼓励市场主体主动向社会公开作出信用承诺,支持行业协会开展行业自律信用承诺,主动接受行业和社会监督。

2.建立完善信用评价机制。贯彻落实国家、省关于信用评价相关文件精神，根据资质许可、行政处罚、司法判决、公益表彰等信用信息数据，构建通用性、基础性市场主体公共信用评价指标体系，全面开展公共信用综合评价。突出重点领域和关键环节，建立健全行业信用评价制度，形成符合行业特征、监管需求的行业信用评价标准，规范信用等级评定和评价结果发布行为，将评价结果作为行业主管部门对相关市场主体实施分级分类监管的重要依据。支持金融机构、第三方信用服务机构、行业协会商会开展市场信用评价，鼓励各部门丰富市场信用评价结果应用场景。

3.全面推行差异化监管应用。推动信用评价结果在行业日常监管、政策资金扶持、招标投标、表彰评优、公共服务等方面的融合应用，根据信用评价等级实施差异化监管和处置措施。强化公共信用评价和行业信用评价结果在“双随机、一公开”监管中的基础性支撑作用，提高信用关联率和监管抽查精准性。

4.完善信用奖惩机制。根据市场主体守信行为、社会贡献程度采取相应激励措施，加强守信激励在政府优惠政策、公共资源交易、政府购买服务等领域应用，引导社会共同参与营造“失信者处处难行、守信者处处便利”的信用大环境。规范严重失信主体名单认定标准和程序，依据在事前、事中监管环节获取的失信记录，严格按照国家行业主管部门标准认定严重失信名单。对纳入严重失信名单的主体，依据全国失信惩戒措施基础清单和省失信惩戒措施补充清单，明确惩戒具体事项、实施对象、实施手段、实施主体、实施依据等内容。开展“屡禁不止、屡罚不改”信用专项治理工作，对屡次失信的企业和个人依法实施信用约谈、降低信用等级、加强监管等措施，全面整治市场环境。

5.鼓励失信主体重塑信用。根据国家标准建立健全严重失信名单退出机制，支持符合条件的严重失信名单主体整改后退出。按照国家、省统一部署，建立边界清晰、权责明确、流程规范、监督有力的信用修复机制，对失信主体及时发出信用修复预警，并积极引导、协助其完成信用修复，经完成修复的信用信息不再作为失信惩戒依据。

（四）促进信用服务专业化发展，实现社会共建

1.加强信用服务机构发展与监管。引进与培育相结合，重点引入具备相关从业资质、具有一定知名度和公信力的信用服务机构，培育和发展本土信用服务机构。研究制定信用服务行业扶持政策，对符合条件的信用服务机构，按有关规定享受现代服务业的优惠政策。从严审核信用服务机构资质，引导信用服务机构依法依规签署信用承诺书，规范开展业务内容。建立健全信用服务机构从业人员信用档案，实现从业资格认定的公开透明，提高从业人员公信力。

2.引入信用服务机构协同参与信用工作。推动各部门在信用评价、信用监管、政府采购、招投标、政府奖励补贴和扶持政策推广等行政事项中加强与信用服务机构的合作，加大政府购买服务力度，在合法合理范围内使用第三方信用服务机构提供的信用报告、信用评价、信用大数据分析、信用风险监测预警等内容，为政府部门加强事中、事后监管提供参考依据。

3.促进信用服务和信用产品的应用。推动政府部门在市场准入、公共资源交易、公务人员招录、招投标、政府采购、资格（质）审核认定、产品质量、医疗卫生、生态环境、教育科研、补助发放、专项资金安排、保障房分配等重点领域率先使用信用产品和服务，探索使用第三方信用服务机构出具的信用报告。鼓励企事业单位、社会组织和个人在采购、销售、合同签订、招投标等商业活动及高管人员招聘中积极使用信用信息产品和服务，激发市场对信用服务的潜在需求。

（五）大力开展信用文化宣传，营造诚信氛围

1.传播普及诚信文化。以“诚信建设万里行”为引领，大力开展各类诚信主题实践活动，举办主题鲜明、形式多样、内容丰富的诚信宣传活动，大力弘扬中华民族积极向善、诚实守信的传统文化和现代市场经济的契约精神。顺应全媒体发展趋势，以媒体融合发展为契机，充分利用报纸、广播、电视等传统媒体以及网站、微博、微信等新媒体深入开展诚信宣传。组织诚信宣传进企业、进校园、进社区、进商圈、进机关、进农村等活动,形成讲诚信、守信用的社会风尚。

2.广泛开展诚信教育。充分利用市、乡镇政务服务窗口,广泛开展市场主体守法诚信教育,提高市场主体依法经营和诚信自律意识。在大专院校、中小学和学前教育学校中,通过开展诚信教育主题班会等多种形式倡导诚信道德规范,培育诚信价值,推动诚信理念入脑入心。结合“6·14信用记录关爱日”“3·15消费者权益日”“消防安全宣传月”等主题活动,广泛开展形式多样、内容丰富、寓教于乐的诚信教育活动。

3.选树新时代诚信典范。突出正面引导,挖掘选树诚实守信典型事例,加强对“全国诚实守信道德模范”“时代楷模”“中国好人”“诚信之星”等突出诚信人物、诚信企业的宣传。结合精神文明建设、道德模范评选等活动,多渠道树立现代诚信典型,弘扬诚实守信时代新风。开展年度诚信企业、诚信商户等创建活动,树立社会诚信榜样。

四、重点领域信用建设

结合实际发展,扎实推进各重点领域信用体系建设,推进实施“信用+”工程建设,积极打造信用场景应用,助力全市各重点领域良性发展。

(一)“信用+政务服务”建设

1.健全政府守信践诺机制。严格兑现政府部门向社会及行政相对人依法作出的政策承诺,认真履行在招商引资、政府与社会资本合作等活动中依法签订的各类合同,不得以政府换届、人员更替为由违约毁约,将守信践诺情况纳入政务信用记录。建立健全政府部门信用约束、信用履职和监督问责机制,持续开展失信政府机构清理整治专项行动,聚焦“新官不理旧账”等突出问题,采取有力措施,彻底清理存量,严防发生增量,对失信政府机构“零容忍”。

2.探索开展政务诚信评价。严格按照国家政策文件指导思想,从合规行政、勤政高效、守信践诺、信用建设四个维度出发,制定政务诚信评价指标标准;政务诚信评价以各部门及所辖乡镇人民政府为评价对象,按照每年评价一次的频率开展工作;评价结果由市政府统一向全市各级党委、人大、政府、政协及相关单位通报;可在市级改革试点、项目投资、专项资金安排、评先评优、社会管理等政策领域、工作组织和绩效考核中应用政务诚信评价结果,不断提升政府诚信行政水平和公务员诚信履职意识。

3.健全社会监督机制。通过政务服务窗口及部门网站、政务微信、政务客户端等途径依法公开政务信息,完善民意诉求反馈渠道,对政务失信行为进行投诉举报,畅通失信行为社会监督渠道。

4.推进司法公信建设。强化司法机关与行政机关的互动协作,健全失信被执行人联合惩戒机制,提高生效法律文书执行率。探索律师事务所及律师、司法鉴定机构及司法鉴定人、仲裁机构及仲裁员、公证机构及公证人员信用评价体系,完善行业信用监管机制。

(二)“信用+社会治理”建设

1.加强消费领域信用建设。以食用农产品、食品、药品等为重点,建立完善“来源可查、去向可追、责任可究”的重要产品追溯体系,依法保障消费者合法权益。完善不合格商品预警和回收机制,加大对质量违法案件和产品质量失信企业的曝光力度。加大消费品质量安全监管力度,打击假冒伪劣,强化消费者权益保护,着力提升群众消费体验和消费意愿。

2.加强安全生产领域信用建设。根据国家相关政策文件,结合五指山市实际,制定安全生产领域信用制度,规范推进信用评价工作,加强安全生产领域信用评价结果应用。积极探索创新,以签订信用承诺书、宣誓与签名活动引导生产经营单位诚信守法,严守安全生产法律法规,落实安全生产主体责任,切实把对员工生命与健康的尊重落实到生产、经营、管理的全过程。

3.加强消防安全领域信用建设。根据应急管理部消防救援局关于印发的《消防安全领域信用管理暂行办法》,结合实际建立五指山市消防安全领域信用管理制度。强化信用监管与“双随机、一公开”有机结合，深入推动落实差异化监管工作。建立联合惩戒机制，与相关部门建立信息共享机制，定期对认定的联合惩戒信息进行共享、应用。大力开展消防安全承诺公示，将消防安全重点单位全部纳入消防安全承诺对象，对照阶段整治重点，分批次开展信用承诺工作。

4.加强人力资源和社会保障领域信用建设。持续推行诚信企业评价工作，根据诚信等级进行差异监管措施。强化对拖欠工资行为的排查检查，对拒不配合整改或整改不到位的企业，依法依规实施行政处罚，对纳入拖欠工资“黑名单”企业，将信息同步推送到省信用平台，依法依规实施联合惩戒。加强对参保人员、用人单位、社会保险服务机构的信用监管，规范参保缴费行为，严厉打击各类骗保行为。

5.加强工程建设领域信用建设。结合五指山市实际，依据《海南省建筑市场诚信评价管理办法（试行）》制定实施细则，持续推进建筑市场诚信评价工作，扩大评价结果的应用范围。建立工程建设领域企业、人员、项目信息台账，全面精准地掌握五指山市建筑行业动态信息。全面落实建筑市场主体事中、事后监管工作，督促企业和责任人切实落实事前承诺事项。

6.加强税务领域信用建设。加强纳税人信用管理，规范A级纳税人、重大税收违法案件当事人认定，全面落实对A级纳税人的联合激励措施和对重大税收违法案件当事人的联合惩戒措施，促进纳税人提升税法遵从度，实现A级纳税人占比逐步提升和重大税收违法案件当事人占比逐步下降。

（三）“信用+公共服务”建设

1.加强教育领域信用建设。探索建立教师信用评价机制，纳入师德师风评价考核之中，通过教师自评和互评、学生和家长测评、单位考评等多种方式进行考核评价，并将考核结果作为教师评先评优、职务评聘、培训提职、绩效考核、年度考核等方面的参考依据。大力开展诚实守信教育，将诚信教育纳入学生思想品德教育和综合社会实践活动与教师培训中，提升广大师生的诚信意识。

2.加强文化旅游领域信用建设。重点聚焦旅行社、导游、景区、宾馆饭店等涉旅市场主体，建立多方参与的信用评价机制。鼓励支持文旅企业主动作出诚信经营承诺，开展信用承诺事中、事后监管，将违背信用承诺的市场主体列入重点监管范围，依法依规开展守信激励和失信惩戒措施。推动个人诚信积分“金椰分”的应用，将个人信用状况与图书馆借阅、场馆使用等公共文化服务挂钩，正向激励诚信市民。围绕“红色体验”“黎族文化”“热带雨林”“茶文化”等文化旅游资源，探索建设一批“信用+文旅”产业载体和诚信旅游路线。

3.加强卫生健康和医疗保障领域信用建设。严格按照国家和省政策文件，研究制定医疗机构信用评价指标，开展医疗机构信用评价工作，将评价结果与监督检查、等级评审、评优评先、定点医保单位协议管理和医保基金拨付等挂钩。建立健全医师等医务人员诚信档案，推进医务人员诚信教育的制度化和常态化，引导医务人员立足岗位践行诚信规范，推进医务人员诚信执业、医患诚信沟通、医疗价格公开透明等工作。拓展创新信用便民服务举措，鼓励医疗机构对个人信用分达到一定条件的患者在挂号、缴费、候医、住院等方面提供绿色通道。

（四）“信用+生态文明”建设

1.持续推进环境保护信用评价工作。围绕“打造国家生态文明建设示范市”建设目标，贯彻落实《海南省生态环境厅环境保护信用评价办法》，严格制定环境信用评价名单，持续推进企业环境行为信用评价工作。

2.完善生态环境信用监管机制。建立企业主体信用状况与抽查频次关联机制，实施“双随机抽查+信用”制度，提高监管效能。加强市各部门的协调配合，推动实施生态环境领域失信生产经营单位及其有关人员开展联合惩戒措施。

3.以环保信用为切入点，大力发展绿色金融。推动环保信用评价结果与银行、保险等金融机构共享，鼓励金融机构根据生态环境信用评价结果，加强绿色金融产品和服务创新。结合环境污染强制责任保险推广，引导保险机构按投保企业的生态信用评价结果采取差别化费率。

（五）"信用+金融服务"建设

1.发挥信用体系对中小微企业融资的支持作用。以"政府+信用+银行"模式，会同金融机构，通过挖掘信用大数据，使融资服务普惠至企业和个人，向信用状况良好且符合条件的企业和个人提供便利优惠的"信易贷"服务。举办"信易贷"政策宣讲活动，加大"信易贷"模式推广力度。完善信息共享机制，及时向金融机构推荐信用状况良好且具有融资需求的企业名单。

2.开展涉金融领域失信专项治理。逐一核查企业情况，全面、翔实掌握企业征信报告、借贷渠道、债务状况和税务情况；结合核查摸底情况，按照"区别对待、分类处置"原则，对名单内企业主体依法进行差异化治理整顿。依法依规加大对洗钱、恐怖融资、金融欺诈、恶意逃废债务、内幕交易、制售假保单、骗保骗赔、虚假披露、非法集资、逃套骗汇等金融失信行为惩戒力度。

（六）"信用+乡村振兴"建设

1.积极推进信用户和信用村创建工作。以实现乡村振兴、推动共同富裕为目标，持续推进7个乡镇信用户和信用村建设工作，提升农户信用信息采集效率，健全农户信用信息档案。在农业开发、环境整治、集体经济扶持等方面对信用村予以支持，在就业、扶贫、养老、信贷等方面对信用户予以倾斜。

2.大力开发新型农村金融产品。推广整村授信模式和农户小额普惠贷款等经验做法，鼓励金融机构探索开发新型信用金融支农惠农产品和服务，优化农村金融生态。

3.探索开展涉农市场主体信用评价工作。依据国家、省相关农产品质量安全信用评价标准，探索对家庭农场、农民专业合作社、农业龙头企业等涉农市场主体开展农产品质量安全信用评价，对于信用评价良好的涉农市场主体，在重点项目安排、认证评审、评优示范等工作中予以重点支持，鼓励涉农市场主体积极参与信用评价管理，适用评价结果开展合作、拓展市场；对于问题多发主体，加大监督抽查和巡查检查频次，实现精准重点监管。

五、保障措施

（一）加强组织领导

持续完善社会信用体系建设联席会议制度，充分发挥领导小组的统筹协调作用，定期研究和部署全市社会信用体系建设工作，做好沟通协调、政策研究、制度建设和督导落实等工作，保证社会信用体系建设工作高效有序开展。

（二）完善工作机制

各部门要明确在社会信用体系建设工作中的职责，厘清信用职责事项，根据本规划要求制定具体实施方案，明确时间线、责任主体，强化责任落实。完善各部门间联动机制，协同做好信用信息共享、诚信宣传教育等工作。

（三）加大经费保障

根据社会信用体系建设需要，将应由政府负担的经费纳入财政预算予以保障。加强在信用数字化建设、信用体系研究、信用宣传培训、重点领域信用应用工程建设等方面的资金支持，同时积极引导社会资本参与信用服务业发展和社会信用体系建设。

（四）强化考核监督

高度重视国家组织开展的城市信用监测、"双公示"监测评估及失信政府机构整治等工作，建立并完善社会信用体系建设工作督查和考核制度，对工作不得力、落实不到位的部门进行通报，确保各项工作顺利推进并取得实效，争取社会信用体系建设工作走在全省前列。

五指山市防震减灾“十四五”规划

防震减灾是国家防灾减灾救灾和应急管理事业的重要组成部分，事关人民群众生命财产安全，事关经济社会可持续发展，事关社会和谐稳定。实施防震减灾“十四五”规划，全面推进新时代防震减灾事业现代化建设，实现防震减灾高质量发展，是贯彻落实习近平新时代中国特色社会主义思想的重要举措，是提高地震灾害风险防治能力的必由之路，是防范化解地震灾害风险的必然要求。

“十四五”时期是我国全面建成小康社会、实现第一个百年奋斗目标之后，乘势而上开启全面建设社会主义现代化国家新征程、向第二个百年奋斗目标进军的第一个五年，是奋力谱写新时代追赶超越新篇章的重要时期，根据《中华人民共和国防震减灾法》《海南省防震减灾条例》等法律法规和《新时代防震减灾事业现代化纲要（2019—2035 年）》等重要文件，按照《中国地震局防震减灾“十四五”规划编制工作方案》《海南省国民经济和社会发展第十四个五年规划和二〇三五年远景目标纲要》《海南省防震减灾“十四五”规划》要求，结合五指山市实际，制定本规划。

一、现状、存在问题与面临形势

（一）地震背景

五指山市位于海南省中南部地区，地属山区，地势复杂，遭遇地震后，极易造成山体崩塌、滑坡、泥石流等次生灾害。市内主城区部分基础设施陈旧，城乡许多老旧民居抗震能力低下，系统性地震灾害风险高，致灾背景复杂，城市缺乏应对地震灾害的经验。

据统计，五指山市周边历史上共有多次有感地震，皆发生于邻近市县。如2019年8月20日，在海南三亚市天涯区（北纬18.51度，东经109.41度）发生4.2级地震，震源深度大约12公里；2001年9月7日，陵水发生4.0级地震；1999年5月17日，万宁发生4.9级地震；1996年5月27日23时06分，保亭（北纬18° 31'，东经109° 45'）连续发生3.0级和3.2级地震，震中及附近的保亭三道农场与三亚市南田、藤桥一带有震感；1992年至1995年，发生东方近海震群；1969年12月17日，陵水东南海域发生5.1级地震；1969年12月20日，陵水东南海域5.2级地震；1982 年1月25日，崖县西北部扎南发生4.0级地震；1605年7月13日午夜，琼山塔市7.5级地震；1524年3月21日，琼海东部近海5级地震。

（二）“十三五”期间防震减灾主要成就

“十三五”期间，在省委省政府和市委市政府的正确领导下，五指山市很好地完成了“十三五”防震减灾工作任务，在地震监测预报、震灾预防和应急救援三大体系建设工作上取得了长足进步。“十三五”规划的重点工作任务和目标基本落实，围绕新时代新要求，深入推进机构改革，组建五指山市科技和工业信息化局，加挂市地震局牌子，并将防震减灾工作纳入应急管理体系，推动防震减灾工作更加规范化、系统化和精细化。“十三五”期间防震减灾方面共投入资金151.27万元。

1.防震减灾体系不断健全，地震应急处置能力显著提升。强化应急预案体系建设，推进地震应急预案的动态化管理，逐步健全“纵向到底、横向到边”的地震应急预案体系；落实防震减灾权责清单编制相关工作，积极做好行政权力清单编制及权责清单修订；健全防震减灾工作领导体系，及时调整五指山市防震抗震救灾工作领导小组成员及联席会议成员。

2.地震监测预测预警速报能力不断加强。建成红运养殖基地、什各养殖场、牙排水库、番阳千打水库4个地震宏观观测点，每个宏观观测点均有固定观测人员，建立健全地震宏观观测员工作制度，完善了观测记录簿，落实了宏观观测员移动电话。结合五指山市实际，建成了以各乡镇防震减灾助理员及社区、行政村防震减灾联络员为主体的群测群防“三网二员”（地震宏观观测网、地震灾情速报网、防震减灾科普网和防震减灾助理员、联络员）体系，形成了政府领导、部门负责、分级管理、社会参与的防震减灾工作体制机制。为了提高地震宏观观测员、防震减灾助理员、群测群防联络员的业务素质，市科技和工业信息化局（市地震局）每年对各乡镇的防震减灾助理员、联络员、宏观观测员进行定期或不定期培训，不断提高防震减灾助理员、联络员、宏观观测员的业务水平。

3.震害防御工作有序推进，城乡抗震能力得到提升。开展城市地震灾害风险点、危险源排查整治工作，对全市范围内中小学校、幼儿园、医院等重要公共建筑物，进行抗震性能自查。严格落实抗震设防要求，形成地震、住建、交通、应急、水务等多部门联合共管的抗震设防要求监管机制，提高医院、学校等人口密集场所建设工程抗震设防能力。开展农房抗震改造资金补助。对有能力、有意愿按照抗震设防标准新建住房的农户给予一定的补助，支持抗震设防不达标农房增加抗震措施，逐步扭转农村地区农房抗震性能差、在地震中易造成群众生命财产严重损失的局面。

4.防震减灾宣传不断加强，科普教育工作进一步深化。加强防震减灾科普宣传工作，以“5·12”防灾减灾日、“10·13”国际减灾日、“科技活动周”等为平台，通过广泛深入开展形式多样、丰富多彩的宣传科普活动，促进重点时段宣传与常态宣传相结合，阵地宣传与流动宣传相结合，传统媒体宣传与新媒体宣传相结合，基本实现安全教育全覆盖和防灾科普“进学校、进机关、进企业、进社区、进农村、进家庭”，不断提高宣传科普的权威性和覆盖率。2018—2020年，每年开展应急演练1场，举办各类培训班3场，防震减灾宣传教育活动5场以上，制作防震减灾宣传展板20块，发放宣传单10000份，参加防震减灾1000人次。

5.地震应急救援体系不断完善。有1处海南热带海洋学院附属中学运动场地震应急避难疏散点，容纳人数1万人左右。全市共有98名灾害信息员队伍，8名乡镇群测群防联络员，完成市、乡镇（畅好居）、村（社区）三级灾害信息员队伍建设，强化灾害信息员的灾害系统培训，提升市、乡镇级报灾能力；基本形成了以应急预案、救援队伍、技术系统、应急避难、物资储备等为核心内容的地震应急救援救助体系。

（三）存在问题

1.地震监测预报基础依然薄弱。地震观测所获得的信息量尚不能全面满足地震速报、烈度速报、地震预警方面的需要；地震监测预报专业人才缺乏，难以满足震情跟踪以及地震安全服务需求。地震预测预报工作基本上是依赖省地震部门反馈的分析结果，地震速报信息接收滞后；一旦省内或周边发生大震、强震致通信中断，地震监测效能会受到严重影响。

2.地震灾害风险防治基础薄弱。地震灾害风险评估工作未完全开展，区划不够精细，城乡房屋建筑和重大工程设施抗震设防能力和隐患底数不清。重大建设工程地震安全性评价监管还不到位。部门协调协作机制还有待完善，社会力量参与机制还不健全，市场配置资源的优势尚未得到充分发挥，地震灾害风险防治体系还没有完全建立。城乡抗震设防能力不足，“城市高风险、农村不设防”的状况尚未彻底改变，部分农居和城市老旧建筑未达到抗震设防要求。老旧房屋依然存在较大的安全隐患问题，抗震设防水平低于现行的标准和要求，旧有房屋改造工作难度较大，且资金需求量巨大，需要长期投入，逐步实施；地震安全性评价工作有待加强。

3.地震科技及信息化支撑不够。地震预测预警、地震灾害风险评估治理等关键技术创新不够，科技成果转化应用还不充分。科技领军人才缺乏，骨干团队支撑业务发展能力不强，人才分类考核评价体系和激励机制措施不够完善。信息化技术与业务融合不足，大数据挖掘、人工智能、区块链、5G等新兴信息技术在防震减灾领域应用需要进一步探索。

4.灾害风险应急储备能力有待提高。一是物资储备能力不足,存放救灾物资的物资储备点数量有限,救灾物资储备尚无法满足各种对救灾物资多样化的需求,民间存量也非常有限,对保障灾民生活所需的物资要求存在相当大的差距,大灾面前更加难以保障。二是缺乏应急装备、仪器、应急用车,难以应对地震灾害救援工作。三是部分重点领域,需要加强引进和应用防震减灾先进技术,提高防范风险的能力。

5.公众的风险意识、防灾意识淡薄。城乡社区防震减灾宣传教育长效机制尚不健全,社会公众危机意识不强,部分群众存在麻痹和侥幸心理,科学避灾意识较为薄弱,主动减灾的社会氛围还没有完全形成,加上防震减灾宣传教育内容和形式比较单一,开展群众性应急演练活动较少,公众主动参与程度低,避灾、自救互救的知识和技能仍显不足。

(四)发展机遇

"十四五"时期是我国全面建成小康社会、实现第一个百年奋斗目标之后,乘势而上开启全面建设社会主义现代化国家新征程、向第二个百年奋斗目标进军的第一个五年,防震减灾救灾工作面临前所未有的机遇。以习近平同志为核心的党中央高度重视防震减灾救灾工作,作出一系列重大决策部署,为防震减灾救灾工作指明了发展方向。坚持党的集中统一领导,党的政治优势、组织优势和社会主义集中力量办大事的制度优势,为推进防震减灾救灾工作提供了有力保障。国民经济持续稳定发展,国家综合实力大幅提升,为推进防震减灾救灾工作提供了强大物资基础。新一轮科技革命方兴未艾,新技术新方法日益成熟和广泛使用,为推进防震减灾救灾工作提供了重要科技支撑。

(五)"十四五"时期防震减灾工作面临的形势

"十四五"时期是五指山市防震减灾工作坚持人民至上、生命至上,统筹发展和安全,推进防震减灾现代化建设的重要时期,防震减灾事业改革发展面临新形势和新要求。

公共安全对防震减灾提出了新要求。党的十九届五中全会提出统筹发展和安全,把安全摆到经济社会发展全局中谋划,从顶层设计层面为新时代防震减灾事业改革和创新发展,提供了坚实的政治基础和制度优势。随着城市化发展,城市人口密集,经济社会转入高质量发展阶段,地震安全公共服务保障能力与推进全面建设社会主义现代化国家安全需求不相适应。全市地震监测能力、速报能力、预测预警能力需要进一步提升,地震预警信息服务有待实现并增强,地震业务信息化和智能化水平不高;地震灾害风险防治能力不强,地震灾害风险底数不清;地震科普宣传、公众自救互救能力不足以应对潜在地震灾害风险,防震减灾公共服务能力亟待提升。

社会治理对防震减灾提出了新任务。创建省级安全发展示范城市建设,对防震减灾部门履行地震安全保障责任使命提出了新目标、新任务和新要求,对于谋划防震减灾事业改革发展、破解发展难题、增强发展动力具有重要指导意义,要求防震减灾工作聚焦理念创新,坚持问题导向,注重能力提升,努力转变发展方式,补齐明显短板,巩固事业发展基础。同时,随着经济社会高质量发展,防震减灾多元主体作用更加突出,迫切需要加快推进改革,构建主体明确、权责清晰、运行高效的治理体系,依法规范各级政府、社会组织和社会公众在防震减灾工作中的责任和义务,提高防震减灾公共服务能力,提升社会组织和公众的防震减灾意识和能力,促进融合式发展,形成地震灾害群防共治的局面,共同制约防范化解地震灾害风险。

创新驱动对防震减灾提出了新课题。党的十八大以来,习近平总书记多次强调实施创新驱动发展战略,依靠科技创新支撑和引领防震减灾事业的发展是必由之路。因此,实现地震科技支撑引领和服务新时代防震减灾高质量发展,迫切需要深化地震科技体制改革,强化人才队伍建设,建立科学合理的评价和激励机制,增强地震科技创新能力和队伍活力。

人民群众对防震减灾工作有新期待。随着经

济的快速发展和生活水平的提高，人民群众更加珍视生命安全，对防震减灾工作的期望越来越高。希望政府能够加强建设工程抗震设防监管，高效应对地震灾害、保护生命和财产安全；希望震前获得地震预测信息，及时采取防震、避震措施；以及希望获得科学的防震减灾知识，掌握自救互救和避险技能；等等。人民群众自发性参与地震应急演练、参与防震减灾志愿者工作、组织民间救援团体等防震减灾活动的积极性日益高涨。防震减灾工作必须顺应人民群众的减灾需求。

二、指导思想、基本原则与主要目标

（一）指导思想

坚持以习近平新时代中国特色社会主义思想为指导，全面贯彻党的十九大、十九届二中、三中、四中、五中、六中全会精神，贯彻习近平总书记关于防灾减灾救灾的重要论述和防震减灾工作重要批示指示精神，深入贯彻习近平总书记关于海南自由贸易港建设的重要指示，以及中央推进海南全面深化改革开放领导小组第三次全体会议精神，坚持以人民为中心的发展思想，坚持统筹发展和安全，坚持以防为主、防抗救相结合，坚持常态减灾和非常态救灾相统一，以夯实地震监测、增强预报预警能力为基础，以摸清风险底数、加强抗震设防薄弱区建筑设施抗震设防要求为基础，以保障应急响应、强化公共服务为导向，以全面深化改革、创新地震科技为动力，全面推进五指山市新时代防震减灾事业现代化建设，提高"防大震、救大灾"能力，着力防范和化解重大地震灾害风险，努力把地震灾害损失降至最低，为实现五指山市经济行稳致远、社会安定和谐，确保社会主义现代化建设新征程开好局、起好步提供坚实的地震安全保障服务，为五指山市省级安全发展示范城市建设创造稳定的安全环境。

（二）基本原则

坚持党的领导，齐抓共管。在各级党委的领导下，突出各级政府在提高灾害防治能力中的主导地位，发挥组织领导、统筹协调、提供保障、促进发展等重要作用，动员社会和公众广泛参与，强化政府与社会力量、市场机制和公众行为协同配合。

坚持以人为本，生命至上。坚持以人民为中心的发展思想，把人民群众生命财产安全放在首位，推进防震减灾事业高质量发展，把服务经济社会发展和满足人民群众地震安全需求作为出发点和落脚点，不断增强全民防震减灾意识，最大限度减少人员伤亡和财产损失。

坚持预防为主，降低震灾风险。牢固树立地震灾害风险防治理念，科学认识和把握地震灾害发生规律，坚持关口前移，主动防御，筑牢震灾预防之"基"，全面提升地震灾害风险防范能力，最大程度降低地震灾害风险和损失。

坚持创新驱动，引领改革发展。坚持改革创新为根本动力，加快构建协同优化高效的防震减灾体制机制，不断激发事业发展的活力和动力，不断完善防震减灾制度体系，推动防震减灾治理现代化。加强技术装备研发，大力推进信息化建设，构建防灾减灾救灾科技支撑新体系，努力实现灾害风险监测预警精准、抢险救援精准、恢复重建精准。

坚持依法管理、社会共治。积极推进防震减灾标准体系，运用法治思维和法治方式提高地震防治工作的法治化、规范化水平。充分依靠群众、发动群众，筑牢防震减灾救灾的人民防线。

坚持突出重点，统筹推进。突出问题导向和目标导向，补齐速报监测预测预警、灾害风险识别评估、灾情收集研判、防抗救协同联动等短板，加强防震减灾大数据、智能监测预警和公共服务体系建设，提高灾害防治和应急处置与恢复能力。

（三）主要目标

总体目标：到2025年，初步建成系统完备、科学规范、运行有效的防震减灾体制机制；依法治理体系科学规范、运行高效，依法行政能力显著增强，政府、社会、公众共同参与的工作机制更加完善。强化社会地震灾害风险管理，形成多元共治、善治高效的社会治理体系。初步形成防震减灾公共服务体系，不断完善公共服务事项清单动态管理机制；地震灾害风险显著减轻，社会公众防震减灾素质进一步提升，为经济社会发展和人民群众提供坚实的地震安全保障。

分项目标：

1.推广使用由省大数据局建立的智能化监测预测预警网络和信息发布平台。推进地震监测预测预警信息共享，实现地震后1～2分钟内发布地震参数自动速报信息和震后秒级地震预警信息发布，进一步提高地震灾害预警信息发布的时效性和准确性，提高监测风险早期识别及预报预警能力。

2.初步形成防范化解灾害风险格局。新建工程达到抗震设防要求，完成地震灾害风险普查、抗震设防薄弱区城乡房屋设施加固工程和区域安全风险评估，地震灾害风险防治能力不断提高，城市基础设施综合防御能力进一步提升。

3.进一步提升地震监测能力，完善地震监测台网，协助省地震局建设台站，在省内地震发生后，能及时有效开展震情速报。

4.继续推进“三网二员”体系建设，健全五指山市的群测群防联络员队伍，组建市、乡镇（街道）、社区（行政村）三级联动群测群防网络体系。“十四五”期间开展不少于5次群测群防联络员业务培训，持续提高群测群防联络员队伍的整体素质。

5.推进防震减灾示范工程建设，高质量创建防震减灾科普示范学校和防震减灾科普教育示范基地，进一步加强示范效应，着力提升五指山市城乡综合防灾减灾能力。

6.推动地震应急体系建设，完善应急预案体系，加快应急救援队伍建设，加强与相关部门的协调沟通，建立地震应急救援联动机制，快速有效应对地震灾害。

7.加大防灾减灾科普宣传力度，结合“全国防灾减灾日”“国际减灾日”“唐山大地震纪念日”“全国科普日”等重要时间节点，深入开展防震减灾科普知识“六进”活动；在传统宣传手段的基础上，充分利用“互联网+科普”进一步扩大科普宣传覆盖面，显著提升市民群众防震减灾意识。

三、主要任务

深入开展防震减灾事业现代化建设，在五指山市基本建成涵盖地震灾害风险防治、监测预测预警速报、应急救援、信息服务、公共服务、科技创新、社会治理、科普宣传八大体系的公共服务现代化框架体系，工作重心转向更加广泛的防震减灾公共服务，保障全市经济社会发展和人民群众生命财产安全。

（一）建设地震灾害风险防治体系

1.摸清风险底数。以地震灾害风险调查、评估和治理为链条，夯实地震灾害隐患调查、灾害隐患监测以及灾害风险预警、评估、区划等地震灾害风险防治基础业务。完成地震灾害风险普查任务，实施地震灾害风险调查和重点隐患排查工程。编制全市地震构造图、地震危险性区划图，制定地震灾害风险防治区划，查明区域防震抗灾能力。

2.严格抗震监管。依法加强抗震设防要求管理，落实国家“放管服”改革要求，加强建设工程抗震设防要求事中、事后监管。推进地震安全性评价工作，按照《五指山市人民政府关于印发五指山市工程建设项目并联审批实施细则的通知》要求，开展地震安全性评价和使用评价成果。落实全市新建、改建、扩建建设工程达到抗震设防标准，学校、幼儿园、医院、养老院等人员密集场所抗震设防要求提高一档、抗震措施提高一度，加强乡村公共设施和农村民居抗震设防管理和服务。加强减隔震等抗震新技术应用，强化超限高层建筑抗震防灾措施，促进城市抗震韧性整体提升。

3.推进抗震加固。指导开展对学校、医院等重要公共建筑物排查和抗震性能鉴定，指导各地对抗震性能不足的建筑物进行建档和抗震加固，协调相关部门开展抗震设防薄弱区房屋设施加固工作。及时更新房屋设施抗震设防能力信息，实施抗震设防薄弱区房屋设施抗震加固工程，大力推进韧性城乡试点建设。完善房屋设施加固工程台账化管理制度，科学规划并高标准建设应急避难场所，形成可复制、可推广的工作机制。实施地震灾害风险透明工程，全面融入安全发展城市创建，推广地震灾害风险评估、先进抗震技术方法等成果应用。

（二）提升地震监测预测能力

1.强化监测预测。市科技和工业信息化局（市地震局)及时收发、转发海南地震台发布的地震相关信息,同时做好信息报送工作。完善震情会商机制,规范程序、量化指标、细化内容,定期开展地震预测效能评估,强化地震预测方法研究和数据深度挖掘能力。加强对形变台的管理,及时维修故障设备,确保信息及时传输,做好设备维护和数据处理基础工作,按时完成数据跟踪工作,进一步提高数据连续率和可用性,力争在区域地震监测工作中发挥作用。在重点区域推广简易、经济、实用的地震宏观观测手段,有效捕捉地震宏观异常。完善群测群防管理机制,制定群测群防工作指南,定期开展业务培训,扩宽地震群测群防经费投入渠道,落实群测群防联络员补助资金。

2.做好地震监测环境和设施保护工作。市科技和工业信息化局(市地震局)、市自然资源和规划局、市公安局等部门协同加大地震监测环境和设施保护力度,确保辖区地震监测站点正常运行。

(三)健全地震应急救援业务体系

1.加强应急准备。健全地震应急预案定期评估和修订机制,强化预案内容的针对性、实用性和可操作性。修订完善市、乡镇(街道)、社区(行政村)地震应急预案和重要部门(单位)地震应急预案。发改、卫健、应急等部门加强救灾物资储备,做好防灾设施设备的统筹使用,保障"防大震、救大灾"基本需要。推进防震减灾科普教育基地创建工作,提升社会公众防震减灾应急避险知识技能,最大限度减轻地震灾害损失的目标。

2.强化应急响应。构建"震前预评估、重点隐患排查,震时快速评估、开展烈度评定,震后破坏调查、服务恢复重建"业务体系。定期开展地震灾害损失预评估,摸清地震灾害风险底数,为针对性提升灾害防御能力和应急处置决策提供技术支撑。

3.提升救援能力。强化救援队伍和应急保障条件建设。常态化组织开展应急演练。建设救援技术专家队伍、现场应急工作队伍、灾情速报队伍、志愿者队伍和第一响应人队伍,引导社会救援力量有序参与地震应急救援。

4.健全地震应急物资保障体系。建立统一权威、权责清晰、运转高效的防震减灾救灾物资保障体系,建立完善应急物资保障的相关政策措施,形成统一领导,综合协调和各方齐抓共管、协调配合的应急物资保障格局。继续加大投入力度,健全防震减灾救灾资金多元投入机制,统筹发挥好政府资金、捐助资金、公益基金等作用。按照分级管理、分级负责的原则,落实各级救灾工作经费和受灾群众补助政策。

(四)提高防灾减灾信息化支撑能力

利用国家应急管理信息化基础设施资源,不断完善地震信息化运行和地震应急救援信息保障。整合五指山台站观测、地球物理、地震应急等数据,构建适配灵活、模块标准、流程规范、处理智能、融合共享的多源异构数据资源平台,充分发挥地震数据作为重要的基础资源和战略资源的价值,推进云计算、大数据技术与防震减灾工作的深度融合,增强深化改革驱动力,促进管理科学化、规范化,推动服务智慧化、普惠化,全面提升防震减灾工作整体效率和水平。

(五)提高防灾减灾公共服务能力

推进市防震减灾公共服务体系建设,明确工作思路、目标、任务,落实保障措施。结合五指山市实际,明确防震减灾公共服务清单;陆续向社会公布并提供公共服务项目;加强地震预警公共服务;建立公共服务评估评价机制,开展社会满意度调查和评估。扩展防震减灾公共服务领域,丰富公共产品,实现政府决策类服务全覆盖,地震速报、强震预警、科普宣传等公益性信息重点地区全覆盖,对重点行业提供个性化定制的防震减灾服务。

(六)强化地震科技创新应用

1.支持科技创新。鼓励支持防震减灾的科学技术开发与研究,积极引入"互联网+"、大数据等,推广先进的科学研究成果,加强地震灾害防御和管理方面的合作与交流,研究开发和推广使用减隔震等符合抗震设防要求、经济实用的新技术、新工艺、新材料和设施装备,提高防震减灾工作水平。

2.加强合作交流。加强应急部门与我省应急产业龙头企业、科研院所、专业团队在监测预警、抗震设防、应急救援等方面的合作交流。

（七）构建防震减灾社会治理新格局

1.健全体制机制。深入落实“党委领导、政府负责、社会协同、公众参与、法治保障”的防震减灾社会治理体系，理顺各级各部门防震减灾工作责任，强化各级防震减灾领导指挥机构职能，督促防震减灾法定职责落实落地。

2.强化基层基础。加强市、乡镇（街道）、社区（行政村）防震减灾工作机构和人员队伍建设。深化乡镇（街道）基层防震减灾能力标准化建设，提高社区（行政村）应急规范化水平。加强群测群防工作培训，实现重大风险信息直报，提升基层第一时间应急响应能力。

3.强化法治建设。推进防震减灾法律法规和标准规范贯彻落实，完善防震减灾制度建设。落实地震安全性评价管理改革，强化建设工程地震安全监管，依法加强地震监测设施和地震观测环境保护。实行行政执法“三项制度”，运用“互联网+监管”手段，提高执法监督效率，提高社会各界防震减灾法治意识。

（八）加强防震减灾科普宣传

做好重点时段的科普宣传，推进防震减灾科普知识进学校、进机关、进企业、进社区、进农村、进家庭“六进”活动，着力提升社会公众防震减灾意识和应急避险自救互救能力。提升防震减灾科普产品体系化研究和产出能力，建设防震减灾科普资源库，推动开放式防灾科普产品创作。将防灾减灾知识纳入各级各类学校教育体系，鼓励开发使用在线课程和虚拟仿真教学，加大教育普及力度。针对季节性和区域性自然灾害风险，常态化开展防灾减灾知识宣传和应急演练。开展防灾减灾教育培训工作，加大教育培训力度，全面提升各级领导干部灾害风险管理能力。充分发挥应急管理网格员作用，推动应急管理网格员承担防震减灾助理员职能，加大应急管理网格员和志愿者培训指导和服务范围。

四、实施重点工程

（一）地震灾害风险防治项目

1.实施地震灾害风险普查和重点隐患排查工程。在全市范围内开展地震灾害致灾调查与评估，开展场地地震工程地质条件勘测和评价，编制地震构造图和地震危险区划图。开展房屋设施地震灾害重点隐患数据调查，编制地震灾害隐患分布图。按照统一地震灾害风险评估技术标准，建立地震灾害风险评估模型库，开展地震灾害风险评估，编制全市地震灾害风险区划图和防治区划图。依托市相关行业部门单位组织开展的调查评估，掌握历史地震灾害、减灾资源和能力、重点隐患排查、承灾体等综合普查信息。

〔责任单位：市科技和工业信息化局（市地震局）、市应急管理局、市住房城乡建设局、市财政局、市交通运输局、市水务局、市教育局、市卫生健康委、市民政局、市旅游和文化广电体育局〕

2.按照习近平总书记关于提高自然灾害防治能力重要指示精神，以地震灾害风险调查和重点隐患排查为基础，结合各行业领域正在开展的城镇棚户区改造、农村危房改造、病险水库除险加固、中小学校舍安全工程、危桥（隧）改造工程等现有工作，推进全市城乡居民小区、大中小学校、医院、养老院、文化体育场馆、商业中心、农村民居，以及重要交通生命线、电力和电信网络、水电站、重点水闸、水库大坝、危化化学品厂库等抗震加固工作持续规范开展。

〔责任单位：市住房城乡建设局、市科技和工业信息化局（市地震局）、市应急管理局、市财政局、市交通运输局、市水务局、市教育局、市卫生健康委、市民政局、市旅游和文化广电体育局、各乡镇政府〕

3.依法加强建设工程抗震设防要求监管，加强部门协作，联合开展建设工程执行《中国地震动参数区划图》GB 18306—2015）执行情况检查，重点检查重大建设工程、学校、医院和一般建设工程抗震设防要求落实情况，推进建设工程地震安全监管检查常态化，强化事中、事后监管。

〔责任单位：市科技和工业信息化局（市地震局）、市住房城乡建设局、市应急管理局、市财政

局、市交通运输局、市水务局、市教育局、市卫生健康委、市综合行政执法局、市行政审批服务局〕

（二）地震监测预报预警项目

协助省里对全市测震台（站）和地球物理台（站）进行智能化升级和标准化改造，补齐监测短板，进一步提升全市地震监测能力。协助省里新建测震、地磁、地热和形变台（站），构建布局科学合理、分布相对均匀和各具学科特色的数字化、智能化测震（预警）、电磁、流体和形变监测台网。

〔责任单位：市科技和工业信息化局（市地震局）、市自然资源和规划局、各有关乡镇政府〕

（三）地震应急技术装备保障分项工程项目

1.依托全市应急指挥平台，建设上下贯通，行业部门横向联通、多源信息融合共享的地震应急指挥决策系统。统筹资源，加强跨部门、跨地区、跨行业信息共享和互联互通，纵向实现市、乡镇（街道）、社区（行政村）全覆盖，横向接入应急、自然资源和规划、住建、交通、科工信等行业部门相关数据信息和业务系统，实现地震灾害会商研判、指挥决策、应急调度、抢险救援、队伍调派、装备调配、物资调运、信息发布等功能，提升抗震救灾指挥调度能力。

〔责任单位：市应急管理局、市自然资源和规划局、市住房城乡建设局、市交通运输局、市科技和工业信息化局（市地震局）、各有关乡镇政府〕

2.实施地震灾害救援装备现代化应用工程。加强卫星电话、卫星便携站、无人机、生命探测仪、生命搜寻仪、红外热成像仪、破拆救生等先进科技装备推广应用与配备。通过推广应用、引进、购买、租用先进救援应急设备，加大救援队伍先进适用装备的配备力度，掌握一批在关键时候能够起作用的重要设备，提高投送能力，提高地震应急救援队伍专业化技术装备水平，提升人员搜救及抢险救灾能力。

〔责任单位：市应急管理局、市消防救援大队〕

（四）农村民居地震安全工程项目

结合乡村振兴战略、移民搬迁、农房抗震改造等，持续开展农村民居地震安全工程推广工作，积极发挥抗震农居示范户的示范引导作用，加强农居抗震技术服务，开展抗震农居建设技术培训，不断提升农村民居抗震能力。每年至少举办1期95%以上的联络员和各乡镇、市畅好居助理员参加的抗震农居推广培训班；按期完成抗震农居推广户统计和档案资料网上填报。

〔责任单位：市科技和工业信息化局（市地震局）、市住房城乡建设局、各乡镇政府〕

（五）防震减灾公共服务项目

探索建立防震减灾公共服务机制；探索构建市防震减灾公共服务业务支撑和服务系统；拓展防震减灾公共服务领域，培育服务产品，向社会推出第一批产品供给。一是应用市场机制、社会力量，建设防震减灾科普场所，开展防震减灾科普宣教活动，创作宣教产品、作品；二是积极配合开展爆破等非天然地震事件调查、核实、上报、成果应用；三是推进地震预警终端在政府、学校、医院、大型企事业等单位落地接入；四是根据“创建全国文明城市”中关于应急避护场所的建设要求，建设不同层级（居民区、街道等）的应急避难场所及配套设施，完善已有应急避难场所疏散点，拓展广场、绿地、宾馆、学校等公共场所的应急避难功能，探索停车场等临时避难功能。

〔责任单位：市应急管理局、市教育局、市卫生健康委、市科技和工业信息化局（市地震局）、市旅游和文化广电体育局〕

（六）防震减灾科学素质提升工程项目

创建防震减灾科普示范学校，推进防震减灾科普教育基地创建工作。进一步建立健全防震减灾示范工程创建工作体制机制，在五指山市各辖区择优推荐3所及以上防震减灾科普工作突出、示范性较强的学校建设成为防震减灾科普示范学校。对已建示范学校进行检查管理；推进防震减灾科普教育基地创建工作，丰富科普产品，提供多种形式地震科普服务，通过示范连带效应，全面提升社会地震灾害防范意识。

〔责任单位：市教育局、市科技和工业信息化局（市地震局）、市气象局〕

（七）城乡居民住宅地震巨灾保险推进项目

地震巨灾保险是一种有效的震后救助方式，可有效降低群众财产损失、减轻地震灾害风险，缓解灾后重建政府财政压力。在五指山市推行城乡居民住宅地震巨灾保险有利于提升五指山市城乡建筑物设防水平，保障居民的基本利益，逐步形成政府支持下的多层次地震巨灾风险分散机制，更好地发挥地震巨灾保险社会“稳定器”和经济“助推器”的作用。“十四五”期间，五指山市将积极探索城乡居民住宅地震巨灾保险项目，积极争取省级配套资金支持，逐步扩大五指山市城乡居民投保覆盖面，建立多方参与筹措的资金储备机制，发挥保险市场化作用，完善相关制度和措施，拓宽灾害损失补偿渠道，建立城乡居民住宅地震巨灾保险工作机制，整合保险资源、引导群众建造抗震房屋、提高社会公众抵御自然灾害的意识、增强全社会防震减灾综合能力。

〔责任单位：市应急管理局、市科技和工业信息化局（市地震局）、市住房城乡建设局、市委宣传部〕

（八）应急队伍建设项目

建立完善五指山市地震现场应急工作队伍，规范配置应急设备，推进地震应急能力建设。加强地震现场应急工作队伍培训、训练和演练，确保在突发破坏性地震发生后，现场应急工作队伍迅速整装出发，赶赴受灾严重地区开展救援工作；加强地震救援队伍培训、演练及装备购置、更新和维护工作。指导开展社会组织救援力量、志愿者队伍训练工作。

〔责任单位：市应急管理局、市民政局〕

五、保障措施

（一）加强组织领导

市科技和工业信息化局（市地震局）要加强《五指山市防震减灾“十四五”规划》实施的统筹协调，任务分工单位要切实履行职责，积极配合，细化落实工作责任和建设任务，确保每一项工作责任到人，每一项任务落到实处。各部门、各乡镇要根据本《五指山市防震减灾“十四五”规划》结合自身实际制定具体工作方案。重点建设项目责任单位要抓紧开展项目前期工作，加强项目建设管理，确保项目顺利实施。

（二）强化投入保障

各单位、各乡镇政府（市畅好居）要把加强防震减灾工作经费列入本级财政预算，建立政府投资稳定增长机制，加大对防震减灾重点工作的投入力度。完善政府投入、分级负责的防震减灾经费保障机制，提高地震数字化基础设施建设运维和设备更新的专项投入。拓宽资金投入渠道，引导社会资源的投入聚集，加大防震减灾重点项目建设、科学研究、人才培养、技术研发、科普宣传等方面的经费投入。加强防震减灾项目用地保障，对纳入国家和省级规划的防震减灾重点工程项目，给予优先保障。

（三）建立评估制度

建立健全评估机制，完善评估过程。鼓励更多政策评估资源的加入，加强对规划实施情况的跟踪分析。建立规划实施评估考核机制，对规划实施情况进行全面评估，重点对规划目标指标、主要任务、重大工程落实情况进行评估总结，2023年组织完成规划实施情况中期评估，2025年完成规划实施成效评估。

（四）强化人才支撑

畅通防震减灾人才交流、培养、合作、引进渠道，建立灵活的人才引进、使用和管理机制，构建优秀人才梯队和创新团队，建立健全人才资源激励、评价和保障机制，建立健全教育培训体系，提升从业人员整体素质。

（五）强化科技保障

通过不断营造科技创新氛围，增强防震减灾工作科技创新能力，加强与各市、县的学习和交流，开展多方位地震科技合作交流，学习先进防震减灾技术，启发管理新思想，并就制约五指山市地震科技事业的一些关键问题进行合作研究；通过各项专业知识与技能科普活动推动全民防震减灾科学素质，提升地震事业的科技支撑水平。

五指山市“鸿雁优才卡”暂行办法

第一章 总则

第一条 为进一步实施人才强市战略，根据《五指山市柔性引进人才实施细则》（五办发〔2019〕88号）等文件精神，结合五指山市实际制定本暂行办法。

第二条 实施“鸿雁优才卡”暂行办法，旨在进一步优化人才环境，为人才提供优质高效服务，充分激发“候鸟型”人才投身五指山“六园”建设的积极性和主动性。

第三条 “鸿雁优才卡”制度在市委人才工作领导小组的组织领导下，由市委人才工作领导小组办公室统筹协调，各有关部门负责协调做好行业领域内各项措施的具体落实。

第二章 具体条件及申报程序

第四条 “鸿雁优才卡”主要服务于通过顾问指导、短期兼职、退休返聘、对口支援、技术入股、项目合作等多种适宜方式为五指山市经济社会发展提供智力支持的省外“候鸟型”人才。

第五条 “鸿雁优才卡”分为“鸿雁优才卡（A卡）”和“鸿雁优才卡（B卡）”。

（一）“鸿雁优才卡（A卡）”服务对象符合以下条件：

1.具有良好的职业道德、社会公德，遵纪守法，甘于奉献；

2.具有高级专业技术职称、高级技能职业资格或被认定为海南自由贸易港柔性引进高层次人才；

3.在五指山市服务期间业绩突出，为五指山市经济社会发展做出积极贡献，受用人单位、业内同行或社会认可较高的；

4.对推动五指山市教育医疗、重点产业发展、项目引进、乡村振兴、制度创新、科技帮扶、科技成果转化等方面起到引领示范的；

5.在五指山市累计服务2年以上且与用人单位继续签订3年及以上服务合同，原则上每年在五指山市服务不少于6个月，能按要求完成合同目标任务及量化指标，并取得一定成效的。属于我省A、B类高层次人才或相当标准的人才、市重点行业领域特别急需紧缺人才可以适当放宽服务期限。

（二）“鸿雁优才卡（B卡）”服务对象符合以下条件：

1.具有良好的职业道德、社会公德，遵纪守法，甘于奉献；

2.属于五指山市重点领域行业部门引进的其他急需紧缺人才或在推动五指山市重点人才工作、“候鸟型”人才工作中发挥重要作用，并在当地取得一定成绩的“候鸟型”人才；

3.能发挥专长助力五指山市重点产业、重点领域事业发展，在领域内具有一定影响力或做出贡献突出，并被行业部门认可的；

4.对推动五指山市教育医疗、重点产业发展、项目引进、乡村振兴、制度创新、科技帮扶、科技成果转化、人才引进等方面起到引领示范的；

5.在五指山市累计服务1年(12个月)以上并与用人单位继续签订3年及以上服务合同，能按要求完成合同目标任务及量化指标，并取得一定成效的。

第六条 “鸿雁优才卡”的申领主要通过以下程序：

1.申报。“鸿雁优才卡”每年集中受理一次，由本人或其所在用人单位前往市政务服务中心一楼大厅海南自由贸易港人才服务“单一窗口”(五指山)领取《五指山市“鸿雁优才卡”申请表》或在五指山市人民政府人才专栏(http://wzs.hainan.gov.cn/wzs/rczt/rczt.shtml)下载表格，用人单位、行业主管部门对人才报送材料进行初审、实地核实并做出意见后，将《五指山市“鸿雁优才卡”申请表》、人才实绩工作情况报告、劳动合同或协议(劳务合同)、人才身份证、近期2寸免冠白底证件照、人才个税缴纳清单等相关佐证材料报送至市人才服务“单一窗口”处申请办理。

2.审批。市人才服务“单一窗口”对人才报送材料审核通过后，报市委人才发展局审批，由市委人才发展局提交市委组织部部务会审议。

3.发卡。市委组织部部务会审议通过，并经公示无异议后，由市委人才发展局向人才统一发放“鸿雁优才卡”。

第三章 服务待遇

第七条 获得“鸿雁优才卡”主要享受以下服务待遇：

(一)“鸿雁优才卡(A卡)”

1.就医康养服务

(1)服务期间每年可免费享受一次健康体检服务，体检每年每人不超2000元标准，由市卫健委纳入年度工作预算，每年年初集中统一安排。

(2)持卡人在省第二人民医院、市中医院、市中西医结合医院等指定医院享受就医绿色通道，提供优先诊疗、优先住院安排等服务。

(3)服务期间每年可享受指定康养机构提供的免费或折扣优惠疗养项目服务。

2.休闲旅游服务

(4)持卡人凭卡可享受与本地高层次人才同等的免费旅游景点政策。

(5)持卡人凭卡游玩五指山市辖区内部分重点景区、游玩项目可享受折扣优惠。

(6)持卡人凭卡在五指山市博物馆、纪念园可享受免费讲解等服务(需提前两天预约)。

3.食宿服务

(7)持卡人在五指山市入住指定酒店享受市场价7～8折的优惠。

(8)持卡人在五指山市指定餐厅用餐可享受市场价8～9折的优惠。

4.交通出行服务

(9)持卡人凭卡可免费乘坐六龙市内公交、海汽“村村通”等公共交通。

5.金融法律服务

(10)持卡人在市内指定银行可享受“绿色通道”服务。

(11)市司法机关发挥公共法律服务优势为持卡人提供免费法律咨询服务和开通法律援助优先办理“绿色通道”。

6.行政业务服务

(12)持卡人在五指山市政务服务中心可享受各业务主管部门提供的“绿色通道”办理服务。

7.奖励补贴服务

（13）入选五指山市“鸿雁优才卡”的A类“候鸟型”人才，可享受五指山市一次性1万元的人才奖励补贴，由行业主管部门或用人单位向市人才发展服务中心申请，市人才发展服务中心每年年初集中受理一次，并于当年度5月前进行审核发放。

8.观影服务

（14）在五指山市影（剧）院观看电影凭卡可享受票价优惠服务。

9.通信服务

（15）持卡人在五指山市移动、联通、电信营业厅办理新手机卡可享受套餐资费优惠和优先办理业务等服务。

10.其他人才保障服务

（16）符合条件的人才，在办理人才购车、人才购房等服务保障方面，可享受高层次人才服务联络员“一对一”联系服务。

（二）“鸿雁优才卡（B卡）”

1.就医康养服务

（1）服务期间每年可免费享受一次健康体检服务，体检每年每人不超1000元标准，由市卫健委纳入年度工作预算，每年年初集中统一安排。

（2）省第二人民医院、市中医医院、市中西医结合医院等指定医院为持卡人开通就医绿色通道，提供优先诊疗、优先住院安排等服务。

（3）服务期间每年可享受指定康养机构提供的免费或折扣优惠疗养项目服务。

2.休闲旅游服务

（4）持卡人凭卡可享受与本地高层次人才同等的免费旅游景点政策。

（5）持卡人凭卡游玩五指山市辖区内部分重点景区、游玩项目可享受折扣优惠。

（6）持卡人凭卡在五指山市博物馆、纪念园可享受免费讲解等服务（需提前两天预约）。

3.食宿服务

（7）持卡人在五指山市入住指定酒店享受市场价8～9折的优惠。

（8）持卡人在五指山市指定餐厅用餐可享受市场价8～9折的优惠。

4.交通出行服务

（9）持卡人凭卡可免费乘坐六龙市内公交、海汽“村村通”等公共交通。

5.金融法律服务

（10）持卡人在市内指定银行可享受绿色通道服务。

（11）市司法机关发挥公共法律服务优势为持卡人提供免费法律咨询服务和开通法律援助优先办理“绿色通道”。

6.行政业务服务

（12）持卡人在五指山市政务服务中心可享受各业务主管部门提供的“绿色通道”办理服务。

7.奖励补贴服务

（13）入选五指山市“鸿雁优才卡”的B类“候鸟型”人才，可享受五指山市一次性5000元的人才奖励补贴，由行业主管部门或用人单位向市人才发展服务中心申请，市人才发展服务中心每年年初集中受理一次，并于当年度5月前进行审核发放。

8.观影服务

（14）在五指山市影（剧）院观看电影凭卡可享受票价优惠服务。

9.通信服务

（15）持卡人在五指山市移动、联通、电信营业厅办理新手机卡可享受套餐资费优惠和优先办理业务等服务。

10.其他人才保障服务

（16）符合条件的人才，在办理人才购车、人才购房等服务保障方面，可享受高层次人才服务联络员“一对一”联系服务。

以上优惠服务项目具体折扣明细以市委人才发展局每年实际发布目录为准，持卡人需凭卡到相应服务点方可享受对应优惠折扣。旅文等行业主管部门可按景点等差价给予参与优惠活动的企业适当补贴。在服务期间人才如符合更高级别的“鸿雁优才卡”申请条件，可按程序申请并申报人才奖励差额补贴，已领取过该奖励补贴的人才不再重复享受。

第四章 核查管理

第八条 “鸿雁优才卡”采取实名办理，仅限本人使用，不得转借、转卖。卡自签发之日起有效期为3年，逾期未按程序申请换卡的将自动失效。

第九条 持卡人由用人单位负责日常管理，用人单位每年年底需向行业主管部门、市委人才发展局报送人才在岗位履职、业绩贡献、领域带动等方面的情况。

第十条 “鸿雁优才卡”有效期满仍继续在五指山服务的人才，可在到期前三个月内向行业主管部门提交申请材料，由行业主管部门核实后，向市人才服务“单一窗口”申请换卡。持卡人提前离开用人单位不在当地服务的，由用人单位收回人才卡，并在人才离开当地两个月内向市人才发展服务中心报备并退回人才所持“鸿雁优才卡”。人才离开原单位，到当地其他部门工作的，用人单位需及时向市人才服务“单一窗口”进行报备，并由后续用人单位负责做好人才的日常管理工作。

第十一条 “鸿雁优才卡”遗失后须由本人到市政务服务中心海南自由贸易港人才服务“单一窗口”（五指山）办理挂失，出具相关证件材料，核实身份后按程序补换新卡。原遗失并已申请挂失的卡在新卡办理之日起自动失效。

第十二条 持卡人申报“鸿雁优才卡”存在弄虚作假等情形的，一经查实，取消其可享受的优惠待遇，5年内不得再次申报；推荐单位提供虚假数据、材料、协助申请人骗取“鸿雁优才卡”的，全市进行通报批评，情节严重的按有关规定移交相关单位处理。

第十三条 持卡人存在下列情形的，收回“鸿雁优才卡”并取消相关服务资格：

（一）因条件变化已不符合本办法申领条件的；

（二）因个人责任给国家造成重大损失的；

（三）因违法受到刑事处罚的；

（四）因违反其他规定造成恶劣影响的；

（五）其他原因不宜再享受的。

第五章 附则

第十四条 “鸿雁优才卡”持卡人享受服务中的福利待遇由各行业主管部门负责对接协调落实，所需费用纳入行业部门预算；人才奖励补贴从五指山市人才资源开发专项资金中列支。

第十五条 本办法由市委人才工作领导小组办公室负责解释。

第十六条 本办法自发布之日起施行。

中共五指山市委人才工作领导小组办公室

2022年9月6日印发

组织机构与负责人（2022 年）

市四套班子领导

·中共五指山市委·

书　记　朱宏凌
副书记　陈国梁
　　　　林方江
常　委　段小申
　　　　贾　鹏
　　　　喻　倩
　　　　孔　铭
　　　　张碧波
　　　　陈有强
　　　　王锡飞
　　　　郑　武（4 月挂职）

·市人大常委会·

主　任　万才胜
副主任　孙子斌
　　　　贺澜起
　　　　郭宏良
　　　　邢小丽
　　　　杨昌立（任职至 1 月）
　　　　黄桂良（任职至 5 月）

·市政府·

市　长　陈国梁
副市长　贾　鹏
　　　　王锡飞
　　　　肖爱劭（12 月任职）
　　　　李　夏
　　　　黄育坚
　　　　高　亮
　　　　游国苓（任职至 11 月）
　　　　郑启荣
　　　　孙　菁（挂职）
　　　　陈　兵（挂职）

·市政协·

主　席　张棉生（任职至 1 月）
　　　　黄美莲（1 月任职）
副主席　邓清辉
　　　　黄石卿（任职至 1 月）
　　　　姜凤云
　　　　林书忠
　　　　吴多东
　　　　范秋若（任职至 1 月）

市委工作部门

·市纪委监委·

市纪委书记
市监委主任
　　　　段小申
市纪委副书记
市监委副主任
　　　　陈　育
　　　　邢　莉
市纪委常委　芮正云（挂职）
　　　　马江源（7 月任职）
　　　　向梓武
　　　　王丽丽
　　　　李宏伟
市监委委员　芮正云（挂职）
　　　　向梓武
　　　　王丽丽（4 月任职）
　　　　李宏伟（7 月任职）

·市委办公室·

主　　任　贾海峰
副 主 任　莫湘湘（任职至 3 月）
　　　　朱　亮（2 月任职）
　　　　周启伟
　　　　王迎军（3 月任职）

·市委组织部·

部　　长　孔　铭
常务副部长　王春钊
副 部 长　云彩虹
　　　　曾冬冬
　　　　张琼华
部务委员　庞亚新
　　　　卓文慧

·市委宣传部·

部　　长　喻　倩
常务副部长　符厚刚（任职至 6 月）
　　　　胡国万（7 月任职）

副 部 长 钟 丽
蔡昌成

·市委统战部·

部 长 陈有强
常务副部长 李保华
副 部 长 林忠强
王程东
李攸辰

·市委政法委·

书 记 林方江
常务副书记 周冯彬
副 书 记 李 夏
薛蕃超
石秀莲（11月任职）
潘孝涛
杨高权（4月任职）
陈玉国（9月任职）

·市委机构编制委员会办公室·

主 任 黄克诺（任职至1月）
王晓艳（1月任职）
副 主 任 周文婧
程 征

·市委直属机关工作委员会·

书 记 王 锦
副 书 记 刘文生（任职至9月）
罗庆鹏（9月任职）
陈 苏

·市委巡察办·

主 任 王志高（任职至4月）
李宏伟（4月任职）
副 主 任 高 翔
武书瑾（任职至3月）
林华婷（4月任职）

·市委保密和机要局·

局 长 符学勤
副 局 长 管舒婧
黄海丛

·市委党校·

校 长 林方江
常务副校长 郑媚月（任职至1月）
武书瑾（3月任职）
副 校 长 吴旭海
薛开渊

·市史志中心·

主 任 李 刚（任职至1月）
王华旭（1月任职）
副 主 任 黄 敏
黄文华

·市融媒体中心·

主 任 丁尚贺（任职至6月）
邓 松（挂职，8月任职）
副 主 任 王会明
张欣欣（9月任职）

市人大机关

·市人大常委会办公室·

秘 书 长 刘 智（1月任职）
副秘书长 王俊黎
黎明雯

·市人大民族宗教与教科文卫工作委员会·

主 任 王秋兰

·市人大法制工作委员会·

主 任 王恩山

·市人大社会建设委员会·

副 主 任 王 炬

·市人大财政经济工作委员会·

主 任 蔡 翀

·市人大选举任免联络工作室·

主 任 胡海洋

·市人大研究中心·

主 任 王 力（任职至10月）
陈运武（10月任职）

市政府工作部门

·市政府办公室·

主 任 王琼军（4月任职）
副 主 任 刘 洋
辜武斌（2月任职）
黄芝帆（4月挂职）
陈仲平（4月任职）
黄实飞
邢福通
李克茂（任职至1月）

·市发展和改革委员会·

主 任 黄 艳
副 主 任 江 帆
曾 琪

·市自然资源和规划局·

局 长 温宏华

副局长　陈　芳
　　　　周祝年
　　　　米叶华（11月任职）
　　　　林川翔（挂职，9月任职）
　　　　谢　云（任职至9月）

·市旅游和文化广电体育局·

局　长　陈海东
副局长　石雪铃
　　　　娄俊颖（5月任职）
　　　　周岁佳

·市生态环境局·

局　长　陈仲平（任职至3月）
　　　　程智伟（3月任职）
副局长　米叶华（任职至12月）
　　　　吴开奋（10月任职）

·市农业农村局·

局　长　莫朝伟（1月任职）
副局长　符育山
　　　　王魏云
　　　　刘培仕
　　　　滕玲玲（挂职，10月任职）
　　　　梁彦坡（挂职）

·市科技和工业信息化局·

局　长　莫朝伟（任职至1月）
　　　　钟　涛（1月任职）
副局长　王　辉
　　　　罗庆鹏（任职至9月）
　　　　王国军（10月任职）

·市财政局·

局　长　李丹文
副局长　唐华成
　　　　蓝　天（任职至7月）
　　　　王茹丹（10月任职）
　　　　王　发

·市人力资源和社会保障局·

局　长　吴青松
副局长　李　健
　　　　王晓艳（10月任职）

·市教育局·

局　长　王华旭（任职至1月）
　　　　林　贞（1月任职）
副局长　黎　东
　　　　苏小艳
　　　　王琼军（任职至4月）
　　　　林小彪（6月任职）
教育总督学　周进海（任职至1月）
　　　　　　黄克诺（1月任职）

·市卫生健康委员会·

主　任　林雪虹
副主任　冯　萍
　　　　冯　杰
　　　　周　烨

·市公安局·

局　长　李　夏
政　委　杨金衡（任职至10月）
副局长　赵日杆
　　　　潘子文
　　　　麦贤林（9月任职）

·市司法局·

局　长　钟祥科（任职至10月）
　　　　王冬宁（10月任职）
副局长　钟祥科（10月任职）
　　　　关　逊
　　　　李　男（任职至10月）
　　　　王　熔

·市民政局·

局　长　黎　清（1月任职）
副局长　尉　香
　　　　林　文（任职至10月）
　　　　张运权（11月任职）

·市民族事务局·

局　长　王程东
副局长　王　刚

·市住房和城乡建设局·

局　长　郭　勇
副局长　温大鹏
　　　　刘天才
　　　　梁其可

·市交通运输局·

局　长　吴开帅（9月任职）
副局长　关万宇
　　　　林　晖

·市审计局·

局　长　周　旋
副局长　张春伟（任职至8月）
　　　　吴兆玲（任职至7月）
　　　　陈仁坤
　　　　林佳能（7月任职）
　　　　薛月女（10月任职）

·市水务局·

局　长　张秀雄
副局长　李智壮
　　　　林　伟
　　　　谢绍平（任职至1月）

吴毓英（10月挂职）
王君锐（10月挂职）

·市退役军人事务局·

局　长　尹秋艳
副局长　龙冠波（2月任职）
李　谦

·市应急管理局·

局　长　马　迅
副局长　王德权
耿春雷（任职至5月）
娄俊颖（任职至5月）
许力盛（5月任职）
陈　通（5月任职）

·市统计局·

局　长　符宗亲
副局长　林　勇（任职至8月）
徐晓莹
郭泽泉（9月任职）

·市市场监督管理局·

局　长　李　健
副局长　董文魁（任职至4月）
陈焕暖
潘兴业
秦永新（4月任职）

·市林业局·

局　长　张　圣
副局长　黄燕金
吴先腾（挂职）
张小念（2月任职）

·市医疗保障局·

局　长　陈贤亚
副局长　黄海潇（4月任职）
陈智明

·市乡村振兴局·

局　长　赵茂冰（任职至2月）
李　刚（2月任职）
副局长　周　颖
谢亚洲
周少波（5月挂职）

·市综合行政执法局·

局　长　王冬宁（任职至10月）
邢军海（10月任职）
副局长　李天福（任职至10月）
王　剑（2月任职）
文素山（5月任职）
李　男（10月任职）

·市行政审批服务局·

局　长　马江源（任职至6月）
符厚刚（6月任职）
副局长　苏文强
杨家家
唐闻一

·市政务服务中心·

主　任　邢　威
副主任　云孟婷
王国军（任职至10月）
林　文（10月任职）

·市国有资产服务中心·

主　任　刘　智（任职至2月）
吴清雷（2月任职，任职至7月）
蓝　天（7月任职）
副主任　王天威

·市农业技术与机械服务中心·

主　任　王焕琼
副主任　杨左廷
曾虹强

·市住房保障服务中心·

主　任　程智伟（任职至5月）
陈月棉（5月任职）
副主任　陈月棉（任职至5月）
陈远飞
黄雅仙（6月任职）

·市供销合作联社·

主　任　吉徽强（任职至7月）
符　斌（7月任职）
副主任　林明军（任职至5月）
苏恩仕（7月任职）

·市社会保险服务中心·

主　任　陈青芸
副主任　李秋雅
卓焕昌
顾一鸣

·市市政服务中心·

主　任　符　斌（任职至7月）
朱进丁（7月任职）
副主任　王叶平
唐传聪
梁　嘉

·市档案馆·

馆　长　王　政
副馆长　闫丛丛
林　勇（8月任职）

·市机关事务服务中心·

主　任　卓　娜（任职至3月）
莫湘湘（3月任职）
副主任　王紫月

潘星宇（2月任职）

市政协机关

市政协党组

成员秘书长　罗　锋

副秘书长　彭　芬

　　　　　唐兴光

民宗委主任　黄廷文

提案委主任　张太东

农业农村委

主　　任　王　兴

文史委主任　李芝蓉（任职至1月）

　　　　　陈　德（3月任职）

经济委主任　陈颖智（任职至7月）

　　　　　邢福通（7月任职）

法院、检察院

·市人民法院·

院　　长　薛蕃超

副 院 长　蔡　文

　　　　　黄向荣

·市人民检察院·

检 察 长　石秀莲

副检察长　黄　汉（任职至3月）

　　　　　李允锋（3月任职）

　　　　　林益平（3月任职）

　　　　　郑如翔（挂职）

民主党派、工商联、群众团体

·中国国民党革命委员会五指山市基层委员会·

主　　委　王冬宁

副 主 委　李桂香

　　　　　周　烨

　　　　　黄光星

·中国民主同盟五指山市委员会·

主　　委　林　川

副 主 委　张秋未

　　　　　李甲颖

　　　　　段　洁

·中国民主建国会五指山市委员会·

主　　委　吴　杰

专职副主委　吉训莹

副 主 委　符　伟

·中国民主促进会五指山市委员会·

主　　委　姜凤云

副 主 委　卓强云

　　　　　盛达声

　　　　　吴　静

·中国农工民主党五指山市支部委员会·

主　　委　杨昌立

副 主 委　王铁峰

　　　　　许梦莹

·中国致公党五指山市支部委员会·

主　　委　许金平

副 主 委　王　熔

　　　　　葛俊鑫

·九三学社五指山市支社·

主　　委　王丽娟

副 主 委　徐雪燕

　　　　　张　文

·市工商业联合会（市总商会）·

主　　席（会长）　陈锦荣

常务副主席　林忠强

专职副主席　朱　扬（任职至6月）

　　　　　陈　靖（10月任职）

　　　　　王立坚

·市总工会·

主　　席　郭宏良

常务副主席　董　伶（任职至10月）

　　　　　李天福（10月任职）

副 主 席　何　升（任职至10月）

　　　　　邢福孝

　　　　　王思怡（10月任职）

　　　　　王小侬（挂职，10月任职）

　　　　　黄宇倩（兼职，10月任职）

·团市委·

书　　记　李　阔

副 书 记　闫　媛（任职至12月）

　　　　　李娴夏饰（5月任职）

　　　　　郑黄文（12月任职）

·市妇女联合会·

主　　席　林　贞（任职至1月）

郑媚月（1月任职）
副 主 席　符雪丽
黄开燕

·市科学技术协会·

主　　席　卓　娜（3月任职）
副 主 席　贾建胜
李　娇

·市文联·

主　　席　吉慧芳
兼职副主席　黄荣生
朱文燕
吴　松
挂职副主席　韦全越
秘 书 长　卢艳卿

·市残疾人联合会·

理 事 长　陈怀妍（1月任职）
副理事长　张春伟（8月任职）
王晓强

乡镇（居）

·通什镇·

镇委书记　黄育坚（任职至1月）
赵茂冰（1月任职）
镇人大主席　黄业就
镇委副书记
镇　　长　王雄杰
镇委副书记
政法委员　洪　涛
镇委副书记　栾晓军（挂职）
镇委委员
副 镇 长　张艺仟
镇委委员
纪委书记　林道志
镇委委员
组织委员　黄海丛（任职至3月）
罗杏红（3月任职）
镇委委员
宣传委员　罗杏红（任职至3月）
朱　扬（6月任职）
镇委委员
武装部部长　苏文吭
副 镇 长　符亚娜
赵星霞
人大专职副
主　　席　陈运州

·毛阳镇·

镇委书记　陈作挺
镇人大主席　陈兴利
镇委副书记
镇　　长　王　琼
镇委副书记
政法委员　王稳田
镇委副书记　张勇毅（省委编办派驻毛阳镇乡村振兴工作队队长，挂职）
镇委委员
副 镇 长　许嘉杰
镇委委员
纪委书记　汪　洋
镇委委员
组织委员　高立莹
镇委委员
宣传委员
吴育花（2月任职）
镇委委员
武装部部长　王泽南
副 镇 长　范乐思

·南圣镇·

镇委书记　吴　荣（任职至12月）
刘国峰（12月任职）
镇人大主席　王云芳
镇委副书记
镇　　长　符国楠
镇委副书记　江　帆（任职至5月）
蔡亲航（5月任职）
陈世贤（省乡村振兴局派驻南圣镇乡村振兴工作队队长，挂职）
镇委委员
副 镇 长　陈海滨
镇委委员
纪委书记　姚培炎
镇委委员
组织委员　陈书祥
镇委委员
宣传委员　黄　彪
镇委委员
武装部长　黄雪妮
副 镇 长　王　皓

·番阳镇·

镇委书记　郭仁欢
镇人大主席　邓一日
镇委副书记
镇　　长　吴敏敏
镇委副书记
政法委员　王　干
镇委委员
副 镇 长　林红果
镇委委员
纪委书记　王丹霞
镇委委员
组织委员　孙　亮
镇委委员
宣传部部长　李　婧
镇委委员
武装部部长　徐　敬
副 镇 长　张宗曜

·水满乡·

乡委书记　林　豪
乡委副书记
乡　　长　李　辉
乡人大主席　卢　宁
乡委副书记
政法委员　王玉勤
乡委副书记　高　力（省委外事办派驻水满乡振兴队队长，挂职）
乡委委员
武装部部长　卢德平
乡委委员
副 乡 长　赵　琳
乡委委员
组织委员　王　莹
乡委委员
宣传委员　李　杰
乡委委员
纪委书记
　　孙鸿慧（任职至8月）
　　贺亚伟（9月任职）
副 乡 长　冯斯福
　　符传恺（7月挂职）

·畅好乡·

乡委书记　胡其超
　　符策浩（12月任职）
乡人大主席　陈雅芬
乡委副书记
乡　　长　王宏鹏
乡委副书记
政法委员　陈　程
乡委副书记　陈小丽（热带海洋学院派驻畅好乡振兴队队长，挂职，6月任职）
乡委委员
副 乡 长　黄泽武
乡委委员
纪委书记　徐海迅
乡委委员
组织委员　黄龙辉
乡委委员
宣传委员　陈　姬
乡委委员
武装部长　林先昌
副 乡 长　黄　璐

·毛道乡·

乡委书记　黄凌凤
乡委副书记
乡　　长　王铭涛
人大主席　王海琳
乡委副书记　凌新敏（省纪委监委派驻毛道乡振兴队队长，挂职）
乡委副书记
政法委员　卢姣灵
乡委委员
副 乡 长　王伟全
乡委委员
纪委书记　杜　勋
乡委委员
组织委员
　　黄海潇（任职至3月）
　　李方远（3月任职）
乡委委员
宣传委员
　　朱　亮（任职至2月）
　　刘　钊（5月任职）
乡委委员
武装部长
　　李方远（任职至3月）
　　郑志强（3月任职）
副 乡 长　张晓丹

·市畅好居·

党委书记
主　　任　黄　涛
党委副书记
副 主 任
　　李　春（任职至5月）
党委副书记
监委主任
　　封　灿（其中监委主任任职至6月）
党委委员
组织委员　赖俊能
党委委员
宣传委员　黄晓莹
党委委员　李南权
　　余卓翁
武装部长　林胜国

省驻、垂直双管单位

·海南省民族博物馆·

馆　　长　李　彤（任职至3月）
　　罗文雄（6月任职）
副 馆 长　罗文雄（任职至6月）
　　王扬能
　　苏文殷（9月任职）

·海南省民族研究所·

所　　长　黄友贤
副 所 长　高和曦

·海南热带雨林国家公园管理局五指山分局·

局　　长　钟仕进
副 局 长　张剑锋
　　刘　磊

·消防救援大队·

大 队 长　吴小松

副大队长　杨网章

·国家税务总局 五指山市税务局·

局　　长　符　铮（8月任职）
副 局 长　李　雄
　　　　　黄腾斌
　　　　　韩少君（8月任职）
　　　　　卓巧灵
　　　　　闵奋学
纪检组长　王艳娟（1月任职）

·市气象局·

局　　长　梁宝龙
副 局 长　陈成松
　　　　　陈江恒

·海南中部邮政管理局·

局　　长　郭光荣（10月任职）
副 局 长　郭光荣（任职至10月）
　　　　　孙培超（11月任职）

·中国邮政五指山市分公司·

总 经 理　吴毓才
副总经理　陈为国

·五指山供电局·

党委书记　刘　伟（任职至9月）
　　　　　陈长基（12月任职）
总 经 理　陈长基（任职至12月）
副总经理　孙运武
　　　　　陈　伟
　　　　　蔡　畅（任职至5月）
　　　　　余立志（8月任职）
纪委书记　邢诒雄（任职至3月）
　　　　　蔡纪霄（3月任职）

·五指山公路分局·

局　　长　林青山
副 局 长　吉海碧

·五指山住房公积金管理局·

局　　长　黄鸿鹏
副 局 长　何世英

·海南省交通规费征稽局 五指山分局·

局　　长　陈健峰（任职至2月）
　　　　　何学源（2月任职）

·中国电信股份有限公司 五指山分公司·

总 经 理　张达邦

·中国移动海南公司 五指山分公司·

副总经理　罗奕龙

·中国联合网络通信有限公司 五指山市分公司·

总 经 理　陈钟琼
副总经理　王红玉

·中国人民银行五指山市支行·

行　　长　罗　冲
副 行 长　高永伟
纪检组长　郑兴勤

·海南银保监局五指山监管组·

副 组 长　房　贤（主持工作）

·中国工商银行五指山市支行·

行　　长　王健松（任职至1月）
　　　　　苏　旭（1月任职）
副 行 长　徐天秀
　　　　　王朝阳

·中国建设银行五指山支行·

行　　长　孙航宇（任职至9月）
副 行 长　（主持工作）
　　　　　舒俊荣（9月任职）
　　　　　王　轩
　　　　　梁庆柏（8月任职）
　　　　　罗天全

·中国农业银行五指山市支行·

行　　长　钟圣校（任职至3月）
　　　　　杨　萌（3月任职）
副 行 长　周少波（任职至4月）
纪委书记　王启堂
副 行 长　庄雪梅

·中国农业发展银行 五指山市支行·

行　　长　符永昌（11月任职）
副 行 长　吴崇政

·中国邮政储蓄银行 五指山市支行·

行　　长　李芳芳（6月任职）
　　　　　陈泽捷（任职至6月）
副 行 长　林明学

·市农村信用合作联社·

理 事 长　徐清汪
主　　任　白　华
监 事 长　羊德兴
副 主 任　徐　燕
　　　　　吉文琼

·海南银行五指山支行·

行　　长　许亚洲
副 行 长　李东萌
　　　　　薛坤虎

·海南五指山长江村镇银行·

董事长　张元平
监事长　付　凌（任职至7月）
　　　　关远康（7月任职）
行　长　赵伟东

企业

·市顺达投资开发有限公司·

董事长　吴开帅（任职至6月）
总经理　赵志勇（7月任职）
副总经理　曾　军（6月任职）

·市城市建设投资有限公司·

董事长　詹前锋（7月任职）
总经理　詹前锋（任职至7月）
副总经理　曾　军（任职至6月）
　　　　赵志勇（任职至7月）
　　　　纪业辉（6月任职）
　　　　吴多胜（11月任职）

·五指山水务有限公司·

董事长　谢盛武
　　　　王　平（4月任职）
　　　　王　茅（4月任职）
　　　　黄　锐
总经理　赵　勇
副总经理　黄　锐

·市烟草专卖局·

局　长　郑志明
副局长　符传民
副经理　李林珊

·海南海汽运输集团股份有限公司五指山分公司·

总经理　邢增祥
副总经理　关义磊
　　　　符悦剑

医院、学校

·海南省第二人民医院·

党委书记　黎青山
行政负责人　孙　羽
副院长　农远志
　　　　杨昌立
　　　　彭　浩

·市中医院·

院　长　刘长有
副院长　吉训会
　　　　王　琨
　　　　吴维耀

·海南省平山医院·

院　长　欧小凡
副院长　许正雄
　　　　杨文岸
　　　　陈大球

·市中西医结合医院·

院　长　刘喜成
副院长　周海生
　　　　吴耀宗
　　　　陈　寰

·海南热带海洋学院五指山校区·

主　任　苏利兴

·五指山民族学院·

副院长　王启芬
副书记　李达辉

·海南热带海洋学院附属中学·

党委书记　郑海明
副校长　张忠富
　　　　杨　剑

·海南省民族技工学校·

党委书记　符家豪（任职至9月）
　　　　黄启荣（11月任职）
党委副书记
校　长
　　　　黄启荣（任职至11月）
　　　　陈晓明（12月任职）
副校长　王艳琼

·海南省农林科技学校·

校　长　符家豪（9月任职）
副校长　陈晓明（任职至12月）
　　　　吉高康

·海南省第二卫生学校·

党委书记　符致明
副校长　盛广诗
　　　　苏　忠

·海南省农垦实验中学·

校　长　杨立功
党委书记　崔海建
副校长　刘方军
　　　　李炳军
　　　　涂焰升

索 引

说 明

一、本索引采用内容分析法编制，按索引款目首字的汉语拼音字母（同音字按声调）顺序排列，同音同调按第二字母的音序排列，依次类推。

二、索引款目后的数字表示内容所在的页码，数字后的a b、c分别表示该页码的左、中、右栏。

三、特载、专文、大事记、荣誉、附录未做索引。

A

C

D

F

G

H

J

K

L

M

N

X

Y

Z